Fürntratt
Angst und instrumentelle Aggression

Ernst Fürntratt

Angst und instrumentelle Aggression

Eine Analyse auf der Grundlage
experimentalpsychologischer Forschungsbefunde

Beltz Verlag · Weinheim und Basel 1974

ISBN 3 407 51079 9

© 1974 Beltz Verlag · Weinheim und Basel
Gesamtherstellung: Beltz, Offsetdruck, 6944 Hemsbach über Weinheim
Printed in Germany

Ich widme dieses Buch meinem Lehrer
Karl Horn (Graz)
als Dank für acht Jahre repressionsfreien Unterricht.

Zugleich danke ich allen, die auf die eine oder andere Weise an seiner Entstehung mitgewirkt haben, namentlich Stephana Firges, Gisela Gillmann, Alfred Lorenz, Christine Möller, Dorothea Petry und Ingrid Riess und allen Teilnehmern meiner Lehrveranstaltungen, die Kritik angebracht, Fragen gestellt und Denkanstöße gegeben haben.

Von den zahlreichen Autoren, deren Forschungen und Theorien in dieser Arbeit ausgewertet worden sind, muß
Jerzy Konorski (†)
besonders genannt werden, dessen *Integrative Activity of the Brain* sie überhaupt erst möglich gemacht hat.

Aachen, im Januar 1974   Ernst Fürntratt

Inhaltsverzeichnis

1 Angst und Sicherheit 9

    11 Zur Definition von „Angst" 11
    12 Zur Definition von „Sicherheit" 29
    13 Neurophysiologische Grundlage von Angst 37
    14 Neurophysiologische Grundlage von Sicherheit 44

2 Ungelernte und gelernte Angst- und Sicherheits-Reaktionen .. 45

    20 Vorbemerkung 47
    21 Unbedingte Auslösung von Angst 49
    22 Unbedingte Auslösung von Sicherheit 54
    23 Bedingen von Angst 57
    24 Bedingen von Sicherheit 94

3 Effekte von Angst 107

    31 Aktivierung 109
    32 Angst und untergeordnete Reflexreaktionen 111
    33 Angst und Schmerz 115
    34 Angst und andere Motivationen 118
    35 Unterlassung angstproduzierender Verhaltensweisen .. 127
    36 Angst und Leistung 165
    37 Auslösung gelernter Flucht- und Vermeidungsreaktionen 168
    38 Zusammenfassung 170

4 Effekte von Sicherheit 171

    40 Vorbemerkung 172
    41 Hemmung von primären Angst-Reaktionen 173
    42 Hemmung gelernter angstmotivierter Reaktionen 174
    43 Enthemmung nicht-angstmotivierter Verhaltensweisen .. 175
    44 Allgemeine Bedeutung von Sicherheit 177

5 Instrumentelles Lernen und Verhalten unter Angst-Motivation — 179

50 Vorbemerkungen — 181
51 Flucht- und Abschalt-Reaktionen (ESC) — 195
52 Diskriminatives Ausweich- und Vorbeugungsverhalten (DAV) — 206
53 Freies (nicht-diskriminatives) Vorbeugungsverhalten (SAV) — 237
54 Angstmotivierte Aggression — 242

6 Eliminierung von Angst-Reaktionen, Angst-Effekten und angstmotivierten instrumentellen Verhaltensweisen — 245

61 Eliminierung ungelernter Angst-Reaktionen — 246
62 Eliminierung einfacher bedingter Angst-Reaktionen — 247
63 Eliminierung passiven Vermeidens (Unterlassens) — 255
64 Eliminierung von Vorsichts-Reaktionen — 256
65 Eliminierung angstmotivierter instrumenteller Verhaltensweisen — 257
66 Eliminierung komplexer Angst-Reaktionen (Phobien) — 278

7 Formen aggressiven Verhaltens — 281

71 Zum Begriff „Aggression" — 282
72 Vorläufiger Überblick — 288

8 Primäre Aggression — 293

81 Primär-aggressive Reaktionen — 295
82 Zorn — 312
83 Friedlichkeit — 324
84 Zorn und zornmotivierte Aggression — 328
85 Konsequenzen für die Praxis — 336

9 Instrumentelle Aggression — 339

91 Allgemeine Beschreibung — 341
92 Lernen instrumentell-aggressiver Verhaltensweisen — 345
93 Instrumentelle Aggression aus Angst — 359
94 Hemmung und Enthemmung instrumentell-aggressiver Verhaltensweisen — 375
95 Eliminierung instrumentell-aggressiver Verhaltensweisen — 382
96 Konsequenzen für die Praxis — 392

Literaturverzeichnis — 409

Sachregister — 467

Abkürzungen — 473

Kapitel 1
Angst und Sicherheit

11 Zur Definition von „Angst" 11
   111 Erscheinungsformen von Angst 11
   112 Angst — eine alltägliche Erscheinung 12
   113 Angst als Reaktion und als Zustand 14
   114 Angst als subjektives Erlebnis 17
   115 Begleiterscheinungen von Angst 18
      1151 Physiologische Begleiterscheinungen von Angst 18
      1152 Verhaltensmäßige Begleiterscheinungen von Angst ... 18
   116 Angst als Trieb 19
   117 Operationale Definitionen von Angst 20
      1170 Angst als hypothetisches Konstrukt 20
      1171 Bedingte emotionale Reaktion (CER) 21
      1172 Abschalten eines bedingten Angst-Reizes 22
      1173 Intensivierung von Vermeidungsverhalten 23
   118 Angst als zentraler Prozeß 25
      1180 Fixierung einer Position 25
      1181 Komplexität der Angst-Reaktion 26
      1182 Angst-Bedingen unter Curare 26
      1183 Angst und Adrenalin 27
      1184 Epileptische Angst-Aura 28
      1185 Angstauslösung durch Hirnstimulation 28
   119 Zusammenfassung 28

12 Zur Definition von „Sicherheit" 29
   121 Sicherheit — ein übersehenes Phänomen 29
   122 Erscheinungsformen von Sicherheit 30
   123 Sicherheit als Reaktion und als Zustand 30
   124 Sicherheit als subjektives Erlebnis 31
   125 Begleiterscheinungen von Sicherheit 31
   126 Sicherheit als Antitrieb 31
   127 Operationale Definitionen von Sicherheit 32
      1271 Bedingen von Angst-Hemmung 32
      1272 Herstellung bedingter Sicherheitsreize 33

	1273 Hemmung von Vermeidungsverhalten	34
128	Sicherheit — ein zentraler Prozeß	35
129	Zusammenfassung	35

13 Neurophysiologische Grundlage von Angst 37
- 130 Vorbemerkung 37
- 131 Angstartige Effekte zentraler Stimulation 37
  - 1311 Subjektive Angsterlebnisse 38
  - 1312 Ängstliches Verhalten 38
  - 1313 Bedingen zentral ausgelöster Angst 38
  - 1314 Lernen von Vermeidungsreaktionen 39
  - 1315 Auslösung gelernter Vermeidungsreaktionen 40
  - 1316 Bestrafung durch zentrale Stimulation 40
- 132 Sonstige Evidenz für die Existenz eines zentralen Angstsystems 41
  - 1321 Epileptische Angst-Aura 41
  - 1322 Effekte von Läsionen und Ablationen 41
- 133 Struktur des Angstsystems 41

14 Neurophysiologische Grundlage von Sicherheit 44

11 Zur Definition von „Angst"

111 Erscheinungsformen von Angst

In diesem Text geht es zunächst und hauptsächlich um eine Erscheinung, einen Lebensvorgang, den jeder aus seiner Erfahrung mit sich und anderen kennt, und der hier mit einem Ausdruck der vorwissenschaftlichen Psychologie schlicht „Angst" genannt wird. Dieser Ausdruck soll eine ganze Vielfalt von Erscheinungen bezeichnen, die sich untereinander in Intensitätsgraden und qualitativen Nuancen unterscheiden, die aber im Grunde alle gleichartig sind: Unsicherheit, Ungewißheit, Unbehagen, Nervosität, Beklemmung, Bangen, Sich-Bedroht-Fühlen, Gespanntheit, Unruhe, Aufregung, Furcht, Bestürzung, Angst, Schrecken, Panik, Entsetzen, Grauen . . .
„Unsicherheit" z. B. bezeichnet hiernach eine besonders milde Form von Angst, „Entsetzen" eine sehr starke. In „Nervosität" sind gewisse von außen beobachtbare Begleiterscheinungen der Angst mit inbegriffen, in „Beklemmung" mehr subjektive Sensationen, in „Unruhe" beides. „Furcht" bezeichnet — in gewissem Unterschied zu „Angst" — eine Form von Angst, in der zugleich mit der „Emotion" die Wahrnehmung und/oder Vorstellung („Kognition") des Angst-Auslösers gegeben ist usw.
Ähnlich wie „Furcht" bezeichnen denn auch „Scham", „Scheu", „Befangenheit", „Schüchternheit", „Minderwertigkeitsgefühl", „Sorge", „Neid", „Eifersucht", „Haß", „Todesangst", „bange Erwartung", „schlechtes Gewissen" und möglicherweise auch „Sehnsucht" nichts weiter als besondere Erscheinungsformen von Angst, genauer gesagt: Zustände mit dem gemeinsamen „Kern" Angst, aber verbunden mit verschiedenartigen Vorstellungen und/oder Handlungsimpulsen; so wäre z. B. „Neid" nichts anderes als Angst, verbunden mit der Vorstellung von etwas Begehrtem, das ein anderer hat; „schlechtes Gewissen" dasselbe wie Angst, verbunden mit der mehr oder weniger deutlichen Vorstellung von irgendeiner Form sozialer Bestrafung; von „Haß" wird noch ausführlicher die Rede sein.

Demgegenüber gibt es eine Reihe von Erscheinungen, die manchmal ebenfalls mit Angst gleichgesetzt (verwechselt) werden, die aber vorbeugend schon jetzt als fundamental andersartig herausgestellt und von den diversen Erscheinungsformen von Angst abgesetzt werden sollen: schlechte Laune, Gereiztheit, Ärger, Zorn, Wut . . .
Zugleich soll darauf hingewiesen werden, daß einige Ausdrücke — z. B. „Unbehagen", „Nervosität", „Gespanntheit", „Verstimmung" — im Hinblick auf diese Unterscheidung nicht eindeutig sind und daß andere oft un-

nötigerweise nicht eindeutig gebraucht werden — z.B. wenn undifferenziert „Haß" und „Wut" (starker Ärger) als gleichbedeutend verwendet werden. Im großen und ganzen aber wird im Gebrauch der deutschen Sprache durchaus zwischen den Ausdrücken der zuerst und denen der zuletzt genannten Gruppe ausreichend unterschieden[1]; „Unsicherheit" und „schlechte Laune", „Furcht" und „Ärger", „Entsetzen" und „Wut" werden wohl kaum jemals miteinander verwechselt.

Die Rechtfertigung dafür, daß alle die verschiedenen Erscheinungen der ersten Gruppe (wie übrigens auch die der zweiten) unter einem gemeinsamen Ausdruck — „Angst" (bzw. „Zorn") — zusammengefaßt werden, ergibt sich zunächst einfach daraus, daß sie gegeneinander nicht klar abgrenzbar sind, letztlich aber erst aus dem folgenden Text als ganzem.
Auf das wichtige Thema der Abgrenzung zwischen Angst und Zorn wird bei Gelegenheit noch ausführlicher eingegangen.

112 Angst — eine alltägliche Erscheinung

Wenn nun aber Unsicherheit, Beklemmung und Furcht, Scham und Neid und Minderwertigkeitsgefühl usw. alle als Erscheinungsformen oder Varianten von ein und demselben, nämlich Angst, aufgefaßt werden können, so ist klar, daß Angst in diesem Sinn etwas im menschlichen Dasein überaus Alltägliches, nahezu Allgegenwärtiges ist.
Wir fühlen uns unbehaglich an bestimmen Orten und in Gegenwart bestimmter Personen, fühlen uns beunruhigt durch bestimmte Vorgänge oder Äußerungen, beklemmt und gehemmt in bestimmten Situationen; tun manches mit Vorsicht oder schlechtem Gewissen und unterlassen vieles, was wir gerne täten — aus Angst vor bösen Folgen; wir fragen aus Unsicherheit andere um Rat, verteidigen uns gegen Angriffe und Vorwürfe, weil wir uns bedroht fühlen; wir gehorchen allen möglichen kulturellen und sozialen Zwängen, arbeiten und streben nach Ansehen, Besitz und Macht — alles aus Sicherheitsbedürfnis, sprich Unsicherheit, sprich Angst.
Außerdem *machen* wir — auch das zumeist aus Angst — auf alle möglichen Weisen unseren Mitmenschen Angst, bedrohen sie, entmutigen sie, vertreiben sie, schüchtern sie ein, machen sie klein, brav, gefügig, demonstrieren unsere Macht, und hochentwickelte, machtvolle Institutionen — Militärapparat, Kirchen, Gerichtsbarkeit — existieren, deren Hauptfunktion faktisch darin besteht, Menschen Angst zu machen und mit Hilfe der Angst zu kontrollieren, d.h. unerwünschtes Verhalten zu verhindern und erwünschtes zu erzwingen.

---

1 vgl. TEXTOR, 1968

In alltäglichen Erklärungen für menschliches Verhalten, insbesondere das jeweils eigene, wird allerdings vergleichsweise selten auf Angst Bezug genommen. Man fühlt sich da nicht etwa bedroht oder geängstigt, sondern „unwohl" oder allenfalls „verunsichert", vor Prüfungen oder gefährlichen Unternehmungen hat man nicht etwa Angst, sondern einen „Bammel" oder „Schiß" oder „Lampenfieber", riskante Entschlüsse zu fassen fürchtet man nicht etwa, sondern ist „nur noch etwas unsicher" oder „zögernd", wichtige Entscheidungen erwartet man nicht „ängstlich", sondern „gespannt" oder allenfalls „nervös", vor allem folgt man keinesfalls aus Angst den bestehenden gesellschaftlichen Zwängen, sondern handelt wie man soll stets aus „Pflichtgefühl", „Gewissen" und „Einsicht" ...

Kurz: *Angst wird im Alltag nur selten offen besprochen*, statt dessen zumeist verborgen, umschrieben, verleugnet. Und das mit gutem Grund, werden wir doch a) alle — besonders die Angehörigen des männlichen Geschlechts — oft genug für den Ausdruck oder die Äußerung von Angstgefühlen direkt (z.B. mit Verachtung) oder indirekt (z.B. mit Mißerfolg) bestraft, andererseits b) ständig mit angstlosen Helden und Vorbildern konfrontiert, und haben wir doch c) alle oft genug erfahren, welche Vorteile es in der Kommunikation und Auseinandersetzung mit anderen bringt, wenn man seine Angst erfolgreich verbergen kann.

In den USA, dem Land der männlich-strahlenden Zuversicht, geht diese Verleugnung anscheinend besonders weit. Dort scheint selbst im Bereich der Psychologie Angst im großen und ganzen nur bei Kindern, Frauen und „Neurotikern" angenommen zu werden; in einem Buch mit dem Titel „Die Psychologie der Angst"[2] ist unter der Überschrift „Die Angst im täglichen Leben" von nichts weiter die Rede als von Angst vor Krankheit, Operationen, Zahnbehandlung, Tod sowie infolge verminderter Stimulation durch die Umgebung und sensorischer Überlastung; Angst in der Schule, insbesondere als Reaktion von Schülern auf Mißerfolg, Repression und Bestrafung scheint den meisten Texten der pädagogischen Psychologie zufolge praktisch nicht vorzukommen[3]; in entsprechender Weise wird in den Texten der Sozialpsychologie[4] allem Anschein nach nirgends realisiert, daß Menschen einander Angst machen, voreinander Angst haben, vermittels Angst übereinander Macht ausüben; in psychologischen Experimenten werden Studienanfänger (als Versuchspersonen) von einem vermeintlichen Professor gedemütigt, blamiert, als dumm beschimpft und anschließend nur danach gefragt, wie weit sie „verärgert" (*„angry"*) seien — daß sie verängstigt oder verunsichert sein könnten,

---

[2] LEVITT, 1971
[3] z.B. LINDGREN, 1967; DECECCO, 1968; GIBSON, 1972
[4] z.B. KRECH et al., 1962; SECORD & BACKMAN, 1964; MCDAVID & HARARI, 1968

kommt gar nicht in Frage[5]. (Diese Unfähigkeit, Angst im menschlichen Alltagsverhalten zu erkennen und ernstzunehmen, dürfte auch ein wesentlicher Grund dafür sein, daß die überaus reichen Befunde der amerikanischen Experimentalpsychologie angstmotivierten tierischen Verhaltens (s. Kap. 5) bisher kaum für die Humanpsychologie fruchtbar geworden sind.)

Hier wird nun demgegenüber ganz entschieden die These vertreten, daß Angst eine Realität ist und als solche motivierend, hemmend oder modifizierend sehr viel — aber wohlbemerkt nicht alles — menschliche Verhalten bedingt oder mitbedingt, und daß folglich das alltägliche Verhalten des zivilisierten Menschen wesentlich besser verstanden werden kann, wenn Angst als eine höchst wichtige Realität gesehen und ihre Mechanismen und Effekte verstanden werden.

113 Angst als Reaktion und als Zustand

Angst tritt immer auf *als Reaktion,* d.h. wird immer „ausgelöst", entsteht nicht von selbst.
Eine einmal ausgelöste *Angst-Reaktion* kann rasch vorübergehen oder mit etwas Verzögerung ausebben — man spricht dann von einem „Erschrecken" oder einer „Angstanwandlung" — sie kann aber auch in eine länger anhaltende Stimmung, einen *Zustand* („Unsicherheit", „Unruhe", „Furcht", „Angst") übergehen.

Was die Angst-Reaktion auslöst bzw. den Angst-Zustand unterhält, sind immer *kognitive Prozesse,* d.h. Wahrnehmungen und/oder Vorstellungen. Hierzu einige Erläuterungen:
Wahrnehmungen und Vorstellungen sind
a) erlebnismäßig,
b) der Lokalisation im Gehirn und
c) der Funktion nach
weitgehend gleichartige Prozesse[6].
Eine *Wahrnehmung* aber ist im Unterschied zu einer Vorstellung immer durch einen aktuell vorhandenen, *entsprechenden* Prozeß in einem Sinnesorgan bzw. durch einen aus der Außenwelt oder dem Innern des Organismus stammenden *entsprechenden* Reiz (Stimulus) vermittelt; die Wahrnehmung eines Automobils beispielsweise setzt voraus, daß von einem materiell-realen

---

5 Hokanson & Shetler, 1961; Hokanson & Burgess, 1962b
6 vgl. Konorski, 1967, Kap. 2, 3, 4; Klinke et al., 1968; Weinberg et al., 1970

Objekt, Automobil genannt, elektromagnetische Wellen (Licht) ausgehen, die Sehzellen in der Netzhaut des Auges erregen, d.h. dort als „Stimulus" wirken.

Zum Begriff "Stimulus" (Reiz, S):

ein durch physikalische Einwirkung (z.B. Licht, Schall) ausgelöster **Prozeß** in einem **Sinnesorgan**, der seinerseits einen (über mehrere Stufen verlaufenden) **afferenten Prozeß** (Reizverarbeitung) in Gang setzt, der gewöhnlich einen **zentralen Prozeß** (Wahrnehmung) erzeugt.

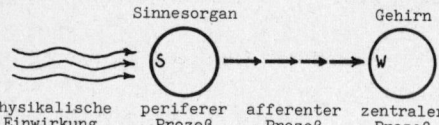

physikalische   periferer   afferenter   zentraler
Einwirkung   Prozeß   Prozeß   Prozeß

"afferent" ... zum "Zentrum" führend
"Zentrum" .... zentrales Nervensystem (ZNS) =
               Gehirn + Rückenmark
"zentral" .... im "Zentrum" stattfindend

- Sinnesorgane gibt es nicht nur im Auge (Netzhaut), Ohr (Cortisches Organ), Haut usw., sondern in großer Zahl und Vielfalt auch im Inneren des Organismus, in Muskeln, Sehnen und den meisten inneren Organen.
- Stimuli können sein
  - von verschiedener Modalität (visuell, akustisch..),
  - mehr oder weniger einfach bzw. komplex,
  - kurzdauernd - zeitlich erstreckt.
- In einem weiteren Sinn können auch **Vorstellungen** als Stimuli aufgefaßt werden, jedenfalls wie solche wirken.

Es können drei Arten von **zentralnervösen psychophysiologischen Prozessen** unterschieden werden:
- kognitive ("Erkenntnis"-) Prozesse
- emotional-motivationale Prozesse
- psychomotorische Prozesse

Unter den **kognitiven** Prozessen sind zu unterscheiden:
Wahrnehmungen (W) und **Vorstellungen** (V)

Jeder V-Prozeß
entspricht einem einmal stattgefunden W-Prozeß.
Entsprechende W- und V-Prozesse sind
- physiologisch-lokalisationsmäßig,
- erlebnismäßig und
- funktional
weitgehend äquivalent.

Aber:
W-Prozesse haben im Unterschied zu V-Prozessen immer eine **"reale Entsprechung"**; anders gesagt:
sie resultieren - anders als V-Prozesse - immer aus einem **entsprechenden** Prozeß in einem **Sinnesorgan**.

Vorstellungen dagegen werden *durch „nicht-entsprechende"* (bedingte) Stimuli bzw. Wahrnehmungen oder *durch andere Vorstellungen* ausgelöst; die visuelle Vorstellung eines Automobils z. B. kann ausgelöst werden sowohl durch das gehörte Wort „Auto" (nicht entsprechender akustischer Reiz) als auch durch den Anblick einer Landstraße (nicht-entsprechender visueller Reiz) als auch durch den Gedanken an das Wort „Auto" oder an eine Landstraße (nicht entsprechende Vorstellungen).

Vorstellungen gehen weiterhin selbst immer auf einmal dagewesene Wahrnehmungen zurück, d. h. *entsprechen einmal stattgefundenen, aber aktuell nicht vorhandenen Wahrnehmungen*; so kann die visuelle Vorstellung eines Autos nur aufkommen, wenn einmal ein Auto real oder abgebildet gesehen worden ist.

Aus einmal wahrgenommenen und infolgedessen vorstellbaren Elementen können vermittels Beschreibungen und „fantasierendem Denken" *neue Vorstellungen „zusammengebaut"* werden (z. B. die Vorstellung vom Atomkern mit herumflitzenden Elektronen, vom Tod als Sensenmann usw.).

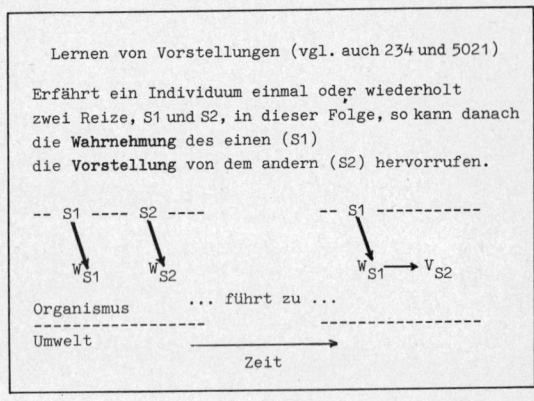

An der Auslösung und Aufrechterhaltung von Angst beim Menschen sind gewöhnlich Wahrnehmungen *und* Vorstellungen gleichzeitig beteiligt, so wenn z. B. jemand Angst bekommt beim Anblick eines Autos *und* einer dadurch ausgelösten Erinnerung an einen Verkehrsunfall.

114 Angst als subjektives Erlebnis

Angst ist „subjektiv", d.h. im privaten, anderen unzugänglichen Erleben erfahrbar und zumindest daher jedem unmittelbar bekannt. Die Sprache verfügt denn auch über eine Reihe von Formeln, dieses subjektive Erleben andern zu kommunizieren; man sagt z.B. „ich habe Angst", „ich fürchte mich", „ich fühle mich unsicher", „mir ist unheimlich", „mir graut", oder etwas spezifischer „ich habe Herzklopfen", „mir schlottern die Knie", „mir geht die Muffe".
Auch ist es möglich, dieses subjektive Angsterlebnis näher zu beschreiben (wobei diese Beschreibungen interindividuell in bemerkenswerter Weise übereinstimmen), etwa als verbunden mit einem Gefühl der Aufregung, der Spannung, der Beengung, der Flauheit im Magen usw.

In das subjektive Angsterleben gehen normalerweise außer diesen „inhaltslosen", rein *emotionalen,* auch *kognitive* Elemente, Wahrnehmungen und Vorstellungen, ein, und infolgedessen gibt es subjektiv-erlebnismäßig eine riesige Vielfalt verschiedener Angst- und Unsicherheitszustände, letztlich für jedes Individuum etwa ebenso viele wie es Angst-Auslöser plus zu fürchtende plus zu erhoffende Ereignisse kennt.

Wenn Angst als *„Gefühl", „Stimmung", „Affekt", „Emotion"* oder *„emotionaler Prozeß"* bezeichnet wird, so sind es vor allem diese subjektiv-erlebnismäßigen Dinge, auf die Bezug genommen wird. Hier aber wird im folgenden wenig von ihnen die Rede sein, denn für eine wissenschaftliche Betrachtung ist der subjektive Aspekt des Phänomens Angst im Grunde ohne Interesse; das Private, das der Beobachtung von außen Unzugängliche kann zwar Gegenstand der Poesie oder Philosophie sein, nicht aber einer objektiven Beschreibung oder Analyse; vor allem aber kann das *Erleben* als etwas Immaterielles, „Psychisches", prinzipiell nicht im Sinne einer Ursache, Bedingung oder Erklärung mit etwas Physischem, sinnlich Erfaßbaren, hier: mit dem *Verhalten* eines Organismus — und darum geht es in der Psychologie — in Verbindung gebracht werden.
Damit soll nun allerdings nicht gesagt sein, daß Berichte von Personen über ihr emotionales oder kognitives Erleben als Daten zur wissenschaftlichen Verarbeitung in jeder Hinsicht unbrauchbar seien.

115 Begleiterscheinungen von Angst

Etwas konkreter kann die Rede über Angst werden, wenn man die vielfältigen *physischen Veränderungen* betrachtet, die mit Angst einhergehen. Diese sind zum Teil für das Individuum selbst *wahrnehmbar,* insofern nämlich als sie in spezifischer Weise innere Sinnesorgane erregen (Interozeption), und gehen dann auch als kognitive.Elemente besonderer Art in das subjektive Angsterleben ein (z.B. als Wahrnehmung von Herzklopfen, fliegendem Atem, Knieschlottern); zum Teil sind sie auch von außen *beobachtbar* oder mit Hilfe von Apparaten *meßbar.*
Diese Begleiterscheinungen können teils als *physiologische,* teils als *verhaltensmäßige* bezeichnet werden, wenn auch zwischen diesen Begriffen keine klare Grenze zu ziehen ist.

1151 Physiologische Begleiterscheinungen von Angst

Was die ersteren betrifft, so ist festzustellen, daß Angst (wie übrigens auch Zorn) ein Zustand ist, in dem die Aktivität des *sympathischen* Teils des autonomen Nervensystems über die des parasympathischen Teils überwiegt; Angst ist ein „sympathischer Zustand".
Hieraus, teilweise aber auch aus der Eigenart des Zustands der Angst, resultieren einige ziemlich regelmäßig zu beobachtende physische Veränderungen[7]: Pulsbeschleunigung, Blutdruckzunahme, Erblassen, Schweißabsonderung, Zunahme der elektrischen Leitfähigkeit der Haut, Zunahme der Atmungsfrequenz, Pupillenerweiterung, Hemmung der Tätigkeit der Speichel- und anderer Verdauungsdrüsen bei Aktivierung der Darmmotorik, Steigerung der Harnproduktion, gesteigerte Produktion von Adrenalin und von 17-Hydroxycorticosteroid durch die Nebenniere und von Acetylcholin durch die Hypophyse.

1152 Verhaltensmäßige Begleiterscheinungen von Angst

Zum anderen kann Angst häufig auch „mit bloßem Auge" am Verhalten des Individuums erkannt werden. Angst geht oft einher mit *motorischer Unruhe,* unruhigem Schauen und Lauschen, verbunden mit Tendenzen zum Rückzug oder zur Flucht, nicht selten aber auch mit dem anscheinenden Gegenteil:

---

7 vgl. CANNON, 1929; HESS, 1948, Kap. 8; AX, 1953; CHAPMAN et al., 1954; FUNKENSTEIN, 1955; MASON et al., 1957; KISSEL & LITTIG, 1962; SIDMAN et al., 1962; KATKIN, 1965; SMITH & WENGER, 1965; CAMPBELL et al., 1966; HAYWOOD & SPIELBERGER, 1966; EPSTEIN & CLARKE, 1970; LADER & MATHEWS, 1970; MARKS et al., 1971; BOULOUGOURIS et al., 1971; PARÉ, 1972; ANDERSON & TOSHEFF, 1973; LANG, 1973

Regungslosigkeit, Erstarrung, Sich-Zusammenkauern, Sich-Verstecken, Sich-Unterwerfen, Sich-tot-Stellen, Sich-die-Ohren-Zuhalten, Verhaltensweisen, die wie motorische Unruhe mit erhöhter Muskelaktivität einhergehen, zugleich aber den Charakter spezifischer reflexhafter Reaktionen auf eine Bedrohung haben.
Weiterhin gehen mit Angst häufig einher: charakteristische Lautäußerungen (Weinen, Jammern, Winseln), Saugen und Daumenlutschen, monotones Sich-Wiegen, einmalige oder wiederholte Blasen- und/oder Darmentleerung[8].
Schließlich zeigt sich Angst auch in einer erhöhten Bereitschaft zu bzw. Intensität von bestimmten *Reflexen*, wie Lidschlag, Zusammenzucken, Rückzug („Flexion") einzelner Gliedmaßen (s. u. 321).

116 Angst als Trieb

Das weitaus Wichtigste, was zur Charakterisierung von Angst zu sagen ist und zugleich der letzte Grund für die psychologische Beschäftigung mit der Sache ist, daß Angst ein *motivationaler Zustand,* genauer gesagt: ein *Trieb* ist.

Unter einem „Trieb" wird hier im Einklang mit der wörtlichen Bedeutung des Ausdrucks etwas (ein Prozeß) verstanden, was „treibt", was einen Organismus zu Verhaltensweisen, namentlich zu ausdauernden und energieverbrauchenden, „veranlaßt", „bewegt", *„motiviert".*
Ein Trieb wird hier also ausdrücklich als etwas betrachtet, was „hinter" beobachtetem Verhalten liegt, es verursacht oder erklärt. (Im übrigen werden die Ausdrücke „Trieb" und „Motivation" als praktisch synonym gebraucht; der Ausdruck „Trieb" wird aber als eindeutiger vorgezogen, zumal „Motivation", kaum aber „Trieb", auch in einer weiteren Bedeutung gebraucht werden kann, nämlich so, daß darin das konkrete Ziel, auf das sich das Verhalten richtet und das eventuell in der Vorstellung des Subjekts, d. h. als kognitiver Prozeß, gegeben ist, mitgedacht wird.)

Neueren Erkenntnissen — vor allem der neurophysiologischen Forschung — zufolge kann, was den Menschen betrifft, eine begrenzte Anzahl (in der Größenordnung von zehn) Triebe angenommen werden, von denen Angst — neben vor allem Hunger, Sex, Stimulationshunger-Neugier und Zorn — einer der wichtigeren ist[9].

---

8 ARSENIAN, 1943; HARLOW & ZIMMERMAN, 1959; MASON, 1960
9 vgl. STELLAR, 1954; KONORSKI, 1967, Kap. 1

Wenn Angst als Trieb betrachtet wird, so hat das vor allem folgende Gründe:
- was verhaltensmäßig als Angst erscheint, resultiert nachweislich aus der Tätigkeit eines aktivierenden *zentralnervösen Steuerungssystems* oder „Triebzentrums" (s. u. 13);
- Angst in diesem Sinn kann nachweislich intensiv-ausdauernde Aktivitäten, sowohl unspezifische als auch „instrumentell gelernte", *veranlassen* und *unterhalten* (s. u. 1172, 1173 und vor allem 1315);
- unter Angst können neue „instrumentelle Verhaltensweisen" *gelernt* werden, wenn sie mit Angstreduktion „belohnt" werden (s. u. 1314 und Kap. 5);
- Angst kann *andere Triebe hemmen* (s. u. 34, 35).

Ein volles Verständnis und die Möglichkeit einer kritischen Beurteilung dieser zentral wichtigen These, daß Angst ein Trieb sei, wird sich erst aus dem Text als ganzem ergeben. Sie ist selbstverständlich nicht als „wahr" beweisbar, sondern nur als „zweckmäßig" begründbar, und selbst eine solche Begründung wird notwendigerweise immer irgendwie zirkulär sein.

Der Trieb-Aspekt der Angst ist übrigens auch im subjektiven Angsterleben enthalten; in Angst fühlt man sich ruhelos, bedrängt, gehetzt, „auf dem Sprung" usw.

117 Operationale Definitionen von Angst

1170 Angst als hypothetisches Konstrukt

Zwar besteht kein vernünftiger Grund zu bezweifeln, daß das, was jeder von sich selbst und aus der Kommunikation mit anderen als Angst kennt, ein bei allen höheren Organismen vorkommender Lebensvorgang (psychophysiologischer Prozeß) und als solcher eine *Realität* ist, doch muß zugleich zugegeben werden, daß Angst nicht ganz so real ist, wie etwa ein Atemzug, ein Lachanfall oder ein Wehgeschrei, wenn auch auf der andern Seite durchaus nicht weniger real, als etwa der Vorgang der Proteinsynthese, der Sauerstoffresorption, der Reizleitung im Nerven, an deren Realität kein Informierter zweifelt.
Kurz: Angst ist, wenn auch subjektiv erlebbar, *nicht direkt beobachtbar* (so wenig wie die eben genannten physiologischen Prozesse), vielmehr etwas auf Grund der Beobachtung des Verhaltens von Organismen und experimenteller Befunde unter Zuhilfenahme der subjektiven Erfahrung *Erschlossenes, Konstruiertes*.
Technisch gesprochen: Angst ist ein *„hypothetisches Konstrukt"*.

Hypothetische Konstrukte aber müssen, wenn sie wissenschaftlich verwendbar sein sollen, *operational definiert*, d.h. *unter Hinweis auf der allgemeinen Beobachtung zugängliche Erscheinungen* erklärt werden. Es müssen „Operationen", wenn möglich experimentelle, angegeben werden, die das Gemeinte in irgendeiner Weise sichtbar machen und genauer umschreiben.
Von den zahlreichen Möglichkeiten, Angst operational zu definieren, seien die folgenden drei genannt:

1171   Bedingte emotionale Reaktion (CER*)

Die einfachste experimentelle Demonstration von Angst ist die von Estes & Skinner (1941) beschriebene: Hungrige Ratten, die in einer sog. Skinner-Box — nach entsprechendem Vortraining — für gelegentliche Belohnung mit Futter in regelmäßigem Takt ein Pedal niederdrücken, d.h. aus Hunger „arbeiten", bekommen von Zeit zu Zeit einen länger anhaltenden Ton zu hören, dem jedesmal unmittelbar ein kurzer schmerzhafter elektrischer Schock durch das Bodengitter des Käfigs folgt; von Mal zu Mal mehr verlangsamen sie, sobald der Ton zu hören ist, die Arbeit am Pedal — die durch den schockavisierenden Ton hervorgerufene „bedingte emotionale Reaktion" (*conditioned emotional response*, CER), sprich Angst, hemmt das hungermotivierte Pedaldrücken.

Diese Demonstration ist in psychologischen Laboratorien in zahlreichen Varianten mit verschiedenen Versuchstieren (Fischen, Tauben, Affen) wiederholt worden[10], und immer wieder zeigte sich, daß hunger- und durstmotivierte Aktivitäten durch schockavisierende Signale unterdrückt werden — wie etwa auch einem Menschen beim Essen der Appetit vergehen kann, wenn er unvermutet bedroht wird oder eine beunruhigende Nachricht erhält.

Eine besonders instruktive CER-Demonstration ist die von Leaf & Muller (1965): Ratten erhielten in einer speziellen Kammer in einer ersten Sitzung viermal einen 10"-Ton, jedesmal gefolgt von einem 1"-Schock, wodurch der Ton zu einem Angst-Auslöser gemacht werden sollte; die Tiere einer Kontrollgruppe hörten nur viermal den Ton (und erhielten keine Schocks); die einer andern erhielten umgekehrt nur vier unavisierte Schocks, die einer dritten weder Töne noch Schocks.
Nach zwei Tagen, während denen die Tiere ohne Futter und Wasser gehalten wurden, bekamen sie in derselben Kammer Zugang zu einem Trinkschälchen,

---

* S. Verzeichnis der Abkürzungen S. 473
10 z.B. Geller, 1963; Brody, 1966; Lyon & Felton, 1966

das bei jeder Berührung mit der Zunge („*lick*") eine winzige Menge Zuckerlösung abgab, was zugleich von einem „Drinkometer" als Reaktion registriert wurde. Nach 100 „*licks*" wurde dann plötzlich für zwei Minuten der bewußte Ton präsentiert.

Die Tiere der zuerst genannten Gruppe, für die der Ton viermal einen Schock avisiert hatte, gaben während dieser Zeit das Trinken nahezu auf, machten in den zwei Minuten nur durchschnittlich 13 „*licks*"; die in den drei genannten Kontrollgruppen (weitere fünf Gruppen können hier unerwähnt bleiben) dagegen immerhin 109 bzw. 91 bzw. 77.

Damit ist nun eine operationale Definition von „Angst" gegeben, insofern als man sagen kann: *Was durch den schockavisierenden Ton hervorgerufen wird und das Trinken bzw. die das Trinken kontrollierende Motivation (Hunger und/oder Durst) hemmt, ist Angst.*

1172 Abschalten eines bedingten Angst-Reizes

Der schockavisierende Ton in dem eben beschriebenen Experiment kann, was weiter unten (23) noch näher zu erklären sein wird, als bedingter (gelernter) Angst-Reiz bezeichnet werden. In einem Experiment von BROWN & JACOBS (1949), dessen Ergebnis mehrmals mit gewissen methodischen Modifikationen repliziert worden ist[11], wurde gezeigt, daß Versuchstiere einen solchen Angst-Reiz wenn möglich abzuschalten lernen können und dann auch mit großer Ausdauer immer wieder abschalten:

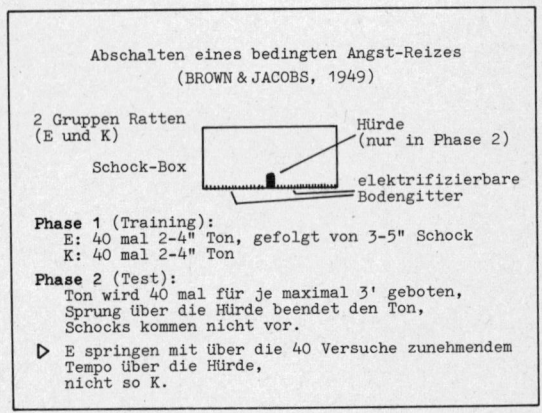

11 DELGADO et al., 1954; KNOLL et al., 1955; ROBINSON, 1961; GONZALES & SHEPP, 1962; NELSON, 1966; HOMZIE et al., 1969

10 Ratten (Experimental-(E-)Gruppe) wurde in einer speziellen Box an vier aufeinanderfolgenden Tagen je 10 mal ein Ton geboten und 2—4" nach dessen Einsetzen ein Schock von 3—5" Dauer, wobei Ton und Schock dann gleichzeitig endeten; der Ton sollte für sie zu einem bedingten Angst-Reiz werden. 10 andere Tiere (Kontroll-(K-)Gruppe) erhielten dieselben Töne, aber keine Schocks. Während der ebenfalls vier Tage dauernden Testphase (für alle Tiere gleich) war dann in der Mitte der Box eine kleine Hürde aufgebaut, die die Box in zwei Abteile trennte. An jedem Tag wurde der Ton 10 mal für je maximal 3 Minuten geboten, ein Sprung über die Hürde aber (gleichgültig, von welcher Seite) wurde mittels Fotozellen registriert und beendete ihn unmittelbar.

Die E-, nicht aber die K-Tiere, lernten, mit dieser einfachen Reaktion den Ton abzuschalten, d. h. gingen bei wiederholter Präsentation des Tones immer rascher, mit immer kürzerem Zögern über die Hürde.

Dies kann ebenfalls als eine Demonstration von Angst (speziell von Angst als Trieb) aufgefaßt werden: *Was hier als motivationale Voraussetzung für das Erlernen der (instrumentellen) „Abschalt-Reaktion" gegeben ist und die Ausführung dieser Reaktion jedesmal „motiviert", das Tier zu der Reaktion „treibt", ist die durch den mit Schock assoziierten Ton ausgelöste Angst.*

Die Reaktion selbst ist dementsprechend als eine „*angstmotivierte*", d.h. aus Angst heraus erfolgende oder an die Motivation der Angst „gebundene" zu bezeichnen.

1173 *Intensivierung von Vermeidungsverhalten*

Eine dritte Demonstration von Angst bzw. ihrer Wirkung stammt von Rescorla & LoLordo (1965):

Es wurde hier als Apparat eine sogenannte Shuttle-Box (von „*to shuttle*" = hinundherlaufen) verwendet, eine aus zwei mit elektrifizierbarem Bodengitter versehenen Abteilen bestehenden Box. Versuchstiere waren Hunde.

Sie wurden zunächst in einer besonderen Art von „Vermeidungsverhalten", sog. „*free operant*" oder — nach seinem Erfinder[12] — „Sidman-*avoidance-*", abgekürzt „*SAV-Verhalten*", trainiert; d.h. sie erhielten in regelmäßigen Intervallen von 10" sehr kurze (0,25") Schocks, sprangen sie aber über die die Abteile trennende Hürde, so verzögerte das den nächsten Schock um 30", das Ganze mit dem Ergebnis, daß sie lernten, regelmäßig (im Durchschnitt etwa 10 mal pro Minute) zwischen den Abteilen der Box hinundherzuspringen und so die meisten der programmierten Schocks zu vermeiden.

---

12 Sidman, 1953

Zwischen den insgesamt sieben einstündigen SAV-Sitzungen lagen außerdem noch fünf andere Trainingsstunden, die in jeweils nur einem Abteil der Box (bei gesperrtem Zugang zum anderen) stattfanden: In jeder dieser Stunden wurde den Tieren 36 mal ein Ton von 5″ Dauer geboten, dem nach einem Intervall von 2, 5 oder 8 Sekunden in der Hälfte der Fälle ein 5″-Schock, in der anderen Hälfte der Fälle ein anderer 5″-Ton folgte. Der erstgenannte Ton sollte ein Angst-Auslöser werden.

In einer Test-Sitzung, in der wieder SAV-Verhalten möglich, aber — da keine Schocks vorkamen — nicht nötig war, wurden dann die beiden Töne je 60 mal für 5″ geboten.

Es zeigte sich, daß die Tiere bei Darbietung des „Angst-Tons" im Durchschnitt ihre Reaktionsgeschwindigkeit beträchtlich beschleunigten, d. h. während der Ton-Präsentationen mit größerer Wahrscheinlichkeit über die Hürde sprangen als sonst (der andere Ton wirkte übrigens gegensätzlich, ein höchst bedeutsamer Befund, der aber an dieser Stelle nicht zu besprechen ist).

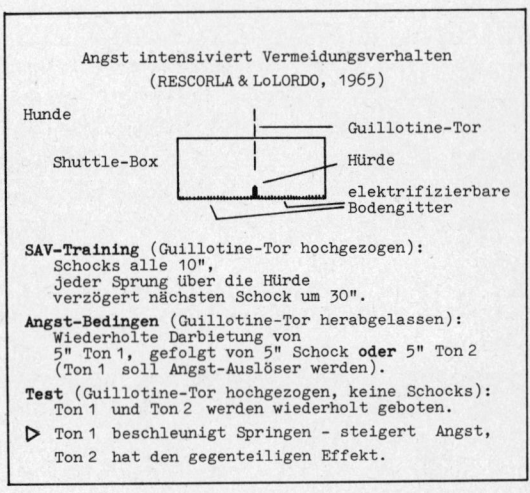

Dieses Experiment kann nun im Sinne einer operationalen Definition von Angst wie folgt gedeutet werden: *Was die Versuchstiere zur ständigen Ausführung des Vermeidungsverhaltens — speziell auch in der schockfreien Sitzung — motiviert und durch die Darbietung eines schockavisierenden Tons sozusagen „sichtbar" gesteigert wird, ist Angst.*

118 Angst als zentraler Prozeß

1180 Fixierung einer Position

Es muß nun bereits deutlich geworden sein, daß „Angst" nach der hier vorgetragenen Auffassung „mehr" ist als ein subjektives Erleben, auch „mehr" als ein Muster von physiologischen und verhaltensmäßigen Veränderungen, auch nicht „nur" ein hypothetisches Konstrukt, — vielmehr ein ganz realer, bei den meisten höheren Organismen in etwa gleichartig vorkommender Lebensvorgang, ein Prozeß, den unter bestimmten Voraussetzungen zu produzieren höhere Organismen sozusagen konstruiert sind.
Genauer: Angst wird aufgefaßt als ein in erster Linie *zentraler* Prozeß, als etwas was sich „primär" *im Gehirn* bzw. im Zentralnervensystem (deshalb „zentraler" Prozeß) abspielt und „sekundär" in sehr umfassender Weise andere Strukturen bzw. Funktionen des Organismus beeinflußt.

Diese Auffassung, die zugegebenermaßen einer Präzisierung und Differenzierung bedarf, die über das hinausgeht, was im Augenblick geleistet werden kann, steht im wesentlichen in Einklang mit den Auffassungen einiger vorwiegend biologisch-physiologisch orientierter Autoren wie CANNON (1927), STELLAR (1954) und vor allem KONORSKI (1967) und erscheint auch vereinbar mit den theoretischen Konzeptionen verschiedener Instinkt-Theoretiker wie THORPE (1948), TINBERGEN (1951) und HOLST & SAINT PAUL (1963), sowie einzelner Vertreter einer „Zwei-Prozeß-Lerntheorie"[13], namentlich MOWRER (1960).
Sie setzt sich ab vor allem gegenüber der bekannten JAMES-LANGE-Theorie[14], der zufolge Angst bloß eine Folge oder Begleiterscheinung der Reaktion auf bestimmte Reize ist, wie auch gegenüber den damit verwandten Auffassungen von SKINNER (1953), der die Annahme vermittelnder Zustände wie Angst ganz allgemein als für die Erklärung von Verhaltensweisen überflüssig ansieht und von DUFFY (1941), nach deren Ansicht Angst und Zorn nichts weiter sind als Bezeichnungen für nur durch die Zielrichtung des resultierenden Verhaltens charakterisierte „Anpassungen" an bestimmte Reizbedingungen. Sie setzt sich auch ab gegenüber den Vorstellungen von FREUD (1940 bzw. 1917), nach denen Angst eine nach einem höchst mysteriösen Mechanismus sich zwanghaft wiederholende „seelische" Reaktion — ursprünglich auf das Trauma der Geburt — ist, deren materiell-physiologische Basis zumindest keine Beachtung verdient, wie auch gegenüber HULL's Triebtheorie[15], der zufolge dem

---

13 vgl. RESCORLA & SOLOMON, 1967
14 vgl. COFER & APPLEY, 1964, Kap. 8
15 vgl. HILGARD, 1948, Kap. 5

Angst-Trieb allenfalls spezifische perifere Effekte, aber kein spezifischer zentraler Mechanismus entspricht.

Für die Auffassung, daß Angst ein spezifischer zentraler Prozeß sei, spricht vor allem folgendes:

1181 Komplexität der Angst-Reaktion

Angst stellt sich, wenn ausgeprägt, für den Beobachter dar als eine den ganzen Organismus betreffende komplexe Reaktion, bestehend aus einer Vielzahl von Einzelreaktionen, die bei verschiedenen Gelegenheiten, auf verschiedenen Entwicklungsstufen, bei verschiedenen Individuen einer Art und bei verschiedenen Arten in weitgehend gleicher Weise zusammen auftreten (vgl. o. 115). Es liegt nahe anzunehmen, daß dieser komplexen Reaktion ein *zentraler Kontrollmechanismus* entspricht, der alle die einzelnen Reaktionen verursacht und koordiniert.

1182 Angst-Bedingen unter Curare

In einigen Experimenten ist, wenn schon nicht bewiesen, so doch sehr wahrscheinlich gemacht worden, daß Angst hervorgerufen werden kann, ohne daß gleichzeitig äußere Zeichen davon, jedenfalls an der Skelettmuskulatur sichtbar werden, daß Angst also *zumindest mehr ist als die damit gewöhnlich verbundenen motorischen Begleiterscheinungen* (erhöhte Muskelspannung, Zittern, Kauern, Davonlaufen).

Solomon & Turner (1962) trainierten mehrere Hunde zuerst darin, auf ein Lichtsignal hin mit dem Kopf gegen ein Brett zu drücken, um das Lichtsignal zu beenden und einen drohenden Schock gegen eine Pfote zu vermeiden (diskriminative Vermeidungs-(DAV-)Reaktion).
Vor der zweiten Trainingsphase wurde den Tieren ein Curare-Präparat injiziert, bis sie skelettmuskulär gelähmt, d. h. völlig bewegungsunfähig — dabei allerdings wach und wahrnehmungsfähig — waren und künstlich beatmet werden mußten. In diesem Zustand bekamen die Tiere wiederholt und unregelmäßig abwechselnd zwei 15″-Töne verschiedener Frequenz zu hören, wobei der eine immer einen nach 10″ einsetzenden 5″-Schock avisierte, der andere nicht; insgesamt wurden die beiden Töne 50 bzw. 49 mal geboten.
Zwei Tage später, nachdem die Curarewirkung sich verflüchtigt hatte, wurden die Tiere erneut in den Apparat gebracht, wo sie nun wieder die Möglichkeit hatten, die Vermeidungsreaktion auszuführen. Alle drei Reize, die beiden

Töne und das Lichtsignal, wurden wiederholt für jeweils 15″ geboten; Schocks kamen nicht mehr vor.

Es zeigte sich, daß alle Tiere auf den mit Schock gepaarten Ton etwa gleich oft und rasch mit der gelernten Vermeidungsreaktion (Druck gegen die Platte) reagierten, wie auf das Lichtsignal; auf den anderen Ton wurde so gut wie nie reagiert.

Dieser Effekt[16] kann schwerlich anders erklärt werden, als mit der Annahme, daß die Tiere in der Curare-Phase gelernt hatten, auf den Gefahr-Ton mit Angst zu reagieren und in der Testphase dann aus dieser Angst heraus die vorher gelernte (angstmotivierte) Vermeidungsreaktion ausführten. Solches Lernen einer bedingten Angst-Reaktion aber findet sicherlich normalerweise nur statt, wenn die Angst-Reaktion in der Lernsituation auch tatsächlich stattfindet, d. h.: *die Tiere müssen trotz totaler Lähmung durch Curare Angst gehabt haben.*

Diese Annahme wird zusätzlich gestützt durch die Beobachtung, daß die Herzfrequenz-Reaktion auf einen schockavisierenden Reiz unter Curare die gleiche ist wie im Normalzustand[17].

1183 Angst und Adrenalin

Wie erwähnt geht Angst normalerweise einher mit der Ausschüttung von Adrenalin, vor allem durch das Mark der Nebennieren, und die physiologischen Begleiterscheinungen von Angst sind sicherlich zum Teil durch die Wirkungen dieses Hormons vermittelt. Dennoch ist Angst eindeutig „mehr" als ein komplexer Effekt von Adrenalin und überhaupt ganz sicher nicht die Folge, sondern eher die Ursache der Adrenalinausschüttung.

HAWKINS et al. (1960) gaben freiwilligen Versuchspersonen (Vpn) über zehn bis zwanzig Minuten hin Adrenalin-Infusionen und beobachteten dabei die meisten der mit starker Angst gewöhnlich einhergehenden Veränderungen: Pulsbeschleunigung, Zittern an Händen und Lippen, Veränderung der Stimme, Handschweiß, äußere Unruhe. Ihren Berichten zufolge aber verspürten die Vpn höchstens ein leises physisches Unbehagen, aber keine Angst. Entsprechend wurde an Ratten gezeigt, daß die Entwicklung einer bedingten emotionalen Reaktion (CER, s. o. 1171) durch eine vorhergehende Adrenalin-Injektion[18] ebensowenig beeinflußt wird wie durch die operative Entfernung des Nebennierenmarks[19].

---

16 vgl. auch LEAF, 1964; OVERMIER, 1966b, 1968
17 OVERMIER, 1968
18 STEWART & BROOKSHIRE, 1968
19 LESHNER et al., 1971

1184 Epileptische Angst-Aura

Angst kann auch allem Anschein nach unter Umständen ganz ohne äußeren Anlaß, „rein zentral", d.h. direkt im Gehirn entstehen. Dafür sprechen die Berichte von Personen mit epileptischem Fokus („Herd") im vorderen Schläfenlappen und unteren Stirnlappen (der Großhirnrinde), die häufig kurz vor oder an Stelle eines Anfalls eine kurzdauernde, unerklärliche, gegenstandslose Angst verspüren („Angst-Aura"), eine Angst, die sicher nicht identisch ist mit der Angst vor dem Anfall[20].

1185 Anstauslösung durch Hirnstimulation

In zahlreichen Experimenten an verschiedenen Organismen ist gezeigt worden, daß leichte elektrische Reizungen durch eingepflanzte Elektroden von ganz bestimmten Hirnteilen alle denkbaren angstartigen Effekte hervorrufen können, daß also Angst direkt im Gehirn auslösbar ist. Von diesen Experimenten wird weiter unten (131) noch ausführlicher zu sprechen sein.

119 Zusammenfassung

Angst wird in diesem Text betrachtet als ein bei höheren Organismen verbreitet vorkommender, in der Regel durch Außenreize hervorgerufener Prozeß oder Lebensvorgang, der von einem zentralen Kontrollmechanismus gesteuert wird und sich in vielfältiger Weise physiologisch und im Verhalten des Organismus auswirkt. Angst wird auch in spezifischer Weise subjektiv erlebt. Das für die Psychologie Wesentlichste ist, daß Angst als *Trieb*, d.h. als Ursache, Vermittler oder Erklärung für zahlreiche menschliche und tierische Verhaltensweisen — insbesondere auch soziale, auf andere sich auswirkende — angesehen werden kann; diese Auffassung wird durch einige der möglichen operationalen Definitionen von Angst gestützt.

---

20 MACRAE, 1954; URSIN, 1960; WILLIAMS, 1956

12 Zur Definition von „Sicherheit"

121 Sicherheit — ein übersehenes Phänomen

Man stelle sich folgende Situation vor: Jemand bewegt sich in aller Ruhe in einer vertrauten Umgebung, z.B. in seiner eigenen Wohnung, umher; plötzlich sieht er, z.B. in seinem Wohnzimmer in einem Lehnstuhl, einen Fremden. — Höchstwahrscheinlich wird er darauf emotional reagieren, und zwar mit Erschrecken, mit plötzlich einsetzender Unsicherheit, sprich Angst.
Dagegen folgende Situation: Derselbe Mensch befindet sich allein in einer fremden Umgebung, z.B. im Polizeipräsidium auf eine Vernehmung wartend; unvermutet taucht ein guter Freund auf. — Auch hierauf wird er emotional reagieren, jetzt aber höchstwahrscheinlich nicht mit Erschrecken oder Angst, sondern eher mit einem Aufatmen, einer Beruhigung, einem plötzlich einsetzenden Gefühl von „Sicherheit".

Mit diesen naiven Beispielen soll ein überaus wichtiger Sachverhalt aufgezeigt werden: *Es gibt nicht nur die uns allen vertraute emotionale Reaktion der Angst, sondern auch gegensätzlich dazu die emotionale Reaktion der Erleichterung oder Sicherheit.*
Beide können durch Reize *ausgelöst* werden und danach eventuell als *Zustand oder Stimmung* fortdauern.
Beide sind *spezifische emotionale Zustände*. Sie schließen einander aus, doch ist jeder *mehr als die bloße Abwesenheit des anderen*, denn es gibt dazwischen noch einen Bereich schlichter emotionaler Indifferenz.
Keiner von beiden ist „vor" dem anderen, man hätte genausogut einiges über Erleichterung-Sicherheit sagen können, ohne Angst zu erwähnen, wie oben von Angst geredet wurde, ohne Erleichterung-Sicherheit zu erwähnen, und auch die beiden Beispiele oben hätten genausogut in umgekehrter Reihenfolge gebracht werden können.

Daß dennoch in der Literatur wie auch im Alltag von Angst und Unsicherheit recht viel, von Erleichterung-Sicherheit dagegen höchst selten, insbesondere — außer bei Mowrer (1960) und Konorski (1967) — nicht im Sinne einer speziellen emotionalen Reaktion, gesprochen wird, hat wahrscheinlich folgenden einfachen Grund: Angst ist „problematisch", aktiviert, läßt einen nicht in Ruhe, treibt zum Handeln, läßt sich nicht ignorieren; Erleichterung-Sicherheit dagegen ist uns zwar ebenso vertraut wie Angst, aber ihrem Wesen nach unauffällig, nicht-aufmerksamkeitserregend, „unproblematisch"; als etwas Unproblematisches aber drängt sich Erleichterung-Sicherheit auch als Gegenstand problemorientierter Forschung nicht gerade auf.

Es wird sich jedoch zeigen, daß eine einigermaßen umfassende und praxisrelevante Theorie des problematischen Phänomens Angst um eine eingehende Betrachtung des Phänomens Erleichterung-Sicherheit nicht herumkommt.

122 Erscheinungsformen von Sicherheit

Für die Bezeichnung dessen, wovon die Rede ist, verfügt die Sprache, wie auch im Falle von Angst, über eine ganze Reihe von Ausdrücken: Ruhe, Gelassenheit, Sicherheit, Sicherheitsgefühl, Wohlbehagen, Geborgenheit, Zufriedenheit, Entspannung, Erleichterung; in der englischsprachigen Literatur ist am häufigsten von *„relief"*, *„security"* und *„relaxation"* die Rede.
Hier wird im folgenden vornehmlich der Ausdruck „Sicherheit" verwendet werden; er hat den Vorzug, daß er zunächst an einen objektiven Zustand denken läßt, an eine Situation, an Bedingungen in der Umwelt — anders als der Ausdruck „Sicherheitsgefühl", der zweifellos etwas mehr Subjektives und Erlebnismäßiges bezeichnet. Auch der Ausdruck „Erleichterung" erscheint weniger günstig, weil damit zwar die Vorstellung einer emotionalen Reaktion, aber nur schwer die eines anhaltenden Zustands zu verbinden ist.

123 Sicherheit als Reaktion und als Zustand

Wie Angst wird Sicherheit gewöhnlich hervorgerufen und gegebenenfalls aufrechterhalten durch äußere und eventuell auch innere Reize sowie durch Vorstellungen, *jedenfalls durch kognitive Prozesse.*
Wenn Sicherheit plötzlich einsetzt, wie in dem Beispiel oben oder beim Eintreffen eines positiven Bescheids in einer ungewissen Angelegenheit oder beim Ausbleiben eines drohenden Ereignisses, so spricht man von *Erleichterung.* Diese Reaktion kann in einen anhaltenden Zustand übergehen, wie sich ein solcher übrigens auch allmählich ohne einen speziellen „Initialstimulus" entwickeln kann. Den Zustand von Sicherheit verkörpert z.B. das satt lächelnde Baby auf dem Arm seiner Mutter oder auch ein reicher Bourgois, der zufrieden über seine Besitztümer hinschaut, ein Buddha, der freundlich aus fetten Augen strahlt usw.
Das Auftreten von Sicherheit setzt wohlbemerkt Angst nicht voraus, genausowenig wie umgekehrt; Sicherheit ist wie gesagt nicht einfach die Abwesenheit von Angst oder die Reaktion beim Aufhören von Angst. Es ist durchaus möglich, einen nicht unzufriedenen Säugling aus seinem Bett zu nehmen und

durch Körperkontakt und Wiegen in einen ausgeprägten Zustand von Wohlbehagen zu versetzen, wie überhaupt vorhandene Sicherheit durch hinzukommende Reize immer noch gesteigert bzw. „vertieft" werden kann.

124 Sicherheit als subjektives Erlebnis

Genauso wie Angst ist auch Sicherheit subjektiv-erlebnismäßig erfahrbar, und es gibt sprachliche Formeln, dieses Erleben zu kommunizieren: Man sagt etwa: „Ich fühle mich wohl/ruhig/unbeschwert/angenehm faul" oder „mir geht es gut", „mich kann nichts erschüttern"; oder, um Erleichterung zu bezeichnen: „Ich atme auf", „mir fällt ein Stein vom Herzen", „ich bin eine Sorge los" usw.

125 Begleiterscheinungen von Sicherheit

Im Gegensatz zu Angst ist Sicherheit ein *parasympathisch* dominierender Zustand, verbunden mit geringer elektrischer Leitfähigkeit der Haut, eher langsamem und gleichmäßigem Herzschlag, gleichmäßiger und tiefer Atmung. Entsprechend ist das beobachtbare Verhalten gekennzeichnet durch: geringe muskuläre Spannung, ruhig-langsame Bewegungen, gelassene bis „heitere" Aufmerksamkeit, geringe Aktivität; soweit Aktivität vorkommt, ist sie eher spielerisch und exploratorisch (Beobachten, Herumschauen, Untersuchen, Umhergehen) als zielgerichtet.
Auch mehr spezifische „Ausdrucksformen" von Sicherheit scheinen vorzukommen, z. B. Lächeln beim Menschen oder Schnurren bei Katzen.

126 Sicherheit als Antitrieb

Sicherheit und Angst sind demnach als zwei in manchen Hinsichten gleichartige, aber gegensätzliche und antagonistische (einander entgegenwirkende) Prozesse aufzufassen. Diese Annahme gründet vor allem auf folgenden Überlegungen und Tatsachen:
- subjektiv-erlebnismäßig stellt sich Sicherheit wie besprochen als ein von anderen Zuständen unterschiedener, *eigenartiger emotionaler Zustand*, als „mehr als Abwesenheit von Angst" dar;

- Angst wird hin und wieder, z.B. bei plötzlicher Beendigung einer Bedrohung, *sehr unmittelbar und spürbar abgeschaltet,* die mit Angst einhergehenden Veränderungen können unter Umständen von einem Augenblick zum anderen verschwinden, was nur durch die Annahme eines speziellen hemmenden Mechanismus plausibel zu erklären ist;
- genauso wie es Stimuli gibt, die auf Grund von Lernen Angst hervorrufen (z.B. ein schockavisierender Ton), gibt es *Stimuli, die auf Grund von Lernen Sicherheit-Erleichterung hervorrufen* (z.B. eine Entwarnungssirene, ein freundliches Lächeln), technisch gesprochen: sowohl Angst als auch Sicherheit sind „klassisch bedingbar" (s.u. Kap. 2);
- es gibt einige experimentalpsychologische und neurophysiologische Befunde (s.u. 127 und 14), die die Annahme eines spezifischen Sicherheits-Mechanismus direkt stützen bzw. plausibel machen.

Sicherheit ist nun aber wohlbemerkt *kein Trieb.* Sicherheit aktiviert nicht, regt nicht auf, sondern beruhigt, macht nicht wach, sondern erleichtert eher das Einschlafen (allerdings nicht so, daß Sicherheit notwendigerweise schläfrig machte), treibt nicht, sondern „bremst" eher und *wirkt niemals als Motivation* („treibende Kraft") zu irgendwelchen Aktivitäten. M.a.W.: *alles was zur Begründung der Auffassung angeführt werden kann, daß Angst ein Trieb sei, trifft auf Sicherheit nicht zu.* Sicherheit ist alles, nur kein Trieb, vielmehr, um einen Ausdruck von Konorski (1967) zu übernehmen, ein *„Antitrieb",* ein dem Angst-Trieb entgegen-(anti-)wirkender Mechanismus.

127 Operationale Definitionen von Sicherheit

Bei „Sicherheit" als einem ausgesprochen ungebräuchlichen und recht indirekt hergeleiteten Begriff ist es noch notwendiger als bei „Angst", klärende operationale Definitionen zu geben. Die folgende Auswahl ist der oben (117) gegebenen parallelisiert:

1271 Bedingen von Angst-Hemmung

Kopa et al. (1962) trainierten Katzen in einer speziellen Box mit elektrifizierbarem Bodengitter und einklappbarer isolierter Plattform in einem einfachen Vermeidungsverhalten: Nachdem die Tiere einige Zeit auf dem Gitter in Ruhe gelassen worden waren, wurde die Plattform ausgeklappt und zugleich ertönte ein klickendes Geräusch; 5 Sekunden danach wurde das Gitter unter Strom gesetzt; durch Sprung auf die Plattform konnten die Tiere sich retten, oder,

wenn sie die Reaktion rechtzeitig noch während des Warnsignals ausführten, den Schock vermeiden. Sie konnten dann jeweils eine Zeitlang auf der Plattform bleiben, bis diese eingeklappt wurde, womit sie auf das Bodengitter zurückgezwungen wurden. Nach einiger Zeit begann dann der nächste Versuch.
Bald zeigten die Tiere auf dem Gitter und auf der Plattform ganz charakteristisch unterschiedliches Verhalten: Auf dem Gitter, das zu einem bedingten Angstreiz geworden war, liefen sie unruhig, mit allen Zeichen von Angst umher; auf der Plattform aber pflegten sie sich hinzulegen, sich zu entspannen und eventuell sogar zu schnurren und sich zu putzen — sie war offenbar zu einem bedingten Sicherheitsreiz geworden.

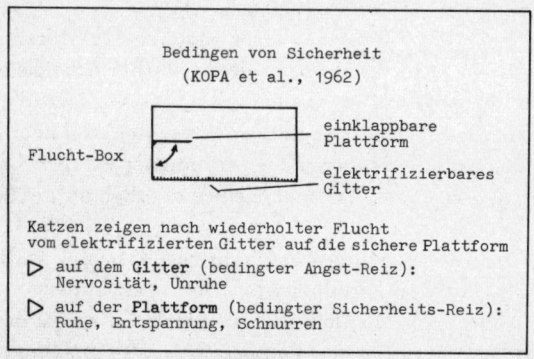

Schlußsatz: *was hier die Veränderung des Verhaltens der Versuchstiere von Unruhe-Spannung zu Ruhe-Entspannung bewirkt, ist das Eintreten von Sicherheit, ausgelöst durch die von der Plattform ausgehenden Reize.*

1272 Herstellung bedingter Sicherheitsreize

Bedingte Angstreize werden, wie oben besprochen und illustriert, wenn möglich abgeschaltet. Umgekehrt ist gezeigt worden, daß bedingte Sicherheitsreize, jedenfalls in einer Angstsituation, wenn möglich hergestellt, „produziert" werden.
Rescorla (1969a) trainierte, ähnlich wie in dem unter 1173 beschriebenen Experiment, Hunde zunächst in abwechselnden Sitzungen in Sidman-Avoidance (SAV) und in Angst/Sicherheits-Bedingen.
Im ersteren erhielten die Tiere, in Gurten aufgehängt, regelmäßig alle 10″ kurze elektrische Schocks und hatten zwei gleichwertige Pedale zur Verfügung, deren Betätigung den nächsten Schock jeweils um 30″ verzögerte; durch eine

besondere Programmierung — nach 2' ununterbrochener Betätigung eines Pedals wurde dieses ineffektiv, bis wenigstens einmal zwischendurch das andere betätigt wurde — wurden die Tiere gezwungen, beide Pedale in etwa gleichmäßig zu benutzen.
Nach 9 SAV-Sitzungen wurden sie dann an 5 Tagen ohne die Pedale und ohne zu vermeidende Schocks behandelt: Es wurden ihnen unregelmäßig abwechselnd, insgesamt je 90 mal, zwei Stimulusfolgen geboten:
a) 2" Verdunkelung, nach 8" gefolgt von einem kurzen Schock und
b) 2" Verdunkelung, nach 7" gefolgt von einem kurzen, harmlosen Ton.
Bald zeigte sich, daß Verdunkelung als bedingter Angstreiz wirkte und Unruhe und Spannung auslöste, der harmlose, anstelle von Schock auftretende Ton dagegen als bedingter Sicherheitsreiz, auf den sichtbar mit Beruhigung und Entspannung reagiert wurde (vgl. o. 1271).
Schließlich wurden die Tiere, nach einer weiteren SAV-Sitzung (zur „Auffrischung"), in der SAV-Situation, in der weiterhin Schocks zu vermeiden waren, getestet. Beide Pedale funktionierten schockverzögernd und es bestand kein Zwang, sie abwechselnd zu betätigen; das eine Pedal aber — periodisch abwechselnd das rechte und das linke — produzierte außer Schock-Vermeidung jenen Sicherheits-Ton, das andere einen deutlich unterschiedenen Kontroll-Ton.
Die entscheidende Beobachtung war dann, daß dasjenige Pedal, das jeweils gerade den Sicherheits-Ton produzierte, vorgezogen wurde.
Im Sinne einer operationalen Definition von Sicherheit wird man sagen können: *Der Zustand, der durch den Ton hervorgerufen wird und sich auch im Verhalten beobachtbar zeigt und der von den Versuchstieren in der Angstsituation immer wieder produziert wird, ist Sicherheit.*

1273 Hemmung von Vermeidungsverhalten

In dem unter 1173 beschriebenen Experiment wurde bereits nebenbei erwähnt, daß dort ein Ton, der gelegentlich anstelle eines Schocks aufgetreten war, angstmotiviertes Vermeidungsverhalten zu hemmen vermochte. Der damit aufgezeigte Sachverhalt ist von so grundlegender Bedeutung, daß hier noch ein zweites, in Anlage und Ergebnis ähnliches Experiment angeführt werden soll:
GROSSEN & BOLLES (1968) trainierten eine Gruppe Ratten (drei Kontrollgruppen seien hier übergangen) in abwechselnden Sitzungen einerseits in SAV-Verhalten, andererseits in Bedingen von Sicherheit.
Das SAV-Training fand in einer Shuttle-Box statt, in der alle 5" Schocks gegeben wurden und das Hinüberwechseln zur anderen Seite den Schock jeweils um 30" verzögerte.

Das Bedingen von Sicherheit fand in einem abgetrennten Abteil der Shuttle-Box statt: Die Tiere erhielten da in unregelmäßigen Abständen von Zeit zu Zeit, durchschnittlich alle 90", unvermeidbare kurze Schocks; dazwischen wurden ihnen gelegentlich, insgesamt 90 mal, ein Ton von 5" geboten, dem innerhalb von 30" niemals ein Schock folgte, der also immer eine schockfreie „Atempause" von mindestens 30" avisierte.

In einem nachfolgenden Test in der Shuttle-Box zeigte sich dann, daß der Ton das angstmotivierte Vermeidungsverhalten hemmen konnte, d. h.: wenn er nach einem Hinüberwechseln zur anderen Seite ertönte, so erfolgte die nächste Reaktion mit deutlicher Verzögerung.

Dieses Experiment wäre wie folgt zu deuten: *Was hier das gelernte Vermeidungsverhalten bzw. die ihm zugrundeliegende Motivation Angst hemmt, ist Sicherheit, hervorgerufen durch den mit dem Ausbleiben von Schocks assoziierten Ton.*

128 Sicherheit — ein zentraler Prozeß

Nach dem Bisherigen kann nun natürlich auch Sicherheit nicht mehr anders denn als spezifischer zentraler, d. h. primär im Gehirn stattfindender Prozeß aufgefaßt werden. Wenn der Prozeß der Sicherheit in erster Linie die Funktion hat, den Prozeß der Angst, der als primär zentraler aufgefaßt wird, zu hemmen, und das u. U. sehr plötzlich und effektiv, so muß sich dieser Prozeß natürlich auf der gleichen Ebene abspielen, wie der der Angst.

Das hat zunächst die theoretische Konsequenz, daß wo immer unter natürlichen Bedingungen plötzliches Aufhören oder Hemmung von Angst beobachtet wird, sei es durch einen spezifischen physikalischen Reiz, durch Auftauchen einer vertrauten Person oder durch willkürlich herbeigeführte Entspannung, als das Wahrscheinlichste anzunehmen ist, daß dies durch Vermittlung des zentralen Prozesses Sicherheit geschieht.

129 Zusammenfassung

Auf Grund alltäglicher Beobachtungen, experimenteller Befunde und theoretischer Überlegungen wird ein zum Prozeß der Angst antagonistischer zentraler Prozeß angenommen und „Sicherheit" genannt. Sicherheit ist subjektiv-erlebnismäßig erfahrbar, hat physiologisch und verhaltensmäßig in etwa die gegenteiligen Effekte wie Angst und wird als wirksam vor allem dann angenommen, wenn Angst plötzlich oder dauerhaft reduziert oder gehemmt wird; Sicherheit kann aber auch auftreten, ohne daß Angst vorausgegangen ist. Psychologisch gesehen ist Sicherheit im Gegensatz zu Angst kein Trieb, nichts was Verhalten motiviert, sondern im Gegenteil, ein „Antitrieb".

13 Neurophysiologische Grundlage von Angst

130 Vorbemerkung

Die Annahme, daß Angst sich primär im Gehirn abspielt, ist, sofern Angst überhaupt erst einmal als realer Vorgang akzeptiert wird, kaum von der Hand zu weisen. Nicht ganz so unmittelbar zwingend ist die hier gemachte Annahme, daß es *fest umschriebene und lokalisierte* — noch dazu bei verschiedenen Organismen in etwa an denselben Stellen lokalisierte — *Strukturen* gibt, die den Prozeß der Angst hervorrufen, organisieren, kontrollieren bzw. *deren Aktivität letztlich den Prozeß der Angst ausmacht*; m. a. W.: die Annahme eines nach Art eines Organs spezialisierten „Angstzentrums" oder „Angstsystems" in den Gehirnen höherer Organismen.

Angst könnte ja auch ein unspezifischer Erregungsprozeß, nichts weiter als eine besondere Art von Aktivierung sein und, wenn schon nicht auf der Tätigkeit des gesamten Gehirns, auf dem nicht mehr überschaubaren Zusammenwirken der meisten seiner Teile beruhen. Diese letztere trifft auch genau genommen sicherlich zu, theoretisch wie praktisch wichtiger aber ist, *daß es eng umschriebene Hirnstrukturen gibt, die in ganz spezifischer Weise mit dem Prozeß Angst zu tun haben.*

131 Angstartige Effekte zentraler Stimulation

Die überzeugendsten Beweise für die Existenz von Angstsystemen in den Gehirnen verschiedener höherer Organismen stammen aus sogenannten *Hirnstimulationsexperimenten,* in denen mit Hilfe feinster, höchst exakt ins Gehirn eingepflanzter Elektroden Hirnstrukturen mit minimalen Stromstärken elektrisch stimuliert, die Effekte dieser Stimulation beobachtet und die Lokalisation der Elektrode in der Regel nachträglich durch Sektion verifiziert werden. Alle wesentlichen Effekte dessen, was vorwissenschaftlich oder wissenschaftlich sonst als Angst bezeichnet und gewöhnlich durch bestimmte Außenreize hervorgerufen wird, können auf diese Weise erzeugt werden. M. a. W.: es ist empirisch klargestellt, daß durch elektrische Stimulation gewisser Hirnstrukturen — und zwar immer wieder in etwa derselben — Effekte hervorgerufen werden können, die den Effekten „natürlicher" Angst in allen wesentlichen Hinsichten entsprechen.

1311 Subjektive Angsterlebnisse

In einem in seiner Art ziemlich einmaligen Experiment von CHAPMAN et al. (1954) wurden fünf *menschliche Vpn* mit epileptischen Funktionsstörungen im Schläfenlappen mehrmals via Elektrode in der darunterliegenden *Amygdala-Region* stimuliert. Vier von ihnen berichteten starke bis stärkste Gefühle gegenstandsloser Angst; verstärkte Stimulation bewirkte völlige Verwirrung und Unansprechbarkeit[1].

1312 Ängstliches Verhalten

URSIN (1960) beobachtete an Katzen bei Stimulation bestimmter Stellen der *Amygdala-Region* und auch im darüberliegenden Schläfenlappen der Großhirnrinde (das wahrscheinlich infolge Ausstrahlung der Stimulation) alle die üblichen äußeren Anzeichen von Angst: Unruhiges Suchen, Rückzug, Flucht, Verstecken, wie auch eine gewisse Nachwirkung der Stimulation.
Ähnliche Effekte sind auch durch Stimulation bestimmter Teile des *Hypothalamus* bei Tauben[2], Katzen[3], Hunden[4], Affen[5] und beim Opossum (Beutelratte)[6] sowie des *Zentralen Grau des Mittelhirns*[7] und des *Thalamus*[8] bei Katzen beobachtet worden.

1313 Bedingen zentral ausgelöster Angst

Eins vom Wichtigsten, was es über Angst zu sagen gibt, ist, daß Angst nach dem Muster des „klassischen Bedingens" bedingbar ist, d. h. daß *„neutrale" Reize, die der Auslösung von Angst vorausgegangen sind, selbst zu Angst-Auslösern werden können* (s. u. 23).
Wenn durch Hirnstimulation hervorgerufene, d. h. „zentral ausgelöste" Angst als „natürlicher" Angst gleichwertig angesehen werden soll, so müßte gezeigt werden können, daß auch sie klassisch bedingbar ist. Und das ist auch der Fall:

---

1 vgl. auch DELGADO, 1960
2 ÅKERMAN, 1966
3 HESS, 1949; COHEN et al., 1957; NAKAO, 1958; ROBERTS, 1958; FERNANDEZ DEMOLINA & HUNSPERGER, 1962; ROMANIUK, 1964, 1967
4 FONBERG, 1967
5 LILLY, 1957
6 ROBERTS et al., 1967; BERGQUIST, 1970
7 WADA et al., 1970
8 ROBERTS, 1962

FONBERG (1967) ließ, bei Hunden als Versuchsobjekten, wiederholt ein bestimmtes Signal einer angstauslösenden Hypothalamus-Stimulation vorausgehen und fand, daß das Signal, wie später auch die ganze Versuchssituation, bald auch allein (nach Art einer drohenden Vorwarnung) alle Effekte der zentralen Stimulation — Jaulen, Winseln, Schwanzeinziehen, ziellose motorische Unruhe, Fluchtversuche, Blasen- und Darmentleerung — auslösen konnte[9].

1314 Lernen von Vermeidungsreaktionen

Etwas anderes mindestens ebenso Wichtiges ist dies: Unter Angst als Motivation kann, wie weiter unten (Kap. 5) noch ausführlich zu besprechen sein wird, „instrumentelles Lernen" stattfinden, insbesondere Lernen von Vermeidungsreaktionen: Erhält ein Organismus einen *Warnreiz*, der nach seiner Erfahrung einen schädlichen oder sonstwie angstauslösenden Reiz avisiert, so wird er gewöhnlich auf diesen Warnreiz mit (bedingter) Angst reagieren und aus dieser Motivation heraus verschiedene Verhaltensweisen hervorbringen, „ausprobieren"; hat eine davon ein oder ein paar mal zur Folge, daß der Warnreiz aufhört und/oder das avisierte Ereignis ausbleibt, so wird diese Verhaltensweise beibehalten, d.h. gelernt.
In einigen Experimenten ist gezeigt worden, daß gewisse zentrale Stimulation als „aversives Ereignis" wirken kann, d.h. Angst auslöst derart, daß es, wenn durch einen neutralen Reiz avisiert, wenn möglich vermieden wird:
In dem schon oben zitierten Aufsatz von FONBERG (1967) wird unter anderem auch (genauer gesagt: hauptsächlich) folgendes Experiment berichtet: Insgesamt 14 Hunde mit Stimulationselektroden in verschiedenen Hypothalamus-Bereichen wurden auf Grund eines Stimulationsvortests in drei Gruppen aufgeteilt: a) solche, bei denen die Stimulation Angst mit Fluchttendenz (vgl. 1313) auslöste (5 Tiere), b) solche, bei denen sie Angst mit Verteidigungstendenz (d.h. wahrscheinlich auf Grund „zweideutiger" Lokalisation der Elektrode gleichzeitig Angst und Zorn) auslöste (5 Tiere) und c) solche, bei denen sie Zornzeichen und Angriffstendenz auslöste (4 Tiere).
Alle Tiere erhielten dann insgesamt 150 mal einen Warnton gefolgt von zentraler Stimulation; Anheben eines bestimmten Beines (als Vermeidungsreaktion) schaltete den Ton ab und verhinderte die zentrale Stimulation.
Es zeigte sich, daß alle Tiere der Gruppe a innerhalb von höchstens 120 Versuchen lernten, bei Präsentation des Tones jedesmal prompt das betreffende Bein anzuheben. Bei den übrigen Tieren wurden keine sicheren Anzeichen von Vermeidungslernen festgestellt.

---

9 ähnlich: DELGADO et al., 1954; NAKAO, 1958; MORGAN & MITCHELL, 1968

Ähnliche Experimente sind auch mit Katzen[10] und Ratten[11] erfolgreich durchgeführt worden.

1315 Auslösung gelernter Vermeidungsreaktionen

Gelernte Vermeidungsreaktionen sind wie angedeutet sehr wahrscheinlich durch Angst motiviert bzw. vermittelt d.h. werden ausgeführt, wenn und nur wenn Angst vorhanden ist; sie müßten demnach, sofern die entsprechende äußere Situation gegeben ist, auch auftreten, wenn die motivierende Angst zentral ausgelöst wird, statt wie üblich durch einen äußeren Warnreiz. Auch das ist der Fall:

DELGADO et al. (1956) trainierten einige Rhesusaffen zunächst, auf einen bestimmten hohen Ton hin eine von zwei Schalen umzudrehen, um den Ton zu beenden und einen sonst folgenden Schock zu vermeiden (diskriminative Vermeidungsreaktion; s. u. 504, 52), wie auch auf andere Signale hin eine andere Schale umzudrehen, um Futter zu erhalten.

Später erhielten die Tiere anstatt äußerer Signale zentrale Stimulationen in diversen Stellen des Stammhirns.

Es zeigte sich, daß Stimulation in bestimmten Teilen des Amygdala-Kerns und des Hypothalamus sowie in einigen weiteren Stammhirngebieten regelmäßig und nur die Vermeidungsreaktion, d.h. vermutlich Angst, auslösten, während die Stimulation in anderen Gebieten ebenso konstant die futterbelohnte Reaktion hervorrief[12].

1316 Bestrafung durch zentrale Stimulation

Bestrafung einer Verhaltensweise führt bekanntlich dazu, daß sie in Zukunft nur noch zögernd ausgeführt oder ganz unterlassen wird; dieser Effekt ist, wie weiter unten noch ausführlicher zu besprechen sein wird, sehr wahrscheinlich in der Regel durch Angst vermittelt.

DELGADO et al. (1954) fanden, daß Katzen, die bei Annäherung an eine Schale mit begehrtem Futter mehrmals in bestimmten Hirnteilen, in denen in vorangegangenen Tests diverse angstartige Reaktionen ausgelöst worden waren, stimuliert wurden, bald auf das Futter verzichteten.

Die zentrale Stimulation erwies sich als wirksame Bestrafung, was die Annahme stützt, daß durch sie tatsächlich Angst ausgelöst wurde[13].

---

10 DELGADO et al., 1954; COHEN, 1957; ROBERTS, 1958, 1962; ROMANIUK, 1964
11 WADA et al., 1970
12 vgl. auch DELGADO et al., 1954; NAKAO, 1958
13 ähnlich: NAKAO, 1958; GAULT & APPEL, 1966; COX, 1967; MORGAN & MITCHELL, 1968

132 Sonstige Evidenz für die Existenz eines zentralen Angstsystems

1321 Epileptische Angst-Aura

Wie schon erwähnt, erleben Patienten mit epileptischem Fokus im Schläfenlappen häufig vor oder anstelle des Anfalls intensive Angst. Dies gilt nun bemerkenswerterweise ausschließlich für solche Patienten, die einen Fokus im *Schläfenlappen* haben, d.h. in dem Bereich der Großhirnrinde, der über der darunterliegenden Amygdala-Region liegt[14].
Die epileptische Angst-Aura könnte dann sehr plausibel damit erklärt werden, daß eine krankhafte Aktivität in der Großhirnrinde auf die Amygdala-Region „überstrahlt", wo auch verschiedenen anderen Beobachtungen zufolge (s.o.) sehr wahrscheinlich ein Teil des Angstsystems lokalisiert ist.

1322 Effekte von Läsionen und Ablationen

In verschiedenen Experimenten an Katzen, Kaninchen und Ratten ist gezeigt worden, daß Zerstörung oder Isolierung derjenigen Teile der Amygdala-Region[15] und des Hypothalamus[16], die anderen Anzeichen zufolge zum Angstsystem gehören, zu Angstlosigkeit, Zahmheit und Verschwinden gelernten Vermeidungsverhaltens führen.

133 Struktur des Angstsystems

Angst kann formal aufgefaßt werden als eine (besonders komplexe) *Reflexreaktion,* insofern als für Angst wie für andere Reflexreaktionen gilt, daß sie in vorhersagbarer und interindividuell gleichartiger Weise durch bestimmte Reize (z.B. Schmerz, Lärm) ausgelöst werden kann. Reflexe aber laufen immer über „Reflexzentren", d.h. zentrale (im Gehirn und/oder Rückenmark gelegene) Umschaltstellen, wo im Ablauf eines Reflexes der hereinkommende (afferente) Prozeß in einen *bestimmten* hinausgehenden (efferenten) Prozeß „umgewandelt" wird[17].

---

14 MACRAE, 1954; WEIL, 1956; WILLIAMS, 1956
15 URSIN, 1960; BLANCHARD & BLANCHARD, 1972
16 BALINSKA et al., 1964; GROSSMAN & GROSSMAN, 1970
17 vgl. KONORSKI, 1967, S. 8f.

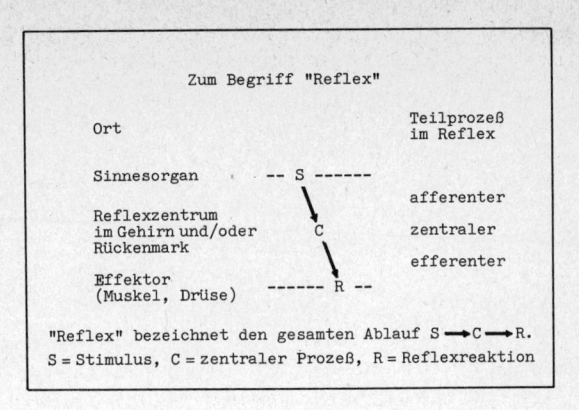

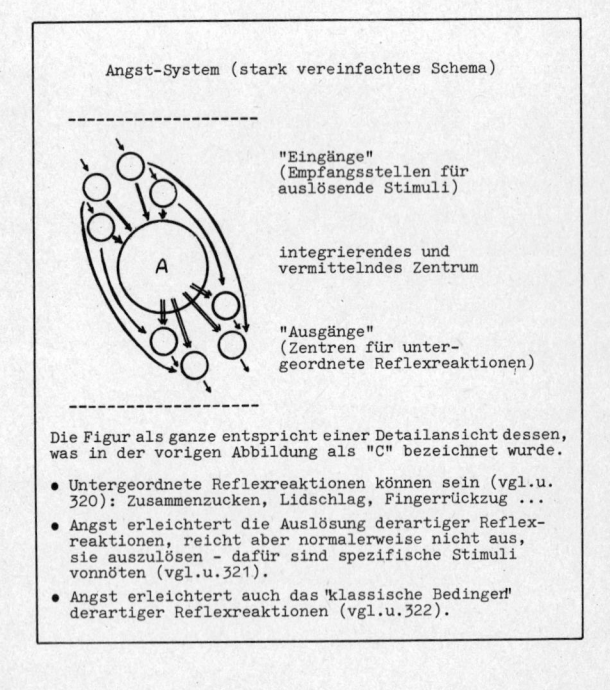

```
                    Zum Begriff "Reflex"

                                              Teilprozeß
            Ort                               im Reflex

       Sinnesorgan         -- S ------
                                              afferenter
       Reflexzentrum
       im Gehirn und/oder     C              zentraler
       Rückenmark
                                              efferenter
       Effektor           ------ R --
       (Muskel, Drüse)

       "Reflex" bezeichnet den gesamten Ablauf S ⟶ C ⟶ R.
       S = Stimulus, C = zentraler Prozeß, R = Reflexreaktion
```

```
            Angst-System (stark vereinfachtes Schema)

                                    "Eingänge"
                                    (Empfangsstellen für
                                    auslösende Stimuli)


                                    integrierendes und
                        A           vermittelndes Zentrum


                                    "Ausgänge"
                                    (Zentren für unter-
                                    geordnete Reflexreaktionen)


       Die Figur als ganze entspricht einer Detailansicht dessen,
       was in der vorigen Abbildung als "C" bezeichnet wurde.
       • Untergeordnete Reflexreaktionen können sein (vgl.u.
         320): Zusammenzucken, Lidschlag, Fingerrückzug ...
       • Angst erleichtert die Auslösung derartiger Reflex-
         reaktionen, reicht aber normalerweise nicht aus,
         sie auszulösen – dafür sind spezifische Stimuli
         vonnöten (vgl.u.321).
       • Angst erleichtert auch das 'klassische Bedingen'
         derartiger Reflexreaktionen (vgl.u.322).
```

Was hier „*Angstsystem*" genannt wird, kann demnach aufgefaßt werden als ein besonders komplexes *Reflexzentrum*, und zwar als ein in zweifacher Weise komplexes:

1. Es existiert eine *Vielzahl von Eingängen* für auslösende Reize (Angst kann, auch vor jedem Lernen, durch eine Vielzahl recht verschiedenartiger Reize ausgelöst werden) und auch eine entsprechende *Vielzahl von Ausgängen* oder

Zentren für speziellere, untergeordnete Reflexe (die Angstreaktion besteht wie besprochen aus einer Vielzahl zusammengehöriger Komponenten).

2. Das Angstsystem besteht, zumindest bei höheren Organismen, nicht nur aus einem Reflexzentrum, sondern mindestens aus *zwei Subzentren,* einem höheren, phylogenetisch jüngeren (in der Amygdala-Region gelegen) und einem primitiveren, phylogenetisch älteren (im Hypothalamus gelegen), wobei das erstere vor allem mit der Auslösung von Angst-Reaktionen durch komplexere Reize und mit dem Lernen und der Auslösung von bedingten Angst-Reaktionen (s. u. 23) zu tun hat[18].

---

18 vgl. KONORSKI, 1967, S. 33

14 Neurophysiologische Grundlage von Sicherheit

Es gibt ziemlich klare neurophysiologische Befunde, die auf die Existenz von zentralen Hemmungssystemen für *Hunger*[1], *Sex*[2] und *Zorn*[3] hinweisen[4]. Die Annahme eines zentralen *Angst*-Hemmungssystems — die außer bei KONORSKI (1967) auch noch nirgends so explizit gemacht worden ist wie hier und entsprechend auch experimentell nie geprüft worden ist — kann sich auf derartige Befunde zur Zeit nicht stützen.

Zu erwähnen wäre lediglich ein Experiment von PLOTNIK & DELGADO (1970), in dem an Rhesusaffen gezeigt wird, daß gewisse zentrale Stimulation das wahrscheinlich angstmotivierte reflexive *Unterwerfungsgrimassieren* (gegenüber einem überlegenen Angreifer) hemmen kann.

---

1 HETHERINTON & RANSON, 1942; WYRWICKA & DOBRZECKA, 1960; LEWINSKA, 1964; OOMURA, et al., 1964; HOEBEL, 1965
2 HILLARP et al., 1954; SCHREINER & KLING, 1954; LAW & MEAGHER, 1958; LISK, 1966
3 BARD, 1928; WHEATLEY, 1944; DELGADO, 1964; EICHELMAN, 1971
4 vgl. auch STELLAR, 1954

Kapitel 2
Ungelernte und gelernte Angst- und Sicherheits-Reaktionen

20	Vorbemerkung	47
21	Unbedingte Auslösung von Angst	49
	211 Direkt-unbedingte Auslösung von Angst	49
	212 Indirekte Auslösung von Angst	51
22	Unbedingte Auslösung von Sicherheit	54
	221 Direkt-unbedingte Auslösung von Sicherheit	54
	222 Indirekte Auslösung von Sicherheit	55
23	Bedingen von Angst	57
	231 Prinzip des Angst-Bedingens	57
	232 Beispiele	57
	2321 Experimente	57
	2322 Alltagsbeispiele	61
	233 Gesetzmäßigkeiten des Angst-Bedingens	62
	2331 Zeitrelation zwischen den Stimuli	63
	2332 Repetition	66
	2333 Intensität des zu bedingenden Stimulus	67
	2334 Intensität des bedingenden Stimulus	68
	2335 „Mitgebrachte" Angst	68
	2336 Manchmalige Bekräftigung	69
	2337 Lebensalter und Angst-Bedingen	70
	234 Mechanismus des Angst-Bedingens	71
	235 Symbolvermitteltes Angst-Bedingen und Selbst-Bedingen von Angst	75
	236 Stellvertretendes (vikariierendes) Angst-Bedingen	77
	237 „Instrumentelle Angst"	79
	238 Auslösung bedingter Angst-Reaktionen	80
	2381 Unwillkürlichkeit der BRa	80
	2382 Intensität des BSa	81
	2383 Zeitliche Nähe des BSa	81
	2384 Summation und Aufhebung	81
	2385 Generalisation	82

	2386 Vermittelte Angst-Auslösung	84
	2387 Inkubation	85
	2388 Retention	85
	239 Bedingte Angst-Auslöser im Alltag unserer Gesellschaft . . .	86
24	*Bedingen von Sicherheit*	94
	241 Prinzip des Sicherheits-Bedingens	94
	242 Beispiele	94
	2421 Experimente	94
	2422 Alltagsbeispiele	102
	243 Gesetzmäßigkeiten des Bedingens und der Auslösung von Sicherheit	104
	244 Bedingte Sicherheits-Auslöser im menschlichen Alltag	105

20 Vorbemerkung

Angst wie auch Sicherheit werden wie angedeutet nach Art von Reflexen unter natürlichen Bedingungen immer hervorgerufen durch *kognitive Prozesse* bzw. durch „*Reize*", sofern man sowohl Veränderungen der äußeren als auch der inneren Reizsituation als auch Vorstellungen als solche bezeichnen will. Gewisse Reize können Angst bzw. Sicherheit *ohne vorangegangenes Lernen* und im Prinzip bei allen Angehörigen einer Art hervorrufen; sie werden als „primäre" oder „unbedingte" Angst bzw. Sicherheits-Auslöser bezeichnet,

Angst kann ausgelöst werden ...		
	unbedingt	**bedingt**
direkt - durch Auftreten eines (Angst-) Reizes (USa oder BSa)	z.B. durch Schmerzreize, plötzlichen Lärm, rasche Annäherung eines Gegenstandes, Atemnot	z.B. durch schmerzavisierende Signale, Drohung mit Aggression oder Verlassen
indirekt - durch Verschwinden oder Ausbleiben eines vorhandenen bzw. erwarteten (Sicherheits-) Reizes (USe oder BSe)	z.B. durch plötzlichen Verlust von körperlichem Kontakt (USe), Verlust eines vertrauten Gegenstandes (BSe), Nicht-Antreffen einer geliebten Person (BSe)	Anm.: Alle diese Auslöser können auch als Vorstellungen auftreten und wirksam sein

Sicherheit kann ausgelöst werden ...		
	unbedingt	**bedingt**
direkt - durch Auftreten eines (Sicherheits-) Reizes (USe oder BSe)	z.B. durch körperlichen Kontakt, Saugen, Lächeln	z.B. durch Stimme der Pflegeperson, freundliche Worte, Erscheinen eines 'Retters in der Not'
indirekt - durch Verschwinden oder Ausbleiben eines vorhandenen bzw. erwarteten (Angst-) Reizes (USa oder BSa)	z.B. durch plötzliches Aufhören von Schmerz (USa), Verschwinden einer Bedrohung (BSa)	Anm.: Alle diese Auslöser können auch als Vorstellungen auftreten und wirksam sein

abgekürzt: „USa" bzw. „USe" („U" für „unbedingt", „S" für „Stimulus", „a" für „Angst", „e" (von „Erleichterung") für „Sicherheit" (da „s" für „Sex" vorbehalten bleiben soll)).
Andere Reize, und diese sind eindeutig in der Mehrheit, können — bei einzelnen Individuen — Angst bzw. Sicherheit hervorrufen auf Grund von *assoziativem Lernen* (s.u. 5021) oder („klassischem" oder „Pawlowschem") *Bedingen*; sie werden als „sekundäre" oder „bedingte" Angst bzw. Sicherheits-Auslöser bezeichnet, abgekürzt: „BSa" bzw. „BSe" („B" für „bedingt", sonst wie oben).
Angst wie auch Sicherheit können weiterhin sowohl
a) „*direkt*", d.h. durch *Auftreten* eines Reizes, als auch
b) „*indirekt*", d.h. durch plötzliches *Aufhören* des gegenteiligen Zustandes (Sicherheit bzw. Angst), meist infolge von *Verschwinden* eines (Sicherheits- bzw. Angst-)Reizes hervorgerufen werden.

Es ergeben sich so rein formal vier Modi der Auslösung von sowohl Angst als auch Sicherheit. Da aber indirekte Auslösung, wie weiter unten zu erklären sein wird, immer eine Form von unbedingter Auslösung ist bzw. bedingte Auslösung immer nur direkt (durch Auftreten eines Reizes) erfolgt, werden im folgenden nur je *drei* zu betrachten sein.

21 Unbedingte Auslösung von Angst

211 Direkt-unbedingte Auslösung von Angst

Angst wird am sichersten ausgelöst durch Darbietung bzw. Auftreten gewisser Reize, die wegen dieser Eigenschaft als „aversive Reize" (Aversion, Abneigung auslösende Reize) bezeichnet werden, — wenn auch „aversiver Reiz" nicht gleichbedeutend ist mit „Angstreiz", da auch die Auslöser von Zorn als „aversive Reize" zu bezeichnen sind (vgl. u. 813).
Löst ein aversiver Reiz nun aber Angst aus und beruht diese seine Eigenschaft auf der genetischen Ausrüstung des betreffenden Individuums, d. h. tritt sie hervor, ohne daß das Individuum den Reiz kennengelernt zu haben braucht, so spricht man von einem unbedingten Angst-Auslöser oder USa.
Die Reize, die als USa wirken, sind zum Teil bei recht verschiedenartigen Organismen immer wieder die gleichen:

An erster Stelle zu erwähnen sind dabei *Schmerzreize* aller Art, je stärker umso wirksamer.
Daß Schmerzreize Angst auslösen, ist nicht ohne weiteres einsichtig, obwohl jeder weiß, daß kaum etwas so sehr gefürchtet wird wie körperlicher Schmerz, kaum etwas solches Entsetzen auslöst wie z. B. die Bedrohung mit einem geöffneten Rasiermesser, obwohl also zumindest klar ist, daß Reize, die Schmerz *ankündigen*, Angst auslösen, — was denn natürlich auch im Laboratorium tausendfach bestätigt worden ist. Bei näherem Zusehen aber ist leicht zu erkennen, daß Angst nicht nur auftritt, wenn Schmerz *droht*, sondern selbstverständlich auch schon, wenn Schmerz, zumindest etwas anhaltender Schmerz, *da ist*.
Die natürliche erste Reaktion auf Schmerzreizung hat nämlich zwei Komponenten: eine *kognitive*, die eigentliche Wahrnehmung des Schmerzes, seiner Qualität und Lokalisation, und eine *emotionale* Komponente, das übliche „Leiden" am Schmerz, d. h. die damit verbundene Angst[1]. Diese beiden Komponenten sind auch voneinander unabhängig, gewissermaßen trennbar: ein und derselbe Schmerzreiz kann als mehr oder weniger „schlimm" erlebt werden, je nachdem, wieviel Angst das Individuum „mitbringt", und infolge von gewissen Hirnschäden und Hirnoperationen (Lobotomie) ist es möglich, Schmerz zu verspüren, ohne daran zu leiden, d. h. die kognitive Komponente des Schmerzes isoliert zu erleben[2]. Auch das Bedingen von Angst mit Schmerz als unbedingtem Stimulus, d. h. die Tatsache, daß neutrale Reize, die einem

---

[1] vgl. MELZACK & CASEY, 1970
[2] BARBER, 1959

Schmerzreiz vorausgegangen sind, später Angst auslösen können (s. u. 23), läßt sich plausibel nur erklären, wenn man annimmt, daß die Angstreaktion in der Schmerzreaktion bereits enthalten ist und nicht erst auf den bedingten Reiz hin auftritt.

So universal und wichtig aber das Bedingen von Angst auf der Grundlage von Schmerzreizen auch sein mag, so muß doch unbedingt klargestellt werden, daß das Vorkommen von Angst keineswegs das von Schmerz voraussetzt; so ist z. B. erwiesen, daß Menschen, die auf Grund eines neurologischen Ausfalls unfähig sind, Schmerz zu verspüren, dennoch ganz normal Angst haben können[3].

Als unbedingte Angst-Auslöser wirken ferner:

- jede *plötzliche und starke Stimulation*, Lärm, plötzliches Angefaßtwerden, Lichtblitze[4];
- überhaupt allem Anschein nach *alle neuen Reize*, jede Veränderung der Reizsituation, unbekannte Umgebungen, Gegenstände, Tiere, Personen, sofern nicht — was unter natürlichen Bedingungen nicht selten der Fall ist — ein Sicherheitsreiz als neutralisierender Hintergrund da ist[5];
- *rasche Annäherung* eines Gegenstandes, Größerwerden und Lauterwerden eines Reizes[6];
- Einschränkung der Bewegungsfreiheit, Einsperrung, Festgehaltenwerden[7];
- *Verlust der Unterlage*, Fallen;
- *Blick in die Tiefe*[8];
- *Atemnot*[9];
- *Herzbeschwerden*[10].

Dazu kommen noch diverse Reize, die nur bei bestimmten Arten Angst auslösen, *artspezifische USa* also, z. B. der Anblick von Schlangen bei Affen[11] und von Katzen bei Ratten[12], Drohgebärden und -laute bei Affen[13], der An-

---

3 WEST & FARBER, 1960; MCMURRAY, 1950, 1955
4 WATSON & RAYNER, 1920; HARRISON & ABELSON, 1959; WEST & FARBER, 1960; BRODY, 1966; LOLORDO, 1967
5 ARSENIAN, 1943; HARLOW & ZIMMERMAN, 1959; ROWELL & HINDE, 1963; DOMJAN & SIEGEL, 1971
6 HARLOW & ZIMMERMAN, 1959; WEST & FARBER, 1960; SCHIFF et al., 1962
7 ROSS et al., 1960
8 GIBSON & WALK, 1960; SCHWARTZ et al., 1973
9 CAMPBELL et al., 1964
10 GARFIELD et al., 1967
11 MASSERMAN & PECHTEL, 1953
12 BLANCHARD & BLANCHARD, 1971
13 SACKETT, 1966

blick eines Raubvogels[14] oder von Raubvogelaugen[15] oder einer Raubvogelsilhuette[16] oder auch von Menschenaugen[17] bei Hühnervögeln, rasselnde Geräusche bei Hasen, Brandgeruch bei Pferden usw.

212 Indirekte Auslösung von Angst

Bei jungen Hühnern[18], Hunden[19], Rhesusaffen[20] und nicht zuletzt bei Menschenkindern[21] ist, alltägliche Beobachtungen bekräftigend, experimentell beobachtet worden, daß *plötzliche Trennung von der Mutter* alle denkbaren äußeren Zeichen von Angst auslösen kann. Dabei ist es offensichtlich mehr das Ereignis des *Alleingelassenwerdens* als der Zustand des Alleinseins, was Angst auslöst:
BERMANT (1963) z.B. entfernte junge Küken an drei aufeinanderfolgenden Tagen für je 10 Minuten aus ihrer gewohnten Gesellschaft von zwei Glucken und neun weiteren Küken und setzte sie in einen oben offenen Glaszylinder entweder
a) völlig allein oder
b) mit einer der Hennen außerhalb des Zylinders, hörbar, aber — wegen einer über den Zylinder gestülpten schwarzen Hülle — nicht sichtbar oder
c) mit einer der Hennen hörbar und sichtbar außerhalb des Zylinders.
Er registrierte alle Lautäußerungen und unterschied dabei zwischen normalen leisen (*„soft calls"*) und als Angstäußerungen zu verstehenden lauten (*„distress calls"*) und fand, daß in der Bedingung a die *distress calls* bei weitem vorherrschten, aber auch, daß sie im Verlauf der 10'-Periode in ihrer Häufigkeit stets kräftig abnahmen.
Ähnliches beobachtete auch ARSENIAN (1943) an Menschenkindern, die plötzlich in einem fremden Raum alleingelassen wurden.

Wie das Verschwinden eines Reizes einen Reflex in Gang setzen kann, ist nicht ganz leicht zu sehen. Die hier vertretene Theorie von *antagonistischen Angst- und Sicherheitsmechanismen* aber ermöglicht eine plausible Erklärung hier-

---

14 GALLUP et al., 1971a
15 GALLUP et al., 1971b
16 TINBERGEN, 1951, Kap. 4
17 GALLUP, et al., 1972b
18 BERMANT, 1963
19 ROSS et al., 1960
20 HARLOW & ZIMMERMAN, 1959; ROWELL & HINDE, 1963; HINDE & SPENCER-BOOTH, 1971
21 ARSENIAN, 1943; WEST & FARBER, 1960; COATES et al., 1972

für: Es ist, wie noch zu besprechen sein wird, anzunehmen, daß der Kontakt mit oder die Anwesenheit der Mutter bzw. Pflegeperson bei diversen Organismen als unbedingter Auslöser von Sicherheit (USe) wirkt. Solange er da ist, ist Sicherheit da, d. h. das Sicherheits-System ist in Aktion, während Angst bzw. die Aktivität des Angst-Systems gehemmt ist. Verschwindet der Reiz plötzlich, so fällt die Hemmung des Angst-Systems plötzlich fort und dessen vorher unterdrückte Aktivität tritt nach einer Art Rückstoßprinzip (*"rebound"*), zumindest vorübergehend, massiv hervor. Diese Aktivität bzw. die Angst nimmt danach allmählich wieder ab, und was gewöhnlich bestehen bleibt ist — bei fortgesetztem Fehlen von Sicherheitsreizen — ein labiler Zustand gesteigerter Angsterregbarkeit, in dem jede Veränderung der Situation, jeder neue Reiz erschreckend und aversiv wirkt.

Völlig der gleiche Mechanismus der Angstauslösung ist anzunehmen, wenn ein *bedingter* Sicherheitsreiz, z. B. ein guter Freund, ein geliebter Gegenstand, plötzlich verschwindet oder verlorengeht. Speziell dürfte die in der entwicklungspsychologischen Literatur immer wieder diskutierte *Fremdenangst* von Kindern in der zweiten Hälfte des ersten Lebensjahres auf einem solchen Mechanismus beruhen; sie scheint aufzutreten, wenn etwas, was zunächst als vertraute Person, d. h. als Sicherheitsreiz (s. u. 2421, Pt. 1 und 2422, Pt. 1) erscheint, sich bei näherem Zusehen als etwas anderes erweist[22].

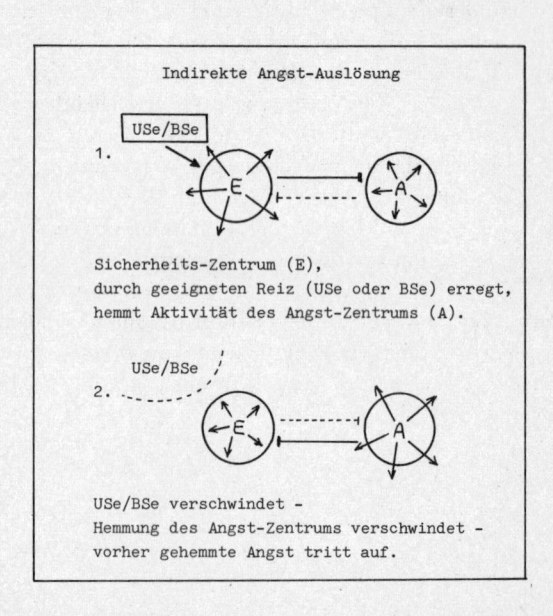

```
              Indirekte Angst-Auslösung

         USe/BSe
     1.      ↘
              (E) ⟶ ⊣ (A)

     Sicherheits-Zentrum (E),
     durch geeigneten Reiz (USe oder BSe) erregt,
     hemmt Aktivität des Angst-Zentrums (A).

         USe/BSe
     2.  ⋯⋯⋯↗
              (E) ⟶ ⊣ (A)

     USe/BSe verschwindet -
     Hemmung des Angst-Zentrums verschwindet -
     vorher gehemmte Angst tritt auf.
```

---

[22] vgl. BRONSON, 1972; ZEGANS & ZEGANS, 1972

Manches spricht dafür, daß außer diesem noch ein zweiter Mechanismus indirekter Angst-Auslösung anzunehmen ist. Angst oder zumindest ein Angst sehr ähnlicher „aversiver Zustand" kann nämlich allem Anschein nach auch aufkommen infolge von *„Frustration"*[23], namentlich des Hunger- und Sexualtriebs, genauer gesagt: als Reaktion auf starke und anhaltende, schließlich aber „vergebliche" Erregung (Erschöpfung?) des Triebes. Jedenfalls kann als gesichert gelten, daß das Verschwinden der Gelegenheit zur Ausführung motivierter Reaktionen aversiv wirkt (s. u. 354, Pt. 6), ebenso wie ein Reiz, der mit dem Ausbleiben von Belohnung für eine früher belohnte Reaktion assoziiert ist[24] oder eine Situation, in der (unter Hungermotivation) für sehr seltene Belohnungen gearbeitet werden muß[25] oder unerreichbares Futter zu sehen ist[26]; auch ist die Wirkung frustrierender Nicht-Belohnung von der Wirkung aversiver Reizung oft nicht zu unterscheiden[27].

Schließlich könnte hier noch erwähnt werden, daß auch ein durch eine unlösbare Aufgabe (hier: auf zwei zunächst gut unterscheidbare, dann auf einmal ununterscheidbar ähnlich gemachte Reize verschieden zu reagieren) erzeugter *„Konflikt"* allem Anschein nach Angst hervorrufen kann[28].

---

23 vgl. FREUD, 1940 (erstmals erschienen 1917), Kap. 25
24 DALY, 1969, 1970
25 AZRIN, 1961; APPEL, 1963; THOMPSON, 1964, 1965a, b
26 BENJAMIN, 1961
27 vgl. BERTSCH & LEITENBERG, 1970
28 FONBERG, 1958a; TIGHE & LEATON, 1966

22 Unbedingte Auslösung von Sicherheit

221 Direkt-unbedingte Auslösung von Sicherheit

Das zufriedene, neugierig herumschauende Baby auf dem Arm der Mutter verkörpert musterbeispielhaft den Zustand der Sicherheit, und jeder weiß, daß man ein weinendes, verunsichertes, ängstliches Kind leicht und sicher beruhigen kann, indem man es hochnimmt, ihm *körperlichen Kontakt* gibt. So zu reagieren brauchen Kinder allem Anschein nach auch nicht zu lernen, sie tun es vom ersten Tag an, d. h. körperlicher Kontakt ist, jedenfalls beim Menschen, offenbar ein unbedingter Auslöser von Sicherheit (USe).

Darüber hinaus scheint auch der Kontakt mit *weichen, felligen Dingen*, Stofftieren, Wolldecken und dgl. als USe zu wirken; sehr wahrscheinlich auch die propriozeptiven Reize, die durch *Saugen*, an der Brust oder am Daumen, erzeugt werden[1]; ob dagegen der *Klang der menschlichen Stimme* und der *Anblick eines freundlichen Gesichtes* als USe oder nicht doch eher als BSe wirken, ist fraglich.

HARLOW & ZIMMERMAN (1959) haben an Rhesusaffenkindern Experimente ausgeführt, die sehr drastisch zeigen, wie der Kontakt mit der Mutter, hier mit einer aufs Wesentliche reduzierten Ersatzmutter, Sicherheit auslöst und Angst hemmt.

Die Autoren experimentierten, alle möglichen Fragen der Mutter-Kind-Beziehung untersuchend, an Affenkindern, die kurz nach ihrer Geburt von der Mutter getrennt worden waren und statt dessen mit einem bloßen Drahtgestell und/oder einem mit weichem Stoff überzogenen Gestell, die beide nach Form und Größe grob einer Affenmutter ähnelten, aufwachsen mußten. Im vorliegenden Zusammenhang von Interesse ist vor allem eine Beobachtung an den Kindern, die beide Arten von „Ersatzmutter" zur Verfügung hatten, wobei jeweils entweder die Drahtmutter oder die Stoffmutter vermittels einer anmontierten Milchflasche Futter spendete. Es wurde dabei zunächst schon einmal beobachtet, daß die Tiere, gleichgültig woher sie Futter bezogen, sich so gut wie immer an der Stoffmutter aufhielten und zu dieser allem Anschein nach so etwas wie eine emotionale Beziehung entwickelten.

In einer Art von Test wurden nun die Tiere, die sich natürlich in ihrem Käfig zeitweilig auch von der Mutter wegbewegten, verschiedentlich plötzlich mit einem unbekannten Gegenstand, z. B. einem Teddybär, konfrontiert. Sie reagierten darauf gewöhnlich mit allen Zeichen extremer, lähmender Angst, pflegten dann aber umgehend zur Stoffmutter zu fliehen, wo sie — und das ist

---

[1] KESSEN & MANDLER, 1961

das hier Entscheidende — nachdem sie sie „erreicht und sich an ihrem Körper gerieben hatten, rasch ihre Furcht vor den schreckeinjagenden Reizen" verloren; ja, „nach ein oder zwei Minuten waren die meisten schon dabei, neugierig genau das Ding zu betrachten, das kurz vorher ein Gegenstand des Bösen gewesen war; die Mutigsten unter den Babies pflegten sogar die Mutter zu verlassen und sich dem schrecklichen Ungetüm zu nähern, natürlich unter dem schützenden Blick der Mutter".

Aus diesen Beobachtungen geht nebenbei auch klar hervor, daß der Vorgang der *Fütterung* — im Unterschied zu körperlichem Kontakt, Berührung, Wiegen usw. — als solcher keineswegs Sicherheit auslöst; daß also die emotionale Beziehung des Kleinkindes zur Mutter bzw. Pflegeperson gelinde gesagt sehr wenig mit ihrer Funktion als Amme zu tun hat — was ja auch mit Beobachtungen an menschlichen Kleinkindern (Flaschenkindern, von Dritten ernährten Kindern) voll übereinstimmt.

Nach zahlreichen experimentellen Beobachtungen an Küken[2], Tauben[3], Enten[4], Ratten[5], Rhesusaffen[6] und nicht zuletzt Menschen[7] wirkt nicht nur der Kontakt mit Pflegepersonen, sondern die *Anwesenheit von Artgenossen ganz allgemein* angstreduzierend; jedenfalls scheint sich eine solche Wirkung bei fortgesetztem Kontakt zu entwickeln[8], was wiederum kaum zu erklären wäre, wenn diese Wirkung nicht von vornherein „keimhaft" da wäre.

Den Beobachtungen an Rhesusaffen[9] nach zu schließen, die sicherlich auch etwas über die Verhältnisse beim Menschen vermuten lassen, liegt allerdings die Bedeutung des Kontaktes mit Gleichaltrigen *für die Verhaltensentwicklung insgesamt* nicht so sehr darin, daß er Sicherheit gibt, als vielmehr darin, daß er *Gelegenheit zu sozialem Lernen*, z. B. des Verhaltens zum anderen Geschlecht, schafft.

222 Indirekte Auslösung von Sicherheit

Sicherheit tritt nun aber — als „Erleichterung" — bekanntlich auch auf, wenn z. B. eine Befürchtung sich plötzlich als unbegründet erweist, eine Bedrohung sich in Nichts auflöst, überhaupt wenn Angst oder Schmerz unvermittelt endet.

---

2 GALLUP, 1972
3 HAKE & LAWS, 1967
4 HOFFMAN & BOSKOFF, 1972
5 RASMUSSEN, 1939; DAVITZ & MASON, 1955; MORRISON & HILL, 1967
6 MASON, 1960; HARLOW & HARLOW, 1962
7 ARSENIAN, 1943; AMOROSO & WALTERS, 1969
8 ANGERMEIER et al., 1965; MORRISON & HILL, 1967
9 HARLOW & HARLOW, 1962

An Hunden[10] und Ratten[11] ist übereinstimmend gefunden worden, daß das *Aufhören eines schockavisierenden Reizes* Angst-Reduktion im Sinne einer vorübergehenden Hemmung angstmotivierten Vermeidungsverhaltens bewirkt.

Desgleichen ist in einer großen Anzahl von Experimenten, auf die weiter unten (2421) ausführlicher eingegangen werden soll, gefunden worden, daß Reize, die mit der Beendigung oder dem Ausbleiben von aversiven Reizen assoziiert sind, zu bedingten Sicherheits-Auslösern werden können, woraus sich schließen läßt, daß allgemein

a) die *Beendigung* eines Schmerz- oder sonstigen aversiven Reizes wie auch
b) das *Nicht-Eintreffen* eines erwarteten Schmerz- oder sonstigen aversiven Reizes

Sicherheit — in unbedingter und indirekter Weise — auslösen kann.

Die indirekte Auslösung von Sicherheit folgt wahrscheinlich einem ganz ähnlichen Mechanismus wie die von Angst. Vorhandene Angst bzw. Aktivität im Angst-System hemmt Sicherheit bzw. die Aktivität im Sicherheits-System; verschwindet plötzlich der die Angst unterhaltende Reiz, so verschwindet ebenso plötzlich die Angst und ihre hemmende Wirkung auf das Sicherheits-System und dessen bis dahin unterdrückte Aktivität tritt „per Rückstoß" hervor.

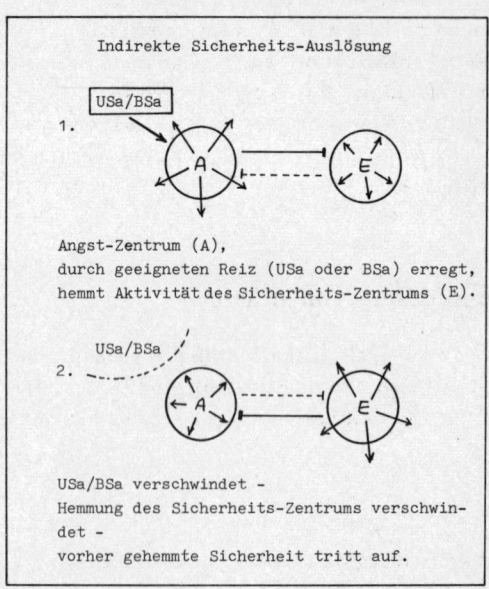

```
                Indirekte Sicherheits-Auslösung

          USa/BSa
    1.  ─────▶  (A) ──────┤ (E)


Angst-Zentrum (A),
durch geeigneten Reiz (USa oder BSa) erregt,
hemmt Aktivität des Sicherheits-Zentrums (E).

          USa/BSa
    2.  - - - -  (A) ──────┤ (E)


USa/BSa verschwindet -
Hemmung des Sicherheits-Zentrums verschwindet -
vorher gehemmte Sicherheit tritt auf.
```

---

10 RESCORLA, 1967
11 KAMANO, 1968 b

23 Bedingen von Angst

231 Prinzip des Angst-Bedingens

Es wird heute allgemein ohne weiteres verstanden, daß „Angsthaben" wie auch alle möglichen speziellen „Ängste" und wenigstens teilweise auch die allgemeine „Ängstlichkeit" oder „Unängstlichkeit" einer Person irgendwie mit den Bedingungen, unter denen sie aufwächst, mit ihrer „Entwicklung" oder „Erziehung" oder „Sozialisation" zu tun haben, kurz: gelernt werden. Was und wie genau gelernt wird, wird allerdings keineswegs so allgemein und ohne weiteres verstanden. Es gilt klarzustellen:
Die Angst-Reaktion als solche, die „Fähigkeit", Angst zu entwickeln, ist in der organischen Struktur höherer Organismen begründet und *braucht nicht gelernt zu werden*. Was dagegen — durch „assoziatives Lernen" oder „Bedingen" (s. u. 5021) — gelernt wird, ist, von unbedingten Angst-Auslösern abgesehen, was alles Angst auslöst, *wovor man Angst hat*; gelernt wird, auf Reize, die vorher „neutral" waren, mit Angst zu reagieren.

Angst-Bedingen spielt sich bei allen höheren Organismen in der gleichen Weise ab, nach einem Prinzip, das mit annähernder Genauigkeit (vgl. u. 2331, Pt. 4) wie folgt formuliert werden kann:
Ein Reiz, der — einmal oder wiederholt — der Auslösung von Angst vorausgegangen ist oder längere Zeit zusammen mit einem Angst-Auslöser gegeben war, kann die Fähigkeit erlangen, selbst Angst auszulösen.
Der betreffende Reiz wird dadurch zu einem „sekundären" oder *„bedingten" Angst-Stimulus (BSa)*.
Die „Auslösung von Angst", das „bedingende" Ereignis, kann dabei sowohl *„direkt"* als auch *„indirekt"* erfolgen.
Erfolgt sie „direkt", so kann der bedingende Reiz sowohl ein *USa* als auch ein *BSa* sein; in letzterem Fall spricht man von *„Angst-Bedingen zweiter (oder höherer) Ordnung"*.

232 Beispiele

2321 Experimente

In Anbetracht der Wichtigkeit des Prinzips des Angst-Bedingens soll es im folgenden durch nicht zu wenige Beispiele illustriert und verdeutlicht werden. Es werden nach der Art des bedingenden Stimulus drei Fälle zu betrachten sein:

Angstbedingen auf der Grundlage
a) von Angst-Auslösung (ursprünglich) durch einen direkt wirkenden unbedingten Angst-Auslöser,
b) von indirekter Angst-Auslösung und
c) von Angst-Auslösung durch einen BSa (Bedingen zweiter Ordnung).

1. *Angst-Bedingen mit einem direkt wirkenden USa*

Daß neutrale Reize, die wiederholt oder auch nur einmal der Darbietung eines unbedingten Angst-Auslösers vorausgegangen sind, selbst zu Angst-Auslösern werden, ist in einer Unzahl von Experimenten an den verschiedensten Organismen, bei Verwendung der verschiedensten USa und verschiedenster Methoden der Verifikation des Effekts demonstriert worden. Am häufigsten sind wohl als Versuchstiere Ratten, als USa elektrischer Schock und als Verifikationsmethode die CER-Technik (s. o. 1171) verwendet worden[1]. Hier seien aber einige etwas andersartige Beispiele aufgeführt:

WATSON & RAYNER (1920) zeigten in einem seither klassisch gewordenen Experiment einem kleinen Jungen namens Albert wiederholt eine harmlose weiße Ratte und ließen dem jedesmal einen harten, erschreckenden Schlag gegen eine Eisenstange (USa) folgen, was dazu führte, daß der Junge bald beim bloßen Anblick der Ratte (BSa) mit deutlichen Angstzeichen und Weinen (bedingte Angst-Reaktion, BRa) reagierte.

MASSERMAN & PECHTEL (1953) zeigten Affen in einem Käfig, in dem sie für Futter zu „arbeiten" und zu fressen gewohnt waren, mehrmals eine grüne Schlange aus Gummi (USa), auf die die Tiere mit äußerster Angst reagierten; später zeigten sie dann, wenn sie im Käfig (jetzt BSa) waren, massive Verhaltensstörungen, vor allem beim Fressen und beim Beschaffen von Futter, die sehr wahrscheinlich auf bedingter Angst beruhen.

SEWARD (1946) beobachtete, daß Ratten, die mit anderen gekämpft hatten und geschlagen worden waren (USa), diesen und anderen Tieren danach — vermutlich aus bedingter Angst — aus dem Weg gingen.

CAMPBELL et al. (1964) injizierten unfreiwillig-freiwilligen Versuchspersonen nach und während der Darbietung eines bestimmten Tons ein Präparat mit Namen „Scoline", das, ähnlich wie Curare wirkend, eine innerhalb von etwa zwei Minuten vorübergehende Lähmung der Atmungsmuskulatur, d. h. Unfähigkeit zu atmen, Erstickungsgefühle, ein als horribel beschriebenes Erlebnis, bewirkt. Der Ton wie auch die gesamte Versuchssituation lösten danach als BSa eine überaus starke und dauerhafte BRa — hier physiologisch gemessen — aus.

---

[1] z. B. ESTES & SKINNER, 1941; WILLIS & LUNDIN, 1966; RESCORLA, 1968a

2. Angst-Bedingen auf der Grundlage indirekter Angst-Auslösung

Bedingen von Angst auf der Grundlage des Verschwindens eines Sicherheitsreizes, ein für die meisten Menschen überaus alltäglicher Vorgang, ist experimentell allem Anschein nach noch nie explizit demonstriert worden, wie überhaupt die indirekte Auslösung von Angst als Forschungsgegenstand der experimentellen Psychologie so gut wie völlig vernachlässigt worden ist. Dennoch kann das folgende Experiment zur Illustration des Sachverhalts angeführt werden:

HOFFMAN et al. (1969) boten jungen Enten in der sensiblen Phase ihrer frühen Entwicklung wiederholt eine auf Schienen fahrbare Plastikflasche, bis sie auf diese „geprägt" waren, d. h. ihr wie einer Mutter nachliefen (Folge-Reaktion). Es gibt gute Gründe anzunehmen, daß eine Tiermutter, ein Mensch oder auch ein lebloser Gegenstand, dem infolge „Prägung"[2] nachgelaufen wird, auch die emotionale Reaktion der Sicherheit auslöst[3]. Danach wurden nun die Tiere im Zuge des Nachlaufens beim Passieren einer bestimmten Stelle des Versuchsraumes mit kurzzeitigem Verschwinden der Plastikflasche „bestraft". Sie reagierten darauf regelmäßig mit *„distress-calls"*, d. h. mit Zeichen von (indirekt ausgelöster) Angst. Nach einigen Wiederholungen dieser „Bestrafung" zeigte sich schließlich eine Hemmung der Folge-Reaktion, d. h. die Tiere unterließen es, die kritische Stelle zu passieren.

Dies ist nun am ehesten damit zu erklären, daß jene kritische Stelle infolge wiederholter Paarung mit dem angstauslösenden Verschwinden der „Mutter" zu einem BSa geworden war, der, wenn durch die Folge-Reaktion „produziert", Angst auslöste, die wiederum die Folge-Reaktion hemmte.

Diese Deutung des Experiments wird nach Erörterung des Mechanismus der Bestrafungswirkung (s. u. 353) verständlicher werden.

3. „Bedingen zweiter Ordnung" von Angst

Bedingen zweiter Ordnung, ein im menschlichen Alltag ebenfalls sehr gewöhnlicher Vorgang, hat sich im Laboratorium trotz des Optimismus von PAWLOW, der das Phänomen als erster beobachtete[4], als relativ schwer zu demonstrieren erwiesen, jedenfalls was die meisten bedingten Reaktionen betrifft.

Eine methodisch einwandfreie Demonstration (nicht der Prozeß, wie er im Alltag vor sich geht) erfordert nämlich, daß zunächst ein neutraler Stimulus durch Paarung mit einem US zu einem BS (BS1) gemacht werde und danach oder zwischendurch selbst (als „bedingender" Reiz) einem zweiten neutralen Stimulus folge, jetzt aber ohne daß US folgt; würde US folgen, so könnte der experimentelle Effekt — Auslösung der BR durch den besagten zweiten neu-

---

2 vgl. LORENZ, 1935; HESS, 1959
3 vgl. HOFFMAN & BOSKOFF, 1972
4 PAWLOW, 1953 (erstmals veröffentlicht 1927), S. 27

tralen Stimulus (BS2) — auch als gewöhnlicher („*first order*") Bedingungseffekt erklärt werden, und Bedingen zweiter Ordnung wäre nicht bewiesen.
Ein Stimulus aber, der wie jener BS2 praktisch das Ausbleiben von US signalisiert, wird früher oder später in bezug auf die betreffende Reaktion zu einem bedingten Hemm-Reiz, d. h. verhindert sie eher statt sie auszulösen[5].
So kann denn auch unter Verwendung der beschriebenen Technik erzeugtes Bedingen zweiter Ordnung im Effekt auch nur äußerst labil und vergänglich sein — was zahlreiche Experimente bestätigen[6] — es kann sich nur manifestieren in einer Zwischenphase, ehe der betreffende Reiz (BS2) zu einem bedingten Hemm-Reiz geworden ist.

Dennoch ist — bei vielem Bemühen und sehr sorgfältigem Experimentieren — die Möglichkeit des Bedingens zweiter Ordnung von Angst, und vor allem von Angst, auch im Laboratorium des öfteren demonstriert worden[7]:
KAMIL (1968) trainierte zwei Gruppen Ratten zunächst in einer SKINNER-Box, für gelegentliche Belohnung mit Futter in regelmäßigem Tempo ein Pedal zu betätigen.
Dem folgte eine Trainingsphase für Angst-Bedingen erster Ordnung, in der die Tiere an 7 verschiedenen Tagen je einmal einen 10″-Ton gefolgt von einem kurzen Schock (USa) erhielten, wodurch der Ton zu einem BSa wurde, wie sich auch in seiner unterdrückenden Wirkung auf die Betätigung des Hebels zeigte (CER). Dem folgte die Phase des Angst-Bedingens zweiter Ordnung; die Hälfte der Tiere (E-Gruppe) erfuhr da an 10 verschiedenen Tagen je einmal eine 30″ dauernde Steigerung der Beleuchtungsstärke in der Box, jedesmal gefolgt von dem 10″-Ton (BSa1); die übrigen (K-Gruppe) erhielten dieselben Stimuli, jedoch in unregelmäßiger Folge ohne jeden Zusammenhang. Schocks kamen in dieser Phase nicht vor.
Es zeigte sich, daß bei den E-Tieren — nicht aber bei den K-Tieren — die Zunahme der Beleuchtung (jetzt „BSa2") von Tag zu Tag mehr hemmend auf die Betätigung am Pedal wirkte, — obwohl dieser Stimulus nie mit Schock, sondern nur mit dem Ton-BSa gepaart worden war.

Analog ist an menschlichen Vpn gezeigt worden, daß Töne und Lichtsignale, die wiederholt beleidigenden Phrasen, d. h. lang vorher etablierten BSa vorausgegangen sind, selbst zu BSa werden[8].

---

5 vgl. PAWLOW, 1953, S. 57 ff.; RESCORLA & LOLORDO, 1965
6 BROGDEN, 1939
7 MURPHY & MILLER, 1957; MCALLISTER & MCALLISTER, 1964; DAVENPORT, 1966; ANDERSON et al., 1967; KAMIL, 1968, 1969; ANDERSON et al., 1969b; JOHNSON & ANDERSON, 1969; BYRUM & JACKSON, 1971
8 GALE & JACOBSON, 1970

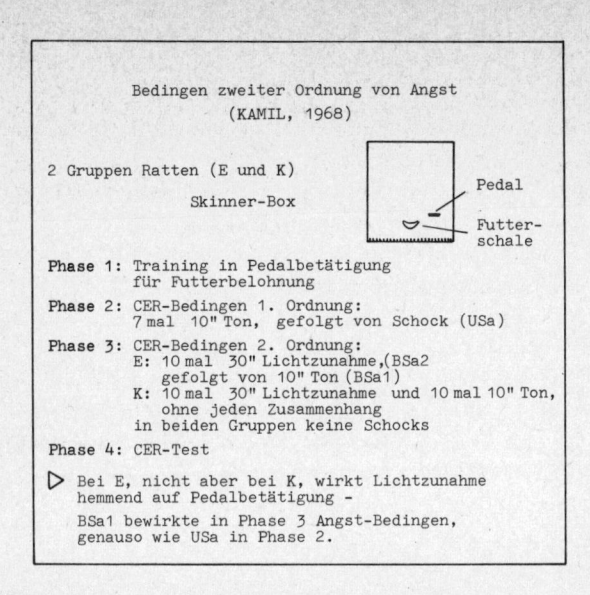

```
        Bedingen zweiter Ordnung von Angst
                  (KAMIL, 1968)

2 Gruppen Ratten (E und K)                    ┌──────────┐
                                              │          │ Pedal
          Skinner-Box                         │      ─── │
                                              │     ╲    │ Futter-
                                              │          │ schale
                                              └──────────┘
Phase 1: Training in Pedalbetätigung
         für Futterbelohnung
Phase 2: CER-Bedingen 1. Ordnung:
         7 mal 10" Ton, gefolgt von Schock (USa)
Phase 3: CER-Bedingen 2. Ordnung:
         E: 10 mal 30" Lichtzunahme,(BSa2
            gefolgt von 10" Ton (BSa1)
         K: 10 mal 30" Lichtzunahme und 10 mal 10" Ton,
            ohne jeden Zusammenhang
         in beiden Gruppen keine Schocks
Phase 4: CER-Test

▷ Bei E, nicht aber bei K, wirkt Lichtzunahme
  hemmend auf Pedalbetätigung -
  BSa1 bewirkte in Phase 3 Angst-Bedingen,
  genauso wie USa in Phase 2.
```

Tritt ein BSa zweiter Ordnung nun wiederum des öfteren nach einem neutralen Reiz auf, so kann auch dieser, wie (wenn auch schwach) experimentell demonstriert worden ist[9], zu einem BSa werden, zu einem „BSa dritter Ordnung" in diesem Fall. Im menschlichen Dasein kommt solches Angst-Bedingen dritter (und höherer) Ordnung zweifellos alltäglich vor.

2322 *Alltagsbeispiele*

Alle diese experimentellen Demonstrationen, so künstlich sie erscheinen mögen, haben ihre Parallelen im menschlichen Alltag:

1. *Angst-Bedingen mit einem direkt wirkenden USa* findet statt, wenn jemand lernt, Angst zu haben, z. B.

• vor einem schadhaften Bügeleisen (BSa), an dem er einmal einen Schlag (USa) bekommen hat,
• vor einem Hund (BSa), von dem er einmal gebissen (USa) wurde,
• vor einem Drohwort, das einmal Schlägen vorausgegangen ist,
• vor einer Tätigkeit, bei deren Ausführung er einmal angeschrien worden ist usw.

---

9 MURPHY & MILLER, 1957; DAVENPORT, 1966

2. *Angst-Bedingen auf der Grundlage indirekter Angst-Auslösung* findet statt, wenn z. B. ein Kind lernt, mit Angst zu reagieren

- auf die Anstalten, die die Mutter trifft (BSa), bevor sie es zum Schlafen weglegt (USa),
- auf den Gesichtsausdruck (BSa), den sie zu haben pflegt, wenn sie im Begriff ist, das Kind von sich zu weisen (USa),
- auf eine Örtlichkeit (z. B. Supermarkt, Kinderhort), in dem die Mutter es einmal unvermittelt alleingelassen hat,

oder auch, wenn jemand lernt, mit Angst zu reagieren
- auf eine Situation, in der er ausgelacht worden ist,
- auf Vorgänge, die den Verlust eines geliebten Gegenstandes, eines Haustieres, eines Menschen vorausgegangen sind (z. B. Auftauchen eines Spielkameraden, der einem etwas weggenommen hat, üble Laune oder Krankheit eines geliebten Menschen),
- bei einer Tätigkeit (z. B. Glücksspiel, Geschwindigkeitsüberschreitung), der zufolge er Geld verloren hat usw.

3. *Bedingen zweiter Ordnung von Angst* findet statt, wenn jemand z. B. Angst entwickelt

- vor der Verdüsterung des Ausdrucks auf dem Gesicht seines Vaters (BSa2), weil dies des öfteren einer Strafpredigt oder einem Tadel (BSa1) und dies Prügeln oder Einsperrung oder sozialer Isolierung (USa) vorausgegangen ist,
- vor einer Person (BSa2), die ihn an einen Ort mitnimmt, z. B. in ein Schwimmbad (BSa1), wo er einmal Schlimmes erlebt hat, z. B. nahezu ertrunken ist (USa),
- vor einer Person, die er als zu einer andern Person gehörig wahrnimmt, die ihm etwas angetan hat,
- vor einem Ort, an dem er einige Male jemand getroffen hat, der ihn in der Vergangenheit einmal gedemütigt hat.

233 Gesetzmäßigkeiten des Angst-Bedingens

In diesem Abschnitt geht es nun um die Frage, welche Effekte verschiedene *in der Situation des Bedingens* (Lernsituation) veränderliche Faktoren im Hinblick auf Leichtigkeit und Tempo des Bedingens sowie auf Intensität, Dauerhaftigkeit und „Löschungsresistenz" der bedingten Angst-Reaktion haben.

2331 Zeitrelation zwischen den Stimuli

1. Nach der obigen Formulierung des Prinzips des Angst-Bedingens muß ein Reiz dem „bedingenden" Angst-Auslöser *vorausgehen* oder längere Zeit mit ihm *zusammen* gegeben sein, wenn er zu einem BSa werden soll. Damit ist vor allem gesagt, *daß ein Reiz, der einem Angst-Auslöser zeitlich folgt, nicht zu einem BSa* (sondern eher zu einem BSe) *wird*; was in der Literatur „*Rückwärts-Bedingen*" genannt wird, *findet nicht statt*.
Dies letztere ist aus formal-theoretischen Überlegungen heraus des öfteren in Frage gestellt worden; und es wurde auch immer wieder versucht, Rückwärts-Bedingen zu demonstrieren, z. b. einen einem Schock nachfolgenden Reiz als BSa darzustellen. Diese Versuche sind jedoch nur äußerst selten positiv verlaufen[10] und diese wenigen positiven Ergebnisse[11] sind in keinem Fall so eindeutig zu interpretieren, daß sie die Gültigkeit des genannten Prinzips einschränken könnten. In scharfem Gegensatz dazu stehen die zahllosen Experimente, in denen die *Möglichkeit und Leichtigkeit des „Vorwärts-Bedingens"* demonstriert worden ist und gelegentlich auch gleichzeitig, daß Rückwärts-Bedingen nicht stattfindet[12] oder gar, daß ein einem Schock oft genug nachgefolgter Reiz einen gegenteiligen (Sicherheits-)Effekt[13] entwickelt.
Man kann auch sagen, daß beim Angst-Bedingen, wie beim assoziativen Lernen überhaupt, das *Prinzip der „Einbahnigkeit"* gilt (vgl. 2332) und könnte in diesem Zusammenhang folgendes illustrative Experiment von LACEY & SMITH (1954) anführen: Diese boten menschlichen Vpn wiederholt verschiedene geläufige Wörter und ließen sie zu jedem 15 Sekunden lang frei assoziieren; bei gewissen Wörtern („*cow*" oder „*paper*") erteilten sie ihnen danach einen schmerzhaften Schock. Die Vpn entwickelten rasch meßbare Zeichen von Angst, sobald das bewußte Wort genannt wurde, konnten aber in den meisten Fällen hinterher nicht angeben, welches Wort mit Schock gepaart worden war. M. a. W.: sie reagierten wohl beim Hören des Wortes mit Angst, konnten aber beim Gedanken an den Schock nicht die Vorstellung des ihn signalisierenden Wortes produzieren.
Erlaubt man sich ein wenig Nachdenken, so bemerkt man, daß schon die Frage, ob Rückwärts-Bedingen möglich sei, und vollends der Versuch, es zu demonstrieren, recht unbegründet und akademisch sind. Lebendige Organismen sind schließlich nicht wie von Menschen gemachte Automaten, die irgendwie drauflosfunktionieren, sondern Ergebnisse eines langen Evolutions-

---

10 vgl. RAZRAN, 1956
11 z. B. MOWRER & AIKEN, 1954; CHAMPION & JONES, 1961
12 z. B. MATSUMIYA, 1960; MCALLISTER & MCALLISTER, 1964; ANDERSON et al., 1969b; JOHNSON & ANDERSON, 1969; SMITH et al., 1969
13 BARLOW, 1952; EVANS, 1962; MOSCOWITCH & LOLORDO, 1968; JAMES, 1971 a; MASER et al., 1973

prozesses, in dem sich nur im Sinne der Lebenserhaltung vorteilhafte Funktionen dauerhaft erhalten. Und da ist nun gar nicht zu sehen, welchen Vorteil es haben sollte, wenn ein Organismus auf einen einem aversiven Reiz *nachfolgenden* Reiz mit Angst zu reagieren lernte. Dagegen ist natürlich die „Fähigkeit" zum Vorwärts-Bedingen, so viele Probleme sie unter den komplizierten Lebensverhältnissen des Menschen auch schaffen mag, biologisch äußerst sinnvoll: Sie ermöglicht es dem Organismus einerseits, sich auf unvermeidbare aversive Reize selbstschützend einzustellen (s. u. 332), andererseits, vermeidbare aversive Reize gegebenenfalls zu vermeiden (s. Kap. 5).

2. Viel Forschung hat die Frage aufgewirbelt, ob es allgemein ein bestimmtes optimales *„Inter-Stimulus-Intervall"* (ISI; Intervall zwischen dem Einsetzen des zu bedingenden Stimulus (nachmaligem BS) und dem bedingenden Stimulus (in der Regel US)) gäbe. Nach der vorliegenden empirischen Evidenz steht heute ziemlich fest, daß *einige einfache defensive Reflexe mit kurzer Reaktionslatenz*, wie vor allem der Lidschlagreflex beim Menschen und beim Kaninchen am zuverlässigsten und eventuell auch am raschesten und dauerhaftesten bedingt werden, wenn zwischen den beiden Stimuli *etwa eine halbe Sekunde* verstreicht[14]. Für diverse andere Reflexe[15] aber, namentlich für den Galvanischen Haut-Reflex (GHR, kurzzeitige Senkung des elektrischen Widerstandes der Haut)[16], und insbesondere beim Bedingen von Angst[17] sind andere, zumeist längere, optimale ISI gefunden worden, oder es hat sich gezeigt, daß von einem optimalen ISI überhaupt nicht geredet werden kann, weil das Bedingen bei sehr kurzen ISI ebenso gut funktioniert wie bei relativ langen.

KAMIN (1961 a) fand, daß Ratten eine CER, wenn auch verlangsamt und nicht so stark, auch dann noch entwickeln können, wenn zwischen einem Signal von einer Minute Dauer und einem nachfolgenden Schock eine „stille Pause" von *zwei Minuten* liegt (ISI 3')[18].

Die „Fähigkeit" zum Angst-Bedingen mit langen ISI bzw. über lange „stille Pausen" hinweg ist offenbar biologisch überaus wertvoll, ermöglicht sie doch, auch auf lange bevorstehende Gefahren rechtzeitig zu reagieren. Dennoch ist sie natürlich begrenzt und muß es auch sein, d. h. es gilt allem Anschein nach

---

14 BERNSTEIN, 1934; REYNOLDS, 1945; KIMBLE, 1947; MCALLISTER, 1953; HANSCHE & GRANT, 1960; SCHNEIDERMAN & GORMEZANO, 1964; PROKASY & PAPSDORF, 1965; LIPKIN & MOORE, 1966; FREY & ROSS, 1968
15 GERALL & WOODWARD, 1958; NOBLE & HARDING, 1963; GARCIA et al., 1966; BLACK & BLACK, 1967; GARCIA et al., 1967; REVUSKY, 1968; HARGRAVE & BOLLES, 1971; WILCOXON et al., 1971
16 RODNICK, 1945; BIERBAUM, 1958
17 KAMIN, 1961a; KAMIN & SCHAUB, 1963; RESCORLA, 1968b
18 vgl. auch HINELINE, 1972; ANDERSON & TOSHEFF, 1973

ganz allgemein *die ungefähre Regel,* daß eine BRa sich umso rascher entwickelt und umso stärker ausfällt, je unmittelbarer der bedingende Reiz dem zu bedingenden folgt.

3. Eine andere Frage wäre, welche Bedeutung es hat, ob bei einem längeren ISI der zu bedingende Reiz nach seinem Einsetzen bis zum Einsetzen des bedingenden andauert („Verspätungs"-Bedingen) oder aber nur eine kurze Zeit dauert und eine „stille Pause" bis zum Einsetzen des bedingenden Stimulus einleitet („Spuren"-Bedingen).
In diversen Experimenten mit anderen Reflexen als Angst[19] wie auch beim Bedingen von Angst[20] hat sich immer wieder gezeigt, daß *Verspätungs-Bedingen* unter sonst gleichen Umständen einen rascheren, stärkeren und dauerhafteren Effekt gibt.
Dagegen scheint es keine Rolle zu spielen, ob beim Verspätungs-Bedingen der nachmalige BS während des US noch fortdauert oder bei dessen Einsetzen endet.

4. Wie angedeutet, beschreibt die obige Formulierung das Prinzip des Angst-Bedingens nur annähernd genau; sie beschreibt nur den alltäglichsten und den am häufigsten untersuchten Fall.
RESCORLA (1966 und 1968a) hat nämlich in einigen sehr geglückten Experimenten nachgewiesen, daß es beim Angst-Bedingen nicht so sehr darauf ankommt, daß der bedingende Reiz dem zu bedingenden zeitlich *folgt,* als vielmehr darauf, daß er in dessen Gegenwart und in der Zeit danach *wahrscheinlicher* ist als sonst. In dem einen Experiment (1968a) — mit Ratten als Versuchstieren und CER-Technik — fand er, daß ein 2′-Ton, während dessen Darbietung durchschnittlich 4 von 10 mal ein Schock gegeben wird (40 %-Wahrscheinlichkeit für Schock), nicht zu einem BSa wird, wenn außerhalb der Ton-Zeiten mit der gleichen durchschnittlichen Häufigkeit Schocks gegeben werden; dagegen wird ein Ton, während dessen Darbietung auch nur durchschnittlich jedes zehnte Mal ein Schock erfolgt (10 %-Wahrscheinlichkeit für Schock), sehr wohl zu einem BSa, vorausgesetzt, daß in den tonfreien Zeiten keine Schocks vorkommen.
In diesem Zusammenhang kann auch der wiederholt und mit recht verschiedenartigen Methoden erhobene Befund erwähnt werden, daß ein Reiz, in dessen Gegenwart *jederzeit und ohne Vorwarnung* aversive Reize (Schocks) eintreffen können, mehr Angst auslöst, als einer, in dessen Gegenwart dieselben aversiven Reize *jeweils erst nach einer kurzen Vorwarnung* vor-

---

19 ELLISON, 1964; BAXTER, 1966; SCHNEIDERMAN, 1966; BAER & FUHRER, 1968
20 KAMIN, 1961a

kommen[21], — selbst wenn die vorgewarnten Schocks wesentlich stärker[22] sind oder dichter aufeinanderfolgen[23].

Das alles zusammen heißt: *Ein Reiz, in dessen Gegenwart oder Gefolge aversive Ereignisse wahrscheinlicher sind als sonst, und nur ein solcher wird zu einem BSa.* Das derart genauer formulierte Prinzip des Angst-Bedingens ist im Alltag sicherlich nicht weniger relevant als das zuerst genannte, nämlich dann, wenn ein Individuum, was nicht selten der Fall ist, in einer bestimmten Situation oder von seiten einer bestimmten Person sporadisch und unberechenbar irgendwelchen aversiven Reizen ausgesetzt wird. Die Antipathie gegenüber einem bestimmten Menschen z. B. könnte in manchen Fällen darauf beruhen, daß in seiner Gegenwart — ob von ihm ausgehend oder nicht — öfter Unangenehmes erlebt wird als sonst, und nicht so sehr darauf, daß er einem einmal etwas Schwerwiegendes angetan hat.

2332 Repetition

Angst-Bedingen kann sich u. U., namentlich wenn der bedingende Reiz stark ist, schon bei der ersten Paarung des zu bedingenden mit dem bedingenden Reiz ergeben[24]. Bei schwächeren bedingenden Stimuli dagegen entwickelt sich die BRa erst im Laufe einiger Wiederholungen der Reizpaarung zu voller Stärke, und zwar in der Regel nach einer negativ akzelerierten Funktion, die sich als typische *Lernkurve* aufzeichnen läßt.

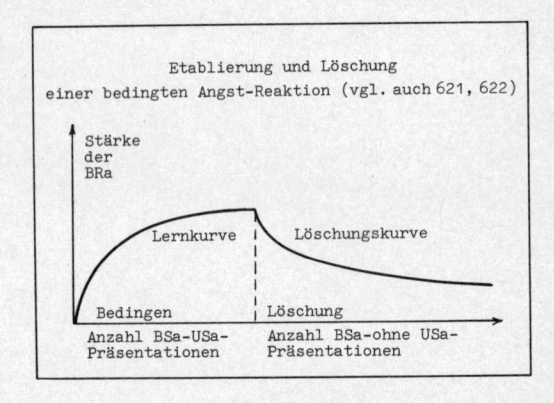

Etablierung und Löschung einer bedingten Angst-Reaktion (vgl. auch 621, 622)

---

21 LOCKARD, 1963; PERKINS et al., 1963; BADIA & CULBERTSON, 1970; BADIA et al., 1971; BADIA & CULBERTSON, 1972; HYMOWITZ, 1973 b; MACDONALD & BARON, 1973
22 BADIA et al., 1973 a
23 BADIA et al., 1973 b
24 z. B. KALISH, 1954

2333 Intensität des zu bedingenden Stimulus

Im allgemeinen spielt es beim Angst-Bedingen keine besondere Rolle, wie stark oder schwach der zu bedingende Stimulus ist, sofern er nur stark genug ist, überhaupt einen afferenten (zum Zentrum führenden) Prozeß auszulösen. Eine kaum wahrnehmbare Verdüsterung im Gesichtsausdruck eines Gegenübers kann genauso leicht zu einem BSa werden, wie ein laut ausgesprochenes Drohwort.
Dies wird auch durch diverse Untersuchungen bestätigt, in denen bei Verwendung recht verschieden starker BS kaum unterschiedliche Lerneffekte erzielt wurden[25].
Zwar behauptet RAZRAN (1957) auf Grund einer Zusammenschau sowjetischer Forschungsergebnisse, daß sich bedingte Reaktionen bei Anwendung stärkerer BS allgemein „rascher" entwickelten, doch scheint er hiermit nicht mehr zu meinen, als daß stärkere BS während und nach erfolgtem Bedingen stärkere bedingte Reaktionen auslösen (s. u. 2382). Jedenfalls unterstreichen den obigen Schlußsatz gerade jene zahlreichen, unter anderem von RAZRAN (1961) referierten Untersuchungen zum „interozeptiven Bedingen", die zeigen, daß bewußt kaum wahrnehmbare Veränderungen an inneren Organen, extrem schwache Reize also, ohne weiteres zu BS für beliebige bedingte Reaktionen gemacht werden können.
In zwei Untersuchungen[26] ist allerdings dem Obigen Widersprechendes gefunden worden, nämlich, daß Ratten eine bedingte Angst-Reaktion (CER) rascher entwickeln, wenn stärkere Warnsignale (Rauschen) angewandt werden, *besonders wenn zwischen Signal und Schock einige Zeit verstreicht* (Spuren-Bedingen). Dies könnte jedoch sehr gut auf den speziellen Versuchbedingungen beruhen, namentlich darauf, daß stärkere *akustische* Reize schon *an sich* angstauslösend wirken, so daß im Zeitpunkt des Eintreffens der USa Angst bereits vorliegt, was das Bedingen der Angst erleichtert (s. u. 2335). Jedenfalls ändern diese Befunde nicht viel an der besagten Gesetzmäßigkeit bzw. dem Fehlen einer Gesetzmäßigkeit, das ja auch im Zusammenhang mit der Tatsache zu sehen ist, daß unter natürlichen Bedingungen die Stärke eines Warnreizes oft genug gar nichts über die Gefährlichkeit dessen, was er avisiert, aussagt, so daß es im Sinne des Überlebens sehr vorteilhaft ist, die Gefahrbedeutung auch äußerst schwacher Signale lernen zu können.
An menschlichen Vpn ist denn auch gezeigt worden, daß es möglich ist, bedingte Angst-, genauer gesagt Galvanische Haut-Reaktionen zu entwickeln auf Reize, hier sinnlose Wörter, die (mittels eines Tachistoskops) so kurzzeitig

---

25 CARTER, 1941; GRANT & SCHNEIDER, 1948, 1949
26 KAMIN & SCHAUB, 1963; ZIELINSKI, 1965

dargeboten werden, daß sie bewußt gar nicht zu erkennen sind, — und zugleich auf andere ebenso dargebotene, aber nicht mit dem USa (Schock) gepaarte Reize nicht zu reagieren[27].

2334 Intensität des bedingenden Stimulus

So wenig es beim Angst-Bedingen auf die Stärke des nachmaligen BSa ankommt, so sehr kommt es auf die Stärke des bedingenden Stimulus an. In zahlreichen Experimenten mit allen möglichen Methoden der Angst-Messung ist gezeigt worden, daß eine BRa
a) sich umso *rascher* bildet[28],
b) umso *stärker* ausfällt[29] und
c) umso *resistenter gegen Löschung*[30] ist, d.h. bei wiederholter Darbietung von BSa ohne USa umso länger erhalten bleibt,
je stärker der bedingende Stimulus ist.
Dabei scheint ein *länger andauernder* USa (Schock)[31] zu wirken wie ein stärkerer; dasselbe gilt für einen *plötzlich* im Unterschied zu einem allmählich einsetzenden[32], für einen *„zerhackten"* (pulsierenden) im Unterschied zu einem kontinuierlichen[33] und auch für einen *passiv erlittenen* (nicht-abschaltbaren) im Unterschied zu einem (gleich starken und langen) abschaltbaren[34].

2335 „Mitgebrachte" Angst

In einer ganzen Reihe von Experimenten ist gezeigt worden, daß *Chlorpromazin*, eine allem Anschein nach angsthemmende Droge, das Bedingen von Angst erschwert bis verhindert[35]. Umgekehrt ist auch gefunden worden, daß konstitutionell (infolge langjähriger Züchtung) besonders ängstliche Ratten eine CER rascher entwickeln als konstitutionell unängstliche Tiere[36].

---

27 LOWENFELD et al., 1956; WALL & GUTHRIE, 1959
28 BRADY & HUNT, 1955; ANNAU & KAMIN, 1961
29 SINGH, 1959; CARLSON, 1960; ANNAU & KAMIN, 1961; KAMIN & BRIMER, 1963; HAKE & AZRIN, 1965; HENDRY & VAN-TOLLER, 1965; ANDERSON & JOHNSON, 1966; BORING & MORROW, 1968; JAMES & MOSTOWAY, 1968; PERERA & GLUSMAN, 1968; MARTIN & RIESS, 1969; CAUL et al., 1970; BROPHY & TREMBLAY, 1971; ADER et al., 1972
30 BRADY & HUNT, 1955; CARLSON, 1960; CAUL et al., 1970
31 OVERMIER, 1966b; ADER et al., 1972
32 FROMER, 1962
33 OVERMIER, 1968
34 MOWRER & VIEK, 1948; DESIDERATO & NEWMAN, 1971
35 HUNT, 1956; ADER & CLINK, 1957; DENENBERG et al., 1959; MCMURRAY & JAQUES, 1959; GONZALES & SHEPP, 1962
36 SINGH, 1959

Beides leuchtet am ehesten ein, wenn man annimmt, daß das für die Geschwindigkeit des Angst-Bedingens Entscheidende letztlich *die Stärke der in der Lernsituation ausgelösten Angst-Reaktion* ist (worauf dann auch der Effekt der USa-Intensität — stärkere USa geben stärkere Angst-Reaktionen — zurückzuführen wäre); die Stärke der Angst-Reaktion hängt aber unter anderem auch davon ab, wieviel Angst das Individuum in die Situation „mitbringt"; je mehr, desto stärker die Reaktion — und desto größer und rascher bemerkbar der Lerneffekt.

2336 Manchmalige Bekräftigung

Die Darbietung des bedingenden Stimulus nach dem zu bedingenden (nachmaligen BS) wird in der amerikanischen Literatur gewöhnlich *„reinforcement"* — übersetzbar mit „Bekräftigung" wie auch mit „Verstärkung" — genannt. Derselbe Ausdruck wird aber auch als annähernd gleichbedeutend mit „Belohnung für eine hervorgebrachte Reaktion", d.h. im Zusammenhang mit instrumentellem Lernen, gebraucht. Diese beiden *„reinforcements"* aber sind der Art und dem Effekt nach völlig verschiedene Dinge, und es führt zu schwerwiegenden Verwirrungen und Verwechslungen, wenn sie mit demselben Ausdruck bezeichnet werden. Es wird deshalb hier, einem von einem amerikanischen Autor[37] gemachten Vorschlag folgend, im einen Fall, d.h. beim assoziativen Lernen bzw. („klassischen") Bedingen von *„Bekräftigung"*, im andern Fall, wenn es um instrumentelles Lernen geht, immer nur von *„Verstärkung"* gesprochen.

Die „Bekräftigung" eines zu bedingenden Stimulus kann nun entweder *„jedesmalig"* oder aber nur gelegentlich, *„manchmalig"* (*„intermittierend"*), erfolgen. Manchmalige Bekräftigung, d.h. *gelegentliche nicht-bekräftigte Darbietung des zu bedingenden Reizes* hat einer Fülle übereinstimmender experimenteller Befunde zufolge gewöhnlich drei Effekte:
a) *Verlangsamung des Bedingens,* d.h. bei manchmaliger Bekräftigung sind im allgemeinen der absoluten Anzahl nach mehr Bekräftigungen erforderlich, um einen bestimmten Bedingungseffekt zu erreichen, als bei jedesmaliger Bekräftigung[38].
b) *Verminderung der BR,* d.h. eine bei manchmaliger Bekräftigung entwickelte BR fällt im allgemeinen schwächer aus[39].

---

37 SCHAEFER, 1960
38 HARTMAN & GRANT, 1960; RUNQUIST, 1963; KIMMEL & YAREMKO, 1966; FRITZGERALD et al., 1966
39 HUMPHREYS, 1939, 1940; SADLER, 1968

c) *Erhöhung der „Löschungsresistenz"*, d. h. eine BR, bei deren Entwicklung die Bekräftigung gelegentlich ausgeblieben ist, bleibt, wenn diese dauernd fortgelassen wird, d. h. immer wieder *nur noch BS-allein* geboten wird, länger erhalten, als eine mit jedesmaliger Bekräftigung entwickelte BR; dieser Effekt ist von den genannten drei derjenige, der in einschlägigen Experimenten am häufigsten und sichersten zu finden ist[40].

Alle diese Effekte intermittierender Bekräftigung sind *auch beim Bedingen von Angst* festgestellt worden[41] und sind, insbesondere der zuletzt genannte, auch praktisch nicht ohne Bedeutung, zumal manchmalige Bekräftigung unter natürlichen Umständen die Regel ist: Z. B. wird jemand, der in einer bestimmten Situation, bei einer bestimmten Tätigkeit oder in Gegenwart einer bestimmten Person *gelegentlich* aversive Reize erfährt, zwar nur allmählich, eventuell ganz unmerklich, eine — mäßig starke — bedingte Angst oder Abneigung entwickeln, die aber dafür umso dauerhafter sein, umso „tiefer sitzen" wird. Erfährt er dagegen dieselben aversiven Reize in dichter Folge hintereinander, so wird er rasch eine kräftige Angst oder Abneigung entwickeln, die dafür aber u. U. relativ rasch wieder zu beheben sein wird.

2337 *Lebensalter und Angst-Bedingen*

In entwicklungspsychologischer Literatur wird manchmal die Ansicht vertreten, daß „Ängste", d. h. bedingte Angst-Reaktionen, die in frühem Kindesalter gelernt werden, besonders dauerhaft seien. Was den Menschen betrifft, so kann sich diese Ansicht auf nachprüfbare empirische Daten nicht stützen. Dagegen liegt ein sehr ausgedehntes und sorgfältig durchgeführtes Tierexperiment vor, das eher das Gegenteil vermuten läßt:

CAMPBELL & CAMPBELL (1962) begannen ihr Experiment damit, daß sie zunächst 5 Gruppen Ratten, insgesamt etwa 400 Tieren, im Alter von 18, 23, 38, 54 bzw. 100 Tagen in dem einen von zwei Abteilen einer Box, dem schwarzen oder dem weißen, je 30 2"-Schocks gaben, auf daß sie eine bedingte Abneigung gegenüber dem betreffenden Abteil entwickelten.
Jede Gruppe wurde danach in je 4 Untergruppen unterteilt, die nach 0, 7, 21 bzw. 42 Tagen getestet, d. h. in das Schockabteil gesetzt wurden, jetzt aber durch eine Öffnung in der Trennwand in das andere Abteil fliehen konnten.

---

40 HUMPHREYS, 1939, 1940; GRANT & HAKE, 1951; GRANT et al., 1952; GRANT & SCHIPPER, 1952; HARTMAN & GRANT, 1960; FITZGERALD, 1963; BRIMER & DOCKRILL, 1966; FRITZGERALD et al., 1966
41 BRIMER & DOCKRILL, 1966; WILLIS & LUNDIN, 1966; RESCORLA, 1968 a; HOMZIE et al., 1969

Es zeigte sich, daß die in jüngerem Alter geschockten Tiere, wenn sie noch am selben Tag getestet wurden, genauso viel Angst (Neigung zur Flucht aus dem Schockabteil) zeigten, wie die in späterem Alter geschockten, daß sie aber, im Unterschied zu diesen, diese Angst mit der Zeit, d. h. je später sie getestet wurden, allmählich verloren.
Dieses Ergebnis wurde dann auch noch unter Anwendung der CER-Technik — Trinkhemmung statt Fluchtneigung als Angst-Maß — repliziert.

Es scheint damit festzustehen, daß, jedenfalls bei Ratten, Angst-Bedingen, das in sehr jungem Alter erfolgt, zwar im Augenblick genauso effektiv ist wie bei älteren Tieren, jedoch weniger dauerhaft.
Würde man dieses Ergebnis bei aller Vorsicht auf den Menschen übertragen, so stellt es zumindest jene Ansicht, daß Kleinkinder besonders empfänglich für dauerhaftes Angst-Bedingen seien, in Frage. Es wäre auch, wenn man einmal mehr die prinzipielle biologische Nützlichkeit psychologischer Gesetzmäßigkeiten unterstellen wollte, nicht einzusehen, warum Kleinkinder, die besonders oft und besonders hilflos aversiven Reizen ausgesetzt sind, besonders leicht bedingte Ängste entwickeln sollten, zumal doch vieles, was für Kleinkinder gefährlich und schädlich ist, im Lauf der weiteren Entwicklung harmlos, weil kontrollierbar wird.
Wenn es manchmal, z. B. bei psychotherapeutischen Behandlungen, so erscheint, als machten vielen Menschen ihre früh gelernten Ängste besonders schwer zu schaffen, so dürfte das viel eher darauf beruhen, daß Kinder in ihrer Wehrlosigkeit viel härteren Traumen (USa), z. B. des Geschlagen-, des Verlassen-, des Gedemütigtwerdens, ausgesetzt werden können und auch werden als darauf, daß sie bedingte Ängste besonders leicht entwickelten.

234 Mechanismus des Angst-Bedingens

Was oben über das Prinzip des Angst-Bedingens mit mehr oder weniger klaren Worten gesagt worden ist, kann nun auch mittels eines Diagramms veranschaulicht und transparenter gemacht werden.

Es ist dort zunächst links das dargestellt, was beim Angst-Bedingen selbst, in der *„Lernsituation"*, geschieht bzw. geschehen muß und rechts daneben das, was sich daraus ergibt und in einem eventuellen *„Test"* festgestellt werden kann.
Es wird weiterhin durch unterbrochene Linien, die genau betrachtet fließende *„Grenze"* zwischen *Organismus und Umwelt* bzw. die „Periferie" des Organismus dargestellt. An dieser Periferie spielen sich einerseits die Reize oder

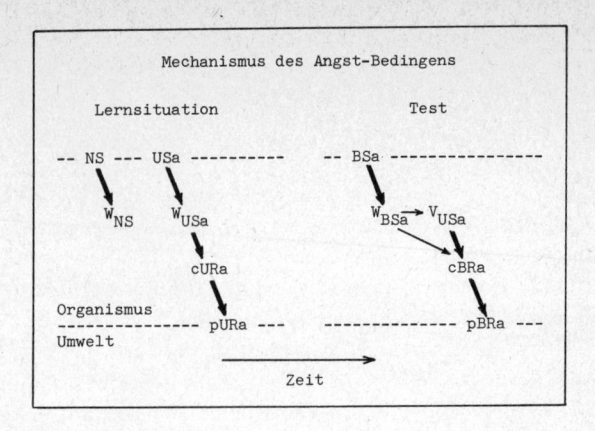

```
                    Mechanismus des Angst-Bedingens

              Lernsituation                    Test

        -- NS --- USa ----------      -- BSa ----------------
             |       |                       |
             ↓       ↓                       ↓
            W_NS   W_USa                   W_BSa → V_USa
                     |                             |
                     ↓                             ↓
                    cURa                         cBRa
  Organismus          |                             |
  -------------- pURa ---         -------------- pBRa ---
  Umwelt
                            Zeit
                        ──────────→
```

Stimulusprozesse ab (in den Sinnesorganen), andererseits die von außen beobachtbaren oder meßbaren Reaktionen.

Die *Zeitdimension* ist von links nach rechts laufend dargestellt; die weiter links stehenden Prozesse spielen sich zeitlich vor den weiter rechts stehenden ab. *Ungelernte* Verbindungen zwischen Prozessen sind durch dicke Pfeile dargestellt, *gelernte* durch dünne.

Die Abkürzungen, soweit sie nicht schon vorgekommen sind, bedeuten: NS = neutraler Stimulus; W = Wahrnehmung; V = Vorstellung; c = zentral; p = perifer; UR = unbedingte Reaktion; BR = bedingte Reaktion.

Dargestellt ist nur der Fall des *Bedingens erster Ordnung* mit einem direkt wirkenden USa als bedingendem Stimulus.

Das ganze Diagramm ist, so kompliziert es aussehen mag, immer noch grob vereinfacht.

Das Lernen einer BRa (erster Ordnung) beginnt hiernach damit, daß einem zunächst *neutralen Stimulus* (NS) ein *unbedingter Angst-Auslöser* (USa) folgt.

Beide diese Prozesse lösen zunächst entsprechende *Wahrnehmungsprozesse* aus, genauer gesagt: spezifische Prozesse im afferenten System, die beim Menschen häufig, indem sie die sensorischen Felder der Großhirnrinde erreichen, bewußte Wahrnehmungen auslösen; dies letztere aber geschieht nicht notwendigerweise, die Reize können vielmehr auch schon auf einer niedrigeren Ebene identifiziert werden, ohne bewußt zu werden.

Der durch USa in Gang gesetzte afferente Prozeß aktiviert dann reflexmäßig das *Angst-Zentrum*, d. h. löst die zentrale unbedingte Angst-Reaktion (cURa) aus.

Diese führt ihrerseits vermittels hier nicht dargestellter untergeordneter Reflexzentren zu diversen äußeren und inneren und teilweise beobachtbaren und meßbaren Veränderungen (der Herztätigkeit, der Atmung, der Tätigkeit der Schweißdrüsen usw.), die hier zusammen als *eine* komplexe Reaktion aufgefaßt und als *perifere unbedingte Angst-Reaktion* (pURa) bezeichnet werden. Ein derartiger Ablauf führt nun sofort oder nach einigen Wiederholungen dazu, daß der ursprüngliche NS die Fähigkeit erlangt, alle die Prozesse auszulösen, die zuerst nur der USa auslösen konnte; er wird aus diesem Grund nunmehr als BSa bezeichnet.

Im einzelnen wird er, wenn er auftritt, zunächst einen entsprechenden Wahrnehmungs- bzw. *afferenten Prozeß* auslösen, der wiederum bewußt werden oder auch unbewußt bleiben kann.

In jedem Fall kann dieser weiter einerseits einen der ursprünglichen Wahrnehmung des USa entsprechenden (unbewußten oder bewußten) *bedingten kognitiven Prozeß*, eine „USa-Vorstellung" auslösen; das Individuum denkt in diesem Fall an, erwartet, „spürt beinahe" den Schock oder Krach oder was sonst USa gewesen sein mag. Dieser „Vorstellungs"-Prozeß, falls er stattfindet, ist dem ursprünglichen Wahrnehmungsprozeß äquivalent und kann folglich das Angst-Zentrum aktivieren, d. h. die *zentrale bedingte Angst-Reaktion* (cBRa) auslösen; da er aber als Vorstellungs-Prozeß vergleichsweise schwach ist, wird dieser Effekt verhältnismäßig gering sein.

Der durch BSa hervorgerufene *afferente Prozeß* aktiviert andererseits via einer zweiten gelernten Assoziation das Angst-Zentrum auch *direkt*, d. h. ohne Vermittlung eines Vorstellungs-Prozesses, und löst damit die cBRa aus.

Diese ihrerseits kann nun wiederum diverse weitere Effekte haben, die in ihrer Gesamtheit als *perifere bedingte Angst-Reaktion* (pBRa) zu bezeichnen wären.

Besonders hervorzuheben ist hier — abgesehen von der Annahme eines zentralen Angst-Systems, die bereits diskutiert wurde — die Annahme, daß der durch den BSa hervorgerufene afferente Prozeß potentiell *zwei* bedingte Prozesse auslöst, so daß die BRa gewissermaßen doppelt gesichert ist.

Die Annahme, daß dieser afferente Prozeß einen bedingten kognitiven, hier „USa-Vorstellung" genannten, Prozeß auslösen kann, kann sich einerseits auf höchst gewöhnliche Alltagsbeobachtungen stützen (jeder denkt z. B. bei einer drohend geballten Faust an einen Hieb), andererseits auf gewisse Experimente, die mit Hilfe von Elektroenzephalogramm-(EEG-)Registrierung die Bedingbarkeit kognitiver Prozesse direkt beweisen[42].

Daß andererseits die Vorstellung von einem USa (z. B. der Gedanke an den Bohrer des Zahnarztes) selbst Angst auslösen kann, liegt ebenfalls auf der Hand[43].

---

42 LOOMIS et al., 1936; JASPER & SHAGASS, 1941; KNOTT & HENDRY, 1941; SHAGASS, 1942; SHAGASS & JOHNSON, 1943
43 vgl. BOULOUGOURIS et al., 1971; MARKS et al., 1971

Unklar ist aber, ob bei der Auslösung einer BRa ein bedingter kognitiver Prozeß notwendig und immer interveniert. Zum einen ist zweifellos nicht in jedem Fall bedingter Angst-Auslösung eine bewußte USa-Vorstellung gegeben, und die Annahme unbewußter bedingter kognitiver Prozesse ist vollkommen hypothetisch; zum anderen ist es mehr als fraglich, ob bei Tieren, die bedingte Angst-Reaktionen genauso leicht entwickeln wie Menschen, in gleichem Ausmaß mit bedingten kognitiven Prozessen gerechnet werden kann wie beim Menschen. Auf der anderen Seite gibt es mindestens zwei Ratten-Experimente[44] mit Angst-Bedingen unter Chlorpromazin (Angst-Hemmung), in denen sich trotz fehlender Angst-Reaktionen in der Lernsituation zumindest bei einzelnen Tieren eine BRa entwickelte, vermutlich vermittelt durch einen bedingten kognitiven Prozeß, irgendeine Art von USa-Vorstellung; doch findet dergleichen bei Ratten keineswegs regelmäßig und bei Fischen etwa, die ebenfalls ohne weiteres bedingte Angst-Reaktionen entwickeln[45], höchstwahrscheinlich gar nicht statt.

Daraus ergibt sich auch schon die Notwendigkeit für die Annahme eines zweiten Lernprozesses, d. h. für die Annahme, daß beim Angst-Bedingen — und zwar in erster Linie — *der durch BSa ausgelöste afferente Prozeß die Fähigkeit erlangt, das Angst-Zentrum direkt zu erregen.* Diese Annahme kann sich auch auf die oben (2335) zitierten Befunde stützen, wonach unter Angst-Hemmung durch Chlorpromazin Angst-Bedingen in den meisten Fällen nicht möglich ist — eben weil die direkte Verbindung zum (inaktivierten) Angst-Zentrum unter diesen Umständen nicht herstellbar ist.

Nach diesem Modell hat nun eine BRa beim Menschen in der Regel eine zweifache „Ursache":

a) eine in der *Gegenwart* gelegene, das was die Angst aktuell auslöst (BSa) und

b) eine in der *Vergangenheit* gelegene, das wovor man Angst hat, das gedachte, erwartete, befürchtete aversive Ereignis, die Vorstellung von dem in der Lernsituation aufgetretenen USa.

Von der ersteren spricht man, wenn man angibt, „was einem Angst macht", von der letzteren, wenn man angibt, „was man befürchtet".

Beide „Ursachen" brauchen wie gesagt *nicht bewußt,* nicht im subjektiven Erleben gegeben zu sein. Der *BSa* kann so schwach sein, daß er keinen eindeutigen Wahrnehmungsprozeß in der Großhirnrinde auslöst, d. h. nur „subzipiert" wird (vgl. o. 2333); die Angst wird in diesem Fall als unerklärlich und grundlos erlebt. Eine USa-Vorstellung braucht im Erleben erst recht nicht gegeben zu sein; nicht selten wird sie wegen der „Enge des Bewußtseins"

---

44 HUNT, 1956; GONZALES & SHEPP, 1962
45 z. B. GELLER, 1963, 1964

durch dominierende Außenreize und andere Vorstellungen unbewußt gehalten, und in anderen Fällen wird sie — vermutlich durch einen instrumentell gelernten Prozeß, eine Art Flucht-Reaktion — in dauernder „Verdrängung" gehalten; man kann in diesen Fällen, sehr ungenau, von „unbewußter Angst" sprechen, wobei nicht klar ist, ob diese durch den BSa allein oder zugleich durch eine trotz Unbewußtheit wirksame USa-Vorstellung verursacht wird.

235 Symbolvermitteltes Angst-Bedingen und Selbst-Bedingen von Angst

Auf der Grundlage der Annahme einer funktionalen Äquivalenz von Wahrnehmungs- und Vorstellungsprozessen (s. o. 113), die auch in das obige Modell eingeht, ist es klar, daß die *Vorstellung von einem USa*, wie immer sie

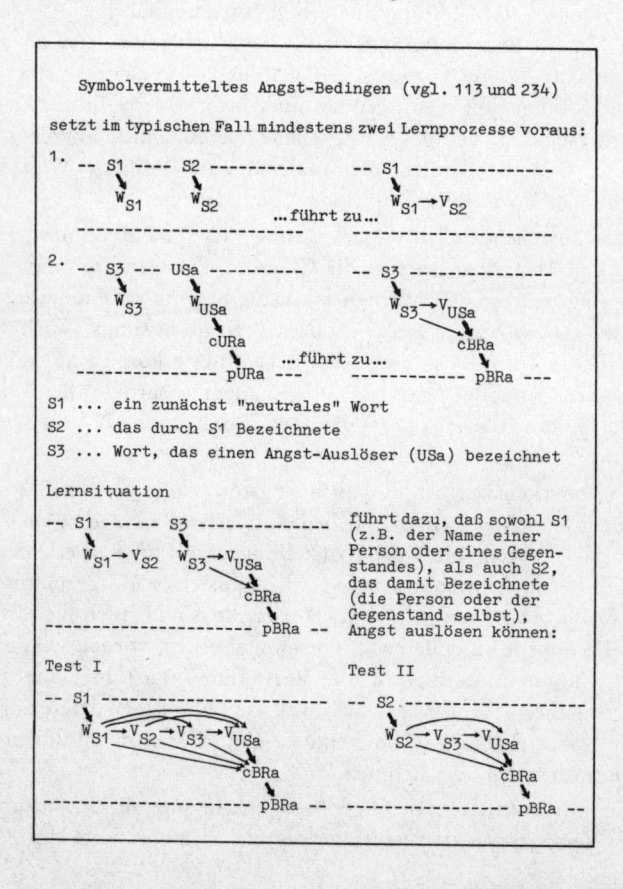

```
Symbolvermitteltes Angst-Bedingen (vgl. 113 und 234)
setzt im typischen Fall mindestens zwei Lernprozesse voraus:
1. -- S1 ---- S2 ----------       -- S1 ----------------
      ↘      ↘                        ↘
      W_S1   W_S2   ...führt zu...    W_S1 → V_S2
   ------------------------       ----------------------
2. -- S3 --- USa ----------       -- S3 ----------------
      ↘     ↘                         ↘
      W_S3  W_USa                     W_S3 → V_USa
             ↘                               ↘
             cURa         ...führt zu...     cBRa
              ↘                               ↘
   ------------ pURa ---          ------------ pBRa ---

S1 ... ein zunächst "neutrales" Wort
S2 ... das durch S1 Bezeichnete
S3 ... Wort, das einen Angst-Auslöser (USa) bezeichnet

Lernsituation
-- S1 ------ S3 ---------------     führt dazu, daß sowohl S1
     ↘        ↘                     (z.B. der Name einer
     W_S1→V_S2 W_S3→V_USa           Person oder eines Gegen-
                   ↘                standes), als auch S2,
                   cBRa             das damit Bezeichnete
                   ↘                (die Person oder der
   -------------------- pBRa --     Gegenstand selbst),
                                    Angst auslösen können:
Test I                              Test II
-- S1 ----------------------        -- S2 --------------------
    ↘                                  ↘
    W_S1→V_S2→V_S3→V_USa               W_S2→V_S3→V_USa
                      ↘                            ↘
                      cBRa                         cBRa
                      ↘                            ↘
   -------------------- pBRa --      ------------------- pBRa --
```

zustandekommen mag, Angst auslösen kann und daß diese Angst dann auch bedingbar ist.

Wird Angst bedingt auf der Grundlage einer irgendwie hervorgerufenen Vorstellung von einem aversiven Ereignis, ohne daß dieses als Reiz aktuell gegeben ist, so wäre von „vermitteltem Bedingen" zu sprechen, und falls diese Vorstellung mit Hilfe sprachlicher Signale, gehörter oder gelesener Wörter, ausgelöst wird, von *„symbolvermitteltem Bedingen"*.

Hört z. B. jemand einen anderen sagen: „Achtung, in diesem Paket (NS) könnte eine Bombe sein", so wird er, wenn er die deutsche Sprache gelernt hat, die Vorstellung von Explosion, Zerrissenwerden, Blut usw. wie auch die damit (auf Grund vorangegangenen Lernens) verbundene Angst produzieren und das gleichzeitig vorhandene Paket wird zu einem BSa werden, was z. B. bewirkt, daß er es nicht anfaßt.

Auch der zu bedingende Reiz kann, statt real gegeben, bloß vorgestellt sein. Liest z. B. einer in seiner Zeitung wiederholt von „langhaarigen Randalierern" oder von Negern und ihrer immensen Potenz und reagiert er auf die Vorstellung von Randalierern bzw. die Vorstellung von der Potenz eines anderen auf Grund vorangegangenen Lernens mit Angst, so lernt er nun, auf Langhaarige und Neger mit bedingter Angst zu reagieren, und zwar nicht nur in der Vorstellung, sondern vor allem auch in der Realität — da die Wahrnehmung ja wiederum der Vorstellung funktional äquivalent ist.

Es ist leicht zu sehen, daß der Mechanismus des symbolvermittelten Bedingens, was den Menschen betrifft, die Chancen und Gefahren zum Erlernen bedingter Ängste ungeheuer vermehrt. Sowohl begründete und lebensnotwendige Ängste, z. B. im Straßenverkehr oder vor Krankheiten, als auch unsinnige und für einen selbst oder andere schädliche Ängste können auf diese Weise gelernt werden; unter den letzteren sind vor allem Vorurteile aller Art und mit bestimmten gesellschaftlich unerwünschten Tätigkeiten, z. B. sexueller Aktivität, verbundene Ängste zu nennen.

Besonders bemerkenswert ist, daß auch Ängste vor rein vorgestellten Dingen, z. B. vor dem Teufel oder vor dem lieben Gott, erlernt werden können und daß dabei auf der anderen Seite auch Vorstellungen von nie real erlebten, nur in der Phantasie konstruierten aversiven Ereignissen, z. B. Verdammung, als bedingende Reize wirksam sein können. Allerdings muß auch ein vorgestelltes aversives Ereignis in irgendeiner Weise einmal erlebt worden sein, um Angst auslösen zu können; so löst z. B. die Vorstellung von Lungenkrebs bei den meisten Menschen kaum Angst aus, weil sie dergleichen noch nicht erlebt haben und kann deshalb, selbst wenn sie beim Rauchen produziert würde, dieses kaum verleiden oder hemmen.

Dem „symbolvermittelten Bedingen" entspricht das im Laboratorium mit Tieren als Versuchsobjekten häufig erfolgreich demonstrierte experimentelle

Paradigma des *„sensorischen Vorbedingens"*[46]. Dies sei hier nur erwähnt, um anzudeuten, daß derartige, sicherlich schon als „höher" zu bezeichnende Lernprozesse im Prinzip auch bei Tieren vorkommen können, wenn sie auch dort unter natürlichen Umständen wegen des Fehlens von Sprache praktisch keine Rolle spielen.

Genauso wie Menschen *einander* mit Hilfe der Sprache Angst machen und bedingte Angst-Reaktionen beibringen können, so können sie auch *sich selbst* Angst machen und bei sich selbst ohne oder mit minimaler Anregung von außen bedingte Ängste entwickeln. So können Menschen sich Ängste vor Prüfungen, vor sexuellen Begegnungen, vor Beschmutzung, vor Unfällen usw. „einreden" und diese Ängste steigern, indem sie sich in der Vorstellung in Verbindung mit diesen Dingen alle möglichen schrecklichen Dinge ausmalen. Solches *Selbst-Bedingen von Angst* ist sicherlich nicht das Normale, was geschieht, wenn Menschen Angsterlebnisse reproduzieren oder sich ausmalen; im Gegenteil: im Normalfall dürfte dabei eher eine Reduktion der Angst im Sinne von „Löschung" (s.u. 621) oder von Lernen von Angstbeherrschung (s.u. 661) erfolgen, jedenfalls wenn *immer wieder dieselbe* angsterregende Vorstellung reproduziert wird. Voraussetzung für das Selbst-Bedingen von Angst dürfte sein, daß *eine Vielfalt verschiedener* Angstvorstellungen nacheinander und keine einzelne allzu oft mit der zu bedingenden Vorstellung (z.B. von einer Prüfung) assoziiert wird; dergleichen aber dürften Menschen wiederum nur dann mit sich anstellen, wenn sie irgendeinen kurzfristigen „Gewinn" aus ihrer Angst haben oder erwarten (z.B. in Form von entgegengebrachtem Mitleid, besonderer Rücksichtnahme und dgl.).

236 Stellvertretendes (vikariierendes) Angst-Bedingen

Dem Mechanismus nach ähnlich wie das symbolvermittelte spielt sich das „stellvertretende" Bedingen von Angst ab. Damit ist gemeint, daß man, und auch das nicht so selten, bedingte Angst-Reaktionen lernen kann, indem man beobachtet, entweder
a) wie einem anderen etwas Übles widerfährt, oder auch nur
b) wie ein anderer auf ein bestimmtes Ereignis, eine Situation, eine Person mit Angst reagiert.

Der erstere Fall ist nach dem Obigen nicht schwer zu verstehen: Wenn einer beobachtet, wie ein anderer von einem Dritten gedemütigt wird, oder wie einer bei einem Diebstahl erwischt, verfolgt und verhauen wird oder von einem

---

46 SEIDEL, 1959; TAIT et al., 1969

Pferd in hohem Bogen abgeworfen wird, so wird er sich auf Grund eigener ähnlicher Erfahrungen (mit den jeweiligen aversiven Ereignissen) ohne weiteres vorstellen können, wie dem Betreffenden ist, d. h. wird entsprechende eigene Erlebnisse reproduzieren, die Angst auslösen, wodurch der Demütiger, die Diebstahlshandlung bzw. das Pferd dann prompt zu BSa werden.
Daß hier selbstgemachte Erfahrungen Voraussetzung sind, solches Lernen also immer auf vorausgegangenem Lernen aufbaut, ist recht offensichtlich: z. B. kann jemand, der noch nie Schläge gegen die Fußsohlen erhalten hat, sich nicht vorstellen, wie schmerzhaft diese sind und wird infolgedessen bei der Vorstellung oder Beobachtung dieser Tortur bei weitem nicht so viel Angst entwickeln und lernen wie ihrer Schrecklichkeit entspricht, ja er wird sie u. U. sogar als etwas lächerlich empfinden können, — es sei denn, die Schmerzensschreie und der Gesichtsausdruck des Gefolterten vermittelten ihm das entsprechende Gefühl, die Angst.

Damit ist bereits der zweite Fall angesprochen. Menschen reagieren normalerweise mit Angst auf den Ausdruck von Angst und Schmerzen — Weinen, Schreien, Stöhnen, Verzerrung des Gesichtsausdrucks, Bluten usw. — bei anderen. Diese Reaktionen sind möglicherweise zum Teil ungelernt; namentlich Schreien vor Schmerz könnte biologisch die Funktion haben, andere Artgenossen zu warnen. Wo aber differenziertere und individuellere Ausdrucksformen, z. B. Zucken um den Mund, Umklammern einer schmerzenden Stelle, lautloses Weinen, ebenso wirksam sind, beruht dies sicherlich auf Bedingen, auf Assoziation mit mehr primären Ausdrucksformen und/oder mit individuellen Erfahrungen.
Die Frage, inwieweit der Ausdruck von Schmerz bei einem Artgenossen primär als Angst-Auslöser wirkt bzw. unter welchen Bedingungen er zu einem solchen werden kann, wurde in einem Tierexperiment von CHURCH (1959) untersucht:
Ratten einer ersten Versuchsgruppe mußten, während sie in aller Ruhe für gelegentliche Futterbelohnung ein Pedal betätigten, wiederholt miterleben, wie im Nebenkäfig, durch eine Glaswand getrennt, ein anderes Tier jeweils eine halbe Minute lang einem schmerzhaften elektrischen Schock ausgesetzt wurde und entsprechend herumsprang und quiekte; die Versuchstiere reagierten darauf nur mit einer geringfügigen Verlangsamung ihrer Tätigkeit an dem Pedal (CER), und auch das nur einige wenige Male.
Mit einer anderen Gruppe wurde dann demonstriert, daß Schmerzsignale, die ein Artgenosse aussendet, wie jeder andere Reiz auch zu BSa werden können, wenn sie einem *selbstempfangenen* Schmerz vorausgehen, daß also der Ausdruck von Schmerz (oder Angst) bei einem andern zumindest dadurch zu einem Angst-Auslöser werden kann, daß man selbst anschließend oder gleichzeitig ebenfalls etwas erleidet.

Schließlich aber wurde auch gefunden, daß von einem Artgenossen ausgesandte Schmerzsignale auch dann schon (mittelstark) als Angst-Auslöser wirken, wenn das Individuum nur selbst einige Male (allein) dem entsprechenden Schmerzreiz ausgesetzt war; dies vermutlich aus dem einfachen Grunde, weil es dabei selbst Schmerzzeichen — namentlich Quieken — produzierte, wodurch diese zu BSa werden konnten.

Aus welchem Grunde auch immer der Ausdruck von Schmerz, Leiden oder Angst im Einzelfall als Angst-Auslöser wirken mag, auf jeden Fall kann auf der Grundlage so ausgelöster Angst „stellvertretendes Angst-Bedingen" stattfinden, kann beispielsweise einer, der sieht, wie ein anderer in einer bestimmten Situation, bei einer bestimmten Tätigkeit, auf eine bestimmte Behandlung durch einen Dritten hin usw. Signale von Schmerz oder Leiden sendet, vor den betreffenden Reizen selbst Angst bekommen.

237 „Instrumentelle Angst"

Nebenbei soll hier noch, obwohl es nicht genau in diesen Zusammenhang gehört, erwähnt werden, daß allem Anschein nach Angst, zumindest „ängstliches Verhalten", auch als instrumentelle, d. h. „belohnung-produzierende" Reaktion gelernt werden kann. Nicht selten kommt es z. B. vor, daß Kinder in gewissen Situationen von ihren Eltern besonders beachtet, d. h. belohnt werden, wenn sie sich ängstlich verhalten oder daß Erwachsene geradezu erwarten, daß Kinder in gewissen Situationen ängstlich sein müßten und sie im Falle der Erfüllung ihrer Erwartung mit Beachtung, Bedauern und dgl. belohnen oder daß Menschen überhaupt eine „Technik" entwickeln, in bestimmten Situationen oder bestimmten Personen gegenüber durch ängstliches Verhalten ihre Wünsche erfüllt zu bekommen.

Wieweit solche „instrumentelle Ängstlichkeit" in „echte" Angst übergehen kann, ist unklar; theoretisch erscheint es als durchaus möglich; denn ohne Zweifel können Menschen Angst bei sich selbst produzieren und dadurch leichter und überzeugender ängstliches Verhalten hervorbringen (das dann gegebenenfalls von außen belohnt wird); die so produzierte Angst aber könnte wiederum bedingt werden und nach einigen Wiederholungen in der betreffenden Situation als „echte" Angst auftreten.

Bei der Entwicklung derartiger Angst-Reaktionen spielt zweifellos Imitation eine entscheidende Rolle. Menschen pflegen in Situationen, in denen sie noch kein individuelles Verhalten gelernt haben, auf bei anderen beobachtetes zurückzugreifen und werden hierfür nicht selten irgendwie belohnt — im Falle des Imitierens von ängstlichem Verhalten am ehesten durch die erfreute oder anerkennende oder verstehende Reaktion des „Modells". So kann es dann

geschehen, daß ganze Gruppen von Menschen, beispielsweise alle Angehörigen einer Familie, entschiedene Angst oder Abscheu empfinden vor völlig harmlosen Dingen wie Mäusen oder Friedhöfen oder klassischer Musik, obwohl damit nur einer oder nicht einmal einer jemals — selbst oder symbolvermittelt oder stellvertretend — eine schlechte Erfahrung gemacht hat.
Dieser Mechanismus erklärt vielleicht, zumindest teilweise, auch den gelegentlich erhobenen Befund, daß die Angst von Kindern vor einer zahnärztlichen Untersuchung oder Operation hoch korrelierte mit der (durch Fragebogen gemessenen) allgemeinen Ängstlichkeit ihrer Mütter[47].

238 Auslösung bedingter Angst-Reaktionen

Nachdem nun alle möglichen Aspekte des *Lernens* von BRa betrachtet worden sind, geht es in diesem Abschnitt um die Bedingungen der *Hervorrufung* gelernter BRa, um die Faktoren, die in der oben als „Test" bezeichneten Situation wirksam sind.

2381 *Unwillkürlichkeit der BRa*

Zunächst ist klarzustellen, daß bedingte Angst-Reaktionen, genauso wie unbedingte, „unwillkürlich" hervorgerufen werden, daß das Individuum einen BSa ebenso wie einen USa gleichsam „passiv" empfängt und „automatisch" darauf reagiert — anders als bei Reizen, die instrumentelle Reaktionen kontrollieren, wo auch noch die Motivation des Individuums als entscheidende Variable ins Spiel kommt.
Zwar kann das Individuum sich u. U. „willkürlich", z. B. durch körperliche Entspannung oder durch Produktion beruhigender Gedanken, auf den Empfang des BSa oder USa *vorbereiten* und seine Wirkung dadurch eventuell mildern und andererseits auch auf die erfolgte Angst-Reaktion hin eine *instrumentell-gelernte angstreduzierende Reaktion hervorbringen*, die hervorgerufene Angst sozusagen wieder „willkürlich" eindämmen, *das Auftreten der Angst-Reaktion selbst aber kann es nicht weiter kontrollieren*. Angst-Reaktionen werden eben „ausgelöst" und nicht „hervorgebracht".

---

47 JOHNSON, 1971

2382 Intensität des BSa

Auf Grund zahlreicher Alltagserfahrungen wie auch diverser experimenteller Befunde läßt sich sagen, daß die angstauslösende Wirkung ein und desselben BSa umso größer ist, je stärker, lauter, größer er auftritt[48]. Ein großer Hund macht gewöhnlich mehr Angst als ein kleiner, eine laut ausgesprochene Drohung mehr als eine sonst gleiche leisere usw.
Entsprechend wirkt auch ein räumlich näherer BSa stärker als ein entfernter, und bei Annäherung eines BSa pflegt die Angst zu wachsen, bei Entfernung abzunehmen[49], worauf dann auch beruht, daß die Bewegung auf einen BSa zu immer langsamer zu werden pflegt und oft in einiger Entfernung vom BSa gestoppt, der Reiz „passiv vermieden" wird[50] (vgl. u. 351).

2383 Zeitliche Nähe des BSa

Wird ein aversiver Reiz durch einen *länger dauernden BSa* avisiert, so nimmt die Angst während dieser Zeit mehr oder weniger kontinuierlich zu, und zwar anscheinend nach einer positiv akzelerierten Funktion, d. h. anfangs weniger, später immer mehr, so daß sie im Zeitpunkt des gewöhnlichen Eintreffens des aversiven Reizes maximal ist[51].
Gelegentlich ist sogar beobachtet worden, daß nach vielmaliger Wiederholung der Reizfolge anfangs eine Angst-Hemmung, eine Verminderung des bestehenden Angstniveaus und danach erst eine allmähliche Zunahme der Angst erfolgt („Verzögerungshemmung")[52].

2384 Summation und Aufhebung

1. Treten *zwei unabhängig bedingte BSa zusammen* auf, so wird eine stärkere BRa hervorgerufen als durch jeden der Stimuli einzeln[53]. Ein Kind, das gelernt hat, sowohl den Besitzer eines Gartens, in dem es Äpfel zu stehlen pflegt, als auch dessen Hund zu fürchten, wird gewaltige Angst empfinden, wenn es dem Mann zusammen mit dem Hund begegnet; ebenso wirkt Tadel

---

48 HOVLAND, 1937; GRANT & SCHNEIDER, 1949; KESSEN, 1953; CHAMPION, 1962: ZIELINSKI, 1965; CERMAK, 1967; ROHRBOUGH, et al., 1971
49 BROWN, 1948; BAILEY et al., 1972
50 BUGELSKI & MILLER, 1938
51 SWITZER, 1934; KAMIN & SCHAUB, 1963; KIMMEL, 1963; ZIELINSKI, 1966; LUNDBERG et al., 1971; HINELINE, 1972; ANDERSON & TOSHEFF, 1973
52 RESCORLA, 1967, 1968b
53 BACON, 1955; MILLER, 1969; REBERG & BLACK, 1969; WEISS & EMURIAN, 1970

oder Ablehnung durch eine Mehrzahl von Menschen, durch eine ganze Gruppe unter sonst gleichen Umständen stärker als Ablehnung durch einen einzelnen. Wo immer extrem starke, *panische Angst-Reaktionen* auftreten, dürfte dies in den meisten Fällen auf derartiger Summation von Angsteffekten beruhen. Aus Befragungen von schlangenängstlichen („-phobischen") Personen geht hervor, daß diese zumeist irgendeinmal Schlangen zusammen mit anderen Angstauslösern erlebt hatten, z. B. von Spielkameraden mit Schlangen bedroht und gequält worden waren, dabei panische Angst gehabt und sehr wahrscheinlich infolge davon auf Schlangen mit extrem starker bedingter Angst zu reagieren gelernt hatten[54] (vgl. o. 2334, 2335).

2. Das gleiche Prinzip der Summation kommt auch darin zum Ausdruck, daß auf einen bestimmten BSa[55] wie auch auf einen USa[56] umso stärker reagiert wird, je mehr Angst bzw. je weniger Sicherheit vorher schon vorhanden war.

3. Trifft ein bedingter Angst- mit einem bedingten Sicherheits-Reiz zusammen, so „summieren" sich deren Wirkungen zu einem insgesamt geringeren Effekt, es findet so etwas wie „Aufhebung" statt[57]. So wird z.B. ein Kind, das vor einem rauflustigen Nachbarskind (BSa) Angst hat, etwas davon verlieren, wenn man es an der Hand nimmt (BSe), der gefürchtete Zahnarzt wirkt weniger schreckerregend, wenn bei der Behandlung eine vertraute Person dabei ist, ein Feind weckt weniger Angst (und wird eher angegriffen), wenn man sich in einer Bande befindet, die einem Sicherheit gibt usw.

4. Ein bestimmter BSa wirkt umso schwächer, je sicherer sich das Individuum im Augenblick seines Eintreffens fühlt[58]. Ein Schüler in einer repressionsfreien Klassenatmosphäre, ein Jugendlicher, der sich auf seine Familie verlassen kann, ein Mensch in gesicherten Lebensverhältnissen usw. sind durch Mißerfolge, Drohungen, Verluste etc. weniger leicht zu erschüttern als andere.

2385 Generalisation

Ist ein bestimmter Reiz zu einem BSa geworden, so kann die BRa *auch durch ähnliche Reize* hervorgerufen werden, und zwar mit umso größerer Wahrscheinlichkeit bzw. umso stärker, je ähnlicher der neue Reiz dem ursprünglichen ist.

---

54 BANDURA et al., 1969
55 TRAPOLD & SPENCE, 1960
56 GALLUP et al., 1970, 1972 a
57 HAMMOND, 1967; BULL & OVERMIER, 1968b; REBERG & BLACK, 1969; CAPPELL et al., 1970
58 vgl. DALRYMPLE & STRETCH, 1971

Der „neue Reiz" kann als *„generalisierter Angst-Auslöser" (GSa)* bezeichnet werden.
Dies ist das Prinzip der Generalisation bedingter Angst, das in dieser Formulierung überaus allgemeingültig ist und große praktische Bedeutung hat. Es sind dabei zwei Fälle zu unterscheiden:

1. Generalisation kann im einfachsten Fall darauf beruhen, daß der GS dem BS *in einer einfach meßbaren Weise „physikalisch" ähnlich* ist. Ist z. B. BS ein Ton bestimmter Frequenz, ein Licht bestimmter Wellenlänge, eine Scheibe bestimmter Größe, ein Ticken bestimmter Frequenz usw., so wird ein GS die BR umso stärker bzw. wahrscheinlicher auslösen, je „näher" er dem BS auf der betreffenden Dimension steht (*„primäre Generalisation"*)[59]. Dies ist des öfteren auch bei — auf verschiedene Weise gemessenen — Angst-Reaktionen gezeigt worden[60].

2. Unter natürlichen Bedingungen aber sind es nur selten derartige eindimensionale Reize, die zu BS werden, vielmehr eher *komplexe Reizverbände* und *ganze Situationen,* und entsprechend beruht Generalisation unter natürlichen Bedingungen auch selten auf derart einfach angebbarer physikalischer Ähnlichkeit der betreffenden Stimuli, vielmehr eher auf der Wiederkehr in der neuen Situation von mehr oder weniger vielen Elementen des BS-Komplexes. Man könnte hier von *„sekundärer Generalisation"* sprechen oder von *„Generalisation auf Grund gemeinsamer Elemente".*
Sehr einfach wird der Sachverhalt in einem Experiment von BACON (1955) demonstriert: Ratten erhielten zuerst wiederholt einen Reizkomplex bestehend aus einem Lichtsignal und einem Summer (gleichzeitig dargeboten), gefolgt von einem Schock-USa. Danach wurden verschiedene Gruppen getestet auf ihre Neigung, a) vor dem vollständigen Komplex, b) vor dem Lichtsignal allein, c) vor dem Summer allein davonzulaufen. Die Tiere, die mit jeweils nur einer Komponente des BSa getestet wurden (b und c), liefen weniger oft als die anderen[61].
In dem oben erwähnten Experiment von WATSON & RAYNER (1920) wurde beobachtet, daß die zunächst an den Anblick einer weißen Ratte (BSa) gebundene BRa danach auch durch ein Kaninchen, einen Hund, ein Stück Watte, eine Weihnachtsmannmaske, einen Pelzmantel (als GSa) ausgelöst wurde.
Solche Fälle von Generalisation sind im Grunde leicht zu verstehen, wenn man davon ausgeht, daß in einer Situation immer eine *Vielzahl von einzelnen Sti-*

---

[59] GUTTMAN & KALISH, 1956; HANSON, 1957; MEDNICK & FREEDMAN, 1960;
[60] RAY & STEIN, 1959; FLESHLER & HOFFMAN, 1961; SIDMAN, 1961; SALTZ & ASDOURIAN, 1963; HENDRY et al., 1969; ROHRBOUGH et al., 1971
[61] vgl. auch BOOTH & HAMMOND, 1971

muli gegeben ist, die, wenn ein aversiver Reiz auftritt, im Prinzip *alle* zu BSa werden; in dem eben zitierten Experiment von BACON (1955) ist der einfachste derartige Fall — zwei Einzelreize — realisiert. Wenn aber jedes einzelne Element zu einem BSa wird, so ist es klar, daß die BRa umso stärker ausfallen wird, je mehr von diesen einzelnen BSa zusammenkommen, je vollständiger der ursprüngliche Stimuluskomplex (Situation) wiederkehrt bzw. umso schwächer, je mehr von den ursprünglichen Elementen fehlen.

Das Prinzip der *sekundären Generalisation* läßt sich also offenbar auf das oben besprochene Prinzip der *Summation* zurückführen. Dasselbe gilt aber letztlich auch für den Fall der *primären Generalisation*: Jeder Reiz, auch ein anscheinend so einfacher wie ein reiner Ton, löst immer einen komplexen und über mehrere Stufen verlaufenden afferenten bzw. Reizverarbeitungs-Prozeß aus[62], und beim Bedingen erlangen mehr oder weniger alle Komponenten dieses Prozesses BS-Potenz. In dem Maße wie dann der GS die gleichen Prozeßkomponenten auslöst wie der ursprüngliche BS, löst er den gleichen bedingten Prozeß aus[63].

2386 Vermittelte Angst-Auslösung

Hat jemand z. B. gelernt, vor einer bestimmten Person, etwa wegen einer erlittenen Demütigung oder Aggression, Angst zu haben, so löst bekanntlich auch schon die Nennung des Namens dieser Person Gefühle des Unbehagens aus. Das beruht darauf, daß infolge assoziativen Lernens der Name eines Dinges die Vorstellung von dem, was es bezeichnet, hervorruft und diese der Wahrnehmung des Dings funktional äquivalent ist. Man kann hier von „vermittelter Angst-Auslösung" sprechen — weil die Vorstellung von dem BSa eine vermittelnde Rolle spielt — und festhalten, daß dergleichen sehr alltäglich geschieht und insbesondere auch das besprochene symbolvermittelte Angst-*Bedingen* (s. o. 235) ermöglicht.

MEDNICK (1957) demonstrierte den Vorgang auch experimentell mit Hilfe der Galvanischen Haut-Reaktion (die sowohl als „angst-kontrollierter Reflex" (s. u. 320) als auch als eine Komponente der komplexen Angst-Reaktion aufgefaßt werden kann): Er machte zunächst das via Kopfhörer dargebotene Wort *„light"* durch wiederholte Paarung mit einem harten, unangenehmen Geräusch-USa zu einem BSa, genauer gesagt: zu einem BS für die GHR. Danach präsentierte er verschiedene Testwörter und stellte fest, daß auch die Wörter *„dark"*, *„lamp"*, *„heavy"* und *„soft"*, die alle assoziativ eng mit dem Wort *„light"* verbunden sind, überdurchschnittlich große GHR auslösten[64].

---

62 vgl. THOMPSON, 1967, S. 286f., S. 332–359
63 vgl. THOMPSON, 1965
64 ähnlich: ACKER & EDWARDS, 1964

2387 Inkubation

An Ratten und Mäusen ist des öfteren beobachtet worden, daß nach einem einmaligen Angst-Bedingen eine volle BRa erst einige Stunden oder Tage später da ist[65], sich also gewissermaßen während einer Ruhepause erst richtig entwickelt[66] (und danach übrigens wieder etwas zurückgeht). Dieses Phänomen, das *„incubation of anxiety"* genannt wurde und gewisse Parallelen auch im menschlichen Alltag zu haben scheint, läßt sich aber meist nur schwach und gelegentlich auch gar nicht demonstrieren[67] und dürfte weder theoretisch noch praktisch besonders bedeutungsvoll sein.

2388 Retention

Von der möglichen Ausnahme des ganz frühen Kindesalters (s. o. 2338) abgesehen, *werden einmal gelernte BRa allem Anschein nach nicht „vergessen".* HOFFMAN (1965) beispielsweise berichtet die Beobachtung, daß Tauben auf einen vermittels Schock-USa etablierten Ton-BSa noch nach einer Unterbrechung von zweieinhalb Jahren in unverminderter Stärke (mit einer CER) reagierten, d. h. während der ganzen Zeit nichts von ihrer Angst vergessen hatten[68].

Dieser Sachverhalt muß sehr stark hervorgehoben werden, da in der Praxis, besonders in der Kindererziehung, häufig mit der gegenteiligen Annahme operiert wird: es schade nichts, jemand einmal ein bißchen zu verschrecken, einzuschüchtern, „hart anzufassen", der möglicherweise negative Effekt, die ausgelöste Angst, sei ja doch nur vorübergehend. Das Gegenteil ist der Fall: Es muß davon ausgegangen werden, daß Gelerntes allgemein, und gelernte Angst-Reaktionen ganz besonders, behalten werden und hervortreten, sobald der entsprechende Auslöser auftritt.

Daß gelernte Angst-Reaktionen im Alltag dennoch häufig nicht wieder reproduziert werden, beruht in den meisten Fällen einfach darauf, daß die auslösende Situation (BSa) in der ursprünglichen oder einer ausreichend ähnlichen Form nicht mehr vorkommt. So fürchten die meisten Erwachsenen auch die schrecklichsten ihrer ehemaligen Schullehrer einfach deshalb nicht mehr, weil sie ihnen nicht mehr begegnen und vor allem, weil die Gesamtsituation, der Kontext, in dem sie sie zu fürchten gelernt haben, nicht mehr vorhanden ist; wird dieser Kontext teilweise wiederhergestellt, beispielsweise wenn die Betreffenden an Elternabenden in den Schulbänken ihrer Kinder einem Lehrer gegenübersitzen, so kann die „alte" Angst ungeschwächt wieder auftreten.

---

65 KAMIN, 1957c; TARPY, 1966; GELLER et al., 1970; KUMAR, 1970
66 vgl. auch WEISSMAN, 1971
67 z. B. ADER et al., 1972
68 vgl. auch SEWARD, 1946

239 Bedingte Angst-Auslöser im Alltag unserer Gesellschaft

Die Leichtigkeit, mit der bedingte Angst-Reaktionen gelernt werden (s. o. 2332), die Vielfalt potentieller unbedingter Angst-Auslöser (s. o. 211 und 212), die Möglichkeiten des Bedingens zweiter Ordnung von Angst, des symbolvermittelten und des stellvertretenden Angst-Bedingens (s. o. 2321, 2322, 235, 236) und nicht zuletzt die Häufigkeit, mit der der neuzeitliche Mensch in seiner bedrängten Lebenssituation bedroht, verunsichert und isoliert wird, sind Faktoren, die in ihrer Gesamtheit und in ihrem Zusammenwirken zur Folge haben, daß die Umwelt für die meisten Menschen im Lauf ihrer Entwicklung zu einer einzigen großen Ansammlung von mehr oder weniger effektiven Angst-Auslösern wird.

Dabei können alle nur denkbaren Einzelreize, Situationsveränderungen, Reizkomplexe, Personen, Verhaltensweisen, Worte, Gegenstände, Situationen, Vorgänge, Tätigkeiten und Vorstellungen auf Grund individueller Erfahrungen zu BSa werden, und es ist auch völlig natürlich, daß Dinge, die für den einen gleichgültig oder gar erfreulich sind, bei anderen Angst und Schrecken auslösen können.

Versucht man, sich einen Überblick darüber zu verschaffen, was alles bei einem einzelnen als BSa wirken kann, so könnte man zunächst rein formal die potentiellen oder geläufigeren BSa klassifizieren
a) nach der Art des bedingenden Stimulus, der bei seiner Etablierung als BSa wirksam war,
b) nach den dem Reiz eigenen „Qualitäten".

Nach der ersteren Betrachtungsweise können diverse Unterscheidungen gemacht werden:
- zwischen Reizen, die zu BSa geworden sind infolge Paarung mit einem *aus der nicht-sozialen Umwelt stammenden aversiven Ereignis* (z. B. Baum, von dem man einmal heruntergefallen ist, die Warnung „Heiß!", weil man sich danach einmal verbrannt hat) und solchen, die zu BSa geworden sind infolge Paarung mit einem *aus der sozialen Umwelt stammenden aversiven Ereignis* (z. B. Rohrstock, mit dem man verprügelt worden ist, Mädchen, bei dem man eine Abfuhr erlitten hat);
- zwischen Reizen, die zu BSa geworden sind, weil sie *direkter Angst-Auslösung* vorausgegangen sind (die Beispiele „Baum", „Heiß!", „Rohrstock" oben) und solchen, die zu BSa geworden sind, weil sie *indirekter Angst-Auslösung* vorausgegangen sind (das Beispiel „Mädchen" oben oder ein Ort, an dem einem ein teurer Gegenstand verlorengegangen ist);
- zwischen Reizen, die als BSa wirken, weil sie *unbedingter Angst-Auslösung* vorausgegangen sind (alle bisherigen Beispiele) und solchen, die ihre Potenz infolge Paarung mit *bedingten Angst-Auslösern* haben (z. B. Person, die Aus-

drücke gebraucht, die auch jemand anderer gebraucht, den man aus irgendwelchen Gründen fürchtet, Gruppe, in der Ansichten vertreten oder Dinge diskutiert werden, die einen verunsichern);
- zwischen Reizen, die *durch selbstgemachte Erfahrung* zu BSa geworden sind (alle bisherigen Beispiele) und solchen, die es *durch symbolvermitteltes oder stellvertretendes Bedingen* geworden sind (z.B. Nachbar, der einem als gewalttätig dargestellt worden ist, Tätigkeit, von der man gehört hat, daß sie bestraft zu werden pflegt, Tätigkeit, bei der man einen andern sich verletzen gesehen hat);
- zwischen Reizen, die als BSa wirken, weil sie einmal oder wiederholt einem *diskreten aversiven Ereignis* vorausgegangen sind (Warnreize, Drohungen, Situationen unmittelbarer Gefahr) und solchen, die *mit einer erhöhten Wahrscheinlichkeit aversiver Ereignisse* assoziiert sind, d.h. in deren Gegenwart aversive Ereignisse einfach wahrscheinlicher sind als sonst (z.B. launischer Verwandter, Haus, in dem oft gestritten wird, die Schule als ein Ort, an dem so vieles falsch gemacht werden kann).

Unter dem zweiten Gesichtspunkt können BSa unterschieden werden
- nach dem Grad ihrer *Komplexität* (einfache Reize, zusammengesetzte Reize, komplexe Situationen),
- nach dem Grad ihrer *Differenziertheit* (grob-eindeutig, wie z.B. eine erhobene Faust, subtil, wie z.B. feine Veränderungen des Gesichtsausdrucks oder des Tonfalls),
- nach ihrer *Modalität* (Außenreize, Innenreize, Vorstellungen),
- nach ihrem *Ursprung* (aus der sozialen Umwelt stammend, aus der physikalischen Umwelt stammend, aus der sozialen Umwelt stammend, aber „physikalisch vermittelt" (z.B. geschriebene Drohung), aus einem selbst stammend),
- nach der *Art des Zustandekommens* (ohne Zutun des Individuums auftretend, als notwendige Folge oder Begleiterscheinung der eigenen Tätigkeit auftretend, als „willkürliche" Reaktion der sozialen Umwelt auf eine Tätigkeit auftretend).

An dieser Stelle sollte auch noch einmal hervorgehoben werden, daß bei der Benennung und Beschreibung von konkreten „Ängsten" stets unterschieden werden sollte zwischen dem, was die Angst-Reaktion *auslöst* (worauf zuletzt Bezug genommen wurde) und dem, was sie *begründet* (worauf bei den zuerst gemachten Unterscheidungen Bezug genommen wurde). So kann einer Angst haben *beim* Anblick eines Rohrstocks *vor* Prügeln, *bei* der Tätigkeit des Hausaufgabenmachens *vor* dem Tadel, den einem die Arbeit eintragen kann, *beim* Gedanken an eine Krankheit *vor* dem Tod.
Zumeist wird bei Beschreibungen konkreter Ängste in erster Linie Bezug genommen auf das, *wovor* man Angst hat (Angst vor Mißerfolg, Angst vor

Einsamkeit, Angst vor dem Tod), und der Auslöser der Angst als solcher wird nicht beachtet. Unter praktischen Aspekten aber sind die Auslöser das weitaus Interessantere, denn sie können gegebenenfalls verändert oder entfernt werden und an ihnen kann eventuelles Umlernen ansetzen.

Unabhängig von formalen Klassifikationen wie sie soeben gemacht wurden (die lediglich den Sachverhalt explizieren, daß eben alles, was ein Mensch „erleben" und „denken" kann, durch Assoziation mit aversiven Reizen zum Angst-Auslöser werden kann) gilt es, sich klar zu machen, auf welche konkreten Weisen im Alltag einer Gesellschaft wie der unsrigen Angst ausgelöst wird, wie diese Modi der Angst-Auslösung miteinander in Zusammenhang stehen und sich aus den herrschenden gesellschaftlichen Bedingungen ergeben.

Man wird hier zunächst feststellen müssen:
a) daß Angst im Alltag der Menschen unserer Gesellschaft in einem Ausmaß grassiert, das in keinem Verhältnis steht zu dem Ausmaß, in dem diese Menschen physischer Bedrohung durch äußere Gefahr ausgesetzt sind;
b) daß die überwiegende Mehrzahl der Reize und Situationen, die Angst auslösen, entweder von Menschen ausgehen bzw. arrangiert sind oder zumindest ihre Auslöser-Potenz erworben haben durch Assoziation mit Angst-Auslösung durch andere Menschen, d. h. daß die Mehrzahl der Angst-Auslöser, jedenfalls aber die Mehrzahl der beim Bedingen von Angst wirksamen bedingenden Reize aus der sozialen Umwelt stammen, *daß es letztlich zumeist Menschen bzw. menschliche Verhaltensweisen sind, wovor Menschen in einer Gesellschaft wie der unsrigen Angst haben*; die auf Bedrohung aus der nichtmenschlichen Umwelt gründenden Ängste, vor Tieren, Wasser, Feuer, Unfällen, Naturkatastrophen etc. spielen demgegenüber eine unbedeutende Rolle, stellen jedenfalls kaum ein Problem dar.

Nun wird man sich weiter fragen müssen, was so die Anlässe zu sein pflegen, aus denen Menschen in Gesellschaften wie der unsrigen ihren Mitmenschen — durch Aggression, Isolierung und Drohung mit Aggression und/oder Isolierung — Angst machen, und wird da rasch erkennen, daß das in den allermeisten Fällen geschieht entweder
a) als Antwort auf deren Verhalten, d. h. als *„Bestrafung"* für bestimmte Verhaltensweisen oder Unterlassungen oder
b) als *Drohung*, um bestimmte Verhaltensweisen zu erzwingen oder zu verhindern.

Nun kommen natürlich Angreifen und Angstmachen nicht nur in Gesellschaften wie der unsrigen vor, sondern auch schon in tierischen Gemeinschaften; auch unter Mitgliedern tierischer Gemeinschaften wird — mit instinktiven, ungelernten Verhaltensweisen — bestraft und gedroht, allerdings in einigermaßen stabilen Gruppen und unter normalen Raum- und Ernährungsbedingungen vergleichsweise selten und vor allem immer nur als Antwort auf Angriffe, Bedrohungen und Belästigungen bzw. um dergleichen zu verhindern. Wenn dagegen eine Mutter ihr Kind bestraft, weil es seine Spielsachen nicht weggeräumt hat oder ein Meister eine Gruppe Arbeiter zurechtweist, weil sie sich während der Arbeitszeit miteinander unterhalten oder ein Lehrer seine Schüler mit schlechten Zensuren und Schikanen bedroht, um zu erreichen, daß sie die von ihm gestellten Hausaufgaben machen oder auch um zu verhindern, daß einer den Religionsunterricht verläßt, auf dem Schulhof politisch agitiert, mit seiner Freundin schmust usw., so sind das völlig andere Dinge:

- zum ersten geschieht dergleichen in Gesellschaften wie der unsrigen nicht selten und ausnahmsweise, sondern *regelmäßig,* routinemäßig und auch wo kein Raum- oder Nahrungsmangel herrscht;
- zum andern sind die Verhaltensweisen, die hervorgebracht werden, um andern Angst zu machen, nicht instinktiv-ungelernte, sondern *durch Tradition entwickelte und gelernte*;
- schließlich erfolgt Angstmachen in Gesellschaften wie der unsrigen *keineswegs nur als Antwort auf unmittelbare Bedrohung,* sondern oft schon auf sehr entfernte Vorzeichen von Bedrohung, und vor allem kommt eins, nämlich *Angstmachen (Drohen), um bestimmte Verhaltensweisen bei andern zu erreichen,* d. h. Zwingen (zur Ausführung bestimmter Verhaltensweisen) allem Anschein nach unter Artgleichen im Tierreich schlechthin nicht vor.

Das letztere, daß Menschen in Gesellschaften wie der unsrigen einander zu *zwingen* pflegen, liefert den Schlüssel zum Verständnis der meisten der aufgeworfenen Fragen, und es gilt, sich ein Bild davon zu machen, wie das zustandegekommen sein könnte und wie es funktioniert.
Man könnte „anthropologisch" ansetzen und davon ausgehen, daß der Mensch wie kein Tier begabt ist zum instrumentellen Lernen und zur Weitergabe des Gelernten (mit Hilfe der Sprache); speziell: daß der Mensch wie kein Tier in der Lage ist, vorgefundene Dinge *als Werkzeuge,* d. h. als Hilfsmittel zur Befriedigung seiner Bedürfnisse, *einzusetzen* und auch neue Werkzeuge *herzustellen,* sowie den Gebrauch der Werkzeuge andern — im wesentlichen mittels der Sprache — *weiterzuvermitteln.* Unter anderem haben Menschen dank dieser „Begabung" auch lernen können, *andere Menschen* — wiederum nicht ohne die entscheidende Hilfe der Sprache — als Werkzeuge zu benutzen und im weiteren dann Menschen systematisch zum Gebrauch als Werkzeuge abzurichten und schließlich diese „Kulturtechniken" laufend weiterzuvermitteln.
Um andere Menschen als Werkzeuge benutzen zu können, sie dazu zu bringen, etwas für einen zu tun, braucht man so etwas wie „Macht", muß man in der Lage sein, sie zu „belohnen", ihre aktuellen Bedürfnisse zu befriedigen, weil

instrumentelles Verhalten, z. B. Arbeiten, immer nur stattfindet, wenn es einmal belohnt worden ist bzw. Belohnung erwartet wird. So kann man einen Hungrigen oder Durstigen oder Frierenden dazu bringen, etwas für einen zu tun, indem man ihm Nahrung bzw. Wasser bzw. Wärme anbietet, und einen Unsicheren kann man dazu bringen, etwas für einen zu tun, indem man ihm Sicherheit-Kontakt-Liebe anbietet. Eine dritte Möglichkeit, die sich von der zweiten herleitet, ist, *einen zu bedrohen, d.h. in Angst zu versetzen und die Rücknahme der Bedrohung als Belohnung anzubieten,* wobei sowohl (primitiv) mit direkter Schädigung (Aggression) gedroht werden kann, als auch (etwas raffinierter) mit dem Entzug von vorher gewährten Vergünstigungen. Diese dritte Möglichkeit — „Zwingen" (weiter unten (5263) soll ausführlicher davon die Rede sein) — ist von allen die bequemste und billigste, bei der man am wenigsten zu geben braucht, und vor allem diejenige, die man auch *jederzeit* anwenden kann, sofern man nur über Machtmittel, d.h. hier: über die Fähigkeit, Angst zu machen, verfügt *und* über die Fähigkeit, dem anderen mitzuteilen, was er tun soll, d.h. praktisch: über eine Sprache.
Nun ist allerdings nicht zu übersehen, daß in der Realität Angstmachen nicht nur zum Zweck des *Zwingens* zu für den Zwinger nützlichen Verhaltensweisen eingesetzt wird, sondern in großem Umfang auch zum Zweck des *Unterdrückens* von ihn störenden Verhaltensweisen, und daß Zwingen und Unterdrücken Hand in Hand zu gehen pflegen. Man muß sich fragen, wie das kommt. Der „Sinn", den das Zwingen für den Zwinger hat, leuchtet ein, was aber hat er vom Unterdrücken? Die Frage ist nicht so schwierig zu beantworten, wie es auf den ersten Blick erscheint: Wenn der Gezwungene für den Zwinger ein Werkzeug ist, so bedeutet jedes eigenmächtige Verhalten des Werkzeuges eine Einschränkung seiner Brauchbarkeit, die unterbunden und wenn möglich verhindert werden muß. Nun wird der „Werkzeugbenutzer" allerdings notgedrungen der Tatsache Rechnung tragen müssen, daß nicht alle Eigenaktivitäten des Werkzeugs ohne Schaden für seine Brauchbarkeit und ohne Gefahr für den Bestand der benötigten Macht unterdrückt werden dürfen, schließlich ist das Werkzeug aus lebender Substanz und sozusagen auf Selbsterhaltung aus. Folglich muß der Werkzeugbenutzer (= Zwinger-Unterdrücker = Herrscher) lernen, zu differenzieren zwischen solchen Eigenaktivitäten seines Werkzeugs, die dessen Brauchbarkeit in der Zukunft beeinträchtigen oder gar seine Macht gefährden könnten und solchen, die ihn zwar irritieren, aber toleriert werden müssen, und wird tendenziell nur die ersteren — diese aber umso konsequenter — unterdrücken. So wird er dann insbesondere alle Aktivitäten unterdrücken, die auf Befreiung aus dem Herrschaftsverhältnis oder auf seine Entmachtung hinauslaufen könnten.
An dieser Stelle sollte unbedingt klargestellt werden, daß diese Fähigkeit zum Zwingen dem Menschen keineswegs als Instinkt oder „Machttrieb" mitgegeben ist, sondern als eine instrumentelle Fertigkeit (s.u. 502) entstanden

und im Zuge einer Tradition weitergegeben und weiterentwickelt worden ist. Das Zwingen oder gröber gesagt: das Halten und Abrichten von Sklaven, geschieht genausowenig „instinktiv" wie das Domestizieren von Tieren, der Ackerbau oder die Konstruktion von Verkehrsmitteln. Der Mensch nutzt hier nur Möglichkeiten aus, die seine „psychophysische Ausrüstung" ihm bietet, und er könnte genauso auch unter Verzicht auf diese Möglichkeiten auf anderen Wegen zu den gleichen Zielen kommen, was im Fall des Zwingens (anders als beim Ackerbau) auch notwendig erscheint, weil es sich hier um eine nur auf kurze Sicht taugliche Methode handelt, die auf längere Sicht — namentlich auch für den Zwinger — ungefähr ebenso viele Probleme schafft wie sie löst.

Hat nun einmal einer oder eine Gruppe die elementaren Fähigkeiten des Herrschens — Zwingen und Unterdrücken — gelernt, so werden sich daraus mit einer gewissen Zwangsläufigkeit weitere Fertigkeiten entwickeln:

- in dem Maß, wie jeder Herrscher gezwungen ist, seine Macht auszudehnen, wenn er sie nicht verlieren will (er bekommt es schließlich früher oder später auf jeden Fall mit Konkurrenz zu tun), andererseits aber nicht alle Beherrschten persönlich zwingen und unterdrücken kann, wird er darauf verfallen, *„Unterherrscher" einzusetzen,* muß er andere Leute (Aufseher, Soldaten, Beamte, Manager) dazu bringen, für ihn das Geschäft des Zwingens und Unterdrückens zu besorgen;
- in dem Maß, wie die meisten Herrscher erfahren, daß sie nicht alle Macht allein halten können, werden sie lernen, *sich mit andern Machthabern zu arrangieren,* werden sie gemeinsam lernen, ihre Interessen gegeneinander abzugrenzen und ein, wenn auch labiles, Gleichgewicht der Mächte zu bewahren;
- weiter werden alle Herrscher früher oder später lernen, *die Werkzeuge, die sie brauchen, herzustellen, optimal zu gestalten und ihre Herstellung und Gestaltung zu organisieren;* dazu werden sie die Macht über das Erziehungs- und Ausbildungssystem anstreben bzw. ein ihnen genehmes System schaffen, werden diverse Mittel anwenden, um Eltern und Lehrer des Untertanennachwuchses zu entsprechendem erzieherischem Verhalten zu bewegen, werden eingreifen, wenn die Dinge in die falsche Richtung zu laufen drohen, wenn beispielsweise Lehrer auf die Idee kommen, emanzipatorischen Unterricht zu betreiben usw.;
- desgleichen werden die Herrscher lernen, den *Nachwuchs der „Unterherrscher" und ihre eigenen Nachfolger heranzuziehen.*

Derartige Lernprozesse, die immer zunächst von einzelnen Individuen und Gruppen durchgemacht werden, zugleich aber über Generationen, d.h. *geschichtlich,* verlaufen, und denen komplementäre Lernprozesse auf seiten der Unterherrscher und der Nur-Beherrschten entsprechen und Lernprozesse auf

technologischem Gebiet parallellaufen, haben zu der Art von *Gesellschaftssystem* geführt, wie wir es heute am ausgeprägtesten in den hochindustrialisierten Ländern der westlichen Welt vorfinden.
Dieses Gesellschaftssystem ist ausgezeichnet
- durch das Vorhandensein einer *Machtelite,* die praktisch über die gesamte ökonomische und militärische Macht verfügt, wobei es ihr eigentlich nur um die erstere geht, die letztere aber zu deren Erhaltung gebraucht wird;
- durch das Vorhandensein einer großen hierarchisch organisierten *Klasse von Unterherrschern,* die einerseits Werkzeuge der Herrschenden sind (wenn auch viele von ihnen nicht im eigentlichen Sinn unter Zwang arbeiten), andererseits selbst herrschen und nach dem Aufstieg in die Machtelite streben und infolgedessen härter miteinander rivalisieren als das innerhalb der eigentlichen Machtelite der Fall ist;
- durch das Vorhandensein einer *Klasse von Beherrschten* (Arbeitern), die (heutzutage) für ihre Arbeit anscheinend „positiv" entlohnt werden, tatsächlich aber Zwang unterworfen sind und unterdrückt werden, was sich sofort zeigt, wenn sie ernsthafte Versuche unternehmen, ihre Lage zu verändern;
- durch das Vorhandensein eines *Erziehungs-, Schul- und Berufsausbildungssystems,* das auf die Erhaltung der vorhandenen Klassen und Klassengrenzen abzielt, in dem vor allem Gehorsam und Konservatismus und ökonomisch auswertbare Fertigkeiten und „Motivationen" gelernt werden sollen und das zugleich mit Hilfe des Konkurrenzprinzips die Beherrschten systematisch vereinzelt und ihre Solidarität untergräbt.

Wenn man diese Verhältnisse vor Augen hat, so sieht und versteht man leichter, welche die bei Menschen in einer Gesellschaft wie der unsrigen wichtigsten Angst-Auslöser sind, wie sie dazu kommen und warum sie es sein müssen. Zwar sehen diese Angst-Auslöser in ihren konkreten Merkmalen von Individuum zu Individuum und vor allem je nach dem sozialen Status, dem Beruf, dem Alter und dem Geschlecht des Individuums verschieden aus, doch sind es im großen und ganzen doch immer wieder dieselben.
So wirken zunächst einmal für mehr oder weniger jeden gewisse *Einzelpersonen und Klassen von Personen* als Angst-Auslöser, in erster Linie Personen mit Macht, potentielle Strafer-Zwinger-Unterdrücker, d. h. Autoritätspersonen im üblichen Sinn, Eltern, Lehrer, Chefs, Amtspersonen, aber auch gleichgestellte, wenn sie potentielle oder tatsächliche Konkurrenten sind; für alle diejenigen, die selbst Macht ausüben, kommen noch die von ihnen Beherrschten hinzu, so für die meisten Lehrer ihre Schüler, für die meisten Professoren ihre Studenten, für viele Erwachsenen überhaupt alle Kinder und Jugendlichen; nicht selten geht die Angst vor anderen Menschen so weit, daß alle Menschen mehr oder weniger gefürchtet werden, was dann als allgemeine Schüchternheit, Menschenscheu oder Selbstunsicherheit erscheint.

Zum andern wirken dann verschiedene spezielle *Verhaltensweisen und Kennzeichen von Personen* angstauslösend, namentlich alle diejenigen, die mit Machtausübung und Bedrohung durch Konkurrenten assoziiert sind, beim Tadeln und Kritisieren und Drohen mit Worten oder Gesten angefangen, über den kritischen Blick, das Mustern von oben bis unten, bis hin zu den zahlreichen Attributen und Statussymbolen, mit denen Menschen sich ausrüsten, um ihre Macht zu demonstrieren, d. h. andere einzuschüchtern.

Als Angst-Auslöser besonders wirksam sind weiterhin gewisse *Situationen,* in denen das Individuum der Macht von Personen und Institutionen zu begegnen pflegt, *Leistungs-, Prüfungs-, Bewährungssituationen,* insbesondere für sehr viele die Schule, wo oft mit allen Mitteln des Zwangs und der Unterdrückung von weitgehend recht- und machtlos gehaltenen Menschen Leistungen gefordert werden und gleichzeitig — durch unzureichende Instruktionen und laufende Störungen und Bestrafungen der lernerischen Aktivitäten — alles getan wird, um das Erbringen dieser Leistungen möglichst unmöglich zu machen.

Eine große Klasse von bedingten Angst-Auslösern stellen schließlich dar: alle von bestimmten Vorgängen und Situationen ausgehenden *„Impulse"* zu *Aktivitäten, die häufig bestraft worden sind oder allgemein mit Bestrafung bedroht (verboten) sind* wie auch die eventuelle *Ausführung solcher Aktivitäten;* dabei ist vor allem zu denken an Aktivitäten der Auflehnung, des Protests, der Kritik an Autoritäten, aber auch an nicht eigentlich verbotene, jedoch häufig mit Kritik und Mißerfolg bestrafte Aktivitäten wie Schularbeit, berufliche Arbeit, Schreiben, Sprechen, Äußerung von Gefühlen; nicht zuletzt an alle Verstöße gegen gesellschaftliche Tabus und überhaupt alles unübliche, abweichende, potentiell unerlaubte Verhalten.

24 Bedingen von Sicherheit

241 Prinzip des Sicherheits-Bedingens

Ein Reiz, der — einmal oder wiederholt — der Auslösung von Sicherheit vorausgegangen ist oder längere Zeit zusammen mit einem Sicherheits-Auslöser gegeben war, kann die Fähigkeit erlangen, selbst Sicherheit auszulösen.
Er wird dadurch zu einem „sekundären" oder „bedingten" Sicherheits-Stimulus (BSe).
Die „Auslösung von Sicherheit", das bedingende Ereignis, kann dabei sowohl „*direkt*" als auch „*indirekt*" erfolgen.
Erfolgt sie „direkt", so kann der bedingende Reiz sowohl ein USe als auch ein BSe sein, in letzterem Fall wäre von „*Sicherheits-Bedingen zweiter (oder höherer) Ordnung*" zu sprechen.

242 Beispiele

2421 Experimente

1. *Das Bedingen von Sicherheit auf der Grundlage direkter und unbedingter Auslösung von Sicherheit* (durch Darbietung eines USe als bedingenden Stimulus) ist bisher im Laboratorium noch nicht explizit demonstriert worden. Dennoch können hier zwei einschlägige experimentelle Beobachtungen angeführt werden:

HARLOW & ZIMMERMAN (1959) beobachteten in ihren Versuchen an mit Stoff-Ersatzmüttern aufwachsenden Rhesusaffenkindern, daß diese
a) ihre Zuneigung zu der Stoffmutter *allmählich* entwickelten, sich *in meßbar zunehmendem Umfang* bei ihr aufhielten und daß
b) allmählich auch ihre *bloße Anwesenheit,* ihre Nähe, ihr Anblick beruhigend zu wirken begann und es den Kindern möglich machte, ihre Umgebung zu explorieren.
Beides deutet stark darauf hin, daß hier ein Bedingen der Sicherheits-Reaktion stattfand, genauer gesagt: daß sowohl der Sicherheits-USe (Kontakt) als auch der ursprünglich neutrale Reiz „Anblick" zusätzlich bzw. neu BSe-Potenz erwarben (wobei in dem ersteren impliziert ist, daß die Auslöser-Potenz eines US durch Bedingen noch gesteigert werden kann).

Ähnliches läßt sich indirekt auch aus einem Experiment von ANGERMEIER et al. (1965) schließen: Diese trainierten zunächst zwei Gruppen Ratten, isoliert und in Gesellschaft anderer Tiere aufgewachsene, bei Öffnung einer Tür und gleichzeitiger Darbietung eines Summers (BSa) und Elektrifizierung eines Bodengitters (USa) durch einen Laufgang von einer Startbox in eine Zielbox zu rennen.

Danach wurden die Tiere auf ihre Neigung getestet, bei Türöffnung und Darbietung des Summers ohne Elektrifizierung des Bodengittes diese — jetzt unnötige — Flucht-Reaktion weiterhin auszuführen; dabei wurden die beiden Gruppen in je vier Untergruppen unterteilt, deren Mitglieder entweder allein, zu zweit, zu dritt oder zu viert getestet wurden.

Es zeigte sich, daß diejenigen Tiere, die in Gemeinschaft aufgewachsen waren, und nur diese, wenn sie zu dritt oder zu viert waren, und nur da, weniger oft vor dem Angst-Reiz davonrannten, d.h. einander die Angst nahmen bzw. Sicherheit gaben.

Auch dieser Befund läßt vermuten, daß der Kontakt mit dem Artgenossen, der ja nachweislich als USe wirkt, durch Bedingen in dieser seiner angstreduzierenden Potenz noch zunehmen kann.

Das Fehlen einer vollgültigen experimentellen Demonstration des Bedingens von Sicherheit auf der Grundlage der Darbietung eines USe oder BSe sagt nichts über die Verbreitung und Wichtigkeit dieses Vorgangs unter natürlichen Bedingungen aus. Im menschlichen Dasein, jedenfalls beim kleinen Kind, sind sehr wahrscheinlich die wichtigsten BSe gerade diejenigen, die ihre Bedeutung auf Grund einer Assoziation mit *kontaktproduzierter Sicherheit* haben.

2. *Die Etablierung von BSe auf der Grundlage indirekter Auslösung von Sicherheit* dagegen ist — allerdings auch erst in neuerer Zeit, genauer gesagt: seit einer ausgedehnten Studie von RESCORLA & LOLORDO (1965) — sehr vielfältig experimentell demonstriert und eingehend untersucht worden. Dabei ist — in allen möglichen Varianten — immer wieder *eine* Gesetzmäßigkeit aufgezeigt worden:

Ein Reiz, der in einer aversiven Situation, namentlich in einer Situation, in der diskrete aversive Reize (USa) vorkommen, wiederholt auftritt und regelmäßig ohne aversive Konsequenz bleibt („noUSa" avisiert), wird zu einem BSe.

Anders gesagt:

Reize, die in einer insgesamt unsicheren Situation eine *Periode „objektiver Sicherheit"* ankündigen oder auch während einer solchen auftreten, können die Fähigkeit erlangen, Sicherheit hervorzurufen, technisch gesprochen: eine „BRe" auszulösen.

Die angstreduzierende Wirkung eines derartigen Reizes läßt sich auf sehr verschiedenartige Weise demonstrieren: Sie kann sich
a) schlicht im *Verhalten,* in beobachtbarer Entspannung und Beruhigung zeigen[1], auch
b) in *elektroenzephalografischen Veränderungen,* die auf Beruhigung hindeuten[2], wie auch in *beschleunigter Normalisierung* von durch Angst verursachten Herzschlagveränderungen[3],
c) in der *Aufhebung* der angstauslösenden (CER-)Wirkung eines BSa, wenn die beiden Reize zugleich geboten werden[4],
d) in einer *„negativen CER",* d. h. *Zunahme* einer infolge des Vorkommens von aversiven Reizen gedämpften hungermotivierten Aktivität (Pedaldrücken für Futter)[5], und auch in der *Hervorrufung* (Enthemmung) einzelner hungermotivierter Reaktionen[6],
e) in der *Reduktion von Vermeidungsverhalten* — sowohl von nicht-diskriminativem (SAV)[7] als auch von diskriminativem (DAV)[8];
ein solcher BSe kann auch
f) durch Paarung mit einem USa *nur schwer in einen BSa umgewandelt werden,* der dann eine CER[9] oder eine DAV-Reaktion[10] hervrufen könnte, kann aber andererseits und schließlich
g) wenn er in einer Angstsituation auftritt, als *Belohnung* bzw. zusätzliche Belohnung (s. u. 5023, Pt. 2) wirken beim Erlernen und bei der Aufrechterhaltung von sowohl
— gewöhnlichen instrumentellen Reaktionen, die den Reiz produzieren[11], als auch von

---

1 SEGUNDO et al., 1961; KOPA et al., 1962; RESCORLA, 1969b
2 SEGUNDO et al., 1961
3 BERSH et al., 1956
4 HAMMOND, 1967; REBERG & BLACK, 1969; CAPPELL et al., 1970
5 HAMMOND, 1966; PARRISH, 1967; DAVIS & McINTIRE, 1969; HENDRY et al., 1969; JAMES, 1971a; SUITER & LoLORDO, 1971
6 GROSSEN, 1971
7 RESCORLA & LoLORDO, 1965; RESCORLA, 1966; LoLORDO, 1967; GROSSEN & BOLLES, 1968; KAMANO, 1968b; RESCORLA, 1968b; WEISMAN & LITNER, 1969; DESIDERATO, 1970
8 WEISMAN et al., 1966; BULL & OVERMIER, 1968b
9 CARLTON & VOGEL, 1967; HAMMOND, 1968; LEAF et al., 1968; ANDERSON et al., 1969a; RESCORLA, 1969b; HAMMOND & DANIEL, 1970; DOMJAN & SIEGEL, 1971; JAMES, 1971b
10 ACKIL & MELLGREN, 1968; ZERBOLIO, 1968
11 BARLOW, 1952; SMITH & BUCHANAN, 1954; GOODSON & BROWNSTEIN, 1955; BUCHANAN, 1958; DINSMOOR & CLAYTON, 1963; MURRAY & STRANDBERG, 1965; DINSMOOR & CLAYTON, 1966; DAVENPORT & LERNER, 1968; RESCORLA, 1969a; WEISMAN & LITNER, 1969

— DAV-Reaktionen[12], als auch von
— SAV-Reaktionen[13].

Die *Kontextbedingungen* bei der Etablierung solcher „noUSa-BSe" können recht verschiedenartig sein, und es lassen sich danach etliche *„Typen" von noUSa-BSe* unterscheiden:

(1) Einer der unter natürlichen Verhältnissen wichtigsten Fälle ist gegeben, wenn in einer Situation von Zeit zu Zeit diskreite aversive Reize (in Experimenten immer Schocks) vorkommen, gelegentlich aber ein Signal beliebiger Dauer auftritt, während und/oder nach dessen Darbietung für eine gewisse Zeit *die aversiven Reize ausbleiben*[14] oder zumindest *weniger wahrscheinlich* sind (vgl. das in 1273 beschriebene Experiment von Grossen & Bolles (1968)).

Ein auf solche Weise zum BSe gewordenes Signal könnte als „Schutz-BSe" bezeichnet werden; denn typische „Schutzmittel", eine Leibwache, eine Abwehrwaffe, ein Schirm usw., sind (für ihren Besitzer) Quellen der Sicherheit infolge genau solchen Lernens bzw. weil sie aversive Reize abhalten, weil aversive Reize in ihrer Gegenwart weniger wahrscheinlich sind als sonst.

(2) Auch ein Reiz, der in einer ganz „gewöhnlichen" Situation, in der noch nicht einmal diskreite aversive Reize vorkommen, gelegentlich *ohne jede Konsequenz* auftritt, kann zu einem BSe werden, zumindest wenn die Situation als ganze aversiv oder neu ist.

Das jedenfalls ergab sich in einem Experiment von Desiderato (1970), der eine Gruppe von Hunden nach SAV-Vortraining in der Shuttle-Box in einem Gestell aufhängte, also ihrer Bewegungsfreiheit beraubte, und ihnen so je 15 mal zwei verschiedene 5"-Töne (und nichts weiter) bot und danach fand, daß diese Töne das SAV-Verhalten reduzierten.

In einer ganzen Reihe von Experimenten wurden Ratten — durchwegs in einer ungewohnten Umgebung — wiederholt Töne oder sonstige akustische Signale ohne jede Konsequenz geboten („Präexposition") und danach gezeigt, daß diese bei Paarung mit einem Schock-USa nur schwer in BSa zu verwandeln waren[15], wobei einmal die interessante Beobachtung gemacht wurde, daß der Effekt geringer war, wenn die Tiere die Reize in ihrem gewöhnlichen

---

12 Bower et al., 1965; Knapp, 1965; D'Amato et al., 1968; Zerbolio, 1968; Bolles & Grossen, 1969, 1970; Reynierse & Rizley, 1970b; Katzev & Hendersen, 1971
13 Bolles & Popp, 1964; Bolles & Grossen, 1969, 1970; Roberts et al., 1970; Baron & Trenholme, 1971; Burnstein, 1973
14 Rescorla & LoLordo, 1965; Rescorla, 1966; Grossen & Bolles, 1968; Davis & McIntire, 1969; Rescorla, 1969c; Weisman & Litner, 1969; Hammond & Daniel, 1970; Baron & Trenholme, 1971; Grossen, 1971
15 Carlton & Vogel, 1967; Ackil & Mellgren, 1968; Leaf et al., 1968; Anderson et al., 1969a; Domjan & Siegel, 1971; James, 1971b; Rescorla, 1971

Wohnkäfig (in einer weitgehend angstfreien Situation also) empfangen hatten[16].

Ein Reiz, der auf solche Weise zu einem Auslöser von Sicherheit geworden ist, könnte als *„Vertrautheits-BSe"* bezeichnet werden. Dabei muß allerdings auf Grund gewisser experimenteller Befunde die Frage offen bleiben, ob ein solcher Reiz, wenn er nichts weiter als „vertraut" ist, wirklich alle Funktionen eines BSe hat, speziell ob er die Wirkung eines BSa aufheben kann[17].

(3) Eine besonders sichere Methode, einen Reiz zu einem BSe zu machen, besteht darin, ihn wiederholt ohne Konsequenz und *abwechselnd* mit einem zweiten, dem jedes- oder manchmal ein aversiver Reiz folgt (einem BSa also) darzubieten[18].

Man bezeichnet eine solche Prozedur technisch als „Differenzierungs-" oder „Diskriminationstraining" und spricht dann von „differenzierten aversiven BS"; die angemessenste Bezeichnung für so etablierte BSe aber dürfte *„Kontrast-BSe"* sein, weil sie per definition immer den Gegensatz zu einem ebenfalls vorkommenden BSa darstellen.

(4) In einem Experiment, das allerdings einsam dasteht[19], ist festgestellt worden, daß u. U. auch ein zuerst durch Paarung mit Schock zu einem *BSa* gemachter Reiz durch *vielmalige Darbietung ohne Konsequenz* (in einer im übrigen angstauslösenden Situation) nicht nur „gelöscht" (s. u. 621), sondern sogar zu einem BSe werden kann. Man könnte hier, falls sich dieser Befund replizieren läßt, von *„umgedrehten BSe"* sprechen.

(5) Mindestens zwei Experimente[20] liegen vor, die zeigen, daß ein Reiz, der einem sonst von USa gefolgten BSa folgt, wobei in diesem Fall der USa ausbleibt, der besagte Reiz also in der Konsequenz des BSa gleichsam an die Stelle des USa tritt, zu einem BSe wird. Eines dieser Experimente ist bereits oben (1272) beschrieben worden.

So etablierte Sicherheits-Auslöser können als *„Entwarnungs-BSe"* bezeichnet werden.

(6) Ein solcher Entwarnungs-Reiz kann zeitlich auch *vor* dem BSa auftreten und, falls diesem dann kein USa folgt, zu einem BSe werden[21]. Das wäre also

---

16 ANDERSON et al., 1969a
17 RESCORLA, 1971
18 RESCORLA & LOLORDO, 1965; HAMMOND, 1966, 1967; LOLORDO, 1967; PARRISH, 1967; BULL & OVERMIER, 1968b; DICARA & MILLER, 1968; HAMMOND, 1968; HENDRY et al., 1969; REBERG & BLACK, 1969; CAPPELL et al., 1970; DESIDERATO, 1970
19 KAMANO, 1968b
20 RESCORLA & LOLORDO, 1965; RESCORLA, 1969b
21 RESCORLA & LOLORDO, 1965

ein Reiz, der, vorweg auftretend, die *ausnahmsweise Harmlosigkeit eines sonst ernstzunehmenden Gefahrsignals* anzeigt. Man könnte von einem „Vorentwarnungs-BSe" sprechen.

(7) In diversen Experimenten ist gezeigt worden, daß Reize, die *Beendigung von Schmerz* (für nicht zu kurze Zeit) avisieren und darüber hinaus andauern[22] oder der Beendigung von Schmerz unmittelbar oder mit kurzer Verzögerung folgen[23], ebenfalls zu BSe werden; im letzteren Fall ist es gleichgültig, ob diese Reize — einfache akustische oder Licht-Signale oder der Aufenthalt an einem Sicherheits- bzw. Zufluchtsort — ohne Zutun des Individuums auftreten[24] oder aber erst durch eine Flucht- oder Abschalt-Reaktion des Individuums produziert werden[25].

Den ersteren Fall illustriert am besten ein Experiment von Moscowitch & LoLordo (1968): Hunde erhielten nach SAV-Training in der Shuttle-Box wiederholt Schocks von 4 bis 6 Sekunden Dauer und in Verbindung damit jeweils einen 5"-Ton, der entweder a) 1" vor Schock-Ende, b) 1" nach Schock-Ende oder auch c) 15" nach Schock-Ende einsetzte. In allen diesen Gruppen wurde der Ton, wie sich in seiner unterdrückenden Wirkung auf das SAV-Verhalten zeigte, zu einem BSe, nicht allerdings in einer Gruppe, in der ihm nicht zuverlässig ein schockfreies Intervall folgte.

Den letzteren Fall illustriert die schon oben (1271) beschriebene Beobachtung von Kopa et al. (1962).

Reize dieser Art können als *„Schmerz-Ende-BSe"* bezeichnet werden.

(8) In einem recht komplizierten, aber im Resultat eindeutigen Experiment demonstrierte Buchanan (1958), daß bei Ratten ein mit der *Beendigung von Angst* assoziierter Reiz als BSe, jedenfalls als Belohnung („Verstärker") wirkt, genauer gesagt: daß Tiere einen Ort (in bestimmter Farbe ausgemalte Zielbox), den sie des öfteren nach Überqueren eines gefürchteten (weil früher elektrifiziert gewesenen) Bodengitters erreicht haben, bevorzugt wieder aufsuchen, genauer gesagt: stärker aufzusuchen tendieren als einen ebenso vertrauten, aber nicht mit der Beendigung von Angst assoziierten Ort.

Man könnte hier von einem *„Angst-Ende-BSe"* reden.

(9) Einige Male ist gezeigt worden, daß zu einem BSe auch ein Reiz werden kann, der während eines Schmerzreizes oder in einer Situation, in der laufend aversive Reize vorkommen, auftritt und die *Möglichkeit zur Ausführung einer*

---

22 Segundo et al., 1961; Moscowitch & LoLordo, 1968
23 Maser et al., 1973
24 Barlow, 1952; Moscowitch & LoLordo, 1968; James, 1971a
25 Smith & Buchanan, 1954; Goodson & Brownstein, 1955; Kopa et al., 1962; Murray & Strandberg, 1965; Zerbolio, 1968

schmerzbeendenden Flucht-Reaktion anzeigt. Auch hier gilt, daß es gleichgültig ist, ob der Reiz ohne Zutun des Individuums auftritt[26], oder aber erst durch eine instrumentelle Reaktion des Individuums produziert werden muß[27].

DAVENPORT & LERNER (1968) gaben Ratten (E-Gruppe) in dem einen Abteil einer zweigeteilten Box immer wieder kurze elektrische Schocks; gelegentlich aber wurde ein kurzer Ton geboten, und während einer begrenzten Zeit danach konnte — durch Dagegendrücken mit der Nase — die Tür zum andern Abteil geöffnet werden und das Tier in Sicherheit fliehen, was mit der Zeit gelernt wurde.

Ein Kontrollgruppe wurde in jeder Hinsicht gleich behandelt, nur daß zwischen Ton und Befreiungschance keinerlei Zusammenhang bestand.

Im nachfolgenden Test erhielten die Tiere wieder unvorhersagbare Schocks, jetzt aber keine Fluchtchance, da die Tür ständig verschlossen war. Dafür stand ein Pedal zur Verfügung, das jedesmal, wenn es niedergedrückt wurde, jenen Ton produzierte.

Die E-Tiere betätigten das Pedal signifikant öfter als die K-Tiere, d. h. der Ton wirkte bei ihnen als eine Belohnung (für die instrumentelle Reaktion des Pedaldrückens) — sehr wahrscheinlich weil er als BSe die Angst jeweils kurzzeitig reduzierte.

Ein derartiger Reiz kann als *„Befreiungschance-BSe"* bezeichnet werden.

(10) Eine Reaktion, die dazu führt, daß ein erwartetes aversives Ereignis ausbleibt, nennt man eine *Vermeidungsreaktion.* Produziert eine solche Reaktion außer dem Ausbleiben des aversiven Ereignisses auch noch unmittelbar irgendeinen Reiz, einen hörbaren oder sichtbaren Effekt, eine veränderte Situation, so müßte eine solcher Reiz — man könnte ihn einen „Rückmeldungs-(Feedback-)Stimulus" (FS) nennen — zu einem BSe werden, da er ja das Ausbleiben eines aversiven Ereignisses signalisiert.

Diese Erwartung wird auch durch zahlreiche Experimente bestätigt, und zwar gleichgültig, ob der FS ein diskreter akustischer oder visueller Reiz[28] oder die Ankunft an einem besonderen (Zufluchts-)Ort[29] oder auch nur ein Ton ist, der regelmäßig an einem solchen Ort gehört wurde[30]; er wird allen Anzeichen nach in jedem Fall zu einem BSe, der als „Belohnung" für die angstmotivierte Vermeidungsreaktion wirkt.

---

26 DAVENPORT & LERNER, 1968
27 DINSMOOR & CLAYTON, 1963, 1966
28 BOLLES & POPP, 1964; BOWER et al., 1965; D'AMATO et al., 1968; BOLLES & GROSSEN, 1969, 1970; ROBERTS et al., 1970; KATZEV & HENDERSEN, 1971
29 KOPA et al., 1962; REYNIERSE et al., 1963; KNAPP, 1965; REYNIERSE & RIZLEY, 1970a
30 WEISMAN et al., 1966

Besonders einfach und instruktiv ist dies durch ein Experiment von Bolles & Popp (1964) zu illustrieren: Zwei Gruppen von je 10 Ratten wurden in einer mit einem Pedal ausgerüsteten Box SAV-trainiert: Sie erhielten jede fünfte Sekunde einen kurzen elektrischen Schock, wenn sie aber das Pedal niederdrückten, so schafften sie sich damit eine schockfreie Pause von 15 Sekunden und konnten so, wenn sie nur oft genug drückten, alle Schocks vermeiden.
In der einen Gruppe (E) gab das Pedal jedesmal, wenn es gedrückt wurde, einen kleinen Klick (FS), die andere Gruppe (K) hatte ein „stummes" Pedal. Nach zwei Stunden hatten 7 der E-, aber nur 2 der K-Tiere gelernt, Schocks durch Pedaldrücken zu vermeiden.
Der FS, den die E-Tiere erhielten, wirkte hier offenbar nach Art einer „Belohnung", das Erlernen einer instrumentellen Reaktion ermöglichend bzw. erleichternd, und das ist am einfachsten damit zu erklären, daß er als BSe, d.h. angstreduzierend wirkte.

```
         Herstellung bedingter Sicherheits-Reize (BSe)
         auf der Grundlage indirekter Sicherheits-Auslösung

      ▼ = USa (z.B. Schock)      ∇ = BSa
      o = BSe (genauer: als BSe zu etablierender Reiz)
      IR = instrumentelle Reaktion (z.B. Pedaldrücken)
      Die horizontalen Linien repräsentieren die Zeitachse
```

(Schutz-BSe, Vertrautheits-BSe, Kontrast-BSe, umgedrehter BSe, Entwarnungs-BSe, Vorentwarnungs-BSe, Schmerz-Ende-BSe, Angst-Ende-BSe, Befreiungschance-BSe, Rückmeldungs-BSe)

In einer Reihe anderer (etwas komplizierterer, dafür weniger instruktiver) Experimente (s. o. Pt. g) ist derselbe Effekt noch deutlicher hervorgetreten. Von der Rolle, die derartige „*Rückmeldungs-BSe*" beim Erlernen und bei der Aufrechterhaltung diverser — nicht selten problematischer — Verhaltensweisen spielen, soll weiter unten (5232, 532 Pt. 3, 6553, 6562) ausführlicher die Rede sein.

Die Abgrenzung zwischen diesen verschiedenen Typen von BSe ist zugegebenermaßen nicht immer scharf; im Gegenteil: letztlich könnten alle als Angst-Ende- und/oder Schutz-BSe bezeichnet werden; ihre Unterscheidung erscheint aber dennoch sinnvoll, um die Vielfalt der Umstände, die zur Etablierung eines BSe führen können, aufzuzeigen.

3. *Bedingen zweiter Ordnung von Sicherheit* spielt im Alltag sicherlich eine große Rolle, ist aber experimentell bisher anscheinend erst einmal, und da nicht ganz zweifelsfrei, demonstriert worden:
RESCORLA (1968b) trainierte Hunde in einer Shuttle-Box in SAV. Nachdem die Tiere das Verhalten bis zur Perfektion gelernt hatten, d. h. praktisch alle Schocks durch regelmäßiges Hinundherspringen vermieden, wurde *nach jedem Sprung* ein 5"-Ton als FS eingeführt; eine Kontroll-Gruppe erhielt dieselben Ton-Präsentationen, jedoch völlig unabhängig von ihren Reaktionen. Danach konnte gezeigt werden, daß der Ton wohl in der E-, nicht aber in der K-Gruppe (jetzt, da keine Schocks mehr vorkamen, unnötiges) SAV-Verhalten reduzieren konnte, d. h. als BSe wirkte.
Dies ist am plausibelsten damit zu erklären, daß infolge des ausgedehnten SAV-Trainings das Springen als solches, genauer gesagt: die propriozeptive Rückmeldung von den erfolgten Sprüngen, als BSe wirkend jedesmal Sicherheit schaffte, der dann eingeführte FS mit dieser Sicherheit assoziiert und dadurch selbst zu einem BSe (zweiter Ordnung) wurde.

2422 *Alltagsbeispiele*

Genau wie im Falle des Angst-Bedingens gilt, daß diese auf den ersten Blick so künstlichen Tierexperimente nicht nur ihre Parallelen im menschlichen Alltag haben, sondern darüber hinaus vieles, was im menschlichen Alltag passiert, überhaupt erst verständlich machen.

1. Wenn man annimmt, daß beim Menschenkind nicht anders als beim jungen Rhesusaffen der physische Kontakt mit der Mutter oder allgemeiner: der Pflegeperson, in direkter und unbedingter Weise Sicherheit auslöst, so wäre zu erwarten, daß auf der Grundlage derartiger Auslösung von Sicherheit alle möglichen sie ankündigenden und begleitenden Reize zu BSe werden könn-

ten, namentlich der Anblick der Pflegeperson, ihre Stimme, Augen, Haartracht, Kleidung, der besondere Ausdruck auf dem Gesicht und die besonderen Lautäußerungen, die sie zu produzieren pflegt, ehe sie das Kind hochnimmt.
Wenn man darüber hinaus annimmt, daß zärtlich-physischer Kontakt nicht nur im Kleinkindalter, sondern auch späterhin und nicht nur mit der Pflegeperson, sondern auch mit anderen Personen (Geschwistern, Freunden, Liebespartnern) sowie mit Tieren und geeigneten Gegenständen (z.B. Teddybär, Wolldecke, Kissen, Felle, weiche Stoffe usw.) unbedingt-direkt Sicherheit auslöst, so wäre unmittelbar zu verstehen, wie es dazu kommt, daß der Anblick und sonstige Zeichen der Gegenwart von solchen Personen und Dingen bei vielen Menschen Sicherheit und Wohlbehagen hervorrufen bzw. Unsicherheit reduzieren können.

2. Auch die verschiedenen auf der Basis *indirekter Sicherheits-Auslösung* etablierten Typen von BSe lassen sich mehr oder weniger leicht im menschlichen Alltag wiederfinden:
Schutz-BSe: ein starker Freund, in dessen Begleitung man, beispielsweise auf dem Schulhof, weniger Angriffen ausgesetzt ist als sonst; konventionelle Kleidung, weil man darin weniger auffällt und seltener unfreundlich behandelt wird; die Hütten und Verstecke, in die sich Kinder und das eigene Auto, in das sich Erwachsene so gern zurückziehen, weil ihnen dort nichts Übles zu widerfahren pflegt; der Besitz von Geld und der verschiedenen Äquivalente von Geld, weil einen das vor Schwierigkeiten aller Art bewahren kann.
Vertrautheits-BSe: Personen, Gegenstände, Räumlichkeiten, Haustiere, Laute, Gerüche, Geräusche, Melodien usw., die man kennt und mit denen man keine schlechten Erfahrungen gemacht hat, insbesondere wenn man sie lange kennt und wenn sie einem „angehören".
Kontrast-BSe: ein Lehrer, in dessen Stunde man, im Vergleich zu anderen, wenig aversiven Reizen, Bestrafungen, Mißerfolgen, Blamagen etc. ausgesetzt ist; für jemand, der Herrschafts- oder Leistungsdruck ausgesetzt ist, Personen, die ihm Freiheit lassen bzw. nichts von ihm verlangen; eine Situation, z.B. abends vor dem Fernseher, in der man, anders als sonst, in Ruhe gelassen wird.
Umgedrehte BSe: eine Person, die man einmal nicht gemocht (gefürchtet, gehaßt) hat, von deren Harmlosigkeit man sich dann aber doch mit der Zeit überzeugen und immer wieder überzeugen hat lassen.
Entwarnungs-BSe: Entwarnungssirene nach einem Bombenangriff, das „Ist gut" eines Lehrers, nachdem er streng das Aufgabenheft durchgesehen hat.
Vorentwarnungs-BSe: der Ausdruck von Trauer oder Schwäche oder auch von guter Laune auf dem Gesicht eines Menschen, von dem man andernfalls Böses erwartet.

Schmerz-Ende-BSe: ein Mensch, z.B. ein Arzt, der einen einmal von Schmerzen befreit hat; der Anblick einer Schachtel mit Schmerztabletten für jemand, der Schmerzen hat und entsprechende Erfahrung mit den Tabletten.
Angst-Ende-BSe: der Anblick einer Morphiumspritze oder allgemein des benutzten Suchtmittels für einen Süchtigen; ein Ort, an dem man einmal, nachdem man irregegangen war, angekommen ist; ein Mensch, der einen einmal aus Bedrängnis befreit hat; eine Person, die einem einmal gezeigt hat, wie man irgendeine Schwierigkeit meistert.
Befreiungschance-BSe: der Besitz eines geeigneten Werkzeugs oder einer Waffe für einen Gefangenen, der an Flucht denkt; auch Geld könnte hier noch einmal erwähnt werden als etwas, was einen oft aus schwierigen Lagen befreien kann.
Rückmeldungs-BSe: ein versöhnliches „Schon gut" als Antwort auf eine Entschuldigung, die man zur Vermeidung von Strafe vorgebracht hat; der Anblick von Leiden, Schmerzen, Verletztsein als Effekt eines Angriffs auf einen (gefürchteten) Feind.

3. Als Beispiele für *BSe zweiter Ordnung* könnten genannt werden:
• die Stadt oder die Gegend, in der man längere Zeit gelebt hat und in der das Haus steht, in dem man wohnt und die Menschen leben, die man kennt;
• eine gute Zensur, weil man dafür gelobt zu werden pflegt;
• Sachen, von denen man weiß, daß sie einer geliebten oder auch nur vertrauten Person gehören.

243 Gesetzmäßigkeiten des Bedingens und der Auslösung von Sicherheit

Das Bedingen von Sicherheit ist, wie schon erwähnt, als Gegenstand der experimentellen Psychologie ausgesprochen neu und entsprechend sind Daten über die dabei geltenden Gesetzmäßigkeiten nur in äußerst spärlicher Zahl zu finden. Das folgende ist so ziemlich alles, was sich sagen läßt:

1. Das Bedingen von Sicherheit mit einem direkt wirkenden USe als bedingendem Reiz geschieht sicherlich nach den gleichen formalen Gesetzmäßigkeiten wie entsprechendes Angst-Bedingen: der nachmalige BS muß dem bedingenden Stimulus *vorausgehen* oder *längere Zeit mit ihm zugleich* gegeben sein.
Beim Bedingen auf der Grundlage indirekter Sicherheits-Auslösung gilt (was im Grunde schon gesagt wurde und vergleichsweise trivial ist), daß ein Reiz dann und nur dann zu einem BSe wird, wenn er mit vorkommenden Angst-Auslösern *„negativ korreliert"* ist, d.h. ausdrücklich das Nicht-Auftreten

eines solchen avisiert; ein Reiz, der mit vorkommenden Angst-Auslösern „unkorreliert" ist, d. h. zufallsmäßig abwechselnd mit solchen auftritt, bleibt dagegen „neutral"[31].

2. Beim Sicherheits-Bedingen sind allem Anschein nach — etwas anders als beim Angst-Bedingen — mehrere *Wiederholungen* des Zusammentreffens des nachmaligen BSe mit dem bedingenden Ereignis nicht nur förderlich, sondern in der Regel *notwendig;* die Reaktion der Sicherheit scheint, im Unterschied zu der der Angst, zumeist mit einer gewissen „Trägheit" aufzutreten.

3. Der Bedeutung der US-Intensität beim Angst-Bedingen entsprechen beim Bedingen von Sicherheit die Gesetzmäßigkeiten,
• daß ein Reiz, der das Ausbleiben von aversiven Reizen avisiert, zu einem umso wirksameren BSe wird, *je dichter die aversiven Reize* sonst eintreffen[32] und
• daß ein Reiz zu einem wirksameren BSe wird, wenn er mit *längeren Perioden von Sicherheit* (schockfreien Pausen) assoziiert ist[33].

4. Daß bei der Auslösung von Sicherheit durch bedingte Reize die Gesetzmäßigkeiten der *Generalisation* gelten, kann als gesichert angesehen werden[34].

244 Bedingte Sicherheits-Auslöser im menschlichen Alltag

Was bei einzelnen Menschen und bei den Mitgliedern einer bestimmten Gesellschaft Sicherheit hervorruft, hängt, wie im Falle von Angst, letztlich von den Verhältnissen ab, unter denen sie leben. In einer Gesellschaft, in der Angst vorherrscht, spielen Sicherheitsreize als Ziele motivierten Handelns eine besonders wichtige Rolle. Wenn man sich also einen Überblick darüber verschaffen will, was alles, abgesehen von unbedingten Auslösern, im menschlichen Alltag Sicherheit hervorruft, so braucht man sich im Grunde nur zu vergegenwärtigen, wonach Menschen, insbesondere wenn sie verunsichert sind, am meisten streben, wofür sie arbeiten und sich anstrengen und worüber sie sich zu freuen pflegen. Das ist letztlich immer wieder dasselbe:
• Kontakt zu, Verbundenheit mit andern Menschen, Zugehörigkeit zu einer Gemeinschaft, Beliebtheit, Anerkennung, Ruhm,
• Erfolg, Kompetenz, Ansehen, Autorität, Macht,

---

31 BULL & OVERMIER, 1968b; GROSSEN & BOLLES, 1968; HAMMOND, 1968; RESCORLA, 1968b; WEISMAN & LITNER, 1969; HAMMOND & DANIEL, 1970
32 RESCORLA, 1969b
33 REYNIERSE et al., 1963; WEISMAN et al., 1966; ZERBOLIO, 1968
34 HENDRY et al., 1969

- regelmäßiges Einkommen, Geld, Besitz, Reichtum,
- Freiheit, Unabhängigkeit.

Alle diese Ausdrücke bezeichnen sehr global gewisse Zustände oder Lebenslagen, die Menschen vorfinden oder sich schaffen können; ihnen allen ist gemeinsam: ein ständiges Vorhandensein oder ein freier Zugang zu bedingten und unbedingten Sicherheits-Reizen und/oder die Abwesenheit von aversiven Reizen, von Bedrohung.

Beliebtsein z.B. bedeutet: jederzeit nicht-aversiven Kontakt zu andern Menschen haben können;

Machthaben: Menschen belohnen und sich dadurch zu vielfältiger Verfügung halten können sowie Mittel zur Abwehr von Bedrohung besitzen;

Reichsein: sich jederzeit Schutzmittel, Kontakt und Macht besorgen können;

Freisein: nicht bedroht sein, nicht gezwungen und unterdrückt werden können.

Bei etwas Nachdenken bemerkt man übrigens, daß „*Freiheit*" der gemeinsame Nenner ist, auf den all das andere sich bringen läßt, daß „Freiheit" und „Sicherheit" letztlich dasselbe bedeuten[35], daß Menschen, gleichgültig, ob sie ihr Heil in Beliebtheit und Ruhm, in Erfolg und Macht oder in Geld und Besitz suchen, letztlich nach Freiheit-Sicherheit suchen, und daß das auch durchaus so sein muß, weil Freiheit-Sicherheit die Voraussetzung ist für den eigentlichen Vollzug des Lebens — zu dem dann freilich die meisten vor lauter Suche nach dieser Voraussetzung nicht mehr kommen.

Die im menschlichen Alltag vorkommenden bedingten Auslöser von Sicherheit, die „Verstärker" (vgl. u. 5023, Pt. 2) für sicherheitsuchendes Verhalten können im übrigen (wie das oben für die BSa auch gemacht wurde) formal kategorisiert werden als Personen, Verhaltensweisen und Merkmale von Personen, Dinge und Situationen. Typische BSe wären dann:

- freundliche, vertraute, starke und zuverlässige Personen, Eltern (sie wirken häufig, je nach Situation, als BSa oder auch als BSe, sind „ambivalent"), Geschwister, Ehepartner, Freunde, Personen, die einem einmal geholfen haben, die einem zuhören und nicht fordern, nicht strafen;
- freundliche Gesten, Lächeln, Händedruck, Umarmung, entspannte Haltung, vertraute Sprache, Gesang;
- vertraute Gegenstände, die eigene Kleidung, das eigene Haus, Zimmer, Bett, persönlicher Besitz allgemein, Geld und seine Äquivalente, gute Zeugnisse, gute Zensuren, alle möglichen Zeichen für vollbrachte Leistungen und von Anerkennung, von Zugehörigkeit zu einer Gruppe, von Rechten, die man hat,
- Kreis vertrauter Menschen, vertrautes Gesprächsthema, Situationen, in denen man Erfolg gehabt hat, Ferienort, Heimat ...

---

35 SKINNER, 1972

Kapitel 3
Effekte von Angst

31	*Aktivierung*	109
32	*Angst und untergeordnete Reflexreaktionen*	111
	320 Angstkontrollierte Reflexe	111
	321 Erleichterung der Auslösung von Reflexen	112
	322 Erleichterung des Bedingens von Reflexen	113
33	*Angst und Schmerz*	115
	331 Schmerzsteigerung durch Angst	115
	332 Schmerzreduktion durch präzise Vorwarnung	116
34	*Angst und andere Motivationen*	118
	341 Trieb-Antagonismen	118
	342 Angst hemmt Hunger und Durst	118
	343 Angst hemmt sexuelle Motivation	119
	344 Angst hemmt Neugiermotivation	122
	345 Angst hemmt Zorn	123
	346 Hemmung von Angst durch andere Motivationen	124
	347 Bedeutung des Stärkeverhältnisses der Motivationen	126
35	*Unterlassung angstproduzierender Verhaltensweisen*	127
	351 Prinzip und erste Beispiele	127
	352 Bestrafung	130
	3521 Definition	130
	3522 Wirkung von Bestrafung	130
	3523 Beispiele	131
	3524 Durch Bestrafung hemmbare Reaktionen	131
	353 Mechanismus der Bestrafungswirkung	132
	3531 Angst-Bedingen infolge Bestrafung	132
	3532 Unterlassen infolge Bestrafung	134
	3533 Andere Mechanismen der Wirkung von Bestrafung	135
	354 Strafreize	135
	355 Verhaltenseliminierung durch Bestrafung	137
	3550 Vorbemerkung	137
	3551 Merkmale des Strafreizes	138

	3552 Häufigkeit der Bestrafung	139
	3553 Konkurrierende Belohnung	142
	3554 Konkurrierende Motivation	143
	3555 Emotionalität und Sensibilisierung	144
	3556 Gelernte Resistenz gegen Bestrafung	145
	3557 Situationsabhängigkeit der Bestrafungswirkung	146
	3558 Unspezifität der Bestrafungswirkung	149
356	Lernen und Verhaltensmodifikation mittels Bestrafung	151
	3561 Do-don't-Differenzierungslernen	151
	3562 Stur-zuverlässiges Reagieren	153
	3563 Lernen von Vorsichts-Reaktionen	154
357	Zur Problematik der Anwendung von Bestrafung	158

36 Angst und Leistung 165

37 Auslösung gelernter Flucht- und Vermeidungsreaktionen 168

38 Zusammenfassung 170

31 Aktivierung

Der erste und allgemeinste Effekt von Angst, der besonders leicht zu beobachten ist, wenn Angst plötzlich hervorgerufen wird, besteht darin, daß sie das Individuum wach(er) und handlungsbereit(er) macht, technisch gesprochen: Aktivierung hervorruft bzw. den „Aktivierungsgrad" steigert.
Dieser Effekt ist höchstwahrscheinlich im wesentlichen vermittelt durch ein im Thalamus und in der retikulären Formation des Mittelhirns und des verlängerten Marks gelegenes *„Aktivierungssystem"*[1], das seinerseits in Aktivität versetzt wird

a) durch jede Art von *Stimulation*, d. h. von den verschiedenen Sinnesorganen „hereinkommender" Erregung (man wird wach bzw. wacher infolge plötzlichen Lärms, plötzlicher Beleuchtungsveränderungen, plötzlich auftretender Gerüche, Berührungen, Schmerzreize usw.),

b) durch von der Großhirnrinde „herunterkommende" Erregungen, d. h. durch dort ausgelöste *bedingte Prozesse, Vorstellungen, Gedanken* (man kann z. B. infolge intensiver Erlebnisse, drängender oder sonstwie lebhafter Gedanken wachgehalten und u. U. am Einschlafen gehindert werden) und nicht zuletzt

c) durch alle Arten von *Triebzuständen*, vermutlich über vom Hypothalamus kommende Nervenbahnen (man wird wach und erregt durch das Aufkommen von Hunger, durch sexuelle Stimulation usw. und nicht zuletzt eben durch Angst).

Der Grad der Aktivierung ist bei jedem Individuum innerhalb weiter Grenzen veränderlich: Er ist oft gut von außen zu erkennen, am Spannungszustand der Muskulatur, an der Lebhaftigkeit der Reaktionen auf Stimulation, an der Frequenz und Intensität hervorgebrachter Verhaltensweisen usw. Er ist aber primär nicht ein Merkmal des Verhaltens, sondern des Zustands des Gehirns und läßt sich am verläßlichsten durch elektroenzefalografische (EEG-)-Messungen an der *Großhirnrinde* feststellen; was aktiviert ist, ist zunächst nicht die Muskulatur, sondern die Großhirnrinde. Im Zustand voller Aktivierung zeigt sich über die gesamte Großhirnrinde ein *charakteristisches EEG-Muster* (Desynchronisation), das Wachheit, Bereitschaft zur Aufnahme und Verarbeitung von Stimulation, zu bedingten Reaktionen und Vorstellungen und zu instrumentellen Reaktionen anzeigt. Im Schlaf und seinen verschiedenen Stadien und im Zustand entspannt-ruhiger Wachheit sind andere charakteristische Muster zu beobachten[2].

---

[1] MORUZZI & MAGOUN, 1949; THOMPSON, 1967, Kap. 14
[2] JASPER, 1941; KLEITMAN, 1960

Die aktivierende Wirkung der Angst[3], wie auch der anderen Triebe, hat den offensichtlichen biologischen Sinn, das Individuum bereit zur Aufnahme von Reizen aus der Umgebung und zum Handeln — im Falle von Angst speziell zum raschen gefahrbeseitigenden Handeln und zur Flucht — zu machen. So weit ist diese Wirkung natürlich notwendig und lebenserhaltend. Es kann hier aber auch leicht zu viel des Guten geschehen, und die Aktivierung kann bei starker Angst Grade annehmen, die die Fähigkeit des Individuums zu anderen als Flucht-Reaktionen, und u. U. sogar zu diesen, eher mindern als fördern. Für differenziert-angepaßtes Reagieren ist nämlich, wie vielfach gezeigt worden ist, ein *optimaler Grad von Aktivierung* erforderlich, der je nach der in Frage kommenden Tätigkeit irgendwo zwischen den Extremen entspannt-ruhiger Wachheit und irrsinniger Überaktivierung liegt[4]. Hohe Grade von Aktivierung können notwendige Diskriminationen, Erkennen relevanter Feinheiten einer Situation, Nachdenken, differenziertes Reagieren und insbesondere die Hervorbringung gehemmt-vorsichtiger Verhaltensweisen unmöglich machen; es ist als sei im Gehirn einfach „zu viel los", als daß subtilere Prozesse dort ablaufen könnten.

Die abträgliche Wirkung von Angst auf alle irgendwie anspruchsvolleren Leistungen (s. u. 36, Pt. 1, 2) dürfte in den meisten Fällen hauptsächlich hierauf beruhen.

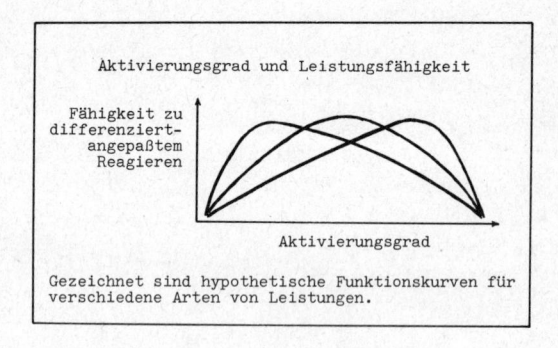

```
               Aktivierungsgrad und Leistungsfähigkeit
    Fähigkeit zu
    differenziert-
    angepaßtem
    Reagieren

                          Aktivierungsgrad
Gezeichnet sind hypothetische Funktionskurven für
verschiedene Arten von Leistungen.
```

---

3 EASON et al., 1969; EASON & DUDLEY, 1971
4 HEBB, 1955; COFER & APPLEY, 1964, S. 393f.

32 Angst und untergeordnete Reflexreaktionen

320 Angstkontrollierte Reflexe

Wenn man beobachtet, wie jemand ängstlich durch einen nächtlichen Park wandert oder sich an einem verbotenen Ort herumbewegt oder einem mächtigen Professor in der Prüfung oder übelgelaunten Eltern am Mittagstisch gegenübersitzt, so kann man oft bemerken, wie er bei jedem kleinsten Geräusch, bei jeder merklichen Veränderung der Situation, bei jedem unerwarteten Wort zusammenzuckt oder mit den Augenlidern blinzelt. Ebenso wird einer, der barfuß durch ein Gelände läuft, in dem es Schlangen oder Wespen gibt, bei jedem kleinsten Schmerz rasch und übertrieben stark den Fuß hochziehen, oder einer, der im Dunkeln etwas sucht, wird bei jeder Berührung mit einem Gegenstand mit der Hand zurückzucken. Offensichtlich treten im Zustand der Angst gewisse Reflex-Reaktionen gehäuft auf; m. a. W.: Angst erleichtert die Auslösung gewisser Reflexe und intensiviert die Reflex-Reaktionen.

Dies ist verhältnismäßig leicht zu verstehen, wenn man sich den Aufbau des Angst-Systems wie angedeutet so vorstellt: Dem eigentlichen Angst-Zentrum gehört eine Vielzahl von untergeordneten Reflex-Zentren zu; diese werden durch spezifische Stimuli aktiviert, die immer auch zugleich das Angst-Zentrum aktivieren. Das Angst-Zentrum selbst kann ebenfalls erregend auf diese Unter-Reflexzentren einwirken, doch bedarf es für die *Auslösung* der jeweiligen Reflex-Reaktionen in der Regel eines spezifischen US oder BS. Das Angst-Zentrum kann in den meisten Fällen nur diese Auslösung erleichtern, wahrscheinlicher machen, nicht aber allein bewerkstelligen (vgl. o. 133).

Als Beispiele für derartige angstkontrollierte Reflexe sind zu nennen: der Lidschlagreflex, der „*Startle*"-Reflex (Zusammenzucken des ganzen Körpers), die diversen Flexions-(Beugungs- oder Rückzugs-)Reflexe, wie Finger-, Hand-, Fuß-Rückzugsreflex, reflexives Ausweichen mit dem Kopf und Sich-Ducken und nicht zuletzt die Galvanische Haut-Reaktion (GHR).

Diese Reflexe können im Prinzip alle ablaufen, ohne daß Angst interveniert; berührt man z. B. mit der Hand etwas Heißes oder Spitzes, so zieht man sie reflexiv zurück, und es hat normalerweise damit sein Bewenden; Angst tritt gar nicht erst auf; bleibt jedoch der auslösende Schmerzreiz nach Ausführung der Reflex-Reaktion bestehen oder wird der Rückzug behindert, so löst der Stimulus Angst aus, die das Individuum zur Ausführung von instrumentellen, auf Befreiung vom Schmerzreiz hinauslaufenden Reaktionen motiviert.

321 Erleichterung der Auslösung von Reflexen

Der besprochene Sachverhalt kann durch ein Experiment von EPSTEIN & CLARKE (1970) illustriert werden: Menschliche Vpn bekamen über Kopfhörer sechs Serien von je zwanzig Tönen zu hören, von denen jeweils neunzehn mittelstark waren, der zehnte aber immer wesentlich lauter. Die Vpn wurden instruiert, die Töne mitzuzählen und auch darüber informiert, daß der zehnte Ton lauter sein werde als die anderen; Gruppe A sagte man in etwa, daß der Ton „etwas" lauter sein werde als die anderen, Gruppe B, daß er „ziemlich" laut und Gruppe C, daß er extrem laut, wenn auch noch nicht gerade schädlich sein werde. Bei laufender Registrierung des Hautwiderstandes bzw. der Galvanischen Haut-Reaktionen zeigte sich, daß die Vpn der Gruppe C auf Ton 10 im Durchschnitt am stärksten reagierten, die in der Gruppe B schwächer, die der Gruppe A am schwächsten; hinsichtlich der physiologisch (durch Registrierung des Herzschlages) gemessenen Angst bestand unter den Gruppen die gleiche Reihenfolge.

Auch die Auslösung der entsprechenden bedingten Reaktionen erscheint, wenn Angst vorhanden ist, erleichtert:
SPENCE & DEAUX (1966) präsentierten Vpn in dem Versuch, den Lidschlagreflex zu bedingen, 10 mal einen kurzen Ton, gefolgt von einem schwachen Windstoß gegen das Auge. Zahlreiche Vpn gaben unter diesen Bedingungen — wegen des zu schwachen US — keine bedingten Reaktionen.
Danach erhielten die Vpn, jetzt in zwei Gruppen aufgeteilt, 10 Windstoß-US ohne vorausgehendes Signal, die einen einen ausgesprochen starken, die andern den gleichen schwachen wie vorher.
In einer dritten Phase erhielten dann alle Vpn 10 mal den Ton und 10 mal den Windstoß, die beiden Reize völlig unabhängig voneinander, den Windstoß in gleicher Stärke wie in der vorausgehenden Phase.
Von den Vpn, die in der ersten Trainingsphase keine BR gegeben hatten, reagierten nun diejenigen, die in Phase 2 und 3 starke Windstöße, aber wohlbemerkt unabhängig von dem Ton-Signal, bekommen hatten, signifikant öfter mit einer bedingten Lidschlag-BR auf den Ton als die anderen.
Die Erfahrung, wie unangenehm ein richtig starker Windstoß gegen das Auge sein kann bzw. die dadurch ausgelöste Angst hatte hier plötzlich bedingte Reaktionen auslösbar gemacht, die sich ohne Angst, wie die Vergleichsgruppe zeigte, nicht manifestiert hätten.

MEDNICK (1957) unterschied in dem bereits erwähnten Experiment mit Bedingen der GHR zu dem akustisch dargebotenen Wort „light" (s. o. 2368) zwischen — laut Testung mit Fragebogen — „ängstlichen" und „unängstlichen" Vpn. Er fand, daß nach insgesamt 9 Bekräftigungen die „Ängstlichen" durch-

schnittlich größere bedingte GHR gaben; ebenso auch noch in der nachfolgenden Phase der Löschung (bei wiederholter unbekräftigter Darbietung des BS); die Löschung selbst aber dauerte (bis zum Verschwinden der BR) bei ihnen nicht länger als bei den „Unängstlichen", sie hatten also nicht so sehr „besser gelernt", sondern gaben nur infolge ihrer „Ängstlichkeit" stärkere BR.
Dasselbe fanden BITTERMAN & HOLTZMAN (1952) beim Bedingen der GHR mit einem Ton als BS gefolgt von einem Schock als US.

322 Erleichterung des Bedingens von Reflexen

In dem Maß wie bestimmte Reflexe bei Vorhandensein von Angst leichter ausgelöst werden, werden sie unter Angst auch rascher bedingt. Es gilt hier dieselbe Gesetzmäßigkeit, die schon oben beim Bedingen der Angst-Reaktion als solcher erwähnt wurde, nämlich daß eine Reaktion umso rascher bedingt wird, je stärker sie hervorgerufen wird.
BEAM (1955) bot zwei Gruppen Vpn in der Absicht, die GHR zu bedingen, wiederholt einen 15″-Licht-BS gefolgt von einem 1″-Schock-US. Die Vpn der einen Gruppe standen dabei aufgrund bevorstehender Examina oder öffentlicher Auftritte und dgl. unter „Streß", d. h. waren vermutlich in gesteigertem Maße verunsichert und angsterregbar; die andern befanden sich in einer normalen Lebenssituation. Die bedingte GHR entwickelte sich bei den ersteren signifikant rascher[1].
Umgekehrt zeigten MITCHELL & ZAX (1959) an psychiatrischen Patienten, daß die GHR — mit einem visuell dargebotenen Wort als BS und einem nachfolgenden scharfen Geräusch als US — nach einer dreißigtägigen Behandlung mit einem Chlorpromazin-Präparat wesentlich schwerer zu bedingen war als vorher; in einer Kontrollgruppe, die keine angstreduzierenden Präparate bekommen hatte, zeigte sich kein Unterschied zwischen der ersten und der zweiten Trainingssitzung.
Entsprechendes wurde auch beim Bedingen des Lidschlag-Reflexes — mit einem Windstoß gegen das Auge als US — gefunden: SPENCE et al. (1954) verglichen Vpn, die durch gelegentliche Schocks während der Trainingsprozedur oder auch nur durch Androhung von solchen in Angst versetzt worden waren, mit unter normalen Bedingungen trainierten und fanden, daß die ersteren die Lidschlag-BR rascher entwickelten.
Etwa dasselbe fand SWEETBAUM (1963) beim Vergleich von Personen, die höchstens zwei Tage vor einer schweren Operation bzw. mindestens acht Tage nach einer solchen trainiert wurden.

---

[1] ähnlich DAVIDSON et al., 1966

Unterschiede in der Leichtigkeit des Bedingens des Lidschlag-Reflexes[2] wie auch des Fingerrückzug-Reflexes (mit Schock gegen den Finger als US)[3] wurden mehrfach auch bei laut Testung mit Fragebogen mehr bzw. weniger ängstlichen Vpn festgestellt. Nur in wenigen dieser Experimente[4] ist allerdings zweifelsfrei gezeigt, daß tatsächlich das *Erlernen* der BR durch Angst beschleunigt und nicht nur ihre Größe und Wahrscheinlichkeit erhöht wurde. Praktisch aber kommt beides ziemlich auf das gleiche hinaus.

Zu erwähnen wäre noch, daß die Auslösung und das Bedingen nicht-angstkontrollierter Reflexe, namentlich des Speichel-Reflexes, durch das Vorhandensein von Angst nicht erleichtert, sondern eher erschwert wird[5].

---

2 SPENCE & TAYLOR, 1951; TAYLOR, 1951; SPENCE & FARBER, 1953, 1954; SPENCE & BEECROFT, 1954; HOBSON, 1968
3 DAVIDSON et al., 1966
4 SPENCE & TAYLOR, 1951; TAYLOR, 1951
5 BINDRA et al., 1955

33 Angst und Schmerz

331 Schmerzsteigerung durch Angst

Es ist bekannt, daß Menschen, die besonders ängstlich sind, im allgemeinen auch besonders wehleidig sind, oder daß es demjenigen, der schon beim Gang zum Zahnarzt große Angst hat, dann auch besonders wehtut, schließlich auch, daß man, wenn man starkes Leiden an einem Schmerz, z.B. bei einer Injektion, vermeiden will, gut daran tut, seine Angst vorher irgendwie zu „bändigen". Angst steigert also das Schmerzerleben und kann auch dazu führen, daß sonst neutrale oder erträgliche Reize als schmerzhaft oder unerträglich empfunden werden, m. a. W.: *Angst senkt die „Schmerzschwelle"*.
Das ist leicht zu verstehen, wenn man akzeptiert, daß Angst eine essentielle Komponente des Schmerzerlebens ist, dasjenige, was einen leiden macht. Dann ist klar: wenn Angst bereits vorhanden ist und ein Schmerzreiz auftritt, summiert sich die durch ihn ausgelöste Angst mit der bereits vorhandenen und das Leiden am Schmerz wird stärker, er wird als „schlimmer" empfunden.

BADIA et al. (1966a) gaben menschlichen Vpn zwanzig leicht schmerzhafte elektrische Schocks, die sie selbst auf Kommando durch Druck auf einen von zwei Knöpfen — wobei jeweils vorgeschrieben war, auf welchen — herbeizuführen hatten. Bei Druck auf den einen Knopf kam der Schock immer unmittelbar, bei Druck auf den andern mit einer veränderlichen Verzögerung von durchschnittlich 20 Sekunden. 19 von 20 Vpn gaben hinterher an, daß ihnen der unmittelbare Schock „lieber" gewesen sei, 15 von diesen sagten, daß sie das Warten auf den Schock im anderen Fall nervös und gespannt gemacht habe und 7 von diesen meinten sogar, daß die unmittelbaren Schocks schwächer gewesen seien[1].

Eine etwas exaktere Demonstration dieses Sachverhalts stammt von HASLAM (1966): Er testete bei menschlichen Vpn die Schmerzschwelle für Wärmereize, indem er sie wiederholt mit einem Eisenstab von variierender Temperatur berührte und angeben ließ, ob es wehtat oder nicht. So konnte er für jede Vp feststellen, wo gerade ihre individuelle Schmerzschwelle lag, d. h. ab welcher Temperatur sie einen Wärmereiz als schmerzhaft heiß empfand.
Der einen Hälfte der Vpn (E) montierte er vor dem Test Schockelektroden an den Arm und sagte ihnen, daß sie irgendeinmal einen starken, schmerzhaften Schock erhalten würden (der in Wirklichkeit nie gegeben wurde); die übrigen Vpn (K) blieben ohne Elektroden und wurden nicht in Angst versetzt.

---

1 ähnlich: D'AMATO & GUMENIK, 1960; MALTZMAN & WOLFF, 1970

In der E-Gruppe wurde eine durchschnittlich niedrigere Schmerzschwelle festgestellt, und zwar besonders bei den Vpn, die auf Befragung berichteten, daß sie Angst vor dem Schock gehabt hätten.

Auf der anderen Seite ist auch gezeigt worden[2], daß die Einnahme von *Marihuana*, das diversen Anzeichen zufolge (wie die meisten der üblichen Drogen) angstreduzierend wirkt[3], sowohl die physiologische als auch die subjektiv-erlebnismäßige Reaktion auf einen Schmerzreiz bestimmter Stärke — die übrigens miteinander korrelieren[4] — reduziert. Ähnlich wirken auch beruhigende Instruktionen und selbstproduzierte Beruhigung[5].

332 Schmerzreduktion durch präzise Vorwarnung

Nun ist aber auch noch etwas zweites allgemein bekannt: Wenn man genau weiß, wann ein Schmerz, z.B. der Stich einer Injektionsnadel, kommen wird, so kann man sich darauf „einstellen" und den Schmerz leichter ertragen. Entsprechend ist auch im Laboratorium festgestellt worden, daß Schmerzreize, denen ein Warnsignal bestimmter Dauer vorausgeht, als weniger schmerzhaft empfunden werden[6] und Ratten beispielsweise in einem solchen Fall weniger quieken als bei unavisierten Schmerzreizen[7]; Entsprechendes gilt auch für Schmerzreize, die man sich selbst zufügt und von denen man folglich genau weiß, wann sie eintreffen werden, im Vergleich zu solchen, die man passiv erleidet[8].

Weiterhin ist an Menschen[9] wie auch an Ratten[10] gezeigt worden, daß auch die physiologischen Reaktionen auf Schmerzreizung (Hautwiderstandsreduktion und Herzschlagbeschleunigung) geringer ausfallen, wenn dem Reiz ein Warnsignal vorausgegangen ist.

All das könnte darauf hindeuten, daß ein Warnreiz unbeschadet der Tatsache, daß er natürlich in erster Linie Angst auslöst, außerdem zu einem Signal für gewisse (angstreduzierende?) Gegen-Reaktionen werden kann, wofür vor allem auch spricht, daß die Abnahme der physiologischen Schmerzreaktion

---

2 GALE & GUENTHER, 1971
3 FEJER & SMART, 1972; GONZÁLES et al., 1972
4 LYKKEN et al., 1972
5 BOBEY & DAVIDSON, 1970; STAUB & KELLETT, 1972
6 LYKKEN, 1962; BADIA et al., 1966a
7 BADIA et al., 1966b, 1968
8 STAUB, et al., 1971
9 KIMMEL & PENNYPACKER, 1962; LYKKEN et al., 1972
10 LYKKEN, 1962

infolge Vorwarnung sich bei Wiederholung der Vorwarnung-Schmerz-Folge allmählich entwickelt[11], d.h. *gelernt wird,* und daß auch die physiologische Reaktion auf den Warnreiz selbst dabei allmählich (bis zu einer gewissen unteren Grenze) abnimmt[12]; bei Katzen[13] und Hunden[14] wie auch bei Menschen[15] ist sogar gefunden worden, daß die Reaktion auf einen Warnreiz eine Herzschlagverlangsamung sein, also teilweise gegenteilig ausfallen kann als die Reaktion auf einen Schmerzreiz.

---

11 KIMMEL & PENNYPACKER, 1962
12 KIMMEL, 1963
13 SANTIBANEZ, et al., 1963
14 ANDERSON & TOSHEFF, 1973
15 BERSH et al., 1956

34 Angst und andere Motivationen

341 Trieb-Antagonismen

Wie schon erwähnt, gibt es außer Angst noch einige andere Triebe, die genauso wie Angst aktivieren, das Lernen instrumenteller Verhaltensweisen ermöglichen und instrumentelle Aktivitäten in Gang setzen und aufrechterhalten, die aber jeweils durch andere Stimuli hervorgerufen werden, andere physiologische und verhaltensmäßige Begleiterscheinungen haben und andere Reflexe kontrollieren. Alle diese Triebe stehen wie es scheint in antagonistischen, gegenseitig hemmenden Verhältnissen zueinander, d.h. je stärker ein Trieb aktuell ist, desto schwächer sind die anderen, so daß normalerweise zu einer gegebenen Zeit nur ein Trieb in Aktion ist[1].
Besonders ausgeprägt ist das antagonistische Verhältnis zwischen Angst und den übrigen Trieben, d.h. Angst kann alle die anderen Triebe sehr effektiv hemmen, kann aber auch durch jeden von ihnen gehemmt werden.

342 Angst hemmt Hunger und Durst

Die hemmende Wirkung von Angst auf den Hunger- und Durst-Trieb geht am deutlichsten aus den zahlreichen CER-Experimenten hervor, die bereits beschrieben bzw. erwähnt worden sind (s.o. 1171); ebenso aus dem erwähnten Experiment von MASSERMAN & PECHTEL (1953), in dem Affen durch mehrmaliges Vorzeigen einer Gummischlange ein für alle Mal die Lust zur Nahrungsaufnahme an dem betreffenden Ort verdorben wurde. Dasselbe kann auch beobachtet werden, wenn einem Versuchstier während der Arbeit für Futter gelegentlich unavisierte Schocks verabreicht werden, so daß die ganze Situation zu einem BSa wird[2].
In einem Experiment von SCHACHTER et al. (1968) sollten Vpn im Rahmen einer angeblichen Untersuchung über die Beeinflussung der Geschmackswahrnehmung durch andere Stimuli verschiedene Sorten Kekse kosten und nach diversen Gesichtspunkten beurteilen, nachdem ihnen vorher Schockelektroden anmontiert und „leichte" bzw. „sehr schmerzhafte, jedoch unschädliche" Schocks angekündigt worden waren. Die letzteren, die „stark Bedrohten", naschten freiwillig, über die gestellte Aufgabe hinaus, sehr signi-

---

1 vgl. HOLST & SAINT PAUL, 1962; HINDE, 1966, Kap. 9; KONORSKI, 1967, S. 54 ff.
2 AMSEL, 1950; SELIGMAN, 1968

> **Trieb-Trieb- und Trieb-Antitrieb-Antagonismen**
>
> Dargestellt sind die Beziehungen zwischen drei verschiedenen Trieben, Tx, Ty, Tz, das könnten sein: Angst, Hunger, Sex.
> Jedem von ihnen ist ein Antitrieb (AT) zugeordnet (vgl. 121, 14).
> Tx ist in Aktion und hemmt sowohl die Aktivität der anderen Triebe, Ty und Tz (vgl. 342 - 345), als auch die des zugehörigen Antitriebs, ATx.
> Würde durch einen geeigneten Reiz ein anderer Trieb, beispielsweise Ty, ausreichend stark erregt, so könnte das die Aktivität von Tx hemmen (vgl. 346) und eventuell die von ATx enthemmen; Tz bliebe weiterhin - jetzt aber durch Ty - gehemmt.
> Würde durch einen geeigneten Reiz ATx erregt, so würden Tx gehemmt (vgl. 22, 24, 41, 42) und eventuell Ty und/oder Tz enthemmt (vgl. 43).

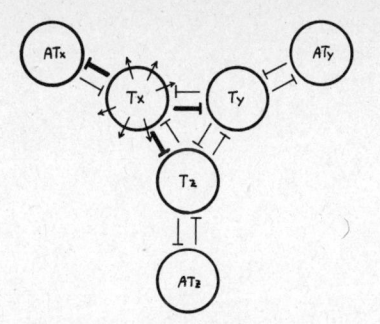

fikant weniger von den angebotenen Keksen als die ersteren (bei fettleibigen Personen wurde dieser Zusammenhang allerdings nicht festgestellt).

Auch im menschlichen Alltag ist Hunger-Hemmung durch Angst nicht selten zu beobachten. Die häufigen Eßstörungen von Kindern am bürgerlichen Mittagstisch etwa, einschließlich lustlosem Essen und Herumspielen mit dem Essen, beruhen ohne Zweifel in den meisten Fällen ganz einfach darauf, daß den Kindern im Zusammenhang mit dem Essen, z.B. im Zuge der Dressur zu erwünschten Tischmanieren, Angst beigebracht worden ist.

343 Angst hemmt sexuelle Motivation

Die hemmende Wirkung von Angst auf die sexuelle Motivation wird sehr instruktiv in einem Experiment von HAYWARD (1957) an jungen männlichen Ratten demonstriert:

Als Apparat wurde hier eine Schockbox verwendet, bestehend aus zwei gleichen, mit je einem elektrifizierbaren Bodengitter versehenen Abteilen, mit einer Trennwand dazwischen; die Trennwand hatte ein Loch, durch das kleine, nicht aber ausgewachsene Tiere passieren konnten. In den beiden Abteilen befanden sich, in wechselnder Position, jeweils auf der einen Seite ein ausgewachsenes Männchen, auf der andern ein rezeptives Weibchen.

Die Versuchstiere (E) wurden zunächst vom Alter von 21 Tagen ab an 15 aufeinanderfolgenden Tagen unregelmäßig abwechselnd je 11 mal in die beiden Abteile gesetzt. In dem Abteil mit dem rezeptiven Weibchen — und nur dort — wurden jeweils nach 20 Sekunden die Gitterstäbe, auf denen das junge Tier gerade stand, elektrifiziert, wodurch es zur Flucht durch das Loch in das Abteil mit dem Männchen gezwungen wurde. Die geschockten Tiere, im Unterschied zu nichtgeschockten (K), lernten nach wenigen Tagen zwischen dem Weibchen und dem Männchen (am Geruch) zu unterscheiden und das Weibchen-Abteil oft schon vor dem Schock zu verlassen („aktive Vermeidung") bzw. vom Männchen-Abteil aus nicht zu betreten („passive Vermeidung"). Das Weibchen, speziell sein Geruch, wurde mehr und mehr zu einem BSa. Nach 80 Tagen wurden mit den E-, wie jetzt auch mit den K-Tieren, weitere 3 × 10 derartige Versuche durchgeführt. Die E-Tiere zeigten dabei, daß sie die gelernte Angst bzw. Vermeidungsreaktionen unvermindert behalten hatten.

Danach wurden die inzwischen geschlechtsreifen Tiere an 10 Tagen je 10 Minuten lang getestet. Sie wurden jedesmal zunächst in das Männchen-Abteil gesetzt und konnten durch das jetzt größer gemachte Loch frei passieren, ohne irgendwelche Schocks zu erhalten.

Die E-Tiere zogen es, im Unterschied zu den K-Tieren, eindeutig vor, sich bei den Männchen aufzuhalten, zögerten immer wieder sehr deutlich, das Weibchen-Abteil zu betreten und zeigten vor allem auch deutliche Störungen beim Kopulationsvorspiel und bei der Kopulation; die K-Tiere kopulieren insgesamt etwa 10 mal so oft als die E-Tiere.

In dem erwähnten Affenexperiment von MASSERMAN & PECHTEL (1953) wurde ebenfalls beobachtet, daß die Tiere, denen in ihrem Käfig einige Male die grüne Gummischlange vorgezeigt worden war, jedes heterosexuelle Interesse an diesem Ort verloren und statt dessen stark zu masturbatorischen Aktivitäten übergingen.

MARTIN (1964) demonstrierte an menschlichen Vpn die hemmende Wirkung von Angst auf die Bereitschaft (oder den Mut), sich mit sexuell stimulierenden Reizen zu beschäftigen. Er zeigte vier Gruppen männlicher Studenten zuerst je 12 Bilder, den Gruppen K1 und K2 gewöhnliche Landschafts- und Portraitbilder, den Gruppen E1 und E2 nur 6 solche, dafür zusätzlich 6 weibliche Aktfotos; danach sollte jede Vp 6 der Bilder in eine Rangreihe der Bevorzugung bringen, die K-Vpn irgendwelche 6 von den 12 „neutralen", die E-Vpn die 6 Aktfotos. Während des ganzen Versuchs waren die Vpn an einen

Apparat angeschlossen, der kontinuierlich den Hautwiderstand (als Angstindikator zu verstehen) registrierte.

Die Vpn der Gruppen K1 und E1 waren vorher in das Experiment auf eine freundlich-lässige Weise eingeführt worden, sie wurden mit dem Vornamen angesprochen, eine permissive Atmosphäre wurde geschaffen; die K2- und E2-Vpn dagegen wurden streng-formell behandelt, mit Nachnamen angesprochen, über ihr Elternhaus ausgefragt und verunsichert. Als Ergebnis zeigte sich dann, daß die in der permissiven Atmosphäre untersuchten E-Vpn (E1) sich beim Rangordnen der Aktbilder durchschnittlich wesentlich mehr Zeit ließen als die eingeschüchterten (E2), zwischen den K1- und den K2-Vpn, die neutrale Bilder rangordneten, bestand kein derartiger Unterschied. Die angstmachende Atmosphäre erzeugte hier also — durchaus ähnlich wie bei HAYWARDS Ratten — eine Tendenz, die sexuellen Stimuli (und nur diese) zu vermeiden.

Nebenbei wurde auch noch gefunden, daß bei allen Vpn außer den E2 der gemessene Hautwiderstand über die Dauer des Experiments hin zunahm, d. h. Entspannung eintrat; in der angstmachenden Atmosphäre wirkten also (bei jugendlichen Angehörigen der amerikanischen Mittelklasse) die sexuellen Stimuli allem Anschein nach konflikterzeugend, angststeigernd, jedenfalls nicht entspannend.

Es kann kein Zweifel daran bestehen, daß die in den abendländisch-christlichen Ländern so alltäglichen sexuellen Störungen und Unfähigkeiten, bei Schamhaftigkeit, mangelnder Freude am Sexuellen, Orgasmusschwierigkeiten angefangen, über manifest „neurotische" Potenzstörungen und „Frigidität" bis hin zu „Perversionen", Sexualsadismus usw., im wesentlichen auf frühzeitig erlernter und immer wieder bekräftigter Angst im Zusammenhang mit dem Sexuellen beruhen, und daß all das auch selten komplizierte oder „tiefere" Ursachen hat; allenfalls kann die Art und Weise, wie die Angst gelernt wurde, in Einzelheiten variieren, manchmal höchst „merkwürdig" oder auch nicht mehr aufzudecken sein, der Grundsachverhalt aber, daß das sexuelle Verhalten durch gelernte Angst gestört ist, ist in den allermeisten Fällen immer derselbe.

Daß die systematische Unterdrückung der Sexualität durch Angst, wie sie in den meisten der besagten Länder, im wesentlichen unter der Regie der Kirchen, stattfindet, alle möglichen unerfreulichen bis katastrophalen Konsequenzen für die Gesellschaft als ganze haben muß, liegt auf der Hand. Es fängt an bei Kontaktmangel bis Feindseligkeit zwischen Jungen und Mädchen in gemischten Schulklassen; geht über die (wesentlich durch repressive Sexualerziehung geschaffenen) „Pubertätskrisen", über die Störungen des Zusammenlebens in den Familien mit einander sexuell frustrierenden Eltern (mit all ihren Auswirkungen auf die Behandlung und Entwicklung der Kinder, das Verhalten zu anderen Mitmenschen, zu Untergebenen, zu Außenseitergruppen) bis hin schließlich zu den manchmal grauenvollen Erscheinungsform der Sexualkriminalität und „psychotischer" Störungen — wobei von dem Zusammenhang zwischen Sexualrepression und Aggression und Krieg — welcher Mann mit einer befriedigenden sexuellen Beziehung zu einer Frau würde wohl auf die Idee kommen, Krieg zu machen? — noch gar nicht die Rede sein soll.

344 Angst hemmt Neugiermotivation

In einer ganz anderen Weise gesellschaftlich wichtig ist die Tatsache, daß Angst auch Neugierverhalten, Spiel, Exploration der Umgebung, Untersuchung und Manipulation von Gegenständen und überhaupt „freie Aktivität" hemmen kann.

Zunächst sei hier festgestellt, daß es auf Grund zahlreicher experimenteller Daten heute als erwiesen gelten kann, daß es bei höheren Organismen weitverbreitet einen Trieb gibt, der *„Stimulationshunger"* oder *„Neugier"* zu nennen wäre, genauso wie es einen Hunger-, Sexual- oder Angst-Trieb gibt, auch wenn bisher noch kein zentral-nervöser Steuerungsmechanismus für diesen Trieb aufgezeigt worden ist. Dieser Trieb läuft auf die *Schaffung von Möglichkeiten zur Reizaufnahme* hinaus, genauso wie Hunger auf die Schaffung von Möglichkeiten zur Nahrungsaufnahme hinausläuft. Er äußert sich dementsprechend nicht nur in Neugeriverhalten etc., sondern unter anderem auch in „zielloser" motorischer Aktivität, die ja in jedem Fall Stimulation, zumindest durch die Bewegung als solche erzeugte („propriozeptive"), produziert.

Daß Stimulationshunger-Neugier ein Trieb ist, geht vor allem daraus hervor, daß junge Menschen Tiere unter normalen Voraussetzungen das Neue und Abwechslende nicht nur gegenüber dem Alten und Bekannten vorziehen[3], sondern Gelegenheit zur Exploration, zur Manipulation von Dingen und zu freier Aktivität auch zu schaffen *lernen* können und wenn möglich immer wieder aktiv schaffen[4]. Die biologische Bedeutung dieses Triebes liegt vor allem darin, daß er Lernen, sowohl von Wissen im weitesten Sinn, als auch von Fertigkeiten, möglich macht. Er scheint dementsprechend auch in jungem Alter besonders hervorzutreten[5].

Angst kann auch diesen Trieb hemmen, und zwar allem Anschein nach besonders leicht, da seine Befriedigung besonders leicht Aufschub erträgt.

---

3 FANTZ, 1964; HUGHES, 1968
4 z.B. HARLOW et al., 1950; BUTLER, 1953; KAGAN & BERKUN, 1954; MONTGOMERY, 1954; MILES, 1958; RHEINGOLD et al., 1964
5 WELKER, 1956; FURCHTGOTT et al., 1961; WELKER, 1961; GLICKMAN & SROGES, 1966

In einigen Experimenten an Rhesusaffen[6] wie auch an Menschenkindern[7] ist immer wieder beobachtet worden, wie Angst, sei es infolge Trennung von der Mutter oder infolge grausamer Behandlung durch sie, Exploration und motorische Aktivität in einer neuen Umgebung hemmt. Junge Gorillas und Orang Utans unterbrechen bei stärkeren Störungen (z. B. durch das Auftauchen eines Fremden) sofort und nachhaltig ihr Spiel, zeigen ängstliches Verhalten und ignorieren jedes sonst noch so begehrte Spielzeug[8]. Auch an Ratten (mit Angst, hervorgerufen durch die Gegenwart eines Fremden)[9] und an Mäusen (mit Angst, hervorgerufen durch elektrische Schocks)[10] ist Entsprechendes beobachtet worden.

Diese Befunde gehen praktisch vor allem Eltern kleiner Kinder und Lehrer an. Wenn Neugier Lernen fördert, in gewissem Umfang dafür sogar erforderlich ist, und Angst andererseits Neugier hemmt, so ist es klar, daß allein aus diesem Grund Angst in einer Lernsituation nichts zu suchen hat — und das heranwachsende Kind befindet sich letzten Endes ständig, vor allem aber natürlich in der Schule, in einer Lernsituation. Eltern, die immer wieder mit den spontanen Aktivitäten ihrer Kinder interferieren, eingreifen, sie bestrafen und Lehrer, die, wie auch immer, Angst um sich verbreiten, werden sich nicht wundern dürfen, wenn die Kinder uninteressiert und mutlos und ungeschickt erscheinen und keine Freude an lernerischen Aktivitäten, Forschen, Studieren Aufnehmen von Information usw., zeigen.

345 Angst hemmt Zorn

Auch Zorn wird verschiedenen Anzeichen nach durch Angst gehemmt. Ein Kind, das gerade im Zorn ein anderes schlägt, kann durch das Auftauchen einer Autoritätsperson in Angst versetzt und in seinem Zorn gehemmt werden; dieselbe Provokation kann in einer vertrauten Umgebung Zorn auslösen, in einer fremden oder in Gegenwart von Zuschauern aber Unsicherheit-Angst, weil die vorhandene Unsicherheit das Aufkommen von Zorn verhindert; aus dem gleichen Grund kann ein und dieselbe Provokation, wenn sie von einem Schwächeren ausgeht, Zorn auslösen, wenn sie dagegen von einem Stärkeren ausgeht, d. h. von einem, den man als stärker (sprich: als BSa) kennengelernt hat, Angst.

---

6 HARLOW & ZIMMERMAN, 1959; SEAY et al., 1964; HINDE & SPENCER-BOOTH, 1971
7 ARSENIAN, 1943
8 FREEMAN & ALCOCK, 1973
9 MORLOCK, 1971
10 BARON & ANTONITIS, 1961; BARON, 1964

Wenn man annimmt, was weiter unten (Kap. 8) noch näher zu begründen sein wird, daß das bei zahlreichen Tierarten übliche Kämpfen „um den sozialen Rang" durch Zorn motiviert ist, so läßt sich auch experimentelle Evidenz für diesen Sachverhalt angeben: Sowohl bei Ratten[11] als auch bei Hühnern[12] ist gefunden worden, daß Tiere, die einmal im Kampf kräftig unterlegen waren, danach den Sieger und auch andere Artgenossen vermieden, Angst zeigten, sich weniger zur Wehr setzten, in der Dominanzhierarchie abfielen und weniger kämpften, d.h. wahrscheinlich: in ihrer Kampfmotivation (Zorn) durch Angst gehemmt waren.

346 Hemmung von Angst durch andere Motivationen

Angst ist zwar ein überaus mächtiger Trieb, der alle möglichen Aktivitäten unterdrücken kann, aber andererseits auch nicht allmächtig. Der Hunger-, der Sexual-, der Zorn- und auch der Neugier-Trieb können, wenn sie stark genug sind, durchaus auch vorhandene Angst „überrennen" und sich gegen Angst „durchsetzen".

Es ist allgemein bekannt, daß ein Mensch, wenn er nur genügend *hungrig* ist, sehr leicht dazu kommen kann, Eßbares oder Geld zu stehlen, wobei ja die Angst vor der harten Bestrafung, mit der die bürgerliche Gesellschaft derartige Formen von Diebstahl bedroht, überwunden werden muß. Genauso ist auch experimentell an Ratten[13] und Tauben[14] gezeigt worden, daß eine bestrafte Futterbeschaffungsreaktion umso eher und öfter ausgeführt wird, je länger das Tier gehundert hat, und hungrige Tiere werden eher die Furcht vor Ranghöheren überwinden und sich mit ihnen um das vorhandene Futter drängen und gegebenfalls streiten[15].

In einem Experiment von HEARST & KORESKO (1964) konnten Ratten durch Druck auf ein Pedal ein klickendes Geräusch an- und genauso auch wieder ausschalten. War es an, so erhielten sie in unregelmäßigen Zeitabständen, durchschnittlich jede Minute für jeweils drei Sekunden ein Schälchen mit Milch präsentiert, aber auch durchschnittlich jede vierte Minute einen elektrischen Schock; war es still, so erhielten sie kein Futter, aber auch keine Schocks; für eine zweite Gruppe waren die Verhältnisse umgekehrt. Es zeigte sich erwartungsgemäß, daß hungrige Tiere wesentlich länger die Futter-Schock-Situation auf Kosten der neutralen bestehen ließen, als satte Tiere.

---

11 GINSBURG & ALLEE, 1942; SEWARD, 1945a, b, 1946; KAHN, 1951
12 COLLIAS, 1944; RATNER, 1961
13 FORRIN, 1966; LITNER & SUBOSKI, 1971; MacDONALD & BARON, 1971
14 AZRIN, 1960a; AZRIN et al., 1963a
15 COLLIAS, 1944

Auf eine ganz andere Art ist die hemmende Wirkung von Hunger auf Angst in einem Experiment von Grossen et al. (1969) gezeigt worden: Hier wurden Ratten zuerst in einer Shuttle-Box SAV-trainiert. In einer zweiten Trainingsphase lernten sie dann einen 5″-Ton als ein Signal für die Ankunft von Futter kennen, wodurch der Ton, wie aus anderen Experimenten[16] zu erschließen ist, zu einem bedingten Hunger-Auslöser wurde. In der SAV-Situation hemmte er dann — anders als in einer Gruppe, in der er das Ausbleiben von Futter avisiert hatte — das angstmotivierte Vermeidungsverhalten.

In völlig entsprechender Weise kann ein futteravisierender Reiz auch diskriminative Vermeidungsreaktionen (DAV-Verhalten) hemmen[17].

Grossman (1964) experimentierte an Ratten mit zentraler chemischer Stimulation, d. h. brachte durch winzige Kanülen bestimmte neurochemische Substanzen an ganz bestimmte Stammhirnstellen. Er fand dabei, daß eine Stimulation, die nicht-durstige Ratten zum Trinken veranlaßte und bei durstigen das Trinken intensivierte, also wahrscheinlich *Durst* hervorrief, das Lernen und die Ausführung von angstmotivierten Vermeidungsreaktionen beeinträchtigte; und auch umgekehrt: Stimulation an denselben Stellen mit einer anderen Substanz, die durstige Tiere veranlaßte, mit Trinken aufzuhören, also den Durst-Trieb blockierte, hatte verbessertes Vermeidungsverhalten zur Folge, wirkte anscheinend — ähnlich wie der das Ausbleiben von Futter avisierende Ton von Grossen et al. (1969) — indirekt enthemmend auf Angst. Völlig Entsprechendes hatten schon Grastyán et al. (1956) bei Katzen gefunden; hier interferierte elektrische Stimulation im Hunger-Zentrum mit der Ausführung von Vermeidungsreaktionen, wie auch umgekehrt elektrische Stimulation im Angst-Zentrum die Ausführung hungermotivierter Reaktionen blockierte.

Durch diese beiden letzteren Experimente ist in besonders eleganter Weise die *wechselseitig* hemmende Wirkung von Angst und Durst bzw. Angst und Hunger demonstriert.

Alltagsbeobachtungen an Menschenkindern und auch an Rhesusaffen[18] zeigen, daß auch *Neugier,* wenn sie nur stark genug ist, Angst hemmen kann. Kinder erforschen, auch wenn sie dafür bestraft worden sind, doch immer wieder unbekannte Orte und Gegenstände, begeben sich in Gefahr, um Sensationelles zu erleben usw.

Noch deutlicher ist das natürlich im Fall des *Sexualtriebes.* Verliebte finden meist auch bei schlimmsten Strafdrohungen zueinander, und daß trotz der

---

16 Estes, 1943; Bolles et al., 1970
17 Bull, 1970; Overmier et al., 1971a
18 Weiker, 1961

üblichen repressiven Sexualerziehung doch die meisten Menschen im Laufe des Lebens sexuelle Aktivitäten aufnehmen (wenn auch allzu oft mit gedämpfter Freude daran), zeigt, daß auch der Sexualtrieb natürlich nicht ohne Macht ist und den Angst-Trieb gegebenfalls zurückdrängen kann.
Experimentell ist gezeigt worden, daß weibliche Ratten, wenn sie rezeptiv sind, eine geringere Neigung zeigen, eine angstmotivierte Vermeidungsreaktion unnötig lange beizubehalten, als wenn sie nicht-rezeptiv sind[19].

Schließlich kann offensichtlich auch *Zorn,* wenn er stark genug ist, Angst hemmen; ein Wütender kann gegen sonst angsteinflößende Gegner losgehen und sonst gefürchtete Aggressionsakte ausführen, wenn der vorhandene Zorn stark genug ist, das Aufkommen von Angst zu verhindern.

347 Bedeutung des Stärkeverhältnisses der Motivationen

Es sollte an dieser Stelle richtig klargemacht werden, daß hier mit dem Wort „Trieb" ein *Prozeß* bezeichnet wird, der *keineswegs ständig* im Gange ist und keine konstante Größe hat, sondern auftritt und wächst und wieder verschwindet, wobei Außenreize als Auslöser und Erhalter die entscheidende Rolle spielen. Was konstant vorhanden ist, ist lediglich die Bereitschaft oder Fähigkeit, den Triebzustand hervorzubringen.
So wird denn auch ein bestimmter Angst-Auslöser, ein in bestimmter Weise motiviertes Verhalten keineswegs immer gleich stark hemmen, und um ein bestimmtes Verhalten zu hemmen, ist keineswegs immer gleich viel Angst erforderlich; vielmehr kann — je nach der gegebenen („äußeren" und „inneren") Situation — die Motivation zu einem bestimmten Verhalten und damit das Verhalten selbst, das eine Mal durch übermächtige Angst unterdrückt sein, ein anderes Mal aber auch stark genug sein, die Angst zu überwinden, wieder ein anderes Mal mit der Angst konkurrieren, in Konflikt liegen, so daß ein reduziertes oder entstelltes Verhalten resultiert.
Besonders zu erwähnen ist, daß ein Angst-Reiz ein motiviertes Verhalten umso weniger hemmt,
a) *je größer oder besser die Belohnung* ist, die das Individuum zu erwarten hat[20] (weil die Größe und Qualität der erwarteten Belohnung wesentlich die Stärke der Motivation mitbestimmt) und
b) *je näher* (hier: zeitlich näher) sich das Individuum seinem Ziel befindet[21] (weil die Stärke der Motivation mit Annäherung an das Ziel zunimmt).

---

19 Ikard et al., 1972
20 Vogel & Spear, 1966
21 Lyon & Millar, 1969

35 Unterlassung angstproduzierender Verhaltensweisen

351 Prinzip und erste Beispiele

Angst ist zwar in vielen Hinsichten ein Trieb wie die anderen auch, in einer Hinsicht aber doch ganz anders. Während alle anderen Triebe bestimmte *Aktivitäten* zum Ziel haben — Hunger die der Nahrungsaufnahme, Neugier die der Stimulationsaufnahme, der Sexualtrieb sexuelle Aktivität, der Zorn aggressive Aktivität — läuft der Angst-Trieb zunächst auf nichts anderes hinaus als auf *seine eigene Beendigung*. Danach kann sich dann zwar noch Sicherheit als ein das Aufkommen anderer Triebe und Aktivitäten fördernder Zustand ergeben, *das unmittelbare Ziel des Angst-Triebes* aber sind nicht diese Aktivitäten, sondern ist nichts anderes als eben *Angstreduktion*. Angst-Motivation kann insofern als eine „negative" Motivation angesehen werden. Das bedeutet zweierlei:

1. *Wenn Angst vorhanden ist, wird das Individuum so lange Verhaltensweisen hervorbringen, bis die Angst wenigstens so weit reduziert ist, daß eine andere Motivation hervortreten kann*; es werden also angst-reduzierende instrumentelle Verhaltensweisen hervorgebracht und gegebenenfalls gelernt.

2. *„Positiv motivierte" Verhaltensweisen, die das Individuum gleichzeitig einerseits einem „positiven" Ziel näher bringen (und damit die entsprechende Motivation steigern) und andererseits Angst erzeugen oder steigern, werden nur so lange ausgeführt, wie die „positive" Motivation die Angst-Motivation überwiegt.* Je nach dem Stärkeverhältnis der Motivationen und dem Tempo ihrer Steigerung bei Annäherung an das Ziel wird die Aktivität entweder irgendwo vor dem Ziel aufgegeben oder aber auch bis zum Ende durchgeführt. (Die von MILLER (1944) aufgestellte, einmal auch experimentell bestätigte[1] und seither (wahrscheinlich wegen der schönen Diagramme, durch die sie sich darstellen läßt) immer wieder reproduzierte These, daß die Zunahme der Angst immer relativ rascher erfolge als die der konkurrierenden Motivation (in MILLERS Worten: daß der Vermeidungsgradient immer steiler sei als der Annäherungsgradient), erscheint nebenbei bemerkt aus rein logischen Gründen unhaltbar; sie setzt voraus, daß die Steile der Gradienten unabhängig sei von der Größe und Qualität der „Incentive" und schließt in ihrer Konsequenz die Möglichkeit, daß die Gradienten in ihrer Steile variieren könnten, überhaupt aus[2].)

---

[1] BROWN, 1948
[2] vgl. auch HEARST, 1960

Von Punkt 1 wird Kap. 5 handeln, von Punkt 2, *dem Einfluß verhaltensproduzierter Angst auf das die Angst produzierende Verhalten*, der Rest dieses Abschnitts. Die Frage, was geschieht, wenn die Ausführung einer *angstmotivierten* Verhaltensweise zusätzliche Angst produziert, sei dabei bis auf weiteres zurückgestellt.

Unterlassung angstproduzierender Verhaltensweisen

- Eine Verhaltensweise (Reaktionskette), die Angst produziert, wird entweder gar nicht erst angefangen oder vor Beendigung abgebrochen -
  die Angst-Reaktion hemmt das sie produzierende Verhalten.
- Der Angst-Antitrieb (Sicherheit, ATa) und die zum Angst-Trieb (Ta) antagonistischen Triebe (Tx, Ty ...) können Ta hemmen und bewirken, daß Verhaltensweisen, die sonst Angst produzieren, bis zum Ende ablaufen.

Diese Gesetzmäßigkeiten werden besonders deutlich bei Annäherung im Raum an einen aversiven Reiz (USa oder BSa). Dabei können mehrere Fälle unterschieden werden:

1. Annäherung an einen Angstreiz (z.B. Lärmquelle) ohne besondere Motivation -
   kommt nur in Gang, wenn und geht nur so weit wie ATa > Ta.
2. Annäherung an ein Ziel, das zugleich aversiv (ein USa oder BSa) und eine Belohnung (Bx) ist (z.B. eine strenge Person, die eine Erlaubnis zu erteilen hat),
   wobei der betreffende Trieb (Tx) mit Annäherung an Bx zunimmt ("Zielgradient"), genauso wie Ta mit Annäherung an den USa/BSa. - Zwei Fälle:
   a. nimmt Ta rascher zu als Tx, so erfolgt die Annäherung mit negativer Akzeleration und endet, sobald Ta > Tx;
   b. nimmt Tx rascher zu als Ta, so erfolgt die Annäherung mit positiver Akzeleration, sofern
   - die anfängliche Hemmung des Verhaltens (infolge Ta > Tx) überwunden werden kann (z.B. durch einen äußeren Anstoß, einen Zwang, eine Hilfestellung) oder
   - von vornherein eine Situation da ist, in der Ta < Tx.

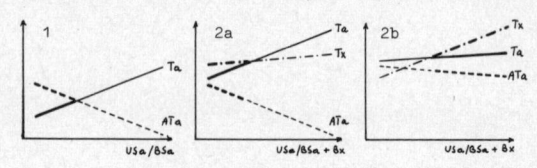

Der einfachste Fall, an dem sich das obige Prinzip Nr. 2, daß angstproduzierende Verhaltensweisen unterlassen werden, aufzeigen läßt, liegt vor, wenn ein Verhalten *nichts weiter* produziert als einen aversiven Reiz. Das wäre allerdings im Grunde nur möglich, wenn das betreffende Verhalten schlechthin „nicht motiviert" wäre, d. h. lediglich aus vorhandener Aktivierung, nicht aus einem bestimmten Trieb heraus erfolgt. Ob dergleichen vorkommt oder ob nicht doch vielleicht selbst im Falle „zielloser" Lokomotion und sonstiger Bewegungen der Stimulationshunger-Trieb am Werk ist, ist offen. Auf jeden

Fall kommen Verhaltensweisen vor, die *praktisch* als nicht-motiviert betrachtet werden können, auch wenn möglicherweise ein schwacher Stimulationshunger als Trieb dahintersteht. An solchen Verhaltensweisen läßt sich jenes Prinzip beobachten:
Kaut jemand z.B. an seinem Finger herum, so wird er den Biß immer nur bis zu einem gewissen Grad verstärken und damit aufhören, sobald es wehzutun anfängt; nähert sich einer einem Feuer, so wird er in einer bestimmten Entfernung davon stehenbleiben, dort nämlich, wo die Hitze unangenehm zu werden beginnt; ähnlich, wenn einer an einem Knopf dreht und dadurch ein Geräusch oder Radiomusik immer lauter macht oder wenn einer in kaltes Wasser geht, gerade nur soweit, bis das Wasser über die Knie zu steigen beginnt. Weiter beobachtet man, daß Kinder sich immer nur bis zu einer gewissen Entfernung von der Mutter oder ihrem Heim wegzubegeben pflegen, mit zunehmendem Alter immer weiter, daß Schwimmer nicht über eine bestimmte Entfernung vom sicheren Ufer wegschwimmen, Bergsteiger nicht außer Hörweite von ihren Partnern davonklettern usw.
Dasselbe gilt auch, wenn das Verhalten statt auf unbedingte Weise, wie in den obigen Beispielen, durch *Annäherung an bedingte Angst-Auslöser,* Angst produziert. So wird die Bewegung auf eine gefürchtete Person, einen gefürchteten Ort, ein gefürchtetes Tier zu immer früher oder später stoppen, wenn nicht eine besondere Motivation zur Annäherung vorliegt; ein Autofahrer wird aufhören, das Gaspedal niederzudrücken, wenn der Motor zu dröhnen beginnt usw.

Eine einfache experimentelle Demonstration des Prinzips liefern BLANCHARD & BLANCHARD (1968): Sie verwendeten eine langgestreckte Box mit einem großen Schock- und einem kleinen Sicherheits-Abteil. Ratten einer ersten Gruppe (E1) wurden in das Sicherheits-Abteil gesetzt und beim Betreten des Schockabteils sofort geschockt, d.h. für das Überschreiten der Grenze bestraft. Die Tiere in einer zweiten Gruppe (E2), die hier vor allem interessieren, wurden in das Schock-Abteil gesetzt und dort solange geschockt wie jeweils ein individuell zugeordneter Partner in E1. Die Tiere einer dritten Gruppe (K) wurden wie die in E1 behandelt, aber beim Betreten der Schock-Box nicht bestraft.
Im nachfolgenden Test wurde jedes Tier für maximal 2 Minuten in das Sicherheits-Abteil gesetzt, und es wurde festgehalten, wie lange es dauerte, bis es das Schock-Abteil betrat.
In der K-Gruppe dauerte es durchschnittlich nur etwa 2 Sekunden, in den beiden E-Gruppen etwa anderthalb bzw. eine Minute, wobei dieser Unterschied statistisch nicht gesichert war.
Dieses Ergebnis ist kaum anders zu erklären, als daß die Schock-Box für die beiden E-Gruppen zu einem BSa geworden war, *so daß die Annäherung an*

sie Angst erzeugte, die nun ihrerseits die Annäherung hemmte — zumindest für eine gewisse Zeit, während der wahrscheinlich einerseits die Angst ab- und die Motivation, aus dem engen Abteil herauszukommen, zunahm[3].

352 Bestrafung

3521 Definition

Von „*Bestrafung*" wird hier gesprochen, *wenn eine Reaktion das Auftreten eines aversiven Reizes oder das Verschwinden eines Sicherheits-Reizes, allgemeiner: ein aversives Ereignis, zur Folge hat.*

Wesentlich an dieser Definition ist, daß von Bestrafung nur gesprochen wird, *wenn dem aversiven Ereignis eine Reaktion des Individuums vorausgeht*; bestraft wird man, auch im alltäglichen Verständnis, immer *für etwas, das man getan hat.* Man spricht nicht von Bestrafung, wenn einem ein Dachziegel auf den Kopf fällt, während man friedlich des Wegs wandelt; sehr wohl aber könnte man von Bestrafung sprechen, wenn jemand solange Steine auf ein Dach wirft, bis sich ein Dachziegel löst ...
Nun bringen allerdings Organismen im Grunde immer irgendwelche Reaktionen hervor, und so wäre wörtlich genommen am Ende doch jedes aversive Ereignis eine Bestrafung. Dennoch erscheint es zweckmäßig, bei dem Ausdruck Bestrafung nur an solche Fälle zu denken, in denen ein Zusammenhang zwischen einer Reaktion des Individuums und dem nachfolgenden aversiven Ereignis besteht, insbesondere an solche Fälle, *wo die Reaktion das aversive Ereignis produziert.*
Von diesen Fällen wären dann eben jene zu unterscheiden, in denen ein aversives Ereignis *verhaltensunabhängig* auftritt, wie bei den E2-Tieren in dem zuletzt beschriebenen Experiment oder dem „unschuldigen" Dachziegelopfer, obwohl auch das faktisch „wie" Bestrafung — für das zufällig gerade vorausgegangene Verhalten — wirken kann.

3522 Wirkung von Bestrafung

Die Wirkung von Bestrafung besteht, wie jeder weiß, in der Regel darin, daß das bestrafte Verhalten *seltener,* nur noch *zögernd* oder im äußersten Fall *gar nicht* mehr ausgeführt, jedenfalls *weniger wahrscheinlich* wird. Den Mechanismus dieser Wirkung gilt es zu verstehen, wenn die mit Bestrafung zusammenhängenden praktischen Fragen sachlich beantwortbar werden sollen.

---

[3] ähnlich SALTZ & ASDOURIAN, 1963; KAMANO, 1968a

3523 Beispiele

Ein Musterbeispiel für den Vorgang und die Wirkung von Bestrafung liefert das oben erwähnte Experiment von BLANCHARD & BLANCHARD (1968), Gruppe E1 dort.
Bestrafung und Bestrafungswirkung lassen sich auch gut beobachten, z. B.
- wenn jemand, der sich den Fuß verstaucht hat, hart damit auftritt, Schmerz verspürt und volle Belastung des Fußes bis auf weiteres sein läßt;
- wenn jemand beim Einschlagen von Nägeln durch zu rasches Hämmern seinen eigenen Finger trifft und danach langsamer hämmert;
- wenn jemand seinem Vater eine „Frechheit" sagt und dafür eine Ohrfeige erhält und diese „Frechheit" später nicht mehr ausspricht;
- wenn jemand in einem Betrieb einen Übelstand aufzeigt und dafür hinausfliegt oder von seinen Kameraden geschnitten wird und in Zukunft in derartigen Fällen den Mund hält usw.

3524 Durch Bestrafung hemmbare Reaktionen

Es muß an dieser Stelle besonders klargestellt werden, daß neueren Ergebnissen der psychologischen Forschung zufolge *Reaktionen aller Art* durch Bestrafung unterdrückt werden können, nicht nur
- *mit Hilfe der Skelettmuskulatur hervorgebrachte Reaktionen,* wie
    — *einfache Bewegungen,* z. B. Pedaldrücken, Hämmern, Zugreifen, Stoßen, Treten,
    — *kontinuierlich fortlaufende Aktivitäten,* z. B. Lesen, Beobachten, Laufen,
    — *Handlungsketten* wie Hausaufgabenmachen, Lieben, Nachhausegehen, Trinken von Alkohol[4],
    — *verbale Verhaltensweisen,* z. B. Sprechen überhaupt[5], stockendes Sprechen[6], bestimmte Aussprache bestimmter Wörter, Gebrauch bestimmter Wörter[7] oder Klassen von Wörtern[8] oder Sätze, Schimpfen, Fluchen, Erzählen,
sondern auch
- *Reflexe und Instinktreaktionen,* sowohl *unbedingte,* z. B. Fressen[9], Kopu-

---

4 LOVIBOND & CADDY, 1970
5 SANDLER, 1962
6 BROOKSHIRE & EVESLAGE, 1969
7 ERIKSEN & KUETHE, 1956; D'ALESSIO, 1964
8 ROTBERG, 1959; HARE, 1965
9 LICHTENSTEIN, 1950; NAKAO, 1958; SOLOMON et al., 1968

lieren[10], Graben[11], Imponieren[12], Mäusetöten (bei Ratten)[13], als auch *bedingte*[14], sowie
- *autonom kontrollierte*, d.h. vom autonomen Nervensystem gesteuerte *Reaktionen*, jedenfalls spontan produzierte GHR[15], weiter
- allem Anschein nach auch *Vorstellungen, Gedanken und Erinnerungen* (wobei die Bestrafungswirkung darin besteht, daß diese Vorstellungen etc. einem nicht mehr einfallen, d.h. „verdrängt" erscheinen) und nicht zuletzt
- anscheinend auch *emotional-motivationale Zustände*, wie sexuelle Erregung, Zorn, Neugier — nur allem Anschein nach nicht Angst.

353 Mechanismus der Bestrafungswirkung

3531 Angst-Bedingen infolge Bestrafung

„Aversive Ereignisse" können je nach dem Kontext, in dem sie auftreten, entweder Angst-Unsicherheit oder Zorn-Ärger auslösen (vgl. u. 8130); besteht das aversive Ereignis im Verschwinden eines Sicherheits-Reizes, so wird wohl immer Angst ausgelöst. In jedem Fall aber findet *assoziatives Lernen* (Bedingen) statt, dessen Ergebnis eine *bedingte emotionale Reaktion* auf die dem aversiven Ereignis vorausgehenden Reize ist. Diese bedingte emotionale Reaktion kann wiederum je nach dem Kontext, in dem sie ausgelöst wird, Angst-Unsicherheit oder Zorn-Ärger sein. Faktisch scheint meistens das erstere der Fall zu sein, weil die Kontextbedingungen für die Auslösung von Zorn vergleichsweise selten realisiert sind bzw. die Angst-Reaktion über die Zorn-Reaktion präpotent ist (vgl. u. 8130).

M. a. W.: selbst wenn eine Bestrafung, was ja bekanntlich nicht selten der Fall ist, *zunächst* Zorn oder gar einen „primär-aggressiven" Angriff (vgl. Kap. 8) auf den eventuellen Bestrafer oder ein Ersatzobjekt ausgelöst hat, so rufen die Situation, in der sie stattgefunden hat und die ihr vorausgegangenen Reize *späterhin* in der Regel Angst-Unsicherheit hervor.

Auf diese Weise können infolge Bestrafung sehr verschiedenartige Reize und sonstige kognitive Prozesse zu BSa werden; im einzelnen:

---

10 BEACH et al., 1956
11 WALTERS & GLAZER, 1971
12 ADLER & HOGAN, 1963
13 MYER, 1966; MYER & BAENNINGER, 1966; MYER, 1967, 1968
14 BROGDEN et al., 1938; HOFFMAN et al., 1969
15 SENTER & HUMMEL, 1965; GRINGS & CARLIN, 1966; JOHNSON & SCHWARTZ, 1967; CRIDER et al., 1970; GREENE & SUTOR, 1971

1. Das *bestrafende Agens* und das *Strafwerkzeug*, d.h. die Person, die eventuell die Bestrafung austeilte, der Rohrstock, das elektrifizierbare Bodengitter usw.
2. Die *Außenwelt-Stimuli, auf die das bestrafte Verhalten gerichtet war,* z.B. das Pornoheft, in dem ein Junge las, als sein Vater ihn dabei erwischte, die Tasse, nach der ein Kind greifen wollte, als die Mutter ihm auf die Finger schlug, das Pedal, das eine Ratte drückte, ehe sie einen Schock bekam usw.
3. Im Falle einer ausgedehnteren Handlungskette: *alle Stimuli, die im Verlauf der am Ende bestraften Handlung auftreten,* z.B. schon das morgendliche Aufstehen und Ankleiden und der Weg ins Büro, nachdem einer am Tag davor bei der Ankunft dort angefaucht worden ist, die ersten Annäherungsversuche an einen Partner und dessen Reaktionen darauf, wenn sie am Ende ein paar Mal zu einer „Frustration" führten.
4. *In der Situation „zufällig" vorhandene Stimuli,* die weder mit dem bestraften Verhalten, noch mit der Bestrafung essentiell zusammenhängen, z.B. zufällig anwesende Zuschauer[16], Gegenstände, der Raum, in dem die Bestrafung stattfand usw.
5. *Dem bestraften Verhalten vorausgehende und es begleitende Vorstellungen,* insbesondere *Zielvorstellungen,* z.B. die sexuellen Fantasien, beim Lesen eines Pornoheftes, der Gedanke an einen Satz, dessen Aussprechen dann bestraft wurde, ganz allgemein der Gedanke an verbotene (strafbedrohte) Freuden.
6. Das *„propriozeptive Feedback", der dem bestraften Verhalten vorausgegangenen Reaktionen bzw. Bewegungsansätze,* d.h. die in Muskel- und Sehnen-Sinnesorganen erzeugten und als „Rückmeldung" der begonnenen oder ausgeführten Bewegung ans Gehirn weitergeleiteten Stimuli.
So produziert z.B. die Bewegung des Faustballens und Drohens während ihres ganzen Ablaufs ständig spezifische Stimuli, die das Individuum auch als im Arm und in der Hand lokalisiert wahrnimmt; folgt dieser Bewegung eine Bestrafung, so können später schon die durch den Ansatz, jedenfalls durch den Beginn der Bewegung erzeugten propriozeptiven Stimuli Angst erzeugen, die die Bewegung dann eventuell hemmen kann; genauso in dem Beispiel mit dem verstauchten Fuß. Ähnlich gehen dem Sprechen, z.B. Fragen oder Antworten auf eine Frage, spezifische Sensationen in der Brust (vom Luftholen) und im Kehlkopf voraus, die, wenn das Fragen oder Antworten bestraft worden ist, bedingte Angst erzeugen und das Verhalten hemmen können.
Die Tatsache, daß das propriozeptive Feedback einer beginnenden Bewegung zum BSa werden kann, erklärt, daß überhaupt Verhaltensweisen als solche, wie eben z.B. Sprechen oder Zappeln oder Rülpsen, unabhängig von äußeren kontrollierenden Reizen, durch Bestrafung unterdrückt werden können.

---

16 FRAKES, 1971

7. *Intero- und propriozeptive Stimuli, die durch den das bestrafte Verhalten motivierenden Trieb hervorgerufen werden.* Zustände wie Zorn, sexuelle Erregung und Angst sind bekanntlich körperlich spürbar, d. h. werden vom Individuum selbst wahrgenommen; dies auf Grund spezifischer Erregung von Sinnesorganen in inneren Organen, wie Magen, Herz, Kehle, Lunge, Penis, Unterleib (interozeptive Stimuli), sowie in Muskeln, Sehnen und Haut (propriozeptive Stimuli). Daß auch derartige Reize infolge Bestrafung zu BSa werden können, zeigt sich darin, daß beispielsweise Menschen, die Zorn oder sexuelle Erregung in sich aufkommen spüren, nicht selten Angst bekommen oder auch auf das Aufkommen von Angst mit gesteigerter und sich weiter steigernder Angst reagieren können.

Die Stimuli der ersten vier Kategorien können auch *auf „vikariierende"* Weise zu BSa werden, d. h. indem jemand beobachtet, wie ein anderer für ein bestimmtes Verhalten bestraft wird (vgl. o. 236).

3532 Unterlassen infolge Bestrafung

Die Wirkung von Bestrafung zeigt sich, wenn die Situation, in der und die Motivation, aus der das bestrafte Verhalten erfolgte, wieder zusammen auftreten bzw. fortbestehen, so daß das Individuum wieder oder weiterhin den *„Impuls"* hat, das bestrafte Verhalten auszuführen:
Da wird jetzt infolge der Bestrafung vor und spätestens während der Ausführung der Reaktion *Angst* aufkommen, und zwar umso mehr, je mehr von den seinerzeit vorhandenen Stimuli, jetzt BSa, wieder vorhanden sind[17].
Diese Angst wird mit der Motivation zu dem bestraften Verhalten — sofern diese „positiv" ist — in *Konflikt* geraten, sie reduzieren, und zwar umso mehr, je stärker sie ist.
Ist die positive Motivation noch nicht unterdrückt, so wird die Handlung in Gang gesetzt, damit aber *wächst die Angst,* weil immer mehr oder deutlichere BSa produziert werden, *zugleich allerdings auch* — infolge Annäherung an das Ziel — die *konkurrierende Motivation* („Zielgradient")[18].
Der Ausgang dieses Konflikts hängt von einer Vielzahl variabler Bedingungen ab und ist nicht allgemein vorherzusagen; je nach den gerade herrschenden Verhältnissen kann das bestrafte Verhalten
a) gar nicht erst begonnen,
b) mittendrin abgebrochen oder auch
c) bis zum Ende durchgeführt werden.

---

17 vgl. VAN HOUTEN & RUDOLPH, 1971
18 vgl. HULL, 1934; GEIER & TOLMAN, 1943; BARTOSHUK, 1955; DEAUX & PATTEN, 1964; SCHROEDER & GERJUOY, 1965; BECKER & BRUNING, 1966

In jedem Fall aber wird es *verzögert* und in seiner Intensität *reduziert* sein; es wird eine *Tendenz* bestehen, es zu *unterlassen* bzw. die Bestrafung „passiv", d.h. durch Nicht-Tun zu vermeiden.
In den allermeisten Fällen wird es auch in irgendeiner Weise *modifiziert* sein, d.h. ein bestraftes Verhalten wird in der Regel kein zweites Mal in genau derselben Weise ausgeführt.

3533 Andere Mechanismen der Wirkung von Bestrafung

Dieser Mechanismus der Wirkung von Bestrafung *vermittels bedingter Angst* ist sicherlich der bei höheren Organismen gewöhnlichste und praktisch wichtigste. Bestrafung, oder jedenfalls die Annäherung an einen Gefahr-Reiz, kann aber auch bei niederen Organismen[19], bei denen kein Angst-Mechanismus anzunehmen ist, Verhaltensweisen unterdrücken. Zum andern kann Bestrafung, wie schon erwähnt (s.o. 3524), beim Menschen spontane Galvanische Haut-Reaktionen unterdrücken, Reaktionen also, die ohne besonderen Anlaß vorkommen und denen jedenfalls schwerlich ein spezifischer Stimulus, der als BSa fungieren könnte, vorausgeht.
Das bedeutet: *Bestrafung kann u.U. auch wirksam sein ohne Vermittlung von Angst,* nach einem bislang unbekannten Mechanismus, oder anders herum: das Prinzip, daß Verhaltensweisen, die böse Folgen gehabt haben, unterlassen werden, kann auf verschiedene Weisen realisiert sein, bei höheren Organismen (und nur dort) eben überwiegend vermittels des Angst-Mechanismus.

354 Strafreize

Die Reize und Vorgänge, die als Bestrafung wirken können, sind überaus vielfältig, denn alles, was Angst auslösen kann (s.o. 21 und 239) kann, wenn es nach einer Reaktion eintritt, auch als Bestrafung wirken. Besonders zu betonen ist:

1. Strafreize müssen keineswegs immer von Personen oder anderen Lebewesen ausgehen (*„soziale Bestrafung"*), sondern können genauso gut von Sachen, von der „Natur" erteilt werden bzw. aus der nicht-lebenden Umwelt stammen (*„natürlich-sachliche Bestrafung"*), z.B. wenn man sich an einem Feuer verbrennt, an einer Kante stößt, hinfällt, weil man zu schnell gelaufen ist, auf einem Instrument einen falschen Ton erwischt usw.

---

19 BERGSTRÖM, 1968a, b, 1969

2. Bestrafung kann sowohl in der *Präsentation* eines direkt wirkenden USa oder BSa bestehen, z.B. Schmerz, Schlag, Angeschrieenwerden als auch im *Verlust* von Sicherheit, von Kontakt, von geliebten Gegenständen, Geld usw.

3. *Bedingte Angst-Auslöser* können natürlich genauso als Strafreize wirken wie unbedingte. So ist auch in zahlreichen Tierexperimenten demonstriert worden, daß schockavisierende akustische oder Licht-Signale als Strafreize wirken[20] und speziell auch

a) daß ein solcher bedingter Strafreiz umso wirksamer ist, je stärker[21] und je länger[22] der mit ihm gepaarte Schock war und auch je öfter er bekräftigt wurde[23] und

b) daß mit unaversierten Schocks assoziierte bedingte Strafreize wirksamer sind, als mit vorgewarnten Schocks, d.h. praktisch mit bedingten Angst-Auslösern, assoziierte[24], sowie

c) daß bedingte Strafreize allmählich ihre Wirkung verlieren, wenn sie immer wieder allein ohne nachfolgenden USa auftreten[25] und das umso rascher, je schwächer der avisierte Schock war[26].

Speziell mit menschlichen Vpn ist gezeigt worden, daß die bloße Anwendung von Wörtern mit negativer emotionaler Bedeutung (z.B. „*guilty*", „*afraid*", „*ugly*") bestrafend wirken kann[27], ebenso die Anwendung psychoanalytischer Interpretationen auf von einer Vp produzierte Sätze[28].

Daß BSa als Strafreize wirken können, bedeutet praktisch vor allem, daß es entscheidend von der Lerngeschichte des Individuums abhängt, was als Strafreiz wirkt und wie stark. Ja, was für den einen angenehm oder ein Kompliment ist, kann dem anderen gleichgültig sein, dem dritten unangenehm und für den vierten eine schockierende Beleidigung.

4. Strafreize müssen nicht immer von außen und von anderen Personen stammen, sondern können auch *vom Individuum selbst erzeugt werden*, z.B. Selbstbestrafung durch Sich-Vorwürfe-Machen, Sich-Kasteien, Sich-etwas-Vorenthalten usw.

5. Strafreize müssen nicht immer „Reize" im engeren Sinn sein, sondern können auch *Vorstellungen* sein, z.B. die Vorstellung von den bösen Folgen einer

---

20 z.B. EVANS, 1962; SELIGMAN, 1966
21 MATSUMIYA, 1960; HAKE & AZRIN, 1965
22 MOWRER & SOLOMON, 1954
23 FORRIN, 1966
24 MACDONALD & BARON, 1973
25 MOWRER & AIKEN, 1954; MOWRER & SOLOMON, 1954; MATSUMIYA, 1960; HAKE & AZRIN, 1965; FORRIN, 1966
26 HAKE & AZRIN, 1965
27 FINLEY & STAATS, 1967
28 ADAMS et al., 1962; TIMMONS et al., 1965

Handlung für sich selbst und/oder andere, das nachfolgende schlechte Gewissen also, die Vorstellung vom Ausgeschlossensein aus der Gemeinschaft der Heiligen, vom Gekränktsein einer bestimmten Person usw.

6. Durch Experimente mit Tauben[29], Ratten[30], Schimpansen[31] und auch Menschen[32] ist gezeigt worden, daß auch das *Verschwinden der Gelegenheit zur Ausführung irgendwie belohnter Reaktionen* („*time-out form positive reinforcement*") als Bestrafung wirken kann:

BARON & KAUFMAN (1969) trainierten zunächst durstige Ratten, sich durch Druck auf ein Pedal für jeweils zwei Sekunden Zugang zu einem Wasserschälchen zu verschaffen.

Dann folgten 27 Sitzungen, in denen jeweils zwanzig signalisierte 20″-*time-in*- und zwanzig signalisierte 2′-*time-out*-Perioden vorkamen, d. h. es wechselten ständig 20″-Perioden, in denen ein Rauschen zu hören war und das Pedal funktionierte, ab mit 2′-Perioden, in denen Stille herrschte und das Pedal nicht funktionierte, d. h. keine Belohnungen gab. Die Tiere lernten auf diese Weise natürlich, das Pedal nur während der kurzen Rauschen-Perioden zu betätigen.

Es folgte eine kurze Vortest-Phase, in der jeder dritte Pedaldruck unbelohnt blieb und danach die Demonstration, daß *time-out* bestrafend wirkt: in den Bestrafungs-Sitzungen setzte wie vorher jeweils nach je 2′ *time-out* das *time-in*-Rauschen ein, jetzt aber beendete der jeweils dritte Pedaldruck das Rauschen und stellte die 2′-*time-out*-Periode her.

Es zeigte sich, daß die Tiere schon vor dem jeweils zweiten und noch mehr vor dem dritten Pedaldruck stark zögerten und die dritte Reaktion oft schon gar nicht mehr ausführten, obwohl sie sich damit — da die *time-in*-Perioden und die Sitzungen als ganze von konstanter Dauer waren — um einen guten Teil der Belohnungen brachten.

355 Verhaltenseliminierung durch Bestrafung

3550 Vorbemerkung

Bestrafung wird in der Praxis — abgesehen von dem nicht seltenen Fall, in dem sie als „spontane" Reaktion auf unerwünschtes Verhalten, als schlichte Abreaktion von Zorn oder auch als „Rache" erfolgt — in der Regel erteilt, entweder

---

29 FERSTER, 1958
30 BARON & KAUFMAN, 1969
31 FERSTER, 1957, 1958
32 HOLZ et al., 1963a; BAER, 1961

a) um aus irgendeinem Grunde unerwünschtes Verhalten, speziell störendes oder schädliches, zu *eliminieren* oder
b) um unerwünschtes Verhalten, speziell unzweckmäßiges oder ineffektives, zu *ändern* oder auch
c) um auf Umwegen *„positives"* Lernen zu erreichen, wobei dieser Fall nicht ganz von den beiden andern zu trennen ist.

Inwieweit diese Ziele durch Bestrafung tatsächlich zu erreichen sind und welche Faktoren dabei eine Rolle spielen, wird im folgenden zu erörtern sein. Dieser Abschnitt ist Fall a, der nächste (356) Fall b und c gewidmet, so daß es zunächst darum geht, *inwieweit und unter welchen Bedingungen und mit welchen Konsequenzen es möglich ist, ein Verhalten durch Bestrafung unwahrscheinlicher zu machen, d.h. tendenziell oder vollständig zu eliminieren, und zwar ersatzlos.*

3551 Merkmale des Strafreizes

Ob und wieweit ein Verhalten durch Bestrafung eliminiert werden kann, hängt natürlich zunächst davon ab, womit und wie bestraft wird. Im einzelnen gilt:

1. Von allen Faktoren, die hier überhaupt zu betrachten sind, ist der praktisch wichtigste die *Stärke des Strafreizes* bzw. — da ja auch an den Fall der Bestrafung durch Verlust von Sicherheit zu denken ist — die *Stärke der ausgelösten Angst-Reaktion.* In einer Unzahl von Experimenten — an Tauben, Ratten, Affen und auch Menschen — ist, meist unter Verwendung von Schock, aber auch von aversiver Hirnstimulation und verbaler Ablehnung als Strafreize, und bei recht verschiedenartigen bestraften Reaktionen (Trinken, Pedaldrücken für Futter oder Wasser, Hacken gegen einen Knopf für Futter, Rennen durch einen Laufgang, Verwendung bestimmtern Wortklassen) immer wieder das auch von der Alltagserfahrung her genügend bekannte Prinzip bestätigt worden, *daß eine Reaktion umso mehr unterdrückt wird, ihre Wiederausführung umso unwahrscheinlicher oder zögernder wird, je härter sie bestraft worden ist*[33]. Dabei scheint der Grad der Unterdrückung einer Reaktion eine positiv akzelerierte Funktion der Bestrafungsstärke zu sein[34], was bedeutet, daß sehr milde Bestrafungen praktisch wirkungslos sind, stärkere Bestrafungen immer nur bis zu einem gewissen Grad unterdrücken, extrem starke, d. h.

---

[33] ROTBERG, 1959; AZRIN, 1960a; AZRIN & HOLZ, 1961; KARSH, 1962; APPEL, 1963b; AZRIN et al., 1963a; HOLZ et al., 1963b; REYNOLDS, 1963; BOE, 1964; KARSH, 1964; FILBY & APPEL, 1966; GAULT & APPEL, 1966; CHURCH et al., 1967; HAKE et al., 1967; APPEL, 1968a, b; FERRARO & YORK, 1968; MANSFIELD & RACHLIN, 1970; BOE, 1971; DAVIES & BRASHEARS, 1971; LITNER & SUBOSKI, 1971; QUINSEY, 1971
[34] APPEL & PETERSON, 1965

lebensgefährlich starke Bestrafungen aber ein Verhalten u. U. ein für alle Male eliminieren können.

In gleicher Weise ist eine *länger andauernde* Bestrafung (Schock) wirksamer als eine kürzerdauernde[35].

2. Ebenfalls in Übereinstimmung mit der Alltagserfahrung ist an Mäusen, Ratten, Hunden und auch Menschen und wiederum unter Verwendung sehr verschiedener Reaktionen und Strafreize wiederholt gezeigt worden, *daß eine Bestrafung umso wirksamer ist, je unmittelbarer sie der Reaktion folgt*[36].

Im Falle von zeitlich länger erstreckten Handlungen (Reaktionsketten) gilt, daß eine Bestrafung, die am Anfang gegeben wird, wirksamer ist als eine, die später oder erst nach Beendigung der Handlung erfolgt[37].

Entsprechend wirken auch aversive Reize, die tatsächlich immer als „Bestrafungen" einer bestimmten Reaktion (unmittelbar) folgen, stärker unterdrückend als aversive Reize, die unabhängig vom Verhalten auftreten, auch wenn sie insgesamt gleich häufig kommen[38].

Überhaupt scheint die Unmittelbarkeit einer Bestrafung in etwa dieselbe Bedeutung zu haben wie ihre Intensität, doch gibt es Anzeichen dafür, daß der letztere Faktor der praktisch wichtigere ist[39].

Beim Menschen können im übrigen auch mit sehr langen Verzögerungen eintreffende Bestrafungen durchaus wirksam sein, wenn nämlich das bestrafte Verhalten zum Zeitpunkt der Bestrafung *zumindest als Erinnerung* gegenwärtig ist.

3552 Häufigkeit der Bestrafung

1. Unter Umständen, d. h. anscheinend besonders bei schwach motivierten Reaktionen, wie Betreten eines bestimmten Ortes[40], genügt schon *eine einzige unmittelbare Bestrafung*, das betreffende Verhalten sehr wirksam zu unterdrücken. Häufig aber wird ein bestimmter Grad der Unterdrückung, namentlich eine zumindest vorübergehende Eliminierung nur erreicht durch *wiederholte Bestrafung* der Reaktion[41], d. h. es erfolgt eine „Kumulation" der Bestra-

---

35 BOROCZI et al., 1964; CHURCH et al., 1967
36 WARDEN & DIAMOND, 1931; BIXENSTEIN, 1956; BANKS & VOGEL-SPROTT, 1965; BARON, 1965; VOGEL-SPROTT, 1967; BARON et al., 1969; GELLER et al., 1970
37 ARONFREED & REBER, 1965; WALTERS et al., 1965; SOLOMON et al., 1968
38 AZRIN, 1956; BOE & CHURCH, 1967; MYER, 1968; VOGEL- SPROTT & BURROWS, 1969; CHURCH et al., 1970; QUINSEY, 1972
39 HARE, 1965; MYER, 1968; SOLOMON et al., 1968
40 JARVIK & ESSMAN, 1960; SEWARD & RASKIN, 1960; BLANCHARD & BLANCHARD, 1968; GELLER et al., 1970; RIEGE & CHERKIN, 1971
41 KAUFMAN & MILLER, 1949; KARSH, 1962; AKHTAR, 1967; APPEL, 1968b; CHURCH et al., 1970

fungswirkungen, und zwar umso rascher, je stärker[42], je unmittelbarer[43] und je relativ häufiger, d. h. ausnahmsloser[44] die Bestrafung erfolgt.
Dies entspricht dem erwähnten Prinzip, daß eine BRa sich oft erst bei wiederholten Bekräftigungen voll entwickelt (s. o. 2332), und das umso rascher, je stärker und häufiger die Bekräftigungen erfolgen (s. o. 2334, 2336).

2. Die vollständige Eliminierung eines Verhaltens, jedenfalls eines solchen, das motiviert ist und zumindest gelegentlich eine Belohnung produziert, wird — außer bei Anwendung extrem starker Bestrafungen — nur selten erreicht, und es kommt dann sehr stark auf die *relative Häufigkeit* an, mit der das betreffende Verhalten bestraft wird, d. h. ob es jedesmal, wenn es auftritt, oder nur manchmal, oder nur ganz selten einmal bestraft wird.
In mehreren Experimenten, wiederum sowohl an Tauben, als auch Ratten, als auch Menschen, ist gezeigt worden, *daß das Auftreten eines Verhaltens umso unwahrscheinlicher ist, je relativ häufiger es bestraft wird*, d. h. je wahrscheinlicher eine Bestrafung zu erwarten ist[45]. Dies entspricht dem erwähnten Prinzip, daß eine BRa umso stärker ausfällt, je relativ häufiger Bekräftigung gegeben wird (s. o. 2336).
Es gibt Anzeichen dafür, daß die relative Häufigkeit der Bestrafung als Faktor von geringerer Bedeutung ist als ihre Intensität[46].
Weiterhin ist, wiederum sowohl bei Tauben als auch bei Ratten als auch bei Menschen festgestellt worden, daß intermittierende (nur gelegentliche) Bestrafung weniger wirksam ist, wenn sie zugleich *regelmäßig und vorhersagbar* (z. B. jeweils nach einer bestimmten Anzahl von Reaktionen oder bei der ersten Reaktion nach einer bestimmten Zeit oder überhaupt in regelmäßigen Zeitabständen) erfolgt, als wenn sie — insgesamt gleich häufig — unregelmäßig und unvorhersagbar erfolgt[47]. In zwei gleichartig angelegten Rattenexperimenten wurde hierzu allerdings auch das Gegenteil gefunden, nämlich daß Bestrafung jeweils für die erste Reaktion nach Ablauf einer bestimmten Zeit wirksamer ist als gleich häufige unregelmäßige Bestrafung[48].

3. *Wird mit der Bestrafung einer Reaktion, nachdem sie jedesmalig oder intermittierend erfolgt ist, aufgehört, so „erholt" sich die unterdrückte Reaktion in der Regel allmählich*, d. h. tritt früher oder später wieder mit der ursprüng-

---

42 BOROCZI et al., 1964
43 WARDEN & DIAMOND, 1931; HARE, 1965
44 ESTES, 1944; HARE, 1965
45 ESTES, 1944; ROTBERG, 1959: AZRIN et al., 1963 a; STORMS & BOROCZI, 1966; APPEL, 1968 b; BARON et al., 1969; CRIDER et al., 1970; BOE, 1971; HYMOWITZ, 1971, 1973 a
46 STORMS & BOROCZI, 1966
47 AZRIN, 1956; SANDLER, 1962; CAMP et al., 1966
48 HYMOWITZ, 1971, 1973 a

lichen Häufigkeit, Wahrscheinlichkeit und Stärke auf[49], wobei gelegentlich sogar ein *„kompensatorisches" Überschießen,* d. h. eine vorübergehend gesteigerte Reaktionsfrequenz zu beobachten ist[50]; auch kann eine vorübergehende Erholung selbst dann noch vorkommen, wenn gleichzeitig mit der Bestrafung auch die Belohnung für das Verhalten wegfällt[51].
Nach Fortfall unterdrückender Bestrafungen kann ein Verhalten also leicht so aussehen, als sei es nie bestraft worden, *die Bestrafungswirkung scheint reversibel zu sein.* Das aber ist genau besehen keineswegs der Fall:
Erstens werden nicht selten, auch wiederum bei allen möglichen Organismen, sehr dauerhafte Wirkungen von — noch gar nicht einmal häufig erfolgten — Bestrafungen beobachtet, jedenfalls wenn es sich bei dem bestraften Verhalten um ein selten belohntes[52] oder sonstwie schwach motiviertes[53] oder (bei Hunden oder Affen) um das Ergreifen von Futter[54] handelt.
Zweitens können Bestrafungswirkungen, die im Verhalten nicht mehr bemerkbar sind, „latent" durchaus weiterbestehen, was sich darin zeigt, daß ein Verhalten, das sich einmal von Bestrafung erholt hat, und zwar voll erholt hat, bei Wiedereinführung von Bestrafung rascher und stärker unterdrückt wird als beim ersten Mal[55].
Drittens scheint es auch im menschlichen Alltag nicht selten so zu sein, daß ein Verhalten, das einmal bestraft worden ist, zwar durchaus wieder ausgeführt wird, aber dennoch „nicht mehr dasselbe" ist; es wird ausgeführt, nicht so sehr weil die Angst verschwunden ist, sondern *trotz* vorhandener Angst bzw. *„mit schlechtem Gewissen".*
Tempo und Grad der Erholung von Bestrafung sind im übrigen abhängig von der Stärke[56], Dauer[57] und relativen Häufigkeit[58] der Bestrafung. Nach starker Bestrafung kann die Erholung unvollständig bleiben[59].

---

49 ESTES, 1944; SIMKINS, 1962; APPEL, 1963b; HOLZ et al., 1963b; BOROCZI et al., 1964; APPEL & PETERSON, 1965; MYER & BAENNINGER, 1966; HAKE et al., 1967; MYER, 1967; APPEL, 1968b; FERRARO & YORK, 1968; BOSTOW & BAILEY, 1969; LOVAAS & SIMMONS, 1969; WAHLER, 1969; ALLISON & ALLISON, 1971
50 AZRIN, 1960a, b; HOLZ et al., 1963b; KARSH, 1964; BOE & CHURCH, 1967; APPEL, 1968b
51 CHURCH & RAYMOND, 1967
52 APPEL, 1961; STORMS et al., 1962
53 ROTBERG, 1959
54 LICHTENSTEIN, 1950; MASSERMAN & PECHTEL, 1953; SOLOMON et al., 1968
55 STANLEY & ELLIOT, 1962; MYER & BAENNINGER, 1966; HOFFMAN et al., 1969
56 AZRIN, 1959; ROTBERG, 1959; BOROCZI et al., 1964; KARSH, 1964; FILBY & APPEL, 1966; GAULT & APPEL, 1966; CHURCH et al., 1967; HAKE et al., 1967; APPEL, 1968b; CHURCH et al., 1970; BOE, 1971
57 CHURCH et al., 1967
58 BOE, 1971
59 AZRIN, 1959; CHURCH et al., 1967

3553 Konkurrierende Belohnung

Bestrafung kann wie angedeutet „unmotivierte", ohne besonderen Grund hervorgebrachte Verhaltensweisen betreffen und da sehr wirksam sein. Der Normalfall, von dem auch bisher fast ausschließlich die Rede war, ist aber der, wo die Bestrafung ein „motiviertes" (instrumentelles) Verhalten betrifft, das ausgeführt wird, weil (und nur solange wie) es mit einer bestimmten Frequenz Belohnungen produziert. Natürlich spielt es für den Effekt einer Bestrafung eine Rolle, wie häufig und „gut" die Belohnungen sind, gegen die sie sozusagen konkurrieren muß.

1. Zunächst ist mehrfach gezeigt worden, daß eine Bestrafung wirksamer ist, bei einer Reaktion, die bis dahin *nur einige wenige Male belohnt* worden ist, als bei einer länger mit Erfolg praktizierten Reaktion[60], doch scheint die Anzahl vorausgegangener Belohnungen nur bis zu einer (ziemlich niedrigen) oberen Grenze praktisch von Bedeutung zu sein[61].

2. In einem Experiment mit Ratten[62] und in einem mit erwachsenen Menschen[63] ist gezeigt worden, *daß eine Bestrafung gegebener Stärke und Häufigkeit umso weniger wirksam ist, je relativ häufiger die bestrafte Reaktion gleichzeitig belohnt wird.* Dieses Prinzip ist praktisch sicherlich wichtiger als die geringe Anzahl einschlägiger Experimente denken läßt. Ein Mensch, dem es z. B. auf Grund seiner Körperkraft häufig gelingt, sich aggressiv durchzusetzen, wird davon durch Bestrafung sicherlich weniger leicht abzubringen sein als jemand, dem dergleichen ohnehin nur selten gelingt.

3. *Wird eine Reaktion, die keine Belohnungen mehr produziert, d. h. „Löschung" unterliegt, gleichzeitig bestraft, so wird sie beschleunigt aufgegeben*[64]; auch wenn die Bestrafung während der Löschung nur vorübergehend oder nur wenige Male erfolgt, so beschleunigt das ihre weitere Löschung (ohne Bestrafung), wie einige neuere Experimente[65] im Gegensatz zu zwei oft zitierten älteren Experimenten[66] eindeutig zeigen. Dabei ist der Effekt umso größer, je stärker die vorübergehend angewandte Bestrafung war[67]. Bei Fortfall der vorübergehenden Bestrafung (außer bei sehr starker) findet hier zwar gewöhn-

---

60 ESTES, 1944; KAUFMAN & MILLER, 1949; BOE, 1964; KARSH & WILLIAMS, 1964; MYER, 1967
61 MILLER, 1960; KARSH, 1962
62 CHURCH & RAYMOND, 1967
63 VOGEL-SPROTT & THURSTON, 1968
64 AZRIN & HOLZ, 1961; FALLON, 1968
65 BAER, 1961; AKHTAR, 1963; BOE, 1964; BOE & CHURCH, 1967; CHURCH & RAYMOND, 1967; AKHTAR, 1968b
66 SKINNER, 1938; ESTES, 1944
67 BOE & CHURCH, 1967

lich eine kompensatorische Steigerung der Reaktionsfrequenz statt, doch reicht diese in der Regel nicht aus, den Effekt der Bestrafung vollständig wettzumachen.

4. Bei Wieder-Belohnung wird allerdings eine durch Nicht-Belohnung plus vorübergehende Bestrafung eliminierte Reaktion sehr rasch „wiedererlernt", und zwar gleichgültig, wie stark die angewandte Bestrafung war[68].

3554 Konkurrierende Motivation

Nach der hier vertretenen Theorie wird Bestrafung dadurch wirksam, daß bei Wiederholung des bestraften Verhaltens bedingte Angst aufkommt und mit der Motivation zu dem bestraften Verhalten (sofern diese „positiv" ist) in Konflikt gerät. So ist denn auch zu erwarten, *daß Bestrafung umso weniger wirksam sein wird, je stärker die konkurrierende Motivation ist*. Dies läßt sich auch experimentell belegen:

1. Es ist mehrfach gezeigt worden, daß Tauben und Ratten eine hungermotivierte Reaktion (Hacken gegen einen Knopf, Pedaldrücken, Zuckerlösung-Trinken) bei bzw. trotz Bestrafung umso eher ausführen, je länger sie ohne Futter waren[69]; auch erholt sich eine derartige Reaktion, wenn sie nicht mehr bestraft wird, umso rascher, je hungriger die Versuchstiere sind[70].

2. Die Stärke der Motivation zur Ausführung eines instrumentellen Verhaltens ist zahlreichen und sehr verschiedenartigen experimentellen Befunden zufolge unter anderem auch eine Funktion der Größe und Qualität der durch das Verhalten gewöhnlich produzierten Belohnung[71]. So wäre zu erwarten, *daß eine Bestrafung umso weniger wirksam sein wird, je größer oder „besser" die durch das bestrafte Verhalten produzierte Belohnung ist*. Dies wird auch durch zwei Rattenexperimente, in denen einmal die Anzahl der durch einen Pedaldruck produzierten Futterkügelchen[72], ein anderes Mal die Konzentration einer einfach zugänglichen Zuckerlösung[73] variiert wurde, bestätigt. In einem Experiment, in dem die von durstigen Ratten durch einen Pedaldruck produzierte Wassermenge variiert wurde, erbrachte allerdings ein kaum erklärliches gegenteiliges Resultat[74].

---

68 BOE & CHURCH, 1967
69 AZRIN et al., 1963a; FORRIN, 1966; LITNER & SUBOSKI, 1971; QUINSEY, 1971
70 FILBY & APPEL, 1966; MACDONALD & BARON, 1971
71 z.B. CRESPI, 1942; JENKINS & CLAYTON, 1949; GUTTMAN, 1953; HUTT, 1954: DUFORT & KIMBLE, 1956; STEBBINS, 1962
72 BOWER & MILLER, 1960
73 QUINSEY, 1971
74 FERRARO, 1966

3555 Emotionalität und Sensibilisierung

Wenn die Wirkung von Bestrafung durch einen Konflikt zwischen Angst und einer anderen Motivation vermittelt ist, *so müßte Bestrafung auch umso wirksamer sein, je mehr Angst das Individuum aus anderen Gründen in die Situation „mitbringt" bzw. je mehr es überhaupt zu Angst-Reaktionen neigt.* Diese Erwartung wird durch entsprechende Experimente im großen und ganzen bestätigt:

1. Sowohl bei Mäusen[75] als auch bei Ratten[76] ist gezeigt worden, daß Angehörige von über viele Generationen herangezüchteten „emotionalen", d. h. „ängstlichen" Stämmen auf Bestrafung stärker, mit rascherer Verhaltensunterdrückung reagieren, als konstitutionell „nicht-ängstliche" Tiere. Bei Menschen ist allerdings unter Verwendung eines Fragebogentestes zur Feststellung der „Ängstlichkeit" und einer mit Geld belohnten und mit Finger-Schock bestraften Knopfdruck-Reaktion das Gegenteil gefunden worden[77], ein Ergebnis, das allerdings eher die Validität des betreffenden Tests als das genannte Prinzip in Frage stellt.

Wiederum an Ratten ist gezeigt worden, daß eine Reaktion, die bereits durch einen vorhandenen Ton-BSa unterdrückt ist (CER) praktisch total unterdrückt wird, wenn sie außerdem noch mit Bestrafung bedroht wird, d. h. der durch den BSa avisierte Schock erst durch einen Pedaldruck ausgelöst wird[78]; hier trifft die Bestrafungsdrohung ein allem Anschein nach ohnehin bereits verängstigtes Tier und ist dadurch besonders wirksam.

Auch Menschen führen gefürchtete Handlungen mit umso geringerer Wahrscheinlichkeit aus, je mehr Angst sie — aus welchen Gründen auch immer — in die Situation „mitbringen"[79].

2. In einer Reihe von Rattenexperimenten ist gezeigt worden, daß Tiere, die längere Zeit vor einem entsprechenden Bestrafungs-Test mit verhaltensunabhängig gegebenen Schocks traktiert worden sind, später stärker auf Bestrafung reagieren als nicht so vorbehandelte[80], daß also durch Vor-Schocks eine *Sensibilisierung* für Bestrafung erzeugt werden kann. Dasselbe kann auch beobachtet werden, wenn Versuchstiere — lange Zeit vor dem Bestrafungstest — dem Streß einer Schlafberaubung (29 Stunden in einem rotierenden Käfig) unterworfen worden sind[81]. Eine entsprechende Behand-

---

[75] CARRAN, 1967
[76] FERRARO & YORK, 1968
[77] SHAPIRO, 1966
[78] DAVIES & BRASHEARS, 1971
[79] RIMM et al., 1971
[80] KURTZ & WALTERS, 1962; WALTERS & ROGERS, 1963; PEARL et al., 1964; TERRIS & BROWN, 1967; TERRIS & WECHKIN, 1967a
[81] PEARL et al., 1964

lung (mit Schocks) in sehr jungem Alter[82] wie auch die Darbietung von Vor-Schocks in vertrauter Umgebung (Wohnkäfig)[83] scheint allerdings den gegenteiligen Effekt — erhöhte Resistenz gegen die Wirkung von Bestrafung — haben zu können.

3556 Gelernte Resistenz gegen Bestrafung

Werden aversive Reize wiederholt *verhaltensunabhängig* erlitten, so entwickelt sich nach dem Obigen allem Anschein nach, außer vielleicht bei sehr jungen Organismen, eine *erhöhte Empfänglichkeit* für die Wirkung von Bestrafungen. Umgekehrt scheint *der wiederholte Empfang von Bestrafungen*, also von *verhaltensproduzierten* aversiven Reizen, in einer gewissen *Resistenz* gegen die Wirkung weiterer Bestrafungen zu resultieren.

Noch während eine Reaktion regelmäßig bestraft wird, kann sie sich zahlreichen Experimenten an Tauben, Ratten und Affen zufolge, nach anfänglich starker Unterdrückung bis zu einem gewissen Grade erholen[84], in ihrer Frequenz wieder zunehmen, und zwar umso rascher, je schwächer die Bestrafung ist[85]. Es wird hier möglicherweise instrumentell gelernt, die aufkommende Angst vor der Bestrafung zu unterdrücken (vgl. u. 661).

Daß Resistenz gegen Bestrafung *gelernt* werden kann, ist auch in zahlreichen Experimenten an Ratten, Affen und auch Menschen besonders demonstriert worden: So kann als gesichert gelten, daß Tiere, die für eine Reaktion bereits *intermittierend* mit Schocks bestraft worden sind, sie *bei jedesmaliger* Bestrafung öfter ausführen bzw. später aufgeben als nicht vor-bestrafte[86]; verhaltensunabhängig gegebene Schocks haben nachweislich nicht diesen Effekt[87].
Wird eine Bestrafung mit allmählich zunehmender Stärke eingeführt, so ist sie bei voller Stärke weniger wirksam, als wenn sie gleich voll eingeführt wird[88]; überhaupt schafft anfangs verwendete milde Bestrafung Resistenz gegen später eingeführte starke[89].

---

82 ABEL & WALTERS, 1972
83 TERRIS & ENZIE, 1967
84 AZRIN, 1960a,b; AZRIN et al., 1963a; KARSH, 1964; PEARL et al., 1964; CHURCH & RAYMOND, 1967; CHURCH et al., 1967; HAKE et al., 1967; FALLON, 1968; FERRARO & YORK, 1968; HYMOWITZ, 1971, ABEL & WALTERS, 1972; HYMOWITZ, 1973a
85 AZRIN, 1960a
86 AKHTAR, 1963; BROWN & WAGNER, 1964; BANKS, 1966; AKHTAR, 1967; BANKS, 1967; AKHTAR, 1968a
87 MILLER, 1960; BANKS, 1967
88 MILLER, 1960; HAKE et al., 1967; SHEMBERG, 1968; TERRIS & BARNES, 1969; TERRIS & RAHHAL, 1969b; TERRIS et al., 1969;
89 KARSH, 1963

Auch kann Vortraining mit einer Bestrafungsart (z.B. Schock oder Schockdrohung) resistent machen gegen eine andere (z.B. Windstoß oder tadelndes Kopfschütteln)[90].

Das Lernen von Resistenz gegen Bestrafung, wie immer es funktionieren mag, hat offensichtlich eine lebenserhaltende Funktion; es sichert unter natürlichen Bedingungen die Beschaffung lebensnotwendiger Dinge und die *Ausführung lebensnotwendiger Aktivitäten unter widrigen Umständen.* Auch in mancher menschlichen Zivilisation ist gelernte Resistenz gegen Bestrafung offensichtlich lebensnotwendig; daß z.B. in den deutschen Schulen trotz des dort üblichen hemmungslosen Umgangs mit Bestrafungen im allgemeinen immer noch gearbeitet und gelernt wird, beruht vermutlich zu einem guten Teil auf nichts anderem als gelernter Resistenz gegen Bestrafung auf seiten der Schüler.

3557 Situationsabhängigkeit der Bestrafungswirkung

DINSMOOR (1952) berichtet folgendes Experiment: Ratten wurden zunächst trainiert, für gelegentliche Belohnung mit Futter (durchschnittlich alle zwei Minuten) regelmäßig ein Pedal zu betätigen.
Nachdem dieses Verhalten etabliert war, wurden die folgenden Sitzungen in 5'-Perioden unterteilt; in der Hälfte dieser Perioden wurde jede Betätigung des Pedals mit einem kurzen elektrischen Schock bestraft, sonst nicht; die Straf- und die straffreien Perioden kamen unregelmäßig abwechselnd vor; Futter-Belohnungen konnten während der ganzen Zeit produziert werden.
Für die eine Gruppe der Tiere (A) wurden die Straf- und die straffreien Perioden jeweils durch distinkte Reize angezeigt: war das Licht in der Box an, so bedeutete das, daß keine Bestrafungen drohten, war es aus, so wurde bestraft; die andere Gruppe erhielt keine solchen „diskriminativen Reize".
Alle Tiere lernten, ihr Verhalten anzupassen und mehr oder weniger nur in den straffreien Perioden zu arbeiten; sie betätigten, um es genauer zu sagen, in den straffreien Perioden das Pedal etwa 9- (Gruppe A) bzw. 4 mal so oft als in den Straf-Perioden.
Als später mit Bestrafungen ganz aufgehört wurde, verteilten sich ihre Reaktionen bald wieder regelmäßig über die Licht- und die Licht-aus-Perioden bzw. über die ganze Sitzung (Erholung von der Bestrafungswirkung).

In einem Experiment von SOLOMON et al. (1968) wurden hungrige Hunde wiederholt vor eine Schüssel mit Pferdefleisch aus der Dose auf der einen Seite

---

90 TERRIS & WECHKIN, 1967b; TERRIS & BARNES, 1969; TERRIS & RAHHAL, 1969b; TERRIS et al., 1969; WEINSTEIN, 1969

und einer Schüssel mit trockenem Laboratoriumsfutter auf der anderen Seite gestellt und jedesmal hart mit einer Zeitung auf die Nase geschlagen, wenn sie von dem Pferdefleisch nehmen wollten.
Sie lernten sehr rasch und auch sehr dauerhaft, dieses attraktive Futter stehenzulassen und sich mit dem andern zu begnügen.

Diese Experimente und einige weitere[91] zeigen, daß die Wirkung von Bestrafung technisch gesprochen „unter die Kontrolle" von äußeren Stimuli kommen kann, — insbesondere z. B. davon abhängig werden kann, ob der Bestrafer in der Nähe ist oder nicht[92]; m. a. W. *daß sehr leicht gelernt werden kann, ein bestimmtes Verhalten in einer Situation bzw. einem Stimulus gegenüber auszuführen und in einer anderen Situation bzw. einem andern Stimulus gegenüber wegen der drohenden Bestrafung zu unterlassen.* Dabei kann auch das Auftreten oder Nichtauftreten der Bestrafung als solches zum Unterscheidungsmerkmal zwischen den Situationen werden (s. DINSMOOR's Gruppe B), d. h. praktisch: der Effekt einer „probeweisen" Ausführung einer bestraften Reaktion kann dem Individuum u. U. darüber Aufschluß geben, ob es im Augenblick ratsam ist, damit fortzufahren oder nicht.

Für die Stimulus-Kontrolle der Bestrafungswirkung gilt auch das Prinzip der *Generalisation.* HONIG & SLIVKA (1964) trainierten zunächst Tauben, für unregelmäßig Belohnung mit Futter gegen eine an der Wand angebrachte

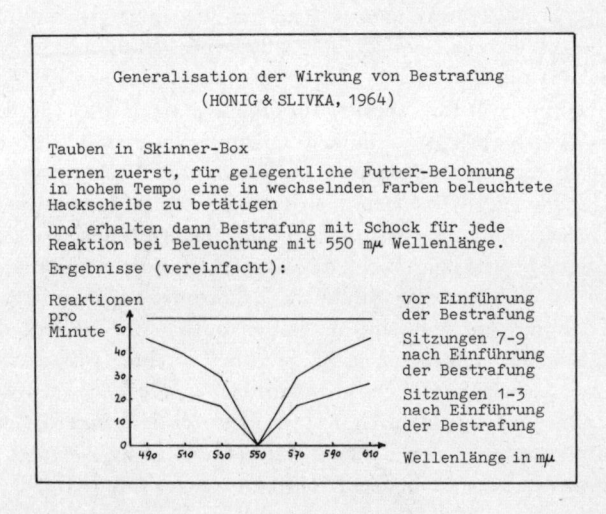

```
Generalisation der Wirkung von Bestrafung
          (HONIG & SLIVKA, 1964)

Tauben in Skinner-Box
lernen zuerst, für gelegentliche Futter-Belohnung
in hohem Tempo eine in wechselnden Farben beleuchtete
Hackscheibe zu betätigen
und erhalten dann Bestrafung mit Schock für jede
Reaktion bei Beleuchtung mit 550 mµ Wellenlänge.
Ergebnisse (vereinfacht):
```

Reaktionen pro Minute — vor Einführung der Bestrafung
— Sitzungen 7–9 nach Einführung der Bestrafung
— Sitzungen 1–3 nach Einführung der Bestrafung
Wellenlänge in mµ

---

91 AZRIN, 1956; LITNER & SUBOSKI, 1971; HYMOWITZ, 1973a
92 STANLEY & ELLIOT, 1962

Scheibe zu hacken, die zunächst von hinten abwechselnd in sieben verschiedenen Farben beleuchtet war.
Dann wurden die Tiere für Betätigung der Scheibe bei einer ganz bestimmten mittleren Wellenlänge bestraft. Sie reagierten darauf zunächst mit einer Reduktion ihrer Reaktionsfrequenz bei allen Farben, lernten aber allmählich zu differenzieren und bei den verschiedenen Farben umso mehr zu arbeiten, je mehr sie der Wellenlänge nach von der kritischen Farbe abwichen.

Das bedeutet: *Wenn gelernt worden ist, eine Reaktion in einer ganz bestimmten Situation wegen drohender Bestrafung zu unterlassen, so wird die Reaktion auch in ähnlichen Situationen unterdrückt sein, aber umso weniger, je mehr sich diese von der Bestrafungssituation unterscheidet*[93].

All das ist praktisch von größter Relevanz. Es bedeutet zunächst einmal, daß höhere Organismen gut darauf vorbereitet sind, zu lernen, wann ein bestimmtes Verhalten als zu riskant unterlassen werden muß und wann nicht und sich danach einzurichten. Wenn es nur irgendwelche Umstände gibt, unter denen ein Verhalten, an dem dem Individuum gelegen ist, ungestraft ausgeführt werden kann, so wird es diese Umstände zu erkennen lernen und das Verhalten da hervorbringen — immer vorausgesetzt, daß die Bestrafung nicht extrem stark war.
Es folgt daraus: Wollte man ein Verhalten, zu dem eine Motivation besteht, allein durch Bestrafung vollständig eliminieren, so müßte man es unter allen möglichen, zumindest aber unter vielen verschiedenartigen Umständen bestrafen; das aber ist unter gewöhnlichen Bedingungen offenbar höchst selten praktikabel.
Im Hinblick auf die Praxis, speziell auf die Frage nach der Tauglichkeit von Bestrafung zum Zweck der Eliminierung unerwünschter Verhaltensweisen, z.B. in der Kindererziehung, bedeutet das Prinzip der Situationsgebundenheit der Bestrafungswirkung weiterhin: Selbst wenn eine Reaktion in einer bestimmten Situation durch jedesmalige Bestrafung erfolgreich eliminiert worden ist, besagt das noch lange nicht, daß sie auch in anderen Situationen unterbleiben wird[94]. So ist es eine alltägliche Erfahrung, daß Kinder sehr leicht lernen, bestimmte unerwünschte Verhaltensweise zwar in Gegenwart bestimmter Personen bleiben zu lassen, sie aber in ihrer Abwesenheit umso ungehemmter auszuführen. Ebenso treten nicht selten Verhaltensweisen, die in der Kindheit und Jugend durch Bestrafung erfolgreich unterdrückt worden sind, unvermindert hervor, sobald das Individuum herangewachsen und selbständig geworden ist, d.h. die Gesamtsituation sich verändert hat.

---

93 vgl. auch BUCHER & KING, 1971
94 vgl. z.B. LOVAAS & SIMMONS, 1969; BUCHER & KING, 1971; CORTE et al., 1971

3558 Unspezifität der Bestrafungswirkung

Die Kehrseite dieses Prinzips, daß die Wirkung einer Bestrafung stark, ja in erster Linie *an die Situation gebunden* ist, in der sie erfolgte, ist, daß sie *nicht spezifisch an die Reaktion gebunden* ist, die sie herbeiführte. Sie ist allenfalls an *eine Klasse von Reaktionen*, eine Gruppe von der Topografie, dem Ziel oder den kontrollierenden Stimuli nach gleichartigen Verhaltensweisen gebunden, aber *höchst selten an eine ganz besondere Reaktion.*

Ein Experiment von WARDEN & AYLESWORTH (1927) könnte das deutlich machen: Zwei Gruppen Ratten — eine dritte, die auch vorkam, interessiert hier nicht — sollten lernen, in einem T-Labyrinth nach der jeweils beleuchteten Seite zu laufen, wo sie in der Zielbox Futter vorfanden. Manche Tiere wurden für Läufe nach der dunklen (falschen) Seite mit Schock bestraft, andere nicht. Die ersteren lernten die Aufgabe wesentlich rascher als die letzteren, d.h. rannten bereits nach etwa 100 Versuchen mit tödlicher Sicherheit immer nach der richtigen Seite bzw. unterließen es, auf die Schock-Seite zu rennen. Die andern, nicht-bestraften erreichten zwar selbst nach 300 Versuchen noch nicht diesen Grad an Perfektion, dafür aber liefen sie alle *jedesmal* frisch los, *während die bestraften sich in immerhin 8 % der Versuche weigerten, innerhalb von 5 Minuten die Startbox zu verlassen* und bis zum Schluß „Zögern" und „Inaktivität" zeigten — d.h. auch die „richtige" die nur-belohnte Reaktion war faktisch von der Bestrafung mitbetroffen[95].
In die Praxis umgesetzt bedeutet das etwa: Bestrafung unterdrückt, wenn sie effektiv ist, in einer bestimmten Situation *nie nur eine ganz bestimmte uner-*

Unspezifität der Bestrafungswirkung
(WARDEN & AYLESWORTH, 1927)

2 Gruppen Ratten (E und K)
lernen
in einer Art T-Labyrinth,
nach der jeweils beleuchteten Seite zu laufen,
wo sie Futter vorfinden.

E werden für Läufe nach der falschen Seite jedesmal mit Schock bestraft, K nicht.

▷ E lernen wesentlich rascher,
   machen nach etwa 100 Versuchen kaum noch Fehler,
▷ zögern aber häufig, zu starten, d.h. sind auch
   in der Ausführung der richtigen Reaktion gehemmt.

---

95 vgl. auch CHURCH et al., 1970

wünschte Verhaltensweise, sondern mindestens auch viele ähnliche Verhaltensweisen und tendenziell überhaupt jedes Verhalten in der betreffenden Situation. Unter den unterdrückten Verhaltensweisen können immer auch erwünschte sein, ja gewisse Typen von u. U. erwünschten Verhaltensweisen — neue, differenzierte, mühsame — werden sogar, weil sie schwach motiviert sind, besonders wirksam unterdrückt sein, und es kann passieren, daß nach einer kräftigen Bestrafung die bestrafte Verhaltensweise, z. B. irgendeine langgeübte „Unsitte", sich rasch wieder erholt, erwünschte, noch nicht geübte neue Verhaltensweisen aber dauerhaft nicht aufkommen.

All das ist besonders relevant, wenn es sich um *lernerische Aktivitäten,* wie Vorlesen, Sprechen, Rechnen, Schreiben, Denken, Umgang mit Werkzeugen und dgl., handelt. Man kann da ohne weiteres sagen, *daß Bestrafung, jedenfalls stärkere, für Fehlleistungen bei derartigen lernerischen Aktivitäten,* z. B. durch harte Kritik, Beschimpfungen, aber auch schon durch Schmiereien mit dem Rotstift, *die pädagogische Arbeit sabotiert.* Wer z. B. für eine „falsche" Ausdrucksweise in einem Aufsatz bestraft worden ist, wird es beim

---

Zur Problematik der Anwendung von Bestrafung
Zusammenfassung I

Bestrafung "erzeugt" immer **Angst**, d.h. bewirkt, daß bei Wiederholung der Bestrafungssituation Angst auftritt, die das bestrafte Verhalten (wie auch anderes) hemmt.
Diese **Hemmung** geht allerdings selten so weit, daß das bestrafte Verhalten überhaupt nicht mehr vorkäme;
ob es vorkommt oder nicht, hängt vielmehr von einer Vielzahl von Faktoren ab, d.h.:
die Wirkung von Bestrafung auf ein bestimmtes Verhalten ist prinzipiell **unberechenbar**.

Eine **Eliminierung** - genauer: dauerhafte Unterdrückung - unerwünschten Verhaltens kann, wenn es sich um motiviertes (instrumentelles) Verhalten handelt, durch Bestrafung nur erreicht werden, wenn sie **extrem stark** erfolgt oder zumindest **stark und jedesmal**.
Mittelstarker bis schwacher und nur gelegentlich erfolgender Bestrafung wird je nach Stärke der entgegenstehenden Motivation nach einer Zeit der "Gewöhnung" mehr oder weniger vollkommen **widerstanden**.
Auch verschwindet die verhaltenshemmende Wirkung einer Bestrafung meistens rasch, wenn das betreffende Verhalten wieder ungestraft ausgeführt werden kann.

In jedem Fall ist die verhaltenshemmende Wirkung einer Bestrafung in erster Linie an die **Bestrafungssituation** und erst in zweiter Linie spezifisch an die bestrafte **Verhaltensweise** gebunden, d.h.:

- ein bestraftes Verhalten ist in der Regel **nur** in der (und ähnlichen) Situation(en) gehemmt, in der (denen) es bestraft worden ist;
- infolge Bestrafung kann u.U. in einer bestimmten Situation **alles** Verhalten gehemmt sein, namentlich auch **ausdrücklich erwünschtes Verhalten**, insbesondere wenn es dem bestraften Verhalten irgendwie ähnlich ist.

nächsten Mal *eher schwerer als leichter* haben, eine „richtige" zu finden, und wer für eine falsche Antwort beim Wissenabfragen bestraft worden ist, wird in Zukunft nicht nur diese falsche Antwort unterlassen, sondern u. U. das Antworten überhaupt...

356 Lernen und Verhaltensmodifikation mittels Bestrafung

Wenn auch mit dem Obigen schon einige gewichtige Gründe gegen die praktische Anwendung von Bestrafung gesagt sind — und weitere werden noch vorzubringen sein — so soll doch auch die Frage ernsthaft in Betracht gezogen werden, ob und unter welchen Umständen Bestrafung vielleicht doch lern- und entwicklungsfördernd sein könnte. Diese Frage muß nicht zuletzt deshalb gestellt werden, weil das Vorkommen und auch das Erteilen von Bestrafungen praktisch unvermeidbar sind, können doch schon ein selbstproduzierter Mißerfolg bei einem Problemlösungsversuch oder ein verneinendes Kopfschütteln oder der Hinweis auf einen gemachten Fehler und Ansagen wie „Falsch" oder „Das stimmt nicht" als Bestrafungen wirken.
Es gibt drei Fälle, in denen Bestrafung unter Umständen Lernen fördern kann:
a) wenn es darum geht, zu lernen, wann eine bestimmte Reaktion angebracht ist und wann nicht („do-don't-Differenzierungslernen"),
b) wenn es darum geht zu lernen, immer wieder eine bestimmte Reaktion und keine andere auszuführen,
c) wenn es um das Lernen vorsichtig-gehemmter Präzisionshandlungen und -fertigkeiten geht.

3561 *Do-don't-Differenzierungslernen*

Auf Grund mehrerer Experimente an Kindern[96], Ratten[97] und sogar an der Fruchtfliege *drosophila melanogaster*[98], die im Ergebnis völlig übereinstimmen, steht fest: Wenn es darum geht, einem Individuum beizubringen, *eine bestimmte Reaktion* (z. B. Pedaldrücken, Vorwärtslaufen, Hinzeigen) *auf einen bestimmten Reiz hin immer auszuführen (do) und auf einen andern nie (don't)*, so beschleunigt es den Lernvorgang, wenn die Reaktion nicht nur bei „situationsgerechter" Ausführung belohnt, sondern *außerdem* bestraft wird,

---

96 BRACKBILL & O'HARA, 1958; SPENCE & DUNTON, 1967; WITTE & GROSSMAN, 1971
97 HOGE & STOCKING, 1912; WARDEN & AYLESWORTH, 1927; WARDEN & DIAMOND, 1931; MUENZINGER & POWLOSKI, 1951; MUENZINGER et al., 1952; WISCHER et al., 1963
98 MURPHEY, 1967

wenn sie bei der falschen Gelegenheit erfolgt. Dabei wird das Lernen umso mehr beschleunigt, d. h. es werden umso weniger Fehler gemacht und umso weniger Übungsversuche gebraucht, je stärker[99] und je unmittelbarer[100] die Bestrafung gegeben wird.

Ein einschlägiges Experiment, das von WARDEN & AYLESWORTH (1927), wurde bereits oben beschrieben. Ein anderes wäre das von SPENCE & DUNTON (1967): Vorschulkindern wurden jeweils 90 Karten mit je zwei einfachen Linienfiguren vorgelegt, wobei 6 verschiedene Paare je 15 mal vorkamen. Sie sollten lernen, bei jedem der — mit wechselnder Anordnung der Figuren — wiederkehrenden Paare immer auf eine bestimmte Figur zu zeigen, sollten also praktisch simultan sechs verschiedene do-don't-Differenzierungen lernen.
Die Kinder in den beiden Gruppen, die hier interessieren, erhielten alle für „richtige" Wahlen eine Belohnung entweder in Form eines gesprochenen „*right*" oder eines Bonbons, die einen aber (K) erhielten bei falschen Antworten keine Reaktion, die andern dagegen (E) eine Bestrafung in Form eines gesprochenen „*wrong*" oder eines lauten Summertons.
Die für falsche Antworten bestraften Kinder gaben insgesamt durchschnittlich 68, die nicht bestraften 53 „richtige" Antworten (von 90 möglichen), ein bei der großen Zahl von Vpn statistisch höchst gesicherter Unterschied.

Es liegt hier dem psychologischen Mechanismus nach im Grunde dasselbe vor, wie beim Lernen *stimuluskontrollierter Unterlassung* (s. o. 3557), und es ist nicht schwer zu verstehen, daß solches do-don't-Differenzierungslernen beschleunigt sein muß, wenn außer der Ausführung der „richtigen" auch noch die Unterlassung der „falschen" Reaktion speziell trainiert wird. Nun ist hier aber zweierlei zu beachten:

a) Wie im Zusammenhang mit dem Experiment von WARDEN & AYLESWORTH (1927) bereits erwähnt, beschleunigt zwar die Anwendung von Bestrafungen den do-don't-Lernprozeß insgesamt, *schafft aber zugleich Angst, die auch die richtige Reaktion partiell hemmen kann*. Dies hat sich auch in anderen Experimenten wiederholt gezeigt[101]. Dergleichen aber kann in vielen praktischen Situationen kaum wünschenswert sein, zumal es zugleich bedeutet, daß die durch Anwendung von Bestrafungen geschaffene Unsicherheit auch die für eventuelles weiteres Lernen notwendige Flexibilität des Verhaltens einschränkt.

---

99 WISCHNER et al., 1963
100 WARDEN & DIAMOND, 1931
101 DINSMOOR, 1952; WISCHNER et al., 1963; HONIG & SLIVKA, 1964; LITNER & SUBOSKI, 1971

b) *Das Lernen von do-don't-Differenzierungen spielt unter natürlichen Bedingungen eine verhältnismäßig geringe Rolle.* Man versuche einmal, sinnvolle Alltagsentsprechungen zu den Experimenten von WARDEN & AYLESWORTH (1927) und SPENCE & DUNTON (1967) zu finden. Jedenfalls kommt es höchst selten vor, daß eine bestimmte Verhaltensweise in der einen Situation nützlich und notwendig, in einer anderen aber geradezu nachteilig oder schädlich wäre, so daß sie da unbedingt unterlassen werden müßte; eher schon ist sie in der „anderen Situation" überflüssig oder nutzlos, in diesem Fall ist es aber ebenso überflüssig und nutzlos, sie durch Bestrafung zu eliminieren.

3562 Stur-zuverlässiges Reagieren

In einem Experiment von MEYER & OFFENBACH (1962), das repräsentativ ist für eine ganze Reihe von Versuchen, den Wert von Bestrafung in pädagogischen Situationen nachzuweisen[102], sollten Kinder lernen, von jeweils zwei in Größe, Farbe und Form der Grundfläche unterschiedenen Gegenständen den „richtigen" zu wählen, wobei der richtige immer schlicht der auf einer bestimmten Seite stehende — für manche der rechte, für andere der linke — war. Diese Primitivlösung einer anscheinend anspruchsvollen Aufgabe wurde im Durchschnitt rascher gelernt, wenn die Vpn für „falsche" Lösungen mit der Ansage „*wrong!*" bestraft, als wenn sie für „richtige" mit der Ansage „*right!*" belohnt wurden.

Entsprechendes wurde auch gefunden, wenn Kinder lernen sollten, eine größere Anzahl von Karten nach bestimmten Merkmalen (Anzahl oder Farbe der darauf abgebildeten Gegenstände)[103] zu sortieren oder bei Darbietung eines von drei Bildern jeweils eine bestimmte von drei Laden herauszuziehen[104].

Alle diese Aufgaben laufen darauf hinaus, an zwei oder drei identisch immer wiederkehrende Situationen bzw. diskriminative Stimuli ganz bestimmte Reaktionen zu „binden", und das Maß für den Erfolg solchen Trainings ist die Zuverlässigkeit, mit der die Differenzierung dann — sozusagen nach Schema F — praktiziert wird. Es erscheint nicht besonders schwer verständlich, daß die Erreichung eines derartigen Lernziels durch konsequente Bestrafung abweichenden Verhaltens besonders beschleunigt werden kann, geht es doch wesentlich darum, die Unterlassung bestimmter Reaktionen zu lernen. Dabei bleibt natürlich die Frage offen, ob dasselbe Vorgehen auch bei komplexeren Differenzierungsaufgaben (mit mehr als zwei oder drei Verhaltens-

---

102 vgl. MARSHALL, 1965
103 BUSS & BUSS, 1956; CURRY, 1960
104 STEVENSON et al., 1959

alternativen) oder überhaupt bei etwas lebensnaheren Aufgabenstellungen[105] angebracht ist und wie eine solche Art des Lehrens die Freude an der lernerischen Aktivität („intrinsische Motivation"; vgl. u. 5263, Pt. 6) und die Fähigkeit zu flexibel-angepaßtem Verhalten beeinflußt.

3563 Lernen von Vorsichts-Reaktionen

Bestrafung ist an sich immer etwas Negatives und Schädliches und höhere Organismen sind offensichtlich darauf eingerichtet, Bestrafungen zu widerstehen und zu umgehen. Dennoch kann *vermittels Bestrafung*, gleichsam *auf dem Umweg über Bestrafung* auch Positives gelernt werden, genauer gesagt: *wenn eine Bestrafung erfolgreich umgangen wird, so kann dabei ein neues und u. U. auch besseres Verhalten gelernt werden*. Die Bestrafung kann hier nach Art eines Katalysators fungieren, Lernen beschleunigen, ohne in das „Lernprodukt" einzugehen.

Wie schon erwähnt, wird eine bestrafte Reaktion, selbst wenn sie wieder oder weiterhin ausgeführt wird, in der Regel *nicht unverändert* wieder aufgenommen, d. h. in jedem Fall *modifiziert*. Produziert nun die modifizierte Form a) keine Bestrafung und außerdem b) die übliche oder gar eine größere, bessere oder raschere Belohnung, so wird sie gelernt und die bestrafte Verhaltensweise gleichzeitig aufgegeben.

Läuft einer z. B. ohne auf den Boden zu schauen durch den Wald, so kann es leicht passieren, daß er über eine Wurzel stolpert und hinfällt, was eine „natürliche" Bestrafung wäre; wiederholt sich das, so wird er sicher früher oder später lernen, beim Laufen auf den Boden zu schauen, was ihn genauso ans Ziel bringt und ihm Bestrafungen erspart. Ebenso wird z. B. ein Kind, das ausgeschimpft wird, wenn es an Vaters Schreibtisch geht und sich dort einfach die Schere nimmt, lernen, auf dem Weg zum Schreibtisch nach der Schere zu fragen, sofern es sie dann anstandslos, d. h. ohne Bestrafung, bekommt.

Es liegt auch eine Reihe von experimentellen Demonstrationen mit sowohl Menschen als auch Ratten als Versuchsobjekten vor, die alle zeigen, daß *Bestrafung einer unerwünschten bei gleichzeitiger Belohnung einer Alternativ-Reaktion* die erstere sehr rasch und nachhaltig eliminieren und die letztere ebenso sicher etablieren kann[106], wobei das Ziel umso rascher erreicht wird, je unmittelbarer die Bestrafung erfolgt[107]. In einem dieser Experimente[108], in

---

105 vgl. TERRELL & KENNEDY, 1957
106 VAUGHN & DISERENS, 1930; WHITING & MOWRER, 1943; HOLZ et al., 1963a; BOE, 1964; D'ALESSIO, 1964; HERMAN & AZRIN, 1964; BOSTOW & BAILEY, 1969; KARSH, 1970
107 CAIRNS & PERKINS, 1972
108 VAUGHN & DISERENS, 1930

dem menschliche Vpn lernen sollten, ohne visuelle Kontrolle einen Stab durch ein Labyrinth zu führen, zeigte sich, daß sie das — verglichen mit Lernen ohne Bestrafung — *rascher lernten*, wenn sie für Fehler mit *leichten Schocks* bestraft wurden, aber langsamer, wenn sie mit starken Schocks bestraft wurden.

Man kann solche auf dem Umweg über Bestrafung, aber wohlbemerkt letztlich *infolge Belohnung* gelernte bzw. modifizierte Verhaltensweisen allgemein *Vorsichts-Reaktionen* nennen, zumal sie gewöhnlich auch dadurch gekennzeichnet sind, daß das Individuum bei ihrer Ausführung mehr Stimuli beachtet, eben „vorsichtiger" ist und oft auch die Reaktion selbst als eher „gehemmt" oder „gesteuert" erscheint.

Solches Lernen kommt zweifellos auch unter natürlichen Bedingungen in nicht geringem Umfang vor und spielt besonders *bei der Entwicklung bestimmter Fertigkeiten* eine wichtige Rolle. Bestrafungen können dabei ohne böse Nebeneffekte und Folgen vorkommen — *sofern einige Voraussetzungen erfüllt sind*:

1. Die Bestrafung darf *nicht zu stark* sein, nicht stärker als gerade eben nötig ist, um das falsche oder unzweckmäßige oder unerwünschte Verhalten zu unterdrücken. Je stärker sie ist, desto mehr besteht die Gefahr, daß auch das hervorzubringende Alternativ-Verhalten gehemmt ist, daß die für die Modifikation des Verhaltens unerläßliche Flexibilität verlorengeht oder gar alle weiteren Versuche unterlassen werden, d. h. aufgegeben wird.

So ist ein falscher Ton beim Geigeüben wahrscheinlich eine eben adäquate Bestrafung, ein zusätzliches Schimpfen des Geigenlehrers dagegen wäre sicherlich schon zu viel; ebenso kann beim Schifahren eine erzwungene Verlangsamung der Fahrt eine durchaus förderliche Bestrafung für unkontrolliertes Fahren sein, ein veritabler Sturz dagegen kann dem weiteren Lernen schon wieder abträglich sein.

2. Die Bestrafung darf *in keinem Fall zu häufig* erfolgen. Das bedeutet für die Praxis vor allem: Wenn in einem längeren Lernprozeß mit Bestrafungen in Form von Mißerfolgen, Fehleranzeigen, Zurechtweisungen, Unfällen und dgl. zu rechnen ist, *so müssen die Aufgaben anfangs so leicht gestellt werden und so allmählich im Schwierigkeitsgrad ansteigen*, daß die Wahrscheinlichkeit für eine richtige Reaktion, eine angemessene Lösung immer sehr hoch, nicht allzu weit unter 100 % liegt, anderenfalls kann die zu häufige Bestrafung das Verhalten tendenziell ganz eliminieren.

3. Die *Motivation* zur Hervorbringung des zu modifizierenden bzw. zu lernenden Verhaltens muß *stark genug* sein, um die Wirkung der vorkommenden Bestrafungen aufzuwiegen, d. h. das Weitermachen nach Mißerfolgen sicherzustellen.

Die Motivation darf aber andererseits *auch nicht so stark* sein, daß sie nur starres, unflexibles Wiederholen des bestraften Verhaltens verursacht.
Die Stärke der Motivation muß man sich dabei in erster Linie als eine Funktion der *Belohnungserwartung* des Individuums denken, und diese wiederum als eine Funktion der Lerngeschichte. Hat das Individuum in der Vergangenheit ausreichend oft mit dem betreffenden und ähnlichem Verhalten Erfolg gehabt, so wird seine Motivation dazu relativ stark sein und es wird Mißerfolge leicht verkraften; anderenfalls aber eben nicht.
Die so bedingte Motivation ist *vor allem am Anfang eines längeren Trainingsprozesses*, d. h. besonders bei „jungen" Lernern von entscheidender Bedeutung. Es handelt sich um das, was alltäglich als das „Selbstvertrauen" des Lerners in bezug auf die zu lernende oder zu perfektionierende Tätigkeit erscheint. Ist das betreffende Verhalten bereits einigermaßen geübt und beherrscht und damit genügend „Selbstvertrauen" aufgebaut, so werden Bestrafungen und Mißerfolge weniger schädlich sein und sich eher positiv auswirken als im Falle eines ganz neu zu erlernenden Verhaltens.
Im andern Fall liegt das vor, was populär die „Anfangsschwierigkeiten" in einem Lernprozeß genannt und fälschlich als unvermeidbar angesehen wird und woran so mancher hoffnungsvolle Lernprozeß zu scheitern pflegt.
Es hat deshalb eine pädagogische Grundregel allerersten Ranges zu sein, *dem Lerner als allererstes zu einigen, und nicht zu wenigen, „Erfolgserlebnissen" zu verhelfen.*

4. Das anstelle des bestraften Verhaltens zu lernende Verhalten muß dem Lerner bereits *zur Verfügung stehen,* muß für ihn *zumindest approximativ ausführbar* sein oder durch *Abwandlung* des vorher praktizierten Verhaltens leicht hervorzubringen sein oder durch *Anweisung* oder *Vormachen* „hervorzulocken" sein.
Es kann niemals von einem Augenblick zum andern ein völlig neues, nie geübtes Verhalten hervorgebracht werden, alle irgendwie differenzierteren Verhaltensweisen können sich nur allmählich aus jeweils bereits gekonnten entwickeln.

5. Das zu lernende Alternativ-Verhalten muß eine mindestens *ebenso große, gute und rasche Belohnung* bringen wie das bisher praktizierte und bestrafte. Das bedeutet besonders auch, daß das zu lernende Verhalten *nicht wesentlich langwieriger und umständlicher* sein darf als das zu eliminierende[109], es sei denn, es brächte eine entsprechend größere oder bessere Belohnung.

Sind alle diese Bedingungen erfüllt, so kann tatsächlich mit Hilfe von Bestrafungen so manches gelernt werden, insbesondere, wie schon gesagt, solche

---

109 vgl. WHITING & MOWRER, 1943

Fertigkeiten, bei denen es auf „gebremste", vorsichtige, präzis-gesteuerte Reaktionen ankommt, wie Autofahren im Stadtverkehr, Spiel auf Musikinstrumenten, Operieren, diverse sportliche Fertigkeiten usw. Derartiges Lernen geht auch tatsächlich in der Praxis nie ohne Bestrafungen — zumindest in Form von Mißerfolgen, Fehlern, Klein- und Beinahe-Unfällen — vor sich, und man könnte bei diesem nicht ungewöhnlichen Vorgang von *„bestrafungsinduzierter Formung" von Verhaltensweisen*, speziell von *Präzisionsfertigkeiten* sprechen.

Es darf nun aber keinesfalls übersehen werden, daß hierbei implizit nur von einer ganz besonderen Art von Bestrafung die Rede ist, nämlich von „natürlicher" oder „sachlicher" Bestrafung, die vor allem von „sozialer" und „persönlicher" Bestrafung zu unterscheiden ist.
Natürlich-sachliche Bestrafung wäre eine solche, die gleichsam die „Natur" austeilt, wenn gegen ihre Gesetze verstoßen wird, z. B. zu schnell in eine Kurve, gegangen wird, ein Gegenstand zu hart angefaßt wird, ein Schnitt zu tief geführt wird usw. Solche Bestrafung erzwingt gleichsam *Anpassung an unveränderliche Naturgesetze* und kann so für das Individuum im Prinzip nur von Nutzen sein. Sie erfolgt außerdem gewöhnlich *„jedesmalig"*, ist dadurch besonders effektiv und braucht meist *nur wenige Male* zu erfolgen.
Persönlich-soziale Bestrafung dagegen wäre eine solche, die einzelne Individuen — oft unter irgendwelchen Vorwänden — dank ihrer augenblicklichen Machtüberlegenheit austeilen, wenn gegen ihre persönlichen Wünsche, Ziele oder Gesetze verstoßen wird. Sie erzwingt *Anpassung an die persönlichen Empfindlichkeiten, Interessen und Bedürfnisse von Einzelpersonen und machthabenden Gruppen* und ist in der Regel — je eifriger das Gegenteil beteuert wird, um so weniger — auf längere Sicht nicht zum Nutzen des Betroffenen.

Wohlbemerkt aber gelten auch für natürliche Bestrafungen die einschränkenden Punkte 1 bis 5 oben, d. h. *auch natürliche Bestrafung führt nicht zwangsläufig zu „positivem Lernen"*. Auch natürliche Bestrafung kann so hart ausfallen oder so oft passieren, daß das Individuum aufgibt; auch natürliche Bestrafung kann ein schwach motiviertes Verhalten (z. B. erste Versuche in einer Sportart) total eliminieren; auch unter natürlicher Bestrafung kann das Individuum nur solche Reaktionen lernen, die ihm wenigstens annäherungsweise zur Verfügung stehen und darf die geforderte Reaktion nicht zu aufwendig, die Belohnung nicht reduziert und nicht zu verzögert sein.

Schließlich muß zur Abrundung des Ganzen noch angemerkt werden, daß auch der Mechanismus des Vorsicht-Lernens nicht nur wünschenswerte Präzisionsfertigkeiten hervorbringt, sondern unter Umständen auch höchst unerwünschte Verhaltensformen. So gibt z.B. ein Dieb, der einmal erwischt und nichts weiter als bestraft worden ist, erfahrungsgemäß das Stehlen noch lange nicht auf, sondern wird es höchstens in Zukunft vorsichtiger angehen. Auch Lügen, Schwindeln, Heimlichmachen, „Hinterhältigkeit", sind typische bestrafungsinduzierte Vorsichts-Verhaltensweisen.

Zur Problematik der Anwendung von Bestrafung
Zusammenfassung II

Bestrafung (für "falsches" Reagieren) kann das Erlernen und die Perfektionierung von **do-don't-Differenzierungen** - Ausführung einer bestimmten Reaktion bei der einen, Nicht-Ausführung bei einer anderen Gelegenheit - erleichtern. Dabei kann sich allerdings ergeben, daß auch die Ausführung der Reaktion bei der "richtigen" Gelegenheit (das erwünschte Verhalten) mehr oder weniger gehemmt ist.

Bestrafung kann auch - durch Ausschaltung sämtlicher alternativer Verhaltensmöglichkeiten - die Etablierung von **zwanghaft-zuverlässigem Verhalten** in einer Situation erleichtern oder überhaupt erst ermöglichen.

Schließlich kann Bestrafung - unbeschadet der Tatsache, daß Bestrafung niemals ohne weiteres zu positivem Lernen (im Sinne von Erweiterung des Verhaltensrepertoires) führt - positives Lernen, namentlich von **vorsichtig-gesteuerten Verhaltensweisen**, wie sie in zahlreiche Präzisionsfertigkeiten eingehen, induzieren, **sofern**

- die Bestrafungen stets so **milde** erfolgen, daß der Lerner immer nur ganz vorübergehend blockiert ist,
- die Bestrafungen so **selten** erfolgen, daß die geschaffene Angst nicht ernsthaft in Konkurrenz mit der Motivation zur Hervorbringung weiterer Versuche tritt,
- die **Motivation** zum Hervorbringen von Versuchen, d.h. zum "Weitermachen" ausgeprägt ist bzw. (durch Belohnungen) immer wieder "belebt" wird,
- das jeweils gerade zu lernende Verhalten für den Lerner im gegebenen Augenblick **leicht** hervorzubringen ist,
- das jeweils gerade zu lernende Verhalten, wenn es hervorgebracht wird, unmittelbar **belohnt** wird.

---

357 Zur Problematik der Anwendung von Bestrafung

In der Gesellschaft, in der wir leben, wurde und wird, wie man bei einem internationalen Vergleich leicht feststellen kann, besonders oft und hemmungslos bestraft — mit allen möglichen bedenklichen bis katastrophalen Folgen[110]. Es erscheint daher angezeigt, das Thema „Bestrafung" noch besonders im Hinblick auf die Konsequenzen bestrafender Erziehungspraktiken zu beleuchten.

---

110 vgl. BLEUEL, 1973

Dabei sollte man sich zuallererst einmal richtig klarmachen, wie unablässig Menschen, insbesondere die Heranwachsenden, in Gesellschaften wie der unsrigen Bestrafungen ausgesetzt sind, was man am leichtesten sieht, wenn man sich vergegenwärtigt, *was alles an täglich Erlebbarem psychologisch gesehen Bestrafung ist*: angefangen beim tadelnden oder verständnislosen Kopfschütteln für „unvernünftige" Reden, Anstarren bei ungewöhnlichen Verhaltensweisen und Anmeckern bei versehentlichen Belästigungen über das Auslachen bei Fehlern, ironisches Antworten auf Fragen, Anhupen und Vogelzeigen im Straßenverkehr, über das ständige Berichtigen und Zurechtweisen und Eingreifen in alle möglichen Aktivitäten, bis hin zu den in Schulen und Elternhäusern üblichen massiven Demütigungen und Strafpredigten und nicht zuletzt den allsonntäglich wiederholten irrationalen Strafdrohungen der christlichen Kirchen, — von Handgreiflichkeiten, körperlicher Züchtigung und Polizeigewalt gar nicht zu reden.

Wenn oben ausführlich von den Möglichkeiten, Bestrafung konstruktiv einzusetzen, die Rede war, so muß hier nun auch klar gesagt werden, *daß Bestrafung in dieser Weise faktisch nur sehr selten eingesetzt wird*; jedenfalls werden, selbst wo „gute Absicht" vorhanden ist, die genannten Voraussetzungen für positive Effekte praktisch nie beachtet, es werden viel zu harte und viel zu häufige Bestrafungen gegeben, es wird zu wenig Selbstvertrauen aufgebaut und es werden zu hohe Anforderungen an das zu produzierende Verhalten gestellt.
In den allermeisten Fällen erteilen Menschen Bestrafungen aus Ärger-Zorn oder aus Gekränktheit-Haß-Rachgefühl, wobei in letzterem Fall manchmal das irrationale Prinzip der „Sühne" vorgeschoben wird; m. a. W.: *Strafen ist, realistisch besehen, so gut wie immer der Motivation wie dem Effekt nach nichts weiter als antisoziales Verhalten.*

Soweit man sich die Mühe macht, Strafpraktiken rational zu rechtfertigen, so dienen sie vorgeblich zumeist dazu, entweder irgendwelche schädlichen, störenden oder selbstschädigenden Verhaltensweisen zu eliminieren oder zu ändern oder irgendwelche als wünschenswert angesehenen Verhaltensweisen oder „Eigenschaften" zu etablieren.
Was das *Eliminieren* von unerwünschtem Verhalten mittels Bestrafung betrifft, so ist bereits gesagt worden, daß das im Prinzip möglich ist, — aber auch nur, wenn extrem starke Bestrafungen gegeben werden oder wenn sie jedesmalig und in sehr verschiedenartigen Situationen erfolgen; das erstere ist jedoch nicht zu verantworten, das letztere nicht zu realisieren. Im übrigen muß Bestrafung zum Zweck der ersatzlosen Eliminierung unerwünschten Verhaltens als ein geradezu „*widernatürliches*" Vorgehen angesehen werden, denn höhere Organismen sind wie gesagt daraufhin „konstruiert", Bestrafun-

gen nötigenfalls zu widerstehen oder zu umgehen und sich gewünschte oder gebrauchte Belohnungen trotz drohender Bestrafungen irgendwie zu holen. Auch *Verhaltensänderung* mittels Bestrafung ist wie besprochen im Prinzip möglich, nur erfordert das einiges mehr an Umsicht und Geschick, als durchschnittliche Erzieher jemals aufbringen können.
Was schließlich das *Lernen neuer Verhaltensweisen* betrifft, so liegt auf der Hand, daß Bestrafung hierzu nie ohne weiteres, sondern günstigstenfalls *indirekt* führen kann, denn durch Bestrafung wird ja nur gelernt, was *nicht* zu tun ist, nicht, was zu tun ist, und zudem kann das erwünschte „positive" Lernen durch die in der Situation vorausgegangene Bestrafung sogar noch erschwert werden. Gewisse „*Eigenschaften*" lassen sich durch Anwendung von Bestrafung freilich durchaus entwickeln, namentlich Selbstunsicherheit, Konformismus, Konservatismus, Aggressivität ...

Weiterhin müßte bereits deutlich geworden sein, daß der Effekt von Bestrafung — von lebensgefährlich starken Bestrafungen abgesehen — prinzipiell immer *unberechenbar* ist. Eine kaum überschaubare Vielfalt von interagierenden Faktoren bestimmt, ob ein bestraftes Verhalten bei einer bestimmten Gelegenheit ausgeführt wird oder nicht. Und in diesem Zusammenhang sind zwei Dinge noch besonders hervorzuheben:
a) Bestrafung, die im falschen Augenblick gegeben wird, und das ist nicht selten der Fall, trifft natürlich auch die falschen Verhaltensweisen; so wird ein Kind, das beim Nachhausekommen oder bei freundlicher Annäherung an die Mutter unvermittelt für ein zurückliegendes Fehlverhalten getadelt wird, in erster Linie für das Nachhausekommen und die Annäherung bestraft; und eins, das verprügelt wird, nachdem es eine Untat eingestanden hat, wird in erster Linie für sein Schuldbekenntnis bestraft, weniger für die begangene Untat.
b) Zumindest in der Kindererziehung ist auch der Fall nicht selten, daß eine als Bestrafung gemeinte Reaktion unbeabsichtigt als Belohnung wirkt; wenn z. B. ein Kind nicht beachtet wird, solange es ruhig spielt, aber ausgeschimpft und dabei beachtet wird, wenn es stört oder etwas kaputt macht und hinterher für sein Weinen noch getröstet und geliebt wird, so ist es zweifellos für das Stören und Kaputtmachen im Endeffekt nicht bestraft, sondern belohnt worden und wird diese Verhaltensweisen in Zukunft eher häufiger als seltener hervorbringen[111]. Daß aversive Reize, die Belohnungen vorausgehen, als „*bedingte Belohnungen*" wirken und nicht oder zumindest weniger als Bestrafungen, also „Pseudo-Bestrafungen" sind, ist auch mehrfach experimentell an Tieren und Menschen demonstriert worden[112].

---

111 vgl. BANDURA, 1962
112 HARE, 1966a; WILLIAMS & BARRY, 1966; AKHTAR, 1967; APPEL, 1968a

Zu all dem kommt nun noch eine lange Reihe von *unerwünschten Nebeneffekten,* die Bestrafungen haben können und sehr häufig haben:

1. Infolge von Bestrafung wird oft nicht nur das unerwünschte Verhalten zögernd oder gar nicht mehr ausgeführt, sondern auch die ganze *Bestrafungssituation* wenn möglich *vermieden* oder *geflohen.*
So ist es ganz natürlich, daß jemand aus einer Klavierstunde, in der er immer nur unterbrochen und angemeckert wird, *davonläuft* oder von einem Abendbrottisch, an dem die Eltern immer nur die Tischmanieren kritisieren oder die Untaten des Tages erörtern, so rasch wie möglich wegzukommen trachtet. Ebenso ist es natürlich, daß einer nur ungern und zögernd und wenn möglich auch gar nicht zur Schule geht, wenn er dort tagaus tagein unter strafender Kontrolle steht.
Schließlich ist es auch natürlich, wenn Menschen lernen, Strafsituationen *aktiv zu vermeiden,* d. h. Verhaltensweisen hervorzubringen, die verhindern, daß sie mit der Strafsituation in Berührung kommen; so kann z. B. ein Kind, das im Schwimmbad schlechte Erfahrungen gemacht hat, getaucht oder lächerlich gemacht worden ist, Wasserscheu mimen oder seinen Badeanzug verlieren, ein anderes kann, um die Schule zu vermeiden, krank spielen oder einen Unfall bauen usw.

2. Durch Bestrafung wird wie gesagt in der Regel nicht nur die eigentlich bestrafte Verhaltensweise unterdrückt, sondern zugleich auch andere, unter denen höchst erwünschte sein können. Im äußersten Fall, den man aber durchaus alltäglich beobachten kann, kann das zu einer weitgehenden *Einschränkung der Verhaltensmöglichkeiten* in bestimmten Situationen oder auch generell führen, zu einer allgemeinen *Gehemmtheit* und *verminderten Flexibilität,* damit zu *verminderten Lernchancen,* zu *Untüchtigkeit* und *Erfolglosigkeit.* An die Stelle von Flexibilität und Kreativität treten dann *Gehorsam* und *Konformität*[113]*, Verunsicherung bei jeder Veränderung der Situation, Dogmatismus* und *autoritäres Verhalten,* das auf Bewahrung der mühsam gewonnenen und entsprechend labilen Sicherheit hinausgeht.
Selbst wenn das Opfer exzessiver Bestrafung sich dank irgendwelcher konstitutioneller oder gelernter Eigenschaften erfolgreich den Bestrafungen und dem Konformitätsdruck widersetzt, wird es dabei *noch lange nicht glücklich oder flexibel-produktiv* werden; es wird sich in ständigem Gegensatz zu seiner Umwelt fühlen, unter ständigem *Streß* stehen und seine scheinbare Freiheit nur mit schlechtem Gewissen nutzen.

3. Wie angedeutet, kann Bestrafung, auch wenn sie zum Zweck der Formung oder Perfektionierung eines Verhaltens in konstruktivem Sinne angewandt

---

113 vgl. DARLEY, 1966

wird, wenn sie zu stark gewählt wird, z. B. im Falle forscher Trainingsmethoden im Sport, ihr Ziel verfehlen, ja mehr noch: *seine Erreichung geradezu unmöglich machen*: Die Verhaltensweisen, die anstelle der falschen, der zu eliminierenden, hervorgebracht werden sollen, die ja meist schwieriger und differenzierter sind, können umso schwerer hervorgebracht werden, je mehr Angst und Überaktivierung da ist, d. h. praktisch: je öfter und je härter bestraft worden ist. Ein allzu vertrautes Beispiel hierfür stellt der gequälte Schüler dar, der unter der Einwirkung eines ständig mahnenden, drängenden, kritisierenden Lehrers oder Elters völlig unfähig wird, noch irgendetwas Richtiges zu tun oder zu sagen.

4. Oben ist zwar dargelegt worden, daß Bestrafung, wenn sie gleichzeitig mit Nicht-Belohnung eines zu eliminierenden Verhaltens gegeben wird, dessen Löschung *beschleunigen* kann. Andererseits gibt es aber auch den Fall, in dem Bestrafung geradezu die Löschung unerwünschten und die Umformung und Weiterentwicklung von infantilem und primitivem Verhalten *verhindert*: Löschung wie auch Umformung setzen ja voraus, daß das betreffende Verhalten gelegentlich vorkommt, auf daß es nicht-belohnt bzw. in modifizierter Form belohnt werden könne. Ist aber Bestrafung infolge ihrer Stärke oder Häufigkeit tatsächlich effektiv in der Unterdrückung des Verhaltens, kommt dieses also nicht mehr vor, so kann es auch nicht gelöscht oder umgeformt werden. Es wird vielmehr *konserviert* und kann u. U. Jahre später, wenn die Gesamtsituation für das Individuum sich verändert hat, unvermindert hervortreten.

5. Einer der vielen unerwünschten Nebeneffekte von Bestrafung müßte auch dem borniertesten Befürworter von Bestrafungspraktiken zu denken geben: Bestrafung, die durch Personen erfolgt — und von solcher ist hier eigentlich die ganze Zeit die Rede — hat unausweichlich zur Folge, daß *der Bestrafer in Zukunft gefürchtet wird*. Dieser Effekt ist oft gering und nicht der Rede wert, er kann aber bei häufiger, harter oder für das Individuum unberechenbarer Bestrafung ausgeprägt sein; die Furcht kann im günstigsten Fall dazu führen, daß dem Bestrafer *aus dem Weg gegangen* wird, wo das aber nicht möglich ist, kann sie sich zum *Haß* wandeln, d. h. das Individuum kann zu der Erkenntnis kommen, daß es keine andere Möglichkeit hat, den quälenden Bestrafungen zu entgehen, als den Bestrafer zu bekämpfen, klein zu machen, zu schädigen, im äußersten Fall zu vernichten.

Nun ist zwar direkte Aggression gegen strafende Autoritäten mit extra harter Bestrafung bedroht und wird deshalb im allgemeinen unterlassen, wenn auch schon einmal kleinere und größere Revolten, Überfälle auf gehaßte Lehrer, Brandanschläge auf öffentliche Gebäude und dgl. vorkommen. Häufiger aber richtet sich die haßmotivierte Aktivität gegen *Ersatzpersonen*, nicht so sehr, wie gelegentlich zu hören ist, gegen die jüngeren Geschwister etc. als gegen

Personen, die dem Bestrafer ähnlich sind, sich aber weniger wehren können: Schwache, Behinderte, Dienstleistende, Alte — womit zum ersten Mal der Zusammenhang von Angst und Aggression, den dieser Text transparent machen soll, angedeutet ist.

Zur Problematik der Anwendung von Bestrafung
Zusammenfassung III

Wird Bestrafung wiederholt oder gar systematisch angewandt, so ist - abgesehen von den eventuell beabsichtigten kurzfristigen Effekten - längerfristig mit einer Reihe von **Nebeneffekten** zu rechnen, die in der Regel nicht beabsichtigt sind:

- passive und aktive Vermeidung der Bestrafungssituation

- Verhaltenshemmung - Verlust von "Mut" und Spontaneität
  Einschränkung der Flexibilität des Verhalten,
  damit der Fähigkeit, zu lernen und Probleme zu lösen
  Unsicherheit - Minderwertigkeitsgefühle
  Konformität - Dogmatismus - autoritäres Verhalten
  undifferenziertes Verhalten - Aggressivität

- Einschränkung der Fähigkeit zum Erlernen von Alternativen zu dem bestraften Verhalten

- Konservierung unerwünschter Verhaltensweisen durch Verhinderung ihrer schrittweisen Umformung

- Unsicherheit-Angst-Abneigung-Haß gegenüber dem Strafer, ihm ähnlichen Personen und mit ihm assoziierten Personen, Gegenständen, Institutionen.

Nach all dem kann man sich nun natürlich fragen, wie es kommt, daß Bestrafung trotz aller dieser *Ineffektivität, Unberechenbarkeit* und *unerwünschten Nebeneffekte* so ausdauernd und mit so viel Überzeugung immer wieder angewandt wird. Es gibt hierfür — abgesehen von der in gewissem Sinne rationalen Funktion, die das Strafen im Rahmen zielgerichteter Machtausübung erfüllt — drei wesentliche Ursachen:

1. Die Menschen, die Bestrafung anwenden und exzessiv anwenden, sind in aller Regel solche, die selbst Bestrafung und exzessive Bestrafung zu spüren bekommen haben. Sie sind dadurch *in der Flexibilität ihres Verhaltens, besonders in sozialen Problemsituationen, eingeschränkt,* leicht zu verunsichern und greifen entsprechend zu primitiven und undifferenzierten Mitteln der Kommunikation.

Man muß weiter verstehen, und das wird weiter unten noch klarer werden, daß bestrafende Verhaltensweisen selbst so gut wie immer *angstmotiviert* sind, sehr häufig ganz offensichtlich aus Irritation, Unsicherheit und Hilflosigkeit heraus erfolgen und den Charakter von Flucht- und Vermeidungsreaktionen

(s. u. Kap. 5) haben; sie werden, wenn sie hervorgebracht werden, zumeist *sehr unmittelbar und effektiv belohnt*, — durch die augenblickliche Beendigung des unerwünschten Verhaltens oder durch sichtbare Zeichen von Schwächung auf seiten des Bestraften. Da sie nicht immer, aber doch oft genug so belohnt werden, sind sie gewissen Gesetzmäßigkeiten der Psychologie des Lernens zufolge (vgl. oben 2336) auch besonders resistent gegen Löschung. Wenn bestrafende Verhaltensweisen als *Vermeidungsreaktionen* auftreten, so sind sie auch noch aus diesem Grund besonders schwer zu eliminieren (s. u. 525).

2. Bestrafung — z. B. für „störrisches" oder „unaufmerksames" oder „nachlässiges" oder „begriffsstutziges" Verhalten — *schafft* nicht selten mit Zwangsläufigkeit *die Anlässe für neue Bestrafungen,* indem sie die bestraften Verhaltensweisen nur noch wahrscheinlicher macht. M. a. W.: Wenn einmal mit Bestrafung angefangen wird, kann damit ein Teufelskreis in Gang gesetzt werden, der kaum zu durchbrechen ist.

3. Es gibt in gewissen Kulturen, namentlich den abendländisch-christlichen und den islamischen, eine jahrtausendealte *Tradition des Strafens,* die sich auf irrationale Vorstellungen von einer himmlischen Gerechtigkeit, die es nachzuahmen gilt, und auf eine höchst kleinliche göttliche Allmacht, derzuliebe Fehlverhalten zu „sühnen" sei, stützt (womit nicht gesagt ist, daß sie ihnen entspringt — es dürfte eher umgekehrt sein). Diese Tradition hat wiederum verschiedene *Strafinstitutionen* hervorgebracht, namentlich die *Strafjustiz,* das *Züchtigungsrecht* der Eltern und die *Strafbefugnis* der Lehrer, die auf vielfältige Weise, vor allem aber durch Verhinderung konstruktiver Formen der Reaktion auf antisoziales Verhalten, die Anlässe zur Strafe konservieren und oft auch erst schaffen.

Abgesehen von diesem sehr komplexen Mechanismus wirkt sich die Tradition des Strafens auch schlicht so aus: Durch *Beobachtung* überall gegenwärtiger Vorbilder („Modelle") wird gelernt, daß in bestimmten Problemsituationen bestimmte Verhaltensweisen, namentlich eben bestrafende möglich oder gar angebracht sind; sie werden dann, besonders wenn eine Streß-Situation vorliegt und nichts Besseres gelernt worden ist, ausprobiert und leider oft genug mit irgendeinem unmittelbaren Erfolg. Dieses „Lernen am Modell" von Bestrafungspraktiken beginnt bereits in der frühen Kindheit, Kinder lernen, ihre Puppen zu verhauen, ihre Kameraden auszuschimpfen, es wenn möglich „zurückzugeben", und setzt sich während des ganzen weiteren Lebens fort, — es sei denn, das Individuum schafft es dank günstiger Lernprozesse, sich von diesen Modellen — damit aber zugleich von der Kultur, die ihm seine Sicherheit geben soll, — loszusagen.

36 Angst und Leistung

Es ist nun schon verschiedentlich angeklungen, daß Angst, indem sie
a) eventuell *Überaktivierung schafft* und dadurch die Fähigkeit zu differenziertem Wahrnehmen und Reagieren mindert und indem sie
b) *hervorzubringende Reaktionen hemmt* und dadurch unflexibel-starres oder auch einfach „lustloses" oder allgemein reduziertes Verhalten erzeugt, leistungs- und lernhemmend wirken kann.
Sehr wahrscheinlich ist Angst überhaupt die weitaus wichtigste einzelne Ursache für sogenannte Leistungs- und Lernstörungen.
Diese Aussage kann sich auf eine lange Reihe von teilweise sehr naturalistischen Experimenten — hier auch überwiegend an menschlichen Vpn — stützen. Im einzelnen ist gezeigt worden:

1. Angst stört die *Ausführung gelernter Verhaltensweisen*, sofern es sich nicht um reine Routinetätigkeiten handelt, und wahrscheinlich auch diese, wenn die Angst nur stark genug ist.
In einem Experiment von Rosenbaum (1953) lernten Vpn zuerst, auf eine ganz bestimmte auf einem Schirm gezeigte Figur und nur auf diese mit Betätigung eines Hebels zu reagieren. Sie wurden dann entweder mit starkem oder mit schwachem Schock oder mit einem Summer-Ton als Bestrafung bedroht, für den Fall, daß sie zu langsam reagierten; sie erhielten auch zwei entsprechende Reize zur Probe. Das Ergebnis war: je stärker die Bedrohung, desto öfter und kräftiger wurde der Hebel betätigt — und desto mehr Fehler wurden gemacht.
Praktisch dasselbe wurde auch in einem Rattenexperiment demonstriert[1].
Menschliche Vpn führen auch eingeübte Koordinations- und Zuordnungsaufgaben schlechter aus, wenn sie zwischendurch per Knopfdruck einen vorgewarnten Schock vermeiden müssen, und zwar umso schlechter, je öfter das Warnsignal vorkommt und je kürzer die Warnperiode ist[2].
Kasl & Mahl (1965) interviewten eine E- und eine K-Gruppe von Vpn je zweimal eine halbe Stunde über unverfängliche Themen bzw. ließen sie frei reden und registrierten ihre Äußerungen. Die E-Vpn wurden einmal in einer neutral-zwanglosen Atmosphäre interviewt, einmal in einer streng-formell-angstmachenden Atmosphäre, die K-Vpn beide Male in der neutral-zwanglosen. Es zeigte sich, daß die E-Vpn unter Angst mehr gestörtes Sprechen hervorbrachten, mehr Satzwechsel, Stottern, unvollendete Sätze, Wiederholung von Wörtern oder Satzteilen, Auslassungen von Wörtern, Zungenlapsus, sinnlos dazwischenkommende unartikulierte Laute — eine experimentelle Demon-

---

1 Hearst, 1965
2 Gibson, 1971

stration, die angesichts der alltäglich möglichen Beobachtung von stammelnden Sündern, Prüflingen usw. beinahe überflüssig gewesen wäre.
Wenigstens einmal ist auch im Tierexperiment — Alltagsbeobachtungen an Menschen bestätigend — gezeigt worden, daß unter Angst besonders leicht und ohne weiteren Anlaß zu Primitivreaktionen auf Kosten von mehr unwahrscheinlichen, durch Training entwickelten „regrediert" wird[3].

2. Unter Angst ist es weiterhin nachweislich schwerer, neue, flexibel-modifizierte Reaktionen hervorzubringen, d. h. praktisch: *Probleme zu lösen bzw. Problemlösungen zu erlernen.*

HARLESTON et al. (1965) ließ Vpn schriftlich je 60 Anagramme (z. B. ISTHC) lösen, wobei sie für jedes eine Minute Zeit hatten. Dabei wurde laufend die Herzschlagfrequenz registriert. Es zeigte sich, daß diejenigen, bei denen die Herzschlagfrequenz innerhalb der ersten fünf Minuten überdurchschnittlich anstieg, die diesem Anzeichen nach überdurchschnittlich ängstlich auf die Situation reagierten, signifikant weniger Anagramme lösten[4].
In einer Untersuchung von OROS et al. (1972) wurde gefunden, daß Kinder, denen vor Durchführung eines „Intelligenztestes" durch unfreundliche Behandlung und Abwertung zurückliegender Leistungen Angst gemacht worden war, schlechtere Leistungen zeigten als normal behandelte Kinder, insbesondere bei Aufgaben, die mehr erforderten als bloße Reproduktion von Gelerntem.
COWEN (1952) zeigte speziell, daß Personen, die durch eine vage soziale Bedrohung — Andeutungen über eine mögliche Abnormität auf Grund einer angeblichen psychiatrischen Untersuchung — verunsichert worden waren, in einem nachfolgenden Test mehr als andere starr an bestimmen Lösungswegen für eine gewisse Art von Aufgaben festhielten.

3. Selbst das *Lernen von angstmotiviertem Vermeidungsverhalten*, d. h. von rechtzeitigem Reagieren auf eine Bedrohung, wird, wie eine ganze Reihe übereinstimmender Tierexperimente zeigt, durch Angst erschwert. Tiere, die infolge Züchtigung konstitutionell „emotional" sind[5], frisch eingefangene und noch nicht eingewöhnte Tiere (Eichhörnchen)[6] und Tiere, denen durch unavisierte und unvermeidbare nebenbei gegebene Schocks besondere Angst gemacht wird[7], lernen Vermeidungsreaktionen langsamer und schlechter als andere. Auch kann allzu starke Angst die zuverlässige Ausführung von regelmäßig notwendigen Vermeidungsreaktionen (SAV) stören[8].

---

3 SANDERS, 1937
4 vgl. auch ROSS et al., 1952
5 BROADHURST & LEVINE, 1963; OWEN, 1963; JOFFE, 1964
6 DENNISTON, 1959
7 MOWRER, 1940
8 HURWITZ & ROBERTS, 1971; SHIMOFF, 1972

4. Auch Lernen im Sinne von *Einprägen* (kognitives assoziatives Lernen) wird, wie jeder aus seiner Schul- und sonstigen Erfahrung weiß, durch Angst beeinträchtigt[9]; schon die bloße Anwesenheit von Zuschauern kann Auswendiglernen, jedenfalls von etwas schwierigerem Material, erschweren[10], und bei Lernern, die bereits ängstlich sind, wirken sich angstmachende Ereignisse, z.B. Mißerfolge, stärker beeinträchtigend aus als bei unängstlichen[11].

5. All dem widerspricht nun wiederum nicht der verschiedentlich erhobene Befund, daß *leichte Aufgaben* und *Routinetätigkeiten* unter *mäßigen* Graden von Angst, speziell auch von allgemein ängstlichen Personen, manchmal besser ausgeführt werden[12]. Das ist allem Anschein nach der Fall, wenn das Individuum zunächst unteraktiviert ist und erst durch etwas Angst in einen optimalen Aktivierungszustand versetzt wird. Bei gewissen leichteren Aufgaben kann u.U. auch gefunden werden, daß Angstmachen bei emotional stabilen Personen leistungsfördernd (weil zusätzlich aktivierend), bei ängstlichen Personen aber leistungsmindernd (weil bereits überaktivierend) wirken kann[13].

Diese Befunde können natürlich in keiner Weise das Operieren mit Angst in irgendwelchen Lernsituationen rechtfertigen; selbst wenn Angst bestimmten Routineaktivitäten förderlich sein kann, so ist sie doch nur unter der Voraussetzung, daß sie nicht zu stark und das Individuum nicht zu ängstlich ist — der Effekt ist also zumindest praktisch unberechenbar. Zudem gibt es Möglichkeiten, Menschen, speziell lernende, zu aktivieren, die nicht wie Angstmachen alle möglichen unerwünschten Nebeneffekte haben.

---

9 BEAM, 1955; LEE, 1961; AMOROSO & WALTERS, 1969
10 BERKEY & HOPPE, 1972
11 LUCAS, 1952
12 CASTANEDA et al., 1956; LEE, 1961; DOERR & HOKANSON, 1965
13 LONGENECKER, 1962

37 Auslösung gelernter Flucht- und Vermeidungsreaktionen

Fast nur der Vollständigkeit wegen muß hier noch erwähnt werden, daß Angst auch bereits gelernte angstmotivierte instrumentelle Verhaltensweisen (s. u. Kap. 5), wenn die Situation es einigermaßen zuläßt, auslösen oder intensivieren kann. M. a. W.: wenn ein Individuum gelernt hat, einen bestimmten aversiven Reiz durch eine bestimmte Verhaltensweise abzuschalten oder zu vermeiden, so wird es dieses Verhalten auch auf andere aversive Reize hin ausführen, in andere Situationen „übertragen", und zwar mit umso größerer Wahrscheinlichkeit, je ähnlicher die neue Situation ist, u. U. aber auch in recht andersartige Situationen. Solche Verhaltensweisen sind ja „angstmotiviert", an den Trieb der Angst „gebunden" und werden deshalb umso wahrscheinlicher, je mehr Angst da ist.

So rufen z. B. Kinder (und nicht nur Kinder), wenn sie in Not sind, nach der Mutter, auch wenn diese weit weg ist und laufen bei *jeder* Art von Bedrohung ins Haus; wenn einer gelernt hat, auf eine soziale Bedrohung mit Losschimpfen zu reagieren oder auch im Gegenteil mit Mitleiderregen, so kann es sehr leicht sein, daß er derartiges Verhalten auch hervorbringt, wenn er einer ganz andersartigen Bedrohung ausgesetzt ist, z. B. einem entgegenkommenden Auto, einem angreifenden Tier usw.

Im Laboratorium stellt sich dieser Sachverhalt etwa so dar: MAY (1948) trainierte Ratten zuerst, in einer Shuttle-Box einem ohne Vorwarnung einsetzenden Schock durch Laufen auf die andere Seite zu entfliehen. Dann präsentierte er ihnen wiederholt — ohne Fluchtmöglichkeit — ein Summersignal gefolgt von Schock, wodurch dieses zu einem BSa wurde. Im nachfolgenden Test, wieder in der Shuttle-Box, löste dann der Summer prompt die gelernte Flucht-Reaktion aus[1].

Auch die Übertragung gelernter diskriminativer Vermeidungs-(DAV-)Reaktionen auf andere Auslöser und Situationen ist des öfteren demonstriert worden[2]. KINTZ et al. (1965) trainierten Ratten zuerst, auf einen *Licht-BSa* hin ein Pedal zu drücken, um den Warnreiz abzuschalten und einen für 5″ danach programmierten *Schock* zu vermeiden (DAV-Reaktion). Danach trainierten sie einen Teil der Tiere (E-Gruppe) in einem anderen Apparat, auf einen *Summer-BSa* hin durch Laufen oder Schwimmen durch einen Reifen den

---

[1] ähnlich DELGADO et al., 1954
[2] SOLTYSIK & KOWALSKA, 1960; SOLOMON & TURNER, 1962; LEAF, 1964; OVERMIER & LEAF, 1965; OVERMIER, 1966a, b; BULL & OVERMIER, 1968a; OVERMIER, 1968; KINTZ et al., 1965

Summer abzuschalten und zu vermeiden, daß ein *Wasserreservoir* unter ihnen angehoben und sie naß wurden. Eine K-Gruppe machte ebenfalls Bekanntschaft mit dem Summer-BSa und nachfolgendem Naßwerden, und zwar jedes Tier gleich viel wie die E-Tiere im Durchschnitt, nur daß es keine Möglichkeit hatte, das Naßwerden zu vermeiden. In einem Test in der zuerst verwendeten Box zeigte sich dann, daß der (nur mit Naßwerden, nicht aber mit Schock assoziierte) Summer in 192 von insgesamt 200 Versuchen prompt, d.h. innerhalb von 5″, die eigentlich zur Vermeidung von Schock gelernte Pedaldruck-Reaktion auslöste und zwar bei den K- und bei den E-Tieren gleichermaßen. Die Auslösung bzw. Intensivierung von nicht-diskriminativen (SAV-)Vermeidungsreaktionen durch unabhängig etablierte Angst-Auslöser wurde bereits oben (1173) beschrieben.

38 Zusammenfassung

Die Wirkungen von Angst sind überaus vielfältig und am besten zu verstehen, wenn man Angst als einen zentralen Prozeß und einen Trieb auffaßt. Angst wirkt zunächst *wachmachend und aktivierend*, Energiereserven mobilisierend und schafft dadurch eine Bereitschaft, gegebenenfalls rasch und stark zu reagieren, um dem Angst-Auslöser zu entfliehen oder ihn zu beseitigen; zugleich versetzt Angst auch diverse defensive (Schutz-)Reflexe bzw. Reflexzentren in erhöhte Bereitschaft. Als ein besonders drängender und „unaufschiebbarer" Trieb kann Angst sehr effektiv *alle anderen Triebe hemmen*, sich gegen sie durchsetzen, kann allerdings in gewissem Ausmaß auch durch sie *gehemmt werden*. Auf *Leistungen* von mittlerer und höherer Komplexität und auf alle höheren — assoziativen und instrumentellen — *Lern-Prozesse* wirkt Angst in der Regel *beeinträchtigend*, teils durch ihre häufig *überaktivierende*, teils auch durch ihre *hemmende* Wirkung auf nicht-angstmotivierte Reaktionen. Angst ist schließlich vor allem der Schlüssel zur Erklärung dafür, daß Verhaltensweisen, die schädliche (angstmachende) Konsequenzen hatten, d.h. *bestraft* worden sind, *unterlassen* oder zu *Vorsichts-Reaktionen* modifiziert werden können und andererseits auch dafür, daß Verhaltensweisen, die in einer bestimmten Situation zur Reduktion von Angst geführt haben, wieder *ausgeführt* und eventuell in andere Situationen *übertragen* werden.

Kapitel 4
Effekte von Sicherheit

40 Vorbemerkung 172
41 Hemmung von primären Angst-Reaktionen 173
42 Hemmung gelernter angstmotivierter Reaktionen 174
43 Enthemmung nicht-angstmotivierter Verhaltensweisen 175
44 Allgemeine Bedeutung von Sicherheit 177

40 Vorbemerkung

Die Wirkungen von Sicherheit sind nicht ganz so vielfältig wie die von Angst, schließlich spielt Sicherheit keine motivierende, sondern eine ausgleichende Rolle. Abgesehen von dem gesamtkörperlichen Beruhigungseffekt, der manche Funktionen hemmt, andere erleichtert, hat Sicherheit praktisch nur die Funktion, Angst zu hemmen und in Schach zu halten und damit

a) ungelernte Angst-Ausdrucksformen sowie vor allem

b) angstmotiviertes Verhalten aller Art zu hemmen und

c) durch Angst unterdrückte Verhaltensweisen zu enthemmen.

41 Hemmung von primären Angst-Reaktionen

Jeder weiß, daß man ein weinendes Kind, einen vor Schmerzen sich windenden, zitternden und wimmernden oder auch vor Schreck erstarrten Menschen beruhigen kann, indem man es auf den Arm nimmt und wiegt oder liebkost bzw. indem man ihm die Hand hält oder die Hand auf die Stirn legt oder gut zuredet usw.; derselbe Effekt kann auch schon auftreten, wenn nur eine vertraute Person auftaucht oder hörbar wird.

Vollkommen Entsprechendes ist auch in Tierexperimenten an Affen[1] und Ratten[2] beobachtet worden.

---
1 MASON, 1960
2 DAVITZ & MASON, 1955

42 Hemmung gelernter angstmotivierter Reaktionen

Wie schon einmal erwähnt (s. o. 2421) und einmal etwas ausführlicher beschrieben (s. o. 1273), kann durch Reize hervorgerufene Sicherheit die Ausführung instrumenteller angstmotivierter Reaktionen hemmen, d. h. weniger wahrscheinlich machen. Das gilt sicherlich für alle Arten derartiger Reaktionen (vgl. u. 504), nicht nur für diskriminative (DAV) und nicht-diskriminative (SAV) Vermeidungs-Reaktionen, bei denen es ausdrücklich demonstriert worden ist, sondern auch für Flucht-Reaktionen, wofür es anscheinend nur eine experimentelle Demonstration gibt[1].

Im menschlichen Alltag stellen sich diese Effekte etwa so dar: Ein Kind auf der Flucht vor einem Verfolger (Flucht-Verhalten) kommt in die Nähe seines Elternhauses und verlangsamt da seinen Lauf, dreht sich eventuell auf der Treppe noch einmal um und zeigt dem Verfolger eine lange Nase. — Ein Patient wehrt sich gegen die Behandlung einer Wunde durch den Arzt (Abschalt-Reaktion, verwandt der Flucht-Reaktion), eine Schwester legt ihm sanft die Hand auf den Arm, und er läßt den Arzt gewähren. — Ein Vater ist im Begriff, seinem Sohn, der „unziemliche" Reden führt, über den Mund zu fahren (Abschalt-Reaktion, wie oben), die Mutter schaut ihn freundlich an und sagt „Laß doch!", und er beruhigt sich.

Ein Junge wird von einem andern bedroht: „Wenn du hier nicht abhaust, kriegst du ein paar!"; der Junge ist im Begriff, das zu tun, da taucht ein Freund von ihm auf, und er bleibt. — In mündlichen Prüfungen erfährt man nicht selten, daß der Kandidat auf die erste einleitende Frage mit einem langen Schwall von leerem Gerede antwortet, wahrscheinlich um die zweite Frage zu vermeiden; zeigt man da als Prüfer eine freundliche und entspannte Miene (ohne das Verhalten durch eifriges Nicken zu verstärken), so erreicht man damit gewöhnlich ein Ausebben des Redeschwalls und kann die Prüfung dann in Gang bringen.

Eine ängstliche Mutter, die jeden Augenblick nach ihrem kranken Kind sieht, produziert eine Art von SAV-Verhalten; erhält sie Besuch von einer Freundin, die ihr zuhört und Sicherheit gibt, so wird sie nicht nur seltener nach dem Kind sehen, sondern auch seltener den Impuls dazu haben, weil sie eben weniger Angst hat. — Ein Lehrer, der sich des Respekts seiner Schüler unsicher ist, stellt von Zeit zu Zeit unlösbare Aufgaben und macht herabsetzende Bemerkungen, um undiszipliniertem Verhalten vorzubeugen; zeigen die Schüler nun oder wenigstens einige von ihnen — was in der Praxis sicherlich viel verlangt wäre — trotzdem Vertrauen, indem sie Fragen stellen und ruhig arbeiten, so könnten sie damit das aggressive Verhalten des Lehrers reduzieren.

---

[1] ANGERMEIER et al., 1965

43 Enthemmung nicht-angstmotivierter Verhaltensweisen

Wenn Sicherheit hervorgerufen wird, so kann das natürlich auch die hemmende Wirkung von Angst auf nicht-angstmotivierte Verhaltensweisen aufheben und diese somit enthemmen, d. h. anscheinend „auslösen", tatsächlich aber wohl nur indirekt wahrscheinlicher machen. Dies gilt sowohl für den Fall, daß das betreffende Verhalten durch das Vorkommen von aversiven Reizen oder durch diskrete Warnreize (CER-Paradigma) oder eine insgesamt aversive Situation gehemmt ist, als auch für Verhalten, das infolge Bestrafung gehemmt ist.

Besondere Beachtung verdient die enthemmende Wirkung von Sicherheit in bezug auf *Neugierverhalten*, Exploration, Manipulation, Spiel. Wie angedeutet, scheint es überhaupt so zu sein, daß neue Reize, Veränderungen jeder Art in der Umwelt Angst und alles, nur keine Annäherung an die Reizquelle auslösen, *sofern nicht Sicherheits-Reize vorhanden sind*, die die Angst in Schach halten. So ist denn auch in Untersuchungen an Kindern[1] und an jungen Affen[2] übereinstimmend gefunden worden, daß Exploration der Umwelt nur stattfindet in der sicherheitgebenden Gegenwart der Mutter oder allgemein einer Vertrauensperson[3]. RUBENSTEIN (1967) stellte mittels objektivierter Verhaltensbeobachtung und -registrierung fest, daß menschliche Säuglinge umso mehr ihre Umwelt beobachten, Gegenstände betasten und auch Laute von sich geben, je mehr ihre Mütter ihnen liebevolle Aufmerksamkeit zu schenken pflegen, d. h. vermutlich: je sicherer sie sich insgesamt fühlen.

Indem Sicherheit Neugierverhalten enthemmt, d.h. eine offene Hinwendung zur Situation, eine aktive Stimulationsaufnahme und -verarbeitung, die Entdeckung von Feinheiten und neuen Perspektiven und dgl. überhaupt erst ermöglicht, ermöglicht sie auch die Hervorbringung *variierender Verhaltensweisen,* flexibles Reagieren und „kreatives" Umgehen mit den Dingen, — so daß Menschen im allgemeinen nicht nur umso aufgeschlossener und interessierter, sondern auch um so intelligenter, leistungsfähiger, geschickter, findiger erscheinen, gleichsam umso besser „zeigen, was sie können", je sicherer sie sich fühlen.

Wie schon erwähnt- können Sicherheitsreize auch hungermotivierter Aktivitäten aller Art, die aus irgendeinem Grund gehemmt sind, enthemmen[4]; jeder weiß, daß in vertrauter Gesellschaft oder bei einschmeichelnder Musik das

---

1 ARSENIAN, 1943
2 HARLOW & ZIMMERMAN, 1959
3 vgl. auch FREEMAN & ALCOCK, 1973
4 PARRISH, 1967; HENDRY et al., 1969; GROSSEN, 1971; SUITER & LOLORDO, 1971

Essen nicht nur besser schmeckt, sondern auch mehr gegessen wird. Insbesondere wird auch bestraftes hunger- oder durstmotiviertes Verhalten in Anwesenheit von Sicherheits-Reizen, z.B. Artgenossen, eher ausgeführt als sonst[5].

Von besonderer praktischer Bedeutung ist weiterhin die enthemmende Wirkung von Sicherheit auf sexuelles Verhalten aller Art, sowohl vorbereitende sexuelle Aktivität, wie Annäherung, Flirt usw., als auch sexuelle Aktivität im engeren Sinn.

Nicht unerwähnt bleiben darf schließlich, daß Sicherheit, besonders das Gefühl der Zugehörigkeit zu, des Aufgehobenseins in einer Gruppe, unterdrückte Verhaltensweisen *aller* Art, also auch antisoziale, gesetzbrecherische, aggressive enthemmen kann. Jeder weiß, daß man sich in einer Gruppe, der man zugehört, sicherer und mutiger fühlt und eher geneigt ist, gegen Verbote und Strafdrohungen aller Art zu verstoßen, was immer das auf längere Sicht einbringen mag, tatsächliche Befreiung oder auch nur Schädigung anderer und Reue oder Strafe.

---

5 Rasmussen, 1939; Morrison & Hill, 1967

44 Allgemeine Bedeutung von Sicherheit

In dem Maß, wie ein Mensch in einer speziellen Situation oder in seiner Lebenssituation insgesamt unsicher ist, wird er mit sich selbst beschäftigt sein und in erster Linie darauf aus sein, sich mehr Sicherheit zu verschaffen, durch Aufmerksamkeitserregung, Unterwerfung, Anpassung oder auch durch ablehnendes, abwehrendes und aggressives Verhalten, und er wird nicht in der Lage sein, sich aufnahmebereit Sachen und Menschen zuzuwenden, sich mit ihnen zu beschäftigen, zu spielen usw.

Das gilt für Menschen aller Altersstufen und in allen Lagen, beim Säugling und Kleinkind angefangen, über den Schüler und Jugendlichen bis zum Erwachsenen in seiner Eigenschaft als Elter oder Ehepartner, als abhängig oder unabhängig Arbeitender, als Untertan oder Herrscher.

Am augenfälligsten ist die Rolle von Sicherheit in der frühen Kindheit. Hier muß Sicherheit erst „aufgebaut" und an die verschiedenen Aspekte der Umwelt „gebunden" werden, und hier kann totales und permanentes Fehlen von Sicherheit katastrophenartig den heranwachsenden Menschen treffen und dauerhaft schädigen. Werden Kinder in frühem Alter in Waisenhäusern, Kinderheimen oder Krankenhäusern von menschlichem Kontakt abgeschnitten oder weitgehend abgeschnitten („Mutterentbehrung")[1], so geht ihnen durch den Verlust an Sicherheit die Gelegenheit verloren, die Dinge und Personen ihrer Umwelt kennenzulernen und den Umgang mit ihnen zu erlernen, was ihre „geistige" und soziale „Entwicklung" genannt wird, bleibt zurück, oft praktisch unaufholbar[2]. Sie werden mehr oder weniger unfähig, zu lernen und Probleme zu lösen, mit anderen Menschen Kontakt aufzunehmen, zu kommunizieren, zusammenzuarbeiten, auf andere Rücksicht zu nehmen, normale sexuelle Beziehungen einzugehen, eigene Kinder großzuziehen.

Was in dieser Weise menschlichen Kleinkindern unter offenkundig unnormalen Bedingungen mit höchst dramatischen Konsequenzen widerfahren kann, passiert mit zunächst weniger dramatischen Konsequenzen, dafür umso alltäglicher auch älteren Kindern und erwachsenen Menschen. Fehlende Sicherheit schafft egozentrische Fixierung auf die eigenen Probleme, Desinteresse und Rückzug vor den Dingen und anderen Menschen, Unfähigkeit, Wissen aufzunehmen, Probleme zu lösen und zu lernen, Mißtrauen anderen gegenüber, Ängstlichkeit in Leistungssituationen, primitive und aggressive Formen der Selbstbehauptung.

---

1 SCHMALOHR, 1968
2 vgl. aber SUOMI & HARLOW, 1972

In einer Gesellschaft, die so organisiert ist, daß die Kinder bei ihren jeweiligen Eltern aufwachsen, fällt diesen dann natürlich vor allen Dingen die Aufgabe zu, den Kindern die für eine normale Entwicklung notwendige Sicherheit zu geben. Sollte dagegen die Realität in irgendeiner Gesellschaft so aussehen, daß die Heranwachsenden in ihrer Mehrheit vor ihren Eltern, statt Sicherheit bei ihnen zu finden, Angst hätten, so wäre diese Gesellschaft ohne Zweifel in einer ernsten Gefahr.

Um das Ganze noch einmal positiver zu sagen: Sicherheit geht immer von den Verhältnissen, unter denen einer lebt, insbesondere von den Menschen, die ihn umgeben, aus, ist an bestimmte Gegenstände und vor allem Personen, im Idealfall bzw. biologischen Normalfall an mehr oder weniger alle Mitmenschen gebunden. Diese Bindung (Assoziation) aber muß gelernt werden, und nur soweit sie gelernt worden ist, kann sich das Individuum in seiner Umwelt sicher fühlen und zu Lernen und Leistungen aller Art in der Lage sein und sich normal entwickeln. Je mehr Sicherheit eine Gesellschaft ihren Mitgliedern insgesamt und insbesondere den in ihr Heranwachsenden gibt, desto eher wird sie Probleme, die sie als ganze betreffen, lösen und Krisen überstehen können.

Kapitel 5
Instrumentelles Lernen und Verhalten unter Angst-Motivation

50 *Vorbemerkungen* 181
   501 Nicht-instrumentelle vs. instrumentelle Verhaltens-
       erscheinungen 181
   502 Instrumentelles Lernen und Verhalten 182
       5021 Prinzip des assoziativen Lernens 182
       5022 Prinzip des instrumentellen Lernens 183
       5023 Einige Punkte zur Beachtung 183
       5024 Beispiel 186
       5025 Zielvorstellung 187
       5026 Bedingte Motivation 188
   503 Instrumentelles Lernen unter Angst 188
   504 Klassifikation angstmotivierter instrumenteller
       Verhaltensweisen 189
       5040 Vorbemerkung 189
       5041 ESC — DAV — SAV 190
       5042 Selbstverändernde und umweltverändernde IRa 191
       5043 Beispiele 192

51 *Flucht- und Abschalt-Reaktionen (ESC)* 195
   511 ESC I 195
   512 ESC II 196
   513 ESC III 199
   514 Lernen von ESC-Reaktionen 201
   515 ESC-Verhalten — einige Gesetzmäßigkeiten 202
       5151 Intensität des aversiven Reizes 202
       5152 Belohnungsverzögerung 203
       5153 Belohnungsgröße 203
       5154 Löschung 204
   516 ESC-Verhalten im menschlichen Alltag 204

52 *Diskriminatives Ausweich- und Vorbeugungsverhalten (DAV)* .. 206
   520 Vorbemerkung 206
   521 DAV-Lernen 206
       5211 Die Standard-Trainingsprozedur 206
       5212 Varianten der Standard-Prozedur 208

	5213 Effektives und ineffektives DAV-Training	210
522	DAV-Lernen — die Bedeutung einiger variabler Faktoren . .	211
	5221 Temperamentsfaktoren	211
	5222 Intensität des zu vermeidenden Stimulus	212
	5223 Qualität des zu vermeidenden Stimulus	212
	5224 Intensität des Warnreizes	213
	5225 Qualität des Warnreizes	213
	5226 Dauer des Warnreizes	213
523	Verstärkende Effekte der DAV-Reaktion	214
	5230 Vorbemerkung	214
	5231 Warnreiz-Beendigung (BSa-Ende)	215
	5232 Rückmeldungs-Reiz (FS-BSe)	217
	5233 Vermeidung des drohenden aversiven Reizes (noUSa) .	220
524	DAV-Mechanismus	220
	5241 Warnsignal	221
	5242 Bedingte Angst	221
	5243 USa-Vorstellung	222
	5244 Angstreduktion als Verstärkung	223
525	Objektiv unnötiges DAV-Verhalten	224
526	DAV-Verhalten im menschlichen Alltag	225
	5261 Sinnvolles DAV-Verhalten	226
	5252 Rivalisieren	226
	5263 Zwingen und Gehorchen	227
	5264 Zeremonielles und zwanghaftes Verhalten	235
53 *Freies (nicht-diskriminatives) Vorbeugungsverhalten (SAV)*	237
531	SAV-Lernen	237
	5311 Die Standard-Trainingsprozedur	237
	5312 Varianten der Standard-Prozedur	238
532	SAV-Lernen und -Verhalten — die Bedeutung einiger variabler Faktoren	239
533	Mechanismus des SAV-Verhaltens	240
534	SAV-Verhalten im menschlichen Alltag	241
54 *Angstmotivierte Aggression*	242

50 Vorbemerkungen

In diesem Kapitel soll nun im Unterschied zu Kap. 3 nicht mehr die Rede davon sein, was Angst in bezug auf anders motivierte Verhaltensweisen bewirkt, wie sie „hemmt" und „verhindert", sondern davon, wozu sie als eine eigenständige Motivation „treibt" und „veranlaßt"; es soll nicht mehr die Rede davon sein, was Individuen aus Angst alles *unterlassen*, sondern davon, was sie aus Angst alles *tun* und wie sie dazu kommen, es zu tun.

501 Nicht-instrumentelle vs. instrumentelle Verhaltenserscheinungen

Wenn im folgenden immer wieder von „instrumentellem Lernen" und dann vor allem von „instrumentellen Verhaltensweisen" die Rede ist, so muß als erster Schritt zur Klärung der Begriffe zunächst klar gemacht werden, was für Erscheinungen, Reaktionen, Prozesse *nicht-instrumentelle* sind. Dabei muß nun wiederum gleich festgestellt werden, daß neueren Erkenntnissen der experimentellen Psychologie zufolge wahrscheinlich *alle Arten von psychophysiologischen Prozessen prinzipiell als instrumentelle Reaktionen auftreten können*: außer „freiwillig" hervorgebrachten Bewegungen und Lautäußerungen[1], von denen das schon lange bekannt war, auch „erzwungene" Bewegungen[2], „spontan" hervorgebrachte[3] und hervorgerufene[4] Reflexbewegungen, autonom kontrollierte Prozesse[5] und wahrscheinlich auch motivationale (s.o. 237) und kognitive Prozesse, jedenfalls Vorstellungen. Von einigen dieser Prozesse aber kann gesagt werden, daß sie *in der Regel* als nicht-instrumentelle auftreten; und zwar gilt das für *kognitive Prozesse,* für *emotional-motivationale Prozesse* — Trieb- und Antitrieb-Reaktionen — und für ausgelöste *Reflex-Reaktionen.*

Wenn speziell von Angst die Rede ist, so sind als normalerweise nicht-instrumentelle Prozesse bzw. Effekte zu betrachten: die Reaktion der Angst selbst, die aus ihr folgende Aktivierung, die durch sie bewirkte Hemmung anderer Motivationen bzw. Verhaltensweisen, kurz: alle in Kap. 3 besprochenen Angst-Effekte sowie die anfangs aufgezählten physiologischen und verhaltensmäßigen Begleiterscheinungen.

---

1 z. B. MOLLIVER, 1963
2 z.B. KONORSKI & MILLER, 1937; KONORSKI, 1967, Kap. 8
3 z.B. THORNDIKE, 1898, S. 27 ff.; GORSKA et al., 1964
4 z.B. KONORSKI & MILLER, 1937; JANKOWSKA, 1959
5 z.B. SHEARN, 1962; SHAPIRO et al., 1969

Diese Prozesse sind nicht-instrumentell, insofern als sie gleichsam automatisch „am" Individuum erfolgen, besser gesagt: insofern als sie *ohne ein individuelles Ziel* (wenn auch nicht ohne einen biologischen Sinn) sind bzw. weil sie als Reaktionen auf bestimmte Reize immer wieder auftreten, *gleichgültig, ob ihnen ein für das Individuum „günstiger Effekt" (Belohnung) folgt oder nicht.* Anders herum: instrumentelle im Unterschied zu nicht-instrumentellen Verhaltensweisen sind solche, *deren Wahrscheinlichkeit bei wiederholter Nicht-Belohnung abnimmt* (wobei „Belohnung" wohlbemerkt nicht mit „Bekräftigung" zu verwechseln ist). Oder noch einmal anders: instrumentelle Verhaltensweisen sind im Unterschied zu nicht-instrumentellen solche, bei denen man sinnvoll danach fragen kann, *„wozu"* sie ausgeführt werden.

502 Instrumentelles Lernen und Verhalten

Es können zwei grundlegend verschiedene Arten von Lernen unterschieden werden: *assoziatives* und *instrumentelles* Lernen; zwischen diesen Formen gibt es keine Übergänge, wohl aber gibt es Mischformen; speziell erfolgt beim instrumentellen Lernen regelmäßig parallel auch assoziatives.

5021 Prinzip des assoziativen Lernens

Eine besondere Form von assoziativem Lernen wurde bereits eingehend besprochen, nämlich das Bedingen von emotional-motivationalen Prozessen, speziell von Angst und Sicherheit. Eine andere Form ist das kognitive Lernen oder *Lernen von Vorstellungen* (s.o. 113), eine dritte das *Bedingen von Reflex-Reaktionen* oder „klassische" oder „Pawlowsche" Bedingen.
Das Prinzip des assoziativen Lernens kann *allgemein* wie folgt formuliert werden (vgl. o. 231 und 241):
Sind zwei Stimulusereignisse, S1 und S2, in dieser Folge aufgetreten — einmal oder wiederholt —, so kann sich eine Assoziation bilden, derart, daß S1 die Fähigkeit erlangt, alle die Prozesse hervorzurufen, die ursprünglich S2 hervorrief.
S1 wird dann als bedingter Stimulus (BS) bezeichnet; S2 ist ein „bedingender" Stimulus.
Die ursprünglich durch S2 bzw. später durch S1-BS hervorgerufenen Prozesse können
a) kognitive,
b) emotional-motivationale,
c) Reflex-Reaktionen im konventionellen Sinn
sein.

5022 Prinzip des instrumentellen Lernens

Demgegenüber das Prinzip des instrumentellen Lernens:
Bringt ein Individuum in einer bestimmten Reizsituation (S-Ws) und unter einer bestimmten Motivation (URt oder BRt; „t" als Bezeichnung für einen bestimmten Trieb t) eine Reaktion (R) hervor und folgt dieser eine zu der vorliegenden Motivation passende Belohnung (Bt), so verstärkt das die Neigung des Individuums, in dieser Situation und unter dieser Motivation diese Reaktion hervorzubringen.
Die so wahrscheinlicher gewordene Reaktion wird nunmehr eine „*instrumentelle Reaktion*" (IR) genannt.
Dasselbe mit etwas einfacheren Worten:
Verhaltensweisen, die unter einer bestimmten Motivation hervorgebracht wurden und einen im Sinne dieser Motivation „positiven Effekt" hatten, d. h. „belohnt" und dadurch „verstärkt" wurden, werden unter den Umständen, unter denen sie belohnt wurden, wieder ausgeführt, solange (zumindest manchmal) eine Belohnung folgt.

5023 Einige Punkte zur Beachtung

Es sind hier nun, was das Prinzip des instrumentellen Lernens betrifft, einige Dinge hervorzuheben und besonders zu erläutern:

1. Instrumentelles Lernen setzt das *Vorhandensein einer bestimmten Motivation,* eines Triebes voraus und einen im Sinne dieser Motivation „*positiven Effekt*" (Bt) des zu lernenden Verhaltens.
Als Motivationen kommen vor allem die Triebe Hunger, Durst, Sex, Stimulationshunger-Neugier, Zorn und nicht zuletzt Angst in Frage.
Der im Sinne der Motivation positive Effekt ist in den ersteren Fällen *primär* durchwegs die Gelegenheit zur Ausführung einer entsprechenden Endhandlung (Nahrungsaufnahme, Trinken usw.) und *sekundär* jeder Vorgang oder Stimulus, der in der Erfahrung des Individuums einmal oder mehrmals dem „primär positiven Effekt" vorausgegangen ist; die Effekte der ersteren Art heißen „primäre", die der letzteren „sekundäre" oder „bedingte" Belohnungen.
Liegt Angst als Motivation vor, so ist der entsprechende „positive Effekt" immer die *Reduktion der Angst,* entweder infolge einer Reduktion des Angst-Reizes oder infolge des Auftretens eines Sicherheits-Reizes.

2. Der im Sinne der aktuellen Motivation „positive Effekt" wird „*Belohnung*" genannt. Belohnung ist also normalerweise ein Vorgang in der Außenwelt,

ein Stimulus, jedenfalls aber ein kognitiver Prozeß, der durch die betreffende Reaktion produziert wird bzw. ihr zeitlich mit kurzer Verzögerung folgt.
Infolge der Belohnung tritt eine „*Verstärkung*" ein, und zwar der „Neigung" des Individuums, die Reaktion unter den betreffenden Umständen auszuführen bzw. eine *Verstärkung der Wahrscheinlichkeit* für das Auftreten der betreffenden Reaktion unter den betreffenden Umständen.
„Verstärkung" ist also das, was durch die „Belohnung" hervorgerufen wird; Verstärkung wird durch Belohnung „verursacht" und kann selbst am ehesten als ein zentralnervöser (emotional-motivationaler) Prozeß aufgefaßt werden, durch den bestimmte nervöse Verbindungen „gebahnt" werden.
„Belohnung" und „Verstärkung" müssen also in der Theorie als Begriffe wohl auseinandergehalten werden, praktisch aber können die beiden Ausdrücke oft auch gegeneinander ausgetauscht werden, da Belohnung von Grenzfällen zu schwacher Belohnung abgesehen — ja doch immer Verstärkung bewirkt und Verstärkung immer auf Belohnung beruht.

3. Eine instrumentelle Reaktion wird „unter den Umständen, unter denen sie belohnt wurde", immer wieder ausgeführt.
Mit den „Umständen" sind hier gemeint
a) die *Situation* im Sinne der Gesamtheit aktueller kognitiver Prozesse und
b) die aktuelle *Motivation.*
So bedeutet dieser Satz, daß eine IR immer an *die* Situation und an *die* Motivation „gebunden" ist, in bzw. unter der sie belohnt wurde. IR sind *situations- und motivationsgebunden.*
Situationsgebundenheit bedeutet, daß die Wahrscheinlichkeit für das Auftreten der IR abhängt von der Ähnlichkeit der gegebenen Situation mit der ursprünglichen Lernsituation; je größer diese Ähnlichkeit, desto wahrscheinlicher unter sonst gleichen Umständen die IR. Insbesondere gilt: ist die Situation gegenüber der Lernsituation wesentlich verändert, so ist das Auftreten der IR unwahrscheinlich, selbst bei starker Motivation. Diejenigen Aspekte der Situation, die für das Auftreten bzw. Nicht-Auftreten der IR ausschlaggebend sind, werden als „*diskriminative Stimuli*" (DS) bezeichnet.
Motivationsgebundenheit bedeutet, daß die Wahrscheinlichkeit der IR in einer gegebenen Situation von der Stärke der betreffenden Motivation abhängt; ist die Motivation stark (und die Situation ausreichend ähnlich), so wird sie mit hoher Wahrscheinlichkeit, rasch, kräftig und u. U. auch viele Male hintereinander ausgeführt. Ist die Motivation schwach oder eine andere Motivation dominierend, so wird sie wahrscheinlich nicht auftreten, selbst wenn die Situation voll „geeignet" wäre. IR, die an einen bestimmten Trieb t gebunden sind, werden „t-motiviert" genannt, hunger-motiviert, sex-motiviert, angst-motiviert usw. Jedes Individuum verfügt nach einiger „Lebenserfahrung" über ganze Repertoires von t-motivierten Verhaltensweisen, d. h.:

an eine bestimmte Motivation ist gewöhnlich eine ganze Reihe von IR gebunden; sie alle werden, wenn die betreffende Motivation geweckt wird, gleichsam in Bereitschaft versetzt; es hängt dann von der Situation ab, welche realisiert wird.

Die Wahrscheinlichkeit einer bestimmten IR in einem bestimmten Zeitpunkt ergibt sich gleichsam multiplikativ aus Situationsähnlichkeit und Motivationsstärke; ist eines von beiden gleich Null, so wird sie nicht auftreten.

4. Wenn oben gesagt wird, daß eine IR unter den geeigneten Umständen solange wiederholt wird, wie ihr die Belohnung folgt, so ist damit noch einmal gesagt, daß *eine IR aufgegeben wird, wenn sie wiederholt unbelohnt geblieben ist.* Diese Möglichkeit der „*Löschung*" durch wiederholte Nicht-Belohnung ist wie gesagt das eindeutigste Merkmal einer IR.

5. Durch instrumentelles Lernen „entstehen" im Grunde niemals im vollen Sinne „neue" Verhaltensweisen, es werden vielmehr immer nur Verhaltensweisen, über die das Individuum bereits verfügt, unter die Kontrolle einer bestimmten Situation und einer bestimmten Motivation gebracht, zu „Werkzeugen" der Bewältigung einer bestimmten Situation im Sinne einer bestimmten Motivation gemacht, technisch gesprochen: „*instrumentalisiert*".
Die Weiterentwicklung von bereits gelernten und die Entstehung von anscheinend völlig neuen Verhaltensweisen ergibt sich vor allem daraus, daß bereits beherrschte IR „zufallsmäßig" variiert und in der variierten Form eventuell effektiver verstärkt werden, d. h. sich als „besser" erweisen als in der ursprünglichen; auch können Verhaltensweisen, auf die das Individuum von sich aus nur mit geringer Wahrscheinlichkeit käme, durch Beobachtung anderer oder durch Instruktion „angeregt", nach Ausführung verstärkt und so ganz plötzlich gelernt werden.

6. Wie die zu instrumentalisierende Reaktion zustandekommt, spielt dabei keine Rolle. Sie kann sowohl „frei" *hervorgebracht* werden — sei es in einer schon oft praktizierten, sei es in einer neu abgewandelten Form, sei es aus „Zufall", sei es als gezielter „Versuch" — als auch als Reflex-Reaktion *hervorgerufen*, als auch *hervorgezwungen* als auch durch Anweisung, Befehl, Beschreibung oder Vormachen *hervorgelockt*, als auch „*ausgedacht*" sein.

7. Instrumentelles Lernen kann sich „*unwissentlich*" abspielen; der Lerner braucht sich nicht bewußt zu sein, daß er lernt und was er lernt. Selbst wenn der Lerner das Lernprodukt, eine neue „Technik" oder „Routine" oder „Fertigkeit", bewußt wahrnimmt, so „kennt" er es (kognitiv) meist nur höchst oberflächlich, viel weniger jedenfalls als er es „kann".

5024 Beispiel

Es wäre an der Zeit, das Ganze durch ein Beispiel etwas zu verdeutlichen: Ein Kind im späteren ersten Lebensjahr sitzt in seinem Laufstall, einige Stunden nach der letzten Mahlzeit; die Mutter ist in der Küche hörbar mit dem Kochen des Breis für das Kind beschäftigt. Das Kind macht alle möglichen Dinge, unter anderem sagt es wiederholt „Lale!"; die Mutter, die gerade den Brei gekühlt hat, versteht „Flasche", kommt mit der gefüllten Flasche an und gibt sie dem Kind, das sie begeistert austrinkt.
Reagiert die Mutter danach noch das eine oder andere Mal auf das „Lale!" des Kindes mit dem Anbringen der Flasche, so wird das Kind bald lernen, sich mit diesem Wort seine Nahrung zu beschaffen.
Das „Lale!" wäre zu einer IR geworden.
An diesem naiven Beispiel läßt sich nun das meiste von dem Obigen etwas klarer machen:
Es befand sich hier ein kleiner Mensch in einer bestimmten *Situation* (Laufstall, Mutter in der Küche beschäftigt usw.), und als *Motivation* war ein leichter Hunger vorhanden.
Es wurde eine *verbale Reaktion* hervorgebracht und *belohnt*, indem kurze Zeit danach die Hunger-Endhandlung „Nahrungsaufnahme" möglich wurde. Das erhöhte die Wahrscheinlichkeit für das Wiederauftreten der Reaktion unter den beschriebenen Umständen, *verstärkte* sie, machte sie zu einer *IR*.
Die *Situationsgebundenheit* dieser IR würde sich darin erweisen, daß sie besonders dann vorkommt, wenn die Mutter hörbar in der Küche hantiert und daß sie in einer stark veränderten Situation, z. B. auf einer Spazierfahrt im Sitzwagen, kaum vorkommt. Die *Motivationsgebundenheit* würde sich darin erweisen, daß sie nur bei Hunger vorkommt, und zwar bei starkem Hunger öfter und intensiver.
Würde die Mutter aufhören, das „Lale!" mit Nahrung zu belohnen, so würde das Kind es bald aufgeben, die IR würde *„gelöscht"*.
Die Reaktion „Lale!" ist offensichtlich nicht erst infolge der Belohnung „entstanden", sondern hat durch sie nur *eine besondere Funktion,* die eines „Instruments" zur Nahrungsbeschaffung, gewonnen.
Die Reaktion ist nach der gegebenen Beschreibung zunächst aus „Zufall" hervorgebracht worden; sie hätte auch von der Mutter vor- und von dem Kind nachgemacht sein können, hätte (theoretisch) auch von dem Kind bewußt ausprobiert oder gar ausgedacht sein können — ihre Instrumentalisierung hätte offenbar nicht davon abgehangen, sondern nur von ihrer Belohnung oder Nicht-Belohnung.
Schließlich war das Kind sich sehr wahrscheinlich nicht bewußt, daß es lernte und was es lernte — es lernte einfach und konnte es dann.

5025 *Zielvorstellung*

Diese Analyse kann nun noch etwas weitergeführt werden: Das Kind hat möglicherweise schon vorher, spätestens aber im Zuge seines „Lale!"-Lernens gelernt, bei den Hantiergeräuschen aus der Küche an seine Flasche zu *denken*, jedenfalls wenn es zugleich hungrig war. Dieses „Denken an" kann als eine *„Zielvorstellung"* bezeichnet werden.

Allgemein werden Zielvorstellungen durch die Situation, in der das betreffende Ziel einmal erreicht wurde, sowie durch die Motivation, zu der das Ziel „paßt", geweckt.

Sie können dann ihrerseits
a) die Motivation steigern und aufrechterhalten und
b) auch die auf das betreffende Ziel gerichtete IR wahrscheinlicher machen.

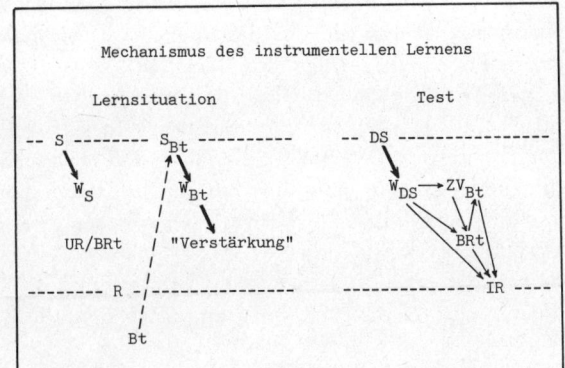

```
              Mechanismus des instrumentellen Lernens

              Lernsituation                      Test

        -- S --------- S_Bt -----------   -- DS ----------------
            ↓           ↑                     ↓
           W_S         /W_Bt                 W_DS → ZV_Bt
                      /                            ↓ ↘
        UR/BRt       / "Verstärkung"              BRt
                    /                              ↓
        -------- R -/------------------   -------------- IR ----
                  /
                 Bt
```

- Die Ereignisse S-Ws, UR/BRt, R und Bt folgen in realen Lernsituationen meistens im Sinne einer Kausalkette aufeinander, können aber im Prinzip auch "zufällig" in dieser Reihenfolge auftreten.
- Die Belohnung (Bt) wird wirksam, indem sie zunächst einen entsprechenden Reiz- bzw. Wahrnehmungsprozeß auslöst; die wahrgenommene Belohnung bewirkt dann die "Verstärkung", einen in der Regel als angenehm erlebten Prozeß auf der emotional motivationalen Ebene, dessen Wirkungsmechanismus bis auf weiteres völlig unbekannt ist.
- Der Reiz S, in dessen Gegenwart Bt auftrat, wird hierdurch zu einem "diskriminativen Reiz" (DS) für die belohnte Reaktion (nunmehr IR).
  Zugleich wird er zu einem bedingten Auslöser der durch die Belohnung "befriedigten" (?) Motivation (BRt) sowie der Vorstellung von der Belohnung (Zielvorstellung, Belohnungserwartung, ZV).
- ZV kann im übrigen auch durch die Motivation (UR/BRt) hervorgerufen werden und seinerseits wiederum diese aufrechterhalten ("positives Feedback" ZV⇄BRt).
- IR tritt im allgemeinen nur auf, wenn DS, URt oder BRt und ZV gegeben sind (wobei am ehesten noch ZV entbehrlich sein dürfte).

Verschiedenen Anzeichen zufolge erlangen beim instrumentellen Lernen auch die Situation als solche bzw. die Stimuli, in deren Gegenwart eine entsprechende Belohnung erhalten wurde, die Fähigkeit, als BS die betreffende Motivation zu wecken[6]: Die „Gelegenheit" zur Ausführung einer belohnten Reaktion kann die „Motivation" zu ihrer Ausführung hervorrufen.
In dem obigen Beispiel könnten die Hantiergeräusche dazu kommen, vermittels der Zielvorstellung oder auch direkt bei dem Kind Hunger („Eßstimmung") hervorzurufen.

503 Instrumentelles Lernen unter Angst

Alle diese Prinzipien und Merkmale instrumentellen Lernens gelten auch für das instrumentelle Lernen unter Angst. Ein Beispiel:
Jemand fährt auf der Autobahn mit hohem Tempo auf der Überholspur, ständig Fahrzeuge auf der Innenspur überholend. Im Rückspiegel sieht er das breite Gesicht eines Mercedes, das sich rasch nähert und auch schon heftig zu blinken beginnt und ihm bald ganz dicht an der Stoßstange hängt. Er bekommt Angst, fährt rasch zur Seite, bremst sich zwischen zwei langsamere Fahrzeuge und läßt den andern vorbei.
Hat er das ein paar Mal erlebt, so wird er schon beim Anblick eines Mercedesgesichts im Rückspiegel an rasche Annäherung, Lichtsignal und Auffahren denken und vorsorglich zur Seite fahren ...

Hier wären nacheinander gleich zwei verschiedene angstmotivierte Verhaltensweisen gegeben. Die erste wäre als *„Flucht"* vor der „unbedingt" angsteinflößenden Nähe des großen Wagens zu beschreiben, die zweite, die hier neu gelernt wird, als *„Vermeidungsreaktion"*, ausgelöst durch einen bedingten Angst-Reiz (Warnsignal, BSa).
Beiden IR gemeinsam ist, daß sie aus der Motivation der Angst heraus erfolgen, durch Angstreduktion belohnt und infolgedessen bei Wiederholung der Lernsituation immer prompter ausgeführt werden.
Die Angst wird dabei — anders als der Hunger im Beispiel des vorigen Abschnitts — nicht „mitgebracht", sondern erst in der Situation, durch die „unbedingte" Bedrohung bzw. den Warnreiz, hervorgerufen.
Die Reaktionen sind situations- und motivationskontrolliert, was sich an der Vermeidungsreaktion am leichtesten klarmachen läßt: Sie wird nur ausgeführt

---

6 z.B. BAUM & BINDRA, 1968

beim Anblick eines Mercedesgesichts oder etwas Ähnlichem *und* nur, wenn das Individuum Angst davor entwickelt, z.B. nicht wenn es sich in einer Gesellschaft befindet, in der es sich „stark" fühlt.
Die Flucht- wie auch die Vermeidungs-Reaktion werden nur ausgeführt, solange die subjektiv verspürte Bedrohung durch sie tatsächlich abnimmt (was in dem gewählten Beispiel so gut wie sicher der Fall ist); würde das Individuum des öfteren erfahren, daß ihm der Verfolger nach dem Ausweichen auf die rechte Spur dorthin nachfolgt und weiterhin anblinkt etc., so würde die Flucht- wie auch die Vermeidungs-Reaktion wahrscheinlich bald aufgegeben. Auch hier ist die Verhaltensweise des Spurwechselns als solche nicht neu gelernt, sondern nur an eine bestimmte Situation und Motivation gebunden, d.h. instrumentalisiert worden.
Es kann nun von einer bzw. — wenn man die Situation mit einbezieht — von zwei verschiedenen *angstmotivierten instrumentellen Verhaltensweisen (IRa)* gesprochen werden.

Sehr deutlich wird an diesem Beispiel, daß hier, was das Lernen der Vermeidungs-IR betrifft, mindestens ein, wahrscheinlich aber zwei *assoziative* Lernprozesse mit eingehen:
Einerseits erlangt ein ursprünglich neutraler Reiz (Mercedesgesicht) die Fähigkeit, eine BRa auszulösen, wird in konventioneller Manier zu einem BSa.
Andererseits erlangt derselbe Reiz auch die Fähigkeit, die Vorstellung, Erwartung eines primär-aversiven Reizes (Nähe des großen Autos, Unfall etc.) hervorzurufen. Diese Vorstellung soll hier als USa-Vorstellung bezeichnet werden, auch wenn der „USa" selbst eigentlich ein BSa sein sollte. Die USa-Vorstellung entspricht nach Entstehung und Funktion der oben erwähnten „Zielvorstellung", sie weckt, steigert oder erhält die Motivation und sie kontrolliert und „selegiert" mit die IRa.

504 Klassifikation angstmotivierter instrumenteller Verhaltensweisen

5040 Vorbemerkung

IRa können definiert werden als Verhaltensweisen, die unter Angst und dank Belohnung in Form von Angst-Reduktion gelernt wurden; sie können, solange sie funktionieren, auch als „angstreduzierende Verhaltensweisen" bezeichnet werden.
IRa können der Form nach sowohl beliebige motorische und verbale Reaktionen sein, als auch instrumentell-perfektionierte Reflex-Reaktionen (z.B.

Davonlaufen, Springen), als auch autonom kontrollierte Reaktionen[7] und sehr wahrscheinlich auch Vorstellungen.

5041 ESC — DAV — SAV

Es können zunächst *nach Merkmalen der Situation,* in der das Verhalten stattfindet, drei Hauptformen von IRa unterschieden werden:

1. *ESC-Reaktionen* (von engl. *"escape",* wobei aber nicht nur an „Flucht" im engeren Sinn gedacht werden soll), Reaktionen, die auf einen aversiven Reiz (USa oder BSa) hin erfolgen und diesen beenden oder reduzieren.

2. *DAV-Reaktionen* (von *"discriminative avoidance"*), Reaktionen, die
a) auf einen *Warnreiz,* auf ein ein aversives Ereignis (hier allgemein „USa" genannt) avisierendes Signal hin, erfolgen und (zumindest manchmal)
b) *das Auftreten des USa verhindern,* genauer gesagt: notwendig sind oder einmal waren, um bei dem gegebenen Warnreiz den drohenden USa zu vermeiden.
Diese Reaktionen heißen „diskriminative", weil ein Signal vorhanden ist (der Warnreiz), das die Augenblicke, in denen die Reaktion erforderlich ist, von denen „unterscheidet" (diskriminiert), in denen sie nicht erforderlich ist.

3. *SAV-Reaktionen* (von „SIDMAN-*avoidance"*) oder „nicht-diskriminative Vermeidungsreaktionen", Reaktionen, die hervorgebracht werden in einer Situation, in der *irgendwelche USa immer wieder ohne Vorwarnung* vorkommen, und das Auftreten des jeweils nächsten USa um eine gewisse Zeit *aufschieben;* für SAV-Reaktionen ist es charakteristisch, daß sie *ohne erkennbare äußere Anlässe* in mehr oder weniger regelmäßigen Abständen immer wieder hervorgebracht werden (deshalb auch *"free operant avoidance"*).

Der Ausdruck „Vermeidung" wird hier wohlbemerkt ausschließlich im Zusammenhang mit DAV- und SAV-Reaktionen gebraucht. Was vermieden wird, sind dabei immer *aversive Ereignisse, die das Individuum ohne sein Zutun bedrohen.* Oft wird der Ausdruck „vermeiden" auch in bezug auf eine Bestrafung, ein verhaltensproduziertes aversives Ereignis gebraucht, d. h. im Zusammenhang mit dem *Unterlassen* einer Reaktion infolge Bestrafung; durch das Unterlassen wird ja gewissermaßen die Bestrafung vermieden. Diese Erscheinungen aber, DAV und SAV einerseits und Unterlassen andererseits,

---

[7] KIMMEL & BAXTER, 1964; GRINGS & CARLIN, 1966; KIMMEL et al., 1966; DICARA & MILLER, 1968; MANDRIOTA et al., 1968; SHNIDMAN, 1969; GREENE & SUTOR, 1971

sind ihrem Mechanismus nach so grundverschieden, daß der Ausdruck „Vermeiden", wenn er auf beides angewandt wird, nur verwirren kann. Ein gangbarer Ausweg ist, im Zusammenhang mit Unterlassen von „passivem Vermeiden" (Vermeiden durch *Nicht-Tun*), im Zusammenhang mit DAV und SAV von „aktivem Vermeiden" (Vermeiden durch *Tun*, durch Hervorbringen eines Verhaltens) zu sprechen[8].

5042 Selbstverändernde und umweltverändernde IRa

Eine IRa verändert, solange sie erfolgreich ist, die Situation des Individuums so, daß sie danach weniger Angst auslöst als vorher. Das kann meistens auf zwei prinzipiell verschiedene Weisen geschehen, zwischen denen es zwar Übergänge und Mischformen gibt, die aber in der Praxis doch oft so diametral verschieden sind, daß sie auseinandergehalten werden sollen. Die belohnende Situationsänderung kann erreicht werden entweder
a) indem das Individuum in erster Linie *sich selbst verändert*, im häufigsten Fall: sich durch Lokomotion, Flucht, Rückzug, Ausweichen in eine andere Situation bringt und seine Umwelt im übrigen unverändert läßt; oder
b) indem es in erster Linie *die Umwelt ändert*, d. h. gerichtet eingreifend oder angreifend den aversiven Reiz abschaltet oder verhindert.

Damit werden zwei der Wirkung auf das Individuum nach weitgehend gleichwertige, der Wirkung nach außen nach aber oft höchst verschiedenartige Weisen, Angst zu reduzieren — durch „*Flucht*" einerseits, durch „*Angriff*" andererseits — auseinandergehalten.

Klassifikation angstmotivierter instrumenteller Verhaltensweisen		
	selbstverändernd	umweltverändernd
ESC	Flucht-Reaktionen	Abschalt-Reaktionen
DAV	Ausweich-Reaktionen	Vorbeugungs-Reaktionen
SAV		freie Vorbeugungs-Reaktionen

---

8 vgl. MOWRER, 1960, S. 28

5043 Beispiele

1. *Selbstverändernde ESC-Reaktionen* sollen hier allgemein als „*Flucht-Reaktionen*" bezeichnet werden; z.B.

- das Bodengitter, auf dem eine Katze steht, wird elektrifiziert; das Tier entflieht dem Schmerz, indem es auf eine isolierte Plattform springt;
- ein arbeitender Mensch fühlt sich durch die Radiomusik seines Nachbarn gestört und verzieht sich in ein anderes Zimmer, wohin sie nicht durchdringt;
- ein Kind wird von seinen Kameraden ausgelacht und läuft zu seiner Mutter;
- ein Mensch in einem Eisenbahnabteil sieht sich einem finster dreinblickenden Mitreisenden gegenüber und geht auf den Flur;
- eine Mutter sieht, daß ihr Kind blutet und schließt entsetzt die Augen.

2. *Umweltverändernde ESC-Reaktionen* können allgemein „*Abschalt-Reaktionen*" genannt werden; z.B.

- das Bodengitter, auf dem eine Katze steht, wird elektrifiziert, das Tier tritt auf ein Brett und schaltet damit den Strom ab;
- ein arbeitender Mensch fühlt sich durch die Radiomusik seines Nachbarn gestört, er geht zu ihm und bittet ihn, das Gerät leiser zu stellen;
- ein Kind wird von seinen Kameraden ausgelacht, es ergreift einen Stock und schlägt um sich;
- ein Mensch in einem Eisenbahnabteil lächelt sein finsteres Gegenüber an und beginnt ein Gespräch;
- eine Mutter sieht, wie ihr Kind blutet, holt einen Verband und versorgt die Wunde.

3. *Selbstverändernde DAV-Reaktionen* sollen hier als „*Ausweich-Reaktionen*" bezeichnet werden; z.B.

- ein Hund in einer Shuttle-Box hat des öfteren erfahren, daß kurze Zeit nach dem Einsetzen eines lauten Rauschens (Warnreiz, BSa) ein Schock durch das Bodengitter (USa) folgt; wenn er rechtzeitig über die Hürde springt (IRa), entgeht er dem Schock;
- ein Mensch auf einer Bergwanderung bemerkt, wie sich der Himmel mit schwarzen Wolken bezieht (BSa) und sucht, ein Gewitter (USa) fürchtend, eine Hütte auf (IRa);
- Schüler toben auf dem Flur und sehen einen Lehrer (BSa) auftauchen; sie fliehen, eine Standpauke (USa) fürchtend, ins Klassenzimmer;
- im Schwimmbad schlägt ein Vater seiner wasserscheuen Tochter vor, mit ihm ins Wasser zu gehen (BSa); sie läuft davon;

- ein Mädchen auf der Straße sieht eine Gang junger Männer näherkommen (BSa), sie wechselt aus Angst vor Belästigung (USa) die Straßenseite.

4. *Umweltverändernde DAV-Reaktionen* sollen hier „*Vorbeugungs-Reaktionen*" genannt werden; z. B.

- menschliche Vpn erhalten wiederholt einen $2''$-Licht-BSa, der einen starken Luftstrom gegen das Ohr von maximal $6''$ Dauer (USa) avisiert; ein Druck auf einen Knopf (IRa) unterbricht den Warnreiz und verhindert den USa[9];
- ein Autofahrer sieht seine Benzinuhr auf „leer" stehen (BSa); in der Befürchtung, mit seinem Wagen liegen zu bleiben (USa), sucht er die nächste Tankstelle auf;
- ein Reiter bemerkt, wie sein Pferd nervös wird (BSa) und redet ihm, um zu verhindern, daß es scheut und durchgeht (USa), gut zu;
- ein Kind bemerkt auf dem Gesicht seines Vaters Zeichen von schlechter Laune (BSa); es fürchtet, daß er zornig werden könnte (USa) und beginnt, ihn zu umschmeicheln;
- einem ängstlichen Schüler wird gesagt, er solle über das Pferd springen (BSa); er fürchtet, sich zu verletzen (USa) und simuliert Schmerzen im Knie;
- Lehrer zum Schüler: „Wenn Du nicht sofort aufschreibst, was ich sage, trage ich Dir eine Sechs ein!"; der Schüler gehorcht (die Drohung als Ganze ist BSa, die „Sechs" USa);
- ein junger Mann sieht sich von einem andern herausgefordert: „Dir geht's wohl zu gut?!" (BSa); eine Niederlage oder Blamage (USa) fürchtend, schlägt er vorbeugend zu ...

Bei allen Beispielen dieses und des vorigen Abschnitts sollte allerdings von „DAV" nur gesprochen werden, wenn
a) die IRa zur Vermeidung des USa tatsächlich notwendig ist oder einmal war *und*
b) das Individuum das auch erfahren hat, d. h. sowohl das Eintreffen des USa bei Nicht-Ausführung der IRa als auch sein Ausbleiben bei Ausführung der IRa erfahren hat. Andernfalls bestünde kein Grund, von „Vermeidung" zu sprechen; es würde sich vielmehr um reine Angst-Beendigungs-IRa handeln und diese wären eher als ESC-Reaktionen einzuordnen (s. u. 512, 513).

5. *SAV-Reaktionen* kommen unter natürlichen Verhältnissen *nur als umweltverändernde Reaktionen* vor. Im Laboratorium werden sie allerdings besonders häufig in der Shuttle-Box trainiert, wo das Hinüberwechseln ins andere Abteil mittels einer Fotozelle den nächsten Schock aufschiebt, so daß hier eine typisch lokomotorisch-selbstverändernde Reaktion eine Umweltveränderung

---

[9] MILLER et al., 1970

bewirkt — eine Kontingenz, die im menschlichen Alltag kaum eine Entsprechung hat. SAV-Reaktionen, wie sie unter alltäglichen Bedingungen vorkommen, können dann als *„freie Vorbeugungs-Reaktionen"* bezeichnet werden; z. B.

- ein Krankenpfleger, dessen Patient von Zeit zu Zeit ungemütlich wird, kommt immer wieder nachsehen, trösten usw.;
- ein Koch übergeißt von Zeit zu Zeit den Braten mit Soße, damit er nicht ausdorrt;
- ein selbstunsicherer Versammlungsteilnehmer macht sich von Zeit zu Zeit durch witzig-sein-sollende Bemerkungen bemerkbar;
- ein Gast in einer Bar vergewissert sich jede Viertelstunde, ob er seine Brieftasche noch eingesteckt hat;
- ein Diktator, der sich seiner Untertanen unsicher ist, veranstaltet von Zeit zu Zeit Volksfeste oder öffentliche Hinrichtungen.

51 Flucht- und Abschalt-Reaktionen (ESC)

Nach Merkmalen der Situation bzw. des aversiven Reizes, auf den reagiert wird, können drei Typen von ESC-Reaktionen unterschieden und als ESC I, -II und -III bezeichnet werden.

511 ESC I

Der einfachste Fall einer ESC-Reaktion und einer IRa überhaupt liegt vor, wenn das Individuum einem primär-aversiven Reiz (USa im engeren Sinn) ausgesetzt ist und diesen durch seine Reaktion beendet oder reduziert.

In einem Experiment von MARX (1966) wurden Ratten wiederholt in das zunächst abgeschlossene Schock-Abteil einer zweigeteilten Box gesetzt; nach sechs Sekunden wurde das Bodengitter unter Strom gesetzt, und drei Sekunden danach ging das Tor zwischen den Abteilen hoch, so daß die Tiere in das sichere Abteil fliehen konnten[1].
STAVELY (1966) setzte Ratten in einer Schock-Box wiederholt anhaltender elektrischer Reizung aus, die sie durch Druck auf ein Pedal für eine gewisse Zeit abschalten konnten[2].
In beiden Experimenten bestand das Lernen der Tiere in nichts weiter als darin, daß sie die Reaktion immer prompter, mit immer kürzerem Zögern ausführten, wobei sie sehr bald volle Perfektion erreichten.

Andere Fälle von ESC I-Verhalten wären:
• ein Versuchstier rennt durch einen ganzen elektrifizierten Laufgang in die einzig sichere Zielbox[3] oder schwimmt durch einen Gang voll kaltem Wasser in einen Tank mit wärmerem Wasser[4];
• ein Versuchstier tritt auf ein Pedal oder dreht an einem Rad, um einen Schock oder ein lautes Rauschen abzuschalten[5];
• ein Versuchstier drückt mehrmals hintereinander (bis zu 16 mal) auf ein Pedal, um ein starkes Licht abzuschalten[6];

---

1 ähnlich: SHEFFIELD & TEMMER, 1950; KNOLL et al., 1955; BOWER et al., 1959; SLOTNICK, 1968; BRUSH, 1970
2 ähnlich: BROGDEN et al., 1938; DINSMOOR & HUGHES, 1956
3 FOWLER & TRAPOLD, 1962; BEECROFT & BOUSKA, 1967; MARSH & WALZ, 1968
4 WOODS et al., 1964; WOODS & FELDMAN, 1966; WOODS, 1967
5 HARRISON & ABELSON, 1959; MYERS, 1970
6 KAPLAN, 1956

- ein Rhesusaffe betätigt einen Hebel, der via Funk und implantierter Elektrode eine zentrale Stimulation im Gehirn des Häuptlings der Gruppe auslöst und dessen Wut und Angriffslust hemmt[7];
- ein Mensch ringt sich mit routiniertem Griff aus einer Umklammerung frei;
- ein Mensch schluckt Aspirin, um sich von Kopfschmerzen zu befreien;
- ein Kind macht den Mund zu, als der Zahnarzt zu bohren anfängt.

Zu den ESC-I-Reaktionen sind auch alle diejenigen gelernten Verhaltensweisen zu rechnen, die aus *Einsamkeits-Angst* hervorgebracht und durch Kontakt-Sicherheit belohnt werden, insbesondere Zufluchtsuchen bei anderen Menschen, Nach-der-Mutter-Rufen und dgl. An dieser Stelle wäre auch zu erwähnen, daß experimentellen Daten zufolge Kinder, die kurze Zeit alleingelassen und geängstigt worden sind, mehr als andere bereit sind, Verhaltensweisen, die „sozial", d.h. mit Zuwendung belohnt werden, auszuführen bzw. zu lernen[8].

512 ESC II

Der zweite Fall ist nun derjenige, in dem ein *sekundär-aversiver Reiz*, ein BSa, geflohen oder abgeschaltet wird, sei es
a) mit einer neu hervorgebrachten, noch nicht instrumentalisierten Reaktion,
b) mit einer speziell zu diesem Zweck gelernten IRa oder
c) mit einer zur Beendigung oder Vermeidung anderer aversiver Reize, d.h. als ESC- oder DAV-Reaktion bereits praktizierten IRa.

Es kann sich z.B. darum handeln,
a) daß jemand, der auf einer Gesellschaft plötzlich einen alten Feind unter den Anwesenden bemerkt, alle möglichen Versuche unternimmt, aus seiner Nähe zu kommen und die Gesellschaft zu verlassen oder
b) daß jemand allmählich lernt und dann praktiziert, jedesmal, wenn sein Partner auf etwas Unangenehmes zu sprechen kommt, zu gähnen oder einen ganz besondern Einfall zu haben, der den anderen unterbricht oder
c) daß jemand einem Kollegen, wenn der ihm eine peinliche Frage stellt, genauso über den Mund fährt, wie er es bei seinen Kindern gewohnt ist.

In der Literatur werden solche Verhaltensweisen häufig als Vermeidungs-Reaktionen betrachtet; wie schon angedeutet aber erscheint es wenig sinnvoll, von Vermeidung zu sprechen, wenn es objektiv nichts zu vermeiden gibt, zumal wenn dadurch auch noch der wichtige Sachverhalt verdeckt wird, daß

---

7 DELGADO, 1963
8 GEWIRTZ & BAER, 1958; KOZMA, 1971

sekundär-aversive Reize *auch als solche* (nicht nur in ihrer eventuellen Eigenschaft als „Warnreize") wenn möglich geflohen und abgeschaltet werden. Man kann sich natürlich andererseits auch fragen, ob nicht alle ESC-Reaktionen genauso gut als Vermeidungs-Reaktionen bezeichnet werden sollten, da ja zumindest immer die „Fortsetzung" des aversiven Reizes vermieden wird. Damit aber würde der theoretisch wie praktisch nicht unwichtige Unterschied zwischen Flucht und Abschaltung einerseits und Vermeidung andererseits ganz verdeckt. Von Vermeidung sollte nur gesprochen werden, wenn der vermiedene Reiz tatsächlich ein anderer ist als derjenige, auf den hin das Verhalten erfolgt.

Nicht selten werden ESC-II-Reaktionen auch subjektiv als DAV-Reaktionen eingeschätzt oder „rationalisiert", z. B. wenn ein Vater seinem Sohn eine bestimmte Lektüre wegnimmt, angeblich um zu vermeiden, daß er verdorben wird, oder wenn ein Bürokrat einen Antrag aus Formgründen negativ entscheidet, um — in seiner subjektiven Sicht — zu vermeiden, hereinzufallen. Es handelt sich hier sicherlich um Grenzfälle; nach dem oben (5043) angegebenen Kriterium b aber sollen solche Verhaltensweisen hier nicht als DAV, sondern als ESC II betrachtet werden.

Es gibt nun eine ganze Reihe unterschiedlicher experimenteller Paradigmata, die ESC-II-Lernen bzw. -Verhalten demonstrieren:

In einem oben (1172) bereits beschriebenen Experiment von BROWN & JACOBS (1949)[9] wurde gezeigt, daß Ratten — hier durch Sprung über eine Hürde — einen sekundär-aversiven Reiz abzuschalten lernen können und auch immer wieder abschalten.

Desgleichen können Affen und Ratten lernen, einen Reiz, in dessen Gegenwart unavisierte Schocks vorkommen, durch Ziehen an einer Kette oder Pedaldrücken abzuschalten, um eine Situation herzustellen, in der keine Schocks vorkommen[10] oder die vorkommenden Schocks zumindest vorgewarnt sind[11]. Auch können Ratten lernen, einen mit „Frustration" (Ausbleiben von Futter an einem Ort, an dem sonst Futter empfangen wurde)[12] wie auch mit „Konflikt" (Möglichkeit zur Ausführung einer manchmal belohnten, und manchmal bestraften Reaktion)[13], assoziierten Reiz abzuschalten.

NELSON (1966)[14] gab Ratten zuerst in dem einen Abteil einer zweigeteilten Box drei kräftige, unentrinnbare 5″-Schocks und fand dann, daß die Tiere

---

9 ähnlich: GONZALES & SHEPP, 1962; HOMZIE et al., 1969
10 SIDMAN, 1962
11 BADIA et al., 1971; BADIA & CULBERTSON, 1972; BADIA et al., 1973a,b
12 DALY, 1969
13 HEARST & SIDMAN, 1961
14 ähnlich: KNOLL et al., 1955

nach Öffnung der Verbindungstür immer wieder in das andere Abteil entflohen, sobald sie in das Schockabteil gesetzt wurden.
In ähnlicher Weise ziehen Ratten einen Ort, an dem sie vorgewarnte Schocks erhalten, einem solchen vor, an dem dieselben Schocks ohne Vorwarnung gegeben werden[15].

In einem ebenfalls bereits oben (37) erwähnten Experiment von MAY (1948) wurde gezeigt, daß Versuchstiere eine gelernte ESC-I-Reaktion auch auf einen sekundär-aversiven Reiz hin ausführen; an derselben Stelle wurde auch erwähnt und beschrieben, daß in der gleichen Weise auch DAV-Reaktionen, die ursprünglich nur auf einen ganz besonderen BSa hin erfolgten, auf einen neuen BSa hin auftreten können[16].
FONBERG (1958b) fand zusätzlich, daß solcher „Transfer" einer gelernten DAV-Reaktion auf einen neuen BSa leichter erfolgt, wenn dieser mit demselben USa (Schock) assoziiert ist, als wenn er mit einem andern USa (z.B. Windstoß gegen das Ohr, Säure in den Mund geträufelt) assoziiert ist, daß also auch das, was oben „USa-Vorstellung" genannt wurde, die Reaktion mitdeterminiert[17].
Das würde, auf eine menschliche Alltagssituation übertragen, bedeuten, daß jemand, der gelernt hat, eine bestimmte Art von Unannehmlichkeit, z.B. dumm dazustehen, durch ein bestimmtes Verhalten, z.B. Reden über Autos, zu vermeiden, dieses Verhalten in einer neuen Situation umso eher hervorbringen wird, je mehr er spezifisch fürchtet, eventuell als dumm zu erscheinen; er wird das Verhalten aber wahrscheinlich nicht hervorbringen, wenn er etwas ganz anderes vermeiden zu müssen meint, z.B. als unhöflich zu erscheinen oder betrogen zu werden.

MILLER (1948a) demonstrierte, daß Ratten lernen können, eine IRa auszuführen, um sich überhaupt erst die Möglichkeit zur Ausführung einer anderen (letztlichen) IRa zu schaffen. Die Tiere lernten zuerst in einer aus einem schwarzen und einem weißen Abteil bestehenden Box das weiße Abteil zu fürchten (weil sie dort Schocks erhielten), dann weiter den Schocks zu entfliehen (ESC I) sowie auch, sie durch rechtzeitiges Ausweichen zu vermeiden (DAV). Darüber hinaus lernten sie dann noch (als schon keine Schocks mehr vorkamen), ein kleines Rad zu drehen und, als diese Reaktion versagte, ein Pedal zu betätigen, um die Tür zu öffnen und dem Schockabteil zu entkommen. Diese beiden letzteren Reaktionen sind als ESC II zu betrachten.

---

15 LOCKARD, 1963; PERKINS et al., 1963; FRENCH et al., 1972; HYMOWITZ, 1973b
16 SOLTYSIK & KOWALSKA, 1960; SOLOMON & TURNER, 1962; LEAF, 1964; KINTZ et al., 1965; OVERMIER & LEAF, 1965; OVERMIER, 1966a,b; BULL & OVERMIER, 1968a,b
17 vgl. auch OVERMIER et al., 1971b

Was hier demonstriert wurde, entspricht im übrigen dem im menschlichen Alltag nicht ungewöhnlichen Fall, daß ganze *Ketten von Reaktionen* ausgeführt, lange Vorbereitungen getroffen werden, um irgendeine Unannehmlichkeit zu vermeiden.

Besondere Beachtung verdient die Tatsache, daß ESC-II-Reaktionen auch dann ausgeführt werden, und zwar mit voller Intensität und ohne Zögern, wenn sie ein unvermeidbares aversives Ereignis produzieren, d.h. formal betrachtet zunächst bestraft werden.
So fanden HARE et al. (1966), daß Vpn, die die Instruktion erhalten (und akzeptiert) hatten, sich selbst innerhalb von fünfzehn Sekunden durch einen Knopfdruck zu schocken, dies meist innerhalb der ersten Sekunde taten[18].
STRETCH et al. (1968) gaben Rhesusaffen zunächst sehr ausgedehntes SAV-Training an einem zu betätigenden Hebel. Dann wurde plötzlich dazu übergegangen, daß Schocks nur noch gegeben wurden (als „Bestrafung") für die erste Reaktion 6' nach dem letzten Schock bzw., wenn da keine Reaktion erfolgte, unvermeidbar nach Ablauf von weiteren 15". Jedesmal also, wenn das Ende der 6'-Periode sich näherte, hatten die Tiere die Wahl, entweder den Schock selbst zu produzieren und damit das Warten darauf zu beenden oder ihn abzuwarten und passiv zu erleiden. In etwa 99 % der Fälle taten die Tiere das erstere, ja sie zeigten sogar jeweils nach Ablauf der ersten Minuten eine zunehmend häufige Betätigung des Hebels, schienen also sehr darauf aus zu sein, das angstvolle Warten zu beenden, obwohl sie dafür den schmerzhaften Schock in Kauf nehmen mußten.
In völlig entsprechender Weise verhalten sich auch Ratten[19].

513 ESC III

Wird in einer bestimmten Situation eine ursprünglich als ESC I gelernte Verhaltensweise ausgeführt, obwohl der primär aversive Reiz nicht mehr vorkommt, die Reaktion also objektiv überflüssig ist, so liegt wieder ein anderer Typ von IRa vor. Dieser steht gewissen Formen von ESC II (vgl. das Experiment von MAY (1948)) nahe, zeichnet sich aber dadurch aus, daß die betreffende Reaktion in der betreffenden Situation bereits praktiziert worden ist, daß also kein „Transfer" stattfindet. Von DAV sind diese Reaktionen vor allem dadurch unterschieden, daß sie nicht auf einen Warnreiz im eigentlichen

---

18 vgl. auch D'AMATO & GUMENIK, 1960; COOK & BARNES, 1964; BADIA et al., 1966a; HARE, 1966b
19 KNAPP et al., 1959

Sinn hin erfolgen. Diese Reaktionen als ESC III gesondert zu betrachten ist aber nicht zuletzt auch darin begründet, daß im Zusammenhang mit ihnen einige ganz besondere und recht interessante experimentelle Beobachtungen („Selbstbestrafungsverhalten", s. u. 653) gemacht worden sind.

Im menschlichen Alltag kann ESC III sich etwa so darstellen:
• ein Mann hat sich bei einem häuslichen Streit ein blaues Auge zugezogen; die ersten Arbeitskollegen, die er am nächsten Tag trifft, starren ihn höchst interessiert an, was ihm unangenehm ist, und er beginnt eine lange Geschichte davon zu erzählen, wie er an das blaue Auge gekommen ist; als er dann noch weitere Kollegen trifft, beginnt er die Geschichte schon zu erzählen, noch ehe sie dazu gekommen sind, ihn anzustarren;
• ein kleines Mädchen wird von seinem Bruder durch störende Bemerkungen beim Spiel belästigt und schreit ihn schließlich an: „Verschwinde!", woraufhin er geht; als er einige Zeit danach wieder ins Zimmer kommt, jetzt ohne böse Absicht, schreit sie schon los ...

Etwas eindeutiger sind natürlich wieder die experimentellen Demonstrationen, deren es viele gibt; z. B.:
CLARK (1966) setzte Ratten ein-, zwei- oder viermal hintereinander in die kleinere von zwei aneinandergrenzenden und durch ein Loch verbundenen Boxen und bot ihnen für 10" *gleichzeitig* ein starkes Licht, ein lautes Rauschen und einen Schock durch das Bodengitter. Die Tiere konnten durch das Loch in die andere Box entfliehen. In den nachfolgenden Tests wurden die Tiere wieder in die kleinere Box gesetzt, Licht und Rauschen (die wohl BSa, aber keine Warnsignale im eigentlichen Sinn waren, da sie dem USa nicht vorausgegangen waren) wurden angemacht, nicht aber der Schock. Von den

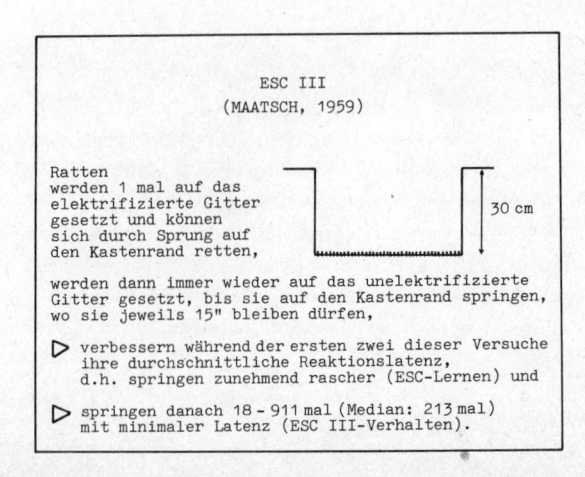

```
                    ESC III
                 (MAATSCH, 1959)

   Ratten
   werden 1 mal auf das
   elektrifizierte Gitter                    30 cm
   gesetzt und können
   sich durch Sprung auf
   den Kastenrand retten,

   werden dann immer wieder auf das unelektrifizierte
   Gitter gesetzt, bis sie auf den Kastenrand springen,
   wo sie jeweils 15" bleiben dürfen,

   ▷ verbessern während der ersten zwei dieser Versuche
     ihre durchschnittliche Reaktionslatenz,
     d.h. springen zunehmend rascher (ESC-Lernen) und

   ▷ springen danach 18 - 911 mal (Median: 213 mal)
     mit minimaler Latenz (ESC III-Verhalten).
```

500 (!) Tieren, die vier „Lernversuche" bekommen hatten, sprangen 490 beim ersten und/oder zweiten Testversuch durch das Loch.
In anderen Experimenten wurden Versuchstiere wiederholt direkt auf elektrifizierte Gitter gesetzt und konnten sich durch Sprung auf ein höhergelegenes Sims[20] oder durch Rundlaufen in einem Rundgang[21] oder durch Vorwärtslaufen in einem geraden Laufgang[22] in Sicherheit bringen. Die meisten der Tiere führten die Reaktion danach immer wieder aus, sobald sie auf das Gitter gesetzt wurden, manchmal hunderte Male hintereinander nach Empfang von einem einzigen Schock.

514 Lernen von ESC-Reaktionen

ESC-Lernen ist der einfachste Fall von Lernen angstmotivierter Reaktionen. Es ist dementsprechend in der Regel auch leicht zu erreichen, insbesondere wenn die zu lernende Reaktion aus einer natürlich-reflexhaften Reaktion auf Angst bzw. aversive Reizung entwickelt werden kann, z. B. Laufen, Springen, Zappeln, Schreien. Mit wenigen Versuchen ist dann gewöhnlich perfektes Lernen erreicht; die Beendigung des aversiven Reizes bzw. der durch ihn verursachten Angst wirkt als eine sehr effektive Belohnung, vorausgesetzt daß sie, was häufig der Fall ist, unmittelbar und nicht erst nach einer Verzögerung erfolgt[23].
In vielen Fällen von ESC II (Fälle b und c in 512) und bei ESC III kann man im übrigen von „Lernen" kaum sprechen, da eine bereits instrumentalisierte Reaktion nur auf einen neuen bzw. veränderten Reiz hin ausgeführt („transferiert") wird.

Unter bestimmten Umständen, die auch im menschlichen Alltag nicht selten realisiert sind, kann sonst einfachstes *ESC-Lernen erschwert* sein:
SELIGMAN & MAIER (1967) gaben Hunden, während sie an Gurten aufgehängt waren, 64 mal einen Schock von maximal 30" Dauer gegen ein Hinterbein. Die Tiere der einen Gruppe (E) konnten durch Pressen einer Platte mit dem Kopf den Schock jedesmal abschalten; die der anderen (K) waren individuell „gekoppelt" an jeweils ein E-Tier und erhielten den Schock immer exakt gleich lang wie dieses, nur daß sie ihn nicht selbst abschalten konnten.
Danach erhielten alle Tiere in einer Shuttle-Box DAV-Training: Es wurde wiederholt für 10" ein Licht-Warnsignal geboten, dem dann ein Schock von

---

20 MAATSCH, 1959
21 GWINN, 1949
22 z. B. SEWARD & RASKIN, 1960
23 vgl. BELL et al., 1965

maximal 60″ Dauer folgte, sofern das Versuchstier nicht vorher auf die andere Seite sprang, womit es zugleich das Warnsignal beendete (DAV-Reaktion); kam der Schock, so konnte es ihm immer noch entfliehen (ESC-Reaktion). Alle 8 E-Tiere lernten innerhalb von 10 Versuchen, dem Schock zumindest zu entfliehen; ebenso 7 von 8 der Tiere in einer zweiten Kontrollgruppe (K′), die nicht vor-geschockt worden waren; 6 der 8 E-Tiere aber entflohen dem Schock innerhalb von 10 Versuchen nur einmal oder gar nicht; sie hatten in der ersten Phase des Experiments allem Anschein nach irgendeine Reaktion, eine Anpassung an den Schmerzreiz — sehr wahrscheinlich aber nicht einfach eine motorische (Stillhalten), sondern eher eine „zentrale" (Aushalten, „gelernte Hilflosigkeit")[24] — gelernt, die sie, jetzt zu ihrem Schaden, auch praktizierten, als der Reiz, dank einer veränderten Situation, abschaltbar, ja sogar vermeidbar war.

In gleicher Weise wird ein Vater, der sein Kind Strafpredigten oder Prügel aussetzt und sich dabei von keinem Widerspruch, keiner Gegenwehr, keinem Rechtfertigungsversuch beeindrucken läßt, dem Kind die Fähigkeit nehmen, sich gegen Angriffe dieser Art zur Wehr zu setzen, und genauso werden junge Männer, wenn man sie nur lang genug militärischem Drill aussetzt, unfähig werden, gegen irgendwelchen Machtgebrauch und -mißbrauch Widerstand zu leisten.

515 ESC-Verhalten — einige Gesetzmäßigkeiten

5151 Intensität des aversiven Reizes

ESC-Reaktionen, jedenfalls ESC-I-Reaktionen, werden bis zu einer gewissen oberen Grenze umso *rascher* und *intensiver* ausgeführt, je *stärker* der aversive Reiz ist.
Auf der Flucht vor einem Schock durch einen Laufgang[25] oder von einer Schockbox in eine Zielbox[26] rennen bzw. springen Ratten umso schneller, je stärker der Schock ist, und wenn Ratten einen Schock[27] oder Katzen einen aversiven Ton[28] mittels Pedaldruck abschalten können, so tun sie das umso prompter, je stärker der aversive Reiz ist.

---

24 vgl. MAIER, 1970
25 CAMPBELL & KRAELING, 1953; TRAPOLD & FOWLER, 1960; FRANCHINA, 1966; MARSH & WALZ, 1968
26 BELL et al., 1965
27 DINSMOOR & HUGHES, 1956; STAVELY, 1966
28 BARRY & HARRISON, 1957

VAUGHN & DISERENS (1930) ließen menschliche Vpn ohne visuelle Kontrolle einen Stab durch verschiedene Labyrinthe führen und gaben ihnen elektrische Schocks, immer wenn sie sich in einer Sackgasse aufhielten; die Vpn zogen den Stab im Durchschnitt umso rascher zurück, je stärker der Schock war, dem es zu entfliehen galt.

5152 Belohnungsverzögerung

Es ist eine allgemeine Gesetzmäßigkeit, daß instrumentelle Reaktionen umso *rascher* und *intensiver* ausgeführt werden, d.h. das Individuum umso stärker motiviert erscheint, *je unmittelbarer die Belohnung der Reaktion zu folgen pflegt*[29]; für prompte Belohnung wird eifriger gearbeitet. Ändert sich die gewohnte Verzögerungsspanne, so paßt sich das Verhalten allmählich an die geänderten Verhältnisse an[30]. Entsprechendes gilt auch bei ESC-Verhalten: FOWLER & TRAPOLD (1962)[31] ließen Ratten durch einen elektrifizierten Laufgang in eine Zielbox fliehen; nach Ankunft dort endete der Schock sofort oder nach 1, 2, 4, 8 oder 16 Sekunden; je kürzer die Verzögerung war, desto rascher starteten und rannten die Tiere, wobei der Effekt in bezug auf die Laufgeschwindigkeit besonders deutlich war.
HARRISON & ABELSON (1959) fanden, daß Ratten eine Pedaldruck-IRa zur Abschaltung eines immer wiederkehrenden aversiv lauten Rauschens seltener ausführen, wenn der Reiz nicht sofort, sondern immer nur allmählich endet.
KAPLAN (1956) ließ Ratten mittels 1 bis 16 aufeinanderfolgenden Pedalbetätigungen ein aversiv starkes Licht abschalten und fand, daß sie die jeweils erste umso rascher ausführten, je weniger insgesamt nötig waren.
MOFFAT & KOCH (1973) ließen Studenten via Kopfhörer den Darbietungen eines beliebten Unterhalters lauschen, die aber immer wieder für maximal 10" unterbrochen wurden; durch Betätigung eines Hebels konnten die Vpn die Störung immer wieder beenden, und zwar mit einer Verzögerung von 0, 3, 6 oder 9". Das Ergebnis war ganz klar: je rascher der Effekt der Reaktion eintrat, desto rascher wurde sie auch ausgeführt.

5153 Belohnungsgröße

Eine weitere allgemeine Gesetzmäßigkeit des instrumentellen Verhaltens ist die, daß gelernte IR umso *rascher, stärker* und *öfter* ausgeführt werden, *je größer und „besser" die gewöhnlich erhaltene Belohnung ist*[32]. Ändert sich

---
[29] z.B. SGRO et al., 1967
[30] LOGAN, 1952
[31] ähnlich: CHURCH & SOLOMON, 1956
[32] z.B. REYNOLDS & PAVLIK, 1960

die Belohnungsgröße nach oben oder unten, so ändert sich das Verhalten rasch in der entsprechenden Weise[33]. Dasselbe gilt auch für ESC-Verhalten: Wenn Ratten durch einen elektrifizierten Laufgang in eine ebenfalls, aber weniger stark elektrifizierte Zielbox fliehen müssen, so rennen sie umso schneller, je größer die Differenz der Stromstärken ist[34]; dasselbe gilt auch, wenn sie von einem Kalt- in einen Warmwasserbehälter zu schwimmen haben[35], wobei sie bei Veränderung der Temperaturdifferenz auch ihr Schwimmtempo rasch ändern[36].

5154 Löschung

Als ein Sonderfall dieser beiden letzteren Gesetzmäßigkeiten — deren Mechanismus übrigens nicht ganz leicht zu erklären ist (kann bei Ratten eine exakte Belohnungserwartung am Werke sein und wie kann diese motivierend wirken?) — kann angesehen werden, daß eine ESC-Reaktion bald ganz aufgegeben oder wenn möglich, durch eine andere ersetzt wird, wenn sie wiederholt gar nicht belohnt worden ist, d. h. die aversive Reizung nach ihrer Ausführung fortdauerte[37].

516 ESC-Verhalten im menschlichen Alltag

Menschen erlernen im Lauf ihres Lebens gewöhnlich ein vielfältiges Repertoire an ESC-Reaktionen, mit denen sie unangenehmen Reizen oder Situationen entkommen oder sie aktiv eingreifend beenden oder mildern. Sie lernen z. B. auf physische und verbale Angriffe zu reagieren, indem sie davonlaufen, mitleiderregend weinen, sich unterwerfen oder andererseits abwehren, zurückschlagen, einschüchtern; sie können Einsamkeits-Ängsten entkommen, indem sie bestimmte Personen aufsuchen oder anrufen oder sich auch einfach „unter Menschen" begeben, oder aber auch sich nur in ihr Bett, in Wunschfantasien oder ins Lesen von Romanen flüchten; sie können Unbehagenszustände verschiedener Art mildern, durch Rauchen, Trinken, Naschen, Einnahme von Drogen, Betäubung mit lauter Musik oder mehr lokale durch Sich-Bewegen, Sich-Recken, Sich-Kratzen, Singen, Schimpfen usw.

---

33 ZEAMAN, 1949
34 CAMPBELL & KRAELING, 1953; BOWER et al., 1959
35 WOODS et al., 1964; WOODS & FELDMAN, 1966
36 WOODS, 1967
37 MARX, 1966; STAVELY, 1966

ESC-Verhalten ist gewöhnlich vergleichsweise *primitiv* und *stereotyp*; selten nur nimmt es die Form von längeren Reaktionsketten an; schließlich ist es in der Regel ein Ergebnis raschen Lernens — in einer Situation des Streß und der Überaktivierung — der ersten besten tauglichen Reaktion und wird auch im Lauf folgender Praxis selten weiter differenziert, allenfalls perfektioniert und zunehmend rasch ausführbar.

ESC-I-Reaktionen sind, von seltenen Ausnahmen (z. B. Sich-Wehren gegen eine ärztliche Behandlung) abgesehen, so gut sie immer lebensnotwendig und unproblematisch.
Für ESC-II-Reaktionen gilt, vom Subjekt her und auf kurze Sicht betrachtet, dasselbe, es wird Angst reduziert, eventuell sogar Sicherheit geschaffen, und das Individuum wird, zumindest für den Augenblick, „freier". Nicht selten aber erfolgen ESC-II-Reaktionen aus objektiv unbegründeten Befürchtungen (USa-Vorstellungen) heraus, werden ausgeführt, solange die Befürchtung besteht und solange sie irgendwie erfolgreich sind und können so für das Individuum wie auch vor allem für seine Umwelt problematisch werden — in der gleichen Weise wie „objektiv unnötige" DAV-Reaktionen, worüber noch zu sprechen sein wird (s. u. 525).
ESC-III-Reaktionen sind per definition objektiv überflüssig, dafür aber auch selten sonderlich dauerhaft.

Problematisch kann ESC-Verhalten auch dadurch werden, daß es *generalisierend* in alle möglichen Situationen übertragen wird. Zwar gilt auch hier das Prinzip der Situationskontrolle, doch kann dieses bei ausreichend starkem Trieb von dem der Motivationskontrolle „überrannt" werden. D. h. bei ausreichend starker Angst können auch ESC-Reaktionen, die im übrigen gar nicht in die Situation „passen", hervorgebracht werden, und Individuen können so mit der Zeit ganz „charakteristische" generalisierte Modi der Angstbewältigung entwickeln, z. B.
- vor allen möglichen Schwierigkeiten zu fliehen, sich zurückzuziehen, zu bescheiden, aufzugeben, sich zu unterwerfen oder
- auf Verunsicherung in sozialen Situationen aggressiv und repressiv oder auch nur formell und stur zu reagieren oder
- aus allgemeiner Existenzunsicherheit auf „neurotische" Verhaltensformen, Süchte, Verdrängungen, Lebenslügen, Sektiererei, Aktivismus und dgl. verfallen.

52 Diskriminatives Ausweich- und Vorbeugungsverhalten (DAV)

520 Vorbemerkung

Biologisch gesehen haben höhere Organismen zweifellos eine entscheidende Stärke darin, daß sie lernen können, auf *Vorzeichen von Gefahren* ausweichend oder vorbeugend zu reagieren. Unter den komplizierten Lebensbedingungen des Menschen allerdings, wo schon eine kaum merkliche oder überhaupt nicht bemerkbare Veränderung der Situation bedeuten kann, daß „alles anders" ist und ganz neue Anpassungen erforderlich sind, kann diese Fähigkeit problematisch werden, kann der sonst so lebensförderliche Mechanismus der Angst vor Gefahr selbst zur Gefahr werden.

Betrachtet man die zahllosen „problematischen" Verhaltensweisen, die Menschen hervorzubringen pflegen, all das Unnötige, Falsche, Störende, Dumme, Gefährliche, Selbstschädigende und Antisoziale, das sie, oft noch dazu mit unüberwindlicher Zwanghaftigkeit, tun, so kann man leicht zu der Ansicht kommen, daß dahinter meistens Angst steht, daß es sich psychologisch gesehen besonders oft um DAV-Reaktionen handelt — um Verhaltensweisen, die

a) auf irgendein angstauslösendes *Warnsignal* hin hervorgebracht werden,

b) *zusätzlich motiviert* sind durch die Furcht vor dem, was das Warnsignal ankündigt (USa-Vorstellung), und die dann

c) im typischen Fall sehr wirksam verstärkt werden durch die *unmittelbare Beendigung oder Veränderung des Warnsignals.*

So gesehen ist die experimentelle Erforschung von DAV-Verhalten, die zwar überwiegend an Ratten, Hunden und Affen als Versuchsobjekten betrieben worden ist, von besonderer Relevanz für das Verständnis von problematischen Verhaltensweisen von Menschen und soll deshalb hier auch mit der nötigen Ausführlichkeit dargestellt werden.

521 DAV-Lernen

5211 Die Standard-Trainingsprozedur

Der Vorgang des DAV-Lernens ist schon oben (503) an einem Alltagsbeispiel kurz beschrieben worden. Die im Laboratorium gewöhnlich angewandte Prozedur verdient aber dennoch, besonders betrachtet zu werden, da an ihr die wesentlichen Prozesse leichter klar werden.

Im instruktivsten ist immer noch die klassische Demonstration von SOLOMON & WYNNE (1953):

Hunde erhielten da in einer Shuttle-Box täglich drei Versuche der folgenden Art: Als Warnsignal gehen zunächst die Lichter in dem Abteil, in dem sich das Versuchstier gerade befindet, aus und gleichzeitig geht die „Guillotine-Tür" zwischen den Abteilen hoch und gibt die Hürde frei; 10″ später folgt ein starker Schock durch das Bodengitter, dem das Tier durch Sprung über die Hürde entfliehen kann (ESC I); springt es vorher (DAV-Reaktion), so vermeidet es den Schock und die Guillotine-Tür geht hinter ihm wieder zu.

In dieser Versuchsanordnung zeigen die Tiere sehr rasch, gewöhnlich vom dritten Versuch an, äußere Zeichen von Angst, wenn das Licht aus und die Tür hoch geht; das Warnsignal wird zu einem BSa.

Wenn der Schock kommt, springen sie mit von Mal zu Mal kürzerem Zögern über die Hürde (ESC-I-Lernen), und es dauert nicht lange (im Durchschnitt etwa fünf Versuche), bis sie, eventuell zwischendurch das eine oder andere Mal auch noch zu langsam, am Ende jedenfalls prompt und sicher springen, bevor der Schock kommt (DAV-Reaktion).

Danach wird in der Regel auch diese Reaktion immer noch schneller und schneller, am Ende mit einer minimalen Latenz von ein paar Sekunden ausgeführt — obwohl längst keine Schocks mehr empfangen werden (DAV-Perfektionierung); ja man kann dann ohne weiteres die Stromzufuhr zu dem Apparat wegnehmen, die Tiere springen trotzdem unermüdlich wieder und wieder, sobald das Warnsignal gegeben wird (unnötiges DAV).

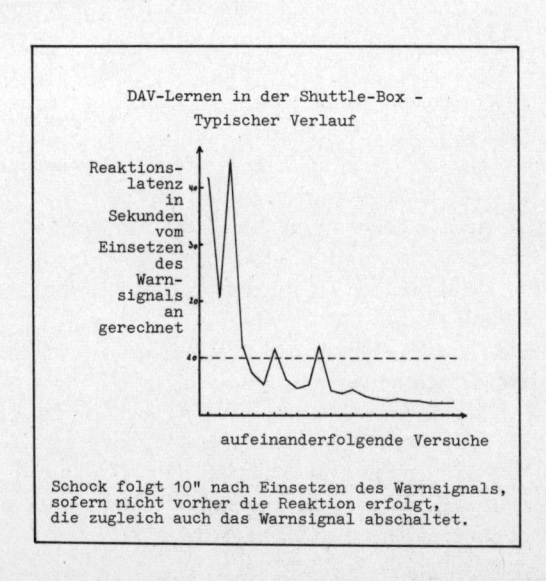

```
           DAV-Lernen in der Shuttle-Box -
                  Typischer Verlauf

Reaktions-
   latenz
      in
 Sekunden
     vom
 Einsetzen
     des
   Warn-
  signals
      an
 gerechnet

              aufeinanderfolgende Versuche

Schock folgt 10" nach Einsetzen des Warnsignals,
sofern nicht vorher die Reaktion erfolgt,
die zugleich auch das Warnsignal abschaltet.
```

Dasselbe kann genauso, wenn auch nicht ganz so leicht, mit Pedaldrücken als IRa und Ratten als Versuchsobjekten demonstriert werden; die Tiere erhalten da gewöhnlich ein Rauschen als Warnsignal, dem nach einer bestimmten Zeit ein Schock folgt; drücken sie auf das Pedal, wenn der Schock schon da ist, so schalten sie diesen und das Rauschen ab (ESC I), tun sie es rechtzeitig, so schalten sie das Rauschen ab und verhindern den Schock (DAV)[1].

STACHNIK et al. (1972) trainierten eine hungrige Taube, bei Vorhandensein eines bestimmten Lichtsignals einen anwesenden Artgenossen für Belohnung mit Futter anzugreifen; das immer wieder angegriffene Opfer erhielt dann die Möglichkeit, durch wiederholtes Hacken gegen eine Scheibe jenes Signal abzuschalten und damit die Angriffe zu vermeiden — und lernte das.

In einem etwas naturalistischeren Experiment zeigte THOMPSON (1969), daß in Gefangenschaft gehaltene Buchfinken lernen können, den arteigenen Gefahrruf (*„mobbing call"*), der in der natürlichen Umwelt der Tiere die Nähe eines Feindes signalisiert und eventuell einen Verteidigungsangriff der Schar auslöst, durch Wechseln von einer Sitzstange auf eine andere zu vermeiden, wenn er durch ein ausreichend langes Warnsignal — hier 10" — vorgewarnt wird.

5212 Varianten der Standard-Prozedur

Im Laboratorium wie auch unter natürlichen Verhältnissen entwickelt sich also eine DAV-Reaktion in der Regel aus einer ESC-Reaktion; eine Reaktion, die zunächst als ESC (*„zu spät"*) ausgeführt wird, erfolgt allmählich „antizipatorisch", d. h. bereits auf das vorausgehende Warnsignal hin (*„rechtzeitig"*). Dieses zeitliche „Vorrücken" der Reaktion ist leicht zu verstehen, wenn man annimmt, daß sie schon als ESC-Reaktion an den Angst-Trieb „gebunden" wird und dann eben, sobald der Warnreiz zu einem ausreichend effektiven Angst-Auslöser geworden ist, durch diesen hervorgerufen wird.

Entsprechend ist auch gezeigt worden, daß die *Entwicklung einer DAV-Reaktion erschwert* ist,
a) wenn die ESC-Reaktion den USa nicht sofort, sondern nur mit Verzögerung beendet[2],
b) wenn eine ESC-Reaktion überhaupt nicht möglich ist, weil dem USa, sobald er einmal da ist, nicht mehr einflohen werden kann, weil er eine fixe Zeit andauert[3] oder weil er zu kurz dauert, als daß noch reagiert werden könnte[4],

---

1 z.B. CHAPMAN & BOLLES, 1964; BOLLES et al., 1966a
2 CHURCH & SOLOMON, 1956; KAMIN et al., 1959; REYNIERSE, 1972
3 CARLSON & BLACK, 1960; MARX & HELLWIG, 1964
4 BOLLES et al., 1966b

c) wenn zur Abschaltung des USa eine andere Reaktion erforderlich ist als zu seiner Vermeidung[5].

Umgekehrt entwickelt sich eine DAV-Reaktion besonders leicht, wenn in den ersten Trainingsversuchen *nur* ESC möglich ist, sei es, weil eine zu kurze Vorwarnung (0,5″)[6] gegeben wird, sei es, weil eine Vermeidungs-Reaktion durch eine Sperre, die sich erst bei Ankunft des USa hebt, verhindert wird[7].

Wenn nun die DAV-Reaktion aufgefaßt werden kann als eine ESC-Reaktion, die vorwegnehmend bereits aus der durch den Warnreiz hervorgerufenen Angst heraus erfolgt, so müßte ihre Entwicklung auch dadurch beschleunigt werden können, daß die Angst vor dem Warnreiz vorweg gelernt wird. Dies scheint auch einigen Experimenten zufolge, in denen vor Beginn des DAV-Trainings der nachmalige Warnreiz nach dem Modus des Angst-Bedingens mit dem USa gepaart wurde, der Fall zu sein[8]; es scheint sich aber auch der gegenteilige Effekt ergeben zu können, wenn nämlich zu viele solcher Vor-Darbietungen gegeben werden und das Versuchstier lernt, die Angst irgendwie anders zu bewältigen[9] („gelernte Hilflosigkeit", s. o. 514).

Unter Laboratoriumsbedingungen entwickelt sich die DAV-Reaktion immer aus einer ESC-I-Reaktion, weil echte USa als zu vermeidende Reize verwendet werden. Unter natürlichen Bedingungen kann das zu vermeidende Ereignis aber auch ein BSa sein (z. B. Ausgelachtwerden, Getadeltwerden, schlechte Zensur, Verlust von Geld usw.); in diesem Fall würde sich eine DAV-Reaktion auf die gleiche Weise entwickeln können, nur eben aus einer ESC-II-Reaktion.

Menschen können bekanntlich auch sehr leicht lernen, auf Angst-Reize, die durch symbolische Vermittlung (s. o. 235) als solche etabliert wurden, ausweichend oder vorbeugend zu reagieren, z. B. Angehörigen von Minderheitengruppen, von denen sie durch Indoktrination Böses zu erwarten gelernt haben, aus dem Weg zu gehen oder sie vorbeugend anzugreifen. Solche Verhaltensweisen aber werden hier wie schon besprochen (s. o. 512) als ESC II klassifiziert, wenn sie auch, sobald sie einmal praktiziert werden, nach den gleichen Gesetzmäßigkeiten funktionieren wie DAV-Reaktionen.

---

5 MOWRER & LAMOREAUX, 1946
6 BRUSH, 1970
7 EDMONSON & AMSEL, 1954; KURTZ & PEARL, 1960
8 SLOTNICK, 1968; BRESNAHAN & RICCIO, 1970; ANISMAN & WALLER, 1972
9 SELIGMAN & MAIER, 1967; KUNZ & KLINGBERG, 1969

5213 Effektives und ineffektives DAV-Training

Einen vorläufigen Aufschluß über die beim DAV-Lernen bedeutsamen Faktoren erhält man, wenn man einige von den Experimenten näher betrachtet, in denen DAV-Lernen besonders rasch erzielt wurde.

DENNY & DMITRUK (1967) setzten Ratten auf das elektrifizierbare Gitter einer Schockbox und ließen nach einiger Zeit ein Guillotine-Tor hochgehen. Zehn Sekunden nach diesem Warnsignal kam der Schock, und die Tiere konnten in das etwas höher gelegene Sicherheits-Abteil entfliehen. Unter diesen Bedingungen waren im Durchschnitt nur etwa 2,5 Versuche nötig, bis die Tiere zuverlässig vermieden, d. h. sich wenigstens dreimal hintereinander bereits auf das Warnsignal hin in Sicherheit brachten.

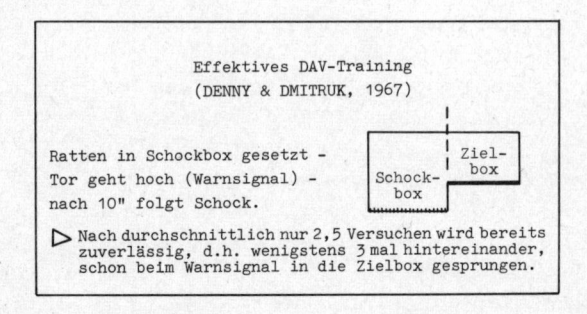

```
                 Effektives DAV-Training
                 (DENNY & DMITRUK, 1967)

    Ratten in Schockbox gesetzt -              Ziel-
    Tor geht hoch (Warnsignal) -      Schock-  box
    nach 10" folgt Schock.            box

    ▷ Nach durchschnittlich nur 2,5 Versuchen wird bereits
      zuverlässig, d.h. wenigstens 3 mal hintereinander,
      schon beim Warnsignal in die Zielbox gesprungen.
```

Dieses Experiment zeichnet sich wie die meisten anderen, in denen DAV-Training besonders erfolgreich verlief[10], dadurch aus, daß
a) eine Reaktion instrumentalisiert wurde, die als Reaktion auf einen Schmerz- bzw. Angst-Reiz von vornherein „natürlich" ist, für Ratten eben besonders Davonlaufen, Davonspringen und vor allem dadurch, daß durch diese Reaktion
b) nicht nur der Warnreiz verschwindet (weil das Tier ihn „hinter sich" bringt) und der USa ausbleibt, sondern darüber hinaus noch eine deutliche Veränderung der Situation, hier die Ankunft an einem deutlich erkennbar anderen Ort, produziert wurde.

Dementsprechend entwickelt sich umgekehrt DAV-Verhalten besonders langsam und unvollkommen, wenn
a) die zu lernende Reaktion als Reaktion auf Schmerz bzw. Angst relativ *unnatürlich* ist, z.B. für Ratten: Pedaldrücken[11], In-die-Luft-Springen im

---

10 THEIOS & DUNAWAY, 1964; MARX, 1966; MELVIN & SMITH, 1967; BAUM, 1968, 1969 a, b; DELPRATO & DENNY, 1968; BOLLES & GROSSEN, 1969; BAUM & HIGGINS, 1971; LEVIS, 1971; SHIPLEY et al., 1971
11 CHAPMAN & BOLLES, 1964; KULKARNI & JOB, 1970; REYNIERSE, 1972

Unterschied zu Laufen[12], Sich-Herumbewegen im Unterschied zu Stillsitzen[13], Sich-auf-die-Hinterbeine-Stellen im Unterschied zu Davonlaufen[14], auf eine ungeschützte Plattform springen im Unterschied zu Sich-an-eine-Wand-Drücken[15], für Tauben: Picken gegen eine Scheibe[16],
b) *schwierig oder langwierig* ist, z. B. 5 mal oder öfter Pedaldrücken[17] oder
c) eine Situation produziert, die sich von der Schmerz-Angst-Situation *nicht oder wenig unterscheidet,* wie das bei Verwendung der Shuttle-Box im Unterschied zum „Einbahn"-Apparat á la DENNY & DMITRUK (1967) der Fall ist[18] oder wenn
d) *der Warnreiz nur einen kurzen Augenblick dauert,* so daß er durch die Reaktion nicht beendet werden kann („Spuren"-Prozedur, vgl. o. 2331, Pt. 3)[19].

522 DAV-Lernen — die Bedeutung einiger variabler Faktoren

5221 Temperamentsfaktoren

Wie schon erwähnt (s. o. 36, Pt. 3), ist mehrfach gefunden worden, daß *emotional labile* oder aus sonst einem Grund von vornherein ängstliche Tiere es *schwerer* haben als unängstliche, zuverlässig funktionierende DAV-Reaktionen zu erlernen. Obwohl DAV-Reaktionen ohne Zweifel aus Angst heraus erfolgen, scheint *zu viel Angst* ihrer Stabilisierung abträglich zu sein, vermutlich dadurch, daß sie lähmend wirkt und/oder koordiniertes Handeln überhaupt erschwert.
Bezeichnenderweise ist auf der anderen Seite gefunden worden, daß *ein höherer Grad motorischer Aktivität* dem DAV-Lernen förderlich ist, daß Tiere, die konstitutionell motorisch aktiver sind[21], bei Darbietung eines BSa relativ aktiv bleiben[22], auf einen Schreck-Reiz (Pistolenschuß) stark motorisch rea-

---

12 MOWRER & LAMOREAUX, 1946
13 BRENER & GOESLING, 1970
14 BOLLES, 1969
15 BOLLES & KELLEY, 1972
16 MACPHAIL, 1968
17 BADIA, 1965
18 THEIOS & DUNAWAY, 1964; KNAPP, 1965; ANISMAN & WALLER, 1972
20 MOWRER & LAMOREAUX, 1946; BRUSH et al., 1955; BLACK, 1963; D'AMATO et al., 1968; BOLLES & GROSSEN, 1969
21 ANISMAN & WALLER, 1971
22 ANISMAN & WALLER, 1972

gieren[23] oder durch Injektion einer schwächeren Dosis Adrenalin speziell aktiviert worden sind[24], DAV-Reaktionen relativ rasch entwickeln.

5222 Intensität des zu vermeidenden Stimulus

Natürlich muß ein USa eine gewisse *minimale Stärke* haben, um vermieden zu werden[25], allzu schwache USa werden u. U. nicht einmal geflohen[26]. Andererseits ist aber im Einklang mit dem zuletzt Besprochenen sowohl bei Ratten wie auch bei Hunden des öfteren gefunden worden, daß ein USa auch *zu stark* sein kann, um noch effektiv vermieden zu werden[27], bzw. daß allgemein USa *mittlerer Stärke* am besten vermieden werden[28]. Insbesondere scheint auch das Erlernen, die Stabilisierung der Vermeidungsreaktion erschwert zu sein, wenn der zu vermeidende USa zu stark ist[29].
Wenn allerdings eine DAV-Reaktion stattfindet, dann mit umso kürzerer Latenz, d. h. *umso prompter* nach Einsetzen des Warnreizes, *je stärker* der USa ist, den es zu vermeiden gilt[30].

5223 Qualität des zu vermeidenden Stimulus

Gewöhnlich ist in Tierexperimenten der zu vermeidende USa ein elektrischer Schock, da ein solcher bequem zu applizieren und nach Stärke und Dauer zu variieren ist. Darüber hinaus sind im Laboratorium auch andere USa mit Erfolg zur Etablierung von DAV-Reaktionen verwendet worden, z. B. Unterbrechung angenehmer Musik bei Kindern[31] oder scharfe Windstöße (vorzugsweise gegen das Ohr) bei erwachsenen Menschen[32], Hunden[33], Rhesusaffen[34] und Ratten[35], die Berührung mit Wasser bei Katzen[36], der erwähnte „*mobbing call*" bei Buchfinken[37] oder der Angriff eines Artgenossen bei Tauben[38].

23 Szabó, 1967
24 Latané & Schachter, 1962
25 Brush, 1957; Hecht, 1964; Bolles & Warren, 1965
26 Bolles & Warren, 1965
27 Moyer & Korn, 1964; D'Amato & Fazzaro, 1966; Baum, 1969a; Marquis et al., 1971
28 Brush, 1957; Hecht, 1964; Bolles & Warren, 1965; Bintz, 1971
29 Bauer, 1972
30 Kimble, 1955; Carlson, 1960
31 Moffat, 1972
32 Miller et al., 1970; Maxwell et al., 1971
33 Fonberg, 1958a
34 Polidora & Boyer, 1967
35 Ray, 1966a,b
36 Czopf et al., 1964
37 Thompson, 1969
38 Skinner, 1959

Mehrmals ist gefunden worden, daß Ratten in kurze Stromstöße „zerhackte" elektrische Schocks besser vermeiden als sonst vergleichbare kontinuierliche Schocks[39], dies vermutlich, weil sie im letzteren Fall in den anfänglichen Lernphasen öfter mit Lähmung und Erstarrung reagieren.

5224 *Intensität des Warnreizes*

Es scheint festzustehen, daß bei Verwendung stärkerer Warnreize — bis zu einer oberen Grenze vermutlich — unter sonst gleichen Bedingungen DAV-Reaktionen relativ rascher gelernt und öfter hervorgebracht werden[40]; dieser Effekt tritt aber anscheinend nur hervor, wenn die Bedingungen im übrigen nicht optimal sind, z.B. ein zu starker USa verwendet wird[41].

5225 *Qualität des Warnreizes*

Das *Angehen* eines Summers oder Lichts wirkt als Warnsignal wesentlich effektiver als das *Aufhören* desselben sonst kontinuierlich vorhandenen Reizes[42]. Ähnlich wird eine Ausweich-Reaktion *weg vom Warnreiz* (Licht oder Summer oder beides zusammen) viel leichter gelernt, als eine zum Warnreiz hin, selbst wenn der Reiz infolge der Reaktion endet[43].

5226 *Dauer des Warnreizes*

DAV-Reaktionen werden in der Regel umso rascher und zuverlässiger gelernt, je länger — bis zu einer oberen Grenze vermutlich — der Warnreiz dauert[44]; andererseits aber werden sie, wenn überhaupt, umso rascher ausgeführt, je kürzer er ist[45].
Besteht der Warnreiz allerdings nur in einem kurzen Signal, dem der USa erst nach einer „stillen Pause" folgt („Spuren"-Prozedur), so gilt tendenziell das Gegenteil[46].

---

39 HURWITZ, 1964; D'AMATO & FAZZARO, 1966; MOYER & CHAPMAN, 1966
40 KESSEN, 1953; SCHWARTZ, 1958; WHITTLETON et al., 1965; ROHRBOUGH, 1971
41 BAUER, 1972
42 KISH, 1955; SCHWARTZ, 1958
43 WHITTLETON et al., 1965
44 SCHWARTZ, 1958; LOW & LOW, 1962; PEAL & EDWARDS, 1962; DAVENPORT & OLSON, 1968; BAUM et al., 1971; HUSSEY, 1971
45 BRUSH et al., 1955; LOW & LOW, 1962; BAUM et al., 1971
46 KAMIN, 1954

523 Verstärkende Effekte der DAV-Reaktion

5230 Vorbemerkung

Wenn eine DAV-Reaktion gut gelernt ist und — was nicht selten vorkommt — hunderte Male hintereinander erfolgreich (oder auch ganz unnötigerweise) und allmählich sogar mit einer gewissen „Lässigkeit" ausgeführt wird, obwohl eben schon hunderte Male dem Warnreiz kein USa mehr gefolgt ist, kann man sich fragen,
a) was für eine *Motivation* da wohl dahinter sein mag und
b) worin wohl jedesmal die *Belohnung* bestehen mag.

Denn instrumentelle Reaktionen werden einerseits in der Regel nicht ausgeführt, wenn keine Motivation da ist, und diese müßte nach den zahlreichen Nicht-Bekräftigungen „eigentlich" schon gelöscht sein; und andererseits werden instrumentelle Reaktionen früher oder später aufgegeben, wenn sie nicht belohnt werden.

Was nun das erstere betrifft, so wird man nicht um die Annahme herumkommen, daß die Motivation in jedem Fall nach wie vor Angst ist (ein wenig davon würde ja bei einer im übrigen stark stimuluskontrollierten Reaktion ausreichen), denn auch wenn die *Möglichkeit* der Angst-Löschung als erwiesen gelten kann (vgl. u. 621), so ist doch nirgendwo festgelegt, daß eine BRa nach einer bestimmten Anzahl von Nicht-Bekräftigungen „erlöschen" *müsse*.

Kurz: Frage a beruht möglicherweise auf einer unbegründeten Vorannahme und kann jedenfalls noch etwas aufgeschoben werden. Dafür aber verdient Frage b volle Beachtung, da mit ihr zugleich die Frage gestellt ist, wie Vermeidungsverhalten — durch Änderung der belohnenden Konsequenzen — gegebenenfalls geändert oder eliminiert werden kann.

Nun hat ja DAV-Verhalten seinen Namen daher und seine eigentliche Funktion darin, daß damit ein vorgewarnter aversiver Reiz (USa) *vermieden* wird. Man könnte erwarten, daß dieser Effekt — hier „noUSa" abgekürzt — auch derjenige ist, der für die Etablierung und Beibehaltung der Reaktion ausschlaggebend ist.

Tatsächlich aber steht fest, daß dieser Effekt nur einer unter anderen, und wahrscheinlich in der Regel noch nicht einmal der wichtigste ist. Jedenfalls können DAV-Reaktionen alternativ oder gleichzeitig mindestens drei Effekte haben; sie können
a) den Warnreiz und damit die durch ihn verursachte Angst beenden oder reduzieren,
b) einen sonstigen wahrnehmbaren Effekt, eine mehr oder weniger dauerhafte Veränderung der Situation produzieren, die gleichsam das Ausbleiben des USa signalisiert und
c) das Ausbleiben des USa selbst produzieren.

5231 Warnreiz-Beendigung (BSa-Ende)

Wie schon besprochen, werden aversive Reize, unbedingte wie auch bedingte, wenn möglich, geflohen oder abgeschaltet. In jedem Fall wirkt die Beendigung des Reizes als Belohnung, die zur Folge hat, daß die Reaktion — als ESC-I- oder ESC-II-Reaktion — instrumentalisiert bzw. beibehalten wird. Entsprechend müßte dann auch eine DAV-Reaktion, die zunächst den Warnreiz beendet oder verändert, hierdurch verstärkt werden, und zwar besonders effektiv, wenn dieser Effekt — was nicht selten der Fall ist — der zeitlich erste, unmittelbarste ist, den die Reaktion produziert.

So müßte beispielsweise eine Frau, die sich vor einer Nachbarin, mit der sie Streit hatte, ausweichend in ihre Wohnung zurückzieht, eine Verstärkung dadurch erfahren, daß die andere ihr aus dem Auge verschwindet, und ebenso müßte für einen Vorgesetzten, der einen herausfordernd dreinschauenden Untergebenen „vorbeugend" anschnauzt, die Veränderung im Gesichtsausdruck in Richtung „kleinlaut" belohnend wirken.

Zur Stützung dieser Annahme von der verstärkenden Wirkung der Warnreiz-Beendigung kann alle wünschenswerte experimentelle Evidenz angeführt werden:

1. KAMIN (1956) trainierte vier Gruppen Ratten in Shuttle-Box-DAV; in jedem Versuch ertönte zuerst ein Summer als Warnsignal, und dem folgte eventuell nach 5" ein Schock; dieser konnte dann nur noch durch Hinüberwechseln ins andere Abteil (ESC-IRa) beendet werden.

Gruppe 1 erhielt die Standard-Trainingsprozedur, d. h. konnte durch rechtzeitiges Reagieren (DAV-Reaktion) den Summer abschalten und den Schock vermeiden, andernfalls Summer und Schock abschalten.

Gruppe 2 erreichte durch „rechtzeitiges" Reagieren nichts als die Beendigung des Warnreizes; der Schock kam in jedem Fall und mußte durch die IRa abgeschaltet werden.

Gruppe 3 konnte umgekehrt durch rechtzeitiges Reagieren wohl den Schock vermeiden, der Summer aber dauerte in jedem Fall mindestens 5".

Für die Tiere der Gruppe 4 war die Reaktion, wenn sie auf den bloßen Warnreiz hin erfolgte, völlig ineffektiv; der Summer blieb an, bis der Schock kam und beide zusammen mußten durch die ESC-IRa beendet werden.

In 100 hintereinander gegebenen Versuchen liefen die Tiere der Gruppen 1 bis 4 im Median 82 bzw. 45 bzw. 57 bzw. 22 mal bereits auf das Warnsignal hin zur andern Seite. D. h. von den Tieren, für die der Schock unvermeidbar war (Gruppen 2 und 4) reagierten diejenigen, die zumindest den Warnreiz beenden konnten (Gruppe 2), öfter und vor allem: von den Tieren, die vermeiden konnten (Gruppen 1 und 3), reagierten diejenigen, die damit außerdem den Warnreiz beendeten (Gruppe 1) öfter.

Diese Ergebnisse sind von Bolles et al. (1966b) sowohl in der Shuttle-Box als auch in einem Laufrad, mit Vorwärtslaufen als IRa, repliziert worden.

2. In einer ganzen Reihe von Experimenten[47], unter anderem auch in einem mit menschlichen Vpn (mit Ton als Warnsignal, Schock als USa und Fingerheben als IRa)[48] ist gezeigt worden, daß DAV-Reaktionen in jedem Fall schlechter gelernt und weniger zuverlässig ausgeführt werden, wenn der Warnreiz nach der Reaktion noch eine bestimmte Zeit fortdauert, als wenn er sofort endet.

Kamin (1957b) zeigte speziell, daß einer ersten „antizipatorischen" und erfolgreich vermeidenden IRa umso rascher eine zweite folgt, je unmittelbarer die erstere mit BSa-Ende belohnt wurde bzw. je kürzere Zeit der Warnreiz nach ihrer Ausführung fortdauerte.

Auf der anderen Seite ist auch gezeigt worden, daß die Wahrscheinlichkeit einer Shuttle-Box-DAV-Reaktion von rund 90 auf rund 30 % abfallen kann, wenn sie — obwohl immer noch zur Schockvermeidung notwendig — den BSa plötzlich nicht mehr beendet oder dieser so kurz dauert (0,5"), daß er praktisch nicht abgeschaltet werden kann[49].

3. Bower et al. (1965) fanden, daß eine DAV-Reaktion rascher gelernt wird, wenn sie den Warnreiz (Ton) *vollständig* abschaltet, als wenn sie ihn nur reduziert.

4. Baum et al. (1971) setzten Ratten auf ein elektrifizierbares Gitter und klappten nach einiger Zeit — als Warnsignal und Möglichkeit zur Ausführung der IRa zugleich — eine isolierte Plattform aus; wenn die Tiere nicht rechtzeitig hochsprangen, kam nach einer bestimmten Zeit der Schock, vor dem sie dann nur noch fliehen konnten. Nach 30" Aufenthalt auf der Plattform wurde diese wieder eingeklappt und die Tiere mußten auf das Gitter zurück.

Die Tiere einer Gruppe (E) erhielten jedesmal als zusätzliches (eigentlich überflüssiges) Warnsignal einen Summer, den sie durch ihre Reaktion beenden konnten; die anderen (K) erhielten keinen Summer.

Die E-Tiere lernten die DAV-Reaktion schneller und reagierten prompter als die K-Tiere.

5. Auch der schon erwähnte mehrfach erhobene Befund, daß eine DAV-Reaktion wesentlich leichter gelernt wird, wenn der Warnreiz bis zum Eintreffen der Reaktion oder des Schocks andauert, als wenn er nur kurz dauert

---

47 Mowrer & Lamoreaux, 1942; Kamin, 1957a, b; Bower et al., 1965; D'Amato et al., 1968; Bolles & Grossen, 1969; Dua, 1970; Katzev & Hendersen, 1971
48 Wickens & Platt, 1954
49 Katzev, 1972

und zunächst eine „stille Pause" einleitet[50], kann hier noch einmal erwähnt werden.

6. Daß BSa-Ende als Verstärkung wirkt, zeigt sich auch darin, daß beim DAV-Lernen die Reaktion immer noch *verbessert*, d. h. mit zunehmendem Tempo ausgeführt wird, auch wenn USa bereits jedesmal vermieden wird und also BSa-Ende der einzige wahrnehmbare Effekt ist[51].

7. KATZEV (1971) schließlich hat gezeigt, daß eine unnötige DAV-Reaktion umso länger beibehalten (umso öfter wiederholt) wird, je relativ öfter der BSa infolge Ausführung der Reaktion (statt von selbst) endet.

5232 *Rückmeldungs-Reiz (FS-BSe)*

DAV-Reaktionen produzieren häufig, wenn nicht in der Regel, außer BSa-Ende noch andere Veränderungen in der Reizsituation, technisch gesprochen: Rückmeldungs-Reize oder Feedback-Stimuli (FS), die von verschiedener Art sein können:
a) *die Ausführung der Reaktion als solcher* (z. B. der Sprung über die Barriere, das Ballen einer Faust, ein Grinsen im Gesicht) erzeugt in den Muskeln und Sehnen des Subjekts spezifische Stimuli, die als *„propriozeptives Feedback"* der Reaktion ins zentrale Nervensystem zurückgemeldet werden und das Subjekt quasi darüber informieren, daß die Reaktion ausgeführt worden ist; in ähnlicher Weise kann auch das Hören dessen, was man selbst gesprochen hat, als akustischer FS wirken;
b) oft produziert eine DAV-Reaktion auch noch diverse *sichtbare und hörbare Effekte in der Umwelt*, z. B. ein Geräusch, eine Antwort, ein Nicken, eine Entschuldigung, ein Zusammenzucken, ein Weinen;
c) schließlich führt die DAV-Reaktion, wenn sie lokomotorischen Charakter hat, das Subjekt nicht selten in eine deutlich *veränderte Umgebung*, zu einer besonderen Person, an einen besonderen Platz, einen Zufluchtsort.

Alle derartigen Effekte werden, wenn sie als Ergebnis einer ESC-Reaktion auftreten, mit der *Beendigung* des USa und später, wenn sie als Ergebnis einer erfolgreichen DAV-Reaktion auftreten, mit seinem *Ausbleiben* assoziiert. In jedem Fall werden sie nach den besprochenen Gesetzmäßigkeiten des Sicherheits-Bedingens (s. o. 2421, Pt. 2) zu bedingten Sicherheits-Reizen (BSe). Als solche müßten sie dann vorhandene Angst reduzieren und ergo als Verstärker

---

50 MOWRER & LAMOREAUX, 1942; BRUSH et al., 1955; BLACK, 1963; D'AMATO et al., 1968; BOLLES & GROSSEN, 1969
51 z. B. SOLOMON & WYNNE, 1953

wirken können. Dies ist auch auf verschiedene Weise experimentell gezeigt worden:

1. TAUB et al. (1965) deafferentierten bei einigen Rhesusaffen den rechten Arm, indem sie die entsprechenden sensorischen Nerven vor Eintritt ins Rückenmark durchtrennten, so daß die Tiere den Arm zwar bewegen konnten — was sie allerdings spontan kaum taten —, aber keinerlei Sinnesempfindung von dort empfingen. Dann wurden die Tiere außerdem noch so in einem Apparat festgebunden, daß sie ihren Arm nicht sehen konnten und DAV-trainiert:
Ein ganz kurzes Klicken diente als Warnsignal, dem 3,5" später ein 3,5" dauernder Schock folgte, sofern nicht rechtzeitig der rechte Arm angehoben wurde, was — vermittels Fotozellen — den Schock verhinderte bzw. abschaltete.
Die Tiere brauchten im Median 19 Tage á 20 Versuche, bis sie einen festgelegten Grad von Perfektion erreichten, was signifikant mehr war, als bei einer nicht-operierten Kontrollgruppe, die im Median nur 8 Tage brauchte.
Damit ist bewiesen, daß das propriozeptive Feedback der Reaktion beim DAV-Lernen als eine wichtige, wenn auch nicht unentbehrliche Verstärkung wirkt.
Umgekehrt ist auch gezeigt worden, daß eine gelernte DAV-Reaktion zunächst vollständig verlorengeht — allerdings wiedererlernt werden kann —, wenn der Arm, der sie ausführen soll, deafferentiert worden ist[52].

2. In einer ganzen Reihe von Experimenten ist gezeigt worden, daß ein diskreter FS, ein Ton- oder Lichtsignal, das durch die DAV-Reaktion produziert wird, das Erlernen der Reaktion beschleunigt und bewirkt, daß sie mit höherer Zuverlässigkeit ausgeführt wird, und zwar sowohl, wenn der FS
a) als zusätzlicher Effekt zu BSa-Ende hinzukommt[53], als auch, wenn er
b) als unmittelbarer Effekt bei verzögertem BSa-Ende auftritt[54], als auch, wenn er
c) als einziges äußeres Feedback der Reaktion bei fehlendem[55] oder unbeendbar kurzem (Spuren-Prozedur)[56] Warnreiz auftritt.

3. Daß bei Ausweich-Reaktionen die Ankunft an einem merkbar anderen Ort das Lernen und die Stabilisierung der Reaktion fördert, deutet sich schon

---

52 KNAPP et al., 1958; TAUB & BERMAN, 1963; TAUB et al., 1965
53 BOLLES & GROSSEN, 1969, 1970; DILLOW et al., 1972
54 BOWER et al., 1965; D'AMATO et al., 1968; BOLLES & GROSSEN, 1969; KATZEV & HENDERSEN, 1971
55 BOLLES & GROSSEN, 1970
56 D'AMATO et al., 1968; BOLLES & GROSSEN, 1969

darin an, daß, wie erwähnt, das DAV-Lernen im „Einweg"-Apparat besonders gut, namentlich besser als in der Shuttle-Box, funktioniert[57].
Darüber hinaus hat KNAPP (1965) gezeigt, daß das DAV-Lernen im Einweg-Apparat rascher vonstatten geht, wenn das Schock- und das Sicherheitsabteil verschieden sind (schwarz und weiß oder umgekehrt), als wenn sie beide gleich sind.
Auch die Annahme, daß ein solcher Zufluchtsort-FS *in der Eigenschaft als BSe* verstärkend wirkt, kann sich auf einige spezielle experimentelle Befunde stützen:
• ein Einweg-DAV-Reaktion wird umso rascher gelernt, je länger sich das Versuchstier nach Ausführung der Reaktion jeweils im Sicherheits-Abteil aufhalten darf, je länger also dieses mit Sicherheit assoziiert wird[58];
• wird das Versuchstier vor dem DAV-Training wiederholt im Schockabteil eines Einweg-Apparats geschockt und dann per Hand in das Sicherheitsabteil gesetzt, so lernt es später die DAV-Reaktion umso rascher, je länger es dort Sicherheit erfahren durfte[59];
• wenn umgekehrt in dem Abteil, in das ausgewichen werden soll, vorher Schocks empfangen wurden, ist das Einweg-DAV-Lernen wesentlich erschwert[60], ein Effekt, der wiederum dadurch reduziert werden kann, daß die Angst vor dem nachmaligen Zufluchtsort noch vor dem DAV-Training durch längeren schockfreien Aufenthalt dort reduziert wird[61].

Daß das propriozeptive Feedback einer DAV-Reaktion wie auch ein durch sie eventuell produzierter äußerer FS angstreduzierend wirken, wird auf methodisch ganz andere Weise auch noch durch ein Experiment von BERSH et al. (1956) mit menschlichen Vpn demonstriert: Studenten erhielten wiederholt einen 1"-Warn-Ton, dem eventuell nach einer Pause von 6" ein Schock-USa von 6" Dauer folgte; sie sollten jeweils einmal unmittelbar und ein zweites Mal in der vierten Sekunde der Pause auf einen Knopf drücken, um den Schock zu vermeiden. Dabei wurde laufend die Herzschlagfrequenz registriert und festgestellt, daß sowohl auf den Ton-BSa wie auch auf den Schock-USa mit einer Herzschlagverlangsamung reagiert wurde, vor allem aber: die Ausführung der jeweils zweiten, der eigentlichen DAV-Reaktion bewirkte nach einiger Praxis regelmäßig eine gewisse Normalisierung des Herzschlags, und diese war besonders drastisch, wenn die Reaktion auch noch einen 1,5"-Licht-FS produzierte.

---

57 THEIOS & DUNAWAY, 1964; ANISMAN & WALLER, 1972
58 REYNIERSE et al., 1963; ZERBOLIO, 1968; REYNIERSE & RIZLEY, 1970a
59 ZERBOLIO, 1968
60 BAUM, 1965b; ZERBOLIO, 1968
61 BAUM, 1965b

Ähnlich zeigten Homzie et al. (1969) an Ratten, daß die durch eine BSa verlangsamte Herzschlagfrequenz sich rascher normalisiert, wenn das Tier den BSa durch Wechsel in das andere Abteil eines Einweg-Apparats (ESC-II-Reaktion) selbst beenden kann, als wenn der BSa ohne seine Zutun endet.

5233 *Vermeidung des drohenden aversiven Reizes (noUSa)*

Das *Nicht-Eintreffen des drohenden Reizes* nach Ausführung der DAV-Reaktion ist sicherlich kein Reiz im üblichen Sinn, spielt aber trotzdem beim DAV-Lernen eine ausschlaggebende Rolle, wie zumindest durch zwei Experimente von Bolles et al. (1966b) bewiesen ist.

In dem einen Experiment erhielten die Versuchstiere in einem Laufrad jeweils ein 0,5″-Warnrauschen, das nicht abschaltbar war, und 10″ danach einen ebenfalls nicht-abschaltbaren 0,5″-Schock — es sei denn, sie bewegten rechtzeitig das relativ schwere Laufrad ein Stück vorwärts.

In dem anderen Experiment war nur der USa unabschaltbar kurz, der BSa dauerte konstant 10″.

In beiden Experimenten lernten die Tiere, wenn auch nicht sonderlich rasch und perfekt, den USa zu vermeiden, obwohl die Reaktion außerdem nichts, weder BSa- noch USa-Ende, noch einen äußeren FS produzierte; in dem Maße, wie andererseits das propriozeptive Feedback als Verstärker eine Rolle spielte, konnte es das nur auf der Grundlage einer Assoziation mit USa-Vermeidung[62].

Man wird den Schluß ziehen müssen, daß „noUSa" doch als eine Art von Stimulus wirken, jedenfalls einen spezifischen kognitiven Prozeß — so etwas wie eine nicht erfüllte Erwartung — in Gang setzen kann, der dann auf die Reaktion, der er folgt, verstärkend wirkt.

524 DAV-Mechanismus

Das Bisherige zusammenfassend kann nun über die Faktoren, die am Zustandekommen einer DAV-Reaktion beteiligt sind oder sein können, folgendes gesagt werden (vgl. Diagramm):

---

62 vgl. auch Taub & Berman, 1963

5241 Warnsignal

DAV-Reaktionen stehen, gewissermaßen per definition, immer unter der Kontrolle eines bestimmten Reizes, einer Veränderung in der Stimulussituation, eines Warnsignals. Ohne dieses tritt in der Regel die Reaktion nicht auf. Zwar wird im Laboratorium immer wieder auch spontanes Reagieren — ohne Warnsignal — beobachtet, doch ist dies eindeutig die Ausnahme und kommt mit fortschreitendem Training immer seltener vor[63].

5242 Bedingte Angst

Das Warnsignal wirkt als ein BSa und ruft eine BRa hervor, die die entscheidende Bedingung dafür ist, daß die IRa auch tatsächlich ausgeführt wird. In vielen Fällen scheint es allerdings so zu sein, daß in der DAV-Situation, in der ja wiederholt aversive Reize empfangen wurden, Angst permanent da ist, so daß der BSa sie gar nicht erst hervorzurufen braucht, vielmehr direkt und entsprechend prompt die durch die Angst ohnehin „in Bereitschaft gehaltene" IRa auslöst.

Für die Annahme, daß derartige *„Hintergrund-Angst"* ein wesentlicher Grund dafür ist, daß DAV-Reaktionen oft sehr *prompt* erfolgen, sprechen vor allem drei Befunde:

a) Wird nach einer Sitzung, in der DAV-Reaktionen wiederholt hervorgerufen wurden, eine längere Pause eingelegt, während der sich das Versuchstier beruhigen kann, so reagiert es am Anfang der nächsten Sitzung langsamer und weniger zuverlässig und braucht erst einige *„warming up"*-Versuche, um wieder in Gang zu kommen[64].

b) Ist eine DAV-Reaktion in einer bestimmten Situation nach oftmaliger unnötiger Ausführung einmal aufgegeben worden, was wie gesagt lange dauern kann, oder ist sie im Begriffe, aufgegeben zu werden, so kann sie nach einigen unavisierten Schocks am Beginn einer Sitzung[65], u. U. auch schon nach einem einzigen[66] oder auch nach Angst-Streß außerhalb der DAV-Situation[67] wieder ungeschwächt auftreten; wobei dieser Effekt wiederum geringer ist, wenn zwischen den Schocks und der ersten Warnreiz-Darbietung einige Zeit verstrichen ist[68].

---

63 BLACK & CARLSON, 1959; SOLTYSIK & KOWALSKA, 1960
64 z.B. WEISSMAN, 1971
65 BAUM, 1967
66 BAUM, 1965a
67 GRIFFITHS, 1955
68 BAUM, 1967

c) Angstreduzierende Psychopharmaka wie Chlorpromazin und Reserpin reduzieren auch die Wahrscheinlichkeit von DAV-Reaktionen, nicht aber die von ESC-Reaktionen[69].

Daß *überhaupt* bedingte Angst — sei es durch die Situation als ganze, sei es durch das Warnsignal hervorgerufen — es ist, was die DAV-Reaktion kontrolliert, erscheint sicherlich von vornherein recht plausibel, doch kann es nicht schaden, auch einige Befunde, die diese Annahme direkt stützen, anzuführen:
a) Wie Kamin et al. (1963) zeigten, wirkt ein Reiz, der in einer DAV-Situation als Warnsignal fungiert, auch in einer CER-Situation verhaltensunterdrückend, und zwar bis zu einer gewissen oberen Grenze umso stärker, je weiter das DAV-Training fortgeschritten ist, je effektiver der Reiz dort die Reaktion kontrolliert; andererseits geht die unterdrückende Wirkung des Reizes auch in dem Maß zurück, wie die DAV-Reaktion als unnötig aufgegeben wird.
b) Mit Hunden als Versuchsobjekten ist mehrfach gezeigt worden, daß ein Warnsignal, ehe es gegebenenfalls eine DAV-Reaktion auslöst, eine bedingte Herzschlagbeschleunigung hervorruft, die bei Ausführung der IRa bzw. bei BSa-Ende auch prompt wieder zurückgeht[70].
c) Schließlich kann auch noch einmal erwähnt werden, daß gelernte DAV-Reaktionen einerseits durch außerhalb der DAV-Situation etablierte BSa[71], andererseits auch durch direkte elektrische Stimulation des Angst-Systems hervorgerufen werden können[72].

5243 USa-Vorstellung

Beim Zustandekommen der DAV-Reaktion spielt, obwohl in der Literatur bisher wenig beachtet, sicherlich auch die Vorstellung von dem zu vermeidenden aversiven Reiz — hervorgerufen und aufrechterhalten durch die Situation als ganze, den BSa und wahrscheinlich auch die BRa — eine Rolle; d. h. welche von mehreren möglichen IRa in einer Situation ausgelöst wird, hängt nicht nur vom BSa ab, sondern auch davon, was es konkret zu vermeiden gilt; außerdem ist die USa-Vorstellung vermutlich für die Auslösung der BRa bzw. die Aufrechterhaltung der Hintergrund-Angst mitverantwortlich.

Das erstere, die „kognitive Steuerung" des Verhaltens, spielt sicherlich im menschlichen DAV-Verhalten eine größere Rolle als im tierischen, kann aber auch in Tierexperimenten nachgewiesen werden:

69 McMurray & Jaques, 1959
70 Black, 1959; Soltysik & Kowalska, 1960a
71 Leaf, 1964; Overmier, 1966b, 1968; Overmier et al., 1971b
72 Delgado et al., 1954, 1956; Nakao, 1958

OVERMIER et al. (1971 b) trainierten Hunde, auf zwei verschiedene Warnsignale (BSa1 und BSa2) je verschidene DAV-Reaktionen (IRa1 und IRa2, Andrücken mit dem Kopf der rechten bzw. linken von zwei Platten) auszuführen. Für die Tiere zweier E-Gruppen signalisierten die beiden BSa je verschiedene USa (pulsierenden Schock gegen das eine Bein, kontinuierlichen Schock gegen das andere), bei der K-Gruppe signalisierten sie zufallsmäßig abwechselnd mal den einen, mal den anderen. *Die E-Tiere lernten die Reaktions-Differenzierung wesentlich rascher,* was nur zu erklären ist, wenn man annimmt, daß die durch die beiden BSa hervorgerufenen distinkten USa-Vorstellungen die „Selektion" der richtigen Reaktion mitbestimmten[73].

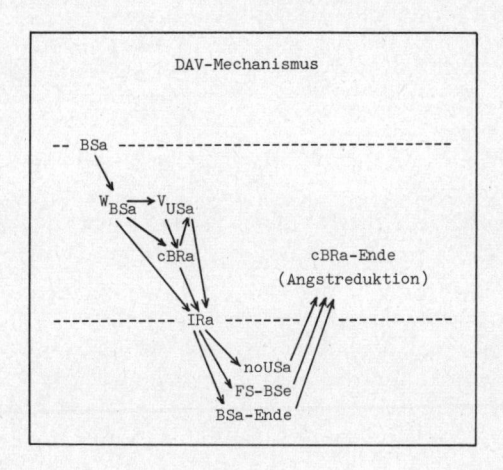

```
            DAV-Mechanismus


      -- BSa -------------------------------
              ↓↓
             W_BSa → V_USa
                    ↓↓↓
                    cBRa              cBRa-Ende
                    ↓↓↓             (Angstreduktion)
      ------------ IRa ---------↗↗↗-------------
                     ↓↓
                      noUSa
                     ↓ FS-BSe
                     BSa-Ende
```

5244 *Angstreduktion als Verstärkung*

Wie alle IRa laufen auch DAV-Reaktionen letztlich darauf hinaus, vorhandene Angst zu reduzieren und werden durch Angstreduktion verstärkt und aufrechterhalten. Die in Frage kommenden konkreten verstärkenden Prozesse sind oben ausführlich besprochen worden. Daß sie tatsächlich Angstreduktion bewirken, ist für BSa-Ende[74], für das propriozeptive Feedback der IRa[75], für distinkte FS[76] und für Zufluchtsort-FS[77] direkt bewiesen und für noUSa zumindest dadurch wahrscheinlich, daß, wie oben (2421, Pt. 2) ausgeführt, eben ein FS bei Ausbleiben des USa zu einem BSe werden kann.

---

73 vgl. SHEPP, 1962
74 BLACK, 1959; SOLTYSIK, 1960a; SOLTYSIK & KOWALSKA, 1960
75 BERSH et al., 1956
76 BERSH et al., 1956
77 KOPA et al., 1962

525 Objektiv unnötiges DAV-Verhalten

In zahlreichen Experimenten ist beobachtet worden, daß DAV-Reaktionen, wenn sie einmal zur Perfektion gelernt worden sind und BSa-Ende oder gar zusätzlich einen FS produzieren, ganz auffällig „stabil" sind, derart daß sie mit automatenhafter Zwangsmäßigkeit hunderte, ja tausende Male ausgeführt werden, obwohl längst kein USa mehr vorgekommen ist[78].
In der Shuttle-Box z.B. kann oft nach zehn oder zwanzig Versuchen die Stromzufuhr zum Apparat ganz abgeschaltet werden, so daß objektiv überhaupt keine USa-Gefahr mehr besteht, trotzdem wird u.U. unendlich weiter gesprungen, so oft BSa geboten wird.

Derartig blind-zuverlässiges Gefahr-Vermeiden ist biologisch gesehen sicherlich *sinnvoll,* unter den unnatürlichen Bedingungen des Laboratoriums oder menschlicher Lebensverhältnisse aber kann es leicht objektiv unnötig, damit sinnlos und schädlich werden, ja „irrsinnig" erscheinen. Dies letztere ergibt sich am ehesten, wenn
a) die *objektiven Verhältnisse* sich plötzlich *ändern,* ohne daß das Individuum davon erfährt und mit seinem Vermeidungsverhalten als einem *jetzt* sinnlosen fortfährt, oder wenn
b) die Reaktion *generalisierend* auf einen ähnlichen, aber harmlosen Warnreiz hin ausgeführt oder in eine ähnliche Situation übertragen wird, in der sie von vornherein unnötig ist, weil keine Gefahr besteht, oder wenn
c) die Reaktion von vornherein nur „auf Verdacht" (d.h. eigentlich als ESC-II-Reaktion), zur Vermeidung einer Gefahr, die man nur vom Hörensagen kennt (z.B. Verdammnis, kommunistische Weltrevolution), ausgeführt wird.

So schicken viele Eltern hunderte Male ihre Kinder mit autoritärem Machtwort zu einer bestimmten Zeit zu Bett und können deshalb nie erfahren, daß sie ohne das freiwillig nur wenig später gehen würden. So wehren Machthaber jede kleinste Forderung ihrer Untergebenen nach Mitbestimmung gewaltsam ab und können deshalb nie erfahren, daß demokratische Verhältnisse auch ihnen auf längere Sicht Annehmlichkeiten bringen würden. So haben Menschen zu allen Zeiten aufwendige Zeremonien gepflegt, um Leiden im Leben nach dem Tode vorzubeugen. So ist schon manches junge Mädchen zu einer alten Jungfer geworden, weil es sich bei jeder Annäherung eines männlichen Wesens ängstlich-vermeidend zurückzog ...

Offensichtlich ist die Frage nach den Ursachen dieser Stabilität unnötiger DAV-Reaktionen im Hinblick auf die Prävention und Beseitigung solcher

---

[78] z.B. SOLOMON et al., 1953; KNOLL et al., 1955; BRUSH, 1957; CARLSON & BLACK, 1959; SERMAT & SHEPARD, 1959; ROBINSON, 1961; MEYER, 1970

Erscheinungen nicht ohne praktisches Interesse. Endgültig beantwortet aber kann sie derzeit nicht werden. Es gibt mindestens fünf mögliche Antworten (Hypothesen), die alle einander nicht ausschließen:

1. Indem das Subjekt die DAV-Reaktion ausführt, *hindert es sich daran zu erfahren, daß gar keine Gefahr besteht*; es bringt sich selbst um die Chance zu einer Erkenntnis, auf Grund deren es sein Verhalten ändern könnte.

2. Die BRa, die die Motivation zur DAV-Reaktion darstellt, ist, wenn einmal mit einem ausreichend starken und/oder (wie beim DAV-Lernen üblich) nur manchmal auftretenden USa etabliert, *praktisch nicht mehr löschbar*, die Motivation zur DAV-Reaktion also jedesmal gleich vorhanden und deren Verstärkung durch BSa-Ende oder einen FS garantiert.

3. Bei einer auf Grund der bedingt-aversiven Situation ständig vorhandenen auch noch so schwachen *Hintergrund-Angst* und damit gegebenen Reaktionsbereitschaft braucht der BSa die Angst gar nicht erst besonders zu steigern, um die DAV-Reaktion hervorzurufen, sondern kann dies auch „direkt", nach Art der Auslösung eines Reflexes oder „Automatismus" erreichen; die Verstärkung ist auch in diesem Falle garantiert.

4. Der BSa ruft unweigerlich die *Vorstellung von USa* hervor, diese steigert die Angst, wirkt also zusätzlich motivierend und erhöht damit entscheidend die Wahrscheinlichkeit für das Auftreten der DAV-Reaktion.

5. Der BSa bildet zusammen mit dem propriozeptiven Feedback der Reaktion und eventuellen weiteren FS einen Stimuluskomplex, den das Subjekt von BSa-allein diskriminiert; solange BSa mit FS zusammen auftritt, ist seine Angstauslöserpotenz *gegen Löschung geschützt*"[79].

526 DAV-Verhalten im menschlichen Alltag

Es müßte klar geworden sein, daß DAV-Verhalten nicht nur eine Angelegenheit des Laboratoriums und der Rattenpsychologie, sondern vor allem auch etwas höchst Menschliches ist. Was immer wir aus einem bestimmten Anlaß tun, um irgendeinem Übel auszuweichen oder ihm vorzubeugen, ist als DAV oder auch ESC-II-Verhalten zu verstehen (etwas zu lassen, etwas nicht zu tun,

---

[79] vgl. SOLTYSIK, 1960b; CHORAZYNA, 1962; SOLTYSIK, 1963

um Bestrafung zu vermeiden, ist allerdings wie gesagt nicht DAV-Verhalten, sondern eben Unterlassen, „passives" Vermeiden!).

5261 Sinnvolles DAV-Verhalten

Natürlich ist es auch für den Menschen oft höchst vorteilhaft, DAV „zu können", z.B.
bei rascher Annäherung eines Autos die Straße frei zu machen (und zwar jedesmal!) oder
bei physischer Bedrohung mit einer Waffe sich vermeidend zu unterwerfen oder
(sofern man sicher überlegen ist) vorbeugend anzugreifen oder
vor einer Verabredung sich bei einem bestimmten Zeigerstand der Uhr zu beeilen, um nicht zu spät zu kommen, oder
ein Kind, das sich über ein Balkongitter lehnt, hereinzuholen, oder
beim ersten Anzeichen eines Fröstelns sich eingedenk der Gefahr einer Erkältung wärmer anzuziehen usw.

Viele andere Formen von DAV-Verhalten aber bringen im Endeffekt mehr Nachteile als Vorteile mit sich oder sind zumindest problematisch. Drei solche Formen sollen etwas näher betrachtet werden:

5262 Rivalisieren

Wenn zwei oder mehrere Menschen mit etwa gleich viel Macht übereinander in irgendeiner Weise aneinander gebunden sind, sei es als Ehepartner, als Geschwister, als Spiel-, Schul- oder Sportkameraden, als Berufs- oder Studienkollegen oder als Mitglieder von Entscheidungsgremien usw., — so kommt es bekanntlich allzu oft vor, daß sie statt zu kooperieren, miteinander konkurrieren und rivalisieren, speziell mit mehr oder weniger subtilen Mitteln
— einander einschüchtern, bloßstellen, lächerlich machen,
— angeben, sich voreinander aufspielen und großmachen,
— einander behindern, unterdrücken, Knüppel zwischen die Beine werfen,
— einander übervorteilen, täuschen und ausstechen,
— auch schlicht einander ärgern oder Angst machen,
— sich gegeneinander rüsten und nicht zuletzt auch
— direkt einander bedrohen, herausfordern oder angreifen.

Alle derartigen Verhaltensweisen dienen so gut wie immer objektiv oder subjektiv der Vorbeugung von entsprechenden Verhaltensweisen des jeweils

anderen, sind also als DAV- oder ESC-II-Reaktionen zu verstehen. Die möglichen Reaktionen auf solche Verhaltensweisen sind vielfältig. Im günstigsten Fall wird Ruhe, Höflichkeit oder Gleichgültigkeit gespielt und gar nicht reagiert. Häufiger aber folgen defensive (ESC-)Reaktionen: Rechtfertigung, Rechthaberei, Übertrumpfung, Gegenangriff oder auf der anderen Seite Kleinbeigeben, Unterwerfung, Abbruch des Kontakts, Aus-dem-Weg-Gehen — natürlich nicht ohne einen Rest von Ressentiment oder Rachegefühl, sprich: Angst.
Soweit derartige Verhaltensweisen als Bestrafungen für vorangegangenes Verhalten erfolgen, können sie natürlich auch die Unterlassung von Aktivitäten zur Folge haben, bis hin zur allgemeinen Verhaltenshemmung im Gegenwart des anderen.
Manche dieser Reaktionen des jeweils Betroffenen wirken nun wiederum für den anderen verstärkend, andere auch nicht und wieder andere bestrafend. Soweit Verstärkung oder auch manchmalige Verstärkung erfolgt, ist klar, daß das betreffende Verhalten dadurch fixiert wird; soweit Bestrafung erfolgt, bringt sie in der Regel zumindest keine Verbesserung des Verhältnisses und führt am ehesten zur Modifikation oder Verfeinerung des Vermeidungsverhaltens.

Nebenbei bemerkt finden derartige angstgesteuerte Interaktionen — mit prinzipiell gleichartigen Ursachen und Folgen — natürlich nicht nur zwischen einzelnen Personen und in kleinen Gruppen statt, sondern auch zwischen Gruppen, Institutionen, Parteien und Staaten, bis hin zu den sogenannten Großmächten.

Nun könnte natürlich manch einer angesichts der weiten Verbreitung solcher Interaktionsformen und nicht zuletzt zum Zweck der Selbstrechtfertigung die Ansicht vertreten, daß Rivalisieren und Konkurrieren zwischen Gleichmächtigen natürlich und zwangsläufig sei und könnte sich dabei etwa auf die Verhältnisse bei Rhesusaffen und Hühnern (nicht aber z. B. bei Schimpansen oder Ratten) berufen, und könnte vielleicht zusätzlich noch die Ansicht vertreten, daß Konkurrenz und Rivalität die eigentliche Quelle aller Entwicklung und jedweden Fortschritts seien.
Die hier vorgetragene Analyse läuft demgegenüber offenbar auf die genau gegenteiligen Aussagen hinaus: Permanentes Rivalisieren ist alles eher als zwangsläufig und „natürlich", sondern resultiert nur, wenn eine zwischenmenschliche Beziehung auf irgendeine Weise mit Angst „infiziert" wurde — sei es, daß die Angst „mitgebracht" wurde, sei es, daß sie bewußt geschaffen wurde (z.B. in der Schule, im Arbeitsleben), sei es, daß sie sich aus Mißgeschicken, Mißverständnissen oder Mangelsituationen entwickelt hat. Denn ganz offensichtlich sind die Interessen des einen Menschen nicht immer nur auf Kosten anderer zu befriedigen, ganz offensichtlich stören die Aktivitäten

des einen nicht notwendig die eines anderen, und ganz offensichtlich muß der Erfolg des einen nicht notwendig ein Mißerfolg für den anderen sein.

Auch besteht kein Zweifel, daß kooperative zwischenmenschliche Beziehungen ebenso möglich, wenn auch vielleicht nicht so verbreitet sind wie Konkurrenzbeziehungen, schließlich kommen hin und wieder dauerhaft harmonische Ehen und Freundschaftsbeziehungen, angstfreies Kooperieren zwischen Kindern, zwischen Lernenden, zwischen Wissenschaftlern, ja sogar zwischen Nationen vor. Allerdings: diese Beziehungen pflegen dauerhaft harmonisch nur zu sein genau in dem Maß wie Konkurrenz *nicht* stattfindet. Der Ausdruck „friedliches Konkurrieren" enthält realistisch betrachtet eine contradictio in adjecto; die Beispiele, die dafür angeführt werden können, sind entweder bei genauerem Zusehen gar keine (z. B. Künstlerwettbewerbe, ökonomisch-technologischer Wettbewerb, Schachweltmeisterschaften) oder sie repräsentieren seltene Ausnahmen, — und wenn Olympiaden und dgl. völkerverbindend wirken, so tun sie das eher trotz als wegen der dabei stattfindenden Wettkämpfe.

Für die oft beschworene Produktivität konkurrierenden Arbeitens im menschlichen Alltag gibt es keine wissenschaftlich brauchbaren Beweise. Was die Alltagsbeobachtung aber eindeutig immer wieder zeigt, ist, daß Konkurrieren mit Energie- und Zeitvergeudung und reduzierter Auseinandersetzung mit der Sache verbunden zu sein pflegt; daß es zu Frustration und Angst und damit zu reduzierter Produktivität bis hin zur Lähmung jedweder Aktivität führen kann — wobei möglicherweise sorgfältig reguliertes und kontrolliertes *Konkurrieren zwischen Gruppen* (z. B. Schulklassen)[80] eine Ausnahme macht.

Die Beziehung zwischen konkurrierenden Partnern ist in jedem Fall labil; sie ist letztlich dazu bestimmt, in *gegenseitigem Vermeiden* oder in irgendeiner Form von *kriegerischer Entzweiung* zu enden oder in ein *Herrschaftsverhältnis* (s. den folgenden Abschnitt) umzuschlagen; nur unter unnatürlichen Umständen, z. B. unter dem Zwang repressiver Konventionen, können rivalisierende Partner, z. B. Eheleute, über lange Perioden beisammenbleiben — und einander aufreiben.

5263 Zwingen und Gehorchen

Ein anderer Fall liegt vor, wenn zwischen den interagierenden Partnern ein Machtgefälle besteht. Auch da kommen sehr häufig angstgesteuerte Interaktionsformen vor, die aber nicht die Form des gegenseitigen Bedrohens und Kleinmachens, sondern typischerweise die des Zwingens auf der einen und des Gehorchens auf der anderen Seite annehmen.

---

80 BRONFENBRENNER, 1972 (amerikanisch 1970)

Zwang-Gehorsam-Interaktionen finden in der Realität am häufigsten zwischen Erwachsenen und Heranwachsenden, zwischen Vorgesetzten und Untergebenen und zwischen Obrigkeiten und Untertanen statt. Einen praktisch besonders relevanten, weil in den Konsequenzen besonders weittragenden Fall von Zwang-Gehorsam-Interaktion stellt die in vielen Schulsystemen übliche Lehrer-Schüler-Beziehung dar, und an sie soll im folgenden vorwiegend gedacht werden, wenn auch die Aussagen, die zu machen sind, entsprechend abgewandelt auch auf Verhältnisse wie sie in der Arbeitswelt, beim Militär, in kirchlichen Institutionen und in vielen Familien zu finden sind, zutreffen.

Zunächst zur schlichten Beschreibung dessen, worum es geht:
Zwingen beginnt damit, daß jemand, der „Zwinger", jemand anderen bedroht, d. h. *in Angst versetzt*. Das geschieht im primitivsten Fall durch Vorzeigen einer Peitsche oder dgl., das Zeigen einer drohenden oder weinerlichen Miene aber tut es ebenso, und sehr bewährt sind verbale Formeln wie „du wirst eingesperrt" oder „— verhauen" oder „— ausgelacht" oder „— rausgeschmissen" oder „du fällst durch", „du darfst nicht fernsehen", „— nicht hinausgehen", „kriegst eine 6", „wirst aus der Gemeinschaft der guten Menschen ausgestoßen", „— verdammt", „— irgendeinmal in unvorstellbarer Weise bestraft" usw.
Oft braucht dieser erste Schritt nicht explizit getan zu werden, das Individuum *weiß* aus selbstgemachter, Beobachtungs- oder symbolvermittelter Erfahrung ohnehin schon, was ihm in einer bestimmten Situation (z. B. in der Schule) oder überhaupt permanent droht — oder es „weiß" es auch nicht bewußt, spürt nur die Angst, die Regung seines „Gewissens", was im Effekt vollauf genügt.
Der zweite Schritt besteht dann im *Hervorlocken* — durch Vorzeigen, Andeuten, Nahelegen, Befehlen oder auch Probierenlassen — *des erwünschten Verhaltens*.
Schritt eins und zwei zusammen sehen konkret etwa so aus: „Du fällst durch, es sei denn, du lernst das hier auswendig", „Ich schlage dich, es sei denn, du gibst mir, was ich verlange", „Du fällst in die Ungnade des Allmächtigen, es sei denn, du tust, wie es geboten ist" usw. Im Normalfall folgt dann das erzwungene Verhalten.
Soll nun aber dieses Verhalten in Zukunft wieder oder leichter hervorlockbar sein, so ist als dritter Schritt *Belohnung in Form von Angstreduktion*, durch Fortnahme oder Milderung der Bedrohung erforderlich, was gewöhnlich dadurch geschieht, daß der Zwinger seine Zufriedenheit irgendwie kundgibt (womit er zugleich zeigt, daß er sich belohnt fühlt, d. h. für sein Zwingen verstärkt worden ist).

Es müßte hiermit klar sein, daß Gehorchen unter Bedrohung mit einer aversiven Konsequenz im Weigerungsfall — vom schlichten Befolgen von Instruktionen ist hier natürlich nicht die Rede — ein typischer Fall von DAV-Verhalten ist.
Diese Aussage könnte noch etwas verdeutlicht werden durch die Beschreibung eines Experiments, in dem Lovaas et al. (1965) durch eine leicht modifizierte Form von Shuttle-Box-Training (s. o. 5211) bei zwei entwicklungsgestörten menschlichen Kleinkindern — mit vorübergehendem Erfolg — gewisse erwünschte Verhaltensweisen instrumentalisierten bzw. erzwangen, doch ist nicht unbedingt jedes Experiment wert, im Detail beschrieben zu werden, selbst wenn es unbestreitbar instruktiv ist...

Zum zweiten wären nun zum Thema „Zwingen und Gehorchen" einige vor allem für die pädagogische Praxis relevante Feststellungen zu treffen, und zwar mit einer gewissen Ausführlichkeit, weil eine Analyse dieser überaus alltäglichen Erscheinungen bisher allem Anschein nach in keiner Sozialpsychologie geleistet worden ist:

1. Alltägliche Erfahrung und die gesamte DAV- und SAV-Forschung zeigen klar, daß das Verhalten von höheren Organismen und insbesondere auch des Menschen durch Zwang gesteuert und geändert werden kann, und daß insbesondere auch *Lernen unter Zwang möglich* ist. Ja unter Umständen können sich Individuen sogar unter Zwang durchaus reichhaltige Verhaltensrepertoires aneignen. Bertrand (1967) z.B. beschreibt das auf einer Südseeinsel übliche Training von Affen im Pflücken von Kokosnüssen, bei dem die Tiere — nicht sonderlich rasch übrigens — unter Anwendung von nichts als Zwang und belohnender Zwangsreduktion eine Folge recht unwahrscheinlicher Reaktionen lernen und dann im Dienste ihrer Zwinger fleißig produzieren. (Nicht ohne allerdings bei jeder sich bietenden Gelegenheit ihre Abscheu vor der erzwungenen Arbeit und ihren Haß gegenüber dem Zwinger zu zeigen.) Daß Lernen unter Zwang möglich ist, belegen natürlich auch die — wenn auch begrenzten — Erfolge deutscher Gymnasien älterer Provenienz oder der Ausbildung in militärischen Eliteverbänden.

2. Alltäglich beobachtbar ist auch, daß Zwingen zwar überaus üblich, im Ergebnis aber doch selten ganz erfreulich ist — oft nicht einmal für den erfolgreich Zwang Ausübenden. Es ergibt sich die Frage, warum es dann so unausrottbar üblich ist.
So schwierig eine vollständige Antwort sein mag, in jedem Fall gilt:
Es ist erstens *überaus leicht,* Menschen Angst zu machen und vermittels dieser Angstmotivation zu zwingen und sie danach durch Reduktion der gemachten Angst zu belohnen.

Zum anderen aber — und das hängt mit dem ersten zusammen — wird derjenige, der Zwang ausübt, hierfür häufig *unmittelbar belohnt,* wenn nämlich der andere gehorcht; die Unmittelbarkeit der Belohnung macht ihre Wirksamkeit aus und überdeckt die Wirkung eines eventuell später eintreffenden Nachteils (Bestrafung, z. B. durch den Haß des Gezwungenen).
Daß die Belohnung nur „manchmal" und nicht „jedesmalig" erfolgt, hat zur Folge, daß das Verhalten, hier das Zwingen, besonders „hartnäckig" (technisch: „resistent gegen Löschung") erscheint.
Diese Erklärung für die Häufigkeit sinnlosen Zwingens ist in etwa die gleiche, wie sie auch für die Häufigkeit sinnlosen Strafens gegeben werden kann (s. o. 357).

3. Betrachtet man etwas näher einige beliebige Fälle von Zwangsausübung im menschlichen Alltag, besonders in Erziehungssituationen, so stellt man fest, daß der „Zwinger" gewöhnlich aus der gleichen Motivation heraus handelt, wie der „Gehorcher", nämlich aus Angst. D. h. das Verhältnis zwischen Zwinger und Gehorcher ist im Ansatz dasselbe wie das zwischen zwei Rivalen: beide wirken aufeinander aversiv, machen einander Angst. Das Besondere im Zwinger-Gehorcher-Fall liegt darin, daß hier ein eindeutiges Machtgefälle besteht, und die Verhaltensweisen der Partner folglich nicht gleichartig, sondern komplementär sind, woraus sich dann auch ergibt, daß Zwinger-Gehorcher-Beziehungen im Unterschied zu Rivalenbeziehungen oft überaus dauerhaft sind.
Die Angst des Zwingers vor dem Gehorcher — die er übrigens, in seiner Rolle gefangen, immer verleugnen wird — kann alle möglichen Ursachen haben; bei autoritären Eltern und Lehrern handelt es sich wohl am häufigsten

— um Unsicherheit, die durch das unvermeidliche Anderssein des Heranwachsenden und die Schwierigkeit, mit ihm zu kommunizieren, ausgelöst wird;
— um Angst vor Versagen in der Rolle als Erzieher;
— um Angst vor Blamage und Entmachtung;
— um Angst vor kritischen Reaktionen der „Bezugsgruppe", der Verwandten, Nachbarn, Kollegen etc.

Ein entscheidender Grund dafür, daß inkompetente und unsichere Erzieher bevorzugt zu Zwangsmitteln greifen, liegt — abgesehen davon, daß es in der Gesellschaft vorgelebt und gefordert wird — letztlich einfach darin, daß Zwingen als eine eher primitive Methode, auf Menschen einzuwirken, im Zustand von Angst und Streß und Verwirrung oft faktisch das Einzige ist, wozu der Betreffende imstande ist. Außerdem wird Zwingen natürlich, wenn es wiederholt verstärkt wird, genauso gelernt und zu einer „Gewohnheit" wie irgendein anderes Verhalten oder eine Fertigkeit auch und wird dann gegebenenfalls auch in relativ angstfreien Situationen praktiziert — einfach weil keine anderen Verhaltensmöglichkeiten geübt worden sind.

4. Verhaltensweisen, die erzwungen werden, sind immer solche, die das Individuum im gegebenen Augenblick oder überhaupt nicht von sich aus hervorbringen würde. Eben weil die Motivation des Individuums es nicht zu dem erwünschten Verhalten veranlassen würde, wird ihm gleichsam eine andere Motivation gemacht, nämlich Angst, auf daß es das Erwünschte tue.
Nun ist es aber so, daß die Verhaltensweisen, die einer von sich aus bleiben ließe, in der Regel auch objektiv nicht in seinem Interesse liegen, weder auf kürzere, noch auf längere Sicht.
M. a. W.: *erzwungen werden in aller Regel Verhaltensweisen, die im Interesse des „Zwingers" nicht aber des „Gezwungenen" liegen.* Darüber sollten auch die defensiven Beteuerungen vieler Erzieher, sie wollten ja immer nur das Beste für den „Zögling" und man müsse junge Menschen eben zu ihrem Glück zwingen, nicht hinwegtäuschen; ganz im Gegenteil: zu Verhaltensweisen, die ihnen nützen, braucht man Menschen (wie auch Tiere) normalerweise nicht zu zwingen. *Zwingen setzt vielmehr ganz offensichtlich eine starke Motivation auf seiten des Zwingers voraus, und diese ist in aller Regel eine höchst „persönliche".* — Das Zwingen zu einem notwendigen Arztbesuch oder zur Einnahme eines bitter schmeckenden Medikaments sind Beispiele für die seltenen Ausnahmen von dieser Regel.

5. Zwingen setzt immer eine zumindest situativ-augenblickliche *Überlegenheit* des Zwingers voraus. Es kann sich da im Einzelfall um ökonomische, um psychologische (Informations-) oder auch um physische Überlegenheit handeln, wobei man aber realistisch bleiben und die Bedeutung der *physischen Überlegenheit*, der Überlegenheit in der Fähigkeit, dem anderen durch Aggressionsdrohung Angst zu machen, nicht unterschätzen sollte — was bliebe wohl von der Überlegenheit der Eltern über ihre Kinder, der Lehrer über ihre Schüler, der Männer über ihre Frauen, der ökonomisch Herrschenden über die Beherrschten, wenn sie sich nicht auf Überlegenheit in Körpergröße, Gewicht und Verfügung über Waffen stützen könnte?

6. Wie besprochen, gilt für alles instrumentelle Lernen das Prinzip der *Motivationsgebundenheit*. Dieses besagt hier, daß Verhaltensweisen, die unter Zwang bzw. Angst erstmals ausgeführt und danach gelernt worden sind, auch in Zukunft in der Regel *nur unter Zwang* (der sich natürlich in seiner Form wandeln kann) bzw. Angst ausgeführt werden.
Genauer gesagt: Wenn einer einmal erfolgreich zu einer Verhaltensweise gezwungen worden ist, so wird er sie mit gesteigerter Wahrscheinlichkeit wieder ausführen, — *sofern und nur sofern* er sich wieder gezwungen sieht. Die betref-

fende Verhaltensweise kann natürlich nach wie vor auch aus anderen Motivationen heraus vorkommen — das aber eher trotz als wegen des einmal erfolgten Zwanges; m. a. W. die Wahrscheinlichkeit, daß das Verhalten „freiwillig", d. h. aus einer anderen Motivation als Angst heraus ausgeführt wird, wird durch erfolgreiches Zwingen zumindest nicht erhöht[81]. Im menschlichen Alltag kommt es sogar vor, daß nach Fortfall eines Zwanges die Nicht-Ausführung des erzwungenen Verhaltens besonderes Vergnügen (Erleichterung) bereitet.

Unbestritten ist zwar, daß ein und dasselbe Verhalten, z. B. Studieren, bei ein und demselben Individuum bei verschiedenen Gelegenheiten aus verschiedenen Motivationen heraus erfolgen kann, ja daß sogar in Ausnahmefällen ein ursprünglich unter Angstmotivation zustandegekommenes Verhalten, z. B. Klavierspielen, bei allmählicher Veränderung der Belohnungsform, schließlich aus sog. intrinsischer Motivation (Neugier-Stimulationshunger) heraus vorkommen kann. Ausschlaggebend für die Praxis aber sollte die folgende Regel sein: Soll ein Verhalten, z. B. Lesen in einer Fremdsprache, Beschäftigung mit Mathematik, aus einer bestimmten Motivation, z. B. Neugier-Stimulationshunger heraus erfolgen, so sollte es von Anfang an an diese Motivation gebunden werden (was wesentlich häufiger möglich ist als pessimistische Pädagogen glauben); es, wenn auch „nur" zunächst, zu erzwingen, trägt zu diesem Ziel in der Regel nichts bei; wer das tut, erreicht zwar meistens, daß das betreffende Verhalten — zu seiner kurzsichtigen Zufriedenheit — zunächst vorkommt, wird aber später zu seiner Enttäuschung erfahren, daß es aufgegeben wird, sobald der Zwang wegfällt und nur noch Neugier-Stimulationshunger als Motivation in Frage kommt.

So führt das Arbeiten und Studieren unter Zwang, das an den bundesdeutschen Schulen (und sicherlich nicht nur dort) üblich ist, mit einer gewissen Zwangsläufigkeit zu der bekannten Erscheinung, daß Menschen, nachdem sie der Schule entronnen sind, sich nur in den seltensten Fällen „freiwillig" (aus Neugiermotivation) weiterbilden und z. B. auf der Hochschule, wo weniger direkter Zwang ausgeübt wird, plötzlich „ohne" Studienmotivation dastehen.

7. Zwang funktioniert nur, solange die erzwungene Verhaltensweise für das Individuum die *einzige* oder doch wenigstens die *bequemste* und *ungefährlichste* Möglichkeit ist, den Zwang zu beenden bzw. das Angedrohte zu vermeiden.

Sehr häufig hat das Individuum objektiv auch andere Möglichkeiten, namentlich zwei: zu *fliehen* und *anzugreifen*.

Fliehen — aus der Schule, dem Elternhaus, aus diversen anderen Zwangssituationen — kommt bekanntlich immer wieder vor, ist aber andererseits in

---

81 vgl. WONG, 1971; DECI, 1972

der Regel mit starker Strafe bedroht und wird folglich gewöhnlich unterlassen. Andere Möglichkeiten der Flucht aber, wie Krankwerden, Drogengebrauch, Sich-dumm-Stellen, Mitgleiderregen, Passivität werden dagegen seltener bestraft und entsprechend häufiger praktiziert.

Angreifen ist natürlich noch stärker mit Strafe bedroht als Fliehen, aber jeder weiß, daß es dennoch gelegentlich stattfindet — und hier sollte jeder Erzieher, insbesondere jeder Lehrer, wohl bedenken: Wer Zwang als Mittel zur Hervorbringung erwünschter Verhaltensweisen anwendet, darf sich nicht wundern, wenn er, sobald er sich eine Blöße gibt, sobald eine Chance besteht, ihn ungestraft anzugreifen, auch tatsächlich angegriffen wird — verbal, physisch oder auch indirekt (z.B. per Angriff auf Schuleigentum, auf die Institutionen, die er repräsentiert, auf andere ältere Personen).

Denn es ist völlig natürlich und im Grunde *lebensnotwendig*, daß Menschen eine Quelle der Bedrohung, jedenfalls wenn sie „nicht mit sich reden läßt", anzugreifen, zu schwächen, auszuschalten versuchen — die Bedrohungsreduktion, die dabei erfolgt, ist schließlich eine Belohnung, und eine sehr effektive noch dazu.

In der Praxis kommen viele Leute, z.B. junge Lehrer, oft ganz „unschuldig" dazu, daß sie angegriffen werden, obwohl sie selbst (noch) gar keinen Anlaß dazu gegeben haben. Dies ist sehr einfach mit dem Prinzip der Generalisation zu erklären: In dem Maß, wie z.B. der progressive Junglehrer (trotz allem) durch Alter, Aussehen, Rolle, Position im Klassenzimmer usw. seinem zwingenden und strafenden Vorgänger ähnelt, löst er bei seinen Schülern Angst und Haß und infolge davon eventuell Aggression aus, und in dem Maß, wie die Schüler ahnen, daß sie in diesem Fall für Aggression nicht oder weniger wahrscheinlich bestraft werden (weil der andere neu und noch unsicher ist) werden sie sich ihm gegenüber noch eher aggressiv verhalten.

8. Auf Grund der Gesetzmäßigkeiten des Angst-Bedingens gilt:
Die *Person*, die gedroht und gezwungen hat,
die *Situation*, in der das geschehen ist und nicht zuletzt
die *Tätigkeit*, die erzwungen wurde,
werden in Zukunft infolge assoziativer Verbindung mit dem Angedrohten zwangsläufig Unbehagen-Unruhe-Angst auslösen — und wenn das Individuum eine Möglichkeit hat, der Person, der Situation, der erzwungenen Tätigkeit ungestraft zu entfliehen (ESC) bzw. sie zu vermeiden (DAV), so wird sie das tun; in jedem Fall aber wird das Individuum freiwillig nichts tun, was es in die Nähe des Angstauslösers (Person, Situation, Tätigkeit) bringen könnte („passives Vermeiden", Unterlassen).

9. Wie oben schon angedeutet, sind Individuen, die unter Zwang stehen (es sei denn, dieser wäre sehr subtil, sehr vorsichtig angewandt), weniger als andere

in der Lage, sich flexibel zu verhalten, differenziert wahrzunehmen, zu entscheiden und zu handeln. Im Extremfall kann das die Form der völligen *Verhaltensblockierung*, der Unfähigkeit, überhaupt noch irgendetwas zu tun, annehmen — einer der wenigen Effekte, durch die ein zwingender Erzieher gegebenenfalls erfahren kann, wie sehr er durch seine Methode seine eigentlichen Ziele sabotiert. (Oft wird allerdings diese Verhaltensblockierung noch dem Opfer zur Last gelegt und von „Renitenz" oder „Verhaltensstörung" und dgl. gesprochen.)
Hinzu kommt, daß unter Angst auch alles assoziative Lernen — mit Ausnahme des Lernens bedingter Angst-Reaktionen — d. h. jeder Wissenserwerb, jede Begriffsbildung, jede Entwicklung von Verständnis und Einsicht erschwert ist. M. a. W.: Anwendung von Zwang in pädagogischen Situationen wirkt zwangsläufig *verdummend*.

10. Die oft so genannte *„Mißerfolgs-Motivation"* ist als eine Variante der Angst-Zwang-Motivation aufzufassen. Mit Recht spricht man auch von „Mißerfolgsvermeidung", worin zum Ausdruck kommt, daß Mißerfolg in vielen Situationen ein aversives Ereignis ist (per Assoziation mit Bestrafung vor allem in Form von Isolierung), das denn auch wie andere drohende aversive Ereignisse vermieden wird.

11. Gehorchen kann genauso wie Zwingen zu einer „Gewohnheit" werden, wenn es a) häufig gefordert und verstärkt wird und wenn b) zugleich — wie in der Praxis autoritärer Erziehung üblich — eigene Initiativen und vor allem Ungehorsam jeder Art verhindert und gegebenenfalls bestraft werden. Welche Formen automatisch-gewohnheitsmäßiges Gehorchen im ungünstigen Fall annehmen kann, braucht wohl kaum expliziert zu werden, aber es sollte vielleicht ausdrücklich gesagt werden, daß es sehr handfesten empirischen Daten zufolge, jedenfalls in den USA[82] und in der BRD[83], nicht etwa nur ausnahmsweise gelernt wird.

5264 Zeremonielles und zwanghaftes Verhalten

Nicht selten tun Menschen immer und immer wieder Dinge, die ihnen nichts einbringen, als allenfalls ein Gefühl der „Pflichterfüllung", sprich: Erleichterung, Dinge, die also im günstigsten Fall nichts weiter als sinnlos sind, die aber durchaus auch problematisch sein können, insofern als sie von notwendigen Aktivitäten abhalten und Problemlösungen verhindern können.

---

82 MILGRAM, 1963, 1965a, b
83 MANTELL, 1971

Gedacht ist hier an Kulthandlungen und Zeremonien aller Art und an die vielfältigen Formen, die die Unterwerfung unter „internalisierte" gesellschaftliche Zwänge annehmen kann, aber auch an individuelle — und in diesem Fall gern als „neurotisch" klassifizierte — Zwangshandlungen, konkreter: an religiöse Kulthandlungen, das Absolvieren von Feiern und Festen, an akademische Riten, das Erfüllen von Konsum- und Kleidungszwängen, die Demonstration von Artigkeit und guten Manieren, den Gebrauch von standardisierten Redensarten, bis hin zum Schreiben von Einleitungen in Schulaufsätzen oder von historischen Überblicken in wissenschaftlichen Texten, individuellen Pedanterien, Wasch- und Putzzwängen usw.

Soweit derartige Verhaltensweisen aus bestimmten Anlässen erfolgen und dem Individuum nichts als ein Sicherheitsgefühl einbringen bzw. im Falle ihrer Nicht-Ausführung negative Konsequenzen irgendwelcher Art, und sei es nur ein schlechtes Gewissen, sind sie ohne weiteres als DAV-Verhaltensweisen zu verstehen; diese Deutung kann sich zusätzlich noch darauf stützen, daß auf die Blockierung derartiger Verhaltensweisen oft mit starker Angst reagiert wird und daß sie, wenn sie einmal eingefahren sind, die gleiche Dauerhaftigkeit zeigen, wie das Shuttle-Box-Springen entsprechend trainierter Hunde.

Genau besehen handelt es sich auch bloß um Sonderfälle gehorchenden Verhaltens; die Besonderheit besteht lediglich darin, daß hier das zu vermeidende Übel nur mehr oder weniger diffus geahnt wird und daß keine konkrete Person als „Zwinger" auftritt; populär wird in solchem Fall dann gern von „internalisierten Zwängen" gesprochen.

Viele dieser Verhaltensweisen wirken sicherlich gemeinschafts- und kulturerhaltend, obwohl sie für sich genommen sinnlos sind; das aber kennzeichnet weniger ihren Wert als die Dürftigkeit dieser Gemeinschaften und Kulturen, und soweit sie verbreitet sind und so wenig sie hinterfragt zu werden pflegen, so sehr lassen sie den Menschen als ein *animal irrationale* erscheinen.

53 Freies (nicht-diskriminatives) Vorbeugungs-Verhalten (SAV)

531 SAV-Lernen

5311 Die Standard-Trainingsprozedur

Die typische SAV-Lernsituation sieht im Laboratorium etwa wie folgt aus: Das Versuchstier oder die Versuchsperson erhält in regelmäßigen Intervallen (wobei die Regelmäßigkeit als solche ohne besondere Bedeutung ist) aversive Reize (z. B. Schocks) und kann mit einer bestimmten Reaktion den nächsten Reiz für eine bestimmte Zeit aufschieben. Die Reaktion wird, wenn sie erst einmal ein oder einige Male hervorgebracht oder hervorgelockt worden ist, zunehmend häufig und regelmäßig ausgeführt, d. h. am Ende *immer wieder* und *ohne besonderen äußeren Anlaß*, dazu gewöhnlich mit wesentlich höherer Frequenz als eigentlich nötig, so daß der aversive Reiz bald nur noch selten, am ehesten noch am Anfang einer Sitzung, vorkommt.

Solches Training ist bereits oben an mehreren Stellen konkreter beschrieben worden (1173, 1272, 1273, 2421, Pt. 2). Hier wäre zunächst nur noch zu ergänzen, daß es nicht nur mit Hunden und Ratten, sondern auch mit Goldfischen[1], Katzen[2], Rhesusaffen[3] und nicht zuletzt auch mit Menschen erfolgreich durchgeführt worden ist, wobei die Experimente mit menschlichen Vpn natürlich besondere Beachtung verdienen:

Zum ersten ist da mehrfach gezeigt worden, daß Menschen im Prinzip genauso wie tierische Versuchsobjekte ohne Vorwarnung immer wiederkehrende elektrische Schocks, sei es durch Knopfdrücken[4], Hebelziehen[5] oder auch durch Reden[6] zu vermeiden lernen können, wobei sie sich allenfalls etwas unberechenbarer verhalten und größere interindividuelle Unterschiede in der Reaktionshäufigkeit zeigen als Ratten und besonders Hunde.

In einigen weiteren Experimenten ging es in ähnlicher Weise um die Vermeidung etwas andersartiger, regelmäßig wiederkehrender aversiver Ereignisse, z. B. um die Vermeidung des Verlustes von Münzen aus einem Münzenmagazin[7] oder von auf einem Zähler erscheinenden Punkten[8], um die Ver-

---

1 BEHREND & BITTERMAN, 1963; PINCKNEY, 1968
2 SIDMAN, 1954
3 APPEL, 1960
4 ADER & TATUM, 1961; ADER & SCIBETTA, 1964
5 STONE, 1961
6 DAVISON & KIRKWOOD, 1968
7 STONE, 1961
8 BARON & KAUFMAN, 1968

meidung eines den Verlust von Geld aus einem Guthaben anzeigenden Lichts[9], um die Vermeidung immer wiederkehrender, beim Lesen hinderlicher Verdunkelung[10]. In wiederum einigen anderen Experimenten mit Menschen und mit Tieren (Tauben und Schimpansen) als Versuchsobjekten, ging es um die Vermeidung immer wiederkehrender *time-outs* von der Möglichkeit, Geld zu verdienen[11] bzw. sich Futter zu beschaffen[12].

5312 *Varianten der Standard-Prozedur*

In der typischen SAV-Situation ist der zu vermeidende Reiz von kurzer Dauer und nicht abschaltbar. Er kann aber auch so gewählt werden, daß er über längere Zeit andauert und mittels der Vermeidungsreaktion auch *abgeschaltet* werden kann.

So z. B. in einem Experiment von HEFFERLINE et al. (1959): hier empfingen menschliche Vpn über Kopfhörer Musik, die alle 20″ durch Rauschen gestört wurde; durch Ausführung einer winzigen, für sie selbst gar nicht merkbaren, nur mit Hilfe einer Elektromyogramm-Apparatur feststellbaren Bewegung des linken Daumens konnten sie diese Störungen abschalten und auch hinausschieben, d. h. vermeiden — und lernten das auch.

Ähnlich in einem Experiment von BRENER (1966), in dem zu dem Rauschen in der Musik noch elektrische Schocks kamen und als Reaktionen von einigen Vpn Herzschlagverlangsamungen, von anderen Herzschlagbeschleunigungen produziert werden mußten.

Unter Verwendung einer derartigen Prozedur ist u. a. auch gefunden worden, daß ein schwach aversiver Reiz (Verlust von 86 Punkten — von ursprünglich 99999 — in 20″) u. U. nicht vermieden, sondern nur gegebenenfalls abgeschaltet wird, ein stärker aversiver Reiz aber (Verlust von 800 oder 1500 Punkten in 20″) auf jeden Fall vermieden wird[13].

Eine zweite Variante der SAV-Prozedur liegt vor, wenn dem regelmäßig programmierten aversiven Reiz noch ein *Warnsignal* bestimmter Dauer vorausgeht. Es wird da, sofern der Reiz durch Reagieren während des Warnsignals noch vermieden werden kann, relativ häufig erst auf das Warnsignal reagiert, aber durchaus auch hin und wieder vor seinem Einsetzen, d. h. zu seiner Vermeidung[14]; in diesem letzteren Fall liegt genau besehen eine völlig neue, vierte

---

9 WEINER, 1963, 1964
10 SHIPLEY et al., 1972
11 BARON & KAUFMAN, 1966; HOGAN et al., 1968
12 MORSE & HERRNSTEIN, 1956; FERSTER, 1958
13 WEINER, 1964
14 SIDMAN, 1955b; SIDMAN & BOREN, 1957; BEHREND & BITTERMAN, 1963

Form von IRa vor, die man Vermeidungs-Vermeidung (AV-AV) nennen könnte.

532 SAV-Lernen und -Verhalten — die Bedeutung einiger variabler Faktoren

Die Bedingungen, die SAV-Lernen und -Verhalten beeinflussen, sind nicht ganz so gründlich erforscht wie das für DAV gilt. Als gesichert aber kann gelten:

1. Je dichter die zu vermeidenden aversiven Reize aufeinanderfolgen, d. h. *je kürzer das „Schock-Schock-Intervall"*, desto *rascher* wird unter sonst gleichen Umständen die Vermeidungs-Reaktion gelernt[15].

2. Je *länger* die durch die Reaktion geschaffene „Atempause", das *„Reaktion-Schock-Intervall"*, desto *rascher* wird unter sonst gleichen Umständen die Vermeidungs-Reaktion gelernt[16].

3. Produziert die Reaktion außer noUSa auch noch irgendeine Art von *FS*, so wird sie *rascher gelernt* und *regelmäßiger ausgeführt*[17].

4. Je *kürzer* — bis zu einer unteren Grenze vermutlich[18] — das *„Reaktion-Schock-Intervall"*, desto *öfter* wird die Reaktion ausgeführt[19].

5. Uabhängig vom Verhalten des Subjekts präsentierte *BSa*[20] oder *„freie" Schocks*[21] steigern in aller Regel die Reaktionsfrequenz, *BSe*[22] und angst-

---

15 BLACK & MORSE, 1961; LEAF, 1965; POWELL, 1971
16 ADER & SCIBETTA, 1964; HOGAN et al., 1968; BOLLES & GROSSEN, 1970
17 BOLLES & POPP, 1964; LEAF, 1966; BOLLES & GROSSEN, 1969, 1970; ELLIOTT & KING, 1970; HURWITZ et al., 1972
18 vgl. PINCKNEY, 1968
19 SIDMAN, 1955a,b; MORSE & HERRNSTEIN, 1956; SIDMAN et al., 1962; BARON & KAUFMAN, 1966; LEAF, 1966; DAVISON & KIRKWOOD, 1968; HOGAN et al., 1968; SHNIDMAN, 1968
20 SIDMAN, 1960; RESCORLA & LOLORDO, 1965; LOLORDO & RESCORLA, 1966; RESCORLA, 1966; LOLORDO, 1967; BARON & KAUFMAN, 1968; GROSSEN & BOLLES, 1968; RESCORLA, 1968b; MARTIN & RIESS, 1969; WEISMAN & LITNER, 1969; DESIDERATO, 1970; PAYNE, 1972
21 SIDMAN et al., 1957; APPEL, 1960; SIDMAN et al., 1962
22 RESCORLA & LOLORDO, 1965; RESCORLA, 1966; LOLORDO, 1967; GROSSEN & BOLLES, 1968; KAMANO, 1968b; RESCORLA, 1968b; WEISMAN & LITNER, 1969; DESIDERATO, 1970

hemmende Pharmaka (hier: Chlorpromazin)[23] reduzieren sie. Es kann hierin ein indirekter Beweis dafür gesehen werden, daß SAV-Verhalten aus Angst resultiert.

6. Versuchstiere können, wenn geeignete *diskriminative Stimuli* da sind, lernen, zwischen einer Situation, in der Schocks vorkommen und einer anderen, in der keine vorkommen, zu unterscheiden und in der letzteren (die wahrscheinlich als eine Art „Kontrast-BSe" wirkt) das Reagieren sein zu lassen[24].

7. Die *Art der geforderten Reaktion* ist hier ebenso von Bedeutung wie bei DAV (s. o. 5213). Ratten lernen und praktizieren als SAV-IRa wesentlich leichter bzw. zuverlässiger eine „fluchtartige" Reaktion (Springen über eine Hürde in der Shuttle-Box) als eine „zupackende" (Pedaldrücken)[25].

8. SAV-Verhalten kann, genauso wie DAV-Verhalten, beeinträchtigt sein, wenn die zu vermeidenden aversiven Reize *allzu stark* sind[26].

533 Mechanismus des SAV-Verhaltens

SAV-Verhalten erscheint auf den ersten Blick leicht etwas rätselhaft — eine IRa wird immer wieder ausgeführt, anscheinend ohne einen auslösenden BSa, oft über lange Perioden ohne einen motivierenden USa und vor allem anscheinend ohne jede Verstärkung. Es ist aber dennoch leicht zu verstehen, wenn man nur zwei Annahmen macht:
a) daß zwar keine diskreten BSa vorkommen, dafür aber *die Situation als ganze permanent angstauslösend wirkt,* und so ein auslösender Stimulus und eine Motivation nicht nur nicht, sondern sogar *ständig* gegeben sind und
b) daß die Reaktion (außer einem an sich wahrscheinlich wenig wirksamen noUSa) auf jeden Fall ein *propriozeptives Feedback* einen mit noUSa assoziierten *FS-BSe* produziert und durch diesen jedesmal *verstärkt* wird.
Die typische SAV-Reaktion hätte demnach die Eigenart, daß sie gewissermaßen *in sich selbst* erleichternd bzw. befriedigend wirkt.

---

23 Dalrymple & Stretch, 1971
24 Appel, 1960a
25 Riess, 1971
26 Johnson & Church, 1965

534 SAV-Verhalten im menschlichen Alltag

SAV-Verhalten könnte, mehr noch als DAV, leicht als eine bloße Spezialität amerikanischer psychologischer Laboratorien erscheinen, ist aber bei näherem Zusehen ebenfalls als etwas durchaus sehr Menschliches zu erkennen. Wann immer jemand in einer Situation, in der er unsicher ist, wiederholt und ohne besonderen Anlaß bestimmte Dinge tut, insbesondere wenn diese als willkürlich und nicht zwingend notwendig erscheinen, ist Anlaß, sich zu fragen, ob es sich nicht um SAV-Verhalten handeln könnte, so z. B.
• wenn jemand sich in einer Darlegung, seines Zuhörers unsicher, immer wieder durch Floskeln wie „Nicht wahr?!", „Stimmt's?" oder „Verstehst Du?" ein wenig Sicherheit verschafft (und dafür eventuell sogar verstärkende FS in Form von höflichem Kopfnicken erhält);
• wenn ein Schuldirektor oder Manager von Zeit zu Zeit durch sein Revier spaziert und nach dem Rechten sieht oder auch einfach sich aufspielt;
• wenn der Boß einer Bande von Zeit zu Zeit einen Raufhandel provoziert, bei dem er sicher siegt und Selbstbestätigung gewinnt;
• wenn ein Mensch aus Angst vor Schmutz oder Bakterien sich dreißigmal am Tag die Hände wäscht und alle Türklinken putzt usw. (s. auch oben 5043, Pt. 5).

54 Angstmotivierte Aggression

Es müßte nunmehr an verschiedenen Stellen deutlich geworden sein, daß angstmotivierte instrumentelle Verhaltensweisen aller drei Haupttypen (ESC, DAV, SAV) die Form von aggressiven Reaktionen annehmen können; ja, man kann sagen, daß *Aggression* letztlich eine von zwei grundlegend verschiedenen Möglichkeiten ist, *auf Bedrohung zu reagieren* — die andere wäre *Rückzug-Flucht*. Hieran war gedacht, als oben zwischen *umweltverändernden* (häufig eben aggressiven) und *lokomotorisch-selbstverändernden* IRa unterschieden wurde.

Nun ist man allerdings dem populären Verständnis nach geneigt, aggressive Verhaltensweisen eher mit *Ärger-Zorn-Wut* in Zusammenhang zu bringen als mit *Angst*. Sicherlich ist auch, wie noch auszuführen sein wird, Ärger gewissermaßen eine „natürliche" Ursache von aggressivem Verhalten, wie andererseits Rückzug-Flucht eine der „natürlichsten" Reaktionen auf Angst ist; *dennoch muß nicht jedes aggressive Verhalten mit Ärger zu tun haben*, und im Zustand der Angst können ohne weiteres *auch andere als fluchtartige Reaktionen* instrumentalisiert werden — nicht zuletzt eben aggressive.

Es ergibt sich folgende These: *Viele, wenn nicht die meisten aggressiven Verhaltensweisen, die Menschen gegeneinander hervorbringen*, insbesondere die wirklich folgenschweren — die Aggression gegen Kinder und Jugendliche, gegen Untergebene und Ausgebeutete, gegen Außenseiter, Andersdenkende und Andersrassige, auch die Auflehnung gegen die Unterdrücker und nicht zuletzt Polizei-, Militärgewalt und Krieg — *sind als angstmotivierte instrumentelle* Verhaltensweisen zu verstehen, je nachdem als ESC-, DAV- oder SAV-Verhalten. Diese These enthält drei Aussagen, die besondere Beachtung verdienen:

1. Aggressive Verhaltensweisen sind häufig, wenn nicht meistens *instrumentelle* Verhaltensweisen, d. h. *gelernte* Verhaltensweisen, die hervorgebracht werden, um gewisse Problemsituationen zu bewältigen. Als solche sind sie in eine Reihe zu stellen mit anderen mehr oder weniger universal vorkommenden bzw. angewandten Verhaltensweisen, z. B. Sprechen, Arbeiten, Suchen, Planen, sie sind gewissermaßen *„gar nichts Besonderes"*.

Soweit es sich um gelernte instrumentelle Verhaltensweisen handelt, sind aggressive Verhaltensweisen vor allem auch prinzipiell immer *auswechselbar* gegen andere, aggressive wie nicht-aggressive. Wie jeder in seinem Alltag beobachten kann, gibt es sehr häufig Situationen, *in denen objektiv sowohl aggressive wie nicht-aggressive Reaktionen möglich sind*, wobei beide a) *aus der gleichen Motivation* resultieren, b) *gleich aufwendig,* c) *gleich effektiv* und d) *gleich wenig „natürlich"* sein können. So kann z. B. eine Mutter, die ihr Kind mit einer Schere an einer Steckdose hantieren sieht, das Kind anschreien und ihm die Schere entreißen, sie kann das Kind aber auch ruhig ansprechen und ohne Gewaltanwendung aus der Situation herausführen.

An diesem Beispiel müßten zwei Dinge einsehbar werden:
a) daß in vielen Situationen, in denen üblicherweise aggressives Verhalten hervorgebracht wird, andere, nicht-aggressive Verhaltensweisen *ebenso möglich und effektiv* (und auf längere Sicht möglicherweise sogar vorteilhafter) wären und
b) daß — auch in Angstsituationen — nicht-aggressive Verhaltensweisen *in prinzipiell gleicher Weise* gelernt werden können wie aggressive, — wenn auch vielleicht nicht ganz so leicht, da nicht-aggressive Problemlösungen oft vergleichsweise differenziert und schwierig sind.

2. Instrumentelle Verhaltensweisen, nicht-aggressive wie aggressive, sind immer „motiviert" — durch einen aus einer begrenzten Anzahl von Trieben, von denen die wichtigsten Hunger, Durst, Sex, Neugier, Zorn und Angst sind. Aggressive instrumentelle Verhaltensweisen sind besonders häufig motiviert durch *Angst* — und vergleichsweise selten durch einen der anderen Triebe. Hieraus folgt, daß jeder *Abbau von Angst* und Unsicherheit in einer Gesellschaft einen *Abbau von Aggression* im Gefolge haben müßte. Bei „Abbau von Angst" wiederum ist an drei Dinge zu denken:
a) Angst kann „abgebaut" werden durch *Beseitigung* angstauslösender, verunsichernder Faktoren in den *physischen Lebensbedingungen* der Menschen,
b) Angst kann „abgebaut" werden positiv durch *Herstellung von Sicherheit,* vor allem vermehrten freundlichen Kontakt zwischen Menschen,
c) Angst kann schließlich „abgebaut" werden durch *Abbau von Aggression* (im Sinne von Einübung nicht-aggressiver Konfliktlösungsmethoden), denn Angst ist bei Menschen zumeist entweder eine Folge von Isolierung oder eben von Aggression oder Aggressionsdrohung in sozialen Konfliktsituationen.
Dies letztere bedeutet, daß dem bekannten Prinzip der Gewalteskalation potentiell ein Prinzip der *Gewaltdeeskalation* entsprechen müßte, das in Gang kommt, sobald und wo immer ernsthaft mit dem „Abbau von Aggression" im obigen Sinn begonnen wird. Ja, bei einem Vergleich der im christlichen Mittelalter gängigen Gewaltexzesse mit den in denselben Regionen heute üblichen Kommunikations- und Konfliktlösungsformen — so deprimierend diese für empfindliche Seelen auch immer noch sein mögen — könnte man sogar die Ansicht vertreten, daß diese Gewaltdeeskalation aufs Ganze gesehen schon längst, langsam aber sicher, in Gang ist.

3. Soweit instrumentelle aggressive Verhaltensweisen angstmotiviert sind, werden sie verstärkt und aufrechterhalten — nicht durch irgendeine unspezifizierbare Art von „Effekt"[1] — sondern *durch Angstreduktion.*
Hieraus folgt unter anderem, daß viele aggressive Verhaltensweisen *zu eliminieren sein müßten,* wenn man ihnen nur die Verstärkung durch Angstreduktion vorenthielte — denn instrumentelle Verhaltensweisen aller Art werden früher oder später aufgegeben, wenn sie nicht mehr verstärkt werden.
Was im nächsten Kapitel über die Eliminierung von angstmotivierten instrumentellen Verhaltensweisen zu sagen sein wird, wird vor allem von dieser Überlegung her praxisrelevant.

---

[1] vgl. z. B. BANDURA & WALTERS, 1963, Kap. 3; BUSS, 1971; STAUB, 1971

Kapitel 6
Eliminierung von Angst-Reaktionen, Angst-Effekten und angstmotivierten instrumentellen Verhaltensweisen

61	*Eliminierung ungelernter Angst-Reaktionen*	246
62	*Eliminierung einfacher bedingter Angst-Reaktionen*	247
	620 Prinzip der Löschung	247
	621 Löschung von BRa	247
	622 Widerstand gegen Löschung	248
	623 Mechanismus der Angst-Löschung	249
	624 Schlußfolgerungen	254
63	*Eliminierung passiven Vermeidens (Unterlassens)*	255
64	*Eliminierung von Vorsichts-Reaktionen*	256
65	*Eliminierung angstmotivierter instrumenteller Verhaltensweisen* . .	257
	651 ESC I	257
	652 ESC II	257
	653 ESC III	258
	654 „Notwendiges" DAV	262
	655 „Unnötiges" DAV	263
	6551 Zwanghaft-unnötiges DAV	263
	6552 Vorenthaltung von BSa-Ende	264
	6553 Vorenthaltung von FS	265
	6554 Verhinderung der Reaktion	266
	6555 Bestrafung der Reaktion	268
	6556 Schlußfolgerungen	269
	656 SAV	270
	6561 „Notwendiges" SAV	270
	6562 „Unnötiges" SAV	270
66	*Eliminierung komplexer Angst-Reaktionen (Phobien)*	272
	660 Vorbemerkung	272
	661 Desensitivierung	273
	662 Implosivtherapie	276
	663 Modellbeobachtung	277
	664 Angeleitete Teilnahme	278
	665 Gegenbedingen mit Sicherheits-BS	279
	666 Angstbeherrschungstraining	280

61 Eliminierung ungelernter Angst-Reaktionen

Allem anderen vorweg muß zunächst klargestellt werden, daß Angst-Reaktionen, die auf nicht-gelernten, vorprogrammierten Assoziationen beruhen, d. h. URa, z. B. auf Schmerz oder Atemnot, prinzipiell *nicht „verlernt"* werden können. Sie können allenfalls im Augenblick ihrer Auslösung durch Sicherheits-Reize oder durch gelernte instrumentelle Angst-Hemmungs-Reaktionen reduziert werden.

Auch ist eine gewisse *Gewöhnung* an öfter wiederkehrende USa möglich, derart,
daß etwa nach wiederholtem Auftreten eines schwächeren USa ein unvermittelt auftretender stärkerer USa derselben Art (z. B. Schock) eine relativ geringere Wirkung hat[1] oder
daß die Etablierung einer BRa erschwert ist, wenn das Versuchstier vorher den USa des öfteren — ohne Vorwarnung — zu spüren bekommen hat[2].
Die einzige Möglichkeit einer effektiven Eliminierung ungelernter Angst-Reaktionen läge letztlich in neuochirurgischen Eingriffen (Zerstörung des Angst-Systems oder von Teilen davon, Durchtrennung von Nervenbahnen, s. o. 1322).

---

1 HENDRY & VAN-TOLLER, 1965
2 KAMIN, 1961 b

62 Eliminierung einfacher bedingter Angst-Reaktionen

620 Prinzip der Löschung

Allgemein gilt das Prinzip, daß bedingte Reaktionen in Stärke bzw. Wahrscheinlichkeit mehr und mehr abnehmen, *wenn wiederholt der auslösende BS ohne den „bekräftigenden" US auftritt („Löschung")*. Dabei ist es wesentlich, daß der BS tatsächlich vorkommt, und zwar wiederholt, denn „Vergessen" oder „Absterben" einer BRa einfach so „mit der Zeit" kommt allem Anschein nach nicht oder in praktisch nicht bedeutendem Umfang vor (vgl. o. 2388). „Löschung" ist somit sowohl im Hinblick auf die Operation als auch im Hinblick auf den Effekt der genaue Gegenbegriff zu „Bedingen":
— *Bedingen* geschieht durch wiederholte Darbietung eines *BS mit US* und resultiert in der *Etablierung* einer BR,
— *Löschung* geschieht durch wiederholte Darbietung eines *BS ohne US* und resultiert in der *Eliminierung* einer BR.

621 Löschung von BRa

Auch bedingte Angst-Reaktionen können den vorliegenden tierexperimentellen Befunden zufolge nach diesem Prinzip gelöscht werden. Jedenfalls verliert ein BSa, wenn er oft genug ohne USa vorgekommen ist, allmählich seinen hemmenden Effekt auf nicht-angstmotiviertes Verhalten (CER)[1], wie auch seinen beschleunigenden Effekt auf angstmotiviertes (SAV-)Verhalten[2], und angstauslösende Örtlichkeiten (Schock-Boxes) werden nach längeren Perioden erzwungenen aber ungestörten Aufenthalts dort weniger gemieden bzw. eher betreten[3].

Unbedingt wesentlich für den Erfolg einer BRa-Löschung ist allerdings, *daß der USa in der ganzen Situation nicht mehr vorkommt*, d.h. auch nicht in zufallsmäßiger oder entfernter Verbindung mit dem zu löschenden BSa; die zufallsmäßig abwechselnde Darbietung von BSa und USa trägt so wenig zur Löschung einer BRa bei wie zu ihrer Etablierung[4].

---

1 ESTES & SKINNER, 1941; CHURCH, 1959; RESCORLA, 1968a; TAIT et al., 1969
2 LoLORDO, 1967; KAMANO, 1968b
3 KURTZ & PEARL, 1960; BAUM, 1965b; NELSON, 1966
4 AYRES & DeCOSTA, 1971

Wenn nun gesagt ist, daß wiederholte Darbietung von BSa-ohne-USa zur Löschung einer BRa führen *kann,* so darf das nicht so verstanden werden, als sei das immer und notwendigerweise so. Im Gegenteil: Löschung geschieht nicht entfernt mit der gleichen Zwangsläufigkeit wie Bedingen, ja möglicherweise voll überhaupt nur unter hochgradig kontrollierten und unnatürlichen Laboratoriumsbedingungen. Jedenfalls *können BRa praktisch unlöschbar* werden, namentlich wenn

a) die durch den USa ausgelöste URa extrem stark war[5] (z. B. Erstickungsangst) und wenn

b) der auslösende BSa so reduziert (kurzzeitig) dargeboten wird, daß er nicht voll erkannt werden kann[6] (vgl. o. 2333).

Beides — Unlöschbarkeit traumatisch bedingter Ängste und Unlöschbarkeit von BRa auf unterschwellige, nicht-erkannte Auslöser — kommt im menschlichen Alltag ohne Zweifel nicht selten vor.

622 Widerstand gegen Löschung

Wie eben schon angedeutet, ist beim Versuch der Löschung von BRa — wie übrigens auch von anderen BR — so etwas wie Widerstand gegen Löschung zu beobachten. Um eine BRa zu löschen, ist in der Praxis regelmäßig *ein Vielfaches an BSa-ohne-USa-Präsentationen* nötig als BSa-USa-Präsentationen nötig waren, um sie zu etablieren[7] (vgl. o. 2332).

Auch beobachtet man nach anscheinend endlich geglückter Löschung nach einer Ruhepause bei erneuter Darbietung des BSa nicht selten sog. *„spontane Erholung"* — kaum verminderte Wiederkehr — der BRa. Und wenn einmal nach wiederholten Löschungs-Sitzungen auch diese nicht mehr stattfindet, so ist es immer noch überaus leicht, *die BRa mit ein paar BSa-USa-Präsentationen voll wiederherzustellen*[8], ja es genügt u. U., nur den USa — ganz ohne BSa — einige Male vorkommen zu lassen, um die gelöschte BRa wiederzubeleben[9].

Nun ist der Widerstand gegen Löschung einer BRa eindeutig eine Funktion der Stärke des bedingenden USa[10]; man kann also nicht eigentlich sagen, daß BRa grundsätzlich schwerer zu löschen als zu etablieren sind, nur: praktisch ist es so, daß nur solche BRa „der Rede wert" sind, die stark genug sind, um

---

5 Masserman & Pechtel, 1953; Campbell et al., 1964
6 Lowenfeld et al., 1956; Wall & Guthrie, 1959; Cole & Sipprelle, 1967
7 z. B. James, 1971
8 Kurtz & Pearl, 1960; Kamano, 1968b
9 Hoffman, 1965
10 Annau & Kamin, 1961; Church et al., 1970

sich im Verhalten bemerkbar zu machen, und wenn es einmal so weit ist, dann gilt eben die genannte Gesetzmäßigkeit.

Der Widerstand gegen Löschung einer BRa ist im übrigen — abgesehen von der Bedeutung der USa-Intensität — auch noch
a) größer nach manchmaliger im Gegensatz zu jedesmaliger Bekräftigung (s. o. 2336)[11] und
b) geringer, wenn die BRa eigentlich eine „GRa" ist, d. h. auf einen generalisierten Angst-Auslöser hin erfolgt[12].

Schließlich wäre zu erwähnen, daß die Löschung einer BRa beschleunigt werden kann, wenn der BSa zunächst in stark reduzierter und von Mal zu Mal leicht zunehmender Intensität dargeboten wird[13].
Auch kann sie indirekt mit Hilfe angstreduzierender Pharmaka (hier: Chlorpromazin) beschleunigt werden, wenn die so bewirkte Angstreduktion dazu führt, daß das Subjekt sich dem BSa stärker aussetzt, ihn weniger meidet[14].

623 Mechanismus der Angst-Löschung

Der Ausdruck „Löschung", zu dem leicht „ausradieren" oder „vernichten" assoziiert wird, ist etwas irreführend. Ganz allgemein sind gelöschte Assoziationen sicherlich nicht einfach „weg", sondern viel eher „außer Betrieb", was sich nicht zuletzt darin zeigt, daß sie wie erwähnt stets mit größter Leichtigkeit „wiederbelebt" werden können. Wenn aber Löschung nicht „Ver"-Lernen ist, so kann es nur „Neu"-Lernen sein oder anders: *Löschung könnte aufgefaßt werden als ein Lernprozeß genauso wie Bedingen, nur eben mit dem gegenteiligen Ergebnis.* Für die Ansicht, daß Löschung und Bedingen gleichartige Prozesse nur mit unterschiedlichen Vorzeichen sind, sprechen vor allem einige bemerkenswerte Parallelitäten zwischen beiden:

a) Es ist mehrfach gezeigt worden, daß Löschung keineswegs, wie man annehmen könnte, Bedingen voraussetzt. Vielmehr kann ein Stimulus „gelöscht" werden, obwohl er noch nicht bedingt worden ist — etwa in der Weise, daß er zunächt öfter *ohne jede Konsequenz* präsentiert und danach erst mit US gepaart wird, wobei sich zeigt, daß er nun nur schwer zu bedingen ist, und zwar umso schwerer, je öfter er ohne Konsequenz auftrat. Das ist besonders beim

---

11 BRIMER & DOCKRILL, 1966; HOMZIE et al., 1969
12 KAMIN et al., 1963; HOFFMAN, 1965
13 KIMBLE & KENDALL, 1953
14 NELSON, 1967

Bedingen von Angst[15], aber auch von angstkontrollierten Reflexen (z.B.Beinrückzug, Lidschlag)[16] gezeigt worden. — D.h. durch „Vor-Löschung" kann ein Reiz „resistent gegen Bedingen" werden, genauso wie er durch Bedingen „resistent gegen Löschung" wird.

b) Tritt während oder vor einem Reiz, der als BS wirksam ist oder gerade als solcher etabliert wird, ein beliebiger neuer, „fremder" Reiz auf, so erfolgt eine reduzierte BR, und man spricht da von *„äußerer Hemmung"*[17]. Wird umgekehrt ein solcher „Störreiz" während oder vor einem Reiz geboten, der als BS einmal wirksam war, jetzt aber gelöscht ist oder im Begriffe ist, gelöscht zu werden, so tritt die BR plötzlich wieder oder stärker als sonst auf, es findet *„Enthemmung"* statt[18]. — D.h.: die Auslösung einer BR infolge Bedingen kann durch einen fremden Reiz genauso gestört werden wie ihre Nicht-Auslösung infolge Löschung.

c) Durch Bedingen erhalten wie besprochen (s.o. 2385) auch dem BS ähnliche Reize (GS) nach Maßgabe ihrer Ähnlichkeit mit dem BS die Fähigkeit, die BR auszulösen („Generalisation"). Vollkommen entsprechend gilt: wird ein GS des öfteren ohne US geboten, also gelöscht, so verlieren auch andere Reize, namentlich auch der eigentliche BS, nach Maßgabe ihrer Ähnlichkeit mit dem GS die Fähigkeit, die BR auszulösen („Löschungsgeneralisation")[19]. — M.a.W.: Der Effekt der Löschung generalisiert genauso wie der des Bedingens.

d) Wieder-Bedingen nach Löschung geht stets rascher als das erste Bedingen[20]. Umgekehrt gilt auch, daß eine zweite Löschung nach Bedingen-Löschung-Wiederbedingen gewöhnlich rascher erzielt wird als die erste[21].

All das speziell auf den Fall der *Löschung von Angst* bezogen, kann nur die Annahme ergeben, daß Angst-Löschung letztlich nichts anderes sein kann als *Bedingen von Sicherheit*. Genauer: In dem Maß, wie sich bei wiederholter Darbietung eines BSa ohne USa eine Assoziation zwischen dem BSa und dem Sicherheits-System entwickelt, nimmt die BRa ab, weil sie durch eine zunehmende BRe gehemmt wird; ist die BRe schließlich der BRa ebenbürtig geworden, so schalten die beiden BR einander aus und die BRa erscheint gelöscht;

---

15 CARLTON & VOGEL, 1967; ACKIL & MELLGREN, 1968; LEAF et al., 1968; ANDERSON et al., 1969a; DOMJAN & SIEGEL, 1971; JAMES, 1971b
16 LUBOW & MOORE, 1959; LUBOW, 1965; LUBOW et al., 1968; SIEGEL, 1969, 1970
17 PAWLOW, 1953 (erstmals veröffentlicht 1927) S. 36ff.; WENGER, 1936; PENNYPACKER, 1964
18 WENGER, 1936; HOVLAND, 1937c; PENNYPACKER, 1964
19 HOVLAND, 1937a; SCHEFLEN, 1957
20 KONORSKI & SZWEJKOWSKA, 1950
21 SMITH & GORMEZANO, 1965

bei Fortsetzung der Löschung „*below zero*"[22] kann schließlich u. U. sogar der ursprüngliche BSa *vorwiegend* die BRe auslösen, d. h. als BSe wirken[23].

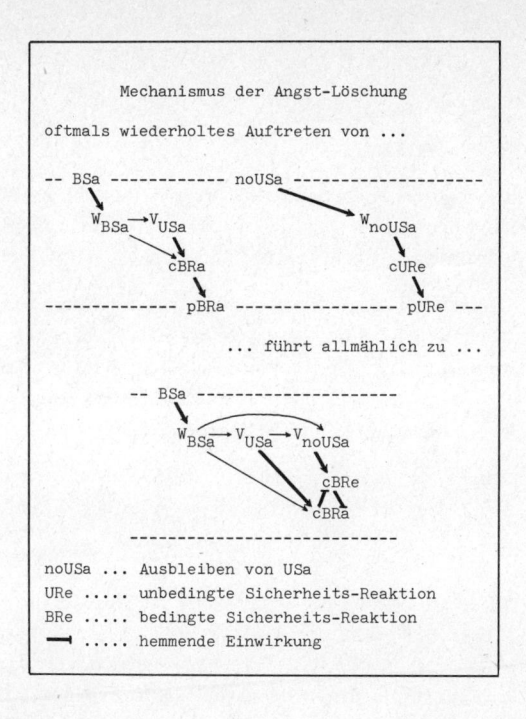

```
            Mechanismus der Angst-Löschung
        oftmals wiederholtes Auftreten von ...

   -- BSa ------------ noUSa ---------------------
         ↘                          ↘
        W_BSa → V_USa              W_noUSa
                  ↓                    ↓
                 cBRa                 cURe

   -------------- pBRa ---------------- pURe ---

                  ... führt allmählich zu ...

            -- BSa ---------------------
                  ↘
                W_BSa → V_USa → V_noUSa
                                   ↓
                                  cBRe
                                  ⊣⊣
                                  cBRa
            ---------------------------

   noUSa ... Ausbleiben von USa
   URe ..... unbedingte Sicherheits-Reaktion
   BRe ..... bedingte Sicherheits-Reaktion
   ⊣   ..... hemmende Einwirkung
```

Diese Theorie[24] macht eine ganze Reihe von Gesetzmäßigkeiten unmittelbar verständlich:

a) daß Löschung gewöhnlich *wesentlich länger dauert* als Bedingen; es muß ja, wenn eine Assoziation zwischen dem BSa und Sicherheit entwickelt werden soll, im Gefolge des BSa erst einmal Sicherheit auftreten; das aber kann anfangs erst lange nach Einsetzen des BSa geschehen, und der Bedingungseffekt wird wegen dieser Verzögerung entsprechend gering sein; allmählich wird die Beruhigung nach dem Einsetzen des BSa immer rascher eintreten und die Löschung richtig in Gang kommen;

b) daß Löschung nur bei wirklich *jedesmaligem* Ausbleiben des USa möglich ist; ein einziges Auftreten des USa, selbst nach weit fortgeschrittener Löschung, würde das Eintreten von Beruhigung während bzw. nach dem BSa wieder

---

22 vgl. BROGDEN et al., 1938
23 KAMANO, 1968b
24 vgl. KONORSKI, 1967, Kap. 7

kräftig verzögern und die Löschung müßte praktisch wieder von vorne beginnen;

c) daß ein gelöschter BSa mit so großer Leichtigkeit *wiederzubedingen* ist und umgekehrt ein wiederbedingter BSa relativ leicht wieder zu löschen ist; es brauchen ja in beiden Fällen keine neuen Assoziationen gebildet, sondern nur bestehende wiederaktiviert — was das genau bedeuten mag, ist natürlich eine Frage für sich — zu werden;

d) daß eine gelöschte BRa wie erwähnt *voll auslösbar* sein kann, wenn Angst „aus einer anderen Quelle" bereits da ist[25]: die ausgelöste BRe kommt dann eben gegen die summierten BRa (vgl. o. 2335 und 2384, Pt. 2) nicht an;

e) schließlich: daß die BRa auf einen *unterschwellig dargebotenen BSa* wie erwähnt praktisch nicht löschbar ist[26], könnte darauf beruhen, daß der aufs notwendige Minimum reduzierte Reiz in seiner Nachwirkung so kurzlebig ist, daß eine Assoziation mit der viel später eintretenden Erleichterung-Sicherheit nicht gebildet werden kann (vgl. o. 2331, Pt. 3, 2333).

Offen bleiben muß bis auf weiteres die Frage, welche — vermittelnde? — Rolle die Vorstellung oder Erwartung von USa bzw. noUSa bei der Löschung von BRa spielen.

Zur Unterstützung der vorgetragenen Theorie kann nun noch ein wegen seiner Einfachheit und mußmaßlich enormen praktischen Bedeutung höchst bemerkenswertes Experiment von HEKMAT (1972) beschrieben werden:
30 Studenten, ausgelesen aus ursprünglich 205, die auf Grund dreier Vortests beträchtliche Angst vor Spinnen hatten, wurden in drei Gruppen aufgeteilt und wie folgt behandelt:
Den Vpn der Gruppen E1 und E2 wurde insgesamt 108 mal das Wort „*spider*" (Spinne) vorgesagt, jedesmal unmittelbar gefolgt von einem von 18 Wörtern mit sog. „angenehmer Konnotation" (z.B. „Ferien", „Geschenk"); jedes der 18 Wörter kam 6 mal vor. Die E1-Vpn wurden instruiert, sich jedesmal das mit dem zweiten Wort Bezeichnete so rasch und so lebhaft wie möglich vorzustellen, wofür ihnen jeweils 15″ Zeit gelassen wurde. Die E2-Vpn sollten das Wort jedesmal laut nachsprechen.
Die Vpn der K-Gruppe wurden wie die in E2 behandelt, nur daß statt des Wortes „*spider*" das Wort „*apple*" verwendet wurde.
In einer unmittelbar anschließenden Wiederholung der Vortests zeigte sich, daß die E1- und die E2-Vpn und nur diese,

---

[25] HOFFMAN, 1965
[26] LOWENFELD et al., 1956; WALL & GUTHRIE, 1959; COLE & SIPPRELLE, 1967

a) das Wort „*spider*", das wie einige andere Wörter auch (z. B. „*rats*", „*snakes*", „*father*") auf verschiedenen *Skalen* einzustufen war, jetzt als sehr signifikant „angenehmer" beurteilten als vorher,
b) in einem *Fragebogen* nach dem Grad ihrer Furcht vor verschiedenen Dingen sehr signifikant weniger Furcht vor Spinnen bekundeten als vorher und vor allem daß
c) in einem *Verhaltenstest* die Mehrzahl dieser Vpn, die vorher kaum einen Raum mit einer in einem Glaskäfig hausenden großen Wolfsspinne zu betreten, geschweige denn sich dem Glaskasten zu nähern wagten, jetzt imstande waren, nicht nur an den Kasten heranzugehen, sondern sogar das Tier anzufassen.

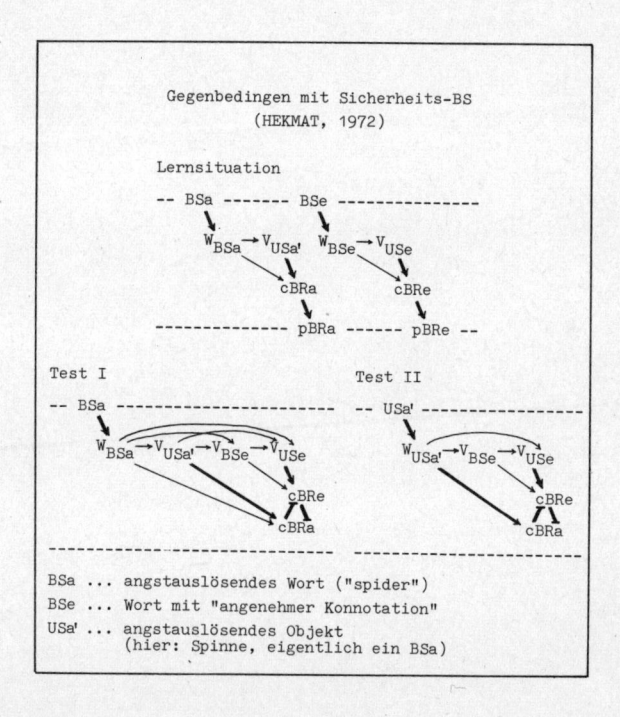

```
            Gegenbedingen mit Sicherheits-BS
                    (HEKMAT, 1972)

         Lernsituation
         -- BSa ------- BSe ----------------
                ↘         ↘
              W_BSa→V_USa'  W_BSe→V_USe
                    ↘         ↘
                   cBRa      cBRe
                               ↘
         ---------------- pBRa ------ pBRe --

Test I                      Test II
-- BSa ------------------   -- USa' ----------------
   W_BSa→V_USa'→V_BSe→V_USe    W_USa'→V_BSe→V_USe
                  ↘                        ↘
                 cBRe                     cBRe
                  ↑                        ↑
                 cBRa                     cBRa
---------------------------  --------------------------

BSa ... angstauslösendes Wort ("spider")
BSe ... Wort mit "angenehmer Konnotation"
USa' ... angstauslösendes Objekt
         (hier: Spinne, eigentlich ein BSa)
```

Was hier geschehen war, ist ziemlich klar: Im Anschluß an die Darbietung eines BSa („*spider*") wurden wiederholt und sehr unmittelbar verschiedene BSe (Wörter mit „angenehmer Bedeutung") geboten, d. h. BRe ausgelöst, und damit auf optimale Weise die Entwicklung einer Assoziation zwischen dem BSa und Sicherheit ermöglicht, d. h. die „Löschung" der BRa auf dem wahrscheinlich direktesten aller möglichen Wege erzielt. Die veränderte emotionale Bedeutung des Wortes wurde dann gemäß dem Prinzip des symbolvermittelten Bedingens (vgl. o. 235) auch durch das dadurch Bezeichnete ausgelöst;

denn es war je während des Trainings nicht nur das Wort „*spider*", sondern immer auch die dadurch hervorgerufene Vorstellung einer Spinne der BRe-Auslösung vorausgegangen, so daß diese BRe schließlich nicht nur durch das Wort, sondern auch durch die Vorstellung und die ihr entsprechende (funktional äquivalente) Wahrnehmung ausgelöst werden konnte.

624 Schlußfolgerungen

Aus all dem folgt zunächst für die *Theorie*: Wenn einmal — was gelegentlich vorkommt — irgendwelches auf Angst beruhendes Verhalten, namentlich passives Vermeiden und angstmotivierte instrumentelle Verhaltensweisen, verhältnismäßig rasch aufgegeben werden, so dürfte das in der Regel nicht auf Löschung der Angst beruhen, denn das geht nicht von einem Augenblick zum andern, sondern es müssen andere Mechanismen angenommen werden — woran weiter unten noch öfter zu denken sein wird.

Und es folgt für die *Praxis*: Wenn es gilt, sich selbst oder jemand anderen von einer „Angst" zu befreien, so wird man sich nicht auf die im Laboratorium zur Not erfolgreiche Technik der wiederholten Darbietung von BSa-ohne-USa verlassen dürfen; sie ist unter natürlichen Bedingungen aus diversen Gründen schlicht nicht praktikabel. Statt dessen wird man vor allem zwei Möglichkeiten im Auge halten müssen:
a) wiederholte BSa-BSe-Darbietungen à la Hekmat (1972) und
b) Entwicklung von instrumentellen Techniken, Angst zu beherrschen, zu reduzieren oder konstruktiv darauf zu reagieren.

63 Eliminierung passiven Vermeidens (Unterlassens)

Wie schon besprochen ist passives Vermeiden infolge von Bestrafung, von Fällen extrem starker Bestrafung abgesehen, in der Regel *wenig dauerhaft*. Die zunächst gehemmte Reaktion wird, *wenn sie wieder ungestraft ausgeführt werden kann*, bald wieder mit nahezu voller Stärke und Frequenz praktiziert. Dabei gilt, wie schon gesagt:

1. Wiederaufgenommen werden bei Fortfall der Bestrafung vor allem Reaktionen, die *zielgerichtet*, d. h. (z. B. durch Hunger, Neugier, Sexualtrieb) *motiviert* waren bzw. — da die Bestrafung ja an dieser Motivation nichts ändern kann — nach wie vor *sind*, und sie werden umso wahrscheinlicher wiederaufgenommen, je stärker die Motivation aktuell ist (vgl. o. 3554, Pt. 1).

2. Wiederaufgenommen werden bei Fortfall der Bestrafung vor allem solche IR, die in der Vergangenheit, d. h. bevor sie bestraft wurden, öfter *praktiziert* und *belohnt* worden sind; der Fall liegt wahrscheinlich anders bei Reaktionen, die bereits *bei ihrer ersten Ausführung* bestraft wurden (vgl. o. 3553, Pt. 1).

3. Eine bestrafte IR wird bei Fortfall der Bestrafung insbesondere dann wieder voll aufgenommen, wenn sie *wieder* bzw. *weiterhin belohnt* wird, namentlich wenn die Bestrafung nur schwach oder selten erfolgte (vgl. o. 3552, Pt. 3) und/oder die Belohnung jetzt besonders hochwertig ist (vgl. o. 3554, Pt. 2) und/oder besonders häufig erfolgt.
Wird die IR bei Wiederaufnahme dagegen *nicht wieder belohnt*, so erholt sie sich in der Regel *nur teilweise* — umso weniger, je stärker sie bestraft wurde — und ihre *Löschung* erscheint durch die vorausgegangene Bestrafung *beschleunigt* (vgl. o. 3553, Pt. 3).

4. Die Wiederaufnahme einer bestraften IR ist andererseits weniger wahrscheinlich, wenn an ihrer Stelle eine *neue Verhaltensweise* („Vorsichts-Reaktion") gelernt wurde, insbesondere wenn diese gleich *effektiv* oder effektiver ist als die bestrafte, d. h. gleich *oft* oder öfter eine gleich *große* oder größere, eine gleich *gute* oder bessere, gleich *prompte* oder promptere Belohnung bringt (vgl. o. 3562).

5. Daß eine bestrafte IR wieder aufgenommen wird, muß nicht bedeuten und bedeutet in der Regel nicht, daß die bedingte Angst-Reaktion, die für ihre Hemmung verantwortlich war, gelöscht ist. Vielmehr führt das Individuum das Verhalten zumeist *trotz Angst* bzw. „um der Belohnung willen" aus und verspürt dabei durchaus den durch die Bestrafung geschaffenen Konflikt bzw. so etwas wie „schlechtes Gewissen" (vgl. o. 3552, Pt. 3 und 623).

64 Eliminierung von Vorsichts-Reaktionen

Vorsichts-Reaktionen sind zwar in der Regel nicht angst-, sondern „positiv"-motivierte Reaktionen, zielgerichtete Verhaltensweisen, bei deren Erlernung bzw. Formung Angst infolge Bestrafung nicht mehr als eine vermittelnde Rolle gespielt hat. Dennoch sollen sie der Vollständigkeit wegen hier betrachtet werden. Vorsichts-Reaktionen können im Prinzip wie alle IR eliminiert werden vor allem durch *Nicht-Belohnung* (Löschung), *Bestrafung, verhaltensunabhängige (Gratis-)Belohnung*[1] und nicht zuletzt *Weiterentwicklung* (Formung). In den beiden ersteren Fällen werden sie aller Wahrscheinlichkeit nach rascher aufgegeben als anders entwickelte IR, da das Individuum eine alte, unterdrückte, aber nicht gelöschte Verhaltensweise zur Verfügung hat, in die es zurückfallen kann[2].

---

[1] RESCORLA & SKUZY, 1969
[2] vgl. LEITENBERG et al., 1970

65 Eliminierung angstmotivierter instrumenteller Verhaltensweisen

651 ESC I

Wie schon erwähnt, werden ESC-I-Reaktionen mit Sicherheit prompt aufgegeben und wenn möglich durch andere ersetzt, sobald sie nicht mehr erfolgreich sind[1], wobei sie, wie „positiv" motivierte Reaktionen auch, umso öfter ausgeführt werden, je öfter sie vorher belohnt wurden[2].

652 ESC II

ESC-II-Reaktionen sind Flucht- oder Abschalt-Reaktionen auf einen *BSa*, der bisher immer nur unvermeidbare aversive Ereignisse signalisierte. Die Reaktion als solche kann dabei entweder
a) spezifisch als ESC-II-Reaktion gelernt sein, d. h. nie einem anderen Zweck als der Beendigung des BSa gedient haben, sie kann aber auch
b) vorher schon als ESC-I-Reaktion oder
c) als DAV-Reaktion
praktiziert worden sein (vgl. o. 512).

ESC-II-Reaktionen vom Typ a und b sind allem Anschein nach nicht sehr stabil; sie werden verhältnismäßig rasch aufgegeben — allem Anschein nach infolge Angst-Löschung —, selbst wenn sie jedesmal mit BSa-Ende belohnt werden[3].

Anders scheint es bei ESC-II-Reaktionen zu sein, die zunächst als DAV-Reaktionen gelernt worden sind und nun *auf einen neuen BSa hin* ausgeführt werden. Diese sind den vorliegenden Daten zufolge genauso stabil wie DAV-Reaktionen (vorausgesetzt, daß sie BSa-Ende produzieren)[4]. Sollte sich dieser Befund in Zukunft weiter absichern lassen, so wäre er sicherlich im Hinblick auf den DAV-Mechanismus und die Erklärung der Stabilität unnötigen DAV-Verhaltens (vgl. o. 525) von beträchtlichem theoretischem Interesse; er könnte bedeuten, daß im Falle von DAV-Verhalten — genauso wie das von SAV-

---

1 MARX, 1966; STAVELY, 1966; MYERS, 1970
2 CAMPBELL, 1959
3 MAY, 1948; MILLER, 1948a; KNOLL et al., 1955; NELSON, 1966; HOMZIE et al., 1969
4 SOLOMON & TURNER, 1962; LEAF, 1964; BULL & OVERMIER, 1968b

Verhalten angenommen werden muß (vgl. o. 533) — die Ausführung der Reaktion unter anderem auch *in sich verstärkend* wirkt, d.h. die Reaktion u.U. über lange Perioden automatisch, *nach Art eines unbedingten Reflexes,* ablaufen kann.

Diesen „ESC-II-Reaktionen mit DAV-Vergangenheit" vergleichbar sind sicherlich viele menschliche Problemverhaltensweisen, z.B. Rückzug vor oder Aggression gegen Fremde, Abweichende, Angehörige von Minoritätengruppen usw., die sich ebenfalls u.U. endlos, d.h. ohne daß die zugrundeliegende Angst jemals bekräftigt zu werden braucht, erhalten können.

Wohlbemerkt aber: es ist die ganze Zeit die Rede von ESC-II-Reaktionen, die BSa-Ende produzieren, und *hauptsächlich* dadurch verstärkt werden; das Selbstverstärkungsmoment kommt nur — bei den Reaktionen vom Typ c, im Unterschied zu Typ a und b — *hinzu.* Fällt der BSa-Ende-Effekt weg, so werden ESC-II- nicht anders als ESC-I-Reaktionen rasch aufgegeben[5].

653 ESC III

ESC-III-Reaktionen sind sehr verwandt den „ESC-II-Reaktionen mit ESC-I-Vergangenheit" (Typ b im vorigen Abschnitt) und werden wie diese in der Regel nicht allzu oft hintereinander ausgeführt[6], wenn es auch Ausnahmen oder doch zumindest beträchtliche interindividuelle Unterschiede gibt.

Was aber ESC-III-Verhalten überhaupt erst interessant macht, sind gewisse Beobachtungen, die gemacht werden können, wenn solches Verhalten während seiner Ausführung einen bzw. den aversiven Reiz, vor dem eigentlich geflohen wird, erst produziert:

GWINN (1949) trainierte Ratten, durch einen runden Laufgang zu rennen, um einem Schock zu entfliehen.

Nachdem die Tiere das gelernt hatten, wurden sie immer wieder in den Startbereich gesetzt und losgelassen, aber weder im Startbereich noch in der ersten Hälfte des Laufgangs geschockt. Manche der Tiere (E) aber wurden auf dem letzten Drittel des Weges geschockt, die anderen (K) nicht. Es zeigte sich, daß die geschockten Tiere (E) *öfter* — unnötigerweise — losrannten als die K-Tiere, obwohl sie dafür und nur dafür geschockt wurden.

---

5 BADIA et al., 1971; BADIA & CULBERTSON, 1972; BADIA et al., 1973 a, b
6 z.B. GWINN, 1949; SHEFFIELD & TEMMER, 1950; MARTIN & MELVIN, 1964; MELVIN et al., 1965b; BEECROFT & BOUSKA, 1967; MARTIN & MOON, 1968; MARTIN, 1969; WELLS & MERRILL, 1969

> **"Selbstbestrafung"**
> (GWINN, 1949)
>
> 2 Gruppen Ratten (E und K) werden zunächst wiederholt auf das elektrifizierte Bodengitter des Startbereichs eines kreisförmigen Laufgangs gesetzt und trainiert, durch den ganzen Laufgang ins Zielabteil zu rennen, aus dem sie entfliehen können.
>
> (Abbildung: kreisförmiger Laufgang mit Bestrafungszone, Ziel, Start)
>
> Werden dann immer wieder vom unelektrifizierten Gitter aus gestartet und erhalten
> ▸ entweder gar keinen Schock (K) oder
> ▸ Schock nur in der "Bestrafungszone" (E).
>
> ▷ E (die für das objektiv unnötige Losrennen zunächst bestraft werden und dann erst in Sicherheit kommen) starten durchschnittlich rascher und öfter als K.

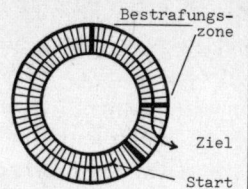

Dieses Ergebnis wurde später unter Verwendung gerader Laufgänge unzählige Male repliziert[7]; nur drei Experimente zeigten, daß in bezug auf diesen Effekt bedeutende interindividuelle Unterschiede bestehen[8] bzw. daß der Effekt nicht unter allen Umständen auftritt[9], aber auch nur eines von diesen gab ein insgesamt gegenteiliges Resultat[10]. Da es aber schließlich auch in einer ganz andersartigen Versuchsanordnung — 12maliges Pedaldrücken statt Laufen als ursprünglich trainierte ESC-I-Reaktion, später produziert der vierte Pedaldruck den Schock, der durch den zwölften abgeschaltet wird[11] — repliziert und in ganz analoger Weise auch mit menschlichen Vpn[12] dargestellt werden konnte, wird das Phänomen als solches als gesichert angesehen werden müssen.

M. a. W.: Es kann als gesichert gelten, daß ein ursprünglich als ESC I (oder auch als DAV-, s. u. 6555) gelerntes Verhalten u. U. völlig unnötigerweise beibehalten, ja *besonders lange beibehalten wird, obwohl bzw. gerade weil es den aversiven Reiz erst produziert.*

---

7 HURWITZ et al., 1961; BROWN et al., 1964; MARTIN & MELVIN, 1964; MELVIN, 1964; BROWN et al., 1965; MELVIN et al., 1965a; BEECROFT & BOUSKA, 1967a, b; BEECROFT et al., 1967b; BENDER & MELVIN, 1967; MARTIN & MONN, 1968; MARTIN, 1969; BROWN, 1970; O'NEIL et al., 1970; ROLLINGS & MELVIN, 1970; BROWN et al., 1971; HALLENBORG & FALLON, 1971
8 SEWARD & RASKIN, 1960; SEWARD et al., 1965
9 CAMPBELL et al., 1966
10 SEWARD & RASKIN, 1960
11 WELLS & MERRILL, 1969
12 DREYER & RENNER, 1971

Man wird hier ganz unwillkürlich an bestimmten Erscheinungen bei Menschen erinnert, die auch nicht selten aus Angst Dinge tun, die das Befürchtete erst recht herbeiführen, z.B. aus Angst, etwas Falsches zu sagen, erst recht etwas ganz Unmögliches hervorbringen, oder auch an Erscheinungen wie „Masochismus", zwanghafte Ungeschicklichkeit, Hang zum Mißerfolg oder zu Unfällen und dgl.

In der Literatur wird dann in diesem Zusammenhang entweder von „Teufelskreis-" oder von „Selbstbestrafungs-"Verhalten (*„vicious circle"* — oder *„self-punitive" behavior*) gesprochen. Der letztere Ausdruck ist etwas problematisch, da er das Phänomen einseitig beschreibt; er nimmt darauf Bezug, daß das Verhalten den aversiven Reiz „wie eine Bestrafung" produziert und läßt es, da es ja wegen dieses Effekts besonders lang beibehalten wird, als „paradox" oder „widersinnig" erscheinen; dabei wird übersehen, daß dieses Verhalten *nicht nur Bestrafung*, sondern hinterher und letztlich *Belohnung* in Form von Sicherheit produziert, und wenn man diesen Aspekt berücksichtigt, erscheint es gleich wesentlich weniger widersinnig. Es erscheint dann sogar verhältnismäßig leicht verständlich als ein angstmotiviertes Verhalten, das Sicherheit produziert und dadurch verstärkt wird[13] und das besonders lang beibehalten wird, weil die motivierende Angst wegen des fortgesetzten Auftretens des USa nicht gelöscht wird, wie das bei „unbestrafter" Ausführung der Reaktion anscheinend früher oder später eintritt[14]. So gesehen ist die kritische Frage dann gar nicht einmal so sehr, was derartiges Verhalten aufrechterhält, als vielmehr was bewirkt, daß es am Ende doch aufgegeben wird.

Zunächst aber noch einige empirische Befunde:

1. Die Annahme, daß „selbstbestrafendes" Laufen angstmotiviert ist und zunächst einmal beibehalten wird, weil Angst — sozusagen „übermäßige" Angst — fortbesteht, kann sich auf mehrere Befunde stützen, die insgesamt zeigen, *daß alles, was zur Steigerung der Angst in der Startbox beiträgt, zur Beibehaltung des Verhaltens beiträgt*; so wird „selbstbestrafendes" Laufen länger beibehalten,
- wenn stärkere „Bestrafung" angewandt wird[15] (in diesem Fall wird auch durchschnittlich rascher gelaufen[16]),
- wenn die „Bestrafung" nur im ersten Abschnitt des Laufgangs gegeben wird, als wenn sie nur im letzten Abschnitt gegeben wird[17],

---

13 vgl. FARBER, 1948
14 vgl. MOWRER, 1947
15 GWINN, 1949; SEWARD et al., 1965
16 BEECROFT et al., 1967a
17 BROWN et al., 1964; MARTIN & MELVIN, 1964; MELVIN et al., 1965; CAMPBELL, 1966

- wenn die „Bestrafung" jedesmalig erfolgt, als wenn sie nur manchmal erfolgt[18], wobei der Unterschied allerdings gelegentlich ganz unbedeutend ausfällt[19],
- wenn während des Laufs noch ein aversiv lauter Summer geboten wird[20],
- wenn während des Laufs zusätzlich ein BSa geboten wird, und zwar gleichgültig, ob dieser vorher und unabhängig mit Schock gepaart worden ist[21], oder aktuell den „bestrafenden" Schock avisiert[22],

und es wird umgekehrt rascher aufgegeben,
- wenn zwischendurch eine „Abkühlungspause" eingelegt wird.

Schließlich:
- ist das ESC-I-Training zunächst nur kurz und unvollkommen gewesen, so wird u. U. über die ersten „Selbstbestrafungs"-Läufe das Lauftempo noch gesteigert, vermutlich weil die Angst infolge der selbstproduzierten Schocks erst zu voller Stärke wächst[23].

2. „Selbstbestrafendes" Laufen wird länger beibehalten, wenn bereits während des ESC-Trainings ähnliche Verhältnisse herrschten wie später in der „Selbstbestrafungs"-Phase, d.h. wenn der Schock mit Verzögerung (nach 1 oder 2"), aber vor Erreichung der Zielbox angeschaltet wurde[24]. Überhaupt erscheint der Effekt vergrößert, wenn ursprünglich nicht ESC-I-, sondern DAV-Training gegeben wurde[25] (vgl. u. 6555).

3. Daß „Selbstbestrafungs"-Laufen regelmäßig am Ende doch aufgegeben wird, könnte damit erklärt werden, daß die Versuchstiere die Stelle im Laufgang, an der die „Bestrafung" zu erfolgen pflegt, allmählich wiederzuerkennen lernen, dann aus gesteigerter Angst davor zögern oder ganz Halt machen, erfahren, daß kein Schock kommt, dadurch für das Haltmachen belohnt werden und daraufhin — mehr oder weniger von einem auf den anderen Versuch — es aufgeben, weiterzulaufen oder überhaupt erst zu starten.

Zu dieser Annahme paßt, daß solches Zögern vor der kritischen Stelle in einzelnen Experimenten tatsächlich beobachtet worden ist[26] und daß das „Selbstbestrafungs"-Laufen, wenn überhaupt, tatsächlich oft so ziemlich von einem auf den anderen Versuch aufgegeben wird[27].

---

18 MELVIN, 1964; BENDER & MELVIN, 1967
19 GWINN, 1949; BEECROFT et al., 1967b; MARTIN & MOON, 1968
20 ROLLINGS & MELVIN, 1970
21 HALLENBORG & FALLON, 1971
22 CROWELL et al., 1972
23 BEECROFT & BOUSKA, 1967b
24 BEECROFT & BROWN, 1967
25 BENDER & MELVIN, 1967
26 GWINN, 1949
27 vgl. MARTIN & MELVIN, 1966

Nun könnte man annehmen, daß die Tiere rascher lernen, an der kritischen Stelle Halt zu machen, wenn sie sich durch optische oder taktile Merkmale vom übrigen Laufgang deutlich abhebt, d. h. leicht „diskriminiert" werden kann. Das aber ist allem Anschein nach nicht der Fall; d. h. ob die kritische Stelle diskriminierbar ist oder nicht, spielt zumindest keine größere Rolle, es wird u. U. immer wieder davor gezögert und dann rasch hineingesprungen[28].

Es bleibt so am Ende die Frage, was bewirkt, daß schließlich doch Halt gemacht und „umgeschaltet" wird. Möglicherweise ist der Mechanismus der, daß die Angst vor der kritischen Stelle *relativ* zu der in der Startbox und im schockfreien Bereich des Laufgangs erlebten immer mehr zunimmt und das *plötzliche Ansteigen* der Angst früher oder später das Weiterlaufen blockiert. Das aber ist eine kaum mehr überprüfbare Hypothese, und so wird man sich vorerst vielleicht damit begnügen müssen, festzustellen, daß es, dank welcher Mechanismen auch immer, auch mit noch so raffinierten Laboratoriumstricks nicht möglich ist, gesunde Tiere auf die Dauer zu selbstmörderischem Verhalten zu verleiten.

654 „Notwendiges" DAV

Was die Eliminierung von DAV-Verhalten betrifft, so sind zwei grundlegend verschiedene Fälle zu unterscheiden, der eine, in dem eine Gefahr objektiv (weiter-)besteht, und der andere, in dem sie nicht (mehr) besteht. Von dem ersteren Fall soll dieser, von dem anderen der nächste Abschnitt handeln.

DAV kann als „notwendig", „gerechtfertigt", „sinnvoll" bezeichnet werden, solange es etwas zu vermeiden gibt. In diesem Fall wird eine einmal gelernte DAV-Reaktion natürlich beibehalten, solange sie Erfolg hat, d. h. vor allem: bewirkt, *daß USa wirklich ausbleibt* (noUSa). Entscheidend für die Beibehaltung der Reaktion sind in der Praxis diejenigen Fälle, in denen der USa eintrifft, weil die Reaktion nicht oder zu langsam ausgeführt wurde; so wird z. B. auch eine DAV-Reaktion, die in 90 % der Fälle unnötig ist (weil USa so und so nicht kommt), lange beibehalten, wenn in den übrigen 10 % bei Nicht-Ausführung der Reaktion der USa eintrifft[29].

Wird eine DAV-Reaktion dagegen *ineffektiv*, d. h. kommt USa gleichgültig, ob die Reaktion ausgeführt wurde oder nicht, so wird sie bald mehr oder weniger vollkommen aufgegeben, selbst wenn sie weiterhin BSa-Ende produ-

---

28 BROWN, 1970; BROWN et al., 1971
29 GILBERT, 1970

ziert[30] und vollends natürlich, wenn sie auch das nicht mehr tut[31]; dabei gilt auch hier die allgemeine Gesetzmäßigkeit, daß eine ineffektive DAV-Reaktion länger beibehalten wird, wenn sie auch schon während des Trainings gelegentlich ineffektiv war[32].
Unter natürlichen Umständen würden in einem solchen Fall neue Reaktionen versucht und gegebenenfalls gelernt.

655 „Unnötiges" DAV

6551 Zwanghaft-unnötiges DAV

Bleibt USa aus, gleichgültig, ob das Individuum auf BSa reagiert oder nicht, und bleibt *im übrigen alles unverändert,* so ist die klassische Voraussetzung gegeben für zwanghaft-dauerhaftes unnötiges DAV-Verhalten (vgl. o. 525); für das Subjekt ist gleichsam die Welt in bester Ordnung, es ist, als ob sein Verhalten perfekt funktionierte. Tatsächlich *kann* derartiges Verhalten unter dieser Voraussetzung und unter gewissen weiteren Umständen — starker USa im Training, leicht ausführbare Reaktion, regelmäßige, aber doch nicht zu massierte[33] Übung — praktisch *ad infinitum* beibehalten werden. Dennoch sollten aber auch die Fälle nicht unerwähnt bleiben, in denen die Reaktion *nach oftmaliger unnötiger Ausführung am Ende doch aufgegeben wird*[34]. Das beruht wohl zum Teil einfach darauf, daß lebende Organismen eben keine hirnlosen Automaten sind, folgt aber zugleich auch bestimmten Gesetzmäßigkeiten, denn es geschieht beschleunigt,
a) wenn die Reaktion nicht bis zur Perfektion trainiert worden ist[35],
b) wenn sie den BSa schon im Training nicht[36] oder nur mit Verzögerung[37] beendete und insbesondere bei längeren „stillen Pausen" zwischen BSa und USa im Training[38] und
c) wenn zwischen Training und Test eine längere Zeit (hier: 24 Stunden gegenüber 5') — zur „Abkühlung" — verstrichen ist[39].

---

30 HARTLEY, 1968; MEYER, 1970; MAXWELL et al., 1971
31 DAVENPORT & OLSON, 1968; HARTLEY, 1968; GALVANI, 1971
32 OLSON et al., 1971
33 vgl. OLER & BAUM, 1968
34 z. B. HUNTER, 1935; BANKS, 1965; BAUM, 1965a; OLER & BAUM, 1968
35 KINTZ & BRUNING, 1967b
36 GILBERT, 1970
37 KIMBLE & KENDALL, 1953
38 KAMIN, 1954
39 REYNIERSE & RIZLEY, 1970a

Ist eine DAV-Reaktion auf solche Weise einmal eliminiert worden, so ist es dennoch äußerst leicht, sie erneut zur Perfektion zu trainieren[40] oder auch nur durch eine einzige BSa-USa-Darbietung „wiederzuerwecken"[41]. Auch kann „spontane Erholung" vorkommen[42], wie das bei eliminierten IR allgemein der Fall ist. Eine erneute Eliminierung nach Wiedererlernen scheint hier allerdings langwieriger zu sein als eine erste[43].

6552 Vorenthaltung von BSa-Ende

Wie besprochen (s.o. 5231), produzieren DAV-Reaktionen unter experimentellen wie auch unter natürlichen Bedingungen als einen unmittelbaren und sehr wesentlichen verstärkenden Effekt die Veränderung oder Beendigung des Warnreizes (BSa-Ende). Entsprechend gilt auch, daß eine unnötige DAV-Reaktion beschleunigt aufgegeben wird, wenn sie den BSa nicht mehr (weil er von fixer Dauer ist)[44] oder nur mit Verzögerung beendet[45]. Dasselbe gilt besonders auch, wenn die Reaktion den BSa, der sonst umgehend von selbst enden würde, verlängert[46], und das umso mehr, je mehr sie ihn verlängert[47].

Umgekehrt wird eine DAV-Reaktion, die auch nur irgendeine Veränderung am BSa-Komplex produziert (hier: die Beendigung eines Summers), länger beibehalten als eine, die das nicht tut, selbst wenn die BSa-Komponente, die beendet wird, eigentlich „nichts besagt" (d.h. redundant ist, weil noch andere Warnreize da sind)[48]. Auch wird eine DAV-Reaktion — jedenfalls eine „leichte" Ausweich- im Unterschied zu einer „schwierigen" Abschalt-Reaktion — u.U. verlängert beibehalten, selbst wenn sie bei gleichzeitiger Darbietung von BSa und USa nur BSa beendet[49].
Diese Befunde stammen nebenbei bemerkt aus Experimenten, in denen sowohl Ratten als auch Goldfische als auch Menschen als Versuchsobjekte dienten.

Besonders instruktiv ist ein Experiment von WERBOFF et al. (1964): Ratten wurden in konventioneller Weise (vgl. o. 5211) mit einem Summer-BSa und

---

40 FINCH & CULLER, 1935; HUNTER, 1935; BLACK & ANNAU, 1963
41 BERSH & KELTZ, 1971
42 HUNTER, 1935
43 BLACK & ANNAU, 1963
44 MEYER, 1970
45 DELPRATO, 1969; REYNIERSE & RIZLEY, 1970b
46 OWEN, 1963; KATZEV, 1967; MARSH & PAULSON, 1968; KATZEV & HENDERSEN, 1971
47 KATZEV, 1967
48 BAUM et al., 1971
49 KINTZ & BRUNING, 1967b

10" dauernden Warnperioden bis zu einem hohen Grad der Perfektion in Shuttle-Box-DAV trainiert.
Danach erhielten die Tiere an zehn aufeinander folgenden Tagen „Eliminierungs-Training" mit BSa-Darbietung und ohne daß Schocks vorkamen.
Die K-Tiere konnten mit jedem Sprung über die Barriere den BSa beenden und erhielten ihn täglich so oft geboten, bis sie 60" BSa-Zeit akkumuliert hatten; das ergab z.B. am ersten Tag durchschnittlich etwa 23 BSa-Darbietungen, da die Reaktion nach durchschnittlich weniger als 3" erfolgte. Die E-Tiere dagegen konnten den BSa nicht beenden, er dauerte nach jedem Sprung fort, und zwar täglich 60".
Die K-Tiere sprangen, bei abnehmender Tendenz, in den 10 Tagen durchschnittlich 78 mal, die E-Tiere durchschnittlich etwa 11 mal, und das überwiegend am ersten Tag.
Aber: die gleichzeitig gemessene Herzschlagfrequenz zeigte in beiden Gruppen keine Abnahme über die Eliminierungs-Sitzungen, sondern im Gegenteil eine steigende Tendenz, und sie lag in der E-Gruppe durchgängig höher als in der K-Gruppe. Es darf daraus geschlossen werden, daß die Eliminierung der IRa, ganz besonders in der E-Gruppe, *nicht auf Löschung der bedingten Angst beruhte*.

6553 Vorenthaltung von FS

Eine unnötige DAV-Reaktion wird beschleunigt aufgegeben, wenn ein gewohnter FS (hier: Ton) *verzögert* eintrifft, und zwar umso mehr, je länger die Verzögerung ist[50]; dasselbe gilt, wenn der Aufenthalt an einem Zufluchtsort nach erfolgter Ausweich-Reaktion verkürzt, der produzierte FS-BSe also gleich oder bald wieder entzogen wird[51].
Umgekehrt wird eine unnötige Ausweich-Reaktion länger beibehalten, wenn sie in einen *deutlich unterschiedenen Zufluchtsort* führt, als wenn dieser dem Ort, vor dem geflohen wird (Schock-Abteil) gleicht[52]; und sie wird auch länger beibehalten, wenn der Zufluchtsort *infolge eines relativ langen Aufenthaltes* dort nach jeder Flucht- oder Ausweich-Reaktion zu einem besonderen effektiven BSe gemacht worden ist[53].

---

50 KATZEV & HENDERSEN, 1971
51 DELPRATO & DENNY, 1968
52 DENNY et al., 1959; KNAPP, 1965
53 REYNIERSE & RIZLEY, 1970a

6554 Verhinderung der Reaktion

Von der Überlegung ausgehend, daß die unnötige DAV-Reaktion selbst es ist, was die Einsicht in die „Ungefährlichkeit" des Warnreizes verhindert, wäre zu erwarten, daß sie aufgegeben wird, wenn man das Individuum dem Warnreiz aussetzt, zugleich aber die Reaktion verhindert und es so gleichsam zwingt, die Realität kennenzulernen (erzwungenes *„reality-testing"*).

Das ist in zahlreichen und recht verschiedenartigen Experimenten versucht worden, und die obige Erwartung hat sich im großen und ganzen bestätigt:

Sowohl wenn das Individuum *mehrmals für kürzere Zeit*[54] als auch, wenn es *einmal für längere Zeit* (BSa-Überflutung, *„flooding"*)[55] dem BSa oder BSa-Komplex ausgesetzt und — z.B. durch Absperrung des Wegs ins Sicherheits-Abteil oder durch Einziehung der Zuflucht-Plattform — an der Ausführung der Reaktion gehindert worden ist, ergibt sich gewöhnlich, daß es danach, wenn die (unnötige) Reaktion wieder möglich ist, diese *nicht mehr oft ausführt*. Dasselbe gilt auch, wenn die Reaktion durch *Curare-Lähmung* verhindert worden ist[56]. Auch ist gezeigt worden, daß die Prozedur umso wirksamer ist, je länger das Individuum dem BSa jeweils ausgesetzt wird[57].

Auf der anderen Seite ist allerdings auch beobachtet worden, daß bei einzelnen Individuen (hier: Hunden) selbst oftmalige Anwendung der Prozedur völlig ineffektiv sein kann[58]; und in einem Experiment mit Ratten in der Shuttle-Box[59] ergab sich, daß die nach massiver Anwendung der Prozedur (bis zu 160maliger 20″-BSa-Darbietung) anscheinend schon völlig eliminierte Reaktion, als sie wieder zugelassen wurde und wieder bzw. weiterhin BSa-Ende produzierte, allmählich wieder in Gang kam und nach etwa 80 Versuchen wieder nahezu „perfekt" praktiziert wurde[60]. Die Methode scheint also zumindest in ihrem Ergebnis *unberechenbar* zu sein.

Wie auch immer wäre es interessant zu wissen, wie Reaktionsverhinderung bzw. BSa-Überflutung, wenn sie Erfolg hat, d.h. zu beschleunigter Eliminierung einer unnötigen DAV-Reaktion führt, funktioniert. Von vornherein erscheint es nicht sehr wahrscheinlich, daß dabei — außer vielleicht bei wieder-

---

54 PAGE & HALL, 1953; PAGE, 1955; BULL & OVERMIER, 1968a; BERSH & KELTZ, 1971; SHIPLEY et al., 1971
55 KORÁNYI et al., 1965; BAUM, 1966; LEDERHENDLER & BAUM, 1970; BAUM & HIGGINS, 1971
56 BLACK, 1958, 1959
57 WEINBERGER, 1965; BAUM, 1969b; BERSH & KELTZ, 1971
58 SOLOMON et al., 1953; CARLSON & BLACK, 1959
59 BENLINE & SIMMEL, 1967
60 ähnlich SERMAT & SHEPHARD, 1959

holter und sehr langdauernder Überflutung[61] — Angst-Löschung eine wesentliche Rolle spielt (vgl. o. 625), und so ist denn auch in mindestens zwei Experimenten[62] gezeigt worden, daß Versuchstiere, die es infolge solcher Behandlung aufgegeben haben, aus einer (jetzt ungefährlichen) Schock-Box zu fliehen, sie deshalb noch lange nicht freiwillig — genauer gesagt: unter der Lockung von Futter — betreten, jedenfalls eindeutig länger zögern, d. h. mehr Angst zeigen als Tiere, die ohne Hilfe dieser Prozedur (nach dem Modus 6551) die Reaktion aufgegeben haben. In zwei Experimenten mit ähnlicher Methodik[63] ist allerdings gezeigt worden, daß BSa-Überflutung zu einer *gewissen* Reduktion der bedingten Angst führen kann, was aber natürlich der obigen Annahme nicht widerspricht.

Aufschlußreicher sind da schon einige Experimente, hauptsächlich von BAUM und Mitarbeitern, in denen — durchwegs mit Ratten als Versuchsobjekten und „Einweg-Ausweich-Reaktionen" — die möglicherweise relevanten Faktoren systematisch variiert wurden. Diese Experimente lassen insgesamt den Schluß zu, daß BSa-Überflutung am ehesten dadurch wirksam sein dürfte, daß das Versuchstier *die Möglichkeit erhält bzw. gezwungen ist, eine andere als die vorher praktizierte Ausweich-Reaktion zur Reduktion seiner Angst zu erlernen, d.h. zu lernen, mit seiner Angst auf irgendeine andere Art fertig zu werden*[64].

So ist gezeigt worden, daß die Prozedur weniger erfolgreich ist, wenn die Tiere während der BSa-Überflutung in einer engen Plexiglas-Box ihrer Bewegungsfreiheit beraubt sind[65], daß sie andererseits erfolgreicher ist, wenn sie während der Zeit durch eine Art rotierendes Ruder[66] in Bewegung gehalten werden oder durch Anwesenheit eines zweiten Tieres[67] zu mehr freier Bewegung stimuliert werden.

Auch ist die Prozedur entschieden weniger wirksam, wenn die Überflutung zu kurz dauert (hier 1, im Unterschied zu 3 und 5 Minuten), als daß die Tiere aus ihrem anfänglichen angstvollen Kauern herauskommen könnten[68], und ebenso, wenn die Tiere — bei sonst ausreichender Überflutungs-Dauer (hier 3′) — infolge Trainings mit einem sehr starken USa längere Zeit angstvoll kauern[69]; umgekehrt wiederum ist der Effekt der Prozedur gesteigert, wenn

---

61 BERSH & KELTZ, 1971
62 PAGE, 1955; COULTER et al., 1969
63 SHIPLEY et al., 1971; BERSH & PAYNTER, 1972
64 vgl. BAUM, 1970
65 BAUM & MYRAN, 1971
66 LEDERHENDLER & BAUM, 1970
67 BAUM, 1969b
68 BAUM, 1969a
69 BAUM, 1969a

die Tiere sich vorher während einer längeren Pause „abkühlen" konnten[70] und ebenso, wenn die Überflutung in einer leicht veränderten Situation (Verdunkelung) geschieht, die vermutlich etwas weniger Angst und Kauern bewirkt[71]; auch ist die Prozedur effektiver, wenn im vorangegangenen Training der USa oftmals hintereinander erfolgreich vermieden wurde, als wenn hin und wieder noch USa empfangen wurden (und die Angst infolgedessen relativ größer ist)[72].

Zu der Annahme, daß unter BSa-Überflutung normalerweise gelernt wird, Angst irgendwie anders als durch Ausführung der vorher praktizierten IRa zu reduzieren, paßt auch der Befund, daß BSa-Überflutung weniger wirksam ist, wenn die IRa nach einer vorübergehenden Blockierung doch zugelassen wird und BSa-Ende bewirkt, als wenn der BSa nach gleicher Dauer von selbst endet[73]; im ersteren Fall wird eben die geübte IRa infolge fortgesetzter Belohnung mit BSa-Ende doch beibehalten.

6555 Bestrafung der Reaktion

Nun liegt natürlich schließlich auch die Frage nahe, was geschieht, wenn eine unnötige DAV-Reaktion bestraft wird, d. h. der USa (oder ein sonstiger Strafreiz) dann und nur dann auftritt, wenn die Reaktion ausgeführt wird. Die experimentelle Evidenz ist hier recht klar:

Wenn die unnötige DAV-Reaktion wirklich *am Ende* bestraft wird, d. h. das Versuchstier in der Shuttle-Box[74] oder im Einweg-Apparat[75] auf einem elektrifizierten Gitter oder im Laufgang in einer elektrifizierten Zielbox[76] landet, oder durch sein Vorwärtslaufen in einem Randgang[77] oder seinen Pedaldruck[78] oder seinen Knopfdruck[79] den USa produziert, — so wird die Reaktion in der Regel rasch aufgegeben; das gilt auch, wenn die Reaktion mit dem Ertönen eines lauten Summers[80] bestraft wird. Einmal wurde allerdings auch gefunden, daß kurze Bestrafung (3″) der IRa in der Shuttle-Box (bei Hunden)

---

70 BAUM, 1972
71 BAUM, 1972
72 BAUM, 1968
73 SHIPLEY et al., 1971
74 KAMIN, 1954; MISANIN et al., 1966; SMITH et al., 1966; KINTZ & BRUNING, 1967a
75 IMADA, 1959
76 SELIGMAN & CAMPBELL, 1965; RICCIO & MARRAZO, 1972
77 HUNTER, 1935
78 KINTZ & BRUNING, 1967a
79 MAXWELL et al., 1971
80 MEYER, 1970

keine Eliminierung bewirkte[81] und einmal, daß manchmalige Bestrafung (in 10 % der Versuche) die Eliminierung der Reaktion sogar verzögerte[82].

Im übrigen aber gelten auch hier die üblichen Gesetzmäßigkeiten der Bestrafungswirkung: Eine unnötige DAV-Reaktion wird umso rascher aufgegeben, je *stärker*[83], je *länger*[84] und je *unmittelbarer*[85] sie bestraft wird. Verlängerte Praxis der DAV-Reaktion („Übertraining") scheint die Wirkung der Bestrafung zu mindern[86].

Eine völlig andere Sache ist es, wenn die unnötige DAV-Reaktion — hier immer Rennen durch einen Laufgang — *während* ihrer Ausführung (d. h. unterwegs) „bestraft" wird, am Ende aber doch, durch Ankunft in der Zielbox, Sicherheit produziert. In diesem Fall wird die Reaktion genauso wie im Fall von ESC-III-„Bestrafung" verlängert beibehalten[87], wobei allem Anschein nach noch umso rascher gelaufen und umso später aufgegeben wird, je stärker der verwendete Schock ist[88]; der Effekt scheint auch noch ausgeprägter zu sein als bei ESC III[89], vermutlich weil unnötige DAV-Reaktionen an sich schon dauerhafter sind als ESC-III-Reaktionen. Die Erklärung für dieses Phänomen ist sicherlich die gleiche wie im Falle von ESC III.

6556 Schlußfolgerungen

Versucht man, aus all dem die Konsequenzen zu ziehen, speziell im Hinblick auf störendes und insbesondere aggressives DAV, so kann man sagen: Abgesehen von der Möglichkeit, das Verhalten umzuformen (vgl. u. 955), ist die sicherste Methode, unnötiges DAV-Verhalten zu eliminieren — nicht anders als bei anderem instrumentellem Verhalten auch —, es konsequent nicht zu belohnen, d. h. *BSa fortdauern zu lassen* und *FS vorzuenthalten;* z. B.: jemand, der präventiv angreift, so lang wie möglich „auflaufen" zu lassen, jemand, der droht, um Zwang auszuüben (was ja auch sehr häufig Vermeidungsverhalten ist), Ungehorsam entgegenzubringen usw.

---

81 SOLOMON et al., 1953
82 GILBERT, 1970
83 SELIGMAN & CAMPBELL, 1965; SMITH et al., 1966; KINTZ & BRUNING, 1967a
84 SELIGMAN & CAMPBELL, 1965; MISANIN et al., 1966; SMITH et al., 1966; KINTZ & BRUNING, 1967a
85 KAMIN, 1959; MISANIN et al., 1966; RICCIO & MARRAZO, 1972
86 BRUSH, 1957
87 WHITEIS, 1956; BEECROFT & BROWN, 1967; BEECROFT et al., 1967; BENDER & MELVIN, 1967; MELVIN & SMITH, 1967; DELPRATO & DENNY, 1968; MELVIN & BENDER, 1968
88 BEECROFT et al., 1967; MELVIN & BENDER, 1968
89 BENDER & MELVIN, 1967

Wo solches „Löschungs-Verhalten" („Frustrieren") nicht praktikabel ist, wie z. B. im Falle eines physischen Angriffs, ist natürlich die zweite Möglichkeit die der *Bestrafung*, z. B. durch Gegenangriff, diese aber kann wohlbemerkt nur zur Eliminierung führen, wenn sie der *letzte* Effekt des Verhaltens ist, d. h. wenn ihr auch sicher keine Belohnung mehr folgt, und im übrigen gelten auch hier alle die Warnungen vor dem Gebrauch von Bestrafung — im Hinblick auf Ineffektivität, Unberechenbarkeit, Nebeneffekte (s. o. 357) — die auch sonst gelten. Ähnlich unberechenbar und deshalb mit Vorsicht zu gebrauchen ist die Methode der Reaktionsverhinderung bzw. BSa-Überflutung.

Besser als alles andere ist zweifellos, unnötigen DAV-Reaktionen durch Schaffung von Sicherheit die Motivation zu entziehen.

656 SAV

6561 „Notwendiges" SAV

SAV-Verhalten wird, genauso wie DAV-Verhalten, rasch aufgegeben, wenn es *ineffektiv* wird, d. h. den USa nicht mehr aufschiebt[90].
Werden notwendige und noch effektive SAV-Reaktionen *bestraft*, so führt das je nach der Häufigkeit der Bestrafung zu einer mehr oder weniger kräftigen Reduktion ihrer Frequenz[91], im günstigsten Fall gerade bis auf das notwendige Minimum[92].

6562 „Unnötiges" SAV

Auch SAV-Verhalten kann, insbesondere nach Training mit starken USa[93], u. U. unnötig längere Zeit beibehalten werden, wenn auch im allgemeinen nicht so lange wie DAV-Verhalten[94]; schließlich produziert es ja in jedem Fall „weniger Verstärkung".

Vorenthaltung eines bisher üblichen FS führt auch hier zu beschleunigter Aufgabe des Verhaltens[95]; und umgekehrt: unnötiges SAV-Verhalten wird länger

---

90 DAVENPORT et al., 1970
91 BARON et al., 1969; MCCULLOUGH et al., 1969; SHIPLEY et al., 1972
92 WEINER, 1963; SANDLER et al., 1966
93 vgl. BOREN et al., 1959
94 SHNIDMAN, 1968
95 ROBERTS et al., 1970

beibehalten, wenn es (weiterhin) einen gewohnten FS produziert, als wenn ein solcher nie vorgekommen ist[96].

Bestrafung für unnötiges SAV-Verhalten scheint regelmäßig zu einer vorübergehenden Steigerung, am Ende aber zu beschleunigter Eliminierung zu führen[97].

---

96 BURNSTEIN, 1971
97 APPEL, 1960b; BLACK & MORSE, 1961

66 Eliminierung komplexer Angst-Reaktionen (Phobien)

660 Vorbemerkung

Als „Phobien" bezeichnet man gewöhnlich „krankhafte Ängste" — z.B. vor Schlangen, Ratten, Insekten, Mäusen, Hunden, Vergiftung, Beschmutzung, offenen Plätzen, Behörden, geschlossenen Räumen, Höhen, Wasser, Menschenansammlungen, Prüfungen —, die komplex sind insofern, als das Individuum mehrere „Symptome" zeigt, insbesondere:
a) *Angst*, oft panische, wenn es dem betreffenden Reiz oder der betreffenden Situation ausgesetzt wird oder auch nur daran denkt,
b) *passives Vermeiden* von Handlungen, die es in die Nähe des Auslösers bringen könnten,
c) *aktives Vermeiden*, d.h. Flucht (seltener Abschaltung) bzw. Ausweichen oder Vorbeugung, wenn es dem Auslöser ausgesetzt wird bzw. sich in Gefahr sieht, ihm ausgesetzt zu werden.

Wie Phobien gelernt werden und welche Bedingungen sie aufrechterhalten, ist nicht in allen Einzelheiten klar. Sicher aber handelt es sich um *bedingte Ängste*, die sich nach dem besprochenen Mechanismus des Angst-Bedingens (s.o. 231, 234) entwickelt haben, und zwar zu exzessiver Stärke entwickelt haben, entweder
a) infolge eines *starken*, „traumatischen" Erlebnisses, wobei besonders auch an das Prinzip der *Summation* von BRa (s.o. 2384 Pt. 1 und 2) zu denken ist[1]
oder
b) infolge *wiederholter* Begegnung mit einem Angstauslöser, wobei wiederum die Prozesse des *symbolvermittelten*[1a] und/oder des *Selbst-Angst-Bedingens* ihren zusätzlichen Teil beitragen können.

So gut wie sicher ist auch, daß Phobien sich dauerhaft erhalten können, letztlich vor allem *dank der passiven und namentlich aktiven Vermeidung der BSa*, die sie verursachen und die die Begegnung mit ihnen und damit die Löschung oder das Lernen einer Bewältigung der bedingten Angst verhindert.
Hinzu kommt, daß die Angst in vielen Fällen sehr wahrscheinlich — nach Art eines Teufelskreis-Mechanismus — noch weiter „vertieft" wird durch die *Invalidisierung* (z.B. Unfähigkeit zu den alltäglichsten Verrichtungen wie Einkaufengehen, Ausflüge machen, Kochen, Besuche empfangen), die sie mit sich bringen kann und die ihrerseits zwangsläufig zusätzliche Unsicherheit und Minderwertigkeitsgefühle und Verletzbarkeit erzeugt.

---

1 vgl. BANDURA et al., 1969
1a FAZIO, 1972

So komplex auch die Ursachen und das Erscheinungsbild einer Phobie sein können, so einfach kann es unter Umständen sein, sie zu eliminieren oder wenigstens unter Kontrolle zu bekommen. Es gibt da einige mehr oder weniger praktikable und erprobte Möglichkeiten, die fast alle in der Praxis in erster Linie auf die Eliminierung des oben unter b genannten Symptoms hinauslaufen (auch wenn sie der Theorie nach etwas anderes — „Löschung" der Angst oder auch der Vermeidungs-Reaktion — intendieren), d. h. darauf hinauslaufen, das Individuum dazu zu bringen, *sich dem BSa aktiv zu nähern* und zugleich natürlich auf Flucht-, Ausweich- und Vorbeugungs-Reaktionen zu verzichten.

661 Desensitivierung

Nach einer ursprünglich von WOLPE (1958, 1961) konzipierten Methode wird der „Patient" zunächst darin trainiert, sich körperlich völlig und „tief" zu *entspannen*. Parallel dazu oder im Anschluß daran wird eine größere Anzahl von auf die konkrete Phobie des Patienten bezogenen Reizsituationen zusammengestellt und nach dem Grad ihrer „Schrecklichkeit" *in eine Rangreihe gebracht* („Angsthierarchie").

Diese Angstsituationen werden dann eine nach der anderen mündlich präsentiert; der Patient stellt sie sich so lebhaft wie möglich vor und versucht dabei, entspannt zu bleiben bzw. läßt die Vorstellung fallen, sobald er Angst verspürt und/oder die Entspannung nicht aufrechterhalten kann. Mit der Zeit lernt er, bei der Vorstellung von immer stärkeren und deutlicheren BSa die Entspannung beizubehalten.

Es kann als erwiesen gelten, daß Menschen auf diese Weise lernen können, bestimmte Objekte, Situationen und Tätigkeiten, die sie vorher passiv und aktiv vermieden, zu ertragen bzw. auszuführen. In den einschlägigen Experimenten wurde — in neuerer Zeit immer öfter unter Verzicht auf die Herstellung individueller Hierarchien[2] und auf Hierarchien überhaupt[3] und mit Darbietung der Reizsituationen über Tonband[4] oder per Film[5] — vornehmlich mit Schlangen[6], aber auch mit Ratten[7] und Mäusen[8] als Angstobjekten

---

2 MCGLYNN et al., 1970; LINDNER & MCGLYNN, 1971; MCGLYNN, 1971; NAWAS et al., 1971; SUINN & RICHARDSON, 1971; VODDE & GILNER, 1971
3 SUINN et al., 1970
4 MCGLYNN et al., 1970; LINDNER & MCGLYNN, 1971
5 VODDE & GILNER, 1971
6 LANG & LAZOVIK, 1963; DAVIDSON, 1968; BANDURA et al., 1969; MCGLYNN et al., 1970; MCGLYNN, 1971; NAWAS et al., 1971
7 VODDE & GILNER, 1971
8 LINDNER & MCGLYNN, 1971

gearbeitet, und gelegentlich wurden auch andere Ängste, wie Platzangst[9] oder Angst vor Rechnen[10] oder öffentlichem Sprechen[11], behandelt. Dabei hat sich gezeigt, daß die erzielten Verhaltensänderungen durchaus dauerhaft sein können[12] und daß durch die Behandlung auch die in Fragebogen bekundete „Einstellung"[13] zu dem Angstobjekt verbessert und die bei der Begegnung damit subjektiv empfundene[14] wie auch die während einer entsprechenden Phantasie objektiv gemessene[15] Angst reduziert werden kann.

Nun gibt es aber starke Hinweise darauf, daß das letztere keineswegs immer eintritt und hier zumindest nicht der Haupteffekt des Verfahrens zu sehen ist[16]; genauer gesagt: *durch Desensitivierung wird sehr wahrscheinlich nicht eigentlich oder zumindest nicht in erster Linie die Angst vor dem phobischen Objekt reduziert, geschweige denn gelöscht.*

Es wird vielmehr wahrscheinlich gelernt, sich dem phobischen Objekt *trotz Angst* zu nähern bzw. in der früher geflohenen Situation *trotz Angst* zu bleiben oder gar sie aufzusuchen[17].

Daß dergleichen gelernt werden kann, ist experimentell demonstriert worden: Durstige Ratten, die ein Rauschen als schockavisierenden BSa kennengelernt haben, lernen rascher, eine wasserbelohnte Pedaldruckreaktion in Gegenwart dieses BSa wieder auszuführen, wenn sie während der ersten BSa-ohne-USa-Darbietungen das Pedal zur Verfügung hatten (und also „üben" konnten), als wenn es zurückgezogen war[18]. Menschliche Vpn, die Gelegenheit hatten zu üben, in Gegenwart einer verunsichernden Zuhörerschaft oder unter der beängstigenden Bedrohung mit Schocks Reihen sinnloser Silben auswendig zu lernen, können das bei einem erneuten Versuch unter der einen wie auch der anderen Form von Bedrohung besser als solche, die keine derartige Gelegenheit hatten[19].

Nun ist allerdings solches „Handeln wider die Angst" wahrscheinlich nur möglich, wenn gelernt worden ist, die Angst zu „beherrschen", d. h. auf das Aufkommen von Angst so zu reagieren, daß die Angst ab- oder zumindest nicht weiter zunimmt; noch genauer: auf die ersten Signale aufkommender

---

9 BOULOUGOURIS et al., 1971; HUSSAIN, 1971; BENJAMIN et al., 1972
10 SUINN et al.; 1970; SUINN & RICHARDSON, 1971
11 MEICHENBAUM et al., 1971
12 LANG & LAZOVIK, 1963
13 BANDURA et al., 1969; SUINN et al., 1970; SUINN & RICHARDSON, 1971
14 LANG & LAZOVIK, 1963
15 BORKOVEC, 1972
16 DAVISON, 1968; BANDURA et al., 1969; BOULOUGOURIS et al., 1971; BORKOVEC, 1972
17 vgl. GOLDFRIED, 1971
18 JACKSON, 1970
19 TERRIS & RAHHAL, 1969b

Angst (z. B. spürbare Spannung, Herzklopfen) *eine angstreduzierende instrumentelle Reaktion* zu produzieren. Worin diese angstreduzierende IR genau bestehen mag, ist vollkommen unklar. Es ist nur einerseits sehr wahrscheinlich, daß höhere Organismen darauf vorbereitet sind, solche Reaktionen zu erlernen, da sie im Hinblick auf die Lebensgefährlichkeit von anhaltendem Streß im allgemeinen und Angst-Streß im besonderen[20] objektiv höchst lebensnotwendig wären. Andererseits ist so gut wie sicher, daß die *muskuläre Entspannung* als solche, die zweifellos als IR produziert werden kann, *nicht* direkt Angst reduzieren kann; dagegen spricht vor allem die erwiesene Möglichkeit, Angst-Reaktionen im Zustand völliger muskulärer Entspannung hervorzurufen, zumindest zu bedingen (s. o. 1182) wie überhaupt alles, was für die Annahme spricht, daß Angst ein *zentraler* Prozeß ist (s. o. 118), *der eben auch nur durch einen zentralen Prozeß gehemmt werden kann.* Auf der anderen Seite ist allerdings nachgewiesen, daß die muskuläre Entspannung in der Praxis der Desensitivierung tatsächlich für den Erfolg der Behandlung nicht ohne Bedeutung ist[21] (wenn auch nicht gerade von ausschlaggebender[22]); das aber kann anders erklärt werden: muskuläre Entspannung ist nur möglich in dem Maß wie keine Angst vorhanden ist; d. h. um der Instruktion des Therapeuten entsprechend die muskuläre Entspannung bei Darbietung der Angstreize aufrechterhalten bzw. immer wieder herstellen zu können, muß der Patient lernen, seine Angst zu beherrschen, wofür er sich dann die Entspannung als *Signal des Erfolgs* und die ausgesprochene oder unausgesprochene Anerkennung des Therapeuten als *Belohnung* einhandelt, was wiederum die angstreduzierende IR verstärkt; außerdem hat der in Entspannung sich übende Patient im Verschwinden der Entspannung bzw. im Aufkommen von Spannung ein Signal, einen „diskriminativen Stimulus" (s. o. 5023 Pt. 3), der ihm sagt, wann es wieder erforderlich ist, die Angst zu reduzieren, der also praktisch die Angstreduktions-IR kontrolliert.

Kurz: Die Prozedur der Desensitivierung läuft vermutlich auf das *Lernen instrumenteller Angstbeherrschung und/oder -reduktion* hinaus, wobei letztlich die *soziale Anerkennung* durch den Therapeuten und die *Steigerung der Selbstachtung* durch den Erfolg, der in der Aufrechterhaltung der Entspannung liegt, als Belohnung fungieren.

Zu dieser Auffassung paßt auch sehr gut der Befund, daß der Erfolg der Behandlung entscheidend davon abhängt, ob der Therapeut den Patienten bzw. der Vp einen Heilerfolg versprochen oder das Ganze als ein reines Laboratoriumsspiel hingestellt hat[23]; nur im ersteren Fall ist die Beibehaltung der Entspannung ein im Interesse des Therapeuten wie auch der Vp liegender

20 vgl.: SAWREY & WEISZ, 1956; BRADY, 1958
21 DAVISON, 1958
22 BENJAMIN et al., 1972
23 BORKOVEC, 1972

Erfolg und damit eine Belohnung. Dementsprechend entfällt auch der Effekt einer solchen Erfolgssuggestion, wenn die Behandlung anonym (über Tonband) durchgeführt wird[24].

662 Implosivtherapie

Verschiedentlich ist zur Behandlung völlig gleichartiger Verhaltensprobleme eine Methode praktiziert worden, *„implosive therapy"*[25] genannt, die in einigen Aspekten der Desensitivierungsprozedur diametral entgegengesetzt erscheint — aber bezeichnenderweise trotzdem funktioniert[26], namentlich auch bei „Zwangsneurosen"[27], und augenscheinlich nicht einmal schlechter[28]. Es werden *extrem übersteigerte Angstvorstellungen* hervorgerufen und die Angst wird solange wie möglich auf maximalem Niveau gehalten, bis sie abnimmt — vermutlich, weil dem Individuum eine Reaktion geglückt ist, die sie reduziert, die dadurch verstärkt und allmählich instrumentalisiert wird.

Es geschieht hier etwas Ähnliches wie bei *BSa-Überflutung* (s. o. 6554), insbesondere wenn statt Angst-Vorstellungen echte Angst-Situationen[29] erzeugt wurden, und der Mechanismus, nach dem diese Methode zum Aushalten gegenüber dem Angst-Auslöser und zur Unterlassung angstmotivierter Reaktionen führt, ist vermutlich ein ähnlicher wie dort und wie im Falle der Desensitivierung: *Lernen, die Angst instrumentell zu reduzieren.* Dafür spricht besonders auch, daß es für die Eliminierung einer bestimmten Phobie „per implosion" ohne besondere Bedeutung zu sein scheint, ob in der Therapie für die je individuelle Phobie relevante oder aber ganz allgemein, bei jedermann wirksame Angstszenen vorgestellt werden[30].

Bezeichnenderweise ist auch diese Methode richtig erfolgreich nur, wenn der Therapeut einen Heilerfolg in Aussicht gestellt hat[31].

Der Unterschied gegenüber der Desensitivierungstechnik ist dann vor allem der, daß dieses Lernen der Angstbeherrschung hier wie bei der BSa-Überflutung nach Art einer Radikalkur bzw. *unter Zwang* (s. o. 5263) geschieht, was die Methode als vergleichsweise inhuman erscheinen läßt.

---

24 McGlynn & Williams, 1970
25 Stampfl & Levis, 1967; Hogan, 1968
26 Hogan & Kirchner, 1967; Watson & Marks, 1971
27 Boulougouris & Bassiakos, 1973
28 Boulougouris et al., 1971; Hussain, 1971; Vodde & Gilner, 1971; Borkovec, 1972
29 Baum & Poser, 1971
30 Watson & Marks, 1971
31 Borkovec, 1972

663 Modellbeobachtung

Die Eliminierung phobisch-ängstlichen Verhaltens kann auch noch viel direkter angegangen werden: Das Individuum *beobachtet* wiederholte Male in der Realität oder im Film eine Person („Modell"), die Handlungen — wieder in zunehmendem Maß angsterregende — ausführt, wie es selbst sie lernen soll, z.B. zunehmend intimen Umgang mit einer Schlange oder einem Hund, und erhält danach Gelegenheit, diese Handlungen selbst auszuführen.

Es hat sich des öfteren erwiesen, daß diese Methode in jeder Hinsicht mindestens ebenso effektiv ist und mindestens ebenso dauerhafte Erfolge gibt, wie die der Desensitivierung[32].

Weiterhin hat sich erwiesen,
- daß es günstiger ist, wenn die beobachteten Szenen hinsichtlich Modell und Angstobjekt variieren, als wenn immer die gleichen dargeboten werden[33],
- daß es ungünstig ist, wenn das Modell bei der Ausführung der Handlungen selbst große Angst zeigt[34], umgekehrt aber auch
- daß es günstiger ist, wenn das Modell sich anfänglich ängstlich, dann aber immer mutiger zeigt und gleichsam das Lernen der Angstbewältigung demonstriert, als wenn es sich von Anfang an „meisterhaft" sicher verhält[35],
- daß statt mit einem tatsächlich beobachtbaren im Prinzip auch mit einem bloß beschriebenen bzw. vorgestellten Modell gearbeitet werden kann[36].

Der Wirkungsmechanismus dieser Methode ist sicherlich recht komplex. Einiges geschieht wahrscheinlich schon während der Beobachtung der Szenen: etwas Lernen von Angstbewältigung, vielleicht auch etwas Angst-Löschung, vielleicht auch etwas „mentales" instrumentelles Lernen, insofern als die beobachteten Handlungen vorstellungsmäßig mitvollzogen werden und der vorgestellte Erfolg belohnend wirkt. Das Wesentliche aber dürfte geschehen, wenn das Individuum selbst Gelegenheit bekommt, die beobachteten Handlungen auszuführen. Hier wirkt das Beobachtete bzw. Erinnerte „anregend", und zwar detailliert und konkret zu einzelnen Handlungen anregend, die dann, indem sie ausgeführt werden, auch gleichsam automatisch Belohnung in Form eines Erfolgserlebnisses und/oder der sozialen Anerkennung durch eventuelle Zuschauer produzieren; parallel dazu wird vermutlich instrumentelle Angstbewältigung gelernt, die dann auch auf neue Situationen übertragbar ist. Die Methode hat offensichtlich beträchtliche praktische Vor-

---

32 BANDURA et al., 1967; GEER & TURTELTAUB, 1967; BANDURA & MENLOVE, 1968; HILL et al., 1968; BANDURA et al., 1969; MEICHENBAUM, 1971
33 BANDURA & MENLOVE, 1968
34 GEER & TURTELTAUB, 1967
35 MEICHENBAUM, 1971; KAZDIN, 1973
36 KAZDIN, 1973

züge darin, daß damit in der ersten Phase mehrere Personen gleichzeitig behandelt werden können, und daß der Patient sich geeignete Filme selbst und gegebenenfalls beliebig oft vorführen kann. Sie ist auch erwiesenermaßen, jedenfalls wenn es um leicht zugängliche Phobien geht, bei eher besserer Effektivität weniger zeitaufwendig als die der Desensitivierung[37].

664 Angeleitete Teilnahme

Die Anregung zur Ausführung einer angstbesetzten Tätigkeit kann statt via Film oder theatermäßiger Darbietung auch direkt durch *Anweisung und Vormachen* gegeben werden; die fragliche Handlung kann weiter, eventuell mit aktiver Hilfestellung und emotionaler Unterstützung (Darbietung von BSe), gleich unmittelbar ausgeführt und schließlich durch Erfolgserlebnis und ausgesprochene oder unausgesprochene Anerkennung belohnt werden.
Das wäre dann die Methode der *"guided participation"*. Sie ist bisher mindestens zweimal — einmal bei Angst vor Schlangen[38] und einmal bei Angst vor Wasser[39] — unter kontrollierten Bedingungen angewandt worden und hat sich dabei ziemlich klar als die hinsichtlich Erfolgsquote und Zeitaufwand allen anderen überlegene Methode erwiesen.

Mit ihr verwandt sind auch die mehr informellen Techniken des "*Selbstbehauptungstrainings*"[40], die zur Eliminierung ängstlichen bzw. zur Entwicklung unängstlichen Verhaltens in sozialen Konfliktsituationen angewandt werden.

Mit der Methode der angeleiteten Teilnahme wird im Grunde genommen zu dem zurückgekehrt, worauf auch der „gesunde Menschenverstand" ohne weiteres kommen würde, und sie repräsentiert so einen neueren Trend in der Theorie und Praxis der Psychologie, der auf eine längst fällige Entmystifizierung ihres Gegenstandes, insbesondere was „problematisches" Verhalten betrifft, hinausläuft: das Verhalten wie auch seine Bedingungen werden nüchterner und klarer gesehen und seine Veränderung wird ohne unnötige Umwege angegangen; was dabei geschieht, ist, wie im vorigen Abschnitt angedeutet, sicherlich recht komplex, aber jedenfalls mit neueren psychologischen Konzepten zunehmend besser zu erfassen.

---

37 BANDURA et al., 1969
38 BANDURA et al., 1969
39 SHERMAN, 1972
40 z. B. WOLPE, 1969, Kap. 5; ALBERTI & EMMONS, 1970

665 Gegenbedingen mit Sicherheits-BS

Noch kaum praktisch erprobt aber wegen ihrer potentiellen praktischen Bedeutung unbedingt auch hier zu erwähnen ist die durch das oben (623) beschriebene Experiment von HEKMAT (1972) exemplifizierte Methode, einen Angst-Auslöser durch wiederholte Paarung mit einem BSe zu neutralisieren, wenn nicht gar „umzudrehen".

Diese Methode wäre von allen besprochenen Methoden die einzige, bei der mit theoretisch stichhaltigen Gründen von „Angst-Löschung" oder auch von „Gegenbedingen" („Gegenkonditionierung") gesprochen werden kann.

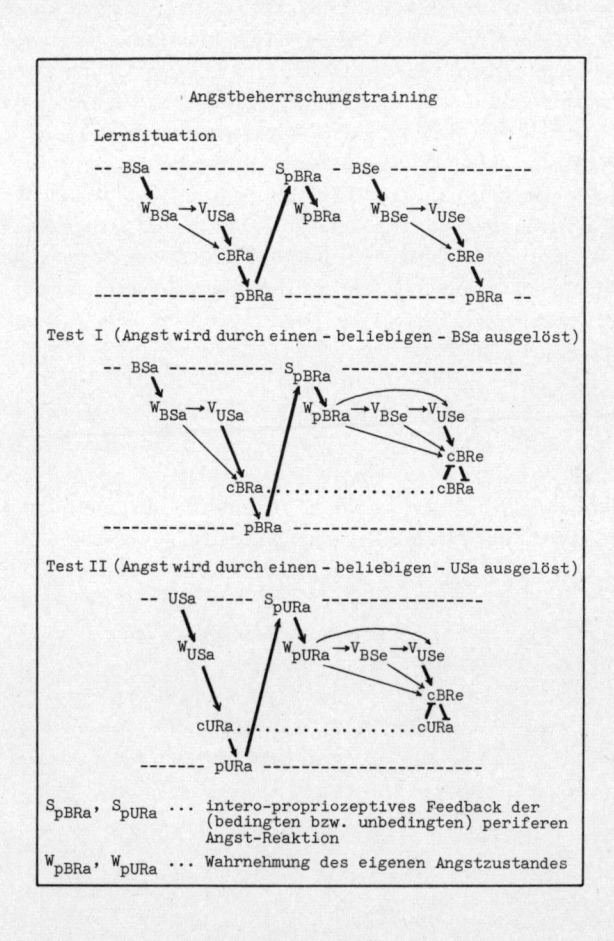

```
                    Angstbeherrschungstraining
     Lernsituation
     -- BSa ----------- S_pBRa - BSe ----------------
              ↘              ↘       ↘
           W_BSa→V_USa    W_pBRa   W_BSe→V_USe
                    ↘       ↓         ↘
                      cBRa              cBRe
     -------------- pBRa --------------- pBRa --

Test I (Angst wird durch einen - beliebigen - BSa ausgelöst)
     -- BSa ----------- S_pBRa --------------------
              ↘              ↘
           W_BSa→V_USa    W_pBRa→V_BSe→V_USe
                    ↘       ↓                ↘
                      cBRa........cBRa         cBRe
     -------------- pBRa -------------------------

Test II (Angst wird durch einen - beliebigen - USa ausgelöst)
     -- USa ------ S_pURa ------------------
           ↘              ↘
         W_USa         W_pURa→V_BSe→V_USe
               ↘          ↓                ↘
                 cURa........cURa            cBRe
     ------- pURa ----------------------

S_pBRa, S_pURa ... intero-propriozeptives Feedback der
                   (bedingten bzw. unbedingten) periferen
                   Angst-Reaktion
W_pBRa, W_pURa ... Wahrnehmung des eigenen Angstzustandes
```

666 Angstbeherrschungstraining

Einen Schritt weiter wird mit dem von Suinn & Richardson (1971) beschriebenen und — in der Behandlung einer Gruppe von „zahlenängstlichen" Studenten — allem Anschein nach mit Erfolg erprobten „Angstbeherrschungstraining" (*anxiety management training, AMT*) gegangen. Diese Methode setzt gar nicht erst an den konkreten „Ängsten" oder „Störungen" der zu behandelnden Person an, sondern versucht, die Fähigkeit zur Beherrschung von Angst ganz allgemein und unabhängig von spezifischen auslösenden Reizen zu trainieren.

Es werden dabei wiederholt mit Hilfe geeigneter Suggestionen bzw. Vorstellungen *Angst-Reaktionen* erzeugt und jedesmal unmittelbar anschließend durch Hervorrufung von *Erinnerungen an Erfolgs- und Entspannungserlebnisse* angsthemmende Sicherheitsgefühle, — das Ganze in der Absicht, die durch die Angst-Reaktion erzeugten *intero- und propriozeptiven Reize* mit der Zeit zu Auslösern von „Entspannung" zu machen; in der hier verwendeten Terminologie: die durch Angst-Reaktionen jeder Art erzeugten, im Bauch, in der Muskulatur usw. spürbaren Reize sollen mittels Sicherheits-Bedingen zweiter Ordnung (vgl. o. 2421, Pt. 3 und 2422, Pt. 3) zu BSe gemacht werden. Diese Möglichkeit ist theoretisch ohne Zweifel gegeben; denn ohne Zweifel produziert der zentrale Zustand der Angst „perifere", wahrnehmbare Reize, und sicher ist auch, daß derartige Reize zu BS für alle möglichen BR werden können[41] sowie daß Angsthemmung bzw. Sicherheit bedingbar ist.

Allerdings ist anzumerken, daß die Bezeichnung „Angstbeherrschungstraining" für die beschriebene Methode nicht ganz angemessen erscheint, da „Beherrschung" (*management*) an ein *instrumentelles* Verhalten denken läßt, während es sich hier doch eher um eine Art von Bedingen, d. h. von *assoziativem* Lernen (vgl. o. 5021, 5022) handeln dürfte.

---

41 vgl. Razran, 1961

Kapitel 7
Formen aggressiven Verhaltens

71 *Zum Begriff „Aggression"* 282
    710 Vorbemerkung 282
    711 Definition 282
    712 Vielfalt aggressiver Verhaltensweisen 284
    713 Aggression — kein einheitliches Phänomen 284
    714 Klassifikation aggressiver Verhaltensweisen 287
72 *Vorläufiger Überblick* 288
    721 Beute-Aggression 288
    722 Primäre Aggression 289
    723 Pseudoaggression 290
    724 Instrumentelle Aggression 291

71 Zum Begriff „Aggression"

710 Vorbemerkung

Die Begriffe „Angst" und „Aggression" liegen auf völlig verschiedenen Ebenen. „Angst" bezeichnet einen bei verschiedenen Arten und Individuen und in verschiedenen Situationen gleichartig immer wiederkehrenden psychophysiologischen Prozeß, „Aggression" dagegen eine in sich überaus heterogene Klasse von Verhaltensweisen, die weder ihren Erscheinungsformen, noch ihren Ursachen, allenfalls ihren Wirkungen nach gleichartig sind.

Überhaupt ist „Aggression" ein ausgesprochen *vorwissenschaftlicher Begriff* mit überwiegend *emotionaler Bedeutung*. Ob etwas „Aggression" ist oder nicht, hängt oft ganz vom Standpunkt ab. Eine Ohrfeige, die man bekommt, ist es immer, eine, die man gibt, kann unter Umständen etwas völlig anderes sein, eine pädagogische Maßnahme zum Beispiel; ein und derselbe Satz kann, wenn man ihn selber gebraucht, eine nüchterne Feststellung sein, wenn man ihn aber gesagt bekommt, ein beleidigender Angriff; was für den einen die Ausübung von verfassungsmäßigen Rechten ist, kann für den anderen ein Anschlag auf die „freiheitlich-demokratische Grundordnung" sein usw. Vom Standpunkt des Betroffenen aus kann sogar ein vereinigtes Schweigen, ein Akt des Ungehorsams, ein Diebstahl, eine Lüge als Aggression erscheinen.

So gesehen ist „Aggression" nicht viel mehr als *eine Bezeichnung für Verhaltensweisen, die einem, wenn man selbst betroffen ist oder sich betroffen zu sein vorstellt, negative Affekte, namentlich Angst machen.*

Diese vorwissenschaftlich-emotionale Bedeutung wird man auch beim wissenschaftlichen Gebrauch des Wortes berücksichtigen müssen und erst gar nicht so tun dürfen, als könne Aggression „rein wissenschaftlich" und „wertfrei" definiert werden — denn letztlich ist die Wertung hier das, was den Begriff „zusammenhält" und zugleich der Grund für unsere Beschäftigung mit der Sache.

711 Definition

Nun muß aber doch möglichst exakt umschrieben werden, was im folgenden unter Aggression verstanden werden soll. Dabei gilt es weniger, „Aggression" eindeutig zu definieren als anzugeben, von welcher Art von Erscheinungen bzw. Verhaltensweisen hier die Rede sein soll, genauer: welche Merkmale „aggressive Verhaltensweisen" kennzeichnen. Dabei sind mindestens folgende drei Punkte wesentlich:

1. Aggressive Verhaltensweisen sind immer solche, die (tatsächlich oder potentiell) andere Lebewesen oder Sachen oder im Sonderfall auch das handelnde Individuum selbst *schädigen, schwächen* oder *in Angst versetzen*.

2. Eine Verhaltensweise sollte nur dann „aggressiv" genannt werden, wenn einer dieser Effekte *„intendiert"* ist, d. h. die Verhaltensweise biologisch oder psychologisch ihren „Sinn" — genauer gesagt: ihren *Arterhaltungswert* (wenn es sich um eine instinktive Verhaltensweise handelt) bzw. ihr „*Ziel*", das, was sie „verstärkt" (wenn es sich um eine instrumentelle Verhaltensweise handelt) — zumindest teilweise darin hat, daß jemand oder etwas geschädigt, geschwächt oder geängstigt wird.
So sind dann Verhaltensweisen, die nach Art von „Unfällen", aus „Versehen", „Gedankenlosigkeit" oder bloßer „Rücksichtslosigkeit" zu Schädigung, Schwächung oder Ängstigung führen oder dergleichen als einen an sich „nicht beabsichtigten" Nebeneffekt haben, besser nicht als aggressive zu betrachten. Ebenso fallen heftige Aktivität, z. B. Toben, Radaumachen, spielerisches Balgen und dergleichen nicht unter den Begriff „Aggression" (abgesehen davon, daß dergleichen in aggressives Verhalten umschlagen kann).

3. Angst kann wie besprochen auf zwei prinzipiell verschiedene Weisen hervorgerufen werden: durch *Darbietung von aversiven Reizen* und durch *Entzug von Sicherheitsreizen*. Nur wenn eine Verhaltensweise auf die erstere Art Angst erzeugt, kann sie — von der ursprünglichen Wortbedeutung (*aggredere* = auf etwas zu gehen) her — als „aggressiv" bezeichnet werden. Praktisch werden allerdings ängstigende Verhaltensweisen der zweiten Art (Isolierung, Liebesentzug) häufig mit der Darbietung von aversiven Reizen (z. B. Schimpfen, Auslachen) verbunden und dadurch aggressiv, und *überhaupt sind im Effekt „isolierende" Verhaltensweisen „aggressiven" oft durchaus gleichwertig*; sie sollten deshalb nicht ganz aus dem Blickfeld geschoben werden, ja eigentlich müßte die „Psychologie der Aggression" früher oder später zu einer „Psychologie der angstmachenden Verhaltensweisen" ausgebaut werden.

Zusammenfassend und vereinfachend könnte man nun sagen:

Unter „aggressiven Verhaltensweisen" werden hier solche verstanden, die Individuen oder Sachen aktiv und zielgerichtet Schaden zufügen, sie schwächen oder in Angst versetzen.

Es ist klar, daß nach dieser Definition noch lange nicht jede beliebige Verhaltensweise eindeutig als aggressiv oder nicht-aggressiv klassifiziert werden kann, das aber wiegt nicht allzu schwer, solange es in ausreichender Menge eindeutige Fälle gibt.

712 Vielfalt aggressiver Verhaltensweisen

Es ist offensichtlich, daß auch noch bei einer so verhältnismäßig einschränkenden Definition überaus verschiedenartige Verhaltensweisen als aggressive zu bezeichnen sind: der Kommentkampf zwischen brünftigen Hirschen ebenso wie der zornige Wortwechsel zwischen zwei Eheleuten, der Ansprung eines Raubtieres auf die Beute ebenso wie das Schlachten eines Tieres oder die Hinrichtung eines Gefangenen, die Vernichtung eines mißglückten Manuskripts ebenso wie die Sprengung eines verhaßten Denkmals, der Wutausbruch eines Kleinkindes ebenso wie das Zuschlagen bei unvermuteter Belästigung oder das Verhauen eines Kindes in bewußter Strafabsicht, Anbrüllen ebenso wie ein geflüstertes „Du Schwein!" oder das Schreiben eines Schmähbriefes, die Vorbereitung eines Überfalls oder einer kriegerischen Aktion ebenso wie das Erlassen eines Strafurteils . . .

713 Aggression — kein einheitliches Phänomen

Es ist offensichtlich, *daß alle diese verschiedenartigen Verhaltensweisen und die tausend anderen, die noch genannt hätten werden können, biologisch oder psychologisch gesehen unmöglich alle letztlich ein und dasselbe sein können, unmöglich alle eine gleichartige Ursache, eine einheitliche Erklärung haben können, insbesondere unmöglich alle Ausdruck eines zugrundeliegenden Faktors, einer geheimnisvollen inneren Kraft, eines allgemeinen Aggressionstriebes oder -instinktes sein können*[1].

Überhaupt erscheint die Annahme eines allgemeinen Aggressionsinstinktes oder -triebes, der für alles aggressive Verhalten verantwortlich wäre, von vornherein wenig plausibel und nur bei einer sehr *pauschalen Betrachtung*, die konkrete „Fälle" überhaupt nicht ins Auge faßt, möglich.
Wer wollte im Ernst behaupten, daß der Beamte, der bei einer Hinrichtung den elektrischen Stuhl anschaltet oder der Vater, der seinem Kind eine versprochene Tracht Prügel verabreicht, aus einem Aggressionstrieb oder -instinkt heraus handle — in einem irgendwie ähnlichen Sinn wie (sicherlich) ein „Trieb" oder „Instinkt" im Spiel ist, wenn derselbe Mann nach zweitägigem Fasten eine Wurst hinunterschlingt oder bei der Heimkehr von einer Reise erst einmal mit seiner Frau ins Bett geht.
Daß aggressives Verhalten — aber auch nur, wenn man die bestehenden und sehr beachtenswerten interindividuellen und interkulturellen Unterschiede

---

[1] vgl. MOYER, 1968

ignoriert! — als nahezu so „*universal*" erscheint wie Essen, Trinken oder Kopulieren, besagt in diesem Zusammenhang überhaupt nichts.
Es gibt diverse andere Verhaltenserscheinungen, z. B. Fortbewegung oder Sprechen, die mindestens ebenso universal sind und ebenfalls manchmal mit großer Ausdauer und irrer Intensität betrieben werden, die aber kein Mensch auf einen entsprechenden „Trieb" (Fortbewegungstrieb, Sprechtrieb) zurückführen würde, — da sie offensichtlich von Fall zu Fall die verschiedensten Ursachen und Zwecke haben und in allzu verschiedenartigen Formen (z. B. Laufen, Radfahren, Sich-tragen-Lassen, Fliegen) erscheinen können, nicht zuletzt aber weil hier jeder einsieht, *daß ein Trieb, der selbstmächtig laufend Verhaltensweisen hervorbrächte, die nur als „Mittel zum Zweck" Sinn haben, ziemlich sinnlos wäre.*

Die *wissenschaftliche Bedeutung von „Instinkt" und „instinktiv"*[2] schließt als essentielle Elemente die Vorstellungen
a) von *stereotypen* und *artspezifischen*, nach Art von *Reflexen* organisierten, durch *Schlüsselreize* kontrollierten *Einzelreaktionen* und *Endhandlungen* (z. B. Kauen, Schlucken bzw. Essen) und
b) von anatomisch-physiologisch definierten *Steuerungszentren* („Auslösemechanismen") ein.
Beides ist bei *gewissen* Formen aggressiven Verhaltens (z. B. Angriff auf ein Beutetier oder einen Eindringling) sicher zu beobachten bzw. anzunehmen, ebenso sicher aber ist, daß auf andere, ebenso geläufige Formen aggressiven Verhaltens (z. B. Schießen mit dem Colt) dergleichen nicht zutrifft.

Daß manchen aggressiven Verhaltensweisen von Menschen (z. B. Abwehr einer Gruppe gegen einen Neuling, politischer Machtkampf) bei einigem guten Willen ein ähnlicher letzter *„biologischer Sinn"* unterlegt werden kann wie gewissen sicherlich instinktiven Verhaltensweisen von Tieren, sagt ebenfalls nichts aus. Es liegt hier nichts weiter als die Gefahr eines zwar verlockenden, aber der Erfassung der Realität eher hinderlichen und völlig „leeren" *Analogieschlusses*[3]. Denn es darf die Möglichkeit nicht übersehen werden, daß hier wie in vielen anderen Zusammenhängen ein und derselbe Effekt durchaus auf verschiedene Weisen, mit Hilfe verschiedener „Mechanismen" erreicht werden kann (vgl. Kiemen und Lungen zum Zweck der Atmung), daß dem „Sinn" oder „Effekt" nach gleichartige Prozesse keineswegs auch der „Ursache" oder dem „Mechanismus" nach gleichartig sein müssen.
Der Mensch erreicht ja auch andere biologisch notwendige Ziele auf durchaus eigenartige Weise, schützt sich vor dem Erfrieren, dem Verhungern, dem Verdursten und heilt seine Krankheiten mit Verhaltensweisen, die gewiß nicht

---

[2] vgl. LORENZ, 1937; THORPE, 1948; TINBERGEN, 1951, Kap. 5
[3] vgl. BARNETT, 1968; SCHNEIRLA, 1968

instinktiv sind — und wohlbemerkt: genau um die Frage, ob die in Rede stehenden *Verhaltensweisen,* die aggressiven nämlich (sämtlich oder auch nur in der Regel), *instinktiv* seien und *als solche* zur „Natur" des Menschen gehören, geht es (nicht etwa um die Frage, ob aggressive Verhaltensweisen einen psychologischen und damit letztlich auch biologischen Sinn haben könnten (was natürlich nicht von der Hand gewiesen werden kann)).

Nun kommen allerdings, wie angedeutet — beim Menschen wie bei Tieren — nach Art von Reflexen organisierte instinktive aggressive Verhaltensweisen tatsächlich vor. *Was aber sicher nicht vorkommt* — weder beim Menschen noch mit nennenswerter Frequenz im Tierreich — ist ein Aggressionsinstinkt oder -trieb, der nach Art des Hunger- oder Sexualtriebes von Zeit zu Zeit *aus teilweise inneren Ursachen,* als regelmäßig wiederkehrendes, bei Nicht-Befriedigung wachsendes *Bedürfnis* aufträte und in entsprechendem Verhalten sich entlüde[4].

Ein Aggressionstrieb dieser Art wäre auch *biologisch sinnlos,* ja hätte sogar sicher negativen Arterhaltungswert, d. h. würde die Überlebenschancen einer Art, die damit ausgestattet wäre, mindern. Dergleichen anzunehmen setzt völlig archaische Vorstellungen von der Konstruktion eines Organismus voraus, unterstellt, daß eine Art, eine existierende und sich vermehrende wohlbemerkt, ebenso fehlkonstruiert sein könne wie ein Menschenstaat, mit vererbbaren Eigenschaften — hier Verhaltenstendenzen — ausgestattet, die nichts tun, als den Individuen, die sie dann „haben", Schwierigkeiten zu bereiten.

Die Annahme eines Aggressionsinstinktes oder -triebes, der allem oder doch dem meisten aggressiven Verhalten des Menschen zugrundeläge, geht heute vor allem in drei Varianten von „Aggressionstheorie" ein: in die der *Seewiesener Ethologie*[5], der *Psychoanalyse*[6] und der *christlichen Morallehre*[7] (aber auch in die naive Rede von den „Aggressionen", die einer „hat", und „aufstaut" und „loswerden will" und „abreagiert").
Diese Annahme ist einfach, umfassend und in sich fertig, dadurch attraktiv und beruhigend, aber *sie ist nie in wissenschaftlicher Manier auf einer empirischen Basis begründet worden.*
Sie läuft letztlich auf eine unkritische Rechtfertigung von Aggression, Herrschaft, Konkurrenz, Kampf aller gegen alle und/oder auf eine repressive Pädagogik und Gesellschaftsstruktur hinaus und hemmt damit alle Bemühungen um konstruktive pädagogische und politische Maßnahmen zur Verminderung

---

4 vgl. Scott, 1966; Eibl-Eibesfeldt, 1967, S. 71
5 Lorenz, 1963; Eibl-Eibesfeldt, 1967, 1973
6 z. B. Freud, 1940 (erstmals 1923), 1948 (erstmals 1930); Mitscherlich, 1957, 1959
7 z. B. Scherer, 1967; Ott, 1972, Art. 18

aggressiver Kommunikationen. Bei den Theorien, die diese Annahme machen, handelt es sich offenbar um höchst politische Theorien . . .

714 Klassifikation aggressiver Verhaltensweisen

Wenn Aggression und Aggression nun auch sicher nicht immer eins ist, so kann doch versucht werden, die Vielfalt aggressiver Verhaltensweisen in eine überschaubare Zahl von Klassen zu ordnen. Eine solche Klassifikation sollte vor allem *praktisch relevant* sein und deshalb durch ihre *Ursachen*, ihren *psychologischen Mechanismus* und durch die Gesetzmäßigkeiten ihrer *ontogenetischen Entwicklung* unterschiedene Formen aggressiven Verhaltens auseinanderhalten.

Es lassen sich so vier Formen gegeneinander abgrenzen, zwischen denen kaum Übergänge, höchstens Mischformen vorkommen:

1. Beute-Aggression,
2. primäre (oder „zornmotivierte") Aggression,
3. Pseudoaggression,
4. instrumentelle Aggression.

72 Vorläufiger Überblick

721 Beute-Aggression

Die erste Form aggressiven Verhaltens läßt sich mühelos von allen anderen abgrenzen: Jagd, Beutefang, Tötung von Beutetieren. Diese Verhaltensweisen sind im vollen Sinn des Wortes *instinktiv*:
• sie brauchen *nicht gelernt* zu werden, sondern laufen nach einem durch *Reifung* sich entwickelnden festen Programm ab;
• sie lassen sich analysieren in eine Vielzahl von mehr oder weniger stereotypen *Einzelreaktionen* (z.b. Anspringen, Zuschlagen, Zubeißen, Totschütteln), die in mehr umfassende *Endhandlungen* (z.B. Verfolgen, Erlegen) integriert sind
• und durch teilweise sehr *spezifische Schlüsselreize* ausgelöst werden;
• die Schlüsselreize wie die zugehörigen Einzelreaktionen und Endhandlungen (d.h. die „Reflexe" oder „Instinkte" als ganze, vgl. o. 133) sind von Art zu Art, teilweise auch bei nah verwandten Arten verschieden, d.h. *artspezifisch*;
• diese Verhaltensweisen werden organisiert und kontrolliert von spezifischen anatomisch-physiologischen Mechanismen, Instinkt- oder *Triebzentren*, höchstwahrscheinlich in der Regel von einem dem Hungerzentrum untergeordneten, aber doch teilweise autonomen *Jagdtriebzentrum*, wo diese Verhaltensweisen auch durch elektrische Stimulation ausgelöst werden können[1];
• sie sind so unter natürlichen Umständen zweifellos biologisch sinnvoll, d.h. selbst- und arterhaltend.

Beute-Aggression kommt nicht bei allen Arten vor, unter anderem *nicht beim Menschen*, der wie seine Vorfahren und die meisten anderen Affen biologisch auch von vornherein nicht mit den für den Beutefang nötigen „Waffen" ausgestattet ist; die menschliche Jagd mit hergestellten Waffen ist ein typischer Fall von instrumenteller Aggression, ursprünglich im Dienst des Hunger-Triebes[2].

Die Arten, bei denen Beute-Aggression vorkommt, produzieren das entsprechende Verhalten *von Zeit zu Zeit*, aus *„inneren Ursachen"* — und *suchen auch nach Gelegenheit*, es zu produzieren, d.h. zeigen entsprechendes *„Appetenzverhalten"*.

---

[1] WASMAN & FLYNN, 1962; EGGER & FLYNN, 1963; ROBERTS & KIESS, 1964; ADAMS & FLYNN, 1966; HUTCHINSON & RENFREW, 1966; SHEARD & FLYNN, 1967
[2] vgl. LEAKEY, 1967

722 Primäre Aggression

Es gibt noch eine zweite Klasse von aggressiven Verhaltensweisen, die als *„instinktiv"* im eben skizzierten Sinn zu bezeichnen sind, deren Auslösung, Form und Ablauf ebenfalls — zumindest teilweise — *„vorprogrammiert"* ist, wobei allerdings die auslösenden Reize wie auch die ausgelösten Reaktionen *weniger differenziert* und die Verhaltensweisen entsprechend *weniger artspezifisch* sind, wozu noch kommt, daß sie in größerem Maß *durch Lernen modifizierbar* zu sein scheinen.

Gemeint sind alle diejenigen aktiv-angreifenden Verhaltensweisen, die — ohne Lernen oder durch Modifikation ungelernter Reaktionen entwickelt — der *Selbstverteidigung* und/oder der *Verteidigung von Artgenossen* (Jungen, Partnern, Kumpanen) dienen.

Der diese Verhaltensweisen kontrollierende „Trieb" oder „Instinkt" (die beiden Ausdrücke sind letztlich gleichbedeutend) soll *„Zorn"* — alternativ „Ärger", „Wut" oder auch „Verteidigungstrieb" — genannt werden. Er unterscheidet sich vom Hunger-, Jagd- oder auch Sexualtrieb vor allem dadurch, daß er *nicht* wie diese von Zeit zu Zeit aus teilweise „inneren Ursachen" immer wiederkehrt, sich u.U. „aufstaut" und „spontan" hervortritt, sondern *wie Angst* jedesmal durch *Reize*, ganz überwiegend äußere, hervorgerufen, *„provoziert"* werden muß, und daß ihm *kein Appetenzverhalten* entspricht. Man kann den Zorn-Trieb auch (wie den Angst-Trieb) als einen typischen *„protektiv-defensiven"*, die anderen dagegen als *„bewahrende"* Triebe bezeichnen[3].

Die Bezeichnung *„primär"* für diese Art von Aggression soll zum Ausdruck bringen, daß es sich um eine „ursprüngliche" Form von Aggression handelt, daß die genannten Verhaltensweisen ganz „primär" darauf hinauslaufen, ihren „biologischen Sinn" *zunächst* darin haben, daß andere geängstigt (dadurch z.B. in die Flucht geschlagen), geschwächt oder geschädigt werden, wenn auch dahinter *letztlich* der Sinn der „Protektion" (seiner selbst oder anderer) liegt.

Primäre Aggression wird wie angedeutet hervorgerufen durch „*Provokationen*" verschiedener Art, meist durch Artgenossen, aber auch durch Artfremde und insbesondere „Feinde", und richtet sich dann normalerweise auch gegen den Provokateur. Sie nimmt meistens die Form von raschen, energischen Reaktionen (z.B. Zubeißen, Kreischen, Ausschlagen) an, kann aber auch zu bloßen „Ausdrucksgebärden" reduziert sein.

Primäre Aggression kommt allem Anschein nach *bei allen höheren Tierarten einschließlich des Menschen* vor.

---

[3] vgl. KONORSKI, 1967, Kap. 1

723 Pseudoaggression

Erleidet jemand bei irgendeinem zielgerichteten Verhalten plötzlich oder mehrmals in rascher Folge Mißerfolg, sprich *Frustration,* so tritt, wenn kein alternatives Verhalten möglich bzw. gelernt worden ist, gewöhnlich zweierlei ein:
Die Frustration führt zu einer Steigerung der Motivation, zu *Überaktivierung,* und, teils direkt infolge davon, teils, weil eben keine differenziert-angepaßten Verhaltensweisen möglich sind, zu einer *Primitivierung* des Verhaltens.

Überaktiviert-primitives Verhalten aber gibt häufig das *Erscheinungsbild aggressiven Verhaltens*[4]. So, wenn z. B. einer wiederholt nach einem anderen ruft und schließlich, da der andere nicht kommt, „ungeduldig" losbrüllt, oder wenn ein Kind nach einem Gegenstand greift, den ein anderes in der Hand hält und, da es ihn nicht sofort bekommt, „aggressiv" daran zu zerren beginnt. UYENO (1971) trainierte Ratten, aus einer unter Wasser getauchten Startbox durch ein gut ein Meter langes enges Rohr zu schwimmen und in eine oben offene Zielbox zu entfliehen. Dann ließ er je zwei Tiere gleichzeitig gegeneinander starten, das eine, nachdem es zehn Sekunden, das andere, nachdem es erst eine halbe Sekunde untergetaucht gewesen war. In 17 von 20 solcher Tests drängte das länger untergetauchte (stärker motivierte) Tier das andere zurück.

Derartige Verhaltensweisen sollen hier als „pseudo"-aggressive bezeichnet werden, weil die erreichte Schädigung, Schwächung oder Ängstigung typisch *nicht intendiert* ist, folglich gemäß der gegebenen Definition „eigentlich" gar keine Aggression vorliegt, nur eben ein Verhalten, das „echtem" aggressivem Verhalten oft zum Verwechseln ähnlich ist.

Pseudoaggression ist von primärer Aggression dadurch unterschieden, daß die betreffenden Verhaltensweisen typisch *nicht artspezifisch-stereotyp* und gewöhnlich auch *nicht zornmotiviert* sind, wenn auch Zorn durchaus hinzukommen und das Verhalten intensivieren kann, ja vielleicht sogar regelmäßig „hineinspielt". Von instrumentell-aggressiven Verhaltensweisen sind pseudoaggressive dadurch unterschieden, daß sie in der aktuellen primitiv-intensiven Form als *ungelernte,* (noch) nicht belohnte, (noch) nicht instrumentalisierte Reaktionen auftreten.

Pseudo-aggressive Verhaltensweisen verdienen Beachtung vor allem deshalb, weil sie belohnt, verstärkt, instrumentalisiert werden können; m. a. W.: *Pseudoaggression ist einer der Ursprünge instrumenteller Aggression.*

---

[4] vgl. BANDURA & WALTERS, 1963, Kap. 3

724 Instrumentelle Aggression

Zahlreiche aggressive Verhaltensweisen, die Mehrzahl der unter Menschen vorkommenden, sind *nicht zornmotiviert* und überhaupt *nicht instinktiv*, sondern durch „Lernen am Erfolg" entwickelt, in der Erscheinungsform *nicht stereotyp*, sondern im Gegenteil überaus *variabel*. Sie werden in *problematischen Situationen* der verschiedensten Art, aus allen möglichen *Motivationen* heraus hervorgebracht und durch Reize („diskriminative Stimuli") kontrolliert, die diese ihre Funktion durch Lernen erworben haben (vgl. o. 5023, Pt. 3).

Es sind instrumentelle, d. h. zielgerichtete oder Problemlösungs-Verhaltensweisen wie tausenderlei andere auch — nur eben solche, die andere schädigen oder in Angst versetzen.

Sie werden *gelernt*, von jedem Individuum neu, letztlich infolge „motivationsadäquater Belohnung" bzw. *„Verstärkung"* (vgl. o. 5023, Pt. 2), und das wohlbemerkt in aller Regel erst, *nachdem* sie — als „Versuch" im Sinne von „Versuch und Irrtum", als pseudoaggressive Reaktion oder „angeregt" durch Beobachtung des Verhaltens anderer, durch Instruktion oder Befehl oder „Ausdenken" (Planen) — *hervorgebracht* worden sind.

Diese Verhaltensweisen sind nicht mystisch-unbegreifbare Äußerungen der vom Bösen beherrschten Tiefe der menschlichen Natur, sondern Erscheinungen, deren Entstehung — vorschlagsweise mit den Begriffen der Lernpsychologie — genauso (schlecht und recht) zu verstehen ist wie z. B. die Entwicklung motorischer Fertigkeiten oder nicht-aggressiver Formen sozialer Kommunikation.

Die praktisch wichtigste Variante instrumenteller Aggression ist die *angstmotivierte*, von der schon kurz die Rede war (54).

Instrumentelle Aggression ist das, worum es bei der psychologischen Beschäftigung mit dem Thema „Aggression" in erster Linie geht — nicht nur, weil sie charakteristisch ist für den Menschen und weil sie die Menschheit plagt und in ihrer Existenz gefährdet, sondern vor allem, *weil sie als eine auf Lernen beruhende Erscheinung auch durch Änderung der Lernbedingungen beeinflußt werden kann.*

Instrumentelle Aggression scheint in gewisser Weise ebenfalls „artspezifisch" zu sein, nämlich für die Spezies *homo sapiens*, die sich bekanntlich ganz allgemein durch eine außerordentliche Fähigkeit zum instrumentellen Lernen und zur Weitergabe des Gelernten auszeichnet bzw. in ihrem ganzen Lebensvollzug auf instrumentelles Lernen bzw. instrumentelle Verhaltensweisen angewiesen ist; bei anderen Arten scheint instrumentelle Aggression unter natürlichen Bedingungen kaum vorzukommen, wie überhaupt instrumentelles Verhalten im Gegensatz zu instinktivem eine relativ geringere Rolle spielt.

Andererseits aber ist es auch überaus wichtig festzustellen, daß instrumentelle Aggression für den Menschen wiederum nicht so spezifisch und charakteristisch — im eigentlichen Wortsinn eben *nicht* artspezifisch — ist, als daß ihr Vorkommen genetisch vorprogrammiert und universal wäre. Die Tatsache, daß es hin und wieder Menschen gibt, die instrumentelle Aggression praktisch *nicht* gebrauchen und die beträchtlichen interindividuellen und interkulturellen Unterschiede in der Frequenz instrumentell-aggressiver Verhaltensweisen müssen mindestens ebenso betont werden, wie die Tatsache, daß die meisten Menschen sie gebrauchen, und daß es sie, so viel man sehen kann, in allen menschlichen Gesellschaften gibt und gegeben hat.

Kapitel 8
Primäre Aggression

81	*Primär-aggressive Reaktionen*	295
	811 Erscheinungsformen	295
	812 Gemeinsame Merkmale	296
	813 Auslösung primär-aggressiver Reaktionen	299
	8130 Vorbemerkung — Präpotenz von Angst-Flucht	299
	8131 „Hintergrundfaktoren"	300
	8132 Auslöser	305
	8133 Auslösung primärer Aggression beim Menschen	309
	814 Zielobjekte primärer Aggression	310
82	*Zorn*	312
	821 Zum Begriff „Zorn"	312
	822 Operationale Definitionen von Zorn	313
	8221 Zorn infolge Restriktion	313
	8222 Zorn infolge wiederholter aversiver Reizung	313
	8223 Instrumentelles Lernen unter Zorn-Motivation	314
	823 Neurophysiologische Grundlagen von Zorn	316
	8231 Zornauslösung durch zentrale Stimulation	316
	8232 Andere Evidenz für die Existenz von Zorn-Zentren . .	317
	8233 Struktur des Zorn-Systems	318
	824 Zorn und Angst	318
	8240 Das Problem	318
	8241 Unterschiede im subjektiven Erleben	320
	8242 Unterschiede in den physiologischen Begleiterscheinungen	320
	8243 Angst-Zorn-Konflikt	322
	8244 Ängstlichkeit und Aggressivität als situationsgebundene Verhaltensmuster	322
	8245 Neurophysiologische Befunde	323
83	*Friedlichkeit*	324
	831 Evidenz für die Existenz eines zentralen Zorn-Hemmungssystems	324
	8311 Informelle Evidenz	324

	8312 Hirnstimulationsbefunde	324
	8313 Effekte von Läsionen und Ablationen	325
832	Zornhemmende Reize	326
	8321 Zornhemmung durch unbedingte Stimuli	326
	8322 Zornhemmung durch bedingte Stimuli	327

84 Zorn und zornmotivierte Aggression 328
    841 Zorn und primär-aggressive Reaktionen 328
    842 Zorn — ein protektiv-defensiver Trieb 329
    843 Bedingen von Zorn 329
    844 Aggression als Zorn-Endhandlung 330
    845 Zornhemmung durch Angst infolge Bestrafung 331
    846 Instrumentelles Lernen unter Zorn 332
    847 Interindividuelle und Geschlechts-Unterschiede 333

85 Konseqzenzen für die Praxis 336

81 Primär-aggressive Reaktionen

811 Erscheinungsformen

Primär-aggressive Reaktionen kommen bei höheren Organismen, namentlich bei den meist mit hochdifferenzierten Verhaltensrepertoiren ausgestatteten Säugetieren, in zahlreichen Varianten vor. Manche scheinen nahezu universal zu sein, vor allem *Beißen* und *Nachjagen*, sowie artspezifisches *Drohen* (z.B. durch Einnahme einer bestimmten Körperhaltung, Zähnezeigen, Haareaufstellen) und artspezifische *Lautäußerungen* (z.B. Knurren, Fauchen, Brüllen); andere wiederum sind mehr oder weniger oder völlig artspezifisch, z.B. das Ausschlagen der Pferde, das Stoßen bei Widdern, das Spießen bei Rindern, das „Boxen" bei Ratten, das Schwanzschlagen bei Mäusen, das Zupacken und Beißen bei vielen Affen usw. Manche dieser Reaktionen gehen, oft zu Andeutungen reduziert, in „rituelle Kampfformen" ein, z.B. bei Hirschen, Antilopen, wie auch bei zahlreichen Vögeln und niederen Wirbeltieren[1].

Viele Arten verfügen über ganze „Arsenale" von solchen Reaktionen, d.h. von „Waffen" für verschiedene Situationen bzw. Arten und Grade von Provokation; z.B. wird auf bloße Annäherung eines fremden Artgenossen anders reagiert als auf Bedrohung oder Angriff oder auch Rückzug, und insbesondere wird auf Bedrohung durch Artgenossen oft ganz anders reagiert als auf Bedrohung durch Artfremde. Die Arsenale primär-aggressiver Reaktionen einiger Arten sind genauer beschrieben worden, z.B. die von Mäusen[2], Ratten[3], Wüstenmaus[4], Lemming[5], Hamster[6] und Rhesusaffe[7] (um nur von Säugetieren zu reden und von Fischen abzusehen, die zwar viel untersucht worden sind, aber dem Menschen entwicklungsgeschichtlich und ihrer Lebensbedingungen nach doch recht fern stehen); immer wieder zeigt sich dabei, daß jede Art über *eine größere, aber doch begrenzte Anzahl primär-aggressiver Reaktionsformen* verfügt, die bei allen Angehörigen der Art in etwa gleicher Weise vorkommen.

Höchstwahrscheinlich ist das beim Menschen nicht anders. Jedenfalls gibt es auch bei Menschen von Individuum zu Individuum auffällig gleichbleibende aggressive Reaktionen, die nach Auslösungsbedingungen, Erscheinungsform

---

1 vgl. EIBL-EIBESFELDT, 1967, S. 306ff.
2 BEEMAN, 1947; SCOTT & FREDERICSON, 1951; SCOTT, 1966
3 SCOTT & FREDERICSON, 1951; SCOTT, 1966
4 REYNIERSE, 1971b
5 ALLINS & BANKS, 1968
6 LERWILL & MAKINGS, 1971
7 BERNSTEIN & MASON, 1963; SCHUSTERMAN, 1964; SUOTHWICK, 1967

und Effekt von primär-aggressiven Reaktionen höherer Tiere nicht abzugrenzen sind: Schreien (namentlich unartikuliertes), Brüllen, Zähnezeigen, Stirnrunzeln, Aufstampfen, Wegstoßen, möglicherweise auch Boxen, Treten, Packen, Schütteln, Kratzen, Schmeißen mit Gegenständen und nicht zuletzt Beißen[8].

812 Gemeinsame Merkmale

Diese primär-aggressiven Reaktionen haben einige Merkmale gemeinsam, die sie vor allem von instrumentell-aggressiven unterscheiden und die es vor Augen zu haben gilt, wenn im Einzelfall entschieden werden soll, mit welcher Art von Aggression man es zu tun hat.

1. Es handelt sich im typischen Fall um eher *kurzdauernde* und *wenig differenzierte* („primitive", „unüberlegte") Reaktionen, die *auffällig* bis *dramatisch*, oft auch einfach nur *„demonstrativ"* erscheinen und sichtbar *gegen ein bestimmtes Objekt gerichtet* sind.

2. Sie sind im typischen Fall begleitet von sichtbaren *Zeichen emotionaler Erregung* („Affekt"), Erröten, gesteigerte Muskelspannung, besonders im Oberkörper und im Gesicht, Veränderungen der Atmung und des Ausdrucks der Augen; häufig scheinen sie schlechthin aus dieser Erregung zu resultieren, genauer gesagt: die emotionale Erregung erleichtert, wenn sie vorgegeben ist, ihre Auslösung und korreliert der Intensität nach mit der Intensität der Reaktion(en).

3. Primär-aggressive Reaktionen haben zumindest in ihren einfacheren Formen immer den Charakter von *Reflexreaktionen,* werden *durch recht spezifische Stimuli ausgelöst*[9] und laufen, wenn ausgelöst, in *stereotyper Weise* und ziemlich unaufhaltsam ab. Bei Ratten beispielsweise kann durch elektrische Schocks ein stereotypes Kämpfen gegen „zufällig" anwesende Artgenossen ausgelöst werden, und das unter gewissen Umständen mit nahezu hundertprozentiger Sicherheit[10] und eventuell tausende Male innerhalb weniger Stunden[11]; ähnlich bei Wüstenmäusen[12]; auch wird solcher schockinduzierter

---

8 vgl. EIBL-EIBESFELDT, 1973
9 vgl. KEENLEYSIDE, 1971
10 AZRIN et al., 1964b
11 ULRICH & AZRIN, 1962
12 DUNSTONE et al., 1972

Angriff unter Umständen mit automatenhafter Zwanghaftigkeit immer wieder ausgeführt, auch wenn seine Unterlassung[13] oder ein Pedaldruck (als ESC-Reaktion)[14] den Schock beenden oder ein Pedaldruck (als SAV-Reaktion)[15] den nächsten Schock aufschieben könnte.

4. Als „vorprogrammierte" Verhaltensweisen brauchen typische primär-aggressive Reaktionen *nicht gelernt* zu werden, sondern werden normalerweise im wesentlichen infolge von *Reifungsprozessen* von einem bestimmten Alter ab auslösbar[16], u. U. auch bei Tieren, die ohne sozialen Kontakt aufgewachsen sind[17].

5. Primär-aggressive Reaktionen können durch geeignete Hirnstimulation[18] oder entsprechend präzise Außenreize[19] als *isolierte Reflexreaktionen* ausgelöst werden; z.B. pflegen Hunde kurz und ohne besonderen Affekt zuzuschnappen, wenn man ihnen ins Ohr bläst, eine lästige Fliege wird mit einer leichten Handbewegung vertrieben. Oft aber treten sie *als Komponenten integrierter Verhaltenssequenzen* (z.B. Fauchen — Pfoteheben — Zuschlagen bei Katzen oder Sich-Aufstellen — Boxen — Nachjagen bei Lemmingen[20]) oder *als Antworten auf Verhaltensweisen eines Gegners in einem komplexen Interaktionsgeschehen* („Kampf") auf[21].
In diesen Fällen wird dann auch deutlich, daß primär-aggressive Reaktionen zwar sicherlich auf den ersten Blick als „automatisch" und „stereotyp" erscheinen, tatsächlich aber doch auch durch äußere und innere Stimuli bzw. durch höhere zentral-nervöse Prozesse kontrolliert und gesteuert, d. h. *flexibel* eingesetzt werden; entsprechend pflegt auch bei Zunahme der zornigen Erregung über einen bestimmten Punkt hinaus das Kampfverhalten infolge Fortfalls der Kontrolle durch die Großhirnrinde (vgl. o. 312) zum ziellosen Wüten und Rasen auszuarten.

6. Wie andere Reflexreaktionen (z.B. Saugen, Greifen, Niesen) können auch primär-aggressive Reaktionen *durch Übung* — d. h. vermutlich durch instrumentelles Lernen (wobei die Belohnung („intrinsische" Belohnung im engsten Sinne des Wortes) im „geglückten" Ablauf des Reflexes selbst liegen

---

13 ULRICH & CRAINE, 1964
14 ULRICH, 1967b
15 ULRICH & CRAINE, 1964
16 SCOTT, 1966; FARRIS et al., 1970; MCKENZIE, 1971
17 AZRIN et al., 1966
18 MACLEAN & DELGADO, 1953; DELGADO, 1967
19 ULRICH et al., 1964; MACDONNELL & FLYNN, 1966; BANDLER & FLYNN, 1972
20 ALLIN & BANKS, 1968
21 vgl. LERWILL & MAKINGS, 1971

dürfte) — *verbessert* und *perfektioniert*[22] und auch *modifiziert* und *ausgebaut* werden.
So lernen z. B. Menschen, statt unartikuliert loszubrüllen, Schimpfwörter zu gebrauchen, statt einfach zuzuschlagen, vorher eine Waffe zu ergreifen und/oder auf bestimmte Körperteile zu zielen. Derart entwickelte Verhaltensweisen können sich dann von den ursprünglichen Formen recht stark unterscheiden, *aber wiederum nicht beliebig stark,* — sie werden in der Regel immer noch durch die Merkmale „dramatisch-intensiv", „objektgerichtet" und „affektgeleitet" als primär-aggressive Verhaltensweisen erkennbar sein.

7. Als Reflexreaktionen müßten primär-aggressive Reaktionen auch *bedingbar* (vgl. o. 231, 234), d. h. speziell: durch diskrete Stimuli, die wiederholt ihrer Auslösung vorausgegangen sind, auslösbar sein. Das ist auch für das aggressive Imponiergehabe des Siamesischen Kampffisches[23] und für das durch Schock ausgelöste Kämpfen von Ratten[24] demonstriert worden.
Dennoch scheinen solche Reaktionen *nicht ganz so leicht bedingbar* zu sein wie viele andere: bei Affen beispielsweise scheint es kaum möglich zu sein[25], und auch Ratten reagieren auf *schockavisierende Signale* im allgemeinen eindeutig eher mit Angst, Kauern und dgl., auch wenn sie auf den *Schock selbst* —sogar in Abwesenheit eines „Gegners" — sehr häufig mit „Boxen" oder Drohen reagieren[26].

```
Merkmale typischer primär-aggressiver Reaktionen

 • kurzdauernd - undifferenziert - dramatisch -
   sichtbar gerichtet
 • affektbegleitet - affektkontrolliert
 • reflexiv: durch Schlüsselreize auslösbar,
   stereotyp im Ablauf
 • ungelernt, durch Reifung entwickelt
 • als isolierte Reflexreaktionen oder als
   Komponenten integrierter Reaktionssequenzen
   auftretend
 • durch Übung perfektionierbar und modifizierbar
   (in Grenzen)
 • "klassisch" bedingbar
 • auf Gebrauch gegen Artgenossen zugeschnitten
```

22 GINSBURG & ALLEE, 1942; COLLIAS, 1944; SCOTT & FREDERICSON, 1951
23 THOMPSON & STURM, 1965
24 VERNON & ULRICH, 1966; FARRIS et al., 1970
25 AZRIN et al., 1967
26 REYNIERSE, 1971a

8. Die meisten primär-aggressiven Reaktionen scheinen in erster Linie auf den Gebrauch *gegen Artgenossen* „zugeschnitten" zu sein, geeignet, lästige angreifende Artgenossen zu vertreiben oder abzuwehren. Beobachtungen an verschiedenen Tierarten — Rhesusaffen[27], Cebusaffen[28], Pavianen[29], Lemmingen[30], Wüstenmäusen[31], Hamstern[32], Mäusen und Ratten[33] — zufolge lösen sie denn auch besonders häufig *nach Art von unbedingten Angst-Auslösern* bei Artgenossen Rückzugs- oder stereotype Unterwerfungs-Reaktionen aus (die dann ihrerseits wieder aggressionshemmend, „beschwichtigend" zurückwirken können)[34]; überhaupt wirken sie, solange sie gegen Artgenossen angewandt werden, zumeist nicht mehr als bedrohlich und ängstigend, selten schädigend oder gar tödlich[35].

813 Auslösung primär-aggressiver Reaktionen

8130 Vorbemerkung — Präpotenz von Angst-Flucht

Die Stimuli, die in unbedingter Weise primär-aggressive Reaktionen auslösen, sind durchgängig als *„aversive Stimuli"* zu bezeichnen, sind teilweise identisch mit solchen, die — in einer veränderten Situation, in einem anderen Kontext — auch Angst, Flucht, Unterwerfung und dgl. auslösen können.

Es deutet sich hier ein Problem an, das weiter unten ausführlicher besprochen werden soll: die Frage, ob nicht primäre Aggression einerseits und Flucht etc. andererseits *aus ein und derselben Motivation resultieren* (die man dann nach Belieben „Angst" oder „Bedrohtsein" oder „Erregung" nennen könnte), ja ob nicht überhaupt nur die *Verhaltensweisen* — Drohen, Angreifen, Zubeißen, Rückzug, Sich-Totstellen usw. — real, unterscheidbar und der Beachtung wert, die Annahme einer oder mehrerer *zugrundeliegender Motivation(en) oder Trieb(e) oder Instinkt(e)* aber überflüssig sei. Die erstere Frage muß ernsthaft gestellt und beantwortet werden, die letztere aber erscheint angesichts der vielfältigen Gründe, die für die Annahme eines organisierenden Angst-Triebes (s.o. 116, 118, 13 und Kap. 5) sprechen — vom Zorn-Trieb vorerst nicht zu reden — kaum diskutabel.

---

27 BERNSTEIN & MASON, 1963; SCHUSTERMAN, 1964
28 CIOFALO & MALICK, 1969
29 HALL, 1964
30 ALLIN & BANKS, 1968
31 REYNIERSE, 1971b
32 LERWILL & MAKINGS, 1971
33 SCOTT & FREDERICSON, 1951
34 vgl. COLLIAS, 1944; EIBL-EIBESFELDT, 1967, S. 319ff., S. 328ff.
35 vgl. HARRISON MATTHEWS, 1964

Was nun die Auslösung von primär-aggressiven vs. angstartigen Reaktionen betrifft, so scheint zunächst einmal zu gelten, *daß auf aversive Reize unter natürlichen Bedingungen in aller Regel eher mit Flucht als mit Angriff reagiert wird*; das scheint nicht nur für Hasen, Rehe und dgl. zu gelten, sondern — vielleicht mit ganz vereinzelten Ausnahmen — auch für wehrhafte Großtiere und Räuber.

Man kann von einer allgemeinen *Präpotenz der Rückzugs- und Flucht-Reaktionen* über die Verteidigungs- und Angriffs-Reaktionen bzw. des Angst-Triebes über den Zorn-Trieb sprechen: *kein gesunder Organismus wird sich ohne zwingenden Grund einer Gefahr nähern, um sie „abzuschalten", wenn er ihr ebenso gut entfliehen kann.*

8131   „Hintergrundfaktoren"

„Zwingende Gründe" zum Angriff bzw. zur Verteidigung kann es allerdings viele geben, m. a. W.: zahlreiche Faktoren können dazu führen, daß ein aversiver Reiz nicht Rückzug-Flucht, sondern Verteidigung-Angriff auslöst:

1. Der praktisch wichtigste unter diesen Faktoren ist allem Anschein nach ein ganz trivialer, nämlich *ob bzw. wie leicht Rückzug-Flucht überhaupt möglich ist.* Jeder kennt das Bild von der Katze, die sich vor einem drohenden Hund solange zurückzieht, bis sie, in die Ecke getrieben, nicht mehr weiter kann und zum Angriff übergeht; viele andere Tiere und auch Menschen in vergleichbaren Situationen verhalten sich genauso. Manche Tiere, z. B. Schildkröten[36], kämpfen bei aversiver Reizung ganz eindeutig nur, wenn sie einander nicht ausweichen können, und Ratten in derselben Situation kämpfen umso eher, je kleiner die Bodenfläche ist, auf der sie sich bewegen können[37].

Entsprechend findet auch Beobachtungen an allen möglichen Wirbeltieren zufolge unter Bedingungen unnormaler *räumlicher Enge* und *Populationsdichte,* wie sie in Laboratoriumskäfigen, -aquarien und zoologischen Gärten realisiert zu sein pflegen, Kämpfen unter Artgenossen unnormal häufig statt[38] bzw. umgekehrt: unter einigermaßen günstigen räumlichen Bedingungen findet Kämpfen unter Artgenossen bei höheren Organismen viel seltener statt als manch ein Anbeter der tierischen und menschlichen Aggression sein Publikum glauben machen möchte[39].

---

36 Fraser & Spigel, 1971
37 Ulrich & Azrin, 1962; Wolfe et al., 1971
38 Collias, 1944; Barnett, 1967; Southwick, 1967; Alexander & Roth, 1971; Greenberg, 1972
39 vgl. Harrison Matthews, 1964; Suothwick, 1967

Auch unter Menschen kommt ganz offensichtlich unter Bedingungen räumlicher Enge, in engen Kinderstuben, Schulklassen, Gefängniszellen, Ghettos, mehr aggressive Kommunikation vor; hier aber dürfte das nur in der Minderzahl der Fälle auf demselben einfachen Mechanismus beruhen, mit derselben „Naturnotwendigkeit" geschehen, weil es sich nur in der Minderzahl der Fälle um primäre Aggression handeln dürfte, vielmehr zumeist um angstmotivierte instrumentelle Verhaltensweisen.

2. Bei vielen Tierarten gilt, daß bei Begegnung zweier Artgenossen, wenn überhaupt, nur derjenige droht oder angreift, der sich *in seinem eigenen Revier* befindet[40] bzw. nur derjenige, der allgemein oder speziell dem andern gegenüber *zu siegen gewohnt* und deshalb „dominant" ist[41]. An jungen Enten ist beobachtet worden, daß sie in Gegenwart eines Stimulus, auf den sie „geprägt" sind und dem sie nachzulaufen pflegen, einer Quasi-Mutter also (vgl. o. 2321), fremde Artgenossen angreifen, in seiner Abwesenheit aber nicht, statt dessen deutlich Angst zeigen[42]; Wüstenmäuse greifen einen in die Gruppe eingeführten fremden Artgenossen viel eher an, wenn sie sich in ihrer gewohnten Umgebung befinden, als wenn sie in einer fremden Umgebung sind[43].
In diesen Fällen gibt vermutlich die vertraute Umgebung bzw. die Quasi-Mutter *Sicherheit* (Angst-Hemmung) bzw. der Artgenosse wirkt weniger oder nicht angstauslösend, so daß der Zorn-Trieb bzw. die primäre Aggression ungehemmt hervortreten kann.

3. Ein ähnlicher Mechanismus liegt vermutlich dem im Laboratorium an Ratten mehrfach erhobenen Befund zugrunde, daß sowohl das Lernen neuer wie die Ausführung gelernter ESC- und SAV-Reaktionen stark gestört ist, *wenn ein zweiter Artgenosse anwesend ist oder überhaupt zwei Tiere gleichzeitig lernen sollen*. Die Tiere lassen sich da, statt den Schock abzuschalten oder die notwendige Vermeidungsreaktion auszuführen, immer wieder dazu hinreißen, einander zu bedrohen und zu boxen[44].
Bei Affen, hier Totenkopfäffchen, allerdings scheint in vergleichbaren Situationen die Angst bzw. angstmotivierte Reaktion eindeutig präpotent zu sein[45], und dasselbe scheint unter günstigen Bedingungen auch bei Ratten zu gelten: Empfängt von zwei in einem Käfig zusammengesperrten Tieren jeweils nur

---

40 TINBERGEN, 1951, Kap. 4; EIBL-EIBESFELDT, 1967, S. 312
41 BERNSTEIN & MASON, 1963; DUNCAN & WOOD-GUSH, 1971; LERWILL & MAKINGS, 1971; REYNIERSE, 1971a; MARKL, 1972; LEGRAND & FIELDER, 1973
42 HOFFMAN & BOSKOFF, 1972
43 WECHKIN & CRAMER, 1971
44 ULRICH & CRAINE, 1964; ULRICH et al., 1966; AZRIN et al., 1967; ULRICH, 1967b; WOLFE et al., 1971
45 AZRIN et al., 1967

eines einen Fußschock, während das andere dank isolierender Schuhe verschont bleibt und folglich beim Eintreffen des Schocks auch nicht besonders reagiert, so greift das erstere nur selten an, sondern zeigt statt dessen Angst-Flucht-Verhalten, versucht z. B. auf einem Bein zu stehen, was die Wirkung des Schocks mindert (ESC-I-Reaktion)[46].
Dennoch scheint es im allgemeinen so zu sein, daß ein bestimmter aversiver Reiz *in Gegenwart eines Artgenossen* eher eine — dann auch gleich gegen den Artgenossen gerichtete — primär-aggressive Reaktion auslöst als sonst, möglicherweise weil der Artgenosse Sicherheit gibt, Angst hemmt und dadurch Zorn enthemmt und/oder durch sein Verhalten zusätzliche auslösende Reize liefert.

4. Weiterhin kann, diversen empirischen Befunden zufolge, eine Reihe *spezieller „innerer" Bedingungen* die Bereitschaft, primär-aggressiv zu reagieren, erhöhen:

Der praktisch wichtigste unter ihnen ist *der emotionale Zustand, der als Reaktion auf Frustration eintritt*. Unter „Frustration" ist dabei in Abhebung gegenüber dem unpräzisen Gebrauch des Begriffs im Rahmen der bekannten Frustrations-Aggressions-Theorie[47] und dem populären Sprachgebrauch (wo „Frustration" meist gleichbedeutend mit „aversives Ereignis" gebraucht wird) ausschließlich die *Nicht-Belohnung* („Versagung") eines zielgerichteten (instrumentellen) Verhaltens bzw. die *Verzögerung der Belohnung* zu verstehen[48]. In diesem Sinne ist Frustration nicht eigentlich ein Reiz, der bestimmte primär-aggressive Reaktionen *auslösen* könnte, sondern vielmehr etwas, was vermittels der emotionalen Reaktion, die es auslöst, primär-aggressive Reaktionen auf geeignete Auslöser (z. B. einen anwesenden Artgenossen) *wahrscheinlicher machen* kann, — wobei über die Natur dieser emotionalen Reaktion — ob sie identisch mit einer Steigerung des frustrierten Triebes, mit Zorn oder Angst oder etwas ganz Besonderes sei — Unklarheit herrscht. Sicher aber ist, daß Frustration primär-aggressive Reaktionen wahrscheinlicher machen kann:
• hungrige Hühner (genauer gesagt: solche höheren „sozialen Ranges"), die mit Plexiglas *überdecktes Futter* vor sich sehen, greifen einen beistehenden Artgenossen (niedrigeren Ranges) viel häufiger an als sonst[49];
• hungrige Tauben, die mehrmals hintereinander für Hacken gegen eine Scheibe unmittelbar mit Futter belohnt wurden, dann aber *plötzlich nichts*

---

46 KNUTSON, 1971
47 DOLLARD et al., 1939
48 vgl. BANDURA & WALTERS, 1963, S. 115–117
49 DUNCAN & WOOD-GUSH, 1971

mehr bekommen, greifen einen nebenstehenden wehrlosen Artgenossen in stereotyper primär-aggressiver Manier an[50];
- ebenso verhalten sich hungrige Tauben, die, um eine einzige Belohnung zu bekommen, sehr oft, z. B. 50 mal oder öfter, gegen eine Scheibe hacken müssen[51] (eine Art *Belohnungsverzögerung*), was besonders deutlich wird, wenn die „Frustrations"-Situation durch ein spezielles Signallicht angezeigt und von einer Situation, in der Futter leicht zu bekommen ist, unterscheidbar gemacht wird[52];
- Entsprechendes ist bei Ratten, die für vorher belohntes Pedaldrücken[53] oder Rennen durch einen Laufgang[54] *plötzlich keine Belohnung mehr* erhielten, beobachtet worden und ebenso bei Totenkopfäffchen, die beim Hebeldrücken durch *überhöhte „Arbeitsanforderung"* oder gänzliche *Nicht-Belohnung* frustriert wurden (hier mit Beißen in einen Gummischlauch als aggressive Reaktion)[55];
- Ratten, die für vorher belohntes Pedaldrücken *plötzlich nicht mehr belohnt werden,* reagieren auch auf Schockreizung eher mit Aggression gegen einen Artgenossen als nicht so frustrierte Tiere[56];
- menschliche Vpn schließlich, die zuerst an einer Art Spielautomat für gelegentliche Geld-Belohnung einen Knopf ziehen und parallel dazu einen störenden Ton durch entweder einen leichten Knopfdruck oder durch einen harten Schlag auf ein Kissen vermeiden oder abschalten konnten, zeigten eine klare Tendenz, stärker zu der letzteren Reaktion überzugehen[57] und auch gegebenenfalls härter zuzuschlagen[58], *wenn bei der ersteren die Belohnung auszubleiben begann.*

In mehreren dieser Untersuchungen wurde auch gezeigt, daß die Neigung, aggressiv zu reagieren, infolge Frustration umso stärker zunimmt, je stärker die Motivation zu der frustrierten Reaktion (ungenauer: je größer die Frustration) ist bzw. war[59].

Ausdrücklich aber muß hier erwähnt werden, daß *der Zustand des Hungers als solcher* in einer Gemeinschaft von Tieren *keineswegs ohne weiteres zu gesteigerter Aggressivität führt*[60] (allenfalls indirekt, indem er, wenn gelegent-

---

50 AZRIN et al., 1966
51 GENTRY, 1968; CHEREK & PICKENS, 1970
52 COLE & LITCHFIELD, 1969; FLORY, 1969
53 THOMPSON & BLOOM, 1966
54 GALLUP, 1965
55 HUTCHINSON et al., 1968
56 TONDAT & DALY, 1972
57 KELLY & HAKE, 1970
58 HARRELL, 1972
59 AZRIN et al., 1966; THOMPSON & BLOOM, 1966; HUTCHINSON et al., 1968; DUNCAN & WOOD-GUSH, 1971
60 SEWARD, 1945c

lich Futter gegeben oder gefunden wird, gesteigertes Drängeln, gegenseitige Störung und daraus resultierendes Drohen und Raufen bewirkt)[61]. Ebensowenig steigert *Durst* (genauer gesagt: Wasserdeprivation) die Neigung, auf elektrische Schocks aggressiv zu reagieren, sondern reduziert sie eher[62].

Gesteigerte Neigung zu primärer Aggression, hier von Rattenmännchen gegen Rattenmännchen, ist auch bei *Entzug von Morphium* nach allmählicher Gewöhnung daran[63] sowie nach Injektion von *LSD*[64] und von *Apomorphin*[65] (einem Übelkeit erregenden Morphiumderivat) beobachtet worden.

Auch das *allgemeine Befinden* des Individuums, speziell das Vorhanden- oder Nichtvorhandensein von „Kraftreserven", dürfte in vielen Fällen von Bedeutung sein. Ein physisch geschwächter Organismus scheint unter sonst gleichen Umständen weniger bereit zu primär-aggressivem Verhalten zu sein als einer, der gut in Form ist[66]. Bei Katzen ist gefunden worden, daß eine zentrale Stimulation, die normalerweise zornigen Angriff — z.B. gegen den Versuchsleiter — auslöst, bei leichter muskulärer Lähmung durch Curare angstvollen Rückzug hervorruft[67].

Alltagsbeobachtungen zufolge, die auch durch empirische Untersuchungen gestützt werden, sind Frauen *in den Tagen unmittelbar vor und nach Einsetzen der Menstruation* häufig gesteigert reizbar und aggressiv[68]. Es läge nahe, dies mit einer Besonderheit des hormonellen Zustands zu dieser Zeit in Verbindung zu bringen, wenn dieser nicht nach Abschluß der Menstruation und bis zum Einsetzen der Ovulation qualitativ der gleiche wäre wie auch zur „kritischen Zeit". Die beobachtete gesteigerte Reizbarkeit dürfte vielmehr sekundärer Natur sein und auf einer *allgemein reduzierten Fähigkeit zur Selbstkontrolle* und zu differenziertem Handeln („Labilität", „Unbeherrschtheit") infolge physisch bedingten reduzierten Wohlbefindens beruhen; bezeichnenderweise sind nämlich zur Zeit der Menstruation außer gesteigerter Aggressionsbereitschaft[69] auch besondere Unpünktlichkeit, Vergeßlichkeit und Unlust zu gemeinschaftlicher Betätigung (bei Schulmädchen)[70] sowie Selbstmordneigung[71] zu beobachten, und häufiger als sonst wird über körperliches Unwohlsein, diffuse Schmerzen, Bauchschmerzen und Müdigkeit[72] geklagt.

---

61 COLLIAS, 1944; SOUTHWICK, 1967
62 HAMBY & CAHOON, 1971
63 BOSHKA et al., 1966
64 SCHNEIDER, 1968
65 SCHNEIDER, 1968; SENAULT, 1970; MCKENZIE, 1971
66 KUO, 1960a
67 GELLHORN, 1960
68 MORTON et al., 1953; DALTON, 1960; ELLIS & AUSTIN, 1971
69 DALTON, 1960; ELLIS & AUSTIN, 1971
70 DALTON, 1960
71 RIBEIRO, 1962; MANDELL & MANDELL, 1967
72 MORTON, et al., 1953; ELLIS & AUSTIN, 1971

Ganz anders begründet dürfte die weitverbreitete Erscheinung sein, daß *weibliche Tiere, die Junge zu säugen haben,* gesteigerte Bereitschaft zu primärer Aggression gegenüber Störern aller Art zeigen[73]; das dürfte sowohl mit dem hormonellen Zustand als auch mit der Anwesenheit der Jungen als einem äußeren Stimulus zu tun haben[74].

5. Bei manchen Tierarten wirken ganz spezifisch Männchen auf Männchen als Auslöser primär-aggressiver Reaktionen. Bei solchen Arten ist immer wieder beobachtet worden, daß das *männliche Sexualhormon*[75] (Testosteron), ausnahmsweise auch — z.B. bei Staren — das *gonadotrope Hormon*[76], sowie die *Anwesenheit von Weibchen*[77] (vermutlich ebenfalls vermittels Anregung der Hormonproduktion) die Neigung zu primär-aggressivem Verhalten steigert und daß umgekehrt *Kastration* sie früher oder später reduziert.

Damit wären die wichtigsten der „*Hintergrund*"- oder „*Kontextfaktoren*" genannt, die bewirken können, daß auf einen bestimmten aversiven Reiz mit primärer Aggression statt mit Rückzug-Flucht reagiert wird. Insofern als diese Hintergrundfaktoren teils vermittels kognitiver Prozesse (z.B. räumliche Enge), teils vermittels motivationaler Prozesse (z.B. Sexualhormon), teils vermittels beider Arten von Prozessen (z.B. Revierbesitz) wirksam werden, kann man sagen, daß es in der Regel *von der Gesamtheit der motivationalen und kognitiven Gegebenheiten* abhängt, ob primär-aggressiv oder anders reagiert wird; in jedem Fall aber ist es nicht dem Zufall überlassen, sondern durch Faktoren bestimmt, die sich im Prinzip genau angeben lassen.

8132 Auslöser

Was nun die *auslösenden Stimuli* im engeren Sinn betrifft, so wären in erster Linie folgende zu nennen:

1. *Schmerzreize* aller Art, z.B. — um nur die im Laboratorium als wirksam demonstrierten zu nennen — Fußschock[78] und Schwanzschock[79] bei Ratten,

---

73 SCOTT & FREDERICSON, 1951; SCOTT, 1966
74 vgl. MOYER, 1968; GANDELMAN, 1972
75 COLLIAS, 1944; SEWARD, 1945a; BEEMAN, 1947; KUO, 1960b; SELINGER & BERMANT, 1967; BANERJEE, 1971b; VANDENBERGH, 1971
76 MATHEWSON, 1961
77 GINSBURG & ALLEE, 1942; COLLIAS, 1944
78 z.B. O'KELLY & STECKLE, 1939; AZRIN et al., 1964b; DREYER & CHURCH, 1968; GALEF, 1970b; REYNIERSE, 1971
79 AZRIN et al., 1968; HAMBY & CAHOON, 1971; WETZEL, 1972

Mäusen[80], Hamstern[81], Katzen[82], Totenkopfäffchen[83], Schildkröten[84], Rückenschock bei Ratten[85], Schwanzschock bei Affen[86], Zwicken in den Schwanz bei Totenkopfäffchen[87] und Mäusen[88], Bodenhitze bei Ratten[89], grobes Putzen bei Mäusen[90]; des öfteren ist festgestellt worden, daß die Wahrscheinlichkeit einer aggressiven Reaktion und gegebenenfalls ihre Intensität und Dauer mit der Stärke und Dauer des aversiven Reizes zunimmt[91], allem Anschein nach aber doch nur bis zu einer gewissen oberen Grenze, so daß man sagen kann, daß „mittelstarke" aversive Reize unter sonst gleichen Umständen eher primäre Aggression auslösen als schwache und sehr starke[92], ja, die Alltagserfahrung legt sogar die Annahme nahe, daß Schmerzreize von einer gewissen Intensität ab umso wahrscheinlicher Angst — und nicht Zorn — auslösen, je stärker sie sind.

2. *Angriff* und *Bedrohung* von seiten eines Artgenossen[93] oder auch eines Artfremden[94] dürfte unter natürlichen Bedingungen der gewöhnlichste Auslöser primär-aggressiver Reaktionen sein.

3. *Einschränkung der Bewegungsfreiheit* durch Umklammern, Festhalten und dgl., *Störung* bei motivierten Aktivitäten wie Spiel, Nahrungsaufnahme, Geschlechtsverkehr[95] sowie *Bedrohung des Besitzes* von benötigten „Dingen" wie Futter[96], Spielzeug[97], Weibchen[98], wirken ebenfalls leicht aggressionsauslösend; bei dem letzteren ist besonders zu betonen, daß unter natürlichen Bedingungen allem Anschein nach niemals primär-aggressiv angegriffen wird, um etwas Nicht-Besessenes zu bekommen, sondern immer nur, *um Besitz zu verteidigen*.

---

80 TEDESCHI et al., 1959; ULRICH & AZRIN, 1962
81 ULRICH & AZRIN, 1962
82 ULRICH et al., 1964
83 AZRIN et al., 1963c, 1964a
84 FRASER & SPIGEL, 1971
85 ULRICH & AZRIN, 1962
86 AZRIN et al., 1964a, 1967; MORSE et al., 1967
87 AZRIN et al., 1965a
88 SCOTT & FREDERICSON, 1951; SCOTT, 1966
89 ULRICH & AZRIN, 1962
90 ULRICH, 1967a
91 AZRIN et al., 1964a, 1964b, 1965a; DREYER & CHURCH, 1968
92 TEDESCHI et al., 1959; ULRICH & AZRIN, 1962
93 SCOTT & FREDERICSON, 1951; ULRICH & AZRIN, 1962; REYNOLDS et al., 1963; SCOTT, 1966; ALLIN & BANKS, 1968; ROBINSON et al., 1969
94 z. B. ROBERTS et al., 1967
95 COLLIAS, 1944
96 SEWARD, 1945c; HALL, 1964
97 SCHUSTERMAN, 1964
98 HALL, 1964; WILSON & BOELKINS, 1970

4. Auch *die bloße Annäherung, das Zu-nahe-Kommen von Artgenossen*, scheint bei zahlreichen Tierarten aggressionsauslösend zu wirken — *sofern*, was hier besonders zu betonen ist, einer der genannten Hintergrundfaktoren, z. B. räumliche Enge, gegeben ist.

Bei manchen Arten, z. B. Mäusen[99], Hamstern[100] und Lemmingen[101], wirken praktisch nur *Männchen auf Männchen* aggressionsauslösend; bei anderen, z. B. Wachteln[102], Ratten[103] und Japan-Makaden[104], gilt dasselbe, nur weniger ausschließlich. Dabei müssen die Männchen, um als Auslöser wirksam zu sein, offenbar geschlechtsreif und als Männchen identifizierbar sein; geschlechtsunreife[105], kastrierte[106] oder geruchlos gemachte[107] Männchen werden kaum angegriffen; umgekehrt werden beispielsweise mit Männchen-Urin bemalte Mäuse-Weibchen von Männchen eher angegriffen als normale Weibchen[108].

Bei anderen Arten, z. B. Hamstern[109], Rhesusaffen[110] und Pavianen[111], werden gegebenenfalls sowohl Männchen als auch Weibchen von sowohl Männchen als auch Weibchen angegriffen.

All das aber gilt in aller Regel nicht, wenn die zusammentreffenden Tiere *einander kennen*[112], d. h. zusammen aufgewachsen sind, längere Zeit zusammen gelebt haben und/oder ein Dominanz-Subordinations-Verhältnis (das eine Tier verhält sich dem andern gegenüber „beschwichtigend", s. u. 8321) entwickelt haben. M. a. W.: *ohne besondere Provokation* bekämpfen Tiere eigene Artgenossen *nur*, wenn sie ihnen *fremd* sind *und* zugleich „aggressionsfördernde Hintergrundfaktoren" da sind; bzw. umgekehrt: *in dem Maße, wie Tiere einander kennenlernen und/oder aggressionsfördernde Hintergrundfaktoren fortfallen, wird ganz allgemein weniger oder nicht gekämpft*; die letztere Einschränkung soll ausdrücken, daß die gelegentlich aufgestellte Gleichung „fremd = Feind"[113] so unspezifiziert keineswegs Gültigkeit hat.

---

99 SCOTT & FREDERICSON, 1951; SCOTT, 1966; LEE & BRAKE, 1971
100 VANDENBERGH, 1971
101 ALLIN & BANKS, 1968
102 KUO, 1960b
103 SCOTT, 1966; KNUTSON & HYNAN, 1972
104 ALEXANDER & ROTH, 1971
105 SCOTT & FREDERICSON, 1951
106 LEE & BRAKE, 1971
107 ROPARTZ, 1968; LEE & BRAKE, 1971
108 CONNOR, 1972
109 PAYNE & SWANSON, 1972
110 BERNSTEIN & MASON, 1963; SOUTHWICK, 1967
111 HALL, 1964
112 SCOTT & FREDERICSON, 1951; GINSBURG & BRAUD, 1971
113 EIBL- EIBESFELDT, 1973, S. 89f.

Die „ideale" Situation für unproviziertes Angreifen und Kämpfen zwischen Artgenossen ist nach all dem natürlich dann gegeben, wenn fremde Tiere in eine geschlossene Gruppe, z. B. in einen von einer Gruppe bewohnten Käfig, eingeführt[114] oder überhaupt erstmals zusammengebracht[115] werden. Ähnlich dürfte es auch zu erklären sein, daß männliche Mäuse, die isoliert aufgewachsen sind, d. h. keinerlei Kontakt mit anderen Tieren hatten, männliche Artgenossen, wenn sie welche treffen, viel härter bekämpfen als in Gruppen aufgewachsene Tiere[116] und daß ohne sozialen Kontakt aufgewachsene Rhesusaffen-Weibchen sich ihren Nachkommen gegenüber häufig grausam-aggressiv verhalten[117].

Unbedingt erwähnt werden muß aber auch, daß bei manchen Arten, z. B. bei Schimpansen[118] und Gorillas[119], den dem Menschen am nächsten verwandten unter den heute lebenden Tierarten, *unprovoziertes Kämpfen im obigen Sinn überhaupt nicht vorzukommen scheint.*

```
         Auslösung primär-aggressiver Reaktionen

  ▷ Präpotenz von Angst-Flucht über Zorn-Angriff

  ▷ Aggressionsfördernde Hintergrundfaktoren:
    • Unmöglichkeit der Flucht -
      räumliche Enge - Populationsdichte
    • Vorhandensein von Sicherheits-Reizen
    • Anwesenheit von Artgenossen
    • "innere" Bedingungen
      Frustration
      Morphinentzug
      Drogen
      Kraftreserven
      stress-bedingte Labilität
      Laktation
    • männliches Sexualhormon -
      Anwesenheit weiblicher Artgenossen

  ▷ Auslöser:
    • Schmerz
    • Bedrohung - Angriff
    • Einschränkung der Bewegungsfreiheit -
      Störung bei motivierter Aktivität -
      Bedrohung von Besitz
    • Zu-nahe-Kommen fremder Artgenossen
```

---

114 HALL, 1964; SOUTHWICK, 1967; WECHKIN & CRAMER, 1971
115 HARLOW & HARLOW, 1962; BERNSTEIN & MASON, 1963; MARKL, 1972; SUOMI & HARLOW, 1972
116 BANERJEE, 1971a
117 SEAY et al., 1964
118 HALL, 1964
119 CHAUVIN, 1967

8133 Auslösung primärer Aggression beim Menschen

Auch wenn hier, wie angedeutet, der Standpunkt vertreten wird, daß menschliches aggressives Verhalten zumeist von prinzipiell anderer Art ist und anderen Gesetzmäßigkeiten folgt als tierisches (auch wenn es vielfach ähnliche Effekte hat), so muß doch natürlich die Frage gestellt werden, wie weit die genannten Gesetzmäßigkeiten der Auslösung primärer Aggression, von der ja angenommen wird, daß sie auch beim Menschen vorkommt, dort weitergelten.

Was hierzu an im engeren Sinn empirischer Evidenz vorliegt, ist überaus mager[120], und wer immer hier Aussagen machen will, ist letztlich im wesentlichen auf seine persönliche Alltagserfahrung angewiesen und wird dabei noch durch seine subjektive Bewertung der tierexperimentellen Befunde beeinflußt sein. Der Autor dieses Textes kommt dabei in etwa zu folgenden Schlüssen:

Nichts spricht im Grunde gegen die Annahme, daß die genannten Gesetzmäßigkeiten im großen und ganzen auch beim Menschen gelten, — namentlich das Prinzip der Präpotenz der Rückzugs- und Flucht- über die Verteidigungs- und Angriffs-Reaktionen[121] und das Prinzip des Zusammenwirkens von (notwendigen) Hintergrundfaktoren und spezifischen Auslösern bei der Hervorrufung primär-aggressiver Reaktionen. Im Detail ist aber doch einiges Besondere anzumerken:

Es gibt keine empirische Basis für die Annahme *instinktiven Revierverhaltens*, d. h. instinktgesteuerter Reviermarkierung, instinktiver Vermeidung fremder Reviere und instinktiver Formen der Revierverteidigung beim Menschen. Daß manche Menschen in gewissen Situationen, z.B. am Eßtisch, im Hörsaal usw., immer denselben Platz einnehmen, dürfte sehr einfach darauf beruhen, daß das Gewohnte Sicherheit gibt (vgl. o. 2421, Pt. 2), wie auch die Neigung zu solchem Verhalten ziemlich offensichtlich mit dem Grad der Unsicherheit in der betreffenden Situation korreliert. Daß sie weiter einen solchen Stammplatz eher aggressiv verteidigen als einen nicht gewohnten, wäre dann mit Angst-Hemmung (durch die „Stammplatz-Stimuli") und daraus folgender Zorn-Enthemmung zu erklären. Instinktives Revierverhalten ist im übrigen auch im Tierreich zwar weit, aber keineswegs universal verbreitet, bei Mäusen und Ratten[122] beispielsweise und bei wandernden Tieren wie Gorillas[123] oder Wölfen kommt es allem Anschein nach nicht vor.

Erst recht keine Basis gibt es für die Annahme *instinktiver Mann-gegen-Mann-Aggressivität* beim Menschen; auch diese kommt schon im Tierreich nur

---

120 vgl. EIBL-EIBESFELDT, 1973, S. 90–94
121 vgl. FELIPE & SOMMER, 1966
122 SCOTT, 1966
123 CHAUVIN, 1967

sporadisch vor; und wenn in zahlreichen neuzeitlichen menschlichen Gesellschaften, z. B. der heutigen amerikanischen, Jungen sich (sowohl gegen Jungen wie gegen Mädchen wohlbemerkt) im Durchschnitt aggressiver verhalten[124], so ist das viel eher als ein Effekt geschlechtsspezifischer Sozialisation zu erklären[125], denn als Effekt einer genetischen Disposition (abgesehen davon, daß es sich bei dieser Aggressivität zumeist ohnehin nicht um primäre, sondern um instrumentell-gelernte handelt).

Damit entfällt natürlich auch die Basis für die Annahme, daß das *männliche Sexualhormon* für das menschliche Aggressionsverhalten irgendeine Bedeutung hätte (die hin und wieder gemachte Annahme, daß das männliche Sexualverhalten naturgemäß aggressiv sei[126], soll hier nicht weiter diskutiert werden; sie ist ganz offensichtlich nichts weiter als die Widerspiegelung einer repressiven Sexualmoral, die den Mann zur „Eroberung" der Frau zwingt und der Frau den Geschlechtsverkehr nur in der Form der Unterwerfung erlaubt).

Auf der anderen Seite dürften die übrigen Hintergrundfaktoren und Auslöser — namentlich Unmöglichkeit des Rückzugs, positive Kampferfahrung und Frustration bzw. Bedrohung, Angriff, Einschränkung der Bewegungsfreiheit, Störung, Besitzbedrohung und Zu-nahe-Kommen Fremder[127] — beim Menschen in etwa die gleiche Bedeutung haben wie im Tierreich; diese Annahme jedenfalls widerspricht nicht der Alltagserfahrung und gibt auch biologisch gesehen einen Sinn.

814 Zielobjekte primärer Aggression

Biologisch sinnvoll wäre es nun weiterhin auch, wenn primär-aggressives Verhalten so organisiert wäre, daß es sich — mindestens bevorzugt — *gegen die Quelle der aversiven Reizung,* durch die es hervorgerufen wird, richtete und geeignet wäre, sie abzuschalten oder zu beseitigen. Das ist auch zweifellos unter natürlichen Bedingungen in aller Regel der Fall: Drohungen und Angriffe werden normalerweise gegen Droher, Störer, Angreifer gerichtet und nicht gegen Unbeteiligte.

Unter den unnatürlichen Bedingungen des Laboratoriums und menschlicher Lebensverhältnisse und unter den halbnatürlichen Bedingungen in zoologischen Gärten aber kann es leicht vorkommen, daß eine ausgelöste primär-

---

124 LEVIN & SEARS, 1956; LEVIN & TURGEON, 1957; HARTUP & HIMENO, 1959; ROTHAUS & WORCHEL, 1960; BANDURA et al., 1961; BANDURA et al., 1963a; BUSS, 1963; BANDURA, 1965; BUSS, 1966
125 vgl. SEARS et al., 1957, Kap. 7; MEAD, 1959
126 z. B. BARCLAY, 1971
127 vgl. FELIPE & SOMMER, 1966

aggressive Reaktion in falscher oder irrelevanter Weise gerichtet oder „verschoben" wird.

Am leichtesten, ja eigentlich zwangsläufig geschieht das, wenn in einem engen Käfig Schock als aversiver Reiz gegeben wird. In diesem Fall greifen Ratten[128] ebenso wie Katzen[129] und Affen[130] im Prinzip jeden gerade anwesenden Artgenossen an, besonders wenn er schwächer („submissiv")[131] oder fremd[132] ist. Aber auch Artfremde werden in einem solchen Fall angegriffen. So kann eine Katze, wenn sie geschockt wird, eine Ratte angreifen, die sie sonst in Ruhe lassen würde, und umgekehrt kann es auch vorkommen, daß die Ratte die Katze angreift[133]; in derselben Situation greifen Ratten eventuell auch völlig passive Meerschweinchen an[134] und Totenkopfäffchen, Mäuse oder Ratten[135], wilde Ratten[136], Waschbären[137] und Totenkopfäffchen[138] greifen u. U. auch tote Gegenstände, wie ausgestopfte Puppen, Bälle, tote Tiere an, und bei Ratten ist wiederum gezeigt worden, daß sie einen fremden Gegenstand eher angreifen als einen vertrauten[139].

Diese Art von „Aggressionsverschiebung" ist sicherlich ein Kunstprodukt des Laboratoriums, aber dennoch theoretisch nicht ganz uninteressant, zeigt sie doch, daß die Auslösung und die Ausrichtung einer primär-aggressiven Reaktion durch weitgehend unabhängige Reize bewirkt werden[140].

Anscheinend ganz anders, im Grunde aber doch recht ähnlich ist der mehr typische oder „klassische" Fall der Aggressionsverschiebung, der sowohl in tierischen wie in menschlichen Gemeinschaften zu beobachten ist, das sog. *Weitergeben der Aggression nach unten*; ein Individuum wird von einem stärkeren, gefürchteten angegriffen, der hervorgerufene Zorn bzw. Gegenangriff ist — dem Angreifer gegenüber — durch Angst gehemmt, kann sich aber entladen, wenn ein schwächeres, nicht gefürchtetes Individuum ins Blickfeld oder in den Weg kommt.

Es gibt wohlbemerkt noch andere Formen von „objektiv" fehlgerichteter Aggression, die aber anders, als angstmotivierte instrumentelle Verhaltensweisen, zu verstehen sind.

---

128 O'KELLY & STECKLE, 1939; ULRICH & AZRIN, 1962; REYNIERSE, 1971a
129 ULRICH et al., 1964
130 AZRIN et al., 1963c
131 REYNIERSE, 1971a
132 GALEF, 1970a
133 ULRICH et al., 1964
134 ULRICH & AZRIN, 1962
135 AZRIN et al., 1964a
136 GALEF, 1970b
137 ULRICH et al., 1965
138 AZRIN et al., 1964a, 1965b, 1967
139 GALEF, 1970b
140 vgl. LORENZ & TINBERGEN, 1938

82 Zorn

821 Zum Begriff „Zorn"

1. Der Ausdruck „Zorn" ist hier (wie „Angst") zunächst zu verstehen als *eine sammelnde Bezeichnung* für ein ganzes Spektrum von Erscheinungen bzw. emotional-motivationalen Zuständen, die bei allen Variationen der Intensität qualitativ „im Kern" gleichartig sind: schlechte Laune, Unmut, Irritation, Unwille, Gereiztheit, Ärger, Groll, Aufgebrachtheit, Erbitterung, Erbostheit, Zorn, Wut.

2. Genauso wie Angst kann Zorn auftreten sowohl als *„Reaktion"* (Aufwallung, Wutanfall) als auch als daraus hervorwachsender *„Zustand"* (schlechte Laune, Verärgerung, Groll).
Die Zorn-Reaktion ist normalerweise *kurzlebig,* insbesondere wenn eine primär-aggressive Reaktion zustandekommt. Sowohl Katzen[1] wie auch zahme Ratten[2] reagieren auf Schockreizung mit nur ganz kurzen Angriffsreaktionen bzw. unterbrechen den Angriff augenblicklich, wenn der aversive Reiz aufhört. Bei sowohl Affen[3] wie auch Ratten[4] ist weiterhin gezeigt worden, daß die Neigung, nach einer aversiven Reizung anzugreifen, sehr rasch abnimmt; wird etwa ein geeignetes Angriffsobjekt (Ball, Artgenosse) erst nach einigen Sekunden Verzögerung zugänglich gemacht, so wird kaum mehr angegriffen. Nur bei wild aufgewachsenen Ratten[5] und Wüstenmäusen[6] ist länger anhaltendes Beißen in leblose Gegenstände bzw. Kämpfen nach einmaliger aversiver Reizung beobachtet worden.
Sonst aber kommen *anhaltende Zorn- oder Ärgerzustände* nur bei ständig erneuter Reizung (z. B. in einem Streit oder Kampf) bzw. bei ständiger Reproduktion (Erinnern) des Auslösers vor.

3. Zorn ist (wie Angst) auch in einer charakteristischen Weise *subjektiv erlebbar*; als Spannung in der Brust (es „wurmt" einen), in Gesicht, in den Armen und Fäusten, Hitze im Gesicht, verbunden mit einem Bedürfnis, physischenergisch etwas zu tun.

---

1 ULRICH et al., 1964
2 ULRICH & AZRIN, 1964
3 AZRIN et al., 1964a
4 ROEDIGER & STEVENS, 1970
5 GALEF, 1970b
6 DUNSTONE et al., 1972

4. Zorn ist wie Angst ein „*sympathischer Zustand*"[7], verbunden mit Erhöhung des Blutdrucks und der allgemeinen Muskelspannung, Veränderungen der Blutverteilung (Blutzustrom vor allem zum Kopf und zu den Vorderextremitäten), ständigen Schwankungen des elektrischen Hautwiderstands[8].

5. Zorn äußert sich auch — deutlicher noch als Angst — in charakteristischen *verhaltensmäßigen Veränderungen*: Erröten, Stirnrunzeln, Anschwellen der Adern an den Schläfen, weitgeöffnete Augen (starrer, wilder Blick), gespannte Haltung, Fäusteballen, Zähneaufeinanderbeißen, Zähnezeigen[9] und weiter gegebenenfalls in der einen oder anderen spezifischen Droh- oder Angriffsreaktion.

822 Operationale Definitionen von Zorn

„Angst" hat sich in der etablierten Psychologie unserer Tage als hypothetisches Konstrukt bereits ziemlich durchgesetzt. Nicht so „Zorn". Es ist daher hier besonders wichtig, operationale Definitionen, die das Gemeinte deutlicher bezeichnen, anzugeben:

8221 Zorn infolge Restriktion

Bindet man einen Rhesusaffen in seinem Käfig mit Hilfe eines Geschirrs an, so wird er alles, was sich ihm nähert, sei es ein Stab, eine Hand, ein Handschuh, ein Gesicht, mit Händen und Zähnen und unter charakteristischen Lautäußerungen angreifen[10].
Das Tier befindet sich offensichtlich infolge der Restriktion in einem Zustand gesteigerter Aggressionsbereitschaft, und dieser Zustand kann „Zorn" genannt werden.

8222 Zorn infolge wiederholter aversiver Reizung

In einem Experiment von O'KELLY & STECKLE (1939) wurden Gruppen von Ratten in einem Käfig wiederholt und in unregelmäßigen Abständen geschockt. Die Schocks lösten zuerst jedesmal kurze Perioden von paarweisem Kämpfen aus, allmählich aber gingen die Tiere dazu über, auch in den Zwischenzeiten

---

7 CANNON, 1929
8 AX, 1953; KONORSKI, 1967, Kap. 1
9 vgl. DARWIN, 1872, Kap. 10
10 RUBINSTEIN & DELGADO, 1963; DELGADO, 1964

zu kämpfen und bald auch schon, wenn sie nur in den Käfig gebracht wurden (in ihrem Wohnkäfig kämpften sie nicht).

Was die Tiere hier veranlaßt zu kämpfen, ist „Zorn", und zwar bedingter, ausgelöst durch die Situation im Käfig als einem komplexen bedingt-aversiven Reiz in Verbindung mit der Gegenwart angreifbarer Artgenossen und wahrscheinlich zusätzlich aufrechterhalten durch das von den jeweils anderen Tieren gezeigte Verhalten.

8223 Instrumentelles Lernen unter Zorn-Motivation

Wenn Zorn als ein spezifischer motivationaler Zustand, als ein Trieb, der in eine Reihe zu stellen wäre mit Hunger, Sex oder Angst, angesehen werden soll, so muß vor allem gezeigt werden, *daß in diesem angenommenen Zustand neue instrumentelle Verhaltensweisen gelernt werden können, wenn diese durch einen für diesen Zustand spezifischen Effekt „verstärkt" werden.* Ein Triebzustand hat immer ein bestimmtes „Ziel" (es muß etwas Bestimmtes eintreffen, damit er endet), und Verhaltensweisen, die hervorgebracht werden und dieses Ziel erreichen, werden (als instrumentelle Verhaltensweisen) gelernt (vgl. o. 5022 und 5023, Pt. 1, 2).

Tatsächlich ist gezeigt worden, daß instrumentelles Lernen unter Zornmotivation stattfindet, und zugleich was im Zustand des Zorns als „Verstärker" wirkt: nämlich die *Möglichkeit zur Ausführung einer primär-aggressiven Reaktion* bzw. deren Ausführung selbst. Dieser Effekt ist es, der im Zustand des Zorns Verhaltensweisen verstärkt, genauso wie die Gelegenheit zur Nahrungsaufnahme, zur Kopulation bzw. die Beendigung eines aversiven Reizes im Zustand des Hungers, der sexuellen Erregung bzw. der Angst.

AZRIN et al. (1965b) banden Totenkopfäffchen in einem Käfig, von dessen Decke ein Ball herabhing, fest und gaben ihnen gelegentlich kurze elektrische Schocks in den Schwanz. Die Tiere griffen da jedesmal reflexiv nach dem Ball und bissen hinein. Als dieser dann in unerreichbarer Höhe angebracht wurde und nur noch durch Ziehen an einer oder auch an einer bestimmten von zwei Ketten heruntergeholt werden konnte, *lernten* die Tiere, diese Reaktion auszuführen (um danach in den Ball zu beißen), wenn sie den Schock empfingen.

In ganz ähnlicher Weise können Ratten lernen, nach aversiver Reizung in der Startbox eines Labyrinths nach derjenigen Seite bzw. in diejenige Zielbox zu rennen, in der sie einen Artgenossen vorfinden, den sie angreifen können (und auch angreifen)[11].

---

11 DREYER & CHURCH, 1970

Tauben wiederum bevorzugen, wenn sie unter hoher „Arbeitsanforderung" (über 50 Reaktionen für eine Belohnung) für Futter eine Hackscheibe betätigen müssen, diejenige von zwei im übrigen gleichwertigen Scheiben, die ihnen zwischendurch auch Zugang zu einem wehrlosen Artgenossen gibt, den sie angreifen können (und auch angreifen)[12].

Männliche Mäuse können lernen (und bei Nicht-Belohnung wieder verlernen), durch einen Laufgang zu rennen[13] oder den richtigen Weg in einem T-Labyrinth zu wählen[14], wenn sie in der Zielbox auf einen schwächeren Geschlechts- und Artgenossen treffen, den sie angreifen können (und auch angreifen); dabei zeigen vorher schon sieggewohnte Tiere stärkere Motivation (rascheres Laufen)[15].

In ähnlicher Weise können Männchen des Siamesischen Kampffisches lernen, durch einen Ring oder eine Röhre zu schwimmen, wenn sie dafür ihr eigenes Spiegelbild oder ein sich bewegendes Modell eines Geschlechtsgenossen in Kampffärbung sehen, demgegenüber sie dann selbst ihr instinktives Angriffsgebaren produzieren[16].

Aus diesen Experimenten wird man insgesamt den Schluß ziehen dürfen, *daß die Gelegenheit zur Ausführung primär-aggressiver Reaktionen unter gewissen Umständen* — nach Schmerzreizung, nach Frustration sowie speziell bei männlichen Mäusen und beim Männchen des Siamesischen Kampffisches — *als Belohnung wirkt* bzw. daß gewisse Umstände, u. a. aversive Reizung und Frustration (bei den Mäusemännchen vermutlich die Zielvorstellung von dem schwächeren Geschlechtsgenossen oder dessen Geruch), einen *motivationalen Zustand* schaffen, der auf eine *Endhandlung* in Form von *primärer Aggression* hinausläuft.

Dieser motivationale Zustand kann „Zorn" genannt werden; wenn er gegeben ist, so können neue instrumentelle Verhaltensweisen gelernt und praktiziert werden, sofern und solange sie mit Gelegenheit zu primär-aggressivem Verhalten belohnt werden.

Solche *zornmotivierten instrumentellen Verhaltensweisen* — in den zitierten Beispielen: Ketteziehen, Laufgang-Rennen, T-Labyrinth-Rennen, Hacken gegen eine Scheibe, Schwimmen durch einen Ring — brauchen selbst wohlbemerkt nicht im engeren Sinne aggressive Reaktionen zu sein, wie ja ganz allgemein instrumentellen Aktivitäten ihre Motivation und ihr „Ziel" äußerlich nicht anzusehen ist.

---

12 COLE & PARKER, 1971
13 LEGRAND, 1970
14 TELLEGEN et al., 1969
15 LEGRAND, 1970
16 THOMPSON, 1963; GOLDSTEIN, 1967; HOGAN, 1967

823 Neurophysiologische Grundlagen von Zorn

8231 Zornauslösung durch zentrale Stimulation

Bei diversen Tierarten — Haushuhn[17], Tauben[18], Hunden[19], Rhesusaffen[20], Totenkopfäffchen[21], Cebusaffen[22] und vor allem Katzen[23] — ist immer wieder gezeigt worden, daß *elektrische Stimulation* (durch eingepflanzte Elektroden und eventuell per Fernsteuerung (Radiokontakt)) *in ganz bestimmten Stammhirnbereichen* unverwechselbar zornig-aggressive Reaktionen hervorrufen kann.

Im typischen Fall werden hier, mit zunehmender Stimulationsstärke immer deutlicher, zunächst mehr oder weniger alle artspezifischen Anzeichen *zorniger Erregung* — Wachheit, Unruhe, Überaktivität, Starren, Drohen, Zähnezeigen, Lautäußerung — und dann, *sofern ein angreifbares Objekt da ist,* die artspezifischen Reaktionen des Angriffs, Beißen, Verfolgung etc. ausgelöst. Bei sehr starker Stimulation kann der Angriff auch ins Leere gehen[24], gewöhnlich aber erscheint er durchaus *gerichtet* und durch Situationstimuli, z.B. das Verhalten des Angegriffenen[25], *flexibel gesteuert;* überhaupt sind die so hervorgerufenen Verhaltensweisen und -sequenzen äußerlich von den durch natürliche Zorn-Auslöser, z.B. Angreifer, hervorgerufenen nicht zu unterscheiden.

Mit Beendigung der zentralen Stimulation enden Zorn und Angriff gewöhnlich sehr rasch, eine erhöhte Reizbarkeit kann allerdings noch eine Zeitlang bestehen bleiben[26]. Vereinzelt ist an Katzen[27] und Rhesusaffen[28] gefunden worden, daß diese Stimulationseffekte auch bedingbar sind, d.h.: neutrale

---

17 HOLST, 1957; HOLST & SAINT PAUL, 1962
18 ÅKERMAN, 1966
19 FONBERG, 1967
20 DELGADO,, 1963; RUBINSTEIN & DELGADO, 1963; DELGADO, 1966, 1967; ROBINSON et al., 1969
21 RENFREW, 1969
22 CIOFALO & MALICK, 1969
23 HESS, 1949; MACLEAN & DELGADO, 1953; DELGADO, 1955; HESS & AKERT, 1955; HUNSPERGER, 1956; HOLST, 1957; SHEALY & PEELE, 1957; NAKAO, 1958; URSIN & KAADA, 1960; WASMAN & FLYNN, 1962; EGGER & FLYNN, 1963; BROWN & HUNSPERGER, 1963; DELGADO, 1964; MACDONNELL & FLYNN, 1964; ROMANIUK, 1965; SHEARD & FLYNN, 1967; CHI & FLYNN, 1971
24 HOLST, 1957; SHEALY & PEELE, 1957; ROMANIUK, 1965
25 DELGADO, 1966
26 HESS, 1949; MACLEAN & DELGADO, 1953; HESS & AKERT, 1955; NAKAO, 1958; ROMANIUK, 1965
27 NAKAO, 1958; DELGADO, 1964
28 DELGADO, 1966

Stimuli, die wiederholt der zentralen Stimulation vorausgegangen sind, können allmählich allein schon zornige Erregung hervorrufen.
All das zusammen mit der wiederholt gemachten Beobachtung, daß ein volles Bild des Angriffs und Kämpfens regelmäßig erst auftritt, wenn zu der zentralen Stimulation ein geeigneter Außenreiz (Angriffsobjekt) als Auslöser hinzukommt, stützt die Annahme, daß die erstere nicht etwa nur vereinzelte aggressive Reflex-Reaktionen auslöst (was *auch* möglich ist, vgl. o. 812, Pt. 5), sondern tatsächlich eine organisierende „*Motivation*", eine „Stimmung", einen „Trieb".

An Katzen ist im übrigen mehrfach gezeigt worden, daß an verschiedenen Stellen des Hypothalamus zwei völlig verschiedene Formen von Angriffsverhalten — stummer, beherrschter Beute-Angriff und wilder, affektiver Zorn-Angriff — hervorgerufen werden können[29].

Die Gegenden, in denen diese Effekte ausgelöst werden können, sind immer wieder dieselben: Teilbereiche des *Hypothalamus,* des *Zentralen Grau* des Mittelhirns, des *Thalamus* und der *Amygdala-Region.*
Ein einziges Mal ist auch bei einem *Menschen* durch Stimulation in der Amygdala-Region ein subjektiv sehr stark empfundenes Gefühl der Wut ausgelöst worden, danach allerdings bei demselben Patienten und an derselben Stelle nur noch Angst[30].

8232 Andere Evidenz für die Existenz von Zorn-Zentren

Die Befunde aus Läsions- und Abtrennungsexperimenten stimmen mit denen aus Stimulationsexperimenten weitgehend überein:
Zerstörungen im Bereich des *Amygdala-Kerns,* der offenbar mit der Organisation primär-aggressiven Verhaltens zu tun hat, bewirken bei Katzen, Luchsen, Rhesus- und anderen Affen sowie bei Agutis (kaninchenähnlichen Nagetieren) zumindest vorübergehende Zahmheit im Sinne von verminderter Zornreizbarkeit[31], und bei Ratten[32] sowie beim Opossum[33] verminderte Neigung, auf Schock- und andere aversive Stimulation primär-aggressiv zu reagieren.
Umgekehrt besteht allem Anschein nach beim Menschen eine positive Korrelation zwischen dem Vorhandensein epileptischer Störungen im Bereich des *Schläfenlappens* (über der Amygdala-Region gelegen) und der Neigung zu zorniger Aggressivität[34].

---

29 WASMAN & FLYNN, 1962; EGGER & FLYNN, 1963; SHEARD & FLYNN, 1967
30 HEATH et al., 1955
31 KLÜVER & BUCI, 1939; SCHREINER & KLING, 1953, 1956: URSIN, 1960
32 EICHELMAN, 1971
33 HARA & MYERS, 1973
34 HILL, 1952; TREFFERT, 1964

Zerstörung bzw. Abtrennung gewisser *Hypothalamus*-Teile bei Katzen[35] und Ratten[36] wiederum ergeben reduzierte Aggressivität. ADAMS (1968) schließlich zeigte, daß Katzen bei Stimulation in Teilen des *Zentralen Grau* des Mittelhirns Wut und primäre Aggression zeigen, nach Schädigungen dort aber sogar einem bellenden Hund gegenüber friedlich bleiben; daß weiterhin gewisse *einzelne Zellen* dort gesteigerte Entladungs-Aktivität zeigen, wenn das Tier gerade mit einem anderen kämpft und schließlich, daß es bei Stimulation eben dieser Zellen aggressiv faucht.

8233 Struktur des Zorn-Systems

Nach diesen Befunden sind es in auffälliger Weise bei recht verschiedenen Organismen immer wieder dieselben Hirnstrukturen, die mit der Organisation primär-aggressiven Verhaltens zu tun haben: die Amygdala-Region, der Hypothalamus, das Zentrale Grau des Mittelhirns.

FERNANDEZ DEMOLINA & HUNSPERGER (1962) zeigten an Katzen, daß nach beidseitiger Zerstörung derjenigen Teile des Hypothalamus und des Zentralen Grau, in denen primär-aggressive Reaktionen auslösbar sind, Zorn und primäre Aggression auch in der Amygdala-Region nicht mehr auslösbar sind; daß aber umgekehrt nach beidseitiger Zerstörung der Amygdala-Region im Hypothalamus und im Zentralen Grau immer noch Zornreaktionen ausgelöst werden können. Sie schlossen daraus und aus anderen Daten, daß das „*system governing defensive behaviour*", sprich Verteidigungs- oder Zorn-System, aus *drei Subzentren* von aufsteigender Bedeutung — Amygdala, Hypothalamus, Mittelhirn — bestehe.

824 Zorn und Angst

8240 Das Problem

Wie besprochen, werden Angst und Zorn durch weitgehend *ähnliche Stimuli* (wenn auch eindeutig nicht durch dieselben) ausgelöst. Zudem sind auch die *physiologischen Veränderungen*, die mit diesen Zuständen einhergehen, weitgehend ähnlich (sympathische Zustände, verbunden mit Aktivierung, Adrenalinausschüttung, Blutdruckzunahme), wenn auch nicht identisch.

---

35 HUNSPERGER, 1956
36 GROSSMAN & GROSSMAN, 1970

Oft erklären Menschen, die nach psychologischem Ermessen Angst haben müßten (z.B. nach Versagen in einem Intelligenztest oder nach Demütigung durch einen Lehrer), sie „ärgerten" sich.
Weiter kann in gewissen Fällen, speziell z.B. beim Angriff einer in die Ecke gedrängten Katze auf einen Hund, objektiv nicht entschieden werden, ob es sich um eine angst- oder eine zornmotivierte Reaktion handelt; bei ihrem Rückzug in die Ecke hat die Katze sicherlich eher Angst — ist es nun gesteigerte Angst, die sie zum Angriff veranlaßt oder kommt der Angriff dadurch zustande, daß die Angst in Zorn umschlägt?
Schließlich gibt es auch einige Ergebnisse der hirnphysiologischen Forschung, die zeigen,
• daß elektrisch induziertes zorniges Drohen und Angreifen (bei der Katze und beim Haushuhn) bei Steigerung der Stimulationsstärke in Flucht übergehen kann[37], wie sich auch umgekehrt (bei Katzen und Affen) bei Stimulationssteigerung aus zunächst rein defensivem, dem Anschein nach eher ängstlichem Verhalten ein Angriffsverhalten entwickeln kann[38];
• daß Totenkopfäffchen eine angriffsauslösende zentrale Stimulation wenn möglich (durch Hebelbetätigung) abschalten und auch, wenn sie durch einen Ton avisiert ist, zu vermeiden lernen können [39] (was allerdings für Hunde anscheinend nicht gilt, vgl. o. 1314);
• daß (bei Katzen) ein Summerton, der wiederholt eine Angst-Flucht auslösende zentrale Stimulation avisierte und einer, der wiederholt eine Zorn-Angriff auslösende Stimulation avisierte, danach in etwa die gleiche undefinierbare bedingte Erregung hervorrufen[40];
• daß eine Hypothalamus-Stimulation (bei Katzen), die einen zornigen Angriff auf eine Ratte auslöst (sofern eine vorhanden ist), auch eine vorher gelernte Flucht-(ESC-I-)Reaktion auslösen kann[41].

All das läßt die Frage aufkommen, ob Angst und Zorn wirklich verschiedene Dinge seien oder nicht vielmehr im Grunde ein und dasselbe, das sich nur je nachdem in Flucht etc. oder primärer Aggression äußert.

Dagegen bzw. *für* die Annahme, daß Angst und Zorn tatsächlich fundamental verschiedene Zustände sind, kann nun etwa folgendes angeführt werden:

---

37 HESS, 1949; HOLST, 1957
38 MACLEAN & DELGADO, 1953; HUNSPERGER, 1956
39 RENFREW, 1969
40 NAKAO, 1958
41 ADAMS & FLYNN, 1966

8241 Unterschiede im subjektiven Erleben

Wenn man einmal von dem sicherlich nicht ungewöhnlichen Fall des Schwankens zwischen Angst und Zorn (s. u. 8243) absieht und *nur ausgeprägte Fälle* betrachtet, sich beispielsweise einmal in die Lage eines Menschen versetzt, der vor seinen mächtig hinter dem Schreibtisch thronenden Chef zitiert worden ist (und Angst hat), zum andern in die Lage eines Menschen, der bei einer zielgerichteten Tätigkeit, z. B. bei interessiertem Fernsehen, von einem kleineren und unterlegenen zum wiederholten Mal gestört oder physisch belästigt worden ist, so erkennt man leicht, daß Angst und Zorn subjektiv-erlebnismäßig klar unterschiedliche Zustände sind:

In dem einen dominiert ein Gefühl der Schwäche, Unsicherheit und Hemmung und der Bereitschaft zu verschwinden, sich zu verstecken, in dem andern ein Gefühl der Kraft und Sicherheit und der Bereitschaft, hervorzutreten und aktiv-losgehend etwas zu tun. Angst ist regelmäßig verbunden mit unangenehmen körperlichen Sensationen, wie überhaupt das „Leiden" an dem Zustand im Vordergrund steht; Zorn wird zwar sicherlich normalerweise auch nicht gerade als angenehm erlebt, aber auch nicht „erlitten" (jedenfalls nicht im aktuellen Augenblick).

Wenn nun auch diese subjektiven Aspekte, wie schon einmal gesagt, nichts erklären, so sagen sie doch durchaus etwas aus: da ja subjektive Erlebnisse ohne Zweifel „objektiven" physiologischen Prozessen entsprechen (auch wenn über diesen Zusammenhang begründet nichts Näheres zu sagen ist), ist anzunehmen, *daß ausgeprägt unterschiedlichen subjektiven Erlebnissen,* seien es kognitive oder emotional-motivationale, *auch ausgeprägt unterschiedliche materielle, physiologische Prozesse zugrundeliegen.*

8242 Unterschiede in den physiologischen Begleiterscheinungen

Daß Zorn und Angst nicht nur erscheinungsmäßig und subjektiv-erlebnismäßig, sondern auch objektiv-physiologisch klar unterschiedliche Prozesse sind, ist durch mindestens zwei ziemlich umfassende und im Ansatz recht verschiedenartige Forschungsberichte belegbar:

In einem Experiment von Ax (1953) wurden freiwillige Vpn nacheinander für je einige Minuten in Angst und in Zorn versetzt (jeweils die Hälfte in dieser oder der umgekehrten Reihenfolge), indem sie einmal mit leichten bis mittelstarken Schocks behandelt, durch konfuses Gerede des Versuchsleiters verunsichert und mit der Möglichkeit lebensgefährlicher Schocks bedroht und zum andern durch arrogantes und freches Auftreten eines Laboranten gereizt wurden. Dabei wurde jeweils kontinuierlich eine Reihe von physiologischen Meßdaten erhoben.

Infolge beider Behandlungen zeigten sich diverse gleichsinnige Veränderungen gegenüber der jeweils vorausgehenden Kontrollphase, namentlich: Zunahme der Herztätigkeit (des systolischen wie des diastolischen Blutdrucks, des Schlagvolumens und der Herzschlagfrequenz), der Atmungsfrequenz, der elektrischen Leitfähigkeit der Haut, der Spannung und der Häufigkeit von Spannungsschwankungen in der Stirnmuskulatur, — Veränderungen, die insgesamt auf eine erhöhte Sympathikus-Aktivität in beiden Zuständen schließen lassen.

Gleichzeitig aber waren gewisse Veränderungen in dem einen, andere in dem andern Zustand besonders ausgeprägt;
so nahmen unter *Angst*
- die elektrische Leitfähigkeit der Haut,
- die Häufigkeit von Spannungsschwankungen in der Stirnmuskulatur und
- die Atmungsfrequenz

im Durchschnitt signifikant stärker zu als unter Zorn;
umgekehrt nahmen unter *Zorn*
- der diastolische Blutdruck,
- die Häufigkeit spontaner galvanischer Hautreaktionen und
- die Spannung in der Stirnmuskulatur

signifikant stärker zu als unter Angst, und
es kam auch häufiger vor,
daß die Herzschlagfrequenz abnahm statt, wie eigentlich üblich, zuzunehmen. Die Unterschiede im durchschnittlichen Reaktionsmuster — die *individuellen* Reaktionsmuster waren alles eher als einheitlich — entsprachen in etwa dem Unterschied in der physiologischen Wirkung von *Adrenalin* einerseits und *Adrenalin plus Nor-Adrenalin* andererseits.

FUNKENSTEIN (1955) berichtete — einen anderen Autor referierend — daß sich der menschliche Magen bei Zorn und Angst völlig verschieden verhalte: bei Zorn färbe sich die Mageninnenwand rot, die Magenkontraktionen und die Salzsäureproduktion nähmen zu, in Angst zeigten sich genau die gegenteiligen Effekte.

Außerdem und vor allem berichtete FUNKENSTEIN eine ganze Serie von Experimenten (die in Kürze nicht wiederzugeben sind), die jedoch insgesamt keinen anderen Schluß zulassen, als daß bei Angst die Produktion von Adrenalin bei Zorn die von Nor-Adrenalin das physiologische Erscheinungsbild bestimmen.

8243 Angst-Zorn-Konflikt

Tiere und Menschen können verschiedenen Anzeichen zufolge in Konflikte zwischen Zorn und Angst geraten. Solche Konflikte illustrieren z. B.
- Tiere, die, wenn angegriffen, eine starre, stereotype Drohhaltung mit Schwanken zwischen Rückzug und Angriff einnehmen und daraus dann je nachdem in Flucht oder Angriff übergehen,
- Tiere und Menschen, die, ehe sie angreifen, zögern (um eventuell doch noch den Schwanz einzuziehen) oder auch einfach den Impuls zum Angriff auf einen übermächtigen, sprich: angsteinflößenden, Herausforderer unterdrücken,
- Menschen, die auf aufkommenden Zorn (infolge von Bestrafung) mit Angst, schlechtem Gewissen, Depression und Unterdrückung der primäraggressiven Handlungsimpulse reagieren . . .

Wenn aber zwei Prozesse miteinander in Konflikt geraten können, so ist das praktisch nur damit zu erklären, daß es sich tatsächlich um zwei verschiedene Prozesse handelt. Diese Aussage findet eine Stütze auch in Beobachtungen von MacDonnell & Flynn (1964), die bei Katzen Schwanken zwischen Rückzug und Angriff durch gleichzeitige Stimulation unterschiedlicher Stammhirnstellen hervorrufen konnten.

8244 Ängstlichkeit und Aggressivität als situationsgebundene Verhaltensmuster

Mit Hilfe einer Faktorenanalyse von sozialen Verhaltensweisen junger Rhesusaffen zeigten Chamove et. al. (1972), daß sich, wenn man das Verhalten in der vertrauten Gruppe betrachtet, klar ein Faktor „Ängstlichkeit" und ein Faktor „Feindseligkeit-Aggressivität" im Sinne von Neigung zu primärer Aggression trennen lassen; daß also Rhesusaffen in der gewohnten sozialen Umgebung — zweifellos auf Grund vorangegangenen Lernens (Bedingens) — habituell entweder eher mit Angst-Rückzug oder mit Zorn-Angriff reagieren. Im Verhalten gegenüber einem einzelnen unbekannten Artgenossen zeigten sich bezeichnenderweise keine solchen einheitlichen Verhaltensmuster; d. h. Angst- bzw. Zorn-Reizbarkeit scheinen — zumindest beim Rhesusaffen — zwar keine konstanten „Persönlichkeitsmerkmale" zu sein, können aber immerhin auf Grund ihrer verschiedenen neurophysiologischen Grundlagen als klar trennbare situationsgebundene Reaktionsbereitschaften erscheinen.

Neurophysiologische Befunde

In einer ganzen Reihe von Experimenten ist gezeigt worden, daß sich die Stellen in der Amygdala-Region bei Katzen[42] und im Hypothalamus bei Katzen[43] und bei Hunden[44], in denen Angst-Flucht bzw. Zorn-Angriff auslösbar sind, anatomisch klar trennen lassen, daß also den mit Angst und Zorn einhergehenden unterschiedlichen Erscheinungsbildern, physiologischen Reaktionsmustern und Erlebnisweisen auch unterschiedliche anatomische Substrate (oder, wenn man so will, „Organe") entsprechen[45].

Romaniuk (1965) pflanzte 35 Katzen je 6 Stimulationselektroden, drei rechts, drei links, in den medialen Hypothalamus. In 87 der insgesamt 210 Punkte waren dann, bei ausgesprochen schwacher Stimulation, unzweideutig und konstant Zorn-Angriff, in 73 Punkten ebenso unzweideutig und konstant Angst, Rückzug und intensive Fluchtversuche, beides mit Nachwirkungen von einigen Minuten Dauer, auslösbar. Ein Umschlagen von einer in die andere Reaktionsweise bei Veränderung der Stimulationsstärke wurde nie beobachtet; Steigerung der Stimulationsstärke ergab immer nur Intensivierung der betreffenden Reaktion.

Bei Untersuchung der Gehirne der später getöteten Tiere zeigte sich, daß die Zorn- und die Angst-Punkte eindeutig verschieden lokalisiert waren; die ersteren lagen durchgängig im ventralen (bauchwärts gelegenen), die letzteren im dorsalen (rückenwärts gelegenen) Bereich des gesamten medialen Hypothalamus.

Damit ist klar, daß Zorn-Angriff und Angst-Flucht, zumindest bei Katzen und im Bereich des Hypothalamus, von anatomisch-physiologisch klar trennbaren Zentren aus gesteuert werden; die anatomische Nähe der beiden Systeme kann gut einige der Schwierigkeiten bei der Differenzierung der beiden Triebe, speziell das häufige Umschlagen des einen in den andern und die Mischform des angstvollen Drohens erklären.

---

42 Shealy & Peele, 1957; Ursin, 1960; Ursin & Kaada, 1960
43 Nakao, 1958; Glusman & Roizin, 1960; Romaniuk, 1965
44 Fonberg, 1967
45 vgl. Hess, 1968, S. 94f.

83 Friedlichkeit

Analog den Verhältnissen bei Angst und Sicherheit entspricht anscheinend auch dem Zorn-Trieb ein *Antitrieb,* der „Friedlichkeit" oder „Gelassenheit" genannt werden könnte und dessen Funktion darin besteht, den Zorn-Trieb in Schach zu halten und gegebenenfalls abzuschalten, d.h. die nicht selten — speziell im Kampf mit Artgenossen — plötzlich gebotene motivationale Umstellung von Kampfbereitschaft auf Friedlichkeit zu ermöglichen.

831 Evidenz für die Existenz eines zentralen Zorn-Hemmungssystems

8311 Informelle Evidenz

Was einen auch ohne Voreingenommenheit für eine bestimmte Art von Motivationstheorie auf die Annahme eines spezifischen Zorn-Hemmungsmechanismus bringen könnte, ist vor allem die Beobachtung, daß Zornzustände und zornmotiviertes Angriffsverhalten oft — unter der Einwirkung gewisser Reize — *ganz unvermittelt enden können.* Nimmt man hier dazu, daß der Zornzustand selbst offenbar auf der Aktivität eines zentralen Mechanismus beruht, so liegt es nahe, anzunehmen, daß auch die Beendigung dieses Zustands durch einen zentralen Mechanismus, eben durch einen „Antitrieb" bewirkt wird.

Zum andern scheint Friedlichkeit auch subjektiv als verminderte Bereitschaft zu offener, primärer Aggression *erlebbar* und — z.B. in der Form von Resignation oder auch von passivem Mitleid — durchaus *etwas anderes als Sicherheit* zu sein; Friedlichkeit in der Form von Resignation, z.B. nach längerem vergeblichem Kämpfen, kann sogar ohne weiteres einhergehen mit Unsicherheit, Angst, Rachegefühlen und der Bereitschaft zu anderer als primärer Aggression.

8312 Hirnstimulationsbefunde

An Rhesusaffen ist mehrfach gezeigt worden, daß gewisse zentrale Stimulation — hier im *Nucleus caudatus,* in der Tiefe des Großhirns gelegen — die Bereitschaft, auf sonst sehr wirksame Provokationen aggressiv zu reagieren, praktisch ausschaltet, ohne daß andere Funktionen, speziell die allgemeine Motorik, beeinflußt würden.

So kann man einem in seinem Käfig angebundenen Tier, das sonst alles, was sich ihm nähert, sofort wütend angreift, bei derartiger Stimulation sogar ins Maul greifen, ohne daß es zubeißt[1].

Eine sonst sehr aggressive Äffin konnte auf diese Weise vorübergehend ausgesprochen friedlich gemacht werden, wobei zusätzlich beobachtet wurde, daß bei Beendigung der Stimulation gesteigerte Aggressivität hervortrat[2] — ein typischer *rebound*-Effekt (vgl. o. 212), der das Verhältnis zwischen Zorn- und Zorn-Hemmungs-Mechanismus recht klar beleuchtet.

Solche Stimulation kann auch spezifisch das reflexive Drohen eines durch Schock in Gegenwart eines Artgenossen gereizten Tieres hemmen[3].

Laut DELGADO (1960) sind entsprechende Effekte auch bei Menschen — durch Stimulation in der Tiefe des Stirnlappens des Großhirns — gefunden worden.

8313   Effekte von Läsionen und Ablationen

Seit BARD (1928) ist bekannt, daß die Entfernung des Großhirns bis einschließlich der oberen Hälfte des Zwischenhirns bei Katzen das Erscheinungsbild der „*sham rage*" ergibt, einen Zustand, in dem bei der leisesten Provokation oder auch anscheinend spontan wild und hemmungslos und mit allen verhaltensmäßigen und physiologischen Zeichen extremer Wut nach allen Richtungen angegriffen wird. Dieser Effekt ist am plausibelsten damit zu erklären, daß hier das Zorn-Hemmungs-System in seiner Gesamtheit beseitigt worden ist (tiefer angesetzte Ablationen ergeben übrigens ein Bild völliger Apathie, vermutlich infolge Beseitigung des Zorn-Systems selbst).

Erhöhte Bereitschaft, auf Reizung aggressiv zu reagieren, hat sich auch infolge Zerstörung eng umschriebener Bereiche des Hypothalamus bei Katzen[4] und Ratten[5], des Septums bei Ratten[6] sowie des Nucleus caudatus beim Opossum[7] ergeben.

---

1 RUBINSTEIN & DELGADO, 1963; DELGADO, 1964
2 DELGADO, 1960
3 PLOTNIK & DELGADO, 1970
4 WHEATLEY, 1944
5 EICHELMAN, 1971
6 SCHNURR, 1972
7 HARA & MYERS, 1973

832 Zornhemmende Reize

8321 Zornhemmung durch unbedingte Stimuli

Wie im Falle von Angst, Sicherheit und Zorn ist nun auch die Frage zu stellen, welche Art von Reizen die natürlichen Auslöser von Friedlichkeit sind. Bei zahlreichen Wirbeltierarten, insbesondere auch bei Säugetieren, ist immer wieder beobachtet worden, daß bestimmte Bewegungen, Körperhaltungen und Lautäußerungen, sog. *„Demutsgebärden"*, den Zorn und Angriff eines überlegenen Artgenossen sehr wirksam hemmen können, so das Ducken bei Hunden, das Darbieten der Kehle bei Wölfen, Zebras und Pavianen[8], einfache Passivität beim Lemming[9], das Fiepen junger Ratten[10], das Kauern bei Mäusen[11].

Durch derartige Reaktionen bzw. Signale werden vor allem Kämpfe beendet und die Schonung des Unterlegenen erreicht, sie ermöglichen aber oft auch als *„Grußzeremonien"* die ungestrafte Annäherung an den Artgenossen[12]. Sie können als *Friedlichkeits-US* („USf") aufgefaßt werden.

Bei Mäusen ist beobachtet worden, daß männliche Tiere mit dem Urin von Weibchen bemalte Geschlechtsgenossen weniger angreifen als nicht so behandelte[13].

Männliche Rhesusaffen greifen Weibchen, denen die Eierstöcke entfernt worden sind, häufiger an als normale und insbesondere schwangere Weibchen, und andererseits wiederum seltener, wenn sie mit Östrogen (Follikelhormon) oder auch mit Progesteron (Gelbkörperhormon) behandelt worden sind[14]. Anscheinend wirken das Verhalten, die Erscheinung und/oder der Geruch normaler, schwangerer und hormonbehandelter Weibchen friedlichkeitsauslösend auf die Männchen (wobei allerdings auch die Möglichkeit beachtet werden muß, daß diese Zornhemmung durch Vermittlung des Sexualtriebes zustandekommt (vgl. o. 341)).

Gewisse Verhaltensweisen von Menschen wie *Weinen, Jammern, Angstausdruck* und *Senken des Kopfes,* dürften eine ähnliche Funktion haben. Ob auch *Lächeln* hier einzuordnen ist, ist fraglich; wahrscheinlich handelt es sich dabei primär um einen Ausdruck von *Sicherheit* und *nicht von Friedlichkeit*; denn

---

8 EIBL-EIBESFELDT, 1967, S. 321
9 ALLIN & BANKS, 1968
10 EIBL-EIBESFELDT, 1967, S. 133
11 BANERJEE, 1971a
12 EIBL-EIBESFELDT, 1967, S. 133 ff.
13 CONNOR, 1972
14 MICHAEL & ZUMPE, 1970

als Ausdruck des Unterlegenseins ist es eine eher untypische Reaktion, und das Lächeln des Säuglings gegenüber der Mutter wie auch das umgekehrte dürfte kaum der Beschwichtigung dienen, sondern eher Sicherheit geben, „Hemmungen" beseitigen und damit Kontaktaufnahme ermöglichen.

8322   Zornhemmung durch bedingte Stimuli

Sehr wahrscheinlich ist Friedlichkeit, nicht anders als alle anderen fundamentalen emotional-motivationalen Reaktionen auch, nach dem inzwischen bekannten Modus *bedingbar*. Was dann im Einzelfall als Friedlichkeits-BS wirkt, ist natürlich grundsätzlich interindividuell verschieden, manche Reaktionen aber, z. B. demütiges Lächeln, Floskeln wie „Verzeihung bitte!" und dgl. können als vergleichsweise geläufige „BSf" genannt werden.

84 Zorn und zornmotivierte Aggression

841 Zorn und primär-aggressive Reaktionen

„Zorn" wird, wie angedeutet, hier aufgefaßt als der Trieb, die emotional-motivationale Bedingung, die primär-aggressiven Reaktionen in der Regel (sofern sie nämlich nicht als isolierte Reflexe hervorgerufen werden) zugrundeliegt. Zwischen Zorn und primär-aggressiven Reaktionen besteht die gleiche Beziehung wie zwischen Angst und den ihr untergeordneten Reflexen (s. o. 32).

Nicht anders als die angstkontrollierten Reflexe können primär-aggressive Reaktionen auch ausgelöst werden, wenn die kontrollierende Motivation (noch) nicht da ist. Ist aber Zorn (Ärger, Gereiztheit) als „Stimmung" bereits da, so werden sie leichter, rascher, stärker und auch von sonst weniger wirksamen Stimuli ausgelöst.

In einem Experiment an Katzen ist gezeigt worden, daß unter leichter elektrischer Stimulation in Hypothalamus-Bereichen, in denen stärkere Stimulation zornigen Angriff auf eine Ratte auslöst, gewisse Reflexreaktionen, die als Komponenten des Angriffsverhaltens zu verstehen sind, besonders leicht auslösbar werden; namentlich Zubeißen bei Berührung der Lippen und Hinwendung bzw. Vorschießen des Kopfes bei Berührung einer Zone oberhalb der Lippen; dabei ist das Gebiet, in dem die Reaktion auslösbar ist, jeweils umso größer, d. h. der auslösende Stimulus umso weniger spezifiziert, je stärker die Hintergrundstimulation im Hypothalamus gewählt wird[1].

Außer Erleichterung der Auslösung bewirkt der Zorn-Trieb auch die Koordination der diversen Einzelreflexe zu koordiniertem Angriffs- und Kampfverhalten. So jedenfalls wird man die Sache sehen dürfen, wenn man die von TINBERGEN (1951, Kap. 5) entwickelte Theorie der Funktionsweise von Instinktzentren, die im wesentlichen mit den auf ganz anderen Grundlagen entwickelten Vorstellungen von KONORSKI (1967, Kap. 1) übereinstimmt, akzeptiert.

Die Abhängigkeit zwischen Trieb- und untergeordneten Reflexzentren ist im übrigen nicht ganz so einseitig wie bisher dargestellt; vielmehr scheint auch folgendes zu gelten: ist ein Auslöser für eine primär-aggressive Reaktion, z. B. eine Behinderung der Bewegungsfreiheit, da, die Reaktion aber in ihrem Ablauf blockiert oder erfolglos (Auslöser bleibt unverändert), so löst das Zorn und damit gesteigerte Bereitschaft zu weiteren primär-aggressiven Reaktionen aus.

---

[1] MacDonnell & Flynn, 1966

842 Zorn — ein protektiv-defensiver Trieb

Wie inzwischen deutlich geworden sein dürfte, wird auch hier — in gewisser Übereinstimmung mit den Theorien der Seewiesener Ethologen — ein Trieb angenommen, der zu aggressivem Verhalten motiviert und der auch beim Menschen wirksam ist; er wird hier allerdings Zorn- oder Verteidigungstrieb genannt, weil die Bezeichnung „Aggressionstrieb" in ungünstiger Weise vorbelastet ist (vgl. auch o. 712, 713). Bezüglich dieses Triebes muß nun aber das schon einmal Erwähnte unbedingt klar sein:
Es handelt sich im Unterschied zu den „bewahrenden" Trieben, z. B. Hunger und Sex, um einen typischen „protektiv-defensiven" Trieb, um einen, der niemals „spontan" oder gar zyklisch auftritt, sondern *immer nur als Reaktion* auf gewisse äußere Stimulation, die zwar im Dasein der meisten Menschen und Tiere regelmäßig vorkommt, aber genauso gut auch über lange Perioden ausbleiben kann.
Die Vorstellung eines „periodisch aufquellenden" und z. B. gegen den Ehepartner sich entladenden Ärgers bei Menschen, die wenig Gelegenheit zu aggressiver „Abreaktion" haben[2], mag zwar bei Beobachtung von Menschen gewisser Kulturkreise plausibel erscheinen, als eine allgemeine Charakterisierung menschlichen Verhaltens aber erscheint sie ziemlich grotesk, und Tiroler Bauernburschen[3] sind, was ihr soziales Verhalten betrifft, sicherlich nicht repräsentativ für die gesamte Menschheit.

843 Bedingen von Zorn

Wie Angst (und angstkontrollierte Reflexe und primär-aggressive Reaktionen) kann zweifellos auch Zorn nach dem „klassischen" Muster bedingt werden. Ursprünglich neutrale Reize, Personen und Situationen, in deren Gegenwart bzw. durch die bzw. in denen einmal Zorn ausgelöst wurde, können danach auch allein ausreichen, Zorn — oder jetzt vielleicht etwas „milder": Ärger — auszulösen oder die Auslösung von Zorn erleichtern. Bestimmte Reizwörter, Gesten, Verhaltens-, Ausdrucks-, Argumentationsweisen, Räumlichkeiten (z. B. unaufgeräumtes Kinderzimmer, verrauchter Hörsaal) und nicht zuletzt Personen können so zu bedingten Zorn-Auslösern werden.

Den Vorgang des Zornbedingens im Alltag könnte man sich beispielsweise so vorstellen: Jemand hat sich im Verlauf einer längeren Diskussion einem andern gegenüber zum Zorn hinreißen lassen und danach auch sofort die Szene ver-

---

[2] Eibl-Eibesfeldt, 1967, S. 71
[3] Eibl-Eibesfeldt, 1973, S. 97

lassen; bei der nächsten Begegnung verspürt er gleich Ärger und gerät diesmal schon nach dem ersten Wortwechsel in Zorn.

So könnte besonders auch die Beobachtung, daß manche Menschen in gewissen Situationen stereotyp zornig lospoltern — was sie ganz sicher gelernt haben — zumindest teilweise mit Bedingen der Zorn-Reaktion erklärbar sein.

Manchmal aber kann ein Reiz, der ursprünglich einer Zorn-Auslösung vorausging, danach auch Angst auslösen, jedenfalls wenn der „Hintergrund", vor dem er auftritt, verändert ist, beispielsweise jetzt im Unterschied zu vorher eine Rückzugsmöglichkeit vorhanden ist. So scheint allgemein der Gedanke an eine Situation oder eine Person, in deren Gegenwart man einmal in Zorn geriet, eher unangenehm zu sein, solche Situationen und Personen werden tendenziell gemieden, der Gedanke an sie wird „verdrängt", sie scheinen also eher Unsicherheit-Angst als Gereiztheit-Ärger auszulösen.

Wie oben (3531) erwähnt scheint *Bestrafung*, auch wenn sie zunächst Zorn und aktive Gegenwehr auslöst, am Ende doch das bestrafte Verhalten zu hemmen. Ein Kind z.B., das für das Greifen nach einem Gegenstand von seiner Mutter gehauen wurde und darauf mit einem Zornausbruch reagierte, wird wahrscheinlich beim nächsten Mal genauso zögern, das Ding zu nehmen, wie ein anderes, das auf die Bestrafung mit Angst und Weinen reagierte; die Reaktion erscheint in beiden Fällen gehemmt, und sehr wahrscheinlich in beiden Fällen auf Grund bedingter Angst.

Dies dürfte in etwa so zu erklären sein: die dem aversiven Reiz und Zorn-Auslöser vorausgegangenen Stimuli lösen (als BS) in erster Linie die Vor-*Vorstellung von dem aversiven Reiz* aus (vgl. o. 234); wenn diese wiederkehrt, hängt es vom übrigen Kontext ab, ob Angst oder Zorn ausgelöst wird, im Normalfall wird es Angst sein (vgl. o. 8130).

844 Aggression als Zorn-Endhandlung

Primäre Aggression ist, wie schon erwähnt, das, worauf der Zorn-Trieb hinausläuft, die Zorn-Endhandlung, in demselben Sinne wie Nahrungsaufnahme die Hunger-Endhandlung ist usw. Entsprechend empfindet man es auch, wenn man zornig ist, als „schön", „angenehm", „befriedigend", durch Zuschlagen oder Losbrüllen sich abzureagieren. Zorn „drängt" auf Abreaktion in einer aggressiven Handlung, und diese beendet den Zornzustand, sofern nicht die auslösende Provokation unverändert fortbesteht.

M. a. W.: *im Zustand des Zorn ist Aggression gleichsam Selbstzweck*, ist die aggressive Handlung *nicht* durch eine nicht-aggressive ersetzbar, kommt es *primär* darauf an, Aggression zu produzieren. Die gewöhnlichen Effekte des

Verhaltens, z.B. die Beendigung einer Bedrohung oder der Rückzug eines Angreifers, sind demgegenüber sekundär; sie machen zwar sicherlich den „biologischen Sinn" oder „Arterhaltungswert" solchen Verhaltens aus, aber nicht seinen psychologischen Sinn, seinen „Zweck", d.h. *es wird nicht durch diese Effekte verstärkt.* So werden primär-aggressive Reaktionen, auch wenn sie „erfolglos" sind, die Provokation immer fortbesteht, manchmal bis zur völligen muskulären oder „nervösen" Erschöpfung wiederholt — ganz anders als instrumentelle Reaktionen, die bei wiederholter Nicht-Verstärkung zumindest bald modifiziert und lange vor Eintreten von Erschöpfung aufgegeben werden.

Damit soll zugleich gesagt werden, daß Zorn nicht primär auf die Beendigung oder Beseitigung des auslösenden aversiven Reizes hinausläuft und aus dem gleichen Grunde auch *nicht passives Vermeiden (Unterlassen) verursacht.* Im Zustand der Angst bewirkt die Annäherung an den Angst-Auslöser bzw. die daraus resultierende Steigerung der Angst die Hemmung der Annäherung (s.o. 351); im Zustand des Zorns gilt eher das Gegenteil: Zorn wirkt als „Motor" der Annäherung; zornproduzierende Verhaltensweisen werden nicht unterlassen, sondern fortgesetzt, bis der Zorn infolge Abreaktion bei gleichzeitigem Fortfall der Provokation verschwindet oder durch Auftreten eines Friedlichkeits-Reizes oder auch durch Angst infolge Bestrafung gehemmt wird.

So ist z.B. beobachtet worden, daß Totenkopfäffchen, wenn sie, in ihrem Käfig festgebunden, für Zerren und Beißen an der Leine gelegentlich mit Schock in den Schwanz bestraft wurden, dies *nur umso mehr* taten, d.h. Unterlassung der Reaktion oder Schockvermeidung durch Stillhalten nicht lernten[4] — vermutlich, weil es ihnen im Zustand des Zorns (infolge Restriktion) „gar nicht darauf ankam", passiv oder aktiv Schock zu vermeiden.

845 Zornhemmung durch Angst infolge Bestrafung

Bestrafung für zornmotivierte Aggression kann nach dem Obigen völlig unwirksam sein, wenn die Situation insgesamt, wie im Fall des angebundenen Äffchens, nach wie vor eindeutig zornauslösend bleibt. Das aber ist doch eher ein Sonderfall. Gewöhnlich führt *wiederholte Bestrafung für primäre Aggression,* z.B. im Verlauf eines Kampfes, früher oder später zu einer Veränderung des Befindens (Erschöpfung) und/oder der subjektiv erlebten Situation, was dann zu einem, manchmal ganz plötzlichen, Umschlagen des motivationalen

---

[4] MORSE et al., 1967

Zustands von Zorn in Angst führen kann. Kämpfende Tiere und raufende Menschen pflegen denn auch, wenn sie genügend eingesteckt und die Stärke des Gegners erfahren haben oder geschwächt sind, aufzugeben und sich — Tiere in der Regel mit den erwähnten stereotypen Demutsgebärden — zu unterwerfen und aus dem Feld zu gehen.

Wie schon besprochen (s. o. 345), ist denn auch bei diversen Tierarten (und bei Menschen scheint es nicht anders zu sein) gefunden worden, daß infolge von Niederlagen im Kampf die Neigung zu primärer Aggression abnimmt und der siegreiche Gegner wie auch andere Artgenossen (als BSa) Angst-Rückzug auslösen können.

Menschen, die für Zornreaktionen immer wieder bestraft worden sind, können vor ihren eigenen Zornreaktionen (bei deren Aufkommen) Angst bekommen und in lähmende Konflikte geraten (vgl. o. 3531, Pt. 7).

Bestrafung scheint also normalerweise Zorn- und primär-aggressives Verhalten durchaus wirksam unterdrücken zu können und dürfte überhaupt den praktisch wichtigsten Faktor bei der „Sozialisation" des Zorn-Triebs darstellen.

Dem stehen nun allerdings Befunde gegenüber, wonach Kinder, die von ihren Eltern für aggressives Verhalten häufig und hart bestraft werden, besonders aggressiv erscheinen[5]. Das aber ändert wenig an der Richtigkeit des Gesagten; es beruht sehr wahrscheinlich darauf, daß solche Kinder *nicht spezifisch* für primär-aggressives Verhalten, sondern für alles mögliche Verhalten häufig bestraft werden und infolgedessen andere Menschen ganz allgemein als aversive Reize auffassen, auf die sie je nach Situation mit passiver Vermeidung, Rückzug oder präventiver Unterwerfung (was nicht besonders auffällt) oder aber — gleich scharfgeprügelten Hunden — mit Ärger und primärer Aggression (was natürlich in jedem Fall auffällt) reagieren, häufiger aber vielleicht noch mit Haß und angstmotivierter Aggression (wozu noch kommt, daß sie in ihren strafenden Erziehern ja immer zugleich „Modelle" für aggressives Verhalten vor sich haben).

846 Instrumentelles Lernen unter Zorn

Wie besprochen, können im Zustand des Zorns im Prinzip genauso wie in dem der Angst oder des Hungers instrumentelle Verhaltensweisen gelernt und geformt werden, wenn sie die Ausführung der entsprechenden Endhandlung möglich machen, d. h. mit dem Auftreten einer Gelegenheit zu primär-aggressiver Betätigung belohnt werden.

---

5 SEARS et al., 1953

So können Menschen — in prinzipiell gleicher Weise wie Tiere in geeigneten Laboratoriumssituationen (s. o. 8223) — lernen, auf eine geringe Herausforderung hin mit Worten, Gesten, Blicken zurückzureizen, ihr Gegenüber zu der Provokation zu provozieren, die ihnen das aggressive Abreagieren ihres Ärgers ermöglicht, d. h. können lernen, Streitigkeiten und Raufereien „vom Zaun zu brechen" und überhaupt Gelegenheiten aufzusuchen oder zu produzieren, in denen sie sich primär-aggressiv betätigen können.
Wohlbemerkt aber: auch das Vorkommen solcher Verhaltensweisen setzt das Vorhandensein der entsprechenden Motivation voraus, d. h. sie kommen — von pathologischen Ausnahmefällen abgesehen — nur vor, sofern Zorn, wenn auch zunächst noch so schwach, provoziert worden ist; ein nicht-gereizter Mensch wird keine Händel suchen, so wenig wie ein nicht-hungriger nach Eßbarem Ausschau halten oder ein sexuell befriedigter flirten wird.

Instrumentelles Lernen unter Ärger-Zorn-Motivation ist unter natürlichen Umständen vergleichsweise ungewöhnlich; das Verhalten von notorischen Raufbolden und Schlägern ist schwerlich als „allgemein menschlich" anzusehen. Das dürfte mit der erwähnten Präpotenz von Angst-Rückzug über Zorn-Angriff zu tun haben: wenn im Falle einer Bedrohung noch Zeit bleibt, instrumentell zu handeln, so resultieren normalerweise eher Angst und Vermeidung als Zorn und Angriff.
Wenn trotzdem zornmotivierte instrumentelle Verhaltensweisen — in manchen Gemeinschaften häufiger, in anderen seltener — gelernt werden, so dürften dabei soziale Modelle und sozialer Druck eine wesentliche Rolle spielen. Außerdem dürfte es von entscheidender Bedeutung sein, wie oft das aggressive Verhalten erfolgreich (d. h. hier: unbestraft) verläuft, was praktisch bedeutet, daß die Körperkraft und das motorische Geschick des Individuums sowie die Toleranz seiner Umgebung gegenüber Zorn und primärer Aggression von ausschlaggebender Bedeutung sein dürften.

Auf jeden Fall läßt sich sagen, daß instrumentelles Lernen unter Zorn-Motivation im menschlichen Alltag im Vergleich zu instrumentellem Lernen unter Angst von zweitrangigem Interesse ist.

847 Interindividuelle und Geschlechts-Unterschiede

Wenn Zorn letztlich nichts anderes ist als die Aktivität eines anatomisch-physiologisch definierten Steuerungssystems, d. h. eines Organs im weitesten Sinn, so ist anzunehmen, daß es vererbbare interindividuelle Unterschiede hinsichtlich der Funktionsweise, insbesondere der Erregbarkeit dieses Systems gibt, genauso wie es vererbbare interindividuelle Unterschiede hinsichtlich anderer Organfunktionen gibt bzw. umgekehrt: daß die zu beobachtenden interindividuellen Unterschiede darin, wie leicht einer in Zorn gerät, *zum Teil* erblich bedingt sein dürften.

Bei Ratten sind denn auch erbliche interindividuelle Unterschiede in der Neigung zu primär-aggressivem Verhalten, auf deren Grundlage mehr und weniger aggressive Linien gezüchtet werden können, klar nachgewiesen worden[6]. Für Mäuse scheint dasselbe zu gelten[7].

Diese *erblichen* Unterschiede dürften aber unter natürlichen Bedingungen (bei Ratten wie auch bei Menschen) *praktisch keine bedeutende Rolle spielen.* Sie können sich nur *innerhalb recht enger Grenzen* halten, genauso wie die relative Größe des Herzens oder die konstitutionell bedingte Pulsschlagfrequenz nur innerhalb enger Grenzen variieren. Größere Variationen würden unweigerlich Selektionsvorteile oder -nachteile mit sich bringen, d. h. über kurz oder lang zur Vorherrschaft oder zum Untergang der Träger der betreffenden Mutation führen. Der Selektionsdruck wirkt hier zweifellos in Richtung einer *Nivellierung* interindividueller Unterschiede, in Richtung der Herstellung eines „gesunden Mittelwerts"; hochaggressive und unaggressive „Typen" würden sich innerhalb einer Art nicht halten können (so wenig übrigens wie ausgeprägt „introvertierte" und „extravertierte" oder „emotional-stabile" und „neurotische"); es ist eben kein Zufall, daß die Angehörigen einer Art in allen für das Überleben wesentlichen Strukturen — und die Trieb-Systeme sind ohne Zweifel solche — untereinander eher gleich als verschieden sind.
M. a. W.: *Zwar ist auf jeden Fall mit erblichen interindividuellen Unterschieden in der Zornerregbarkeit zu rechnen, praktisch relevant aber dürften diese Unterschiede kaum sein*; was hier in der Realität an interindividuellen Unterschieden beobachtet wird, dürfte zum größten Teil auf individuellen Lernerfahrungen — im wesentlichen auf der relativen Häufigkeit von Bestrafung für primär-aggressives Verhalten — beruhen.

Entsprechendes gilt nebenbei bemerkt natürlich auch für interindividuelle Unterschiede in der Angsterregbarkeit („Ängstlichkeit") oder auch der sexuellen Erregbarkeit. So ist — auch wiederum an Ratten — bewiesen worden, daß es möglich ist, über viele Generationen besonders ängstliche und besonders unängstliche Linien heranzuzüchten und auch zu zeigen, daß diese Ängstlichkeit bzw. Unängstlichkeit sich in recht verschiedenen Situationen (sowohl im „offenen Feld" als auch in CER-, als auch in Flucht-Situationen) manifestiert[8]; weder aus der Tier-, noch aus der Humanforschung aber gibt es

---

6 HALL & KLEIN, 1942
7 SCOTT, 1942
8 vgl. GRAY, 1971

Beweise dafür, daß der „Erbfaktor" hier zur Erklärung interindividueller Verhaltensunterschiede im Bereich des Normalen herangezogen werden muß.

Was die bei diversen Arten übereinstimmend anzutreffenden Unterschiede in der Zorn- bzw. Angsterregbarkeit *zwischen den Geschlechtern* betrifft, könnte die Sache etwas anders liegen; solche Unterschiede — geringere Kampf- bzw. größere Fluchtneigung beim weiblichen Geschlecht, dessen Leben im Sinne der Arterhaltung zweifellos wertvoller ist — könnten durchaus auch einen biologischen Sinn haben und genetisch verankert sein[9]. Das allerdings ist nicht mehr als eine Spekulation; daß umgekehrt in den westlichen Zivilisationen hinsichtlich Aggression und Ängstlichkeit geschlechtsspezifische Sozialisation stattfindet, kann nach allem, was über die Ursachen von Geschlechtsunterschieden im Verhalten bekannt ist[10], als gesichert gelten.

---

9 vgl. LESHNER et al., 1971; IKARD et al., 1972
10 MISCHEL, 1970

85 Konsequenzen für die Praxis

Überblickt man das in diesem Kapitel Vorgetragene, so müßte deutlich werden, daß Zorn und primäre Aggression — genauso wie Angst und angstkontrolliertes Verhalten — einerseits *praktisch unvermeidliche*, andererseits auch *biologisch sinnvolle* Erscheinungen sind.

Praktisch unvermeidlich sind Zorn und primäre Aggression nicht so sehr deshalb, weil sie als organismische Funktionen vorprogrammiert sind, sondern weil keine Umwelt je so paradiesisch sein kann, daß sie nicht vorzukommen brauchten.

Was andererseits den *„biologischen Sinn"* primärer Aggression betrifft, so wird dieser deutlich, wenn man die oben aufgeführten Auslöser und Auslösungsbedingungen betrachtet: es geht um *Selbstverteidigung* (wenn Flucht nicht möglich ist), Verteidigung des eigenen Lebens und *Freiheitsraums*, der augenblicklichen *Interessen*, des augenblicklichen *Besitzes*, der *Jungen*, der *schwächeren Artgenossen*.

Hinter diesem „ersten" Sinn steht noch ein „letzter", der dafür verantwortlich ist, daß die betreffenden Mechanismen sich in der Stammesgeschichte entwickelt und erhalten haben: *Arterhaltung* — durch *Selbsterhaltung, Schutz der Jungen*, gegebenenfalls *Revierbildung* (Verteilung der Art über den zur Verfügung stehenden Raum, Ausnutzung der Nahrungszugänge) und nicht zuletzt bei vielen sozial lebenden Arten durch *Abgrenzung der Interessen der Individuen* innerhalb der Gruppen und gegebenenfalls durch Schaffung von *stabilen Gruppenstrukturen* (Dominanz-Submissions-Verhältnissen) und damit von *Frieden*.

Dieser biologische Sinn aber hängt an bestimmten Voraussetzungen:
a) an der *Präpotenz von Angst-Rückzug* über Zorn-Angriff, die bedeutet, daß Zorn und Angriff gleichsam nur „notfalls" vorkommen,
b) am *Antagonismus von Angst und Zorn*, der bewirkt, daß ein Unterlegener rechtzeitig aufgibt und ein von vornherein Unterlegener einen Kampf gar nicht erst aufnimmt,
c) am Vorhandensein eines *Zorn-Hemmungs-Mechanismus*, der den Zorn-Trieb in Schach hält, so daß er nicht „spontan", sondern nur bei geeigneter Provokation („reaktiv") hervortreten kann,
d) an der *zorn-hemmenden bzw. friedlichkeit-auslösenden Wirkung bestimmter Signale* und der Fähigkeit, solche gegebenenfalls *auszusenden*, was in der Regel garantiert, daß zorngesteuerte Angriffe nicht zur Vernichtung des Gegners, falls es ein Artgenosse ist, führen.

So sind denn auch Zorn und primäre Aggression vergleichsweise *seltene* und *ungefährliche* Erscheinungen. Körperverletzung und Totschlag sind ungefähr das Äußerste, wozu primäre Aggression führen kann. Die wahrhaft bedrohlichen Formen von Aggression dagegen, Krieg, Völkermord, gewalttätige Kindererziehung, Polizeiterror, organisiertes Verbrechertum, Volksverhetzung usw., haben andere Ursachen als den selbsterhaltenden und arterhaltenden Zorntrieb. Bei der Erklärung derartiger Erscheinungen kommt man auch nicht (wie bei der primären Aggression) mit den Erkenntnissen der Physiologie, Biologie, Ethologie und tierpsychologischen Forschung aus, und ihre Kontrolle ist nicht ganz so einfach wie die Sozialisation des Zorn-Triebs, die mit gängigen Erziehungspraktiken bei den meisten Menschen ohne besondere Schwierigkeiten erreicht wird.

Aber auch wenn sie vergleichsweise ungefährlich und leicht zu kontrollieren sind, so sind natürlich Zorn und zornmotivierte Aggression noch lange keine wünschenswerten Erscheinungen. Abgesehen von möglichen physischen Schäden, wird in einer Gesellschaft, in der Zornreaktionen freier Lauf gelassen wird, entsprechend *viel Angst* herrschen, und aus dieser Angst wird unter anderem *Vorbeugungsverhalten* resultieren, beispielsweise *instrumentelle Aggression*. Hinzu kommt, daß die Menschen in den meisten Gesellschaften der Gegenwart auf viel zu engem Raum beisammen leben, so daß der „Hintergrund" für primär-aggressives Reagieren auf Störung, Zu-nahe-Kommen etc. praktisch ständig gegeben ist und Zornaggression, auch wenn sie vergleichsweise selten ist, immer noch häufiger vorkommt, als gut sein kann. Aus diesen Gründen ist es auch notwendig zu überlegen, was alles zur Eindämmung der primären Aggression getan werden kann:

1. Es ist möglich, *Selbstbeherrschung* in bezug auf zornig-aggressives Reagieren zu üben bzw. zu lehren, d. h. zu üben und zu lehren, bei einer Provokation die Äußerung von Zorn zuerst einmal zurückzuhalten und — auf die Kurzlebigkeit der Zornreaktion vertrauend — zu warten, bis differenziertes Handeln möglich ist.
Dies geschieht natürlich über den Mechanismus der *Bestrafung* (nicht notwendigerweise physischer) und der *Selbstbestrafung*, d. h. der Entwicklung von hemmenden bedingten Angst-Reaktionen auf das Aufkommen von Zorn — ein Mechanismus, der natürlich wie besprochen seine Tücken hat.

2. Es ist möglich, viele *alltägliche Anlässe* zu Ärger und Zorn — beispielsweise überall dort, wo viele Menschen sich treffen und drängen, in Warteräumen, an Verkaufstheken, auf Schulhöfen — durch *einfache technische Maßnahmen* aus der Welt zu schaffen, die physische Umwelt der Menschen menschenfreundlicher zu gestalten.

3. Unter sonst gleichen Umständen wirken Menschen aufeinander umso weniger bedrohlich oder irritierend, *je besser sie einander kennen*, d. h. die Förde-

rung zwischenmenschlicher Kontakte, das Zusammentreffen und Umgehen mit vielen verschiedenen Menschen von früher Kindheit an, macht das Vorkommen primärer Aggression insgesamt unwahrscheinlicher (was übrigens auch die Seewiesener Ethologen richtig feststellen[11]).

4. Dennoch: gewisse *Ventile* für das Abreagieren von Zorn sollten offengelassen werden; denn die ständige Unterdrückung auch dieses Triebs kann schädliche Folgen für das Individuum haben (vor allem gestörtes Selbstbewußtsein und wahrscheinlich psychosomatische Erkrankungen), und zum andern erfüllt die Zornreaktion in vielen Situationen eine notwendige Signalfunktion (Menschen müssen schließlich Gelegenheit bekommen zu lernen, daß sie mit bestimmten Verhaltensweisen andere stören und „böse machen" können).

So sollte also zwar dem physischen Ausdruck von Zorn entgegengearbeitet werden, harmlose Ausdrucksformen aber, wie Schimpfen und Fluchen, sollten ohne weiteres zugelassen werden.

Die Förderung der Kampfsportarten dagegen, die gelegentlich — von der Annahme eines spontan tätigen Aggressionstriebes her — zu demselben Ende empfohlen worden ist[12], würde zweifellos aus diversen Gründen glatt in die umgekehrte Richtung wirken (man betrachte nur die in den Subkulturen des Boxsports, des Fußballs, des Eiskockey üblichen sozialen Interaktionsformen, die enge Verflechtung von Boxsport und Gangstertum in den USA usw.).

---

1 LORENZ, 1963, S. 375 f., EIBL-EIBESFELDT, 1973, S. 108
2 LORENZ, 1963, S. 373 f.

Kapitel 9
Instrumentelle Aggression

91	Allgemeine Beschreibung	341
92	Lernen instrumentell-aggressiver Verhaltensweisen	345
	921 Versuch und Irrtum	345
	922 Entwicklung aus Pseudoaggression	345
	923 Lernen auf Grund von Beobachtung etc.	346
	9230 Vorbemerkungen	346
	9231 Beobachten, Erzähltbekommen, Lesen	350
	9232 Empfehlung, Instruktion, Befehl	352
	9233 Denken, Planen, Fantasie	353
	9234 Schluß	353
	924 Aggressionstraining	355
	925 Zusammenfassung	358
93	Instrumentelle Aggression aus Angst	359
	930 Vorbemerkung	359
	931 Ursprünge und Ziele angstmotivierter Aggression	359
	932 Warum ausgerechnet Aggression?	362
	933 Vielfalt angstmotivierter aggressiver Verhaltensweisen	363
	934 Haß	364
	935 Forschungsbefunde	368
	9351 Feindseligkeit-Haß — eine Form von Angst	368
	9352 Angstreduktion als Verstärkung für Aggression	371
94	Hemmung und Enthemmung instrumentell-aggressiver Verhaltensweisen	375
	940 Vorbemerkung	375
	941 Hemmung	375
	942 Enthemmung	377
95	Eliminierung instrumentell-aggressiver Verhaltensweisen	382
	950 Vorbemerkung	382
	951 Veränderung der Situation	382
	952 Löschung	384
	953 Bestrafung	386

954 Vorsichts-Lernen 389
955 Umlernen und Umformung 389

96 *Konsequenzen für die Praxis* 392
   961 Aggression als Mittel der Problemlösung 382
   962 Alternativen zu unnützer instrumenteller Aggression
       und die Befreiung von Herrschaft 403

91 Allgemeine Beschreibung

Ein junger Mann mit etwas zu wenig Geld für Auto, Wohnung und Freundin geht mit einer Pistole in der Hand in eine Vorstadtbankfiliale und befiehlt, schlotternd vor Angst, „Hände hoch!" und „Geld her!", feuert ein paar Mal in die Luft und verläßt dann das Lokal mit einem Haufen Geld in der Tasche. Draußen wartet inzwischen eine Polizeistreife, der junge Mann beginnt zu rennen, ein Beamter, erfüllt von Diensteifer, zielt, drückt ab und trifft...

Das war ohne Zweifel zweimal „Aggression", aber fast nur durch den Namen verbunden mit dem, was im vorigen Kapitel besprochen wurde, — instrumentelle Aggression eben, allem Möglichen vergleichbar, kaum aber dem, was sich abspielt, wenn zehn fremde Affen in einen Käfig zusammengesperrt werden oder ein Hund eine Katze verfolgt oder zwei Kinder um ein Spielzeug raufen.

Die allgemeinen Merkmale solcher instrumenteller Aggression, die auch mehr oder weniger an den obigen Beispielen zu erkennen sind, sind folgende:

1. Es handelt sich um mehr oder weniger „*kaltblütig*" und überlegt, jedenfalls *nicht im Zorn* hervorgebrachte Verhaltensweisen. Zorn würde solche Verhaltensweisen sogar unwahrscheinlicher, jedenfalls weniger effektiv machen; ein verärgerter Schütze trifft schlechter, eine zornige Schimpfkanonade fällt leicht lächerlich aus.

2. Diese Verhaltensweisen bestehen selten in isolierten Akten, sondern treten eher als organisierte *Handlungsketten* oder als Glieder oder als Abschluß von solchen auf.

3. Die Aggression in diesen Verhaltensweisen bzw. Handlungsketten ist sichtlich *nicht Selbstzweck*, es ist vielmehr ein klar *außerhalb der Handlung selbst liegendes Ziel* da, und die Ängstigung bzw. Schädigung des Opfers ist lediglich „*Mittel zum Zweck*" — stünden andere Mittel zum selben Zweck zur Verfügung, so könnten durchaus auch diese gewählt werden. Es handelt sich also nicht um reflexiv-unwillkürliches Verhalten wie im Fall der primären Aggression, sondern um *zielgerichtetes* oder *problemlösendes*, um Verhalten, das zumindest theoretisch immer durch anderes, ebenso motiviertes und ebenso effektives, aber nicht-aggressives *ersetzbar* ist. („Ziel" bezeichnet hier im übrigen nicht mehr und nicht weniger als das, was das Verhalten verstärkt, d.h. die „Belohnung", den „Verstärker" (s.o. 5022, 5023); eine „zielgerichtete Verhaltensweise" ist eine, die ausgeführt bzw. wiederholt wird, weil sie belohnt worden ist.)

4. „Zielgerichtet" und „problemlösend" impliziert hier zugleich *„gelernt"*, und zwar im ganzen Umfang gelernt; d. h. *auf Lernen beruht* sowohl, daß die Verhaltensweise in der betreffenden Form ausgeführt werden *kann*, als auch, daß sie in der betreffenden Situation und mit dem betreffenden Ziel ausgeführt *wird*; sie ist sowohl *durch Lernen geformt* als auch *infolge Lernen situations- und zielangepaßt* bzw. *weder hinsichtlich ihrer Form, noch hinsichtlich ihrer Auslösungsbedingungen vererbungsmäßig vorprogrammiert.*

5. Instrumentell-aggressive Verhaltensweisen sind denn auch — und das ist ein besonders wichtiger Punkt — *an die Situation gebunden, in der sie gelernt wurden* (vgl. o. 5023, Pt. 3). Sie treten *nicht automatisch* auf irgendwelche verursachenden Bedingungen hin hervor, sondern grundsätzlich nur, wenn das Individuum *in dieser oder einer ähnlichen Situation* für aggressives Verhalten belohnt worden ist (oder auch auf Grund von anderweitigem Lernen — beispielsweise durch Beobachtung anderer — eine Belohnung erwartet).

So kann ein Kind, das ein anderes aus dem Weg haben will, eventuell — weil es in der Vergangenheit damit Erfolg hatte oder entsprechende Anleitung bekommen hat — drohen und das andere aggressiv auffordern, abzuhauen; es wird aber dasselbe Verhalten kaum hervorbringen, wenn ihm ein Erwachsener im Weg steht. So führen auch Vernachlässigung, Liebesentzug, fortwährende Demütigung *keineswegs automatisch* zu aggressivem Verhalten, sondern nur, wenn solches Verhalten in irgendeiner Weise — z. B. durch Aufmerksamkeitszuwendung oder durch Minderung der Frequenz demütigender Akte — belohnt worden ist und *nur in Situationen*, die denjenigen, in denen Belohnung empfangen wurde, zumindest ähnlich sind.

So ist vor allem auch die immer wieder mit dem gleichen negativen Ergebnis[1] überprüfte Erwartung völlig unbegründet, daß menschliche Vpn infolge Frustration (z. B. durch Vorenthaltung eines versprochenen Bonbons oder Spielzeugs oder durch Konfrontation mit einem unlösbaren Puzzle) automatisch in gesteigertem Maße zu instrumentell-aggressiven Verhaltensweisen (z. B. zum Erteilen von Schocks oder zum Schlagen einer Puppe) bereit sein würden. Dieser Erwartung liegt die Vorstellung von einem hirnlos-mechanisch und unbeeinflußt von den Konsequenzen seines Verhaltens reagierenden Organismus zugrunde. Instrumentell-aggressives Verhalten als Reaktion auf Frustration ist *nur* zu erwarten, wenn das Individuum mit solchem Verhalten einmal Erfolg — im Sinne von Überwindung dieser konkreten Frustration — gehabt hat[2]. Ein solcher Fall läge z. B. vor, wenn ein Schüler nach Empfang einer schlechten Zensur einen besser weggekommenen Kameraden zu hänseln

---

[1] MUSSEN & RUTHERFORD, 1961; WALTERS & BROWN, 1963; KUHN et al., 1967; SAVITSKY et al., 1971; TAYLOR & PISANO, 1971
[2] vgl. SCOTT & FREDERICSON, 1951

beginnt, weil dessen Reaktion (Verunsicherung, Weinen und dgl.) sein Gefühl der Minderwertigkeit reduziert bzw. in der Vergangenheit reduziert hat; ein solcher Fall läge auch vor, wenn Vpn nach Versagen in einem (angeblichen) Intelligenztest Gelegenheit erhalten, einen (angeblichen) Partner beim (angeblichen) Lernen einer Art Intelligenz-Aufgabe für (angebliche) Fehler (angeblich) zu schocken — und dann auch durchschnittlich größere Schockstärken auswählen[3].

6. Mit dem Obigen hängt zusammen, daß instrumentell-aggressive Verhaltensweisen sowohl hinsichtlich ihrer Erscheinungsform als auch hinsichtlich der Situationen und der Ziele, in denen bzw. zu deren Erreichung sie eingesetzt werden können, *unendlich variabel* sind; daß es unmöglich ist, wie im Falle der primären Aggression, einen überschaubaren Katalog von Erscheinungsformen und Auslösungsbedingungen anzugeben, und daß diese Verhaltensweisen sich zumeist schon rein äußerlich von primär-aggressiven deutlich abheben.
In einem überaus instruktiven Experiment trainierten REYNOLDS et al. (1963) hungrige Tauben, für Belohnung mit Futter einen gerade eben zugänglichen Artgenossen anzugreifen. Das dabei entwickelte aggressive Verhalten war deutlich anders als das arteigene stereotype Kämpfen, wie es bei diesen Tieren beispielsweise als Reaktion auf Frustration vorkommt (vgl. o. 8131, Pt. 4); das wurde besonders deutlich, wenn das Tier, was hin und wieder geschah, infolge der Gegenwehr des Angegriffenen zu „echtem" Kämpfen mit gesträubtem Gefieder etc. überging[4] — und nun auch (weil nicht mehr durch Hunger, sondern durch Zorn motiviert) angebotenes Futter nicht mehr nahm.

7. Für diese Verhaltensweisen ist weiterhin charakteristisch, daß *„Werkzeuge"* der verschiedensten Art, „Waffen" im weitesten Sinn, sowohl eigens für Aggression geschaffene (z.B. Schwert, Kanone) als auch dafür „mißbrauchte" (z.B. ein Halstuch, Bleistift und Papier, ein Mensch) verwendet werden.

8. Die *Motivation* (was nicht dasselbe bedeuten soll wie „Zweck") hinter instrumentell-aggressiven Verhaltensweisen kann ebenfalls von Fall zu Fall recht unterschiedlich sein. *Alle bekannten Triebe,* Hunger, Durst, Neugier, Sex und vor allem Angst, können als Motivation wirken. Drohung mit einer Waffe z.B. kann eingesetzt werden, sowohl um sich Nahrung zu beschaffen, als auch um eine Frau gefügig zu machen, als auch um eine tatsächliche oder eingebildete Bedrohung abzuwehren.

---

3 GEEN, 1968
4 ähnlich STACHNIK et al., 1966b

9. Instrumentell-aggressives Verhalten ist auch immer *an die Motivation gebunden, unter der es gelernt und geübt wurde* (vgl. o. 5023, Pt. 3).
Hat jemand z.B. gelernt, Frauen grundsätzlich mit Gewalt zum Geschlechtsverkehr zu bewegen oder sie dabei zu demütigen und zu schlagen, so wird er in diesen *sex*motivierten Verhaltensweisen höchstwahrscheinlich eher *gehemmt* sein, wenn er aus irgendeinem Grunde Angst hat oder Hunger oder auch Zorn; umgekehrt wird einer, der gelernt hat, seine Frau zu demütigen oder zu schlagen, wenn sie Minderwertigkeitsgefühle in ihm weckt, diese Verhaltensweisen höchstwahrscheinlich nicht hervorbringen, wenn er sexuell stimuliert ist und mit ihr ins Bett will.
Andererseits wiederum können angstmotivierte aggressive Verhaltensweisen, die in einer Situation gelernt wurden, leicht auch in veränderten Situationen auftreten, wenn Angst da ist; so kann es durchaus sein, daß der eben genannte Mann die seiner Frau gegenüber praktizierten Verhaltensweisen auch anderen Personen gegenüber ausprobiert, wenn sie Minderwertigkeitsgefühle in ihm wecken.

10. Es bestehen sehr beträchtliche *Unterschiede zwischen Individuen, Gruppen und Kulturen* darin, in welcher Form und in welcher Art von Situationen und zu welchem Zweck instrumentelle Aggression eingesetzt wird. Diese Unterschiede beruhen zur Gänze auf Lernen (bzw. Tradition, was auf dasselbe hinauskommt).

```
Merkmale typischer instrumentell-aggressiver Reaktionen

 • nicht zornbegleitet, eher "kaltblütig"
 • als oder in Handlungsketten auftretend
 • nicht Selbstzweck - zielgerichtet - problemlösend
 • gelernt - geformt - situationsangepaßt - zielangepaßt
 • situationsgebunden
 • in der Erscheinungsform höchst variabel
 • Verwendung von Werkzeugen
 • motiviert durch andere Triebe als Zorn
 • motivationsgebunden
 • große Unterschiede zwischen Individuen und Gruppen
   in Häufigkeit und Erscheinungsform des Auftretens
```

92 Lernen instrumentell-aggressiver Verhaltensweisen

921 Versuch und Irrtum

Im gewöhnlichsten Fall ergibt sich instrumentelles Lernen, wenn in einer „Problemsituation" eine Reaktion, mehr oder weniger beeinflußt durch früheres instrumentelles Lernen, als „Versuch" hervorgebracht und verstärkt wird. Auch aggressive Verhaltensweisen können zweifellos auf diese Weise gelernt und vor allem weiterentwickelt werden. So werden z. B. Tiere, die mit anderen eine enge Futter- oder Wasserstelle teilen müssen, *allmählich* lernen, sich durch Drängen und Stoßen Zugang zu verschaffen[1] (woraus sich dann, da die Gedrängten und Gestoßenen sich verteidigen werden, auch primär-aggressive Kämpfe entwickeln können).

So können auch Menschen — ohne besondere Vorbilder wohlbemerkt! — lernen, andere (z. B. Kinder ihre Eltern) zu terrorisieren, um bestimmte Dinge zu erreichen; können lernen, an sich harmlose Dinge (z. B. Handtuch, Skistock, Wasser) als Waffen zu benutzen; können lernen, durch bestimmte Bemerkungen und Wahl des Tonfalls andere zum Schweigen zu bringen; können lernen, sich durch Einschüchterung anderer vorzudrängen usw.

Besonders festzuhalten ist hier auch, daß allem Anschein nach gelernt werden kann, *Zorn und primäre Aggression als instrumentelle Reaktionen* zu produzieren, insbesondere aus der Stimmung und Motivation der Angst heraus rasch in Zorn zu geraten; häufig erreicht man nämlich sein Ziel, wird verstärkt, wenn es einem gelingt, zornig und gefährlich zu erscheinen ...

922 Entwicklung aus Pseudoaggression

Vom Obigen kaum zu trennen ist der Fall, wo Pseudoaggression — aus Frustration heraus intensiviertes und primitiviertes Zielstreben — verstärkt wird. Hieraus kann sich sowohl gegen Personen wie gegen Gegenstände anwendbares instrumentell-aggressives Verhalten entwickeln.

---

[1] SEWARD, 1945c; SCOTT, 1966

923 Lernen auf Grund von Beobachtung etc.

9230 Vorbemerkungen

Seit dem Aufkommen der „*Social Learning*"-Theorien, d.h. im wesentlichen seit BANDURA & WALTERS' (1963) wegweisender Arbeit, ist man sich innerhalb der Psychologie in zunehmendem Maß darin einig, daß das Lernen „durch Nachahmung" oder „am Modell" bei der Entwicklung menschlichen Verhaltens eine große, wenn nicht — soweit es sich um sozial irgendwie relevante Verhaltensweisen handelt — die entscheidende Rolle spielt. Was aber das theoretische Verständnis dieser Art von Lernen betrifft, so ist die Psychologie heute damit nicht wesentlich weiter als vor zehn Jahren (was wahrscheinlich letztlich darauf beruht, daß der fundamentale Unterschied zwischen assoziativem und instrumentellem Lernen nicht gesehen oder zumindest nicht konsequent beachtet wird), und selbst BANDURA's (1969) großangelegte Arbeit erscheint in dieser Hinsicht wenig befriedigend. Es sollen deshalb hier, auch wenn es vorübergehend vom Thema wegführt, einige Klärungen versucht werden:

1. Das Faktum, von dem auszugehen ist, ist einfach und liegt auf der Hand: Bei ihren Problemlösungsversuchen bzw. ihrem instrumentellen Lernen sind Menschen wie auch Tiere selten ganz auf Glück und Zufall bzw. auf Versuch und Irrtum angewiesen, vielmehr haben sie sehr oft die Möglichkeit, *bei anderen beobachtete und bereits erprobte Verhaltensweisen* auszuprobieren und dadurch eventuell den Prozeß des Lernens beträchtlich abzukürzen, sich so manchen „Irrtum" zu ersparen.

Man spricht in diesem Zusammenhang von *Nachmachen, Nachahmen, Imitation* oder auch von „*Lernen am Modell*". Dabei sind die ersteren Ausdrücke glücklicher als der letztere; denn es ist keineswegs sicher, daß hier, wie in dem Ausdruck unterstellt wird, eine instrumentellem Lernen äquivalente Erscheinung vorliegt.
Vielmehr ist anzunehmen, *daß Beobachtung nur assoziatives Lernen bewirken kann* und gewöhnlich nur *das erstmalige Zustandekommen* einer bestimmten Reaktion in einer bestimmten Situation wahrscheinlicher macht; daß aber das eigentliche *instrumentelle Lernen* in jedem Fall erst erfolgt, wenn Verstärkung stattfindet. (Allerdings ist auch an die Möglichkeit zu denken, daß eine miterlebte oder intensiv vorgestellte Verstärkung unter Umständen wirken kann wie eine selbst bzw. wirklich erlebte (wenn einer z.B. sieht, wie ein anderer, oder sich ausmalt, wie er selbst, den Sand in einem Bach siebend einen Goldklumpen nach dem anderen findet); das würde dann tatsächlich auf instrumentelles Lernen durch Beobachtung bzw. Ausdenken oder Planen hinauslaufen.)

2. Weiterhin ist klarzustellen: *ob eine beobachtete Reaktion ausgeführt (ausprobiert) wird oder nicht,* hängt auf jeden Fall davon ab,

a) *ob bzw. wieweit sie bereits gekonnt wird;* eine beobachtete Verhaltensweise, insbesondere eine Bewegung oder Bewegungsfolge, die einer nie so oder ähnlich ausgeführt hat, kann er auch nicht nachahmen; das gilt für das Gießen aus einer Flasche (bei einem kleinen Kind) genauso wie für das Werfen einer Keule (bei einem mittleren Kind) oder den Salto eines Trapezkünstlers (bei einem großen Kind) und sogar für die Aussprache fremder Wörter, obwohl der Sprechapparat für das Nachsprechen von Gehörtem speziell eingerichtet zu sein scheint;

b) *ob bzw. wieweit die äußeren Voraussetzungen (Situation, Werkzeuge etc.) vorhanden sind;* so ist ganz offenbar, daß einer, der einen Messerwerfer beobachtet hat, nur selber mit einem Messer werfen wird, wenn er eines zur Verfügung hat und auch eine geeignete Zielscheibe; nicht ganz so offenbar, aber ebenso richtig ist, daß einer, der beobachtet hat, wie man einen aufmüpfigen Studenten herunterputzt, dasselbe nicht mit jedem beliebigen Zeitgenossen, auch nicht mit jedem beliebigen Studenten tun wird, sondern nur mit jemand, der ihm aufmüpfig begegnet;

c) *ob das Individuum entsprechend motiviert ist oder nicht (und ggf. wie stark);* so wird jemand, der eine Schar Kinder Schnurspringen sieht, das sehr wahrscheinlich nicht mitmachen wollen, wenn er gerade todmüde nach Hause wandert, wohl aber könnte er einen Impuls verspüren mitzumachen, wenn er ausgeruht und in seinen Bewegungsbedürfnissen unbefriedigt ist; ebenso wird ein Kind, das ein anderes einen Angreifer ins Schienbein treten gesehen hat, nicht einfach hingehen und dem Nächstbesten dasselbe tun, wird es aber doch wahrscheinlich probieren, wenn es sich bedroht fühlt und umso wahrscheinlicher, je mehr es sich bedroht fühlt;

d) *welche Art von Effekt der Reaktion — Belohnung, Bestrafung beides (ggf. in welcher Reihenfolge), keines von beidem — beobachtet wurde bzw. im gegebenen Zeitpunkt (nicht zuletzt in Anbetracht der Situation) erwartet wird;* es ist einleuchtend und erwiesen, daß beobachtete bzw. erwartete Belohnung Nachahmung wahrscheinlicher[2] und beobachtete bzw. erwartete Bestrafung sie unwahrscheinlicher[3] macht; hierbei dürfte das wirksam werden, was oben (5025) *Zielvorstellung* genannt wurde: ruft eine Situation in Verbindung mit einem Handlungsimpuls die Vorstellung einer Belohnung hervor, so wirkt diese motivierend, die Realisierung der Handlung wird wahrscheinlicher; ruft

---

2 Bandura et al., 1963b; Rosenkrans & Hartup, 1967
3 Bandura et al., 1963b; Bandura, 1965; Rosenkrans & Hartup, 1967; Wheeler & Smith, 1967; Baron, 1972b

sie dagegen die Vorstellung einer aversiven Konsequenz hervor, so wirkt diese angstauslösend und dadurch hemmend; daß beispielsweise das Verhalten von erfolgreichen, sozial hochgestellten, respektablen Personen eher nachgemacht wird als das von Versagern[4], dürfte ebenfalls hiermit zusammenhängen: der Anblick allein der ersteren Kategorie von Menschen ruft die Vorstellung von all den „Verstärkern", über die sie verfügen, hervor und wirkt dadurch motivierend.

3. Hiernach müßte nun noch deutlicher sein, daß Beobachtung normalerweise nicht direkt zu instrumentellem Lernen führt, sondern nur instrumentelles Verhalten *anregen,* das Auftreten bestimmter Verhaltensweisen wahrscheinlicher machen und dadurch instrumentelles Lernen *in Gang setzen,* beschleunigen, insbesondere die Entwicklung von Fertigkeiten sehr wirksam unterstützen kann. Deshalb wäre eine exaktere Bezeichnung für das, was sonst „Lernen am Modell" genannt wird, *„Anregung instrumentellen Verhaltens (und Lernens) durch Beobachtung etc.".*

Klarzustellen wäre nun noch, was alles durch Beobachtung angeregt werden kann, nämlich:

a) *die (sofortige) Ausführung einer bereits beherrschten Verhaltensweise*; z.B.: ein Kind beobachtet und macht nach, wie andere rhythmisch in die Hände klatschen oder immer wieder eine Treppe hinauflaufen und von oben auf die Erde springen oder johlend hinter einem Rothaarigen mit Brille herrennen;

b) *die (verzögerte) Ausführung einer bereits beherrschten Verhaltensweise in einer Situation, in der sie bisher nicht praktiziert wurde*; z.B.: ein Kind hat gelernt, mit Pinseln und Farbe umzugehen, es beobachtet, wie einer seinen Schrank bunt bemalt, geht zu Hause auch hin und bemalt seinen Schrank; oder: es hat gelernt, Mutters Überseekoffer zu öffnen, zu packen und zu verschließen und erlebt, wie es selbst oder jemand anders im Spiel oder aus Strafe in eine Kiste gesperrt wird usw.;

c) *die (sofortige oder verzögerte) Ausführung von bereits beherrschten Reaktionen in einer neuen Reihenfolge und auf neue Stimuli hin*, d.h. die Ausführung noch nie ausgeführter *Reaktionsketten,* vorausgesetzt, daß die Elemente innerhalb der Kette bereits beherrscht sind; z.B. einer sieht zu, wie ein anderer sein Fahrrad auseinandernimmt und wieder zusammenbaut oder er studiert im Film oder nach Presseberichten, wie man am zweckmäßigsten einbricht oder einen Überfall plant und verübt (und z.B. auch, was für Fehler es dabei zu vermeiden gilt) — und versucht es dann, wenn Gelegenheit und Motivation da sind, selbst;

---

4 LEFKOWITZ et al., 1955

d) *die Unterlassung einer Verhaltensweise,* wenn beobachtet wird, wie sie bestraft wird (s.o. 236 und das zuletzt genannte Beispiel);

e) *der Versuch zur Herstellung eines bestimmten Produkts,* das man gesehen hat, z.B. etwas zu basteln, was man irgendwo gesehen hat, so zu malen oder zu schreiben oder sich anzuziehen oder zu reden, wie man es bei einem anderen gesehen oder gehört und als potentiell belohnend erlebt hat;

f) *die Motivation zur Ausführung bereits beherrschter Verhaltensweisen;* z.B.: jemand sieht, wie ein anderer voller Appetit ißt, wird selber hungrig und besorgt sich etwas zu essen; oder: jemand beobachtet auf einer Party, wie zwei Verliebte sich unsichtbar machen, erregt sich selber und hält nach einem Partner Ausschau.

4. In allen diesen Punkten sind die Mechanismen des Lernens vermittels Beobachtung verhältnismäßig klar und leicht zu verstehen. Was aber bis dato noch weitgehend unklar ist, ist die Frage, wie es kommt, daß aus der Beobachtung einer Reaktion, *einem kognitiven Prozeß,* ein Impuls zur Ausführung oder die Ausführung der Reaktion, *ein entsprechender psychomotorischer Prozeß,* werden kann. Die Behandlung dieser Frage geht über die Intentionen dieses Textes hinaus; so viel aber kann doch gesagt werden:

a) das menschliche Gehirn scheint so konstruiert zu sein, daß das Sehen einer Bewegung wie auch das Hören einer Stimme den Impuls zur Produktion der Bewegung bzw. des Gehörten wecken kann; d.h. die Fähigkeit zum Nachmachen dürfte eine genetisch vermittelte, anatomisch-physiologische Basis haben[5];

b) auf dieser Basis kann das *Imitieren als instrumentelles Verhalten* weiterentwickelt werden; wenn Nachmachen in einer bestimmten Situation belohnt wird, so wird es in dieser Situation zu einer Gewohnheit[6], und wenn jemand für das Nachahmen einer bestimmten Person oder Kategorie von Personen wiederholt — sei es durch diese Person selbst, sei es durch den Erfolg, den das nachgeahmte Verhalten produziert — belohnt wird, so wird er diese Person bevorzugt nachahmen; d.h.: ob ein beobachtetes Verhalten nachgeahmt wird oder nicht, hängt außer von den oben (Pt. 3) genannten Faktoren auch noch davon ab, wie weit das Individuum Nachahmen überhaupt und speziell des betreffenden Modells gelernt hat, d.h. in der Vergangenheit dafür belohnt worden ist.

5. Schließlich muß gesehen werden, daß Beobachtung nur *eine* Möglichkeit ist, wie eine Reaktion als Vorstellung in den Kopf einer Person gelangen und da-

---

[5] vgl. KONORSKI, 1967, S. 190ff.
[6] DARBY & RIOPELLE, 1959; BAER et al., 1967; GARCIA et al., 1971

durch wahrscheinlicher werden kann. *Lesen, Instruiertwerden* (durch verbale Anleitung), *Befehl* etc. und nicht zuletzt *Sich-Ausdenken* (Planen) sind völlig gleichwertige Möglichkeiten, die auch weitgehend ähnlich funktionieren.

Lernen aufgrund von Beobachtung etc. - Zusammenfassung

Modellbeobachtung
(ebenso Erzähltbekommen, Lesen, Instruiertwerden, Befohlenbekommen, Sich-Ausdenken)
kann - nach einem bislang unbekannten Mechanismus - unmittelbar oder verzögert
- die Ausführung von bereits gekonnten IR in neuen Situationen sowie
- die Zusammenfügung gekonnter IR zu neuen Ketten

anregen, sofern
- die **äußeren Voraussetzungen**,
- die notwendige **Motivation** und
- eine **Belohnungserwartung**
  (und keine Bestrafungserwartung)
gegeben sind.

So angeregte IR werden normalerweise **gelernt**
(im Sinne von beibehalten oder fixiert bzw. an die betreffende Situation und Motivation "gebunden"),
sofern und nur sofern sie nach Ausführung
Belohnung produzieren -
was im menschlichen Alltag sehr häufig der Fall ist.

9231 Beobachten, Erzähltbekommen, Lesen

Wie jeder alltäglich beobachten kann und wie auch die Ergebnisse von zahlreichen, recht verschiedenartig angelegten Experimenten zweifelsfrei zeigen, sind sowohl Kinder[7] als auch Erwachsene[8] ohne weiteres dazu zu bringen, *spezifische aggressive Verhaltensweisen* (z.B. Gebrauch bestimmter Waffen, Verwendung von Spielsachen als Waffen, Anwendung starker Schocks als Bestrafung für gemachte Fehler, verbale Aggression), die sie im Film oder in der Realität beobachtet haben, nachzumachen, sobald sie Gelegenheit dazu erhalten *und* entsprechend motiviert sind; die Motivation ist in den Kinder-

---

[7] BANDURA et al., 1961; BANDURA et al., 1963 a,b; BANDURA, 1965; HICKS, 1965; KUHN et al., 1967; ROSENKRANS & HARTUP, 1967; HANRATTY et al., 1969; KNIVETON & STEPHENSON, 1970; DUBANOSKI & PARTON, 1971; FECHTER, 1971; SAVITSKY et al., 1971
[8] MILGRAM, 1964; WHEELER & CAGGIULA, 1966; WHEELER & SMITH, 1967; BARON, 1971b,c, 1972b

experimenten gewöhnlich im Spiel-Trieb (= Neugier, Aktivitätsbedürfnis) der Kinder gegeben (nicht etwa in der Frustration, die meistens völlig überflüssigerweise — s. o. 91, Pt. 5 — erzeugt wird)[9]; in Experimenten mit Erwachsenen kann es sich z. B. um Verunsicherung infolge herausfordernder Äußerungen des Opfers handeln oder um eine durch Versuchsleiter-Instruktion gesetzte Motivation; findet nichts dergleichen statt, so wird auch vorgemachte Aggression nicht nachgemacht[10].

Den experimentellen Ergebnissen zufolge scheinen im übrigen bei der Imitation aggressiven Verhaltens die konkreten Eigenschaften des Modells — Geschlecht, Alter, ob real oder im Film oder Trickfilm dargeboten — von sekundärer Bedeutung zu sein[11].

Von ausschlaggebender Bedeutung ist es dagegen, wie schon gesagt (s. o. 9230, Pt. 2), ob das beobachtete Verhalten eine belohnende oder bestrafende Konsequenz hatte.

Weiterhin: ob das Individuum in der Situation, die es beobachtet, schon eigene Erfahrungen gemacht, Verhalten praktiziert hat oder nicht; ist die Situation *neu*, so wird eher auf beobachtetes Verhalten zurückgegriffen[12].

Beobachtung des Verhaltens anderer, sei es in der Realität, in filmischer oder auch literarischer Darstellung, kann also Menschen ganz sicher dazu anregen, in bestimmten Situationen bestimmte aggressive Verhaltensweisen hervorzubringen, insbesondere wenn sie für die betreffende Situation (noch) kein „eigenes" Verhalten zur Verfügung haben.
So und praktisch nur so wird beispielsweise gelernt, ungehorsame Kinder mit bestimmten Machtworten in die Schranken zu verweisen, Diebe zu verfolgen und einzufangen, sich über Außenseiter lustig zu machen, Kellner und Verkäufer herumzukommandieren usw.

Die *Situationen*, in denen aggressives Verhalten beobachtet und entsprechendes Lernen angeregt werden kann, sind so vielfältig wie die Situationen, in denen Aggression vorkommt und erlitten werden kann (denn auch im letzten Fall ist das Individuum ja nicht nur Opfer, sondern zugleich Beobachter). Was speziell Kinder und Jugendliche betrifft, die wegen der Unfertigkeit ihrer Verhaltensrepertoires besonders empfänglich für Lernen auf Grund von Beobachtung sind, so kommen als „Modelle" für aggressives Verhalten in Frage: vor allem „*live*" beobachtete Personen, strafende, schimpfende, rücksichtslos

---

9 vgl. HANRATTY et al., 1969; FECHTER, 1971
10 WHEELER & SMITH, 1967
11 BANDURA et al., 1961, 1963a; HICKS, 1965
12 KNIVETON & STEPHENSON, 1970

sich durchsetzende Eltern, Lehrer, Kameraden, Verwandte usw., ebenso aber in Erzählungen, in Film, Trickfilm, Comics, Abenteuer- Märchen- und Geschichtsbüchern auftretende „Helden". Derartige Modelle spielen bei der Tradierung aggressiven Verhaltens von einer Generation zur nächsten die eigentliche Schlüsselrolle.

9232 Empfehlung, Instruktion, Befehl

In prinzipiell gleicher Weise wie informelles oder auch gezieltes Vormachen und Zusehen-Lassen wirken verbale *Anleitungen, Aufforderungen* und *Anweisungen,* die außer der Vorstellung von der betreffenden Verhaltensweise auch noch direkt den *Anstoß zu ihrer Ausführung* und oft noch dazu eine spezifische *Belohnungserwartung* vermitteln.

Als ob das nach allen Erfahrungen mit Kriegen und Menschenvernichtung und den täglichen Berichten über Folgerungen in den Gefängnissen faschistischer Diktaturen nötig gewesen wäre, demonstrierte MILGRAM in einer Serie aufsehenerregender Experimente[13] auch für Psychologen, wie leicht es ist, gewöhnliche Zeitgenossen zu extremen Akten von Aggression auf Befehl zu bewegen. Unter Anwendung von höchst fadenscheinigen Vorwänden[14] und von leichtem Zwang wurden „friedliche" Leute von der Straße dazu gebracht, unschuldige Opfer immer wieder und immer stärker, gegen Ende (anscheinend) bewußtlos, wenn nicht zu Tode zu schocken; trotz schwersten Unbehagens bei der Ausführung der „Aufgabe" weigerte sich nur eine Minderheit der Vpn, die Befehle des Versuchsleiters bis zum Schluß auszuführen.

Solcher totaler Gehorsam kam allerdings wesentlich seltener vor, a) wenn der Versuchsleiter sich physisch abwesend machte und seine Befehle per Telefon erteilte (seine Befehle wurden da zumeist nur scheinbar ausgeführt)[15] und b) wenn die Vp, ehe sie selbst an die Reihe kam, beobachten konnte, wie zwei andere sich weigerten, die schwereren Grade von Schock zu erteilen[16].

Hier liegt auch der Schlüssel für die Erklärung dieses erschreckenden Gehorsamsverhaltens: Die Vpn fühlten sich offensichtlich gezwungen, d. h. handelten aus Angst, produzierten angsreduzierendes Vermeidungs-(DAV-)Verhalten, und die meisten hatten ebenso offensichtlich *nicht gelernt, den Gehorsam zu verweigern, gegen eine Autorität aufzumucken —* die schlichte Darbietung von zwei ungehorsamen „Modellen" konnte da bei vielen schon entscheidend helfen.

---

13 MILGRAM, 1963, 1965a,b
14 vgl. MANTELL, 1971
15 MILGRAM, 1965a
16 MILGRAM, 1965a,b

Abgesehen von MILGRAM's dramatischen Demonstrationen scheint im übrigen noch kein Psychologe (jedenfalls in den USA) je Schwierigkeiten gehabt zu haben, seine Versuchspersonen unter irgendwelchen Vorwänden zum (meist vermeintlichen) Elektroschocken unschuldiger Opfer anzustiften.

Auch ist gezeigt worden, daß verbal vermittelter *Glaube an die Zweckmäßigkeit von Aggression* (hier: Bestrafung als „Lehrmittel") prompt in Handlung umgesetzt wird, und zwar umso mehr, je stärker das Individuum motiviert ist, das angestrebte („Lehr"-)Ziel zu erreichen[17]. In entsprechender Weise können zweifellos auch Sprüche wie „Wer sein Kind liebt, züchtigt es" oder „Hier muß endlich durchgegriffen werden" bei gegebener Gelegenheit entsprechende Handlungen in Gang setzen.

9233 Denken, Planen, Fantasie

Schließlich soll nicht unerwähnt bleiben, daß Menschen sich aggressive Handlungen auch „ausdenken", d. h. aus bereits gewußten, irgendwie erfahrenen Elementen in der Fantasie „zusammenbauen", sie eventuell auch vorstellungsmäßig verstärken und in die Tat umsetzen können.

9234 Schluß

Jeder weiß und kann täglich erfahren, wie spezifische Verhaltensformen aller Art — angefangen bei der Art zu wohnen, sich zu kleiden, sein Haar zu tragen etc., über die Beschäftigung mit den Dingen, Gesprächsthemen, Musik- und Kunstrichtungen, Sportarten etc., die gerade *„in"* sind und die Vorliebe für bestimmte Konsumgüter, Speisen, Getränke etc., bis hin vor allem zu den Formen der Kommunikation, der Ausdrucks- und Umgangsweisen — durch Vor- und Nachmachen sich, manchmal sehr rasch, in einer Gemeinschaft ausbreiten und durchsetzen, zu Moden, Sitten und u. U. zu Traditionen werden können. Offensichtlich ist auch, daß hierbei die Massenkommunikationsmedien, in früherer Zeit die Kirchenkanzel und ein wenig die Literatur, heute allem voran die Massenblätter, die Illustrierten und das Fernsehen, eine unentbehrliche vermittelnde Rolle spielen, und weiter, daß das Wechselspiel von Vor- und Nachmachen und nachfolgender Verstärkung bzw. die menschliche Neigung zu imitieren und die Fähigkeit, infolge von Anregung durch Beobachtung instrumentell zu lernen, *überhaupt erst das ermöglicht, was „Tradition" genannt wird und damit das Zustandekommen von „Kultur" und von konstant und eigenartig geprägten „Kulturen" und „Subkulturen".*

---

17 BUSS, 1966

M. a. W.: Lernen infolge Beobachtung (und speziell auch via Medien) ist nicht nur etwas, was möglich ist und hin und wieder und beschränkt auf das Kindesalter geschieht, sondern ist etwas überaus „allgemein Menschliches", etwas, worauf beispielsweise keine Pädagogik verzichten kann, der vielleicht wichtigste psychologische Mechanismus der Verhaltensentwicklung und Sozialisation überhaupt.

So gesehen wäre es schon recht weltfremd und unbegründet, meinen zu wollen, daß für die Entwicklung aggressiven Verhaltens etwas prinzipiell anderes gälte, daß hier Vor- und Nachmachen und speziell die Wirkung der Massenmedien eine irgendwie geringere Rolle spielten. Vielmehr führt sowohl die Betrachtung der allgemeinen Bedeutung dieser Art von Lernen als auch speziell unseres Wissens über aggressives Verhalten, speziell der Unterschiede in Formen und Frequenz zwischen Kulturen und Subkulturen und der Entwicklung bei einzelnen Individuen, zu dem Schluß, *daß Erstausführung und Lernen instrumentell-aggressiver Verhaltensweisen häufiger als auf irgendetwas anderes auf Beobachtung oder Instruktion zurückgehen.*

Gelegentlich wird das, was Beobachtung angeht, aus bestimmten Interessen (ökonomischen und politischen) heraus in Frage gestellt, etwa mit dem Hinweis, daß aggressive Vorbilder „nicht automatisch" oder doch nur bei Personen, die bereits „gestört" sind (als ob das nicht jeder gelegentlich wäre) auslösend wirkten und daß niemand gezwungen werde usw.

Das ist natürlich, wie auch oben schon angedeutet, alles irgendwie richtig, kann aber das Vorzeigen aggressiver Modelle nicht im geringsten rechtfertigen oder entschuldigen. Denn praktisch reicht es völlig aus, wenn ein aggressives Vorbild wirksam wird in dem Augenblick, wo jemand in eine Problemsituation kommt und ihm die beobachtete oder sonstwie gewußte aggressive Verhaltensweise *da* als Möglichkeit (eventuell auch noch als die einzige) einfällt; und es reicht auch völlig aus, wenn etwa im Fernsehen erlebte aggressive Kommunikationsformen im Spiel nachvollzogen, d. h. aber — wie das beim Spiel nach allgemeiner Auffassung eben so ist — für den Ernstfall, der vielleicht viele Jahre später erst eintritt, geübt werden. Daß dies beides vorkommt, kann aber nur bestritten werden, wenn man alles, was man aus Alltagsbeobachtung und Laboratoriumsforschung in der Sache weiß, vom Tisch wischt und sich dumm stellt wie ein kleiner Betrüger vor dem Untersuchungsrichter.

924 Aggressionstraining

Bringt man eine frei bewegliche männliche Maus auf engem Raum zusammen mit einem am Schwanz aufgehängten, hin und her pendelnden Argenossen, so beginnt sie diesen zu bekämpfen, unter Umständen bis zum Tod des wehrlosen Opfers. Es handelt sich hier um einen Fall von primärer Aggression, wobei das aufgehängte Opfer als ein „überoptimaler" Auslöser (der auch keine „Demutsgebärden" hervorbringen kann) wirkt. Wird das Ganze öfter wiederholt, so entwickelt sich das Versuchstier allmählich zu einem immer spontaneren, wilderen und gefährlicheren Angreifer[18], der dann auch in anderen Situationen, z.B. auf Schmerzreizung in Gegenwart eines Artgenossen, eher aggressiv reagiert[19].

Das ist eine im Laboratorium leicht zu replizierende Form von Aggressionstraining, jedoch eine verhältnismäßig ausgefallene und artifizielle; das Training besteht hier letztlich in nichts weiter als in der *Perfektionierung primäraggressiven Verhaltens* (vgl. o. 812, Pt. 6), durch „intrinsische" (im Verhalten selbst liegende) Verstärkung, verbunden vermutlich mit Bedingen von Zorn (vgl. o. 842).

Praktisch viel wichtiger aber ist eine andere Form von Aggressionstraining, die in vielen Varianten vorkommt, bei der Aggression mit Hilfe von „extrinsischer" (außerhalb der Handlung selbst liegender) Verstärkung als instrumentelles Verhalten etabliert wird:

So sind, um bei experimentellen Demonstrationen zu bleiben, in einigen Musterexperimenten Tauben und Ratten trainiert worden, für Belohnung in Form von Futter[20], Wasser[21], Schockbeendigung[22] oder auch verstärkender („angenehmer") Hirnstimulation[23] „zufällig" anwesende Artgenossen anzugreifen.

Dabei konnte nach völlig gleichem Prinzip verfahren werden wie etwa beim Training in Pedaldrücken oder anderen instrumentellen Verhaltensweisen: anfangs werden schon kleinste, dann nur noch deutlichere und deutlichere Ansätze, schließlich nur die volle Endorm des gewünschten Verhaltens verstärkt (Formung mit Hilfe der Technik der „sukzessiven Approximationen"). Aggressives Verhalten konnte auf diese Weise ohne weiteres entwickelt und auch (bei Tauben) *unter die Kontrolle diskriminativer Stimuli* (Signale, die

---

18 KAHN, 1951
19 LEGRAND & FIELDER, 1973
20 REYNOLDS et al., 1963; AZRIN & HUTCHINSON, 1967
21 ULRICH et al., 1963
22 MILLER, 1948b
23 STACHNIK et al., 1966a, b

anzeigen, wann das Verhalten „gefordert" ist, d. h. belohnt wird, und wann nicht) gebracht werden, so daß etwa die Tiere nur bei einer bestimmten Beleuchtung angriffen und verschieden trainierte Tiere einander, je nach Farbe der Beleuchtung, abwechselnd bekämpften[24]. Dabei konnte es geschehen, daß das so etablierte instrumentelle Angriffsverhalten nach und nach von selbst (wahrscheinlich infolge der Gegenwehr des Opfers) in die primär-aggressive Form überging[25].

BEVAN et al. (1960) ließen männliche Mäuse, nachdem sie individuell gelernt hatten, von einem elektrifizierten Bodengitter auf eine schmale Plattform zu fliehen (ESC I), wiederholt paarweise um diesen Platz kämpfen. Dabei zeigte sich, daß diejenigen Tiere, die immer wieder gegen einen besonders schwachen Gegner angetreten waren und folglich immer wieder gesiegt hatten, danach einem neuen Gegner gegenüber erfolgreicher waren, als mit einem starken Gegner oder gar nicht vortrainierte. Nebenbei zeigte sich übrigens auch, daß das männliche Sexualhormon auf das beobachtete Verhalten — das ein typisch nicht-stereotypes, *instrumentell*-aggressives ist — keine unmittelbare Auswirkung hat, vielmehr höchstens auf dem Umweg über das Körpergewicht von Bedeutung ist.

Ein besonderer Fall ist das in gewissen Gegenden übliche Training von Wachteln und Hähnen zu „professionellen" Kämpfern; hier wird allem Anschein nach ursprünglich instrumentelle Aggression allmählich in zornmotivierte transformiert: Die Tiere lernen zunächst, aus Hunger, der durch gewaltsames Fernhalten von sichtbarem Futter noch künstlich gesteigert wird (wobei sich wahrscheinlich auch schon Zorn in die Motivationslage mischt), sich mit fremden Artgenossen um Futter zu schlagen; dieses anfangs im wesentlichen pseudoaggressive und bald instrumentelle Kämpfen geht dann von Mal zu Mal mehr in primäre Aggression über, Zorn wird bedingt (s. o. 8232), bis das Tier eventuell bereit ist, auch ohne Hunger in der Trainings-Arena (und tendenziell nur dort) jeden Artgenossen auf Leben und Tod zu bekämpfen (jedenfalls wenn er angreift oder sich wehrt)[26].

Aggressionstraining im Laboratorium ist auch mit menschlichen Vpn des öfteren erfolgreich praktiziert worden:

HOKANSON et al. (1968) ließen in einem auf den ersten Blick recht artifiziellen Experiment, das aber eines gewissen „inneren Realismus" nicht entbehrt, weibliche Vpn mit (angeblichen) Partnern in einem anderen Raum „kommunizieren", wobei sie — per Knopfdruck — einander abwechselnd Punkte (Belohnungen) oder Schocks (Bestrafungen) schicken konnten.

---

24 REYNOLDS et al., 1963
25 ULRICH et al., 1963
26 KUO, 1960 c

In der ersten Phase des Versuchs antworteten die Vpn in etwa 60 % der Fälle, in denen sie einen Schock erhalten hatten, mit einem Gegen-Schock, wobei ihre Antwort die nächste Botschaft des angeblichen Partners nicht beeinflußte. In der zweiten Phase aber erhielten sie für Gegen-Schock fast immer (90 % der Fälle) einen Punkt von ihren Partnern, und umgekehrt: wenn sie auf einen Schock mit einem Punkt antworteten, so erhielten sie fast immer (90 % der Fälle) einen Schock dafür.

Unter diesen Bedingungen — Schock-Vermeidung durch Gegenaggression, Bestrafung für „versöhnliche" Antworten auf Schock — nahm der relative Anteil „gegen-aggressiver" Antworten rasch zu, fiel dann aber bald wieder, als der „Partner" zu seinen unsystematischen Antworten zurückging.

HORTON (1970) ließ Halbwüchsige in einem Erziehungsheim über Wochen allabendlich paarweise ein simples Kartenspiel spielen; der Gewinner jedes Spiels durfte jeweils den Verlierer entweder auf die Hand hauen oder ihm eine wertlose Spielmarke abverlangen. Über einige Tage wurde dann jeweils die eine oder die andere Reaktion vom Versuchsleiter mit Bohnen, die später in Geld umgetauscht werden konnten, belohnt. Die Frequenz der einen wie der anderen Reaktion nahm erwartungsgemäß, wenn sie belohnt wurde, kräftig zu.

In einigen weiteren Experimenten wurden erwachsene Vpn für das Erteilen von Schocks allgemein oder von starken Schocks an einen Partner (meistens als Bestrafung für angeblich gemachte Fehler beim Lernen einer Aufgabe) mit Versuchsleiter-Lob oder mit Geld belohnt[27]. In allen Fällen — auch wenn Belohnung nur für Schocken ganz allgemein gegeben wurde — nahm die Stärke der gewählten Schocks infolge der Belohnung deutlich zu.

Auch diese Laboratoriumsdemonstrationen zeigen natürlich nichts, was auf der Szene der Geschichte und des menschlichen Alltags nicht auch mit bloßem Auge zu sehen wäre. Aggressionstraining hat seit uralten Zeiten bis heute stattgefunden und scheint noch nie besonders schwierig gewesen zu sein, jedenfalls leichter als das Training in konstruktiven Problemlösungstechniken. Gladiatoren und Berufsboxer, Ringer und Fechter, Samurais und Green Barets sind nur einige Beispiele.

Als Belohnung fungierte und fungiert dabei zumeist *soziale Anerkennung* irgendeiner Form (unter der Voraussetzung eines starken Bedürfnisses danach); nicht selten aber wird das aggressive Verhalten auch oder zugleich *unter Zwang*, als Vermeidungsverhalten etabliert, als einzige Möglichkeit, einer Drohung mit Blamage, Strafe oder Tod zu entgehen.

Bei solchem Training werden im übrigen regelmäßig auch Vormachen und Instruktion zur Beschleunigung des Lernens eingesetzt.

---

27 STAPLES & WALTERS, 1964; GEEN, 1968; DENGERINK, 1971; GEEN & STONNER, 1971; SILVERMAN, 1971

Daß militärisches Training, sowohl das eigentliche Kampftraining als auch die waffentechnische, strategische und Kommando-Schulung ebenso Aggressionstraining ist wie manche Polizeiausbildung und manche Managerschulung und manches sportliche und pädagogische Training, läßt sich so wenig leugnen wie die Bedeutung der Massenmedien bei der Tradierung aggressiver Verhaltensmuster.

M. a. W.: es gibt in allen Zivilisationen der Gegenwart mächtige Institutionen, deren erklärte Aufgabe es ist, aggressive Verhaltensweisen und Fertigkeiten zu vermitteln und einzuüben. Die Frage nach der Herkunft der so schrecklich wuchernden Aggression in diesen Zivilisationen läßt sich teilweise unter Hinweis auf die Existenz dieser Institutionen beantworten; denn zwangsläufig werden aggressive Verhaltensweisen, wenn sie einmal geübt worden sind, auch angewandt, in der Trainings- wie auch (per „Transfer") in irgendwie ähnlichen Situationen; jedenfalls könnten zahlreiche aggressive Verhaltensweisen schlicht nicht vorkommen, wenn sie nicht trainiert würden.

925 Zusammenfassung

Aggressive Verhaltensweisen (von Beute- und Pseudoaggression abgesehen), die nicht von Zorn begleitet und durch die übrigen in 81 genannten Merkmale primär-aggressiver Reaktionen ausgezeichnet sind, sind als instrumentelle, d. h. infolge Belohnung gelernte, fixierte, zur Gewohnheit gewordene Verhaltensweisen zu betrachten. Solche Verhaltensweisen können allerdings einzelne Male auch vor jeder Belohnung (aber wahrscheinlich nie ohne die Erwartung einer Belohnung) infolge Anregung durch Beobachtung, Instruktion oder selbständiges Ausdenken auftreten.

Die Belohnungen, die derartige Verhaltensweisen verstärken, können von verschiedenster Art sein; besonders häufig ist es letztlich die Reduktion von Angst bzw. die Herstellung von Sicherheit. In jedem Fall ist die eventuelle Schädigung oder Ängstigung, die erreicht wird, nicht das letzte Ziel, nicht die eigentliche Belohnung, sondern nur Mittel zum Zweck und als solches in der Regel eine „sekundäre Belohnung".

Ehe eine instrumentelle, hier: instrumentell-aggressive, Verhaltensweise allerdings gelernt und fixiert werden kann, muß sie zuerst einmal auftreten — als „zufällig" oder durch vorangegangenes Lernen in ähnlichen Situationen bestimmter Versuch, als pseudoaggressive Reaktion, als irgendwie erfahrenes und nachgemachtes Verhalten. Schließlich kommt es nicht selten vor, daß aggressive Verhaltensweisen als Fertigkeiten zur Anwendung in bestimmten Problemsituationen, wie irgendwelche anderen sozialen oder technischen Fertigkeiten auch, systematisch trainiert werden.

93 Instrumentelle Aggression aus Angst

930 Vorbemerkung

Instrumentell-aggressive Verhaltensweisen sind nach der hier gewählten Begriffsbestimmung solche, die ihren „psychologischen Sinn" darin haben, daß jemand oder etwas geschädigt, geschwächt, in Angst versetzt, entmutigt, klein gemacht, kurz: in seinen Wirkungsmöglichkeiten *reduziert* wird. Dieser Effekt ist dabei allerdings nicht Selbstzweck, sondern immer Mittel zu einem außerhalb der Handlung selbst liegenden („extrinsischen") Zweck.
M. a. W.: *instrumentell-aggressive Verhaltensweisen sind solche, die mittels Schwächung oder „Reduktion" von jemand oder etwas ein Ziel erreichen bzw. erreichen „sollen" bzw. einmal erreicht haben und infolgedessen gelernt worden sind.*

Als „Ziel" kommt dabei grundsätzlich alles Mögliche in Frage: In gewissen Ausnahmesituationen und unter gewissen Lebensbedingungen, wie sie in unseren Gegenden allerdings selten sind, mag es um die Befriedigung von Hunger oder Durst gehen; in anderen Fällen (z. B. „Nötigung zur Unzucht", Vergewaltigung) um sexuelle „Abreaktion"; nicht selten auch um die Befriedigung des Stimulations-, Manipulations-, Spiel- und Aktivitätsbedürfnisses (z. B. Erstreiten von Spielsachen, Sich-Vordrängen an einem „Schauplatz").
Am häufigsten aber ist, was den zivilisierten Menschen betrifft, das Ziel instrumentell-aggressiven Verhaltens die Verminderung oder Beseitigung einer erlebten Bedrohung oder die Herstellung oder Sicherung von Sicherheit.
D. h. die „Reduktion" des Aggressionsopfers zielt in den meisten Fällen auf Reduktion seiner Fähigkeit, beim Aggressor Angst hervorzurufen, *zielt letztlich auf Angstreduktion*; ein Verhalten aber, das Angst reduzieren soll, kann als Motivation nur eben diese Angst haben.

Dies ist zunächst eine These, die zentrale These dieses ganzen Kapitels, und es gilt, sie im folgenden plausibel zu machen.

931 Ursprünge und Ziele angstmotivierter Aggression

Zunächst: Daß eine Unmenge menschlicher Verhaltensweisen, speziell eben auch die meisten instrumentell-aggressiven, auf Verminderung von Bedrohung bzw. Steigerung von Sicherheit, d. h. auf Angstreduktion hinauslaufen, d. h. angstmotiviert sind, dürfte letztlich darauf zurückzuführen sein, daß die meisten Menschen in historischer Zeit — infolge chronischen Mangels an

Lebensnotwendigem und Übervölkerung (früher lokaler, heute weltweiter) — unter ständig angespannten Existenzbedingungen (Unsicherheit) leben.

Mehr unmittelbar resultiert es aus den auf dieser Grundlage entwickelten Herrschaftssystemen, die — wie immer die Herrschaftsgrundlagen und die verwendeten Machtmittel konkret aussehen mögen — psychologisch alle im Grunde gleich funktionieren: als ein Wechselspiel oder Kreisprozeß von Angstmachen-Unterdrücken-Zwingen und Rückzug-Verzicht-Unterwerfung-Gehorsam, wobei das letztere das erstere verstärkt ...

Was sich nun weiter ergibt, hat mindestens drei Aspekte:

1. Der Einzelne sieht sich immer wieder, schlimmstenfalls ständig, durch seine Mitmenschen *bedroht* und *zu vermeidenden oder vorbeugenden Verhaltensweisen gezwungen.* Diese können entweder *unterwerfend*, besänftigend, klein beigebend sein (und die vorausgegangene Aggression des anderen verstärken) oder aber *aggressiv* sein (und durch den Rückzug des anderen, die Beendigung der Bedrohung verstärkt werden). Sie können freilich im günstigsten Fall auch die Form *kooperativer Konfliktlösung* (Aussprache, Verhandlung) annehmen, das aber setzt allem Anschein nach recht schwieriges und unwahrscheinliches Lernen bzw. einen hohen Grad an Selbstkontrolle auf beiden Seiten und eine Situation, die Zeit dazu läßt, voraus.

2. Aus dem ständigen Bedrängt- und Bedrohtsein („Minderwertigkeits-" oder „Ohnmachtsgefühl") ergibt sich zweitens ein *gesteigertes Bedürfnis nach Sicherheit* — in Form von *Besitz, Macht* und *sozialer Anerkennung* („Habgier", „Machtstreben", „Geltungsbedürfnis"), genauer gesagt: eine ständige Bereitschaft zu Verhaltensweisen, die mit Mehrung des Besitzes, der ökonomischen und persönlichen Macht, des Einflusses und Ansehens belohnt werden.

Diese Verhaltensweisen sind nicht notwendig, aber in der Realität sehr häufig aggressive: Eine spürbare Mehrung des Besitzstandes ist den meisten nur durch die eine oder andere Form von Raub oder Ausbeutung möglich (denn größere Güter bekommt man selten geschenkt oder findet sie auf der Straße, noch kann man sie allein erarbeiten oder genügend Leute finden, die das freiwillig für einen tun); Mehrung von Macht und Einfluß wird vornehmlich durch aggressive Machtdemonstrationen und Einschüchterung erreicht und auch sein Ansehen kann man vielfach nur auf Kosten anderer, durch Auskonkurrieren, Besiegen, Überflügeln, Diffamieren, Schlechtmachen anderer mehren.

3. Hat sich nun einer oder eine Gruppe auf die eine oder andere Art Sicherheit — Besitz, Macht, Status — geschaffen, so ist damit gewöhnlich kein Ruhestadium erreicht, vielmehr werden jetzt erst *sicherheitssichernde Maßnahmen*

notwendig. Denn die Bedrohung besteht weiter, sie ist nur jetzt von anderer Art: sie betrifft das Erreichte, den status quo und geht aus von den Beraubten, den Unterdrückten, den Geschlagenen sowie von allen Neuerern und potentiellen Neuerern (Systemveränderern, Aufwieglern, Ketzern, Intellektuellen, Jugendlichen).

Sicherheitssicherung kann, abgesehen von fortgesetzter Besitzanhäufung, Machtdemonstration und Statussteigerung, viele verschiedene Formen, nichtaggressive wie aggressive, annehmen:

- man kann versuchen, *sich beliebt zu machen,* die anderen dazu zu bringen, einem Reichtum, Macht und Ansehen einfach zu gönnen;
- man kann *sich zurückziehen* in spezielle Wohnviertel und Landstriche, sein Haus verschließen und eine Mauer herumbauen, sein Geld zur Bank geben oder im Safe einschließen, seinen Besitz versichern, kurz: *Schädigung tendenziell unmöglich zu machen;*
- man kann weiter *die potentiellen Angreifer ungefährlich machen,* indem man ihnen ganz allgemein Waffen vorenthält, speziell auch: sie in *Unwissenheit* hält (bzw. sich selbst einen Informationsvorsprung sichert) und sie zugleich in geeigneter Weise *indoktriniert,* verdummt, sie dazu bringt, die ihnen zugewiesene Rolle und die bestehenden Verhältnisse als vorgegebene Weltordnung zu akzeptieren (ihren Sinn „einzusehen") und darin zufrieden zu sein;
- überhaupt wird man dafür sorgen, daß die potentiellen Angreifer sich unterzuordnen und zu gehorchen, *selbstunsicher* und *unselbständig* zu sein lernen;
- für beides wird man sich die *Kontrolle über Massenkommunikationsmittel und Ausbildungssystem* sichern;
- man kann weiter gegen einen selbst gerichtete *Angriffe ablenken,* indem man irgendwelche geeigneten Gruppen (z. B. Juden, Kriminelle, Nachbarvölker) als „Schuldige" abstempelt und den eigenen Gegnern als Ersatzfeinde zur Verfügung stellt;
- man kann auch potentielle Gegner, Individuen und Gruppen, *gegeneinanderhetzen* (z. B. Schüler oder Arbeiter gegeneinander konkurrieren lassen, die Masse der Ausgebeuteten gegen die Kommunisten, die Gastarbeiter, die Jugend hetzen), wodurch man einerseits diese schwächt, andererseits die größte Gefahr überhaupt, *die Solidarität der Unterdrückten,* abwehrt;
- man kann aus der Masse der Unterdrückten einzelne Individuen aufsteigen lassen und mittels Bedrohung mit Verlust vorher eingeräumter Privilegien zwingen, als Aufseher oder „Unterherrscher" über die übrigen zu fungieren;
- man kann weiterhin sich und seinen Besitz mit Wachhunden, Leibwächtern, Polizisten und dergleichen umgeben und
- kann vor allem *Gesetze,* Verbote, Schulordnungen etc., d. h. Strafandrohungen für unerwünschte Handlungen erlassen, um potentiellen Störern und

Neuerern Angst zu machen, sie abzuschrecken, wobei dann die gelegentliche Verfolgung von Tätern und Verhängung von Strafen, Demütigung, Einsperrung, Folterung usw. vor allem dazu dienen, die Strafandrohung glaubhaft zu machen;

- schließlich wird man natürlich in ernsten Lagen *manifest gefährlich gewordene Gegner direkt bekämpfen*, verjagen, unschädlich machen, sie durch Einsperren vorübergehend eliminieren, umziehen, verbannen, liquidieren.

Derartige sicherheitssichernde Verhaltensweisen, von denen, wie zu sehen ist, die meisten notwendig oder potentiell, zur Gänze oder teilweise aggressiv sind, bringen nicht nur Kapitalisten und Inhaber politischer Macht und die ihnen gehorchenden Handlanger hervor, sondern in der einen oder anderen Form alle Besitzenden, alle Machthaber, alle irgendwie Etablierten, von Eltern, Lehrern, Klassenanführern angefangen bis zu Generälen und Mafiachefs — viele objektiv und letztlich im Interesse der eigentlichen, der obersten Machthaber, alle aber zunächst und subjektiv im eigenen Interesse.

932 Warum ausgerechnet Aggression?

An dieser Stelle erhebt sich so nebenbei die Frage: Wenn Aggression zwar gewisse Momente von Sicherheit — Besitz, Macht, Ansehen — schaffen kann, zur Sicherung dieser Sicherheit aber wieder Aggression erforderlich ist, weil es sich eben um eine Illusion von Sicherheit handelt bzw. weil ebenso viel Sicherheit wie neue Bedrohung geschaffen wurde — warum konnte sich dann Aggression beinahe universal etablieren und warum probieren die Menschen es immer wieder mit Aggression, statt nach Wegen zu suchen, sich Sicherheit zu schaffen, ohne andere zu schädigen oder überhaupt: warum versuchen sie es nicht mit- statt gegeneinander?

Die Antwort darauf kann auf verschiedenen Ebenen gesucht werden:

Man könnte darüber spekulieren, ob der Mensch tatsächlich ein soziales Wesen ist im Sinne einer zum Leben in großen Gruppen konstruierten Art, ob er vielleicht aufhört, ein soziales Wesen zu sein, wenn zu viele Artgenossen da sind und er durch sie bedrängt wird, d. h. Streß unterliegt, ob sich nicht spätestens da die „Feindesliebe" als etwas Unnatürliches erweist.

Man kann auch darauf hinweisen, was sicher eine wesentliche Rolle spielt, daß Aggression oft *sehr rasch* eine Bedrohung beendet, d. h. *sehr unmittelbar verstärkt* und dadurch besonders leicht gelernt wird (wobei es psychologisch eben kaum wirksam wird, wenn der Effekt am Ende, auf längere Sicht ungünstig ist).

Hinzu kommt, daß die meisten aggressiven Verhaltensweisen *intermittierend* verstärkt werden, was sie besonders resistent gegen Veränderung und Löschung macht.

Schließlich: die Alternativen zu aggressiven Verhaltensweisen, die sich anbieten, sind meist vergleichsweise hochentwickelte, differenzierte, schwierige Reaktionen, die unter „affektivem Druck", speziell unter Angst noch schwieriger und unwahrscheinlicher werden (s. o. 312, 36), d. h. aggressive Verhaltensweisen sind, besonders in Angstsituationen, meist schlicht *einfacher*, oft das Einzige, was das Individuum zustandebringt.

933 Vielfalt angstmotivierter aggressiver Verhaltensweisen

In dem Bisherigen deutet sich bereits an, wie vielfältige Formen angstmotivierte instrumentell-aggressive Verhaltensweisen annehmen können:

- was ihr Ziel betrifft, können sie entweder der *Beendigung aktueller aversiver Reizung oder Bedrohung* dienen oder der *Schaffung von Sicherheit* oder der *Sicherung von Sicherheit*;
- sie können als *Angriff* wie auch als *Verteidigung* erscheinen;
- sie können ausgehen von *Besitzlosen, Machtlosen, Beherrschten* wie auch von *Besitzenden, Mächtigen, Herrschenden*;
- der psychologischen Situation nach kann es sich um *ESC-, DAV-* oder *SAV*-Reaktionen handeln;
- die aggressive Handlung kann als *individuelles* wie auch als *kollektives* Unternehmen erscheinen;
- sie kann sich gegen einen *tatsächlichen Gegner* richten, aber auch — per Generalisation — gegen bloß „ähnliche" Personen, *potentielle Gegner*, weiter auch gegen *Personen und Gegenstände, die zu einem Gegner gehören* und deren Schädigung diesen indirekt trifft;
- sie kann *direkt* gegen jemand gerichtet sein und da *physisch*, mit oder ohne Zuhilfenahme einer Waffe, erfolgen oder *verbal*, d. h. mittels der Sprache oder aber *indirekt* ihr Ziel erreichen, d. h. mittels Dritter, die als Werkzeuge verwendet werden oder *ganz indirekt*, indem Dritte beispielsweise durch geeignete Manipulation zu Werkzeugen gemacht werden (diese indirekten Formen verdienen wegen ihrer möglichen Tragweite besondere Beachtung);
- die aggressive Handlung kann weiter *vollendet* sein oder sich in *Drohung* erschöpfen;
- sie kann den Gegner *schädigen* oder auch nur *vertreiben* oder sein Vorgehen *hemmen*;

- sie kann als *einmaliger* Akt erscheinen oder *wiederholt* in gleicher Form auftreten;
- sie kann „*spontan*" erfolgen oder *geplant* sein;
- sie kann *unsystematisch,* gleichsam „zufällig" erfolgen oder ins System gesetzt, vorgesehen, *institutionalisiert* sein.

934 Haß

Nach der hier gegebenen Darstellung müßte instrumentell- und insbesondere auch angstmotiviert-aggressives Verhalten, so gefährlich und unausrottbar es auch sein mag, nachgerade als psychologisch durchaus analysierbar und begreiflich erscheinen. Es kann zwar nicht gerade „rational" genannt werden (kein Verhalten ist rein rational, insofern es motiviert ist), ist aber doch als „zielgerichtet", „subjektiv sinnvoll" und zumeist — wenigstens auf kurze Sicht — auch als „effektiv" zu verstehen. Vor allem auch ist das eigentlich Unerfreuliche daran, das Moment des „Schädigens" und „Schwächens", ausdrücklich als „nicht Selbstzweck", als Mittel zum Zweck hingestellt worden.

Nun nimmt aber Aggression nicht selten und in besonders aufsehenerregender Weise Formen an, die gemeinhin als nicht mehr verständlich, nicht mehr einfühlbar, als total irrational, nur noch erschreckend angesehen werden — vermutlich weil wir als Betrachter selbst zu schockiert (geängstigt) sind, um noch „verstehen" zu können; und wohl auch weil ein gesellschaftliches Tabu es verbietet, sich im Versuch zu verstehen mit dem Aggressor zu identifizieren (in dieser Lage — spätestens — wird dann gewöhnlich auf mystische Erklärungsschemata — das „Böse", den aggressiven „Urtrieb", „Charakter", „Sadismus" und dgl. — zurückgegriffen).

Gemeint sind diejenigen Verhaltensweisen, bei denen das Wehtun, das Leidenzufügen, das Quälen, Schädigen oder Töten als das eigentliche Ziel erscheint, als das, worauf es dem Angreifer ankommt, was ihn freut, befriedigt; Verhaltensweisen, bei denen ein „extrinsisches" Ziel *anscheinend* nicht da, jedenfalls nicht ohne weiteres zu erkennen ist.

Vergleicht man nun allerdings diese Verhaltensweisen mit den in diesem Abschnitt schon besprochenen, so stellt man fest, daß nichts grundsätzlich Neues vorliegt:
ob einer Erleichterung empfindet, wenn ein Bedroher abhaut oder sich zusätzlich noch freut, wenn er dabei stolpert oder heult, macht keinen großen Unterschied, es liegt beides auf einer Linie;

wenn einer sich von einem Gegner zum Ringkampf herausgefordert sieht, kann er sich damit begnügen, ihn zu Boden zu bringen, kann aber auch weiterkämpfen, bis der andere winselt oder sich gar nicht mehr rührt — je nachdem, was für ihn im Augenblick als Zeichen für die Beendigung der Bedrohung ausreicht;

wenn ein Machthaber lang genug von einem Feind bedroht worden ist, ihn endlich hat und foltern läßt, ist es für ihn natürlich Freude und Erleichterung, den anderen sich winden, schreien, bluten zu sehen, schließlich ist er umso unschädlicher, je mehr er das tut;

wenn jemand einen Todfeind hat, jemand, der seine ganze Existenz bedroht, vor dem er richtig Angst hat, so wird er sich natürlich freuen, wenn er dessen verstümmelte Leiche sieht, mehr als wenn er nur eine Todesanzeige liest, schließlich zeigt ihm das erstere deutlicher als das andere, daß er den Feind wirklich los ist ...

Damit ist schon angedeutet, wie das Erlebnis von Schmerzen, Leiden, Tod eines anderen ein „Ziel", eine Quelle von Befriedigung werden bzw. sein kann. Es handelt sich um Vorzeichen, Anzeichen, Begleiterscheinungen von Unschädlichkeit bzw. Bedrohungsbeendigung, in der hier verwendeten Terminologie: um Stimuli, die als *bedingte Erleichterungsreize* und dadurch als „Verstärker" wirken, ganz nach der Art von Rückmeldungs-Reizen, wie sie bei Vermeidungsverhalten eine Rolle spielen (s. o. 5234).

Hiermit ist nun auch gesagt, daß die Motivation hinter den in Rede stehenden Verhaltensweisen keine andere als Angst ist. Im populären Sprachgebrauch würde man allerdings eher von „*Haß*" reden, dabei aber zugeben, daß Haß aus Angst *entstehen* kann (z. B. „er quälte sie, bis sie ihn nur noch fürchtete und schließlich haßte ..."). Hier wird aber weitergegangen und behauptet, daß „Haß" annäherungsweise definiert werden kann als *„Angst, verbunden mit dem Wunsch, den Auslöser der Angst zu vernichten".*

Eine „mildere" Form von Haß wäre das, was man „Bosheit" oder „Feindseligkeit" nennt, eine Motivationslage, in der es befriedigend ist, den anderen sich ärgern oder leicht geschädigt zu sehen.

Im anderen Extrem kann Haß Grade annehmen, in denen die daraus resultierenden Handlungen bzw. die erzielten Effekte gänzlich „unverhältnismäßig" erscheinen — solange man den Erlebnishintergrund des Betreffenden nicht kennt, seine Angst nicht nachfühlen kann, sich nicht vorstellen kann, was das Objekt seines Hasses für ihn bedeutet.

Die Aussage, daß Haß eine Art von Angst sei, wird man am ehesten akzeptieren können, wenn man sich vergegenwärtigt, einerseits unter welchen Voraussetzungen Menschen gewöhnlich dazu kommen, zu hassen und andererseits was für „Objekte" gewöhnlich gehaßt werden.

Man findet dann, daß es einerseits durchwegs gedemütigte, gequälte, geschädigte Menschen sind, die hassen und daß es andererseits immer solche Individuen und Gruppen sind, die gehaßt werden, die einem Schaden zugefügt haben und von denen man sich bedroht fühlt, — sei es auch nur, weil man sie per Generalisation als tatsächlichen Schädigern oder Bedrohern gleich erlebt oder weil einem ihre Gefährlichkeit eingeredet wurde.
Auch wird Haß gewöhnlich nur solange gepflegt, auf Rache nur solange gesonnen, wie eine konkrete Bedrohung verspürt wird, wie der Betreffende sich verletzbar fühlt. Wenige erwachsene Menschen denken ernsthaft an Rache an denen, die sie in ihrer Kindheit gequält haben, sofern sie deren Einfluß wirklich entronnen sind, und selbst nach den fürchterlichsten Kriegen verrauchen die Rachegefühle rasch — in dem Maß, wie die Menschen wieder anfangen, sich sicher zu fühlen. Wenn dennoch gelegentlich „späte Rache" stattfindet, so ist diese fast immer die Erfüllung eines Racheversprechens, das einer sich selbst oder anderen gegeben hat und das er, den Verlust von Selbstachtung oder der Achtung anderer fürchtend, einlöst.
Jedenfalls: man haßt keinen, es sei denn, man fürchtete ihn, und in dem Maß, wie ein Feind, und sei es von selbst, seine Gefährlichkeit verliert, wie ihm die Zähne ausfallen, hört man auf, ihn zu hassen; wenigen gelingt es, über den Tod hinaus zu hassen, eher liebt man den gestorbenen Feind für seine Harmlosigkeit, hält ihm einen freundlichen Nachruf, dankt ihm dafür, daß er gestorben ist und pflanzt ihm Blumen aufs Grab.

Wenn Haß nun aber eine Art von Angst ist, dann ist es *etwas völlig anderes als Zorn oder Wut* (s. o. 825). Das mag nun zunächst etwas überspitzt erscheinen, ist aber von theoretischer und auch praktischer Wichtigkeit und wird ebenfalls verständlich, wenn man sich vergegenwärtigt, daß Haß und Zorn auch als alltägliche Erscheinungen durchaus unterscheidbar sind:
Der Ausdruck von Haß ist typisch verbunden mit Blässe, Erstarrung, Handlungsblockierung, eventuell Zittern, der von Zorn mit Erröten, sichtbarer Energieentfaltung und Bereitschaft zu kraftvollem und heftigem Handeln.
Subjektiv ist Haß verbunden mit dem Gefühl der Ohnmacht und dem Wunsch, den Grund des Hasses vernichtet zu sehen; Zorn mit dem Gefühl der Kraft und dem Impuls, energisch etwas zu tun, anzugreifen.
Haß ist „kalt" und ermöglicht unter Umständen langfristig geplantes Handeln; Zorn dagegen ist „heiß" und läßt kaum etwas anderes als undifferenziert-energisches bis planloses Handeln zu.
Zorn ist, auch wenn er sich nicht in Handlung entladen kann, kurzlebig, Haß dagegen ist typisch dauerhaft, bis zu sichtbarer Schwächung des Bedrohers anhaltend, unter Umständen lebenslänglich.
Das Wichtigste aber: Das Ziel des Hasses ist die Schwächung, eventuell Vernichtung des Haßobjektes, wie diese erfolgt, ist gleichgültig, sie kann ohne

weiteres auch indirekt oder (möglicherweise sogar vorzugsweise) durch andere erfolgen; das Ziel des Zornes aber ist die aggressive Handlung als solche, der Zornige würde sich sozusagen niemals von anderen die „Arbeit" abnehmen lassen.

An dieser Stelle könnte die Frage aufkommen, wie nun jene in unserer Gesellschaft so alltäglichen *Aggressionsexzesse*, z.B. von Eltern gegen ihre Kinder, von Polizisten gegen Demonstranten, Affektverbrechern gegen ihre Opfer, das besinnungslose Einprügeln auf wehrlose, halbtote oder sogar schon tote Opfer, einzuordnen seien. Dem Erscheinungsbild nach könnte es sich um zornmotivierte Aggression handeln; mehr aber spricht dafür, daß solches Verhalten, zumindest gleichzeitig haß-angstmotiviert ist: Zorn würde wahrscheinlich durch Zeichen von Leiden beim Opfer, speziell durch den Anblick von Verletzungen und Blut, gehemmt, Haß-Angst dagegen könnte hierdurch zunächst gesteigert werden; für den Aggressor könnten durchaus die Schmerzensschreie des Opfers und die ersten Wunden, die er geschlagen hat, einen zusätzlichen oder neuen Grund zum Angriff darstellen — nämlich das Opfer als eine Quelle von Schrecken oder schlechtem Gewissen zu vernichten; für eine solche Deutung spräche auch, daß derartige Aggressionsexzesse im typischen Fall in Situationen von Streß, Überforderung und Ratlosigkeit stattfinden und nicht etwa in Situationen echter Überlegenheit.

Zusammenfassend kann nun gesagt werden: Was gewöhnlich „Haß" oder „Feindseligkeit" genannt wird, ist ein emotional-motivationaler Zustand, hervorgerufen und aufrechterhalten in aller Regel durch die Gegenwart oder Vorstellung eines Bedrohers, eines Feindes, nicht von Angst, wohl aber von Zorn abgrenzbar; ein Zustand, in dem das Individuum zu Handlungen motiviert ist, die auf Unschädlichmachung des Feindes hinauslaufen, in dem denn auch alle denkbaren Zeichen von Unschädlichkeit erleichternd und damit als Verstärkung wirken. Wie stark und deutlich diese Zeichen sein müssen, ob schon ein Zucken um den Mundwinkel oder ein Weinen oder nur der Tod des Feindes und aller ihm Angehörenden ausreicht, hängt im wesentlichen von der Intensität der Emotion ab.

Nach allen Erfahrungen sind Menschen, die in ihrem Leben viel gedemütigt und gequält worden sind, wenig Sicherheit und Liebe erlebt haben und viele Menschen zu fürchten gelernt haben, besonders geneigt, Haß zu entwickeln. Bei ihnen summieren sich in einer Bedrohungssituation gelernte Ängste und gleichzeitig fehlen affektreduzierende Erleichterungsreize.
Umgekehrt kann natürlich haß-angstmotivierte Aggression in einer gegebenen Situation unwahrscheinlicher gemacht werden in dem Maß, wie es gelingt, dem Individuum Sicherheit zu geben, eine entspannte Atmosphäre zu schaffen, und überhaupt verschwindet Haß oft allein schon dadurch, daß das Indi-

viduum in einer speziellen Situation oder allgemein an Sicherheit gewinnt; der giftigste Pauker wird zahm, wenn er aus seinem Spezialgebiet erzählen darf, der Meckeropa freundlich, wenn er zu Hause in seinem Lehnstuhl sitzt und sein Hund sich ihm vor die Füße legt.

935 Forschungsbefunde

Das eben über Haß-Aggression Gesagte läßt sich zugegebenermaßen nicht bis ins Letzte empirisch belegen. Das beruht im wesentlichen darauf, daß in den gängigen psychologischen Theorien Angst als Ursache aggressiven Verhaltens kaum jemals ernsthaft in Betracht gezogen worden ist (statt dessen wird — sofern überhaupt in eine solche Richtung gedacht wird — immer wieder die kurzschlüssige Annahme gemacht, daß aggressivem Verhalten als emotionaler Zustand nur Ärger (*anger*) zugrundeliegen könne, als sei „Aggression" eben doch ein einheitliches Phänomen (s.o. 713) und in jeder Form auf eine Art „Aggressionstrieb" zurückführbar). Dennoch lassen sich die zentralen Aussagen, die gemacht worden sind, durch diverse indirekte Evidenz durchaus belegen, namentlich
a) die Annahme, daß Aggressionsbereitschaft im Sinne von Feindseligkeit-Haß im Grunde eine Form von Angst ist und
b) die Annahme, daß in einem solchen Zustand Aggression, genauer gesagt: das Zufügen von Leiden, die Schwächung und gegebenenfalls Vernichtung des Angst-Auslösers, angstreduzierend und dadurch verstärkend wirkt.

9351 Feindseligkeit-Haß — eine Form von Angst

In zahlreichen Experimenten ist in klarer Übereinstimmung mit der Alltagserfahrung gezeigt worden, daß Menschen, die Schmerzreizen ausgesetzt, verletzt oder beleidigt worden sind, geneigt sind, „zurückzuzahlen", m. a. W.: daß Operationen, die Unsicherheit oder Angst auslösen bzw. zum Bedingen von Angst führen, regelmäßig, wenn auch nicht notwendigerweise, gleichzeitig auch die Bereitschaft erzeugen, dem Angreifer (Angst-Auslöser) Schmerz zuzufügen, ihn zu schädigen, selbst in Angst zu versetzen.
Abgesehen von direkten Befehlen scheint die amerikanische Durchschnitts-Vp nichts so sicher dazu zu bringen, einem anderen — z.B. in einem angeblichen Lernexperiment — starke und längerdauernde Schocks zu verabreichen, als wenn sie vorher beleidigt, verunsichert, in ihrem Selbstwertgefühl verletzt oder geschädigt worden ist[1].

---

[1] Mallick & McCandless, 1966; Geen & Berkowitz, 1967; Hartman, 1969; Baron, 1971 a, c; Waldman & Baron, 1971; Baron, 1972a; Zillmann et al., 1972

Wiederholt ist auch gezeigt worden, daß Vpn in (angeblichen) Reaktionszeit-Matches mit abgestuften Schocks als „Bestrafung" für den jeweils Unterlegenen, umso stärkere Schocks für ihre (angeblichen) Konkurrenten wählen, je stärker sie von ihnen empfangen[2].

Ebenso geben Vpn einem angeblichen Partner oder Konkurrenten bei gegebener Gelegenheit umso mehr[3] und eventuell außerdem umso stärkere[4] Schocks, je mehr sie vorher von ihnen empfangen haben.

Aus einem Bericht über die emotionalen Reaktionen amerikanischer Krankenschwestern, die in ihren Kliniken routinemäßig an Abtreibungen teilzunehmen hatten, geht hervor, daß viele dieser Frauen (ursprünglich Befürworter der Abort-Freigabe) auf ihre Tätigkeit einerseits mit schweren Angstgefühlen und Depressionen, andererseits und gleichzeitig mit Feindseligkeit und Haß gegenüber den Patientinnen reagierten[5].

In einem Experiment von ROSENBAUM & DECHARMS (1960) wurden Vpn zu Anfang von einer angeblichen Partner-Vp hart verbal angegriffen und verunglimpft und erhielten am Ende der Sitzung die Möglichkeit, sich schriftlich über den Angreifer auszulassen. Es zeigte sich, daß Personen mit (laut Fragebogentest) geringer Selbstachtung und entsprechender Unsicherheit gegenüber anderen den Angreifer wesentlich negativer (feindseliger) beurteilten als Personen mit normalem Selbstbewußtsein, — es sei denn, sie konnten zwischendurch schon „zurückgeben" oder hörten einen Dritten sich abfällig über den Angreifer äußern.

Hiernach entstehen also stärker feindselige Gefühlsreaktionen auf geeignete Provokationen besonders leicht vor einem Hintergrund allgemeiner Selbstunsicherheit, gehen aber zurück, wenn der Gegner, sei es auch durch einen anderen, gedemütigt wird (demgegenüber entsteht, wie besprochen, *Zorn* eher vor einem Hintergrund allgemeiner Selbstsicherheit (s.o. 813, Pt. 2) und motiviert zu nichts weiter als gewaltsamer Aktivität, nicht eigentlich zum Zufügen von Leiden).

Für die Annahme, daß Selbstunsicherheit eine Basis ist für die Entstehung von Feindseligkeit oder Haß bzw. daß Feindseligkeit nur eine Fortsetzung ist von Selbstunsicherheit, spricht auch der Befund, daß mit Fragebogentests gewonnene Maße für „Ängstlichkeit" einerseits und „Feindseligkeit" andererseits hoch miteinander korrelieren[6].

---

[2] DENGERINK, 1971; PISANO & TAYLOR, 1971; SILVERMAN, 1971; TAYLOR & PISANO, 1971
[3] BERKOWITZ & LEPAGE, 1967; HELM et al., 1972
[4] DROST & KNOTT, 1971; KNOTT & DROST, 1972
[5] CHAR & MCDERMOTT, 1972
[6] FORD & SEMPERT, 1962

Auch reagieren Personen mit — laut Fragebogentest — besonders feindseliger Einstellung gegenüber anderen Menschen sowohl auf Bedrohung mit Schock als auch auf demütigende persönliche Angriffe besonders stark mit meßbaren Angstzeichen, namentlich Zunahme der elektrischen Leitfähigkeit der Haut[7].

Die vielleicht stärksten, jedenfalls relevantesten Belege für die These, daß Haß-Aggression eigentlich Angst-Aggression ist, stammen aus einigen mehr soziologischen als psychologischen Untersuchungen:

In einer ziemlich großangelegten Untersuchung an *Afroamerikanern* fand SINGER (1968), daß diese sowohl auf die Wahrnehmung erhöhter „Rassenspannungen" (d. h. Bedrohung durch die Weißen) als auch auf gegen die Weißen gerichtete Agitation *gleichzeitig* mit einer Erhöhung von Angst-Unsicherheit und von Feindseligkeit-Aggressionsbereitschaft (beides mit Fragebogen gemessen) reagierten.

CHOROST (1962) fand in einer Gruppe *„verhaltensgestörter" Jugendlicher*, daß deren im Verhalten gezeigte Neigung zu feindseliger Aggression mit der von ihren Eltern bekundeten Neigung zu repressiven, d. h. angstmachenden Erziehungspraktiken positiv korrelierte.

PALMER (1960) verglich — auf Grund der Aussagen der Mütter — die Kindheitsschicksale einer Gruppe als *Mörder* verurteilter Männer mit denen ihrer nicht so verurteilten Brüder. Es zeigte sich unter anderem, daß die späteren Mörder in höherem Grade (statistisch gesichert) repressiv-lieblos behandelt worden waren als ihre Brüder.

Entsprechendes ergab sich in einem breit angelegten psychologisch-soziologischen Vergleich einer Gruppe von *amerikanischen Freiwilligen für den Krieg in Vietnam* mit einer Gruppe von Kriegsdienstverweigerern[8]. Die jungen Männer, die sich freiwillig zu den *Special Forces* (*Green Barets*) gemeldet hatten, waren nach den Ergebnissen dieser Untersuchung (anders als die Kriegsdienstverweigerer) fast durchgängig in Familienverhältnissen aufgewachsen, in denen sie alles, nur keine emotionale Sicherheit erlebten. In ihren Familien dominierte zumeist eindeutig einer der beiden Eltern, in der Regel der Vater, waren grausam-strafende und repressive Erziehungspraktiken das Übliche, war die Äußerung von Gefühlen, auch von Zuneigung, verpönt, wurden in besonders hohem Grade Ordnung, Sauberkeit, Gehorsam und Respekt vor Erwachsenen gefordert, konnte die Familienatmosphäre insgesamt in keinem Fall als „sanft" (von mehreren Beurteilern auf Grund von Interviews eingestuft) bezeichnet werden. Auch das alltägliche Verhalten dieser Männer,

---

7 HOKANSON, 1961
8 MANTELL, 1972 (amerikanisch 1971)

insbesondere ihr sexuelles Verhalten, ihr zwanghaftes Bedürfnis, Potenz zu beweisen und ihre Suche nach Sicherheit in der autoritären Struktur der militärischen Gemeinschaft, schien geprägt zu sein von Minderwertigkeitsgefühlen und tiefer Unsicherheit in den sozialen Beziehungen, d. h. gegenüber anderen Menschen, einer Unsicherheit, die sich hier manifestierte in blindem Gehorsam, in dem Wunsch, zu siegen und der Bereitschaft zu töten, zu zerstören und zu foltern.

Die Berichte und Bekenntnisse amerikanischer *Vietnamkriegsteilnehmer* von ihren Kampfeinsätzen — beispielsweise in einem im Deutschen Fernsehen gezeigten Dokumentarfilm „Wintersoldat" — zeigen im übrigen noch einen anderen Aspekt des Zusammenhangs von Angst, Haß und Aggression. Aus diesen Berichten wird immer wieder deutlich, wie die permanente Bedrohung und Lebensgefahr, die totale Unsicherheit jedem vietnamesischen Gesicht gegenüber, das Erlebnis von Verlusten in den eigenen Reihen, der Tod von Kameraden und der ständige Anblick von Elend und Zerstörung, kurz: ein ungeheurer und noch dazu sinnloser Streß, der untrennbar mit Vietnam und den Vietnamesen assoziiert war, sich in Haß und Orgien der Grausamkeit und des Vandalismus gegen dieses Land und diese Menschen umsetzte.

DADRIAN (1971) analysiert die Umstände, die zum *Völkermord der Türken an der Minderheit der Armenier* im Jahr 1915 führten. Dabei wird eindringlich deutlich, wie ein „kollektives Minderwertigkeitsgefühl" auf Grund bildungsmäßiger und ökonomischer Unterlegenheit, die Verunsicherung durch das Anderssein (vor allem in Glauben und Gebräuchen) einer ständig sichtbaren Minderheit und ein Gefühl akuter Bedrohung von außen und von innen (in Verbindung mit einigen besonderen Umständen, namentlich Gewaltideologie, Aggressionstraining, Geringschätzung des Wertes des Lebens, Fortfall von negativen Sanktionen für Mord) den psychologischen Hintergrund lieferten, für die systematische und grausame Tötung von Hunderttausenden durch mindestens ebenso viele an der Tat Beteiligte.

Kaum anders sind zweifellos auch die seit Jahrhunderten immer wieder vorkommenden Judenpogrome, die Lynchmorde im amerikanischen Süden, die Hexenjagden vergangener Zeiten, letztlich alle die vielfältigen Erscheinungen kollektiver Minderheitenverfolgung, zu erklären.

9352 Angstreduktion als Verstärkung für Aggression

Auch für die zweite zentrale Annahme, daß im Zustand der Angst aggressive Reaktionen gegen den Verursacher der Angst bzw. dessen (mutmaßliche) Schädigung oder Schwächung *angstreduzierend* wirken, sprechen diverse empirische Befunde:

In mehreren Experimenten wurde festgestellt, daß Menschen nach einem demütigenden, beleidigenden, verunsichernden, persönlichen Angriff *ihr „psychisches Gleichgewicht"* (hier physiologisch gemessen) *rascher wiederfinden,* wenn sie den Angreifer schädigen (schocken oder in einem Fragebogen schlecht machen) können, als wenn sie keine solche Möglichkeit bekommen[9].

Aggression gegen eine dem Angreifer „ähnliche" Person kann einen eben solchen, aber schwächeren Effekt haben[10].

Aggression gegen *unsichtbare Unbeteiligte* ist als unwirksam, ja tendenziell angststeigernd befunden worden[11], d. h. der angstreduzierende Effekt der Aggression folgt *nicht aus der Aggression als solcher,* sondern aus der (vermeintlichen) Schwächung des ganz konkreten Gegners; es geht nicht um das blinde Abreagieren von „Aggressionen", sondern um eine Veränderung der erlebten Situation bzw. des Gegners derart, daß sie bzw. er weniger bedrohlich wird.

Besonders interessant ist auch der Befund, daß Gegenaggression (mittels Schock oder indirekt, via Fragebogen) gegen einen übermächtigen Angreifer (Student gegen angeblichen Professor) nicht oder jedenfalls viel weniger angstreduzierend wirkt[12]; verständlich: der Übermächtige wird durch ein wenig Schmerzreizung oder Kritik seitens eines Schwächeren nicht nennenswert geschwächt, und das „weiß" die Versuchsperson.

In einer anderen Serie von Experimenten erhielten Versuchspersonen von unsichtbaren (vermeintlichen) Partnern *Schocks* oder *belohnende Punkte* und konnten selbst per Knopfdruck wahlweise oder nach Vorschrift, Schocks, Punkte oder auch nichts senden. Es wurde unter anderem gefunden:

a) daß *Zurückschocken* (als Antwort auf Schock) allgemein eine *beschleunigte Angstreduktion* (Wiederherstellung des „psychischen Gleichgewichts", physiologisch gemessen) bringt, verglichen mit einer Situation, in der keine Möglichkeit zu einer solchen Antwort besteht[13];

b) daß bei *weiblichen,* nicht aber bei männlichen Versuchspersonen, *auch eine belohnende (Punkte) Antwort* auf Schock angstreduzierend wirkt[14], was vermutlich darauf beruht, daß Frauen (in USA) gelernt haben, auf Angriffe mit

---

9 HOKANSON & SHETLER, 1961; HOKANSON & BURGESS, 1962a,b; GAMBARO & RABIN, 1969
10 HOKANSON et al., 1963
11 HOLMES, 1966
12 HOKANSON & SHETLER, 1961; HOKANSON & BURGESS, 1962b
13 HOKANSON & EDELMAN, 1966
14 HOKANSON & EDELMAN, 1966

Unterwerfung oder Versöhnungsversuchen zu reagieren bzw. dafür differentiell belohnt zu werden pflegen; entsprechend ist

c) auch gefunden worden, daß Versuchspersonen rasch *lernen* können, entgegen ihrer ursprünglichen Präferenz auf Schocks mit „Gegenaggression" oder „Unterwerfung"[15] oder auch mit „Selbstbestrafung" (Selbstschock)[16] zu antworten, wenn sie dafür vom Partner differentiell mit Punkten oder zumindest mit Nicht-Bestrafung belohnt wurden, und vor allem auch

d) daß die so belohnten Reaktionen zunehmend die Fähigkeit annehmen, beschleunigte Angstreduktion zu bewirken.

D. h.: auf einen Angriff kann auf verschiedene Weise, namentlich aggressiv vs. unterwerfend, reagiert werden; welche Reaktion vorgezogen wird, beruht auf Lernen (z.B. im Zuge geschlechtsspezifischer Sozialisation); gelernt wird — als ESC-II- oder DAV-Reaktion — diejenige Reaktion, die am sichersten die Beendigung oder das Ausbleiben des bereits eingetroffenen bzw. drohenden aversiven Ereignisses bringt; die Ausführung der Reaktion selbst wird dadurch allmählich angstreduzierend genauer gesagt: produziert ein Feedback, das als bedingter Erleichterungsreiz wirkt (s.o. 3232 und 5244).

In einem Experiment von Feshbach et al. (1967) wurde in recht instruktiver, wenn auch wenig lebensnaher Weise demonstriert, daß der Anblick von Leiden eines nicht-gemochten (gehaßt-gefürchteten) Menschen eine Belohnung sein und instrumentelle Reaktionen verstärken kann:
Weibliche Studenten wurden zunächst von einer angeblichen zweiten Vp (in Wirklichkeit schauspielernder Mitarbeiter des Versuchsleiters) verbal angegriffen und beleidigt (E-Gruppe) oder auch nicht (K-Gruppe). Anschließend sollten sie, einer geeigneten Täuschungs-Instruktion folgend, parallel zwei Aufgaben ausführen: einerseits jene zweite Vp durch ein Einwegfenster bei der Ausführung einer angeblichen Lernaufgabe unter Streß genau beobachten und von Zeit zu Zeit ihren Gefühlszustand, den Grad der Anspannung, den sie zeigte, auf einer Skala beurteilen; andererseits selbst laufend aus vorgegebenen jeweils 6 Pronomina plus einem Verb, jeweils ein Pronomen auswählend, Sätze bilden, insgesamt 60 Stück.
Bei den letzten 45 dieser Aufgaben wurden sie, wenn sie Sätze bestimmter Art bildeten — nämlich solche, die mit *„we"* oder *„they"* begannen — unmittelbar in bestimmter Weise „belohnt"; und zwar jeweils die Hälfte der Vpn in jeder Gruppe, indem sie die beobachtete Vp von einem angeblichen schmerzhaften Schock zusammenzucken oder aber in ihrem Raum ein harmloses Licht aufleuchten sahen.

---

15 Hokanson et al., 1968
16 Stone & Hokanson, 1969

Es wurde erwartet, daß diejenigen Vpn, die vorher von dem Versuchsleiter-Mitarbeiter beleidigt worden waren, es als belohnend empfinden würden, wenn sie ihn unter den angeblichen Schocks leiden sahen und daß sie diejenigen Antworten, denen — ohne daß der Zusammenhang für sie zu sehen war — diese Konsequenz folgte, mit zunehmender Frequenz produzieren würden. Diese Erwartung wurde auch bestätigt: bei den vorher beleidigten Vpn (E), die mit „Leidenszeichen" jenes Beleidigers belohnt wurden, stieg die Zahl der *we-* und *they*-Sätze, die sie produzieren, bei den mit Licht „belohnten" (d. h. praktisch: nicht-belohnten) nahm sie ab; insgesamt gesehen ergab sich ein statistisch gesicherter Effekt.

Dieses Experiment demonstriert ein in der Realität überaus wichtiges Prinzip, von dem auch oben schon die Rede war: Die Schwächung, die Kränkung, das Leiden, gegebenenfalls die Vernichtung eines Angst-Auslösers ist eine Belohnung für denjenigen, der Angst hat (weil sie seine Angst reduziert); Verhaltensweisen, die einen solchen Effekt produzieren, werden — als angstmotivierte instrumentelle Verhaltensweisen vom Typ ESC II — gelernt; sie sind als aggressive Verhaltensweisen zu bezeichnen (vgl. die Definition in 711), selbst wenn sie nur darin bestehen, daß ein bestimmtes Wort gewählt, ein bestimmtes Thema angeschnitten, eine bestimmte Geste gemacht, ein bestimmtes Liedchen gepfiffen, ein bestimmtes Ding hervorgeholt, eine bestimmte Aufgabe gestellt wird.

An dieser Stelle wäre auch zu erwähnen, daß Menschen, die aktuell gedemütigt und verunsichert worden sind, besondere Freude an feindseligem Humor haben, d. h. besondere Freude (Erleichterung) empfinden, wenn andere gedemütigt und verspottet werden[17].

---

17 Dworkin & Efran, 1967

94 Hemmung und Enthemmung instrumentell-aggressiver Verhaltensweisen

940 Vorbemerkung

Was oben (92) über die Bedingungen und die Möglichkeiten des Lernens instrumentell-aggressiver Verhaltensweisen gesagt wurde, müßte deutlich gemacht haben, daß in Gesellschaften wie der unsrigen jeder einzelne ganz zwangsläufig ein riesiges und vielfältiges Repertoire an aggressiven Verhaltensweisen lernt, die er zum Teil nur als *gewußte Verhaltensmöglichkeiten* (auf Grund von Beobachtung und dgl.), zum Teil aber auch als *praktizierte Fertigkeiten* zur Verfügung hat. Zudem sieht sich fast jeder täglich, stündlich sozialen Problemsituationen gegenüber, in denen sowohl aggressive wie auch nichtaggressive Verhaltensweisen als Problemlösungsversuche in Frage kommen. Von hier aus gesehen ist es von größtem praktischem Interesse, die Bedingungen zu kennen, die das Auftreten — die „Auswahl" — aggressiver Verhaltensweisen wahrscheinlicher bzw. unwahrscheinlicher machen.

941 Hemmung

Ohne Zweifel also kennt und beherrscht jeder von uns weit mehr aggressive Verhaltensweisen und Problemlösungstechniken als er jemals praktiziert.
Daß diese Verhaltensweisen nicht bei jeder möglichen Gelegenheit praktiziert werden, beruht einmal darauf, daß für viele Situationen zugleich *auch andere, nicht-aggressive Verhaltensweisen* zur Verfügung stehen, die effektiver (wenn auch oft gleichzeitig schwieriger) sind.
Zum andern — und das läßt sich von dem ersten praktisch kaum trennen — beruht es auch darauf, daß aggressive Verhaltensweisen sehr häufig, fast in der Regel, *mit Bestrafung in irgendeiner Form bedroht* sind, sei es mit unmittelbarer Gegenaggression, mit Rückzug des Angegriffenen (was ja oft nicht nur Beendigung einer Bedrohung, sondern zugleich Beendigung eines Kontakts, soziale Isolierung, bedeutet), mit dem Anblick von Leiden bei jemand, den man nicht tief genug haßt, vielleicht sogar liebt, mit Bestrafung durch eine Autorität, mit sozialer Mißbilligung, mit schlechtem Gewissen, was immer das für eine weitergehende Befürchtung repräsentieren mag, usw. Solche drohenden bzw. (auf Grund eigener Erfahrung oder auch Beobachtung, Aufklärung und dgl.) erwarteten Bestrafungen wirken hier, wie auf jedes andere instrumentelle Verhalten auch, *hemmend*.

Im Einklang hiermit ist denn auch experimentell gezeigt worden,
- daß Vpn (in einem angeblichen Lernexperiment), schwächere und kürzere Schocks erteilen, wenn sie erwarten, es gegebenenfalls von dem Opfer zurückbekommen zu können[1];
- daß Vpn (in einem angeblichen Reaktionszeit-Match) sich mit den gewählten Schockstärken zurückhalten, wenn der Gegner ihnen jedesmal, wenn er an die Reihe kommt, dieselbe Schockstärke wiedergibt[2];
- daß Vpn (Soldaten), die in einem angeblichen Rundgespräch mitangehört haben, wie ein anderer für aggressives Reden (von einem Vorgesetzten) getadelt wurde, sich weniger aggressiv äußern als solche, die keinen solchen Tadel mitangehört haben[3];
- daß Vpn, die auf Befehl oder in einem Reaktionszeit-Match Schocks austeilen, schwächere Schocks wählen[4], bzw. in einen sehr sichtbaren Konflikt geraten[5], wenn das Opfer Schmerzenszeichen von sich gibt und daß sie überhaupt sich eher weigern, immer stärkere Schocks zu geben, wenn sie dem (anscheinend) leidenden Opfer unmittelbar gegenübersitzen, als wenn sie es in einem angrenzenden Raum vermuten[6];
- daß Vpn, die sich von ihrem Opfer erkannt wissen, stärkere Hemmungen zeigen, es zu schocken, als wenn sie es aus der Anonymität heraus tun können[7];
- daß überhaupt *in Gegenwart von Zuschauern* relativ schwächere Schocks gewählt werden als sonst[7a].

Die Hemmung instrumentell-aggressiver Verhaltensweisen muß nun allerdings nicht immer auf erlebter bzw. erwarteter Bestrafung, d.h. auf Angst beruhen. Namentlich angstmotivierte instrumentelle Aggression kann auch, wie schon erwähnt, durch in der Situation vorhandene *Sicherheitsreize*, die ihr die Motivation entziehen oder mindern, z.B. die Anwesenheit einer geschätzten Person, gehemmt werden, eine Möglichkeit, auf die in der Praxis zweifellos eher gesetzt werden sollte als auf die erstere.

In diesem Zusammenhang ist auch an die indirekt aggressionshemmende Wirkung *befriedigender sexueller Betätigung* zu denken; solche Betätigung pflegt ja nicht nur (vorübergehende) sexuelle Befriedigung (Sex-Hemmung) zu

---

1 BARON, 1971b, c; DERTKE et al., 1973
2 PISANO & TAYLOR, 1971
3 WHEELER & SMITH, 1967
4 BUSS, 1966; BARON, 1971a; SILVERMAN, 1971
5 MILGRAM, 1963
6 MILGRAM, 1965a
7 PENNER & HAWKINS, 1971
7a DERTKE et al., 1973

schaffen, sondern vor allem auch (mehr dauerhafte) Gefühle von Zugehörigkeit, Anerkanntsein, Frieden, Sicherheit, die aggressives Verhalten, jedenfalls angstmotiviertes, zwangsläufig unwahrscheinlicher machen. Menschen mit befriedigenden sexuellen Beziehungen sind eben, wie schon einmal erwähnt, schlechtere Krieger (und umgekehrt)[8].

Das bedeutet nicht mehr und nicht weniger als, daß die Befreiung des Sex, insbesondere auch der Kinder und Jugendlichen, aus der traditionellen Repression ein Nahziel jeder ernstgemeinten „Antiaggressionspädagogik" oder „Friedenspolitik" (im weitesten Sinne) sein muß.

942 Enthemmung

Durch Angst vor Bestrafung gehemmte Verhaltensweisen werden immer in dem Maße wahrscheinlicher, wie das Eintreffen einer Bestrafung in der betreffenden Situation unwahrscheinlicher wird; m. a. W.: alles, was die Strafdrohung (in der Vorstellung des Individuums) mindert, kann durch drohende Bestrafung gehemmte Verhaltensweisen „enthemmen". Geht man davon aus, daß die meisten Formen aggressiven Verhaltens selbst in den gewalttätigsten und feindseligsten Gesellschaften mit Bestrafung bedroht sind und folglich sehr häufig nur auf Grund der Strafdrohung unterlassen oder in gehemmter, reduzierter, entstellter Form ausgeführt werden, dann ist leicht einzusehen, daß dieser Mechanismus der Enthemmung infolge Reduktion der Strafdrohung, was aggressive Kommunikationsformen unter Menschen betrifft, eine besonders bedeutende Rolle spielt, dann wird auch verständlich, warum aggressive Verhaltensweisen so häufig völlig unvermutet hervortreten, als steckten die Menschen voll von „Aggressionen", die nur darauf warten, hervortreten zu dürfen.

Vom Mechanismus der *„Enthemmung"* praktisch schwer zu unterscheiden ist der Mechanismus der *„Anregung"* von Verhaltensweisen durch Vormachen (s. o. 9230), beides findet oft gleichzeitig statt, und es ergibt sich die Erwartung, daß *das Auftreten aggressiver Verhaltensweisen* durch diverse Vorgänge und Umstände sozusagen periferer Art wahrscheinlicher gemacht werden kann bzw. allgemein *stark von derartigen periferen Vorgängen und Umständen* — im Unterschied zu den eigentlichen diskriminativen Reizen — *abhängt*. Das bestätigt auch eine Fülle experimenteller Befunde:

WALTERS & BROWN (1964) fanden, daß Kinder, die eine Zeitlang dafür belohnt worden waren (mit Glaskugeln), daß sie einer Puppe kräftig in den Bauch

---

[8] vgl. MANTELL, 1972 (amerikanisch 1971)

boxten, danach in zwei Raufspielen mehr Aggression gegen ihre Kameraden zeigten als für mehr zurückhaltende Reaktionen belohnte Kinder.
Ähnliches fand HORTON (1970) bei Jugendlichen.

In einem Experiment von LEOW (1967) wurden Vpn zuerst — mit verbaler Belohnung — trainiert, aus jeweils vier Wörtern immer das eine „aggressive" auszuwählen; als sie danach die Aufgabe erhielten, eine (angebliche) zweite Vp in einer ähnlichen Aufgabe zu trainieren und für Fehler mit Schocks zu bestrafen, wählten sie durchschnittlich stärkere Schocks als Vpn, die vorher gelernt hatten, immer das „Natur"-Wort aus den vieren auszuwählen.

FESHBACH (1956) konnte zeigen, daß Kinder, die einige Male mit entsprechenden Ausrüstungen aggressive Rollenspiele (Cowboy, Indianer, Soldat, Pirat) gespielt hatten, danach mehr Aggression in der Interaktion mit ihren Kameraden zeigten als mit nicht-aggressiven Spielen (Zug, Zirkus, Farm, Geschäft) beschäftigt gewesene Kinder.

Aus einer ganzen Reihe von Experimenten geht hervor, daß die befehlsgemäße oder auch nur ungestrafte Ausführung aggressiver Reaktionen — Erteilen von Schocks, Abgabe negativer Kritik — die Bereitschaft zu gleichartigen wie auch zu andersartigen aggressiven Akten erhöht[9].

Nur einmal ist gefunden worden, daß die Möglichkeit, unmittelbar auf einen verbalen Angriff zu reagieren, die Bereitschaft, den Angreifer danach noch negativ zu beurteilen, reduziert[10], dies vermutlich, weil hier die aggressivkritische Reaktion tatsächlich instrumentell die Feindseligkeit-Angst-Motivation reduzierte.

Aber nicht nur die belohnte oder ungestrafte *Ausführung* aggressiver Verhaltensweisen wirkt allgemein enthemmend für weitere aggressive Betätigung. Auch die *Beobachtung ungestrafter Aggression* kann — abgesehen von der Anregung zur Ausführung der konkreten beobachteten Verhaltensweisen (vgl. o. 9230, 9231) — aggressive Verhaltensweisen enthemmen, und zwar *auch ganz andersartige*, — denn in der Vorstellung älterer Kinder und Erwachsener gibt es so etwas wie einen „Begriff" von Aggression, verschiedenartige aggressive Handlungen sind miteinander assoziiert, gehören zusammen, und die hemmenden Angst-Reaktionen sind an sie alle gebunden; lernt das Individuum beispielsweise, daß in einer gewissen Situation der Gebrauch von Schimpfwörtern erlaubt ist, nicht bestraft wird, so wird es (zunächst) auch weniger Hemmungen haben, zu treten oder zu rempeln, da Schimpfen, Treten und Rempeln in der Vorstellung manches gemeinsam haben.

---

9 DECHARMS & WILKINS, 1963; BUSS, 1966; MALLICK & MCCANDLESS, 1966; LOEW, 1967; ZILLMANN et al., 1972
10 THIBAUT & COULES, 1952

Experimentell ist auch festgestellt worden,
- daß Kinder *nach Betrachtung eines aggressiven Zeichentrickfilms* (anders als nach einem nicht-aggressiven)
ein stärkeres Interesse an einem aggressiven gegenüber einem nicht-aggressiven Spiel zeigen[11]
mit der Vorstellung eines Luftballons stärker den Wunsch verbinden, ihn zu zerstören[12],
in höherem Grade bereit sind, andere Kinder zu verletzen[13] und vor allem auch
in ihrer Klassengemeinschaft mehr aggressives Verhalten zeigen[14];
- daß Kinder *nach dem Anhören einer aggressiven Kindergeschichte* (anders als nach einer nicht-aggressiven) sich stärker für ein Spiel interessieren, bei dem sie per Hebelzug einer Puppe auf den Kopf hauen können[15];
- daß Jugendliche und Erwachsene nicht anders als Kinder *nach dem Ansehen von Messerstecher- und Schlägerszenen im Film* stärkere Schocks austeilen[16] und andere Menschen negativer beurteilen[17], und das besonders, wenn die Handlungsweise des Aggressors ihnen als gerechtfertigt, d. h. nicht strafwürdig, dargestellt worden ist[18];
- daß Menschen *nach dem Anhören aggressiver Witze* andere negativer beurteilen als nach dem Anhören nicht-aggressiver Witze[19],
- ja u. U. schon durch *die bloße Darbietung von Wörtern, die mit Aggression zu tun haben*[20], oder durch den *Anblick von herumliegenden Waffen* (Revolver, Gewehr)[21] veranlaßt werden können, relativ stärkere Schocks zu erteilen.

So liegt also eine ziemliche Menge empirischer Evidenz vor, die eindeutig zeigt, daß die ungestrafte Ausführung wie auch die Beobachtung von aggressiven Akten aggressives Verhalten — wie im Rahmen einer an der Psychologie des Lernens orientierten Aggressionstheorie kaum anders denkbar — in den meisten Fällen eher anregt oder enthemmt als unwahrscheinlicher macht. Das bedeutet, daß die Annahme, „Aggressionen" könnten (und müßten) ausgelebt und irgendwie abreagiert werden und würden dadurch für die nähere

---

11 LOVAAS, 1961
12 MUSSEN & RUTHERFORD, 1961
13 LIEBERT & BARON, 1972
14 ELLIS & SEKYRA, 1972
15 LARDER, 1962
16 WALTERS et al., 1962; GEEN & BERKOWITZ, 1966, 1967; HARTMANN, 1969
17 BERKOWITZ et al., 1963
18 BERKOWITZ & RAWLINGS, 1963; BERKOWITZ et al., 1963
19 BERKOWITZ, 1970
20 GEEN & STONNER, 1971
21 BERKOWITZ & LEPAGE, 1967

Zukunft unwahrscheinlicher („Katharsis"), als empirisch vollkommen unbebründet, wenn nicht als widerlegt anzusehen ist; der Mensch — und das gleiche gilt für Tiere natürlich auch — hat eben wenig Ähnlichkeit mit einem Dampfkessel. Von dieser Katharsis-Hypothese wohl zu unterscheiden sind die hier vertretenen Thesen,
a) daß Zorn als ein durch Provokation ausgelöster und nur zeitweilig vorhandener Triebzustand *primär-aggressives Verhalten als Endhandlung* hat und
b) daß *Angst* in der Form von *Feindseligkeit-Haß* instrumentell-aggressives Verhalten motivieren kann und *abnimmt, wenn dieses Erfolg hat,* der Anlaß der Angst reduziert wird, unter Umständen allerdings auch schon, indem das Verhalten bloß stattfindet (falls es nämlich auf Grund vorangegangenen Lernens stark mit Angstreduktion assoziiert ist (vgl. o. 9352)).

Der vielleicht praktisch wichtigste Fall von Aggressionsenthemmung liegt vor, wenn eine Menge von Menschen mit einer mehr oder weniger „latenten" Feindseligkeit gegenüber einem einzelnen oder einer Gruppe unmittelbar die unbestrafte Ausführung von aggressiven Akten gegenüber dem Feind beobachtet, beispielsweise sieht, wie einer einen Stein in das Geschäftsfenster eines Juden wirft oder einen Gastarbeiter in einem Wirtshaus anrempelt oder eine Gruppe von Kindern oder Langhaarigen beschimpft. Auch DADRIAN (1971) hebt in seiner Analyse der türkischen Massaker an der armenischen Minderheit im Jahre 1915 die ausschlaggebende Bedeutung der Enthemmung durch Beobachtung ungestrafter Aggression und Fortfall der Strafdrohung überhaupt hervor.

In den unmittelbaren Folgen vergleichsweise harmlos, auf längere Sicht dagegen umso folgenschwerer, dürfte die ständig wiederholte Darstellung unbestrafter, ja nicht selten belohnter Aggression in den *Massenmedien* unserer Tage sein[22]. Dabei ist in erster Linie an unterhaltende und heitere Darstellungen von Gewalt, vor allem an amerikanische Zeichentrickfilme, Western- und Kriminalserien im Fernsehen sowie an gewisse Comic-Serien zu denken, und erst in zweiter Linie an dokumentarische und sonstige realistische Darstellungen, die die bestrafenden Folgen der Gewalt — Störung sozialer Beziehungen, Leiden, Verstümmelung, Tod — erkennen lassen.

In dem Maße wie Gewalt in heiterem Kontext dargestellt oder auch spielerisch, beispielsweise anhand von *Kriegsspielzeug,* geübt wird, werden zwangsläufig vorhandene Hemmungen reduziert bzw. der Aufbau notwendiger Hemmungen wird von vornherein verhindert; in dem Maße wie jemand lernt, daß Gewalt auszuüben etwas Lustiges ist, dessen Folgen eher lächerlich als

---

22 vgl. ERON et al., 1972

schmerzhaft sind, wird seine Scheu davor reduziert, wird er zum potentiellen Killer, zumindest aber zum passiv-zufriedenen Konsumenten nicht nur der Fantasieprodukte von Fred Quimby und Walt Disney, sondern auch der Nachrichten von Kindesmißhandlungen, von Folterungen, vom Massentöten im Straßenverkehr, von den „Heldentaten" der Heerführer unserer Tage.

Natürlich tragen auch ständig wiederholte dokumentarisch-realistische Darstellungen von Gewalt, Sterben und Tod — nach dem Mechanismus der BSa-Überflutung (s.o. 6554, 662) — zur Reduktion der entsprechenden Ängste und Hemmungen bei; der Zuschauer wird, selbst wenn er anfangs Angst und Schaudern verspürt, gezwungen, die Angst zu beherrschen (wird „abgestumpft") und das Ergebnis ist, daß es zunehmend schwieriger wird, Menschen das (lebenserhaltende) Grauen vor dem Töten und vor gewaltsamem Sterben zu vermitteln.

So wird der beachtliche Fortschritt, der darin liegt, daß infolge der letzten Kriege — erstmalig in der Geschichte der Menschheit — Gewalt als Problemlösungsmethode, zumindest offiziell, fast universal verdammt wird, wesentlich durch das Agieren der Massenmedien wieder unterlaufen, und es scheint nicht ganz unbegründet zu befürchten, daß die Bereitschaft zu morden und Morden zu dulden heute latent kaum weniger verbreitet ist als im tiefsten Mittelalter; das Verhalten der Akteure und des Publikums während des jüngsten Indochinakriegs muß diese Befürchtungen bekräftigen[23].

---

23 vgl. KELMAN & LAWRENCE, 1972

95 Eliminierung instrumentell-aggressiver Verhaltensweisen

950 Vorbemerkung

Instrumentelle Verhaltensweisen stehen immer unter der Kontrolle der *Situation*, in der sich das Individuum befindet und der *Motivation* (plus Zielvorstellung), die gerade aktuell ist und sind auch insofern — im Unterschied zu Instinktreaktionen — keine konstanten Größen, als die *Konsequenzen,* die sie produzieren, die Wahrscheinlichkeit ihres weiteren Auftretens entscheidend bestimmen; sie stehen außerdem als prinzipiell immer auswechselbare Methoden der Problemlösung stets *in Konkurrenz* mit anderen möglichen Reaktionen und werden in dem Maße wahrscheinlicher wie diese unwahrscheinlicher werden und umgekehrt. Hierin deutet sich schon an, daß es eine ganze Reihe von Methoden geben muß, das Auftreten instrumentell-aggressiver Verhaltensweisen unwahrscheinlicher (wie auch wahrscheinlicher) zu machen bzw. solche Verhaltensweisen — falls sie, was meistens der Fall ist — mehr schaden als nützen, zu eliminieren.

Unter den zahlreichen Möglichkeiten, gelernte instrumentelle Reaktionen zu eliminieren, sind vor allem *Löschung* und *Bestrafung* bekannt, es gibt aber noch andere und vor allem auch bessere.

951 Veränderung der Situation

Es ist eine folgenschwere und sehr einseitige Vorannahme, die das Vorgehen vieler Erzieher und praktisch aller Psycho- und Verhaltenstherapeuten bestimmt, daß unerwünschte Verhaltensweisen grundsätzlich und am einfachsten durch *Veränderungen „am Individuum"* zu eliminieren seien. Diese Vorannahme entspricht einem Menschenbild, das den „Charakter" in den Mittelpunkt der Betrachtung stellt und die Situationsgebundenheit des menschlichen Verhaltens übersieht oder leugnet[1].

Demgegenüber muß erkannt bzw. mit der im Grunde trivialen Erkenntnis ernstgemacht werden, daß alles instrumentelle Verhalten entscheidend *durch die äußere Situation determiniert* wird, und zwar in zweifacher Weise:
Zum einen kontrolliert sie — und das gilt ganz besonders für den Fall der Motivation durch Angst — die *Motivation* des Individuums.
Zum andern enthält sie die *diskriminativen Stimuli,* die bestimmen, welche Reaktionen möglich sind und welche Konsequenzen sie haben werden.

---

[1] vgl. Skinner, 1972

Aus beiden Aspekten ergeben sich Möglichkeiten, aggressive Verhaltensweisen unwahrscheinlicher zu machen oder ganz zu eliminieren:

So werden Kinder in einer Familie oder einem Kindergarten weniger streiten, wenn weniger Aggressionsspiele (z.B. Mensch ärgere Dich nicht) angeboten werden und die beliebteren Spielsachen mehrfach vorhanden sind; so gibt es in einer wartenden Menschenschlange keine Streitereien, wenn jeder nach der Nummer, die er vorher gezogen hat, an die Reihe kommt; so werden selbst Menschen, die in sehr gewalttätigen und feindseligen Gesellschaften aufgewachsen sind und jede Menge aggressiver Verhaltensweisen gelernt haben, relativ friedlich werden, wenn sie in eine insgesamt friedliche Umgebung kommen; so wird auch mancher wilde Jugendliche umgänglich, wenn er akzeptiert und ernstgenommen, vor allem nicht angegriffen, nicht kritisiert, nicht kontrolliert wird; so kann der mißmutigste und bösartigste Angestellte ein erträglicher Mitarbeiter werden, wenn er an einen Arbeitsplatz kommt, wo er sich wohlfühlt, wo er seltener gestört wird, wo er die gestellten Aufgaben beherrscht.

Auf der andern Seite können — und das ist so trivial, daß es oft übersehen wird, aber dennoch praktisch überaus wichtig — viele instrumentell-aggressive Verhaltensweisen nur stattfinden, wenn gewisse Mittel, Werkzeuge, Waffen vorhanden sind. So ist klar, daß jemand, der einen Stock in der Hand hat, auf eine Provokation eher aggressiv — mit Gebrauch des Stocks nämlich — reagieren wird, als wenn er keinen hat; daß er sich insbesondere im letzteren Fall eher veranlaßt sehen wird, nicht-aggressiv zu reagieren, was noch deutlicher wird, wenn man sich zwei Leute in einer verbalen Auseinandersetzung vergegenwärtigt, einmal („zufällig") mit, einmal („zufällig") ohne Stöcke in der Hand. Jeder weiß auch, daß man einem Kind, das ein anderes mit einem Pusterohr belästigt, nur das Ding wegzunehmen braucht, um die Aggression zu beenden. EDWARDS (1972) macht überzeugend klar, daß die hohe Zahl der Gewaltverbrechen in den USA zu einem wesentlichen Teil einfach darauf beruht, daß Schußwaffen in ungeheuren Mengen verbreitet sind und plädiert folglich für restriktive Waffengesetze.

Kurz, die Häufigkeit unnötiger physisch-aggressiver Kommunikationen in einer Gesellschaft könnte allein schon dadurch wesentlich reduziert werden, es könnte mancher Ärger, manche Verletzung, manches Leben gespart werden, wenn nicht nur Waffen im engeren Sinn, sondern auch diverse andere potentielle Aggressionswerkzeuge soweit wie möglich abgeschafft würden, — wenn auch damit zweifellos nicht die Wurzel des Übels getroffen wäre.

952 Löschung

Von „Löschung" einer instrumentellen Verhaltensweise spricht man, wenn diese Verhaltensweise *infolge wiederholter unbelohnter Ausführung* allmählich (in der betreffenden Situation) aufgegeben wird. Der Ausdruck „Löschung" sollte im Zusammenhang mit instrumentellen Verhaltensweisen auch wohlbemerkt nur in dieser Bedeutung — „wiederholte Nicht-Belohnung" — gebraucht werden, damit die Unterschiede zwischen den verschiedenen möglichen Eliminierungsprozeduren nicht unnötig verwischt werden; es sollte insbesondere nicht von „Löschung" gesprochen werden, wenn jemand eine Verhaltensweise infolge *Bestrafung* aufgibt oder infolge *Lernens einer alternativen Verhaltensweise* (vgl. o. 6554) oder infolge *Fortfalls der Motivation* (beispielsweise im Falle einer unnötigen DAV-Reaktion, die nach oftmaliger Ausführung in einer Situation, in der keine aversiven Reize mehr vorkommen, allmählich aufgegeben wird (vgl. o. 6551)).

Die Prozedur der Löschung und ihre Gesetzmäßigkeiten sind im Laboratorium besonders gründlich erforscht worden, und da sie dort — unter weitgehend kontrollierten Bedingungen — auch klaglos zu funktionieren pflegt, wird sie nicht selten auch als die wirkungsvollste und „humanste" Technik der Eliminierung unerwünschter instrumenteller Verhaltensweisen hingestellt; in beiden Hinsichten aber müssen Einschränkungen gemacht, und es sollte klar gesehen werden:

1. Die Löschung von instrumentellen Reaktionen ist genauso wie die von assoziativ gelernten eine *langwierige Prozedur,* die (wenn sie nicht mit irgendwelchen anderen Techniken kombiniert wird) gewöhnlich um ein Vielfaches länger dauert als die Etablierung der Reaktion[2]. Es ist auch hier gegen eine *„Resistenz gegen Löschung"* anzukämpfen, die sich vor allem in wiederholter *„spontaner Erholung"*[3] zeigt und in prompter *Wiederbelebung* einer anscheinend schon gelöschten IR bloß infolge Steigerung der Motivation[4].

2. Die Resistenz gegen Löschung einer IR ist besonders erhöht, wenn sie
a) zuletzt schon nur noch *manchmalig verstärkt* worden ist[5] und/oder
b) nach wie vor irgendeine *sekundäre Verstärkung* produziert[6],
was beides in der Praxis sehr häufig gegeben ist.

---

2 z. B. SKINNER, 1933; DENNY, 1959
3 z. B. YOUTZ, 1938
4 z. B. MILES, 1960
5 z. B. LEWIS & DUNCAN, 1956
6 z. B. MOLTZ, 1955

3. Die Nicht-Belohnung einer IR ist gleichbedeutend mit *Frustration,* und der unmittelbare Effekt von Frustration ist eine Steigerung der Motivation[7], eventuell auch die Hervorrufung von Angst oder Zorn. Folglich beobachtet man auch bei dem Versuch, gelernte IR zu löschen, häufig zunächst eine Intensivierung und Primitivierung[8] des betreffenden Verhaltens und gegebenenfalls außerdem eine Neigung, primär-aggressiv anzugreifen (s.o. 8131, Pt. 4).

4. Löschung ist auch normalerweise *im Resultat labil,* d.h. gelöschte IR können sehr rasch wiederbelebt werden (so als hätten sie gleichsam nur auf Eis gelegen), wenn sie nur ein oder einige Male — eventuell auch bloß versehentlich — wieder belohnt werden, ja auch schon, wenn in der betreffenden Situation die Belohnung nur wieder vorkommt[9]. Entsprechend dauert es auch mit der Löschung einer IR besonders lang, wenn die Belohnung in der Situation zeitweilig noch auftritt[10].

5. So erfordert die Methode der Löschung, wenn sie im Alltag auf unerwünschte Verhaltensweisen irgendwelcher Art angewandt werden soll, oft übermenschliche *Geduld* (das Verhalten muß immer wieder vorkommen, um „nicht-belohnt" zu werden), *Selbstkontrolle* (jede sekundäre Verstärkung muß vermieden werden) und *Konsequenz* (Verstärkung darf auch nicht ein einziges Mal versehentlich gegeben werden) — was die ganze Methode, solange sie nicht mit irgendwelchen anderen Techniken kombiniert wird, als kaum praktikabel erscheinen läßt.

All das trifft auch auf die Löschung instrumentell-aggressiver Verhaltensweisen zu und kann leicht an beliebigen Fällen illustriert werden: Angenommen, ein Ehemann versuchte das eine oder andere Mal, sich seiner Frau gegenüber in einer bedrängten Lage mit irgendwelchen Drohungen durchzusetzen und sie gäbe ihm hin und wieder auch nach (manchmalige Verstärkung); zweifellos könnte er sich so das Drohen gegenüber seiner Frau als aggressive IR bald angewöhnen. Nun weiter angenommen, die Frau entschlösse sich eines Tages, sich zu behaupten und Drohungen einfach nicht mehr nachzugeben. Die erste Schwierigkeit würde sich darin zeigen, daß das Drohen, wenn ihm nicht nachgegeben wird, nur noch intensiver und primitiver ausfällt und eventuell in zorniges Angriffsverhalten übergeht (jedenfalls die ersten Male), wodurch es für die Frau überaus schwierig würde, es nicht zu verstärken, da sie für ihr Nicht-Verstärken ja zunächst bestraft wird. Das Verhalten des Mannes würde danach zwar in seiner Intensität wohl bald abneh-

---

7 Z.B. AMSEL & ROUSSEL, 1952
8 MILLER & STEVENSON, 1936
9 WYRWICKA, 1952
10 RESCORLA & SKUZY, 1969

men, aber dennoch, insbesondere bei stärkerer Motivation, stärkerer Verunsicherung, noch viele Male hervorgebracht, da es einerseits schon während es noch belohnt wurde, zeitweilig auch nicht belohnt wurde und da es andererseits so gut wie sicher immer noch eine sekundäre Verstärkung beispielsweise in Form von sichtbarer Irritation bei dem bedrohten Gegenüber produziert. Schließlich könnte ein einziges Nachgeben zwischendurch alles bis dahin Erreichte wieder zunichte machen.

Es gibt nur wenige empirische Untersuchungen, in denen die Löschung aggressiver Verhaltensweisen untersucht wurde:

In einem vielzitierten Bericht von WILLIAMS (1959) wurde das aggressive Protestschreien eines kleinen Jungen beim Schlafengehen durch wiederholte Nicht-Beachtung verhältnismäßig rasch eliminiert, wobei allerdings nicht sicher ist, ob nicht die Möglichkeit zu andersartigem in sich belohnendem Verhalten (Spielen vor dem Einschlafen) eine ebenso große Rolle spielte, wie die Nicht-Beachtung des Schreiens.

BROWN & ELLIOTT (1965) fanden, daß Kinder in einem Kindergarten, die über zwei Perioden von je zwei Wochen hin für aggressives Verhalten von ihren Betreuern ignoriert wurden (was diesen überaus schwerfiel), darin kräftig nachließen, was einerseits zeigt, daß aggressives Verhalten von Kindern einfaches *„attention-getting"*-Verhalten sein, d. h. eingesetzt werden kann, um die Aufmerksamkeit Erwachsener zu gewinnen, und andererseits, daß es — wenn es *so* motiviert ist — vergleichsweise leicht zu löschen ist.

Wie es demgegenüber mit der Löschung stärker motivierter aggressiver IR ist, beispielsweise solchen, die aus einem Gefühl der akuten Bedrohung heraus oder zum Zweck des Zwingens oder Unterdrückens erfolgen, beantwortet bisher keine empirische Untersuchung.

953 Bestrafung

Natürlich können instrumentell-aggressive Verhaltensweisen, wie irgendwelche anderen IR auch, durch starke und/oder regelmäßige Bestrafung wirksam unterdrückt und namentlich auch, wenn die Bestrafung schon beim ersten Auftreten erfolgt, *im Keim erstickt* werden. So findet in den meisten Familien offene Aggression der Kinder gegen ihre Eltern praktisch nie statt, jedenfalls solange die Kinder klein sind und noch keine Modelle für Aggression gegen Autoritäten kennengelernt haben, und ein Lehrer, der in einer neuen Klasse schon die ersten Anzeichen von Auflehnung gewaltsam unterdrückt, wird meistens für eine längere Zeit Ruhe haben (bis die Schüler es eventuell auf

Grund von anderweitiger Übung, d. h. per Generalisation, doch einmal ausprobieren); auch die „Unfähigkeit" zu physisch-aggressiver Selbstverteidigung bei vielen Frauen dürfte zum guten Teil auf diese einfache Weise zu erklären sein.

Grundsätzlich ist solche Hemmung natürlich *situationsspezifisch*, d. h. wenn bestimmte Formen aggressiven Verhaltens gegen Eltern oder Lehrer oder Männer nicht angewandt werden, so folgt daraus noch lange nicht, daß sie auch Kameraden bzw. Frauen gegenüber unterbleiben, und wenn Kinder es in der Gegenwart ihrer Eltern nicht wagen, ihre Geschwister anzugreifen, so folgt daraus nicht, daß sie sich in Abwesenheit ihrer Eltern nicht ganz anders verhalten. Werden dagegen bestimmte Formen aggressiven Verhaltens *in diversen Situationen* gleichermaßen bestraft, so können sie auch generell gehemmt sein, wie ja „normal" sozialisierte Menschen in unserer Gesellschaft in der Äußerung von offen und insbesondere physisch-aggressivem Verhalten im allgemeinen doch mehr oder weniger gehemmt sind.

Die Hemmung instrumentell-aggressiven Verhaltens infolge Bestrafung betrifft weiterhin — sofern sie nicht Ausdruck einer allgemeinen Verhaltenshemmung in einer bestimmten Situation ist — gewöhnlich auch nur *bestimmte Kategorien von Verhaltensweisen*. So können Menschen zu physischem Angriff völlig „unfähig" sein, verbales Beschimpfen aber perfekt beherrschen und lebhaft produzieren; auch kann einer jegliches Fluchen und Schimpfen tief verabscheuen (d. h. fürchten) und vollkommen sein lassen, dafür aber umso ungehemmter sein im Ausstreuen von kleinen Bosheiten und Verleumdungen.

Es ergibt sich aber auf der anderen Seite hieraus, daß zunächst rein theoretisch in einer Gruppe oder Gesellschaft, in der alle oder doch die meisten Formen aggressiven Verhaltens *von Anfang an* und konsequent bestraft würden, solche Verhaltensweisen in der Folge tatsächlich mit verminderter Frequenz vorkommen müßten, die Gesellschaft echt „friedlicher" würde — vorausgesetzt, daß die Bestrafung nicht selbst in aggressiver Form erfolgt (womit ja wiederum „Modelle" für aggressives Verhalten geliefert würden), sondern ausschließlich in der Form von Isolierung-Liebesentzug. In der Praxis ist das letztere allerdings besonders schwer zu realisieren, denn schon die Anwendung von mit Liebesentzug assoziierten Strafreizen, z. B. von verbalem Tadel, stellt eine Art von Aggression dar ... Dennoch gibt es sogar in unserer aggressionsgeübten westlichen Welt hier und da kleinere und größere Inseln, in denen durch allgemeine Anwendung derartiger Praktiken ein bemerkenswertes Maß an „innerem Frieden" aufrechterhalten wird.

Eine völlig andere Problemlage ist allerdings gegeben, wenn man es mit bereits öfter praktizierten, *geübten* aggressiven Verhaltensweisen zu tun hat, mit solchen, für die einer Belohnungen empfangen hat oder zu empfangen gewohnt ist; beispielsweise mit Leuten, die auf verunsichernde Kritik regelmäßig mit beleidigenden Angriffen reagieren und damit manchmal Erfolg haben, d. h. die Kritik zurückschlagen, oder mit Jugendlichen, die auf Grund schlechter Erfahrungen jede Annäherung eines Erwachsenen als Angriff auffassen und entsprechend aggressiv abwehren, oder mit Autoritätspersonen, die unerwünschtes Verhalten ohne Zögern zu bestrafen und dadurch zu beenden gewohnt sind oder mit Machthabern im weitesten Sinn, die drohen, um erwünschtes Verhalten zu erzwingen und unerwünschtes zu verhindern und damit (zumindest manchmal) erreichen, was sie wollen.

Auch solche Verhaltensweisen können, wie in einzelnen Fällen demonstriert worden ist[11], durch starke und jedesmalige Bestrafung, namentlich mit kurzzeitiger Isolierung, durchaus unterdrückt werden, doch ist damit normalerweise *das Problem nicht gelöst,* wenn es mit der Bestrafung sein Bewenden hat, denn der Bestrafte hat je noch *keinerlei Alternative* gelernt.

Abgesehen davon ist der Effekt solcher Bestrafung natürlich *abhängig von der Stärke der Motivation* — starke Motivation zur Erlangung des Ziels würde die Angst vor Bestrafung überrennen — und vor allem auch *situationsgebunden,* d. h. in einer anderen Situation oder bei Veränderung der Situation — speziell bei Fortfall der Strafdrohung, Abwesenheit des Strafers — könnte die Verhaltensweise, sofern sie nicht von vornherein ganz situationsgebunden war, ohne weiteres wieder oder weiterhin auftreten.

Besonders bedenklich ist die Anwendung von Bestrafung für aggressives Verhalten — genauer gesagt: von Bestrafung und nichts weiter — wenn die Bestrafung selbst in der Form von Aggression erfolgt und damit gleich wieder ein Modell für aggressives Verhalten liefert. Weiter: wenn der Bestrafung am Ende doch Belohnung folgt, z. B. eine angegriffene Autorität sich am Ende doch durchgesetzt und infolgedessen lernt, beim nächsten Mal gleich von vornherein härter vorzugehen. Ganz besonders aber, wenn aggressive Bestrafung für angst-haß-motivierte Aggression gegeben wird, was in jedem Fall die Motivation des Bestraften nur steigern und die Voraussetzung für eine (intensivierte) Wiederholung der Aggression schaffen kann — ein Vorgang, der als Eskalation aggressiver Kommunikation in allen möglichen Formen und Größenordnungen immer wieder zu beobachten ist.

Zusammenfassend kann man sagen, daß Bestrafung, genauer gesagt: Bestrafung und nichts weiter, für aggressives Verhalten nur angezeigt sein kann in der nicht-aggressiven Form von Isolierung-Liebesentzug und nur wenn sie noch nicht geübte, in Entwicklung begriffene Verhaltensweisen trifft, d. h. sehr früh einsetzt.

---

11 HAMILTON et al., 1967; SLOANE et al., 1967; SIBLEY et al., 1969

954 Vorsichts-Lernen

Nun setzt natürlich eine Bestrafung, auch wenn sie im Sinne des Bestrafers effektiv ist, gewöhnlich nicht einfach einen Schlußpunkt hinter eine Verhaltensweise oder allgemeiner einen Kommunikationsprozeß, vielmehr bleiben, wie schon besprochen, Motivation und Ziel des Bestraften bestehen und er wird weitere Verhaltensweisen versuchen, um seine Motivation zu befriedigen bzw. an sein Ziel zu gelangen (es sei denn, seine Motivation würde, was im Falle angst-haß-motivierter Aggression oft eine realistische Möglichkeit ist, nach erfolgter Bestrafung beseitigt, der Haß „abgebaut").
Solches Weiterprobieren kann im schlimmsten Fall zur Entwicklung effektiverer Aggressionstechniken führen, d. h. solcher, die die Gefahr des Mißerfolgs und der Bestrafung von vornherein tendenziell ausschließen. Es kann aber im günstigsten Fall auch zur Entwicklung nicht-aggressiver Problemlösungstechniken führen, ein Prozeß, der in glücklich gelagerten Fällen von selbst in Gang kommt, der aber vor allem auch durch den Bestrafer oder andere Personen („Erzieher" im weitesten Sinn) gefördert werden kann — durch Vorgabe von Modellen, Instruktion und sonstiger Anleitung sowie Vorgabe von Gelegenheiten zu erfolgreicher Übung, d. h. Praxis mit nachfolgender Belohnung von alternativen Verhaltensweisen.
So könnte beispielsweise ein Diskussionsteilnehmer, der auf Äußerungen, die ihn verunsichern, immer wieder mit aggressiven Störmanövern reagiert, hierfür zunächst mit Redeverbot bestraft werden; danach könnte mit ihm besprochen und geübt werden, seinen Widerspruch auf zivilisierte Art vorzubringen und er könnte so allmählich in die Gruppe integriert werden. Ähnlich könnte ein Kind, das seine Wünsche aggressiv-fordernd durchzusetzen pflegt, hiervon durch Bestrafung abgebracht und gleichzeitig oder danach durch systematische Unterweisung und Verstärkung in nicht-aggressiven Verhaltensweisen trainiert werden[12].
In beiden Fällen aber ist deutlich zu sehen, daß die Bestrafung zwar den Weg für das Lernen der Verhaltensalternative eröffnen, das Lernen aber nicht direkt fördern, sondern durch Schaffung von Angst eher behindern würde.

955 Umlernen und Umformung

Tatsächlich ist Bestrafung in aller Regel auch nicht erforderlich, um dem Lernen von Alternativen zu aggressiven Problemlösungstechniken den Weg zu eröffnen. Es genügt im Prinzip schon, wenn das unerwünschte Verhalten (ausreichend oft) unbelohnt bleibt und die Möglichkeit zu alternativem Verhalten demonstriert oder zumindest bereitgestellt wird.

---

[12] vgl. SLOANE et al., 1967; BOSTOW & BAILEY, 1969; ALLISON & ALLISON, 1971

Dieses im Hinblick auf jede Art von Praxis sehr wichtige „Umlernen" ist experimentell bemerkenswert selten untersucht worden.

Aufschlußreich aber ist ein Experiment von LEITENBERG et al. (1970): Hier wurden Ratten zunächst trainiert, für gelegentliche Belohnung mit Futter beständig ein Pedal A zu betätigen. Danach wurde Pedal A funktionslos gemacht und gleichzeitig ein Pedal B bereitgestellt, das bei der Hälfte der Versuchstiere (E) Futter produzierte, bei der andern Hälfte (K) nicht. Die E-Tiere gaben sehr rasch die Arbeit an A zugunsten von B auf, die K-Tiere drückten A noch viele Male, ehe sie aufgaben. Als dann allerdings Pedal B auch für die E-Tiere funktionslos wurde, kehrten sie rasch zu A zurück und arbeiteten etwa ebenso lange wie vorher die K-Tiere.

Entsprechendes zeigte sich auch in dem oben (924) erwähnten Experiment von HORTON (1970), in dem eine letztlich mit Geld belohnte aggressive Reaktion rasch aufgegeben wurde, wenn an ihrer Stelle eine nicht-aggressive Reaktion belohnt wurde.

Offenbar kann also eine IR, wenn sie wiederholt nicht belohnt und gleichzeitig eine effektive *Alternativ-IR* ermöglicht wird, *rasch eliminiert* werden — allerdings bleibt sie das nur solange, wie die Alternativ-IR funktioniert; versagt diese, so wird zu der zuerst gelernten IR zurückgegangen („regrediert"), denn eine Löschung hat natürlich nicht stattgefunden[13].

Auf den Fall einer aggressiven Verhaltensweise übertragen könnte das etwa so aussehen: Ein Kind hat sich angewöhnt, seine Mutter, wenn es keine Lust zum Arbeiten hat, aggressiv-fordernd zum Helfen bei den Hausaufgaben zu bewegen. Nach einigen Malen entschließt sich die Mutter, diesem Verhalten nicht mehr nachzugeben und verweigert die Hilfe, wenn sie aggressiv gefordert wird. Zugleich wartet sie darauf oder bringt das Kind durch entsprechende Anstöße dazu, seinen Wunsch höflich fragend zu äußern — und belohnt dieses Verhalten. Würde sie eine Zeitlang konsequent das eine Verhalten nicht, das andere aber wohl belohnen, so würde das erstere bald ganz durch das letztere ersetzt; würde sie allerdings dazu übergehen, das Alternativ-Verhalten nicht mehr oder nur noch zögernd zu belohnen, so wäre damit zu rechnen, daß das ursprünglich praktizierte wieder hervorträte.

Auf ungefähr diese Art und Weise verfuhren HART et al. (1964) mit zwei kleinen Jungen, die sich in ihrer Kindergartengruppe in jeder kleinsten Bedrängnis mit Schreien hervortaten und sich so die Aufmerksamkeit der Erwachsenen sicherten und durchsetzten.

Nun ist der Fall in der Praxis selten so einfach, daß es bloß gälte, ein klar definiertes unerwünschtes Verhalten durch ein ebenso klar definiertes er-

---

13 vgl. auch WHITING & MOWRER, 1943

wünschtes zu ersetzen. Meist muß ein allmählicher Übergang gesucht werden, das unerwünschte Verhalten muß schrittweise in ein weniger und weniger unerwünschtes und schließlich ein optimales umgeformt werden. Dieses Vorgehen ist überhaupt das einzig uneingeschränkt empfehlenswerte, wenn es um die Eliminierung unerwünschter, insbesondere unnötiger aggressiver Verhaltensweisen geht (sofern das Ziel des Verhaltens akzeptabel ist, was beispielsweise nicht der Fall wäre, wenn es auf die Schädigung von jemand oder etwas oder auf das Erzwingen von für den Gezwungenen nachteiligem Verhalten hinausliefe).

Die schrittweise Umformung von unerwünschtem Verhalten müßte etwa nach folgendem Schema ablaufen: man nehme das Verhalten zunächst wie es ist und schaffe die Voraussetzungen (Situation und Motivation) für sein Auftreten. Dann verstärke man jede „Verbesserung" des Verhaltens, jede Veränderung in die gewünschte Richtung und lasse nicht-verbesserte Äußerungsformen unbeachtet. Um die Wahrscheinlichkeit des Auftretens von „Verbesserungen" zu erhöhen, können konkrete Anleitungen und Modelle eingesetzt werden. Allmählich werden dann, ohne daß (wie bei Anwendung von Bestrafung) in größerem Umfang mit Steigerungen des unerwünschten Verhaltens gerechnet werden müßte, Fortschritte bemerkbar werden. Voraussetzung ist hier allerdings eine gewisse Flexibilität auf seiten des Lerners sowie Aufmerksamkeit, Geduld, Konsequenz und eine klare Vorstellung von dem angestrebten Verhalten zumindest beim „Lehrer", wenn möglich aber auch beim „Lerner".

Die Möglichkeit eines derartigen Vorgehens könnte illustriert werden durch einen Bericht von Scott et al. (1967) über die Behandlung eines durch seine Aggressivität störenden Jungen innerhalb einer Kindergartengruppe mit systematischer sozialer Belohnung (Beachtung) für konstruktive und kontaktsuchende Verhaltensweisen und Nicht-Belohnung für alle Arten von aggressivem Verhalten.

Überhaupt bietet sich das Verfahren an, wenn es darum geht, „schwierige" Mitglieder einer Gruppe, Familie, Diskussionsrunde und dgl. zu „integrieren".

96 Konsequenzen für die Praxis

961 Aggression als Mittel der Problemlösung

Aggression gilt allgemein und mit gutem Grund als eine problematische und „unerwünschte" Erscheinung, und das Problem der „Kontrolle von Aggression und Gewalt" wird immer mehr als eines der wichtigsten Probleme einer wirklichkeitsorientierten Psychologie gesehen. Dabei wird Aggression allerdings häufig — wie tendenziell auch im obigen Abschnitt über „Eliminierung" geschehen — bloß als ein unangepaßtes oder gar pathologisches Verhalten einzelner Individuen oder Gruppen betrachtet, und es wird übersehen, daß solches Verhalten immer in einem gesellschaftlichen Kontext stattfindet und in seinen diversen Varianten sehr verschiedene Funktionen erfüllt und daß die gegen diese verschiedenen Varianten von Aggression zu ergreifenden Maßnahmen sich an diesen Funktionen orientieren müssen.

So soll bei den folgenden Schlußüberlegungen die Erkenntnis bestimmend sein, daß — nicht nur von den Ursachen, sondern vor allem auch von den Effekten und der Bewertung her gesehen — Aggression eben nicht gleich Aggression ist, daß vielmehr eine differenzierende Beurteilung der unterschiedlichen Erscheinungsformen versucht werden muß, eine Beurteilung, die letztlich nicht ohne Einnahme eines politischen Standpunkts möglich ist.

Zunächst muß festgestellt werden: Genauso wie primär-aggressives Verhalten als Reaktion auf bestimmte Auslöser und unter bestimmten Hintergrundbedingungen in der Natur „vorgesehen" ist und eine letztlich lebenserhaltende Funktion erfüllt, so kann auch instrumentelle Aggression in gewissen Problemsituationen zweckmäßig, ja notwendig, d. h. eine gangbare bzw. die einzige Möglichkeit der Problemlösung sein.

Dem würde erfahrungsgemäß in einer Gesellschaft wie der unsrigen fast jedermann zustimmen und dabei an Notwehrsituationen, an kriegerischen Überfall, an die Bestrafung von Verbrechern, insbesondere von Gewalttätern, und dgl. denken. Doch ist eine solche Aussage im Hinblick auf ihre praktischen Konsequenzen ebenso gefährlich wie einleuchtend, solange sie nicht präzisiert wird, solange nicht genau angegeben wird, in welchen Arten von Problemsituationen und unter welchen näheren Bedingungen instrumentelle Aggression zweckmäßig oder gar notwendig sein soll.

Der Versuch einer solchen Präzisierung muß auf eine Klarlegung der in verschiedenen Problemsituationen mit einem aggressiven Vorgehen verbundenen Möglichkeiten und Risiken abzielen und läuft letztlich auf die Entwicklung von Kriterien oder Überlegungstechniken hinaus, die in konkreten Problemsituationen (oder besser: solche vorwegnehmend) die Entscheidung darüber erleichtern können, ob ein mit Aggression verbundener Löschungsversuch unternommen werden soll oder nicht.

In derartige Kriterien oder Überlegungstechniken gehen natürlich wertende Vorentscheidungen ein, die als solche immer irrational sind, die aber immerhin offengelegt und der Diskussion zugänglich gemacht werden können.

So soll hier davon ausgegangen werden (und es könnte dabei auf den weltweiten Konsens bezüglich der fundamentalen Menschenrechte hingewiesen werden), daß (unter Menschen) *menschliches Leben* als *wertvoll* angesehen werden muß, mehr noch: daß menschliches Leben — da der Unterschied zwischen Leben und Nicht-Leben so absolut ist wie ein Unterschied nur sein kann — als *absolut wertvoll* angesehen werden muß, d. h. als wertvoller als alles andere, was sonst noch als wertvoll angesehen werden kann (nichtmenschliches Leben, nicht lebendige Materie, sogenannte „ideelle Werte", soweit sich in ihnen nicht die Wertschätzung des menschlichen Lebens ausdrückt).

Weiter soll davon ausgegangen werden, daß nicht nur individuelles menschliches Leben, sondern auch die *Existenz der Menschheit als ganzer* als wertvoll anzusehen ist, was bedeutet, daß — bei grundsätzlicher Gleichbewertung individueller menschlicher Leben — eine *Mehrzahl* menschlicher Leben höher zu bewerten ist als ein einzelnes.

Hieraus folgt bereits, daß eine *Schädigung menschlichen Lebens* jeden Grades (von physischer Vernichtung, Invalidisierung und Verwundung angefangen, über Zufügung von Schmerzen, Angst und sonstigem Leiden bis zur schlichten Vergeudung unwiederbringlicher Lebenszeit) und jeder Art (d. h. sowohl durch Aggression wie durch Liebesentzug-Isolierung) *grundsätzlich unwünschbar* und *nur zu rechtfertigen* ist, wenn es gilt, menschliches Leben zu *bewahren* oder sonstwie zu *fördern*, genauer: wenn es gilt, bereits erfolgende Schädigung menschlichen Lebens zu *beenden* oder drohende Schädigung zu *verhindern*.

Bei der Entscheidung über die Zweckmäßigkeit einer aggressiven vs. nichtaggressiven Vorgehensweise in einer Problemsituation ist weiterhin zu berücksichtigen,

— daß *das Leben des Angreifers* grundsätzlich ebenso wertvoll und schutzwürdig ist, wie das des Angegriffenen, woraus folgt,

— daß aggressive Vorgehensweisen immer nur „*verhältnismäßig*", d. h. nur so stark und solange eingesetzt werden dürfen, wie der aktuelle Zweck es gerade eben erfordert; schließlich

— daß stets besonders die voraussichtlichen *langfristigen Folgen* der Vorgehensalternativen in die Entscheidung einzubeziehen sind, denn „falsche" Entscheidungen sind in jedem Bereich menschlichen Lebens fast immer solche, die um eines kurzfristigen Nutzens (einer „unmittelbaren Belohnung") willen langfristigen Schaden (verzögerte Bestrafung) produzieren.

Damit ist schon einmal gesagt, daß *instrumentelle Aggression als Antwort auf bereits erfolgte Schädigung,* namentlich als gezielte *Bestrafung* oder *Rache* für im weitesten Sinne aggressives Verhalten — eine der verbreitetsten und oft besonders leichtfertig verteidigten Formen instrumenteller Aggression — im Grunde niemals zu rechtfertigen ist; sie könnte es nur sein, wenn sie, bei Wahrung des Prinzips der Verhältnismäßigkeit, die einfachste und sicherste Methode wäre, weitere Schädigung zu verhindern; das aber ist, wenn es um instrumentell-aggressive Verhaltensweisen geht, nach dem oben über die Eliminierung solchen Verhaltens Gesagten selten oder nie der Fall. (Es ist hier wohlbemerkt nur von instrumentell-aggressiven Reaktionen, von „gezielter Bestrafung oder Rache" die Rede; im Falle der primären Aggression kann die Frage nach ihrer „Rechtfertigung" sinnvoll gar nicht gestellt werden, weil es sich hierbei eben um nicht-instrumentelles, nicht-zielgerichtetes Verhalten handelt.)

Der Einsatz instrumenteller Aggression zur Problemlösung kann nach all dem nur in Frage kommen in Situationen, in denen menschliches Leben unmittelbar oder auf längere Sicht mit Schädigung in irgendeiner Form bedroht ist. Es sind da zunächst drei Fälle zu unterscheiden:
- Bedrohung durch *Gefahren nicht-sozialer Art,* namentlich mit Verhungern, Verdursten, Erfrieren, Ersticken, Krankheit, Ansteckung usw.,
- Bedrohung mit *Liebesverlust-Isolierung,*
- Bedrohung mit physischer Schädigung, Schwächung oder Ängstigung aus der sozialen Umwelt, sprich: mit *Aggression.*

Was den ersten Fall betrifft, so muß Aggression, wenn sie „verhältnismäßig" eingesetzt wird, sicherlich als eine *letzte* Problemlösungsmöglichkeit eingeräumt werden. So ist es z. B. im Sinne der Erhaltung menschlichen Lebens ohne Zweifel gerechtfertigt, wenn jemand, um sich selbst oder andere vor dem Verhungern zu bewahren, die Lebensmittelvorräte eines andern raubt, auch wenn er dabei gegen einen Verteidiger dieser Vorräte Drohung oder Gewalt gebrauchen muß. Ebenso wäre es gerechtfertigt, einen unheilbar-tödlich und ansteckend Erkrankten aus einer Gemeinschaft auszuschließen, notfalls mit Gewalt, wenn dadurch das Leben anderer bewahrt werden könnte. Die Frage, wie weit Gewaltanwendung in derartigen Situationen gehen darf, kann allerdings nur von Fall zu Fall, durch rationales Abwägen aller Konsequenzen, insbesondere auch der langfristigen, entschieden werden.

Der zweite Fall liegt vor, wenn beispielsweise ein Mensch von einem andern, der ihm Sicherheit gibt, von dem er „emotional abhängig" ist, mit Entzug dieser Sicherheit, mit Isolierung, Verlassen und dgl. bedroht wird, sei es, weil er für etwas Getanes bestraft werden soll, sei es, weil er zu etwas gezwungen werden soll. Aggression kommt hier als Problemlösungsmöglichkeit rational gesehen in aller Regel nicht in Betracht; sie würde den Liebesverlust nur erst recht herbeiführen. Das einzige, was der Betreffende, falls derartige Bedrohung sich wiederholt, sinnvoll tun könnte, wäre, sich aus der emotionalen Abhängigkeit zu lösen, d. h. seine Sicherheit anderswo zu suchen, was auf eine Art von Entmachtung des unter Ausnutzung seiner „Liebe" über ihn Herrschenden hinausläuft.

Bei der dritten der oben genannten Möglichkeiten — Bedrohung eines Individuums oder einer Gruppe mit Aggression — sind wiederum *zwei grundlegend verschiedene Fälle* zu unterscheiden:
A. Die Bedrohung kann geschehen auf Befehl oder im Sinne einer Bestrafung oder aus Haß im weitesten Sinn und ausdrücklich und unbedingt auf die *Schädigung* des Bedrohten abzielen („Schädigungsaggression").
B. Die Bedrohung kann aber auch geschehen, um das Individuum zu etwas zu zwingen oder an etwas zu hindern, also nur *Mittel zum Zweck* sein („Herrschaftsaggression").

Fall A ist gegeben, wenn jemand sich einem gedungenen oder durch Haß motivierten Mörder oder im Krieg einem bewaffneten Feind gegenübersieht; oder einem rauflustigen Betrunkenen, einer Bande von Schlägern oder Einsatzpolizisten, die ihn aus irgendeinem Grunde verprügeln wollen; oder jemandem, der ihn einschüchtern will, um seine Macht zu beweisen; oder als Lehrer einem Schüler, der ihn ärgern will oder als Schüler einem Lehrer, der ihn bestrafen will usw., allgemein: wenn jemand sich als „Angegriffener" einem „Angreifer" gegenübersieht, der ihn (unbedingt) „schädigen" will.

In solchen Situationen gibt es rein theoretisch immer mehrere verschiedene Verhaltensmöglichkeiten, die zwar nicht alle in jedem konkreten Fall praktikabel sind, die aber (sofern genügend Zeit da ist oder aber im Vorgriff auf das Eintreten der Situation) als Möglichkeiten nacheinander überlegt und ausprobiert werden können:
a) Der Angegriffene kann versuchen, die Motivation des Angreifers zu ändern, ihn umzustimmen, zu *„versöhnen"*. Damit würde die Schädigung für den Augenblick verhindert und auch für die Zukunft unwahrscheinlicher gemacht.
b) Ist Versöhnung von vornherein nicht praktikabel oder nach den ersten Versuchen nicht erfolgreich, so kann der Angegriffene versuchen, den Angreifer zu *„frustrieren"*, d.h. ihn sein Vorhaben ausführen lassen, ihm aber den Erfolg, die Belohnung vorenthalten, d.h. die Schädigung verhindern oder

gegebenenfalls nicht erkennen lassen; bei ernsteren physischen Angriffen hieße das: sich schützen, panzern, einigeln, den andern ins Leere stoßen lassen, bei leichteren physischen oder verbalen Angriffen: sich angreifen, aber von Schmerz und/oder Irritation nichts anmerken lassen, den andern abblitzen lassen. Solche Verfahren haben (abgesehen davon, daß sie offensichtlich nicht immer praktikabel sind) den Nachteil, daß der Angegriffene auf alle Fälle etwas „erleiden" muß, unter Umständen sogar — da Frustration in der Regel zunächst eine Intensivierung des frustrierten Verhaltens hervorruft — mehr als wenn er den Angriff gleich „erduldete" (s.u.), d.h. den Angreifer sein Ziel erreichen ließe; sie haben aber den Vorteil, daß sie, wenn erfolgreich, tendenziell die Angriffsneigung des andern (durch Nicht-Belohnung) „löschen", eine spätere Wiederholung des Angriffs unwahrscheinlicher machen und zugleich indirekt konstruktivere Formen der Problemlösung beim Angreifer „anregen" und schließlich auch den Weg zu nachfolgender Versöhnung eher eröffnen als verschließen.

c) Ist Frustrieren nicht möglich, etwa bei einem unerträglich harten und entschlossenen Angriff, gegen den man sich auch nicht schützen kann, oder bei schwacher „Widerstandskraft", großer „Empfindlichkeit", so ist es häufig zumindest möglich, dem Angriff *auszuweichen* oder davor zu *fliehen*. Damit entzieht sich der Angegriffene zwar der Schädigung, wenn auch nicht ganz (denn auch unfreiwilliger Ortswechsel beinhaltet eine Art von Schädigung), ändert aber auf der andern Seite nichts an der Motivation des Angreifers und damit an der Wahrscheinlichkeit einer Wiederholung des Angriffs, ja in vielen Fällen wird er das Verhalten des Angreifers durch seine Flucht sogar verstärken, was auf „Erdulden" (s.u.) hinausliefe; auch eine spätere Versöhnung wird durch Entfernung vom Angreifer zumindest nicht erleichtert.

Sind auch Ausweichen oder Flucht nicht möglich, so bleiben als letzte Möglichkeiten
d) *Gegenangriff* und
e) *Erdulden* der Aggression.
„Erdulden" bedeutet hier, daß man den Angreifer sein Schädigungsziel erreichen läßt. Das ist im Prinzip die am wenigsten wünschenswerte Möglichkeit, weil der Angegriffene hier ungeminderte Schädigung erleidet und vor allem zugleich den Angreifer in seinem Verhalten verstärkt. Dennoch kann Erdulden, und zwar gar nicht so selten, immer noch das kleinere Übel sein, nämlich dann, wenn der Gegenangriff mit hoher Wahrscheinlichkeit noch größeren Schaden einbringt; der Angreifer wird ja in aller Regel — wenn er sich schon nicht umstimmen oder frustrieren hat lassen — auf den Gegenangriff mit intensiviertem Angriff antworten, Aggression und Gegenaggression eskalieren, und wenn der Angreifer überlegen ist, wird das Opfer am Ende mehr erleiden, als wenn es den Angriff gleich über sich ergehen lassen hätte;

auch die Verstärkung wäre für den Angreifer gegeben (möglicherweise etwas reduziert durch die Blessuren, die er selbst einzustecken hatte), und fast zwangsläufig würde er aus dem Ganzen lernen, beim nächsten Mal entschlossener und härter anzugreifen; kurz: *Gegenangriff auf einen in Schädigungsabsicht Angreifenden ist (als vorletzte Möglichkeit) rational nur zu rechtfertigen, wenn er eine reelle — d. h. mehr als fünfzigprozentige — Erfolgschance hat* — es sei denn, der Angriff zielte auf das Leben des Angegriffenen, in welchem Falle auch ein erfolgloser Gegenangriff kein größeres Übel produzieren kann als das passive Erdulden.

Wie auch immer ein derartiger Konflikt zunächst ausgegangen ist, muß hinterher etwas getan werden, um seiner Wiederholung vorzubeugen. Und das kann immer nur so etwas wie „*Versöhnung*" sein. Diese müßte, da sie in erster Linie die Motivation des Angreifers betrifft, vom Angegriffenen ausgehen, was ohne weiteres einleuchtet, wenn der Konflikt durch erfolgreichen Gegenangriff gelöst worden ist (weil in diesem Fall die Motivation des Angreifers, jedenfalls wenn sie in irgendeiner Form von Haß bestand, und damit die Wahrscheinlichkeit eines wiederholten und zugleich besser geplanten Angriffs gesteigert worden ist); es gilt aber im Prinzip auch in den anderen Fällen, einfach weil der Angreifer schwerlich eine Motivation haben kann, seine Motivation zu ändern. Nun hat es natürlich etwas Unrealistisches, vom Angegriffenen, zumal wenn er fliehen mußte oder geschlagen worden ist, die Initiative zur Versöhnung zu verlangen; seine Angst vor dem Angreifer wird im Normalfall ein derartig hochdifferenziertes, anspruchsvolles Verhalten kaum zulassen. Hier ist es dann an den meistens mitbetroffenen Dritten, die Versöhnung zu initiieren. Das bedeutet nicht mehr und nicht weniger, als daß es zu den essentiellen Aufgaben jedes Mitglieds einer menschlichen Gemeinschaft gehört, in Konflikten zwischen anderen zu vermitteln, d. h. in dem Bereich, auf den es Einfluß hat, für Frieden zu sorgen.

Im Falle eines *vom Angegriffenen „verschuldeten"* Angriffs — beispielsweise im Fall eines autoritären Lehrers, der von seinen Schülern drangsaliert wird (was etwas anderes ist, als wenn ein ausländischer Arbeiter wegen seines fremdartigen Aussehens angegriffen wird) — bedeutet übrigens „Versöhnung" nicht mehr und nicht weniger als, sein eigenes Verhalten so zu ändern, daß dem Angreifer die Angst als Motivation zur Aggression genommen wird.

Bleibt zuletzt (B) der praktisch gesehen weitaus wichtigste Fall, derjenige, in dem einer oder eine Gruppe mit Aggression *bedroht* wird und dadurch *gezwungen* werden soll, etwas zu tun, was ihm nicht nützt (und folglich, da es einen Null-Wert der Nützlichkeit oder Schädlichkeit nicht gibt, schadet) oder *gehindert* werden soll, etwas zu tun, was ihm nicht schadet (und was, falls es ihm langfristig wirklich nicht schadet, langfristig auch andern kaum schaden kann). Gemeint ist der häufige Fall von (eigennütziger) Zwangsausübung und

Repression durch etablierte Herrscher und Unterherrscher wie auch durch Möchtegern- und Gelegenheitsherrscher; und es ist zu denken an Zwang und Unterdrückung in allen Formen und Größenordnungen: an Zwang zu irrationalen Gehorsamsakten in Elternhaus, Schule, Kirche, zur Arbeit im Profitinteresse anderer, zur Ausführung von Verbrechen im Krieg usw., an Unterdrückung von Spielaktivitäten, sexuellen Aktivitäten, freier Meinungsäußerung usw.

Solche Angriffe zum Zweck des Zwingens oder Hinderns unterscheiden sich von Angriffen zum Zweck des Schädigens vor allem dadurch

— daß es dem Angreifer-Droher — genauer gesagt: dem Zwinger bzw. Unterdrücker — eben *nicht unbedingt* auf die Schädigung des Angegriffenen ankommt, diese vielmehr vom Angegriffenen ohne weiteres — durch Ausführung des Geforderten bzw. Unterlassung des Verbotenen — vermieden werden kann und dadurch

— daß der Fehler, das Antisoziale im Verhalten des Angreifers, dasjenige, worauf eventuelle Gegenaggression zielen müßte, nicht so sehr in seinen *Zielen* liegt — diese können durchaus legitim sein — sondern in den *Mitteln,* die er wählt.

In jedem Fall aber ist es im Sinne der Bewahrung individueller Lebensrechte und letztlich im Sinne der Erhaltung der Art geboten, derartiges Verhalten — es ist, wie klar sein müßte, nicht vom Ausnahmefall von Zwingen oder Unterdrücken zum Wohle des Betroffenen die Rede — wenn möglich gar nicht erst zustande und zumindest nicht zum Erfolg kommen zu lassen.

Auch hier gibt es zunächst einmal die naheliegende Möglichkeit, den Zwinger oder Unterdrücker *umzustimmen,* ihn (für das eine Mal) zum Verzicht auf das Geforderte oder zur Duldung des Verbotenen zu bewegen. Damit wäre das Problem (für den Augenblick) gelöst und, jedenfalls wenn der Herrscher in irgendeiner Weise für sein Nachgeben verstärkt würde, auch die Wiederholung der betreffenden konkreten Zwangs- oder Repressionsausübung unwahrscheinlicher gemacht — nicht allerdings, da seine Machtmittel unangetastet bleiben, die Anwendung von Zwang oder Repression in der Zukunft.

Dem Frustrieren im vorigen Fall entspricht hier der *Ungehorsam,* das Sich-Weigern bzw. Trotzdem-Tun. Dieses ist im Prinzip ein mindestens ebenso wünschenswertes Verhalten wie das „Umstimmen", da es die Neigung des Herrschers, Zwang bzw. Repression anzuwenden, tendenziell löscht; es hat allerdings den Nachteil, daß der Betroffene sich damit, wenn er mit einem wirklich Mächtigen zu tun hat, in aller Regel die angedrohte Repressalie einhandelt und am Ende, wenn diese nur entschlossen genug angewandt und gesteigert wird, doch gehorchen muß; damit aber wäre der Herrscher verstärkt worden und hätte außerdem gelernt, beim nächsten Mal von vornherein entschlossener und härter zu drohen. D.h.: so wünschenswert und notwendig

Ungehorsam auch ist, so ist er doch — genauso wie Gegenangriff auf einen in Schädigungsabsicht Angreifenden — rational nur gerechtfertigt, wenn eine reelle, d. h. mehr als fünfzigprozentige Chance besteht, damit durchzukommen, was eben nur ausnahmsweise, bei einem im Augenblick schwachen oder unentschlossenen Herrscher, der Fall ist.

Weiter ist auch hier an die Möglichkeit der *Flucht* aus der Zwangs- bzw. Unterdrückungssituation zu denken. Diese wird in der Realität sehr häufig mit Hilfe besonderer Vorbeugungsmaßnahmen vom Herrscher von vornherein verhindert und, falls sie dennoch versucht wird, nicht selten vereitelt, woraufhin dann zumeist noch Bestrafung erlitten und der Gehorsam doch erbracht werden muß, der Herrscher andererseits wiederum angeregt wird, seine Herrschaftstechniken zu verbessern; Fluchtversuche ohne reelle Erfolgschance sind also rational nicht zu rechtfertigen. Aber selbst erfolgreiche Flucht bringt dem Betreffenden nicht selten beträchtliche Nachteile ein, Aufgabe von kurz- und längerfristigen Zielen, von sozialen Kontakten, von Besitz, von liebgewordenen Gewohnheiten usw., kurz: zumindest vorübergehenden Verlust von Sicherheit, verbunden mit dem Zwang zu riskanter Umorientierung.

Die nächste, genauso wenig wünschenswerte Verhaltensmöglichkeit wäre *Gehorchen*, das Befohlene auszuführen bzw. das Verbotene zu lassen. Dieses hat den Nachteil, daß es in den Fällen, um die es geht, immer gegen die Interessen des Gehorchers erfolgt, vor allem aber, daß es den Gehorcher in seinem Gehorsamsverhalten (das ja seiner Natur nach Verzicht auf individuelles Denken und Entscheiden beinhaltet und zudem potentiell gefährlich ist für andere) wie auch den Herrscher in seinem Herrscherverhalten verstärkt, d. h. das Herrschaftsverhältnis festigt. Ein gangbarer Ausweg ist manchmal der *scheinbare Gehorsam*; dieser hat den Vorteil, daß der Beherrschte zumindest teilweise seine Interessen bewahrt, und auch, anders als bei mißglücktem Ungehorsam oder mißglückter Flucht, den Herrscher nicht zur Verbesserung seiner Herrschaftstechniken anregt, hat aber den Nachteil, daß der Herrscher in seinem Verhalten verstärkt wird, seine Herrschaftsmittel unangetastet bleiben, wozu noch kommt, daß solches Verhalten zumeist am Ende doch als eine Form von Ungehorsam durchschaut und, wenn auch mit Verzögerung, bestraft wird.

Angreifen kann in Fällen wie den hier in Rede stehenden sinnvoll nur mit dem Ziel erfolgen, den Herrscher seiner Möglichkeiten, Herrschaft auszuüben, zu berauben, ihn zu *entmachten*. Ein Angriff, selbst ein im Augenblick erfolgreicher, der die Machtmittel des Herrschers unangetastet läßt, würde bloß als eine Bestrafung wirken, die am wahrscheinlichsten eine Verbesserung der Techniken des Zwingens und Unterdrückens (Vorsicht-Lernen) zur Folge hätte. Angriffe mit einem anderen als dem genannten Ziel können folglich nur in dem Maße gerechtfertigt sein, wie es augenblickliche vitale Interessen zu bewahren gilt, d. h. vor allem dann, wenn Gehorchen auf eine unerträgliche Schädigung hinausliefe. Angriffe mit dem Ziel der Entmachtung haben nun allerdings in etablierten Herrschaftsverhältnissen höchst selten Aussicht auf Erfolg, wenn sie „spontan", aus zufälligen Anlässen heraus erfolgen; Herrscher sind ja in der Regel auf den Fall vorbereitet und wissen ihre Machtmittel zu schützen; ein mißglückter Angriff aber brächte wiederum mehr Schaden als Gehorchen und würde nur den Lernprozeß des Herrschers fördern.

Auch hier gilt: Wie immer ein derartiger Zwangs- oder Repressionskonflikt ausgegangen ist, muß hinterher etwas getan werden, damit die Sache sich nicht wiederholen kann. Das aber kann nur die *Entmachtung des Herrschers* sein. Denn solange er über seine Machtmittel verfügt, wird er versucht sein, sie gelegentlich anzuwenden, stellen diese Machtmittel eine latente Bedrohung für die Freiheit und letztlich das Leben anderer dar; die Neigung, zur Verfügung stehende Machtmittel anzuwenden, könnte zwar theoretisch auch gelöscht oder durch Bestrafung gehemmt werden, wäre aber, wie das bei gelöschtem und infolge Bestrafung gehemmtem Verhalten eben so ist, jederzeit im Handumdrehen wieder weckbar. *Entmachtung entspricht hier dem, was im zuerst besprochenen Fall „Versöhnung" genannt wurde* und bedeutet in der Regel nicht etwa die Vernichtung des Herrschers, denn nicht seine Person, sondern seine Mittel sind das Gefährliche, aber auch nicht einfach Umerziehung, denn selbst wenn man seine Neigung zu herrschen irgendwie reduzieren könnte, so würde wie gesagt seine Fähigkeit dazu, seine Verfügung über Machtmittel, immer noch eine latente Bedrohung darstellen. Entmachtung bedeutet vielmehr: Entzug der Verfügung über die materiellen und immateriellen Voraussetzungen der Machtausübung (Waffen, Produktionsmittel,

Reaktionsmöglichkeiten bei	
Schädigungsaggression	Herrschaftsaggression
Versöhnen	Umstimmen
Frustrieren	Ungehorsam
Fliehen	Fliehen
Gegenangriff	Angriff
	solidarischer Angriff
Erdulden	Gehorsam
	scheinbarer Gehorsam
die Wiederholung des Konflikts kann vermieden werden durch	
Versöhnung	Entmachtung

Vorräte, besondere Befugnisse usw.) — und insofern natürlich zwangsläufig Schädigung, verhältnismäßige allerdings.

Damit ist bereits gesagt: Entmachtung kann der Natur der Sache nach *nur mittels Aggression* geschehen, oder anders herum: *wenn es um die Entmachtung eines Herrschers geht, und letztlich nur da, ist die Situation gegeben, in der Aggression — verhältnismäßig angewandt — gerechtfertigt und notwendig ist*; in diesen Schlußsatz geht unausgesprochen die Erkenntnis ein, daß es keinen psychologischen Mechanismus gibt, der erwarten ließe, daß ein Herrscher seine Macht freiwillig oder auf Grund bloßer Überredung aufgeben könnte; ein solches Verhalten wäre vielmehr in gewisser Weise widernatürlich, bedeutet doch Macht Sicherheit und Aufgabe von Macht Aufgabe von Sicherheit, d. h. Selbstängstigung, Selbstschädigung, partiellen Selbstmord.

Nun ist, wie schon angedeutet, die Entmachtung eines Herrschers naturgemäß eine schwierige Angelegenheit. Sie kann, von seltenen Ausnahmefällen (Ausnutzung einer vorübergehenden Schwäche des Herrschers) abgesehen, nicht aus dem Augenblick heraus und durch einzelne geleistet werden, zumal die Macht der einzelnen Herrscher und Unterherrscher sich heutzutage auf die noch größere Macht anderer stützt, die Beherrschten sich also nicht eigentlich individuellen, auf eigene Rechnung agierenden Herrschern gegenübersehen, sondern wohl abgesicherten Herrschaftsinstitutionen und letztlich einem international organisierten Herrschaftssystem.

Die Entmachtung der Herrschenden setzt folglich, wenn man von den vergleichsweise seltenen individuellen Herrschaftsbeziehungen absieht, dreierlei voraus:

a) die *Solidarität* der Beherrschten, weil die Übermacht jedes Herrschers nur durch eine Zusammenfassung von Kräften aufgewogen werden kann,

b) umsichtig-rationale *Planung*, weil verfrühte und mißglückte Entmachtungsversuche in der Regel nur zur Bestrafung der Rebellen und zur Konsolidierung der Herrschaftsverhältnisse führen und

c) Ausrichtung dieser Planung auf die *Beseitigung des Machtsystems als ganzem* bzw. auf die Befreiung *aller* Beherrschten, denn auf die Entmachtung einzelner Unterherrscher und Institutionen bzw. die Befreiung in Einzelbereichen können die letztlich Herrschenden immer mit einer anpassenden Veränderung ihrer Herrschaftsmittel reagieren, und es gibt keine Logik und keinen psychologischen Mechanismus (höchstens fromme Hoffnungen oder irrationale Optimismen), mit denen sich die Möglichkeit eines schrittweisen Abbaus des bestehenden weltweit organisierten Herrschaftssystems begründen ließe.

Schließlich: ist Herrschaft einmal in einem Teilbereich, in einer begrenzten Gegend oder weltweit beseitigt worden, so müssen die größten Anstrengungen darauf gerichtet werden, *das Wiedererstehen von Herrschaft in jeder Form zu verhindern*.

Bis dahin ist es allerdings ein weiter Weg, und worauf es für die Beherrschten auf diesem Weg ankommt, ist,
— sich nicht zu selbstschädigenden Verhaltensweisen (beispielsweise zum Einsatz in imperialistischen Kriegen) zwingen und von vital notwendigen (beispielsweise Ausbildung und Meinungsbildung) abhalten zu lassen,
— zu vermeiden, daß die Herrschenden zur Verbesserung ihrer Herrschaftstechniken angeregt werden, was vor allem geschieht, wenn aus Ungeduld (d. h. eigentlich aus unkontrollierter Angst oder aus Haß) von vornherein zum Scheitern verurteilte Ungehorsams-, Flucht- oder Aufstandsversuche unternommen werden,
— ihr Schicksal soweit wie möglich in die eigene Hand zu nehmen und schrittweise die psychologischen und materiellen Voraussetzungen für die Entmachtung der Herrschenden zu schaffen.

Nun könnte eingewandt werden, daß die heute bestehenden Herrschaftsverhältnisse zumindest in einigen Gegenden dieser Erde den Beherrschten ein sicheres und relativ freies Leben garantieren (wenn auch auf Kosten der in anderen Gegenden Verhungernden), daß folglich nicht auf die Abschaffung (mittels Aggression), sondern nur auf die Humanisierung (mittels allgemeinem Fortschritt) der Herrschaftsverhältnisse hingearbeitet zu werden brauche. Dieses Argument aber übersieht, daß die Sicherheit und Freiheit der Beherrschten in den besagten Gegenden ganz offensichtlich befristet ist — auf die nicht von ihnen bestimmte Dauer des Bestands des jeweiligen Systems. Geriete dieses, aus welchem Grunde auch immer, ins Wanken, so sind es die Beherrschten und ihre Kinder, die bereits heute dazu bestimmt sind, die Opfer zu sein. Hinzu kommt, daß eine „Humanisierung von Herrschaft" genauso unmöglich ist wie eine Humanisierung des Krieges oder des Tötens; Herrschaftsverhältnisse jeder Art bringen auf Grund ihrer psychologischen Struktur zwangsläufig und immer Konflikte, Aggression, Vernichtung und Tod hervor, denn der Mensch ist nicht dazu konstruiert, sich selbst aufzugeben und zu gehorchen, sondern zu leben und sich selbstbestimmend zu behaupten, d. h. sich gegebenenfalls von Herrschaft zu befreien, und das notfalls mit Gewalt. Systeme, in denen einzelne Individuen oder Gruppen auf Kosten anderer herrschen, sind folglich ihrem Wesen nach inhuman, nicht humanisierbar, lebensfeindlich.

Der langen Analyse kurzer Sinn:
Aggression als Bestrafung, speziell als Antwort auf bereits erfolgte Schädigung ist rational höchstens in seltenen Ausnahmefällen zu rechtfertigen.
Aggression als Antwort auf Angriffe, die in Schädigungsabsicht erfolgen, ist rational nur zu rechtfertigen, wenn Versöhnen, Frustrieren, Ausweichen oder Flucht nicht möglich sind *und* eine reelle Erfolgschance besteht, es sei denn,

der Angriff zielte auf das Leben des Angegriffenen; wie immer ein solcher Gegenangriff verlaufen ist, muß hinterher zur Vorbeugung der Wiederholung des Konflikts Versöhnung versucht werden, wobei nötigenfalls Dritte vermittelnd tätig werden müssen.

Aggression als individuelle Antwort auf einzelne Akte von Zwangs- oder Repressionsausübung ist rational nur in seltenen Fällen zu rechtfertigen. *Solidarische und wohlvorbereitete Aggression mit dem Ziel der Entmachtung von Herrschern* aber erscheint im Sinne der Bewahrung menschlichen Lebens auf diesem Planeten nicht nur gerechtfertigt, sondern schlechthin geboten.

962 Alternativen zu unnützer instrumenteller Aggression und die Befreiung von Herrschaft

Was im Alltag unserer Gesellschaft an instrumenteller Aggression stattfindet, ist nur in den seltensten Fällen sinnvolle emanzipatorische Aggression. Selbst die — im Ansatz zumeist gewaltlosen, aber dennoch die Herrschenden verunsichernden und folglich im Sinne unserer Definition aggressiven — Proteste mancher Gruppen von Heranwachsenden, die sich noch nicht zu fügen gelernt haben und von besonders benachteiligten Arbeitern sind zumeist nicht mehr als Ungehorsamsübungen, motiviert durch aktuelles Unbehagen, mit unklarem oder kurzsichtigem Ziel und wenig Aussicht auf Erfolg; sie sind vielleicht als notwendige Übungen und durch ihre Modellwirkung auf lange Sicht nützlich, halten aber auf der anderen Seite ganz offensichtlich die Herrschenden wach und fordern sie zur Verschärfung der Repression, zur Verfeinerung der Herrschaftstechniken und zur Verbesserung ihrer Verteidigungsbereitschaft heraus.

Gelegentlich mag auch in kleinerem privatem Rahmen ein Beherrschter sich aggressiv von einem Herrscher befreien — ein Sohn von seinem Vater, eine Ehefrau von ihrem Herrn, eine Schulklasse von ihrem Boß — und mag auch erfolgreiche Abwehr dilletantischer Herrschaftsversuche und objektiv notwendige Aggression gegen in Schädigungsabsicht Angreifende vorkommen — was aber ansonsten an instrumenteller Aggression stattfindet, ist durchwegs entweder

- Aggression als Antwort auf erfolgte Schädigung, aus Rache oder Haß oder zur Wiederherstellung eines verletzten Selbstgefühls,
- Aggression als Drohung im Rahmen von legaler oder illegaler oder auch „krimineller" Herrschaftsausübung oder als Realisierung einer angedrohten Repressalie,
- Aggression als ungerechtfertigter (unverhältnismäßiger und/oder unnötiger) Gegenangriffe auf einen in Schädigungsabsicht Angreifenden,

- Aggression als unüberlegter, ziel- und aussichtsloser Angriff auf einen Zwinger oder Unterdrücker.

Man muß sich nun die Frage stellen, was alles gegen solche sinnlose Aggression, die nichts als Angst und neue Aggression schafft, getan werden könnte, insbesondere — da die oben besprochenen Techniken der Eliminierung bereits gelernter und geübter instrumenteller Aggression allesamt nur sehr begrenzt wirksam sind — was *vorbeugend* gegen das Aufkommen und die Entwicklung dieser Erscheinungen getan werden könnte.

Auch hier erscheint es angezeigt, zu unterscheiden zwischen den Fällen, in denen Aggression auf Schädigung abzielt und denjenigen, in denen sie als Herrschaftsausübung erfolgt.

Schädigungsaggression resultiert wie besprochen im Alltag am häufigsten aus Unsicherheit, Angst, Haß, als direkte oder verzögerte oder verschobene Antwort auf erfolgte Schädigung, zur vorübergehenden Aufbesserung oder Wiederherstellung eines angeschlagenen Selbstgefühls. Sie erfüllt auf längere Sicht keine sinnvolle Funktion und folglich müßte alles getan werden, um die Verbreitung solcher Verhaltensweisen zu reduzieren.

Dazu gehört als erstes, daß Menschen, namentlich die Heranwachsenden, *weniger als bisher lernen, voreinander Angst zu haben und mehr als bisher lernen, einander Sicherheit zu geben* und überhaupt, sich zumindest in ihrem gewohnten Lebensbereich sicher zu fühlen. Das müßte damit beginnen, daß in Elternhaus und Schule zumindest auf einen Teil des traditionell üblichen *Strafens, Zwingens* und *Unterdrückens* verzichtet wird (mehr zu verlangen wäre unrealistisch), was Elternschulung und konsequent verbesserte und praxisorientierte Lehrerausbildung wie auch gewisse (noch keineswegs revolutionäre) Veränderungen im Schulwesen — im Grunde nicht mehr als dessen Ausrichtung auf den Zweck, den ihm die Gesellschaft offiziell zuweist — voraussetzt. Weiter gilt es, das *Kämpfen und Konkurrieren* zwischen Heranwachsenden, wieder vor allem in der Schule, einzuschränken, zumindest nicht zu fördern. Auf der andern Seite ist es ganz offensichtlich notwendig, das *Arbeiten in Gruppen* wechselnder Zusammensetzung — nicht in sich abschließenden Cliquen mit Elitebewußtsein — wo irgend möglich anzuregen und zu fördern, wie überhaupt das *Kennenlernen*, Kommunizieren, Austauschen von Gedanken zwischen Menschen vom frühest möglichen Zeitpunkt an. Ganz besonders gilt es, nicht zuletzt auch im Hinblick auf die Bewältigung der Probleme der Herrschaftsaggression, das *solidarisch-kooperative Lösen von Problemen* aller Art anzuregen und zu üben.

Schließlich trägt auch wirklichkeitsbezogenes *Wissen*, die Fähigkeit, mit den trivialen Aufgaben und Problemen des Alltags fertig zu werden, sowie insbesondere *die Fähigkeit, menschliches Verhalten zu analysieren und zu verstehen,* sich in andere „einzufühlen" (was alles an Stelle von so mancher wirklichkeitsfremder Schulweisheit und -fertigkeit trainiert werden könnte) dazu bei, daß Menschen sich in ihrer Umwelt, speziell andern Menschen gegenüber, sicherer fühlen, weniger leicht zu verunsichern sind und folglich mehr in der Lage, sich differenziert zu verhalten, seltener genötigt, zum Ausweg Aggression zu greifen.

All das wären Maßnahmen überwiegend pädagogischer und noch gar nicht systemverändernder Art, die das Aufkommen von Angst zwischen Menschen und damit von angst-haß-motivierter Aggression insgesamt unwahrscheinlicher machen könnten. Nun werden *Konflikte* natürlich dennoch immer wieder aufkommen, und es muß da etwas getan werden, damit diese, statt wie üblich, zur Eskalation und schließlich zur Schädigung aller Beteiligten zu führen, öfter abgefangen und öfter konstruktiv gelöst werden. Auch dergleichen ist lern- und übbar — zunächst die Fähigkeit, als Angegriffener ganz allgemein *überlegt und „deeskalierend" zu reagieren,* dann die Fähigkeit, *mit Versöhnungsziel zu sprechen und zu verhandeln,* schließlich auch die Fähigkeit, *in fremden Konflikten zu vermitteln.* Für den Fall, daß dergleichen Verhaltensweisen nicht funktionieren, muß auch gelernt werden, *Angriffe auszuhalten,* insbesondere schwächeren oder nur lästigen Angreifern gegenüber Geduld zu üben, sie in ihrem Verhalten zu frustrieren.

Alle diese Lernvorgänge müssen unterstützt werden durch die allmähliche Entwicklung einer *Erziehungs- und Kommunikationsmoral,* in der nicht-aggressives Kommunizieren, vorsichtiges und taktvolles Umgehen mit Menschen das Ideal und jedes Bestrafen, jeder Austausch und jedes sogenannte Abreagieren von „Aggressionen" verpönt sind, *eine Moral, in der die Integrität und das Wohlbefinden jedes einzelnen als ein von allen zu verteidigender Wert* und aggressives Kommunizieren auch im privaten Rahmen und auch schon lange bevor Blut fließt als antisoziales, letztlich die Gemeinschaft als ganze schädigendes Verhalten erkannt wird.

Was nun die oft viel weniger offenbare, dafür umso gefährlichere *Herrschaftsaggression* betrifft, so liegen die Dinge ziemlich anders. Zwar könnte auch hier mit Erziehung im üblichen Sinn einiges erreicht werden: die Heranwachsenden könnten lernen, im Umgang miteinander auf die Ausübung von Zwang und Unterdrückung zu verzichten, *die Freiheit anderer zu respektieren und abweichende Verhaltensweisen zu tolerieren,* wodurch Herrschaft zumindest in einigen Bereichen mit der Zeit beseitigt werden könnte und zugleich die Voraussetzung dafür geschaffen würde, daß die so Herangewachsenen Herrschaft, dort wo sie ihnen dann begegnet, auch *als solche spüren und erkennen.* Mit derartigen Maßnahmen würde allerdings die Herrschaft der letztlich Herrschenden kaum angetastet; um ihre Abschaffung aber geht es.

Was hierzu in erster Linie und unabdinglich gebraucht wird, ist, wie schon gesagt, die *Solidarität der Beherrschten,* und zwar *aller* Beherrschten, die, in zahlreiche Gruppen gespalten, die Herrschaft auf teilweise sehr verschiedene Weise spüren, manchmal in begrenztem Umfang selbst Herrschaft ausüben und sich oft selbst und gegenseitig nicht einmal als Beherrschte erkennen. Das Nahziel: *Übung von solidarischem Handeln,* genauer gesagt: von solidarischem emanzipatorischem Handeln und Problemlösen, in Gruppen, die gleichartiger Herrschaft unterliegen, wie Schüler, Arbeiter, Mieter, Eltern, Konsumenten. Solches Üben solidarischen Handelns wird zwar von den Mächtigen, die es sehr richtig als Bedrohung erkennen, regelmäßig behindert, scheint aber dennoch, wenn es einmal in Gang gekommen ist und entsprechende Modelle existieren, vergleichsweise leicht zu sein, *weil es häufig belohnt wird.*

Das zweite, was geübt werden muß, ist *Ungehorsam,* Verweigerung und Trotz. Solches Lernen und Üben ist schon wesentlich schwieriger in Gang zu bekommen, weil es eben in der Regel nicht belohnt, sondern bestraft wird. Hier können einsichtige Eltern und Lehrer ihren Beitrag leisten, indem sie weniger und weniger Gehorsam fordern, mehr und mehr argumentieren und, wo irgend möglich, den Eigenwillen und die Spontanaktivität der Kinder respektieren. Hier kann auch *Aufklärung* über die fatalen Folgen von Gehorsam und über die Notwendigkeit von Widerstand (an tausend Stellen in der Geschichte und im Alltag unserer Gesellschaft) etwas beitragen. Letztlich aber setzt das Üben von Ungehorsam die Solidarität der Beherrschten schon voraus, denn *in den meisten Herrschaftssituationen hat nur solidarischer Ungehorsam, nicht aber individueller eine Chance zu gelingen.*

Auch hier wäre noch einmal zu erwähnen, daß es für die Beherrschten notwendig ist, zu lernen, wenn nötig — mit bewußtem innerem Widerstand — zu dulden und jedenfalls *auf planlose und aussichtslose Akte der Herausforderung oder Aggression gegen die Herrschenden zu verzichten.*

Schließlich aber nützt alle Solidarität und alle Bereitschaft und Fähigkeit zur Selbstbeherrschung und zu einzelnen Akten des Widerstands nichts, wenn nicht eine *systematische Vorbereitung auf den Augenblick der Befreiung* stattfindet. Diese setzt unter anderem voraus: die Fähigkeit, seine eigene Lage, seine eigene Unfreiheit, politische Strukturen und aktuelle politische Lagen zu erkennen und zu analysieren, die Fähigkeit, die Vielfalt der Handlungsalternativen, die in den meisten Lagen gegeben sind, zu sehen, und vor allem die Fähigkeit, die Konsequenzen verschiedener Handlungsalternativen vorauszuberechnen und in seinen Entscheidungen zu berücksichtigen, kurz: *die Fähigkeit zu planvollem Handeln.*

Wenn nun, wie hier geschehen, erkannt wird, daß die im Sinne der Erhaltung von menschlichem Leben auf diesem Planeten notwendige Abschaffung der

Herrschaft von Menschen über Menschen und von der aus ihr sich ergebenden dauernden Bedrohung mit Aggression nur durch einen Akt der Aggression geschehen kann, so erhebt sich die Frage, ob es diesem Ziel nicht zuwiderläuft, wenn den Menschen, wie oben empfohlen, ihre Bereitschaft zu aggressivem Handeln mit allen Mitteln „abtrainiert" wird. Tatsächlich aber stehen diese beiden Ziele völlig miteinander in Einklang. Was erforderlich ist, ist nicht ein ständiges, frustrierendes Kriegführen und Anrennen gegen das übermächtige Herrschaftssystem oder gar der Beherrschten gegeneinander, sondern ein einmaliger, im rechten Augenblick planvoll und mit verhältnismäßigen Mitteln ausgeführter Befreiungsakt; dieser kann naturgemäß nicht geübt, sondern nur durch Schaffung der zahlreichen notwendigen Voraussetzungen vorbereitet werden. Eine ständige Praxis in aggressivem Kommunizieren kann hierzu nichts beitragen. Im Gegenteil: aggressives Kommunizieren unter denen, die sich gemeinsam befreien sollen, kann nur ihre Solidarität stören und den Tag der Befreiung in die Ferne rücken.

Literaturverzeichnis

Die Titel der häufiger vorkommenden Zeitschriften werden abgekürzt. Dabei bedeutet:

Acta Biol Exp	Acta Biologiae Experimentalis
Acta Phys Acad Sci Hung	Acta Physiologica Academiae Scientiarum Hungariae
Acta Ps	Acta Psychologica
Am J Phys	American Journal of Physiology
Am J Ps	American Journal of Psychology
Am J Psychiatry	American Journal of Psychiatry
Am Zool	American Zoologist
An Beh	Animal Behaviour
Arch Neur Psychiatry	Archives of Neurology and Psychiatry
Beh	Behaviour
Beh Res Ther	Behaviour Research and Therapy
Beh Ther	Behavior Therapy
Brain Res	Brain Research
Br J Ps	British Journal of Psychology
Can J Ps	Canadian Journal of Psychology
Ch Dev	Child Development
Dev Ps	Developmental Psychology
EEG Clin Neurophys	Electroencephalography and Clinical Neurophysiology
J Abn Ps	Journal of Abnormal Psychology
J Abn Soc Ps	Journal of Abnormal and Social Psychology
J Appl Beh Anal	Journal of Applied Behavior Analysis
J Comp Phys Ps	Journal of Comparative and Physiological Psychology
J Comp Ps	Journal of Comparative Psychology
J Cons Ps	Journal of Consulting Psychology
J Exp Anal Beh	Journal of the Experimental Analysis of Behavior
J Exp Ch Ps	Journal of Experimental Child Psychology
J Exp Ps	Journal of Experimental Psychology
J Exp Res Pers	Journal of Experimental Research in Personality
J Gen Ps	Journal of General Psychology
J Genet Ps	Journal of Genetic Psychology
J Nerv Ment Dis	Journal of Nervous and Mental Disease
J Neurophys	Journal of Neurophysiology
J Pers	Journal of Personality
J Pers Soc Ps	Journal of Personality and Social Psychology
J Ps	Journal of Psychology
L & M	Learning and Motivation
Phys Beh	Physiology and Behavior
Phys Zool	Physiological Zoology

Proc ... Ann Conv, APA	Proceedings of the ... Annual Convention of the American Psychological Association
Ps Bull	Psychological Bulletin
Ps Monogr	Psychological Monographs
Ps Rep	Psychological Reports
Ps Rev	Psychological Review
Psn Sc	Psychonomic Science
Sc	Science
Sc Am	Scientific American
Scand J Ps	Scandinavian Journal of Psychology

ABEL, E. L. & WALTERS, G. C.: Reactions to punishment determined by infant experience with aversive stimulation. *Dev Ps*, 1972, 7, 1—3. — *3555, 3556**.
ACKER, L. E. & EDWARDS, A. E.: Transfer of vasoconstriction over a bipolar meaning dimension. *J Exp Ps*, 1964, 67, 1—6. — *2386*.
ACKIL, J. E. & MELLGREN, R. L.: Stimulus pre-exposure and instrumental learning. *Psn Sc*, 1968, 11, 339—340. — *2421, 623*.
ADAMS, D. B.: Cells related to fighting behavior recorded from midbrain central gray neuropil of cat. *Sc*, 1968, 159, 894—896. — *8232*.
ADAMS, D. & FLYNN, J. P.: Transfer of an escape response from tail shock to brain-stimulated attack behavior. *J Exp Anal Beh*, 1966, 9, 401—408. — *721, 8240*.
ADAMS, H. E., BUTLER, J. R. & NOBLIN, C. D.: Effects of psychoanalytically-derived interpretations: A verbal conditioning paradigm? *Ps Rep*, 1962, 10, 691—694. — *354*.
ADER, R. & CLINK, D. W.: Effects of chlorpromazine on the acquisition and extinction of an avoidance response in the rat. *Journal of Pharmacology and Experimental Therapy*, 1957, 121, 144—148. — *2335*.
ADER, R. & SCIBETTA, J.: Temporal parameters in the acquisition of a free-operant avoidance response in human subjects. *Psn Sc*, 1964, 1, 385—386. — *5311, 532*.
ADER, R. & TATUM, R.: Free-operant avoidance conditioning in human subjects. *J Exp Anal Beh*, 1961, 4, 275—276. — *5311*.
ADER, R., WEIJNEN, J. A. W. M. & MOLEMAN, P.: Retention of a passive avoidance response as a function of the intensity and duration of electric shock. *Psn Sc*, 1972, 26, 125—128. — *2334, 2387*.
ADLER, N. & HOGAN, J. A.: Classical conditioning and punishment of an instinctive response in Betta splendens. *An Beh*, 1963, 11, 351—354. — *3524*.
ÅKERMAN, B.: Behavioural effects of electrical stimulation in the forebrain of the pigeon II. Protective behaviour. *Beh*, 1966, 26, 339—350. — *1312, 8231*.
AKHTAR, M.: The role of counterconditioning in intermittent reinforcement. *Dissertation Abstracts*, 1963, 23, 4428—4429. — *3553, 3556*.
AKHTAR, M.: Increased resistance to punishment as a function of counterconditioning. *J Exp Ps*, 1967, 64, 268—272. — *3552, 3556, 357*.
AKHTAR, M.: A facilitative effect of prior shocks on: I. Subsequent resistance to consistent shocks. *Acta Ps*, 1968, 28, 181—188 a. — *3556*.
AKHTAR, M.: A facilitative effect of prior punishments on: II. Subsequent resistance to simple extinction. *Acta Ps*, 1968, 28, 189—194 b. — *3553*.
ALBERTI, R. E. & EMMONS, M. L.: *Your Perfect Right*. Glandale, Arizona, 1970. — *664*.
ALEXANDER, B. K. & ROTH, E. M.: The effects of acute crowding on aggressive behavior in Japanese monkeys. *Beh*, 1971, 39, 73—89. — *8131, 8132*.

---

* Die kursiven Zahlen weisen auf die Kapitelnumerierung im laufenden Text hin.

ALLIN, J. T. & BANKS, E. M.: Behavioural biology of the collared lemming Dicrostonyx groenlandicus (Traill): I. Agonistic behaviour. *An Beh*, 1968, *16*, 245—262. — *811, 812, 8132, 8321*.
ALLISON, T. S. & ALLISON, S. L.: Time-out from reinforcement: Effect on sibling aggression. *Ps Rec*, 1971, *21*, 81—86. — *3552, 954*.
AMOROSO, D. M. & WALTERS, R. H.: Effects of anxiety and socially mediated anxiety reduction on paired-associate learning. *J Pers Soc Ps*, 1969, *11*, 388—396. — *221, 36*.
AMSEL, A.: The effect upon level of consummatory response of the addition of anxiety to a motivational complex. *J Exp Ps*, 1950, *40*, 703—715. — *342*.
AMSEL, A. & ROUSSEL, J.: Motivational properties of frustration. 1. Effect on a running response of the addition of frustration to the motivational complex. *J Exp Ps*, 1952, *43*, 363—368. — *952*.
ANDERSON, D. C. & JOHNSON, L.: Conditioned fear as a function of US intensity under conditions of drive constancy. *Psn Sc*, 1966, *5*, 443—444. — *2334*.
ANDERSON, D. C., PLANT, C., JOHNSON, D. & VANDEVER, J.: Second order aversive classical conditioning. *Can J Ps*, 1967, *21*, 120—131. — *2321*.
ANDERSON, D. C., O'FARRELL, I., FORMICA, R. & CAPONIGRI, V.: Preconditioning CS exposure: Variation in place of conditioning and of presentation. *Psn Sc*, 1969, *15*, 54—55 a. — *2421, 623*.
ANDERSON, D. C., JOHNSON, D. & KEMPTON, H.: Second-order fear conditioning as revealed through augmentation of a startle response: Part. I. *Psn Sc*, 1969, *16*, 5—7 b. — *2321, 2331*.
ANDERSON, D. E. & TOSHEFF, J. G.: Cardiac output and total periperal resistance changes during preavoidance in the dog. *Journal or Applied Physiology*, 1973, *34*, 650—654. — *1151, 2331, 2383, 332*.
ANGERMEIER, W. F., PHILHOUR, P. & HIGGINS, J.: Early experience and social groupings in fear extinction of rats. *Ps Rep* 1965, *16*, 1005—1010. — *221, 2421, 42*.
ANISMAN, H. & WALLER, T. G.: Effects of inescapable shock upon subsequent one-way avoidance learning in two strains of rats. *Psn Sc*, 1971, *24*, 101—102. — *5221*.
ANISMAN, H. & WALLER, T. G.: Facilitative and disruptive effects of prior exposure to shock on subsequent avoidance performance. *J Comp Phys Ps*, 1972, *78*, 113—122. — *5212, 5213, 5221*.
ANNAU, Z. & KAMIN, L. J.: The conditioned emotional response as a function of intensity of the US. *J Comp Phys Ps*, 1961, *54*, 428—432. — *2334, 622*.
APPEL, J. B.: The aversive control of an operant discrimination. *J Exp Anal Beh*, 1960, *3*, 35—47 a. — *532*.
APPEL, J. B.: Some schedules involving aversive control. *J Exp Anal Beh*, 1960, *3*, 349—359 b. — *6562*.
APPEL, J. B.: Punishment in the Squirrel monkey Saimiri sciurea. *Sc*, 1961, *133*, 36. — *3552*.
APPEL, J. B.: Aversive aspects of a schedule of positive reinforcement. *J Exp Anal Beh*, 1963, *6*, 423—428 a. — *212*.
APPEL, J. B.: Punishment and shock intensity. *Sc*, 1963, *141*, 528—529 b. — *3551, 3552, 5311*.
APPEL, J. B.: Association of aversive and reinforcing stimuli during intermittent punishment. *Ps Rep*, 1968, *22*, 267—271 a. — *3551, 357*.
APPEL, J. B.: Fixed-interval punishment. *J Exp Anal Beh*, 1968, *11*, 803—808 b. — *3551, 3552*.
APPEL, J. B. & PETERSON, N. J.: Punishment: Effects of shock intensity on response suppression. *Ps Rep*, 1965, *16*, 721—730. — *3551, 3552*.

ARONFREED, J. & REBER, A.: Internalized behavioral suppression and the timing of social punishment. *J Pers Soc Ps*, 1965, *1*, 3—16. — *3551*.
ARSENIAN, J. M.: Young children in an insecure situation. *J Abn Soc Ps*, 1943, *38*, 225—249. — *1152, 211, 212, 221, 344, 43*.
AX, A. F.: The physiological differentiation between fear and anger in humans. *Psychsom Med*, 1953, *15*, 433—442. — *1151, 821, 8242*.
AYRES, J. J. B. & DECOSTA, M. J.: The truly random control as an extinction procedure. *Psn Sc*, 1971, *24*, 31—33. — *621*.
AZRIN, N. H.: Some effects of two intermittent schedules of immediate and non-immediate punishment. *J Ps*, 1956, *42*, 3—21. — *3551, 3552, 3557, 3561*.
AZRIN, N. H.: Punishment and recovery during fixed-ratio performance. *J Exp Anal Beh*, 1959, *2*, 301—305. — *3552*.
AZRIN, N. H.: Effects of punishment intensity during variable-interval reinforcement. *J Exp Anal Beh*, 1960, *3*, 123—142 a. — *346, 3551, 3552, 3556*.
AZRIN, N. H.: Sequential effects of punishment. *Sc*, 1960, *131*, 605—606 b. — *3552, 3556*.
AZRIN, N. H.: Time-out from positive reinforcement. *Sc*, 1961, *133*, 382—383. — *212*.
AZRIN, N. H. & HOLZ, W. C.: Punishment during fixed-interval reinforcement. *J Exp Anal Beh*, 1961, *4*, 343—347. — *3551, 3553*.
AZRIN, N. H. & HUTCHINSON, R. R.: Conditioning of the aggressive behavior of pigeons by a fixed-interval schedule of reinforcement. *J Exp Anal Beh*, 1967, *10*, 335—402. — *924*.
AZRIN, N. H., HOLZ, W. C. & HAKE, D. F.: Fixed-ratio punishment. *J Exp Anal Beh*, 1963, *6*, 141—148 a. — *346, 3551, 3552, 3554, 3556*.
AZRIN, N. H., HOLZ, W. C., HAKE, D. F. & AYLLON, T.: Fixed-ratio escape reinforcement. *J Exp Anal Beh*, 1963, *6*, 449—456 b. — *512*.
AZRIN, N. H., HUTCHINSON, R. R. & HAKE, D. F.: Pain-induced fighting in the squirrel monkey. *J Exp Anal Beh*, 1963, *6*, 620 c. — *8132, 814*.
AZRIN, N. H., HUTCHINSON, R. R. & SALLERY, R. D.: Pain-aggression toward inanimate objects. *J Exp Anal Beh*, 1964, *7*, 223—228 a. — *8132, 814, 821*.
AZRIN, N. H., ULRICH, R. E., HUTCHINSON, R. R. & NORMAN, D. G.: Effect of shock duration on shock-induced fighting. *J Exp Anal Beh*, 1964, *7*, 9—11 b. — *812, 8132*.
AZRIN, N. H., HAKE, D. F. & HUTCHINSON, R. R.: Elicitation of aggression by a physical blow. *J Exp Anal Beh*, 1965, *8*, 55—57 a. — *8132*.
AZRIN, N. H., HUTCHINSON, R. R. & MCLAUGHLIN, R.: The opportunity for aggression as an operant reinforcer during aversive stimulation. *J Exp Anal Beh*, 1965, *8*, 171—180 b. — *814, 8223*.
AZRIN, N. H., HUTCHINSON, R. R. & HAKE, D. F.: Extinction-induced aggression. *J Exp Anal Beh*, 1966, *9*, 191—204. — *812, 8131*.
AZRIN, N. H., HUTCHINSON, R. R. & HAKE, D. F.: Attack, avoidance, and escape reactions to aversive shock. *J Exp Anal Beh*, 1967, *10*, 131—148. — *812, 8131, 8132, 814*.
AZRIN, N. H., RUBIN, H. B. & HUTCHINSON, R. R.: Biting attack in response to aversive shock. *J Exp Anal Beh*, 1968, *11*, 633—639. — *8132*.

BACON, R. S.: Resistance to extinction of a learned fear drive as a function of being conditioned to a stimulus compound and to its components. *Dissertation Abstracts*, 1955, *15*, 2302—2303. — *2384, 2385*.

BADIA, P.: Fixed ration discriminative avoidance responding. *Ps Rec*, 1965, *15*, 445—448. — *5213*.

BADIA, P. & CULBERTSON, S.: Behavioral effects of signalled versus unsignalled shock during escape training in the rat. *J Comp Phys Ps*, 1970, *72*, 216—222. — *2331*.

BADIA, P. & CULBERTSON, S.: The relative aversiveness of signalled vs unsignalled escapable and inescapable shock. *J Exp Anal Beh*, 1972, *17*, 463—471. — *2331, 512, 652*.

BADIA, P., MCBANE, B., SUTER, S. & LEWIS, P.: Preference behavior in an immediate versus variable delayed shock situation with and without a warning signal. *J Exp Ps*, 1966, *72*, 847—852 a. — *331, 332, 512*.

BADIA, P., SUTER, S. & LEWIS, P.: Rat vocalization to shock with and without a CS. *Psn Sc*, 1966, *4*, 117—118 b. — *332*.

BADIA, P., DEFRAN, R. H. & LEWIS, P.: CS-US interval and suppression of unconditioned vocalization to shock: Associative or non-associative. *Psn Sc*, 1968, *13*, 169—270. — *332*.

BADIA, P., CULBERTSON, S. & LEWIS, P.: The relative aversiveness of signalled vs unsignalled avoidance. *J Exp Anal Beh*, 1971, *16*, 113—121. — *2331, 512, 652*.

BADIA, P., CULBERTSON, S. & HARSH, J.: Choice of longer or stronger signalled shock over shorter or weaker unsignalled shock. *J Exp Anal Beh*, 1973, *19*, 25—32 a. — *2331, 512, 652*.

BADIA, P., COKER, C. & HARSH, J.: Choice of higher density signalled shock over lower density unsignalled shock. *J Exp Anal Beh*, 1973, *20*, 47—55 b. — *2331, 512, 652*.

BAER, D. M.: Effect of withdrawal of positive reinforcement on an extinguishing response in young children. *Ch Dev*, 1961, *32*, 67—74. — *354, 3553*.

BAER, D. M., PETERSON, R. F. & SHERMAN, J. A.: The development of imitation by reinforcing behavioral similarity to a model. *J Exp Anal Beh*, 1967, *10*, 405—416. — *9230*.

BAER, P. E. & FUHRER, M. J.: Cognitive processes during differential trace and delayed conditioning of the GSR. *J Exp Ps*, 1968, *78*, 81—88. — *2331*.

BAILEY, K. G., HARTNETT, J. J. & GIBSON, F. W. Jr.: Implied threat in the territorial factor in personal space. *Ps Rep*, 1972, *30*, 263—270. — *2382*.

BALINSKA, H., ROMANIUK, A. & WYRWICKA, W.: Impairment of conditioned defensive reactions following lesions of the lateral hypothalamus in rabbits. *Acta Biol Exp*, 1964, *24*, 89—97. — *1322*.

BANDLER, R. J. & FLYNN, J. P.: Control of somatosensory fields for striking during hypothalamically elicited attack. *Brain Res*, 1972, *38*, 197—201. — *812*.

BANDURA, A.: Punishment revisited. *J Cons Ps*, 1962, *26*, 298—301. — *357*.

BANDURA, A.: Influence of models' reinforcement contingencies on the acquisition of imitative responses. *J Pers Soc Ps*, 1965, *1*, 589—595. — *8133, 9230, 9231*.

BANDURA, A.: *Principles of Behavior Modification*. New York, 1969. — *9230*.

BANDURA, A. & MENLOVE, F. L.: Factors determining vicarious extinction of avoidance behavior through symbolic modeling. *J Pers Soc Ps*, 1968, *8*, 99—108. — *663*.

BANDURA, A. & WALTERS, R. H.: *Social Learning and Personality Development*. New York, 1963. — *54, 723, 8131, 9230*.

BANDURA, A., ROSS, D. & ROSS, S. A.: Transmission of aggression through imitation of aggressive models. *J Abn Soc Ps*, 1961, *63*, 575—582. — *8133, 9231*.

BANDURA, A., ROSS, D. & ROSS, S. A.: Imitation of film-mediated aggressive models. *J Abn Soc Ps*, 1963, *66*, 3—11 a. — *8133, 9231*.

BANDURA, A., ROSS, D. & ROSS, S. A.: Vicarious reinforcement and imitative learning. *J Abn Soc Ps*, 1963, *67*, 601—607 b. — *9230, 9231*.
BANDURA, A., GRUSEC, J. E. & MENLOVE, F. L.: Vicarious extinction of avoidance behavior. *J Pers Soc Ps*, 1967, *5*, 16—23. — *663*.
BANDURA, A., BLANCHARD, E. B. & RITTER, B.: Relative efficacy of desensitization and modeling approaches for inducing behavioral, affective, and attitudinal changes. *J Pers Soc Ps*, 1969, *13*, 173—199. — *2384, 660, 661, 663, 664*.
BANERJEE, U.: An inquiry into the genesis of aggression in mice induced by isolation. *Beh*, 1971, *40*, 86—99 a. — *8131, 8132, 8321*.
BANERJEE, U.: Influence of some hormones and drugs on isolation-induced aggression in male mice. *Communications in Behavioral Biology*, 1971, *6*, 163—170 b. — *8131*.
BANKS, R. K.: Effect of pairing a stimulus with presentation of the UCS on the extinction of an avoidance response in humans. *J Exp Ps*, 1965, *70*, 294—299. — *6551*.
BANKS, R. K.: Persistance to continuous punishment following intermittent punishment training. *J Exp Ps*, 1966, *71*, 373—377. — *3556*.
BANKS, R. K.: Intermittent punishment effect (IPE) sustained through changed stimulus conditions and through blocks of nonpunished trials. *J Exp Ps*, 1967, *73*, 456—460. — *3556*.
BANKS, R. K. & VOGEL-SPROTT, M.: Effects of delayed punishment on an immediately rewarded response in humans. *J Exp Ps*, 1965, *70*, 357—359. — *3551*.
BARBER, T. X.: Toward a theory of pain: Relief of chronic pain by prefrontal leucotomy, opiates, placebos, and hypnosis. *Ps Bull*, 1959, *56*, 430—460. — *211*.
BARCLAY, A. M.: Linking sexual and aggressive motives: Contribution of „irrelevant" arousals. *J Pers*, 1971, *39*, 481—492. — *8133*.
BARD, P.: A diencephalic mechanism for the expression of rage with special reference to the sympathetic nervous system. *Am J Phys*, 1928, *84*, 490—513. — *14, 8313*.
BARLOW, J. A.: Secondary motivation through classical conditioning: One trail nonmotor learning in a white rat. *American Psychologist*, 1952, *7*, 273. — *2331, 2421*.
BARNETT, S. A.: Attack and defense in animal societies. In: C. D. CLEMENTE, & D. B. LINDSLEY (Eds.), *Aggression and Defense: Neural Mechanisms and Social Patterns (Brain Function, Vol V)*. Los Angeles, 1967. S. 35—56. — *8131*.
BARNETT, S. A.: On the hazards of analogies. In: M. F. A. MONTAGU (Ed.), *Man and Aggression*. Oxford, 1968. — *713*.
BARON, A.: Suppression of exploratory behavior by aversive stimulation. *J Comp Phys Ps*, 1964, *57*, 299—301. — *344*.
BARON, A.: Delayed punishment of a runway response. *J Comp Phys Ps*, 1965, *60*, 131—134. — *3551*.
BARON, A. & ANTONITIS, J. J.: Punishment and preshock as determinants of barpressing behavior. *J Comp Phys Ps*, 1961, *54*, 716—720. — *344*.
BARON, A. & KAUFMAN, A.: Human, free-operant avoidance of „time out" from momentary reinforcement. *J Exp Anal Beh*, 1966, *9*, 557—565. — *5311, 532*.
BARON, A. & KAUFMAN, A.: Facilitation and suppression of human loss-avoidance by signaled, unavoidable loss. *J Exp Anal Beh*, 1968, *11*, 177—185. — *5311, 532*.
BARON, A. & KAUFMAN, A.: Time-out punishment: Prexposure to time-out and opportunity to respond during time-out. *J Comp Phys Ps*, 1969, *67*, 479—485. — *354*.
BARON, A. & TRENHOLME, I. A.: Response-dependent and response-independent time-out from an avoidance schedule. *J Exp, Anal Beh*, 1971, *16*, 123—131. — *2421*.

BARON, A., KAUFMAN, A. & FAZZINI, D.: Density and delay of punishment of free-operant avoidance. *J Exp Anal Beh*, 1969, *12*, 1029—1037. — *3551, 3552, 6561*.
BARON, R. A.: Magnitude of victim's pain cues and level of prior anger arousal as determinants of adult aggressive behavior. *J Pers Soc Ps*, 1971, *17*, 236—243 a. — *9351, 941*.
BARON, R. A.: Exposure to an aggressive model and apparent probability of retaliation from the victim as determinants of adult aggressive behavior. *J Exp Soc Ps*, 1971, *7*, 343—355 b. — *9231, 941*.
BARON, R. A.: Aggression as a function of audience presence and prior anger arousal. *J Exp Soc Ps*, 1971, *7*, 515—523 c. — *9231, 9351, 941*.
BARON, R. A.: Aggression as a function of ambient temperature and prior anger arousal. *J Pers Soc Ps*, 1972, *21*, 183—189 a. — *9351*.
BARON, R. A.: Reducing the influence of an aggressive model: The restraining effects of peer censure. *Journal of Experimental Social Psychology*, 1972, *8*, 266—275 b. — *9230, 9231*.
BARRY, J. J. & HARRISON, J. M.: Relation between stimulus intensity and strength of escape responsing. *Ps Rep*, 1957, *3*, 3—8. — *5151*.
BARTOSHUK, A. K.: Electromyographic gradients as indicants of motivation. *Can J Ps*, 1955, *9*, 215—230. — *3532*.
BAUER, R. H.: The effects of CS and US intensity on shuttlebox avoidance. *Psn Sc*, 1972, *27*, 266—268. — *5222, 5224*.
BAUM, M.: The recovery-from-extinction of an avoidance response following an inescapable shock in the avoidance apparatus. *Psn Sc*, 1965, *2*, 7—8 a. — *5242, 653, 6551*.
BAUM, M.: „Reversal learning" of an avoidance response as a function of prior fear conditioning and fear extinction. *Can J Ps*, 1965, *19*, 85—93 b. — *5232, 621*.
BAUM, M.: Rapid extinction of an avoidance response following a period of response prevention in the avoidance apparatus. *Ps Rep*, 1966, *18*, 59—64. — *6554*.
BAUM, M.: Perseveration of fear measured by changes in rate of avoidance responding in dogs. *Can J Ps*, 1967, *21*, 535—548. — *5242*.
BAUM, M.: Efficacy of response prevention (flooding) in facilitating the extinction of an avoidance response in rats: The effect of overtraining the response. *Beh Res Ther*, 1968, *6*, 197—203. — *5213, 6554*.
BAUM, M.: Extinction of an avoidance response following response prevention: Some parametric investigations. *Can J Ps*, 1969, *23*, 1—10 a. — *5213, 5222, 6554*.
BAUM, M.: Extinction of an avoidance response motivated by intense fear: Social facilitation of the action of response prevention (flooding) in rats. *Beh Res Ther*, 1969, *7*, 57—62 b. — *5213, 6554*.
BAUM, M.: Extinction of avoidance responding through response prevention (flooding). *Ps Bull*, 1970, *74*, 276—284. — *6554*.
BAUM, M.: Flooding (response prevention) in rats: The effects of immediate vs. delayed flooding and of changed illumination conditions during flooding. *Can J Ps*, 1972, *26*, 190—200. — *6554*.
BAUM, M. & BINDRA, D.: Conditioned incentive motivation, spontaneous behavior, and inhibition of delay. *Can J Ps*, 1968, *22*, 323—335. — *5026*.
BAUM, M. & HIGGINS, J. A.: Extinction of an avoidance response using response prevention (fooding) in the guinea pig. *Psn Sc*, 1971, *25*, 3—4. — *5213, 6554*.
BAUM, M. & MYRAN, D. D.: Response prevention (flooding) in rats: The effects of restricting exploration during flooding and of massed vs distributed flooding. *Can J Ps*, 1971, *25*, 138—146. — *6554*.

BAUM, M. & POSER, E. G.: Comparison of flooding procedures in animal and man. *Beh Res Ther*, 1971, *9*, 249—254. — *662*.

BAUM, M., JAFFE, P. G. & LECLERC, R.: The effect of a loud buzzer upon the acquisition and extinction of a simple avoidance response in rats. *Can J Ps*, 1971, *25*, 24—32. — *5226, 5231, 6552*.

BAXTER, R.: Diminution and recovery of the UCR in delayed and trace classical GSR conditioning. *J Exp Ps*, 1966, *71*, 447—451. — *2331*.

BEACH, F. A., CONOVITZ, M. W., STEINBERG, F. & GOLDSTEIN, A. C.: Experimental inhibition and restoration of mating behavior in male rats. *J Genet Ps*, 1956, *89*, 165—181. — *3524*.

BEAM, J. C.: Social learning and conditioning under real-life stress. *J Abn Soc Ps*, 1955, *51*, 543—551. — *322, 36*.

BECKER, P. W. & BRUNING, J. L.: Goal gradient during acquisition, partial reinforcement, and extinction of a five part response chain. *Psn Sc*, 1966, *4*, 11—12. — *3532*.

BEECROFT, R. S. & BOUSKA, S. A.: Learning self-punitive running. *Psn Sc*, 1967, *8*, 107—108. — *511, 653*.

BEECROFT, R. S. & BROWN, J. S.: Punishment following escape and avoidance training. *Psn Sc*, 1967, *8*, 349—350. — *653, 6555*.

BEECROFT, R. S., BOUSKA, S. A. & FISHER, B. G.: Punishment intensity and self-punitive behavior. *Psn Sc*, 1967, *8*, 351—352 a. — *653*.

BEECROFT, R. S., FISHER, B. G. & BOUSKA, S. A.: Punishment continuity and self-punitive behavior. *Psn Sc*, 1967, *9*, 127—128 b. — *653, 6555*.

BEEMAN, E.: The effect of male hormone on aggressive behavior in mice. *Phys Zool*, 1947, *20*, 373—405. — *811, 8131*.

BEHREND, E. R. & BITTERMAN, M. E.: Sidman avoidance in the fish. *J Exp Anal Beh*, 1963, *6*, 47—52. — *5311, 5312*.

BELL, R. W., NOAH, J. C. & DAVIS, J. R.: Interactive effects of shock intensity and delay of reinforcement on escape conditioning. *Psn Sc*, 1965, *3*, 505—506. — *514, 5151*.

BENDER, L. & MELVIN, K. B.: Self-punitive behavior: Effects of percentage of punishment on extinction of escape and avoidance responses. *Psn Sc*, 1967, *9*, 573—574. — *653, 6555*.

BENJAMIN, L. S.: The effect of frustration on the nonnutritive sucking of the infant rhesus monkey. *J Comp Phys Ps*, 1961, *54*, 700—703. — *212*.

BENJAMIN, S., MARKS, I. M. & HUSON, J.: Active muscular relaxation in desensitization of phobic patients. *Psychological Medicine*, 1972, *2*, 381—390. — *661*.

BENLINE, T. A. & SIMMEL, E. C.: Effects of blocking of the avoidance response on the elimination of the conditioned fear response. *Psn Sc*, 1967, *8*, 357—358. — *6554*.

BERGQUIST, E. H.: Output pathways of hypothalamic mechanisms for sexual, aggressive, and other motivated behaviors in opossum. *J Comp Phys Ps*, 1970, *70*, 389—398. — *1312*.

BERGSTRÖM, S. R.: Induced avoidance behavior in the protozoa tetrahymena. *Scand J Ps*, 1968, *9*, 215—219 a. — *3533*.

BERGSTRÖM, S. R.: Acquisition of an avoidance reaction to light in the protozoa tetrahymena. *Scand J Ps*, 1968, *9*, 220—224 b. — *3533*.

BERGSTRÖM, S. R.: Avoidance behavior to light in the protozoa tetrahymena. The effect of a gradual versus an abrupt boundary between dark and light. *Scand J Ps*, 1969, *10*, 1—8. — *3533*.

BERKEY, A. S. & HOPPE, R. A.: The combined effect of audience and anxiety on paired-associates learning. *Psn Sc*, 1972, *29*, 351—353. — *36*.

BERKOWITZ, L.: Aggressive humor as a stimulus to aggressive responses. *J Pers Soc Ps*, 1970, *16*, 710—717. — *942*.

BERKOWITZ, L. & LEPAGE, A.: Weapons as aggression-eliciting stimuli. *J Pers Soc Ps*, 1967, *7*, 202—207. — *9351, 942*.

BERKOWITZ, L. & RAWLINGS, E.: Effects of film violence on inhibitions against subsequent aggression. *J Abn Soc Ps*, 1963, *66*, 405—412. — *942*.

BERKOWITZ, L., CORWIN, R. & HEIRONIMUS, M.: Film violence and subsequent aggressive tendencies. *Public Opinion Quarterly*, 1963, *27*, 217—229. — *942*.

BERMANT, G.: Intensity and rate of distress calling in chickens as a function of social contact. *An Beh*, 1963, *11*, 514—517. — *212*.

BERNSTEIN, A. L.: Temporal factors in the formation of conditioned eyelid reactions in human subjects. *J Gen Ps*, 1934, *10*, 173—197. — *2331*.

BERNSTEIN, I. S. & MASON, W. A.: Group formation by rhesus monkeys. *An Beh*, 1963, *11*, 28—31. — *811, 812, 8131, 8132*.

BERSH, P. J. & KELTZ, J. R.: Pavlovian reconditioning and the recovery of avoidance behavior in rats after extinction with response prevention. *J Comp Phys Ps*, 1971, *76*, 262—266. — *6551, 6554*.

BERSH, P. J. & PAYNTER, W. E. Jr.: Pavlovian extinction in rats during avoidance response prevention. *J Comp Phys Ps*, 1972, *78*, 255—259. — *6554*.

BERSH, P. J., NOTTERMAN, J. M. & SCHOENFELD, W. N.: Extinction of a human cardiac-response during avoidance-conditioning. *Am J Ps*, 1956, *69*, 244—251. — *2421, 332, 5232, 5244*.

BERTRAND, M.: Training without reward: Traditional training of pig-tailed macaques as coconut harvesters. *Sc*, 1967, *155*, 484—486. — *5263*.

BERTSCH, G. J. & LEITENBERG, H.: A „frustration effect" following electric shock. *L & M*, 1970, *1*, 150—156. — *212*.

BEVAN, W., DAVES, W. F. & LEVY, G. W.: The relation of castration androgen therapy and pre-test fighting experience to competitive aggression in male C57 BL/10 mice. *An Beh*, 1960, *8*, 6—12. — *924*.

BIERBAUM, W. R.: The temporal gradient of GSR conditioning. *J Gen Ps*, 1958, *59*, 97—103. — *2331*.

BINDRA, D., PATERSON, A. L. & STRZELECKI, J.: On the relation between anxiety and conditioning. *Can J Ps*, 1955, *9*, 1—6. — *322*.

BINTZ, J.: Effect of shock intensity on the retention of an avoidance response. *Psn Sc*, 1971, *22*, 17—18. — *5222*.

BITTERMAN, M. E. & HOLTZMAN, W. H.: Conditioning and extinction of the galvanic skin response as a function of anxiety. *J Abn Soc Ps*, 1952, *47*, 615—623. — *321*.

BIXENSTEIN, V. E.: Secondary drive as a neutralizer of time in integrative problem solving. *J Comp Phys Ps*, 1956, *49*, 161—166. — *3551*.

BLACK, A. H.: The extinction of avoidance responses under curare. *J Comp Phys Ps*, 1958, *51*, 519—524. — *6554*.

BLACK, A. H.: Heart rate changes during avoidance learning in dogs. *Can J Ps*, 1959, *13*, 229—242. — *5242, 5243, 5244, 6554*.

BLACK, A. H.: The effects of CS-US interval on avoidance conditioning in the rat. *Can J Ps*, 1963, *17*, 174—182. — *5213, 5231*.

BLACK, A. H. & ANNAU, Z.: Time-out responding during avoidance conditioning and extinction in the rat. *Can J Ps*, 1963, *17*, 165—173. — *6551*.

BLACK, A. H. & CARLSON, N. J.: Traumatic avoidance learning: A note on intertrial-interval responding. *J Comp Phys Ps*, 1959, *52*, 759—760. — *5241*.

BLACK, A. H. & MORSE, P.: Avoidance learning in dogs without a warning stimulus. *J Exp Anal Beh*, 1961, *4*, 17—23. — *532, 6562*.
BLACK, R. W. & BLACK, P. E.: Heart rate conditioning as a function of interstimulus interval in rats. *Psn Sc*, 1967, *8*, 219—220. — *2331*.
BLANCHARD, D. C. & BLANCHARD, R. J.: Innate and conditioned reactions to threat in rats with amygdaloid lesions. *J Comp Phys Ps*, 1972, *81*, 281—290. — *1322*.
BLANCHARD, R. J. & BLANCHARD, D. C.: Passive avoidance: A variety of fear conditioning? *Psn Sc*, 1968, *13*, 17—18. — *351, 3523, 3552*.
BLANCHARD, R. J. & BLANCHARD, D. C.: Defensive reactions in the albino rat. *L & M*, 1971, *2*, 351—362. — *211*.
BLEUEL, H. P.: *Kinder in Deutschland.* München, 1973. — *357*.
BOBEY, M. J. & DAVIDSON, P. O.: Psychological factors affecting pain tolerance. *Journal of Psychosomatic Research*, 1970, *14*, 371—376. — *331*.
BOE, E. E.: Extinction as a function of intensity of punishment, amount of training, and reinforcement of a competing response. *Can J Ps*, 1964, *18*, 328—342. — *3551, 3553, 3563*.
BOE, E. E.: Variable punishment. *J Comp Phys Ps*, 1971, *75*, 73—76. — *3551, 3552*.
BOE, E. E. & CHURCH, R. M.: Permanent effects of punishment during extinction. *J Comp Phys Ps*, 1967, *63*, 486—492. — *3551, 3552, 3553*.
BOLLES, N. E. & KELLEY, M. J.: Species-specific behavior and acquisition of avoidance behavior in rats. *J Comp Phys Ps*, 1972, *81*, 307—310. — *5231*.
BOLLES, R. C.: Avoidance and escape learning: Simultaneous acquisition of different responses. *J Comp Phys Ps*, 1969, *68*, 355—358. — *5213*.
BOLLES, R. C. & GROSSEN, N. E.: Effects of an informational stimulus on the acquisition of avoidance behavior in the rat. *J Comp Phys Ps*, 1969, *68*, 90—99. — *2421, 5213, 5231, 5232, 532*.
BOLLES, R. C. & GROSSEN, N. E.: Function of the CS in shuttle-box avoidance learning by rats. *J Comp Phys Ps*, 1970, *70*, 165—169. — *2421, 5232, 532*.
BOLLES, R. C. & POPP, R. J. Jr.: Parameters affecting the acquisition of Sidman avoidance. *J Exp Anal Beh*, 1964, *7*, 315—321. — *2421, 532*.
BOLLES, R. C. & WARREN, J. A.: The acquisition of bar press avoidance as a function of shock intensity. *Psn Sc*, 1965, *3*, 297—298. — *5222*.
BOLLES, R. C., WARREN, J. A. Jr. & OSTROV, N.: The role of the CS-US interval in bar press avoidance learning. *Psn Sc*, 1966, *6*, 113—114 a. — *5211*.
BOLLES, R. C., STOKES, L. W. & YOUNGER, M. S.: Does CS termination reinforce avoidance behavior? *J Comp Phys Ps*, 1966, *62*, 201—207 b. — *5212, 5231, 5233*.
BOLLES, R. C., GROSSEN, N. E., HARGRAVE, G. E. & DUNCAN, P. M.: Effects of condtitioned appetitive stimuli on the acquisition and extinction of a runway response. *J Exp Ps*, 1970, *85*, 139—140. — *346*.
BOOTH, J. H. & HAMMOND, L. J.: Configural conditioning: Greater fear in rats to compound than component through overtraining of the compound. *J Exp Ps*, 1971, *87*, 255—262. — *2385*.
BOREN, J. J., SIDMAN, M. & HERRNSTEIN, R. J.: Avoidance, escape, and extinction as functions of shock intensity. *J Comp Phys Ps*, 1959, *52*, 420—425. — *6562*.
BORING, F. W. & MORROW, M. C.: Effects of UCS intensity upon conditioning and extinction of the GSR. *J Exp Ps*, 1968, *77*, 567—571. — *2334*.
BORKOVEC, T. D.: Effects of expectancy on the outcome of systematic desensitization and implosive treatments for analogue anxiety. *Beh Ther*, 1972, *3*, 29—40. — *661*.
BOROCZI, G., STORMS, L. H. & BROEN, W. E. Jr.: Response suppression and recovery of responding at different deprivation levels as functions of intensity and duration of punishment. *J Comp Phys Ps*, 1964, *58*, 456—459. — *3551, 3552*.

BOSHKA, S. C., WEISMAN, H. M. & THOR, D. H.: A technique for inducing aggression in rats utilizing morphine withdrawal. *Ps Rec*, 1966, *16*, 541—543. — *8131*.

BOSTOW, D. E. & BAILEY, J. B.: Modification of severe disruptive and aggressive behavior using brief timeout and reinforcement procedures. *J Appl Beh Anal*, 1969, *2*, 31—37. — *3552, 3563, 954*.

BOULOUGOURIS, J. C. & BASSIAKOS, L.: Prolonged flooding in cases with obsessive-compulsive neurosis. *Beh Res Ther*, 1973, *11*, 227—231. — *662*.

BOULOUGOURIS, J. C., MARKS, I. M. & MARSET, P.: Superiority of flooding (implosion) to desensitization for reducing pathological fear. *Beh Res Ther*, 1971, *9*, 7—16. — *1151, 234, 661, 662*.

BOWER, G. H. & MILLER, N. E.: Effects of amount of reward on strength of approach in an approach-avoidance conflict. *J Comp Phys Ps*, 1960, *53*, 59—62. — *3554*.

BOWER, G. H., FOWLER, H. & TRAPOLD, M. A.: Escape learning as a function of amount of shock reduction. *J Exp Ps*, 1959, *58*, 482—484. — *511, 5153*.

BOWER, G., STARR, R. & LAZAROVITCH, L.: Amount of response produced change in the CS and avoidance behavior. *J Comp Phys Ps*, 1965, *59*, 13—17. — *2421, 5231, 5232*.

BRACKBILL, Y. & O'HARA, J.: The relative effectiveness of reward and punishment for discrimination learning in children. *J Comp Phys Ps*, 1958, *51*, 747—751. — *3561*.

BRADY, J. V.: Ulcers in „executive" monkeys. *Sc Amer*, 1958, *199*, 95—100. — *661*.

BRADY, J. V. & HUNT, H. F.: An experimental approach to the analysis of emotional behavior. *J Ps*, 1955, *40*, 313—324. — *2334*.

BRENER, J.: Heart rate as an avoidance response. *Ps Rec*, 1966, *16*, 329—336. — *5312*.

BRENER, J. & GOESLING, W. J.: Avoidance conditioning of activity and immobility in rats. *J Comp Phys Ps*, 1970, *70*, 276—280. — *5213*.

BRESNAHAN, E. L. & RICCIO, D. C.: Effects of variations in stimulus similarity and response requirement during pre-shock and subsequent one-way active avoidance learning. *Can J Ps*, 1970, *24*, 427—433. — *5212*.

BRIMER, C. J. & DOCKRILL, F. J.: Partial reinforcement and the CER. *Psn Sc*, 1966, *5*, 185—186. — *2336, 622*.

BROADHURST, P. L. & LEVINE, S.: Behavioral consistency in strains of rats selectively bred for emotional elimination. *Br J Ps*, 1963, *54*, 121—125. — *36*.

BRODY, J. F. Jr.: Conditioned suppression maintained by loud noise instead of shock. *Psn Sc*, 1966, *6*, 27—28. — *1171, 211*.

BROGDEN, W. J.: Higher-order conditioning. *Am J Ps*, 1939, *52*, 579—591. — *2321*.

BROGDEN, W. J., LIPMAN, E. A. & CULLER, E.: The role of incentive in conditioning and extinction. *Am J Ps*, 1938, *51*, 109—117. — *3524, 511, 623*.

BRONFENBRENNER, U.: *Zwei Welten. Kinder in USA und UdSSR.* Stuttgart, 1972. — *5262*.

BRONSON, G. W.: Infant's reactions to unfamiliar persons and novel objects. *Monographs of the Society for Research in Child Development*, 1972, Ser. No. 148. — *212*.

BROOKSHIRE, R. H. & EVESLAGE, R. A.: Verbal punishment of disfluency following augmentation of disfluency by random delivery of aversive stimuli. *Journal of Speech and Hearing Research*, 1969, *12*, 383—388. — *3524*.

BROPHY, J. C. & TREMBLAY, A. M.: One-trial CER as a function of shock intensity. *Psn Sc*, 1971, *25*, 13—14. — *2334*.

BROWN, J. L. & HUNSPERGER, R. W.: Neurothology and the motivation of agonstic behaviour. *An Beh*, 1963, *11*, 439—448. — *8231*.

BROWN, J. S.: Gradients of approach and avoidance responses and their relation to level of motivation. *J Comp Phys Ps*, 1948, *41*, 450—465. — *2382, 351*.

BROWN, J. S.: Self-punitive behavior with a distinctively marked punishment zone. *Psn Sc*, 1970, *21*, 161—163. — *653*.

BROWN, J. S. & JACOBS, A.: The role of fear in the motivation and acquisition of responses. *J Exp Ps*, 1949, *39*, 747—759. — *1172, 512*.

BROWN, J. S., MARTIN, R. C. & MORROW, M. W.: Self-punitive behavior in the rat: Facilitative effects of punishment on resistance to extinction. *J Comp Phys Ps*, 1964, *57*, 127—133. — *653*.

BROWN, J. S., ANDERSON, D. C. & WEISS, C. G.: Self-punitive behavior under conditions of massed practice. *J Comp Phys Ps*, 1965, *60*, 451—453. — *653*.

BROWN, J. S., BEIER, E. M. & LEWIS, R. W.: Punishment-zone distinctiveness and self-punitive locomotor behavior in the rat. *J Comp Phys Ps*, 1971, *77*, 513—520. — *653*.

BROWN, P. & ELLIOTT, R.: Control of aggression in a nursery school class. *J Exp Ch Ps*, 1965, *2*, 103—107. — *952*.

BROWN, R. T. & WAGNER, A. R.: Resistance to punishment and extinction following training with shock or nonreinforcement. *J Exp Ps*, 1964, *68*, 503—507. — *3556*.

BRUSH, F. R.: The effects of shock intensity on the acquisition and extinction of an avoidance response in dogs. *J Comp Phys Ps*, 1957, *50*, 547—552. — *5222, 525, 6555*.

BRUSH, F. R.: The effects of amount of signaled escape taining on subsequent avoidance learning. *Psn Sc*, 1970, *21*, 51—52. — *511, 5212*.

BRUSH, F. R., BRUSH, E. S. & SOLOMON, R. L.: Traumatic avoidance learning: The effects of CS-US interval with a delayed-conditioning procedure. *J Comp Phys Ps*, 1955, *48*, 285—293. — *5213, 5226, 5231*.

BUCHANAN, G. N.: The effects of various punishment-escape events upon subsequent choice behavior of rats. *J Comp Phys Ps*, 1958, *51*, 355—362. — *2421*.

BUCHER, B. & KING, L. W.: Generalization of punishment effects in the deviant behavior of a psychotic child. *Beh Ther*, 1971, *2*, 68—77. — *3557*.

BUGELSKI, R. & MILLER, N. E.: A spatial gradient in the strength of avoidance responses. *J Exp Ps*, 1938, *23*, 494—505. — *2382*.

BULL, J. A. III.: An interaction between appetitive Pavlovian CSs and instrumental avoidance responding. *L & M*, 1970, *1*, 18—26. — *346*.

BULL, J. A. III. & OVERMIER, J. B.: Transfer of control of avoidance is not dependent upon the maintenance of the original discriminative response. *Proc 76th Ann Conv, APA*, 1968, 143—144 a. — *37, 512, 6554*.

BULL, J. A. III. & OVERMIER, J. B.: Additive and subtractive properties of excitation and inhibition. *J Comp Phys Ps*, 1968, *66*, 511—514 b. — *2384, 2421, 243, 512, 652*.

BURNSTEIN, D. D.: Positive reinforcement via free-operant avoidance: An extinction test. *Ps Rep*, 1971, *29*, 951—956. — *6562*.

BURNSTEIN, D.: Conditioned reinforcement via free-operant avoidance scheduling tests. *Bulletin of the Psychonomic Society*, 1973, *2*, 5—7. — *2421*.

BUSS, A. H.: Physical aggression in relation to different frustrations. *J Abn Soc Ps*, 1963, *67*, 1—7. — *8133*.

BUSS, A. H.: Instrumentality of aggression, feedback, and frustration as determinants of physical aggression. *J Pers Soc Ps*, 1966, *3*, 153—162. — *8133, 9232, 941, 942*.

BUSS, A. H.: Aggression pays. In: J. L. SINGER (Ed.), *The Control of Aggression and Voilence*, New York, 1971, S. 7—18. — *54*.

Buss, A. H. & Buss, E. H.: The effect of verbal reinforcement combinations on conceptual learning. *J Exp Ps*, 1956, *52*, 283—287. — *3562*.
Butler, R. A.: Discrimination learning by rhesus monkeys to visual-exploration motivation. *J Comp Phys Ps*, 1953, *46*, 95—98. — *344*.
Byrum, R. P. & Jackson, D. E.: Response availability and second-order conditioned suppression. *Psn Sc*, 1971, *23*, 106—108. — *2321*.

Cairns, G. F. & Perkins, C. C.: Delay of punishment and choice behavior in the rat. *J Comp Phys Ps*, 1972, *79*, 438—442. — *3563*.
Camp, D. S., Raymond, G. A. & Church, R. M.: Response suppression as a function of the schedule of punishment. *Psn Sc*, 1966, *5*, 23—24. — *3552*.
Campbell, B. A. & Campbell, E. H.: Retention and extinction of learned fear in infant and adult rats. *J Comp Phys Ps*, 1962, *55*, 1—8. — *2337*.
Campbell, B. A. & Kraeling, D.: Response strength as a function of stimulus intensity and strength of motivation. *J Exp Ps*, 1953, *45*, 97—101. — *5151, 5153*.
Campbell, B. A., Smith, N. F. & Misanin, J. R.: Effects of punishment on extinction of avoidance behavior: Avoidance-avoidance conflict or vicious circle behavior. *J Comp Phys Ps*, 1966, *62*, 495—498. — *1151, 653*.
Campbell, D., Sanderson, R. E. & Laverty, S. G.: Characteristics of a conditioned response in human subjects during extinction trials following a single traumatic conditioning trial. *J Abn Soc Ps*, 1964, *68*, 627—639. — *211, 2321, 621*.
Campbell, S. L.: Resistance to extinction as a function of number of shock-termination reinforcements. *J Comp Phys Ps*, 1959, *52*, 754—758. — *651*.
Cannon, W. B.: The James-Lange theory of emotion: A critical examination and an alternative theory. *Am J Ps*, 1927, *39*, 106—124. — *1180*.
Cannon, W. B.: *Bodily Changes in Pain, Hunger, Fear, and Rage.* 2nd edition. New York, 1929. — *1151, 821*.
Cappell, H. D., Herring, B. & Webster, C. D.: Discriminated conditioned suppression: Further effects of stimulus compounding. *Psn Sc*, 1970, *19*, 147—149. — *2384, 2421*.
Carlson, N. J.: Primary and secondary reward in traumatic avoidance learning. *J Comp Phys Ps*, 1960, *53*, 336—340. — *2334, 5222*.
Carlson, N. J. & Black, A. H.: Traumatic avoidance learning: Note on the effect of response prevention during extinction. *Ps Rep*, 1959, *5*, 409—412. — *525, 6554*.
Carlson, N. J. & Black, A. H.: Traumatic avoidance learning: The effect of preventing escape responses. *Can J Ps*, 1960, *14*, 21—28. — *5212*.
Carlton, P. L. & Vogel, J. R.: Habituation and conditioning. *J Comp Phys Ps*, 1967, *63*, 348—351. — *2421, 623*.
Carran, A. B.: Passive avoidance and strain differences associated with differences in emotionality: A test of Mowrer's theory. *Psn Sc*, 1967, *7*, 263—264. — *3555*.
Carter, L. F.: Intensity of conditioned stimulus and rate of conditioning. *J Exp Ps*, 1941, *28*, 481—490. — *2333*.
Castaneda, A., Palermo, D. S. & McCandless, B. R.: Complex learning and performance as a function of anxiety in children and task difficulty. *Ch Dev*, 1956, *27*, 327—332. — *36*.
Caul, W. F., Miller, R. E. & Banks, J. H. Jr.: Effects of US intensity on heart rate in delay conditioning and pseudoconditioning. *Psn Sc*, 1970, *19*, 15—17. — *2334*.
Cermak, L. S.: CS intensity as a function of the experimental design. *Psn Sc*, 1967, *8*, 151—152. — *2382*.
Chamove, A. S., Eysenck, H. J. & Harlow, H. F.: Personality in monkeys: Factor

analysis of rhesus social behavior. *Quarterly Journal of Experimental Psychology*, 1972, *24*, 496—504. — *8244*.
CHAMPION, R. A.: Stimulus-intensity effects in response evocation. *Ps Rev*, 1962, *69*, 428—449. — *2382*.
CHAMPION, R. A. & JONES, J. E.: Foreward, backward, and pseudoconditioning of the GSR. *J Exp Ps*, 1961, *62*, 58—61. — *2331*.
CHAPMAN, J. A. & BOLLES, R. C.: Effect of UCS duration on classical avoidance learning of the bar press response. *Ps Rep*, 1964, *14*, 559—563. — *5211, 5213*.
CHAPMAN, W. P., SCHROEDER, H. R., GEYER, G., BRAZIER, M. A. B., FAGER, C., POPPEN, J. L., SOLOMON, H. C. & YAKOVLEV, P. I.: Physiological evidence concerning importance of the amygdaloid nuclear region in the integration of circulatory function and emotion in man. *Sc*, 1954, *120*, 949—950. — *1151, 1311*.
CHAR, W. F. & MCDERMOTT, J. F.: Abortions and acute identity crisis in nurses. *Am J Psyhiatry*, 1972, *128*, 66—71. — *9351*.
CHAUVIN, R.: *Tiere unter Tieren*. Fischer Bücherei, 1967. — *8132, 8133*.
CHEREK, D. R. & PICKENS, R.: Schedule-induced aggression as a function of fixed-ratio value. *J Exp Anal Beh*, 1970, *14*, 309—311. — *8131*.
CHI, C. C. & FLYNN, J. P.: Neuroanatomic projections related to biting attack elicited from hypothalamus in cats. *Brain Res*, 1971, *35*, 49—66. — *8231*.
CHORAZYNA, H.: Some properties of conditioned inhibition. *Acta Biol Exp*, 1962, *22*, 5—13. — *525*.
CHOROST, S. B.: Parental child-rearing attitudes and their correlates in adolescent hostility. *Genetic Psychology Monographs*, 1962, *66*, 49—90. — *9351*.
CHURCH, R. M.: Emotional reactions of rats to the pain of others. *J Comp Phys Ps*, 1959, *52*, 132—134. — *236, 621*.
CHURCH, R. M. & RAYMOND, G. A.: Influence of the schedule of positive reinforcement on punished behavior. *J Comp Phys Ps*, 1967, *63*, 329—332. — *3552, 3553, 3556*.
CHURCH, R. M. & SOLOMON, R. L.: Traumatic avoidance learning: The effects of delay of shock termination. *Ps Rep*, 1956, *2*, 357—368. — *5152, 5212*.
CHURCH, R. M., RAYMOND, G. A. & BEAUCHAMP, R. D.: Response suppression as a function of intensity and duration of punishment. *J Comp Phys Ps*, 1967, *63*, 39—44. — *3551, 3552, 3556*.
CHURCH, R. M., WOOTEN, C. L. & MATTHEWS, J. T.: Discriminative punishment and the conditioned emotional response. *L & M*, 1970, *1*, 1—17. — *3551, 3552, 3558, 622*.
CIOFALO, V. B. & MALICK, J. B.: Evoked aggressive behavior in Cebus apella: A new world primate. *Life Sciences*, 1969, *8*, 1117—1122. — *812, 8231*.
CLARK, R.: A rapid acquired avoidance response in rats. *Psn Sc*, 1966, *6*, 11—12. — *513*.
COATES, B., ANDERSON, E. P. & HARTUP, W. W.: Interrelations in the attachment behavior of human infants. *Dev Ps*, 1972, *6*, 218—230. — *212*.
COFER, C. N. & APPLEY, M. H.: *Motivation: Theory and Research*. New York, 1964. — *1180, 31*.
COHEN, B. D., BROWN, G. W. & BROWN, M. L.: Avoidance learning motivated by hypothalamic stimulation. *J Exp Ps*, 1957, *53*, 228—233. — *1312, 1314*.
COLE, J. M. & LITCHFIELD, P. M.: Stimulus control of schedule-induced aggression in the pigeon. *Psn Sc*, 1969, *17*, 152—153. — *8131*.
COLE, J. M. & PARKER, B. K.: Schedule-induced aggression: Access to an attackable target bird as a positive reinforcer. *Psn Sc*, 1971, *22*, 33—35. — *8223*.

COLE, S. N. & SIPPRELLE, C. N.: Extinction of a classically conditioned GSR as a function of awareness. *Beh Res Ther*, 1967, *5*, 331—337. — *621, 623*.

COLLIAS, N. E.: Aggressive behavior among vertebrate animals. *Phys Zool*, 1944, *17*, 83—123. — *345, 346, 812, 8131, 8132*.

CONNOR, J.: Olfactory control of aggressive and sexual behavior in the mouse (Mus musculus L.). *Psn Sc*, 1972, *27*, 1—3. — *8132, 8321*.

COOK, J. O. & BARNES, L. W.: Choice of delay of inevitable shock. *J Abn Soc Ps*, 1964, *68*, 669—672. — *512*.

CORTE, H. E., WOLF, M. M. & LOCKE, B. J.: A comparison of precedures for eliminating self-injurious behaviour of retarded adolescents. *J Appl Beh Anal*, 1971, *4*, 201—213. — *3557*.

COULTER, X., RICCIO, D. C. & PAGE, H. A.: Effects of blocking an instrumental avoidance response: Facilitated extinction but persistance of „fear". *J Comp Phys Ps*, 1969, *68*, 377—381. — *6554*.

COWEN, E. L.: The influence of varying degrees of psychological stress on problem solving rigidity. *Journal of Experimental Social Psychology*, 1952, *47*, 512—519. — *36*.

COX, V. C.: Avoidance conditioning with central and peripheral aversive stimulation. *Can J Ps*, 1967, *21*, 425—435. — *1316*.

CRESPI, L. P.: Quantitative variation of incentive and performance in the white rat. *Am J Ps*, 1942, *55*, 467—517. — *3554*.

CRIDER, A., SCHWARTZ, G. E. & SHAPIRO, D.: Operant suppression of electrodermal response rate as a function of punishment schedula. *J Exp Ps*, 1970, *83*, 333—334. — *3524, 3552*.

CROWELL, C. R., BROWN, J. S. & LEWIS, R. W.: Self-punitive behavior in the rat during successive discrimination „extinction" trials. *Psn Sc*, 1972, *27*, 131—135. — *653*.

CURRY, C.: Supplementary report: The effect of verbal reinforcement combinations on learning in children. *J Exp Ps*, 1960, 434. — *3562*.

CYOPF, J., KARMOS, G., BAUER, M. & GRASTYÁN, E.: Simultaneous elaboration of approach and avoidance conditioning in the same experimental situation for cats. *Acta Phys Acad Sci Hung*, 1964, *25*, 53—60. — *5223*.

DADRIAN, V. N.: Factors of anger and aggression in genocide. *Journal of Human Relations*, 1971, *19*, 394—417. — *9351, 942*.

D'ALESSIO, G. R.: Effects of positive social reward upon a verbal avoidance response. *J Abn Soc Ps*, 1964, *68*, 226—232. — *3524, 3563*.

DALRYMPLE, S. D. & STRETCH, R.: Effects of amphetamine and chlorpromazine on second-order escape behavior in squirrel monkeys. *Psychopharmacologia*, 1971, *21*, 268—282. — *2384, 532*.

DALTON, K.: Schoolgirls' behavior and menstruation. *British Medical Journal*, 1960, *3*, 1647—1649. — *8131*.

DALY, H. B.: Is responding necessary for non-reward following reward to be frustrating? *J Exp Ps*, 1969, *80*, 186—187. — *212, 521*.

DALY, H. B.: Combined effects of fear and frustration on acquisition of a hurdle-jump response. *J Exp Ps*, 1970, *83*, 89—93. — *212*.

D'AMATO, M. R. & FAZZARO, J.: Discriminated lever-press avoidance learning as a function of type and intensity of shock. *J Comp Phys Ps*, 1966, *61*, 313—315. — *5222, 5223*.

D'AMATO, M. R. & GUMENIK, W. E.: Some effects of immediate versus randomly delayed shock on an instrumental response and cognitive processes. *J Abn Soc Ps*, 1960, *60*, 64—67. — *331, 512*.

D'AMATO, M. R., FAZZARO, J. & ETKIN, M.: Anticipatory responding and avoidance discrimination as factor in avoidance conditioning. *J Exp Ps*, 1968, *77*, 41—47. — *2421, 5213, 5231, 5232*.

DARBY, C. L. & RIOPELLE, A. J.: Observational learning in the Rhesus monkey. *J Comp Phys Ps*, 1959, *52*, 94—98. — *9230*.

DARLEY, J. M.: Fear and social comparison as determinants of conformity behavior. *J Pers Soc Ps*, 1966, *4*, 73—78. — *357*.

DARWIN, C.: *The Expression of Emotion in Man and Animals*. London, 1872. — *821*.

DAVENPORT, D. G. & LERNER, J. J.: The cue in discriminated escape conditioning as a secondary positive reinforcer. *Psn Sc*, 1968, *13*, 47—48. — *2421*.

DAVENPORT, D. G. & OLSON, R. D.: A reinterpretation of extinction in discriminated avoidance. *Psn Sc*, 1968, *13*, 5—6. — *5226, 654*.

DAVENPORT, D. G., COGER, R. W. & SPECTOR, N. J.: The redefinition of extinction applied to Sidman free-operant avoidance responding. *Psn Sc*, 1970, *19*, 181—182. — *6561*.

DAVENPORT, J. W.: Higher-order conditioning of fear (CER). *Psn Sc*, 1966, *4*, 27—28. — *2321*.

DAVIDSON, P. O., PAYNE, R. W. & SLOANE, R. B.: Cortical inhibition, drive level, and conditioning. *J Abn Ps*, 1966, *71*, 310—314. — *322*.

DAVIES, H. & BRASHEARS, G. C.: Some effects of a modified discriminated punishment procedure. *Ps Rec*, 1971, *21*, 341—352. — *3551, 3555*.

DAVIS, H. & McINTIRE, R. W.: Conditioned suppression under positive, negative, and no contingency between conditioned and unconditioned stimuli. *J Exp Anal Beh*, 1969, *12*, 633—640. — *2421*.

DAVISON, G. C.: Systematic desensitization as a counterconditioning process. *J Abn Ps*, 1968, *73*, 91—99. — *661*.

DAVISON, M. C. & KIRKWOOD, B. J.: Response cost and the control of verbal behavior under free-operant avoidance schedules. *J Exp Anal Beh*, 1968, *11*, 173—176. — *5311, 532*.

DAVITZ, J. R. & MASON, D. J.: Socially facilitated reduction of a fear response in rats. *J Comp Phys Ps*, 1955, *48*, 149—151. — *221, 41*.

DEAUX, E. B. & PATTEN, R. L.: Measurement of the anticipatory goal response in instrumental runway conditioning. *Psn Sc*, 1964, *1*, 357—358. — *3532*.

DECECCO, J. P.: *The Psychology of Learning and Instruction: Educational Psychology*. Englewood Cliffs, N.J. 1968. — *112*.

DECHARMS, R. & WILKINS, E. J.: Some effects of verbal expression of hostility. *J Abn Soc Ps*, 1963, *66*, 462—470. — *942*.

DECI, E. L.: Work: Who does not like it and why. *Psychology Today*, 1972, *6*, 56—58, 92. — *5263*.

DELGADO, J. M. R.: Cerebral structures involved in transmission and elaboration of noxious stimulation. *J Neurophys*, 1955, *18*, 261—275. — *8231*.

DELGADO, J. M. R.: Emotional behavior in animals and humans. *Psychiatric Research Reports*, 1960, *12*, 159—266. — *1311, 8312*.

DELGADO, J. M. R.: Cerebral heterostimulation in a monkey colony. *Sc*, 1963, *141*, 161—163. — *511, 8231*.

DELGADO, J. M. R.: Free behavior and brain stimulation. *International Review of Neurobiology*, 1964, *6*, 349—448. — *14, 8221, 8223, 8231, 8312*.

DELGADO, J. M. R.: Aggressive behavior evoked by radio stimulation in monkey colonies. Am Zoologist, 1966, 6, 669—681. — 8231.
DELGADO, J. M. R.: Social rank and radio-stimulated aggressiveness in monkeys. Journal of Nervous and Mental Disease, 1967, 144, 383—390. — 812, 8231.
DELGADO, J. M. R., ROBERTS, W. W. & MILLER, N. E.: Learning motivated by electrical stimulation of the brain. Am J Phys, 1954, 179, 587—593. — 1172, 1313, 1314, 1315, 1316, 37, 5242.
DELGADO, J. M. R., ROSVOLD, H. E. & LOONEY, E.: Evoking conditioned fear by electrical stimulation of subcortical structures in the monkey brain. J Comp Phys Ps, 1956, 49, 373—380. — 1315, 1316, 5242.
DELPRATO, D. J.: Extinction of one-way aviodance and delayed warning-signal termination. J Exp Ps, 1969, 80, 192—193. — 6552.
DELPRATO, D. J. & DENNY, M. R.: Punishment and the length of non-shock confinement during the extinction of avoidance. Can J Ps, 1968, 22, 456—464. — 5213, 6553, 6555.
DENENBERG, V. H., ROSS, S. & ELLSWORTH, J.: Effects of chlorpromazine on acquisition and extinction of a conditioned response in mice. Psychopharmacologia, 1959, 1, 59—64. — 2335.
DENGERINK, H. A.: Anxiety, aggression, and physiological arousal. J Exp Res Pers, 1971, 5, 223—232. — 924, 9351.
DENNISTON, R. H.: Escape and avoidance learning as a function of emotionality level in the Wyoming ground squirrel Citellus richardsonii elegans. An Beh, 1959, 7, 241—243. — 36.
DENNY, M. R.: One bar-press per day: Acquisition and extinction. J Exp Anal Beh, 1959, 2, 81—85. — 952.
DENNY, M. R. & DMITRUK, V. M.: Effect of punishing a single failure to avoid. J Comp Phys Ps, 1967, 63, 277—281. — 5213.
DENNY, M. R., KOONS, P. B. & MASON, J. E.: Extinction of avoidance as a function of the escape situation. J Comp Phys Ps, 1959, 52, 212—214. — 6553.
DERTKE, M. C., PENNER, L. A., HAWKINS, H. L. & SUAREZ, C.: The inhibitory effects of an observer on instrumental aggression. Bulletin of the Psychonomic Society, 1973, 1, 112—114. — 941.
DESIDERATO, O.: Transsituational control of avoidance responding by Pavlovian CSs. Psn Sc, 1970, 19, 11—13. — 2421, 532.
DESIDERATO, O. & NEWMAN, A.: Conditioned suppression produced in rats by tones paired with escapable or inescapable shock. J Comp Phys Ps, 1971, 77, 427—431. — 2334.
DICARA, L. V. & MILLER, N. E.: Changes in heart rate instrumentally learned by curarized rats as avoidance responses. J Comp Phys Ps, 1968, 65, 8—12. — 2421, 5040.
DILLOW, P. V., MYERSON, J., SLAUGHTER, L. & HURWITZ, H. M. B.: Safety signals and the acquisition and extinction of lever-press discriminated avoidance in rats. Br J Ps, 1972, 63, 583—591. — 5253.
DINSMOOR, J. A.: A discrimination based on punishment. Quarterly Journal of Experimental Psychology, 1952, 4, 27—45. — 3557, 3561.
DINSMOOR, J. A. & CLAYTON, M. H.: Chaining and secondary reinforcement based on escape from shock. J Exp Anal Beh, 1963, 6, 75—80. — 2421.
DINSMOOR, J. A. & CLAYTON, M. H.: A conditioned reinforcer maintained by temporal association with termination of shock. J Exp Anal Beh, 1966, 9, 547—552. — 2421.

DINSMOOR, J. A. & HUGHES, L. H.: Training rats to press a bar to turn off shock. *J Comp Phys Ps*, 1956, *49*, 235—238. — *511, 5151*.
DOERR, H. O. & HOKANSON, J. E.: A relation between heart rate and performance in children. *J Pers Soc Ps*, 1965, *1*, 70—76. — *36*.
DOLLARD, J., DOOBS, L. W., MILLER, N. E., MOWRER, O. H. & SEARS, R. R.: *Frustration and Aggression*. New Haven, 1939. — *8131*.
DOMJAN, M. & SIEGEL, S.: Conditioned suppression following CS preexposure. *Psn Sc*, 1971, *25*, 11—12. — *211, 2421, 623*.
DREYER, P. I. & CHURCH, R.: Shock-induced fighting as a function of the intensity and duration of the aversive stimulus. *Psn Sc*, 1968, *10*, 271—272. — *8132*.
DREYER, P. & RENNER, K. E.: Self-punitive behavior — masochism or confusion? *Ps Rev*, 1971, *78*, 333—337. — *653*.
DREYER, P. I. & CHURCH, R. M.: Reinforcement of shock-induced fighting. *Psn Sc*, 1970, *18*, 147—148. — *8223*.
DROST, B. A. & KNOTT, P. D.: Effects of status of attacker and intensity of attack on the intensity of counter-aggression. *J Pers*, 1971, *39*, 450—459. — *9351*.
DUA, J. K.: Temporal gradients of CS- and UCS-offset in avoidance conditioning. *Australian Journal of Psychology*, 1970, *22*, 219—224. — *5231*.
DUBANOSKI, R. A. & PARTON, D. A.: Imitative aggression in children as a function of observing a human model. *Dev Ps*, 1971, *4*, 489. — *9231*.
DUFFY, E.: An explanation of „emotional" phenomena without the use of the concept „emotion". *J Gen Ps*, 1941, *25*, 283—293. — *1180*.
DUFORT, R. H. & KIMBLE, G. A.: Changes in response strength with changes in amount of reinforcement. *J Exp Ps*, 1956, *51*, 185—191. — *3554*.
DUNCAN, I. J. H. & WOOD-GUSH, D. G. M.: Frustration and aggression in the domestic fowl. *An Beh*, 1971, *19*, 500—504. — *8131*.
DUNSTONE, J. J., CANNON, J. T., CHICKSON, J. T. & BURNS, W. K.: Persistence and vigor of shock-induced aggression in gerbils (Meriones unguiculatus). *Psn Sc*, 1972, *28*, 272—274. — *812, 821*.
DWORKIN, E. S. & EFRAN, J. S.: The angered: Their susceptibility to varieties of humor. *J Pers Soc Ps*, 1967, *6*, 233—236.— *9352*.

EASON, R. G. & DUDLEY, L. M.: Physiological and behavioral indicants of activation. *Psychophysiology*, 1971, *7*, 223—232. — *31*.
EASON, R. G., HARTER, M. R. & WHITE, C. T.: Effects of attention and arousal on visually evoked cortical potentials and reaction time in man. *Phys Beh*, 1969, *4*, 283—289. — *31*.
EDMONSON, B. W. & AMSEL, A.: The effects of massing and distribution of extinction trials on the persistance of a fear-motivated instrumental response. *J Comp Phys Ps*, 1954, *47*, 117—123. — *5212*.
EDWARDS, J. G.: Commentary: Murder and gun control. *Wayne Law Review*, 1972, *18*, 1335—1342. — *951*.
EGGER, M. D. & FLYNN, J. P.: Effects of electrical stimulation of the amygdala on hypothalamically elicited attack behavior in cats. *J Neurophys*, 1963, *26*, 705—720. — *721, 8231*.
EIBL-EIBESFELDT, I.: *Grundriß der vergleichenden Verhaltensforschung*. München, 1967. — *71, 713, 811, 812, 8131, 8321, 842*.
EIBL-EIBESFELDT, J.: *Der vorprogrammierte Mensch*. Wien, 1973. — *713, 811, 8131, 8132, 8133, 842, 85*.
EICHELMAN, B. S.: Effect of subcortical lesions on shock-induced aggression in the rat. *J Comp Phys Ps*, 1971, *74*, 331—339. — *14, 8232, 8313*.

ELLIOTT, J. M. & KING, T. M.: Acquisition of free-operant avoidance with a response-contingent stimulus. *Psn Sc*, 1970, *20*, 27—28. — *532.*

ELLIS, D. P. & AUSTIN, P.: Menstruation and aggressive behavior in a correctional center for women. *Journal of Criminal Law, Crimonology and Police Science*, 1971, *62*, 388—395. — *8131.*

ELLIS, G. T. & SEKYRA, F. III.: The effects of aggressive cartoons on the behavior of first grade children. *J Ps*, 1972, *81*, 37—43. — *942.*

ELLISON, G. D.: Differential salivary conditioning to traces. *J Comp Phys Ps*, 1964, *57*, 373—380. — *2331.*

EPSTEIN, S. & CLARKE, S.: Heart rate and skin conductance during experimentally induced anxiety: Effects of anticipated intensity of noxious stimulation and experience. *J Exp Ps*, 1970, *84*, 105—112. — *1151, 321.*

ERIKSEN, C. W. & KUETHE, J. L.: Avoidance conditioning of verbal behavior without awareness: A paradigm of repression. *J Abn Soc Ps*, 1956, *53*, 203—209. — *3524.*

ERON, L. D., HUESMAN, L. R., LEFKOWITZ, M. M. & WALDER, L. O.: Does television violence cause aggression? *American Psychologist*, 1972, *27*, 253—265. — *942.*

ESTES, W. K.: Discriminative conditioning. I. A discriminative property of conditioned anticipation. *J Exp Ps*, 1943, *32*, 150—155. — *346.*

ESTES, W. K.: An experimental study of punishment. *Ps Monogr*, 1944, *57*, No. 3, Whole No. 263. — *3552, 3553.*

ESTES, W. K. & SKINNER, B. F.: Some quantitative properties of anxiety. *J Exp Ps*, 1941, *29*, 390—400. — *1171, 232, 621.*

EVANS, W. D.: Producing either positive or negative tendencies to a stimulus associated with shock. *J Exp Anal Beh*, 1962, *5*, 335—337. — *2331, 354.*

FALLON, D.: Resistance to extinction following learning with punishment of reinforced and nonreinforced licking. *J Exp Ps*, 1968, *76*, 550—557. — *3553, 3556.*

FANTZ, R. L.: Visual experience in infants: Decreased attention to familiar patterns relative to novel ones. *Sc*, 1964, *146*, 668—670. — *344.*

FARBER, I. E.: Response fixation under anxiety and non-anxiety conditions. *J Exp Ps*, 1948, *38*, 111—131. — *653.*

FARRIS, H. E., GIDEON, B. E. & ULRICH, R. E.: Classical conditioning of aggression: A developmental study. *Ps Rec*, 1970, *20*, 63—67. — *812.*

FAZIO, A. F.: Implosive therapy with semiclinical phobias. *J Abn Ps*, 1972, *80*, 183—188. — *660.*

FECHTER, J. V. Jr.: Modeling and environmental generalization by mentally retarded subjects of televised aggressive or friendly behavior. *American Journal of Mental Deficiency*, 1971, *76*, 266—267. — *9231.*

FEJER, D. & SMART, G.: Drug use, anxiety and psychological problems among adolescents. *Ontario Psychologist*, 1972, *4*, 10—21. — *331.*

FELIPE, N. J. & SOMMER, R. R.: Invasions of personal space. *Social Problems*, 1966, *14*, 206—214. — *8133.*

FERNANDEZ DEMOLINA, A. & HUNSPERGER, R. W.: Organization of the subcortical system governing defense and flight reactions in the cat. *Journal of Physiology*, 1962, *160*, 200—213. — *1312, 8233.*

FERRARO, D. P.: Persistence to continuous punishment as a function of amount of reinforcement. *Psn Sc*, 1966, *6*, 109—110. — *3554.*

FERRARO, D. P. & YORK, K. M.: Punishment effects in rats selectively bred for emotional elimination. *Psn Sc*, 1968, *10*, 177—178. — *3551, 3552, 3555, 3556.*

FERSTER, C. B.: Withdrawal of positive reinforcement as punishment. *Sc*, 1957, *126*, 509. — *354*.

FERSTER, C. B.: Control of behavior in chimpanzees and pigeons by time out from positive reinforcement. *Ps Monogr*, 1958, *72*, No. 8, Whole No. 461. — *354*, *5311*.

FESHBACH, S.: The catharsis hypothesis and some consequences of interaction with aggressive and neutral play objects. *J Pers*, 1956, *24*, 449—462. — *942*.

FESHBACH, S., STILES, W. B. & BITTNER, E.: The reinforcing effect of witnessing aggression. *J Exp Res Pers*, 1967, *2*, 133—139. — *9352*.

FILBY, Y. & APPEL, J. B.: Variable-interval punishment during variable-interval reinforcement. *J Exp Anal Beh*, 1966, *9*, 521—527. — *3551*, *3552*, *3554*.

FINCH, G. & CULLER, E.: Relation of forgetting to experimental extinction. *Am J Ps*, 1935, *47*, 656—662. — *6551*.

FINLEY, J. R. & STAATS, A. W.: Evaluative meaning words as reinforcing stimuli. *Journal of Verbal Learning and Verbal Behavior*, 1967, *6*, 193—197. — *354*.

FITZGERALD, R. D.: Effects of partial reinforcement with acid on the classically conditioned salivary response in dogs. *J Comp Phys Ps*, 1963, *56*, 1056—1060. — *2336*.

FITZGERALD, R. D., VARDARIS, R. M. & TEYLER, T. J.: Effects of partial reinforcement on classically conditioned hart-rate in the dog. *J Comp Phys Ps*, 1966, *62*, 483—486. — *2336*.

FLESHLER, M. & HOFFMAN, H. S.: Stimulus generalization of conditioned suppression. *Sc*, 1961, *133*, 753—755. — *2385*.

FLORY, R. K.: Attack behavior in a multiple fixed-ratio schedule of reinforcement. *Psn Sc*, 1969, *16*, 156—157. — *8131*.

FONBERG, E.: The manifestation of the defensive reactions in neurotic states. *Acta Biol Exp*, 1958, *23*, 89—116a. — *212*, *5223*.

FONBERG, E.: Transfer of instrumental avoidance reactions in dogs. *Bulletin de l'Academie Polonaise des Sciences*, 1958, *6*, 353—356b. — *512*, *5223*.

FONBERG, E.: The motivational role of the hypothalamus in animal behaviour. *Acta Biol Exp*, 1967, *27*, 303—318. — *1312*, *1313*, *1314*, *8231*, *8245*.

FORD, L. H. & SEMPERT, E. L.: Relations among some objective measures of hostility, need aggression and anxiety. *J Cons Ps*, 1962, *26*, 486. — *9351*.

FORRIN, B.: Affect conditioning associated with the onset and termination of electric shock. *Psn Sc*, 1966, *4*, 191—192. — *346*, *354*, *3553*, *3554*.

FOWLER, H. & TRAPOLD, M. A.: Escape performance as a function of delay of reinforcement. *J Exp Ps*, 1962, *63*, 464—467. — *511*, *5152*.

FRAKES, F. V.: Acquisition of disliking for persons associated with punishment. *Perceptual and Motor Skills*, 1971, *33*, 251—255. — *3531*.

FRANCHINA, J. J.: Combined sources of motivation and escape responding. *Psn Sc*, 1966, *6*, 221—222. — *5151*.

FRASER, D. & SPIGEL, I. M.: Shock-induced threat and biting by the turtle. *J Exp Anal Beh*, 1971, *16*, 349—353. — *8131*, *8132*.

FREEMAN, H. E. & ALCOCK, J.: Play behavior of a mixed group of juvenile gorillas and orang utans. *International Zoo Yearbook*, 1973, *13*. — *344*, *43*.

FRENCH, D., PALESTINO, D. & LEEB, C.: Preference for warning in an unavoidable shock situation: Replication and extension. *Ps Rep*, 1972, *30*, 72—74. — *512*.

FREUD, S.: Vorlesungen zur Einführung in die Psychoanalyse. In: S. FREUD, *Gesammelte Werke*, Bd. 11, London, 1940 (erstmals erschienen 1917). — *1180*, *221*.

FREUD, S.: Das Ich und das Es. In: S. FREUD, *Gesammelte Werke*, Bd. 13, London, 1940 (erstmals erschienen 1923). — *713*.

Freud, S.: Das Unbehagen in der Kultur. In: S. Freud, Gesammelte Werke, Bd. 14, London, 1948 (erstmals erschienen 1930). — *713*.
Frey, P. W. & Ross, L. E.: Classical conditioning of the rabbit eyelid response as a function of interstimulus interval. *J Comp Phys Ps*, 1968, *65*, 246—250. — *2331*.
Fromer, R.: The effect of several shock patterns on the acquisition of the secondary drive of fear. *J Comp Phys Ps*, 1962, *55*, 142—144. — *2334*.
Funkenstein, D. H.: The physiology of fear and anger. *Sc Amer*, 1955, *192*, 74—80. — *1151, 8242*.
Furchtgott, E., Wechkin, S. & Dees, J. W.: Open-field exploration as a function of age. *J Comp Phys Ps*, 1961, *54*, 386—388. — *344*.

Gale, E. N. & Guenther, G.: Motivational factors associated with the use of cannabis (marihuana). *British Journal of Addiction*, 1971, *66*, 188—194. — *331*.
Gale, E. N. & Jacobson, M. B.: The relationship between social comments as unconditioned stimuli and fear conditioning. *Beh Res Ther*, 1970, *8*, 301—307. — *2321*.
Galef, B. G. Jr.: Stimulus novelty as a factor in the intraspecific pain-associated aggression of domesticated rats. *Psn Sc*, 1970, *18*, 21 a. — *8133, 814*.
Galef, B. G. Jr.: Target novelty elicits and directs shock-associated aggression in wild rats. *J Comp Phys Ps*, 1970, *71*, 87—91 b. — *8132, 8133, 814, 821*.
Gallup, G. G. Jr.: Aggression in rats as a function of frustrative nonreward in a straight alley. *Psn Sc*, 1965, *3*, 99—100. — *8131*.
Gallup, G. G. Jr.: Mirror-image stimulation and tonic immobility in chickens. *Psn Sc*, 1972, *28*, 257—259. — *221*.
Gallup, G. G. Jr., Nash, R. F., Potter, R. J. & Donegan, N. H.: Effect of varying conditions of fear on immobility reactions in domestic chickens (Gallus gallus). *J Comp Phys Ps*, 1970, *73*, 442—445. — *2384*.
Gallup, G. G. Jr., Nash, R. F., Donegan, N. H. & McClure, M. K.: The immobility response: A predator-induced reaction in chickens. *Ps Rec*, 1971, *21*, 513—519 a. — *211*.
Gallup, G. G. Jr., Nash, R. F. & Ellison, A. L. Jr.: Tonic immobility as a reaction to predation: Artificial eyes as a fear stimulus for chickens. *Psn Sc*, 1971, *23*, 79—80 b. — *211*.
Gallup, G. G. Jr., Rosen, T. S. & Brown, C. W.: Effect of conditioned fear on tonic immobility in domestic chickens. *J Comp Phys Ps*, 1972, *78*, 22—26 a. — *2384*.
Gallup, G. G. Jr., Cummings, W. H. & Nash, R. F.: The experimenter as an independent variable in studies of animal hypnosis in chickens (Gallus gallus). *An Beh*, 1972, *20*, 166—169 b. — *211*.
Galvani, P. F.: The effects of partial reinforcement on the acquisition and extinction of avoidance behavior in gerbils. *Psn Sc*, 1971, *24*, 242—244. — *654*.
Gambaro, S. & Rabin, A. I.: Diastolic blood pressure responses following direct and displaced aggression after anger arousal in high- and low-guilt subjects. *J Pers Soc Ps*, 1969, *12*, 87—94. — *9352*.
Gandelman, R.: Mice: Postpartum aggression elicited by the presence of an intruder. *Hormones and Behavior*, 1972, *3*, 23—27. — *8131*.
Garcia, E., Baer, D. M. & Firestone, I.: The development of generalized imitation within topographically determined boundaries. *J Appl Beh Anal*, 1971, *4*, 101—112. — *9230*.
Garcia, J., Ervin, F. & Koelling, R.: Learning with prolonged delay of reinforcement. *Psn Sc*, 1966, *5*, 121—122. — *2331*.

GARCIA, J., ERVIN, F. R., YORKE, C. H. & KOELLING, R. A.: Conditioning with delayed vitamin injections. *Sc*, 1967, *155*, 716—717. — *2331*.

GARFIELD, S. L., GERSHON, S., SLETTEN, I., SUNDLAND, D. M. & BALLOU, S.: Chemically induced anxiety. *International Journal of Neuropsychiatry*, 1967, *3*, 426—433. — *211*.

GAULT, F. P. & APPEL, J. B.: Intracranial brain stimulation and suppression of behavior. *Psn Sc*, 1966, *6*, 403—404. — *1316, 3551, 3552*.

GEEN, R. G.: Effects of frustration, attack, and prior training in aggressiveness upon aggressive behavior. *J Pers Soc Ps*, 1968, *9*, 316—321. — *91, 924*.

GEEN, R. & BERKOWITZ, L.: Name-mediated aggressive cue properties. *J Pers*, 1966, *34*, 456—465. — *942*.

GEEN, R. G. & BERKOWITZ, L.: Some conditions facilitating the occurence of aggression after the observation of violence. *J Pers*, 1967, *35*, 666—676. — *9351, 942*.

GEEN, R. G. & STONNER, D.: Effects of aggressiveness habit strength on behavior in the presence of aggression related stimuli. *J Pers Soc Ps*, 1971, *17*, 149—153. — *924, 942*.

GEER, J. H. & TURTELTAUB, A.: Fear reduction following observation of a model. *J Pers Soc Ps*, 1967, *6*, 327—331. — *663*.

GEIER, F. M. & TOLMAN, E. C.: Goal distance and restless activity: I. The goal gradient of restless activity. *J Comp Ps*, 1943, *35*, 197—204. — *3532*.

GELLER, A., JARVIK, M. E. & ROBUSTELLI, F.: Incubation and the Kamin effect. *J Exp Ps*, 1970, *85*, 61—65. — *2387, 3551, 3552*.

GELLER, I.: Conditioned „anxiety" and punishment effects on operant behavior of goldfish (Carassius auratus). *Sc*, 1963, *141*, 351—353. — *1171, 234*.

GELLER, I.: Conditioned suppression in goldfish as a function of shock-reinforcement schedule. *J Exp Anal Beh*, 1964, *7*, 345—349. — *234*.

GELLHORN, E.: Recent contributions to the physiology of.the emotions. *Psychiatric Research Reports*, 1960, *12*, 209—223. — *8131*.

GENTRY, W. D.: Fixed-ratio schedule-induced aggression. *J Exp Anal Beh*, 1968, *11*, 813—817. — *8131*.

GERALL, A. A. & WOODWARD, J. K.: Conditioning of the human pupillary dilation response as a function of CS-UCS interval. *J Exp Ps*, 1958, *55*, 501—507. — *2331*.

GEWIRTZ, J. L. & BAER, D. M.: Deprivation and satiation of social reinforcers as drive conditions. *J Abn Soc Ps*, 1958, *57*, 165—172. — *511*.

GIBSON, E. J. & WALK, R. D.: The „visual cliff". *Sc Am*, 1960, *202*, 67—71. — *211*.

GIBSON, J. T.: *Educational Psychology*. 2nd Ed., New York, 1972. — *112*.

GIBSON, R. S.: Influence of physical threat stress on perceptual psychomotor performance. *Proc 79th Ann Conv, APA*, 1971, 587—588. — *36*.

GILBERT, R. M.: Maintenance of a conditioned avoidance response in rabbits (Oryctolagus Cuniculus) through random presentations of classical trials. *J Comp Phys Ps*, 1970, *70*, 264—269. — *654, 6551, 6555*.

GINSBURG, B. & ALLEE, W. C.: Some effects of conditioning on social dominance and subordination in inbred strains of mice. *Phys Zool*, 1942, *18*, 485—506. — *345, 812, 8131*.

GINSBURG, H. J. & BRAUD, W. G.: A laboratory investigation of aggressive behavior in the Mongolian gerbil (Meriones unguiculatus). *Psn Sc*, 1971, *22*, 54—55. — *8132*.

GLICKMAN, S. E. & SROGES, R. W.: Curiosity in zoo animals. *Beh*, 1966, *26*, 151—188. — *344*.

GLUSMAN, M. & ROIZIN, L.: Role of hypothalamus in the organization of agonistic behavior in the cat. *Transactions of the American Neurological Association*, 1960, 177—179. — *8245*.

GOLDFRIED, M. R.: Systematic desensitization as training in self-control. *Journal of Consulting and Clinical Psychology*, 1971, *37*, 228—234. — *661*.

GOLDSTEIN, S. R.: Mirror image as a reinforcer in Siamese Fighting Fish: A repitition with additional controls. *Psn Sc*, 1967, *7*, 331—332. — *8223*.

GONZALES, R. C. & SHEPP, B.: The effects of chlorpromazine on instrumental learning based on conditioned fear. *Can J Ps*, 1962, *16*, 64—71. — *1172, 2335, 2337, 234, 512*.

GONZALES, S. C., KARNIOL, I. G. & CARLINI, E. A.: Effects of Cannabis sativa extract on conditioned fear. *Behavioral Biology*, 1972, *7*, 83—94. — *331*.

GOODSON, F. E. & BROWNSTEIN, A.: Secondary reinforcing and motivating properties of stimuli contiguous with shock onset and termination. *J Comp Phys Ps*, 1955, *48*, 381—386. — *2421*.

GÓRSKA, T., JANKOWSKA, E. & MOSSAKOWSKI, M.: Instrumental conditioned reflexes after section of the pyramids in cats. *Bulletin de l'Académie Polonaise des Sciences, Série Sciences Biologiques*, 1964, *12*, 413—417. — *501*.

GRANT, D. A. & HAKE, H. W.: Dark adaptation and the Humphreys random reinforcement phenomenon in the human eyelid conditioning. *J Exp Ps*, 1951, *42*, 417—423. — *2336*.

GRANT, D. A. & SCHIPPER, L. M.: The acquisition and extinction of conditioned eyelid responses as a function of the percentage of fixed-ratio random reinforcement. *J Exp Ps*, 1952, *43*, 313—320. — *2336*.

GRANT, D. A. & SCHNEIDER, D. E.: Intensity of the conditioned stimulus and strength of conditioning. I. The conditioned eyelid response to light. *J Exp Ps*, 1948, *38*, 690—696. — *2333*.

GRANT, D. A. & SCHNEIDER, D. E.: Intensity of the conditioned stimulus and strength of conditioning: II. The conditioned galvanic skin response to an auditory stimulus. *J Exp Ps*, 1949, *39*, 35—40. — *2333, 2382*.

GRANT, D. A., SCHIPPER, L. M. & ROSS, B. M.: Effect of intertrial interval during acquisition on extinction of the conditioned eyelid response following partial reinforcement. *J Exp Ps*, 1952, *44*, 203—210. — *2336*.

GRASTYÁN, E., LISSÁK, K. & KEKESI, K.: Facilitation and inhibition of conditioned alimentary and defensive reflexes by stimulation of the hypothalamic and reticular formation. *Acta Phys Acad Sci Hung*, 1956, *9*, 133—151. — *346*.

GRAY, J.: *Angst und Streß*. München, 1971. — *846*.

GREENBERG, G.: The effects of ambient temperature and population density on aggression in two inbred strains of mice (Mus musculus). *Beh*, 1972, *42*, 119—130. — *8131*.

GREENE, W. A. & SUTOR, L. T.: Stimulus control of skin resistance responses an escape-avoidance schedule. *J Exp Anal Beh*, 1971, *16*, 269—274. — *3524, 5040*.

GRIFFITHS, W. J. Jr.: Effect of stress on an extinguished fear response. *Sc*, 1955, *122*, 1267—1268. — *5242*.

GRINGS, W. W. & CARLIN, S.: Instrumental modification of autonomic behavior. *Ps Rec*, 1966, *16*, 153—159. — *3524, 5040*.

GROSSEN, N. E.: Effects of aversive discriminative stimuli on appetitive behavior. *J Exp Ps*, 1971, *88*, 90—94. — *2421, 43*.

GROSSEN, N. E. & BOLLES, R. C.: Effects of a classical conditioned „fear signal" and „safety signal" on nondiscriminated avoidance behavior. *Psn Sc*, 1968, *11*, 321—322. — *1273, 2421, 243*.

GROSSEN, N. E., KOSTANSEK, D. J. & BOLLES, R. C.: Effects of appetitive discriminative stimuli on avoidance behavior. *J Exp Ps*, 1969, *81*, 340—343. — *346*.

GROSSMAN, S. P.: Effect of chemical stimulation of the septal area on motivation. *J Comp Phys Ps*, 1964, *58*, 194—200. — *346*.

GROSSMAN, S. P. & GROSSMAN, L.: Surgical interruption of the anterior or posterior connections of the hypothalamus: Effects on aggressive and avoidance behavior. *Physiology and Behavior*, 1970, *5*, 1313—1317. — *1322, 8232*.

GUTTMAN, N.: Operant conditioning, extinction, and periodic reinforcement in relation to concentration of sucrose used as a reinforcing agent. *J Exp Ps*, 1953, *46*, 213—224. — *3554*.

GUTTMAN, N. & KALISH, H. I.: Discriminability and stimulus generalization. *J Exp Ps*, 1956, *51*, 79—88. — *2385*.

GWINN, G. T.: The effects of punishment on acts motivated by fear. *J Exp Ps*, 1949, *39*, 260—269. — *513, 653*.

HAKE, D. F. & AZRIN, N. H.: Conditioned punishment. *J Exp Anal. Beh*, 1965, *8*, 279—293. — *2334, 354*.

HAKE, D. F. & LAWS, D. R.: Social facilitation of responses during a stimulus paired with electric shock. *J Exp Anal Beh*, 1967, *10*, 387—392. — *221*.

HAKE, D. F., AZRIN, N. H. & OXFORD, R.: The effects of punishment intensity on squirrel monkeys. *J Exp Anal Beh*, 1967, *10*, 95—107. — *3551, 3552, 3556*.

HALL, C. S. & KLEIN, S. J.: Individual differences in aggressiveness in rats. *J Comp Ps*, 1942, *33*, 371—383. — *847*.

HALL, K. R. L.: Aggression in monkey and ape societies. In: J. D. CARTHY & F. J. EBLING (Eds.): *The Natural History of Aggression*. London, 1964. 51—64. — *812, 8132*.

HALLENBORG, B. P. & FALLON, D.: Influence of fear and frustration on the motivation of self-punitive behavior. *L & M*, 1971, *2*, 26—39. — *653*.

HAMBY, W. & CAHOON, D. D.: The effect of water deprivation upon shock elicited aggression in the white rat. *Psn Sc*, 1971, *23*, 52. — *8131, 8132*.

HAMILTON, J., STEPHENS, L. & ALLEN, P.: Controlling aggressive and destructive behavior in severely retarded institutionalized residents. *American Journal of Mental Deficiency*, 1967, *71*, 852—856. — *953*.

HAMMOND, L. J.: Increased responding to CS- in differential CER. *Psn Sc*, 1966, *5*, 337—338. — *2421*.

HAMMOND, L. J.: A traditional demonstration of the active properties of Pavlovian inhibition using differential CER. *Psn Sc*, 1967, *9*, 65—66. — *2384, 2421*.

HAMMOND, L. J.: Retardation of fear acquisition by a previously inhibitory CS. *J Comp Phys Ps*, 1968, *66*, 756—759. — *2421, 243*.

HAMMOND, L. J. & DANIEL, R.: Negative contingency discrimination: Differentiation by rats between safe and random stimuli. *J Comp Phys Ps*, 1970, *72*, 486—491. — *2421, 243*.

HANRATTY, M. A., LIEBERT, R. M., MORRIS, L. W. & FERNANDEZ, L. E.: Imitation of film-mediated aggression against live and inanimate victims. *Proc 77th Ann Conv, APA*, 1969, 457—458. — *9231*.

HANSCHE, W. J. & GRANT, D. A.: Onset versus termination of a stimulus as the CS in eyelid conditioning. *J Exp Ps*, 1960, *59*, 19—26. — *2331*.

HANSON, H. M.: Discrimination training effect on stimulus generalization gradient for spectrum stimuli. *Sc*, 1957, *125*, 888—889. — *2385*.

HARA, K. & MYERS, R. E.: Role of forebrain structures in emotional expression in opossum. *Brain Res*, 1973, *52*, 131—144. — *8232, 8313*.

HARE, R. D.: Suppression of verbal behavior as a function of delay and schedule of severe punishment. *Journal of Verbal Learning and Verbal Behavior*, 1965, *4*, 216—221. — *3524, 3551, 3552.*

HARE, R. D.: Suppression and recovery of a human response as a function of the temporal order of reward and punishment. *Psn Sc*, 1966, *5*, 49—50 a. — *357.*

HARE, R. D.: Preference for delay of shock as a function of its intensity and probability. *Psn Sc*, 1966, *5*, 393—394 b. — *512.*

HARE, R. D., KREBS, D. L., CREIGHTON, T. D. & PETRUSIC, W. M.: Latency of self-administered shock as a function of its intensity and probability. *Psn Sc*, 1966, *6*, 79—80. — *512.*

HARGRAVE, G. E. & BOLLES, R. C.: Rat's aversion to flavors following induced illness. *Psn Sc*, 1971, *23*, 91—92. — *2331.*

HARLESTON, B. W., SMITH, M. G. & AREY, D.: Test-anxiety level, heart rate, and anagram problem solving. *J Pers Soc Ps*, 1965, *1*, 551—557. — *36.*

HARLOW, H. F. & HARLOW, M. K.: Social deprivation in monkeys. *Sc Amer*, 1962, *207*, 136—146. — *221, 8132.*

HARLOW, H. F. & ZIMMERMAN, R. R.: Affectional responses in the infant monkey. *Sc*, 1959, *130*, 421—432. — *1152, 211, 212, 221, 2421, 344, 43.*

HARLOW, H., HARLOW, M. K. & MEYER, D. R.: Learning motivated by a manipulatory drive. *J Exp Ps*, 1950, *40*, 228—234. — *344.*

HARRELL, W. A.: Effects of extinction on magnitude of aggression in humans. *Psn Sc*, 1972, *29*, 213—215. — *8131.*

HARRISON, J. M. & ABELSON, R. M.: The maintenance of behavior by the termination and onset of intense noise. *J Exp Anal Beh*, 1959, *2*, 23—42. — *211, 511, 5151.*

HARRISON MATTHEWS, L.: Overt fighting in mammals. In: J. D. CARTHY & E. J. EBLING (Eds.): *The Natural History of Aggression*. London, 1964. 23—32. — *812, 8131.*

HART, B. M., ALLEN, K. E., BUELL, J. S., HARRIS, F. R. & WOLF, M. M.: Effects of social reinforcement on operant crying. *J Exp Ch Ps*, 1964, *1*, 145—153. — *955.*

HARTLEY, D. L.: Sources of reinforcement in learned avoidance. *J Comp Phys Ps*, 1968, *66*, 12—16. — *654.*

HARTMANN, D. P.: Influence of symbolically modeled instrumental aggression and pain cues on aggressive behavior. *J Pers Soc Ps*, 1969, *11*, 280—288. — *9351, 942.*

HARTMAN, T. F. & GRANT, D. A.: Effect of intermittent renforcement on acquisition, extinction, and spontaneous recovery of the conditioned eyelid response. *J Exp Ps*, 1960, *60*, 89—96. — *2336.*

HARTUP, W. W. & HIMENO, Y.: Social isolation vs. interaction with adults in relation to aggression in preschool children. *J Abn Soc Ps*, 1959, *59*, 17—22. — *8133.*

HASLAM, D. R.: The effect of threatened shock upon pain threshold. *Psn Sc*, 1966, *6*, 309—310. — *331.*

HAWKINS, D. R., MONROE, J. T., SANDIFER, M. G. & VERNON, C. R.: Psychological and physiological responses to continuous epinephrine infusion — an approach to the study of the affect, anxiety. *Psychiatric Research Reports*, 1960, *12*, 40—52. — *1183.*

HAYWARD, S. C.: Modification of sexual behaviour in the male albino rat. *J Comp Phys Ps*, 1957, *50*, 70—73. — *343.*

HAYWOOD, H. C. & SPIELBERGER, C. D.: Palmar sweating as a function of individual differences in manifest anxiety. *J Pers Soc Ps*, 1966, *1*, 103—105. — *1151.*

HEARST, E.: Stimulus generalization gradients for appetitive and aversive behavior. *Sc*, 1960, *132*, 1769—1770. — *351.*

HEARST, E.: Stress-induced breakdown of an appetitive discrimination. *J Exp Anal Beh*, 1965, *8*, 135—146. — *36*.
HEARST, E. & KORESKO, M. B.: Self-presentation and self-termination of a conflict-producing stimulus. *Sc*, 1964, *146*, 415—416. — *346*.
HEARST, E. & SIDMAN, M.: Some behavioral effects of a concurrently positive and negative stimulus. *J Exp Anal Beh*, 1961, *4*, 251—256. — *512*.
HEATH, R. G., MONROE, R. R. & MICKLE, W. A.: Stimulation of the amygdaloid nucleus in a schizophrenic patient. *Am J Psychiatry*, 1955, *111*, 862—863. — *8231*.
HEBB, D. O.: Drives and the C. N. S. (Conceptual nervous system). *Ps Rev*, 1955, *62*, 243—254. — *31*.
HECHT, K.: Die Bedeutung des zentralen motorischen Systems und des Aktivitätszustands des ZSN beim „nichterlöschbaren" bedingten Fluchtreflex der Ratte. *Acta Biologica et Medica Germanica*, 1964, 13, 40—54. — *5222*.
HEFFERLINE, R. F., KENNAN, B. & HARFORD, R. A.: Escape and avoidance conditioning in human subjects without their observation of the response. *Sc*, 1959, *130*, 1338—1339. — *5312*.
HEKMAT, H.: The role of imagination in semantic desensitization. *Beh Ther*, 1972, *3*, 223—231. — *623, 624, 665*.
HELM, B., BONOMA, T. V. & TEDESCHI, J. T.: Recoprocity for harm done. *Journal of Social Psychology*, 1972, *87*, 89—98. — *9351*.
HENDRY, D. P. & VAN-TOLLER, C.: Alleviation of conditioned suppression. *J Comp Phys Ps*, 1965, *59*, 458—460. — *2334, 61*.
HENDRY, D. P., SWITALSKI, R. & YARCZOWER, M.: Generalization of conditioned suppression after differential training. *J Exp Anal Beh*, 1969, *12*, 799—806. — *2385, 2421, 243, 43*.
HERMAN, R. L. & AZRIN, N. H.: Punishment by noise in an alternative response situation. *J Exp Anal Beh*, 1964, *7*, 185—188. — *3563*.
HESS, E. H.: Imprinting. *Sc*, 1959, *130*, 133—141. — *2321*.
HESS, W. R.: *Die funktionelle Organisation des vegetativen Nervensystems*. Basel, 1948. — *1151*.
HESS, W. R.: *Das Zwischenhirn: Syndrome, Lokalisation, Funktionen*. Basel, 1949. — *1312, 8231, 8240*.
HESS, W. R.: *Psychologie in biologischer Sicht*. 2. Aufl. Stuttgart, 1968. — *8245*.
HESS, W. R. & AKERT, K.: Experimental data on role of hypothalamus in mechanism of emotional behavior. *Arch Neur Psychiatry*, 1955, *73*, 127—129. — *8231*.
HETHERINGTON, A. W. & RANSON, S. W.: The relation of various hypothalamic lesions to adiposity in the rat. *Journal of Comparative Neurology*, 1942, *76*, 475—499. — *14*.
HICKS, D. J.: Imitation and retention of film-mediated aggressive peer and adult models. *J Pers Soc Ps*, 1965, *2*, 97—100. — *9231*.
HILGARD, E. R.: *Theories of learning*. New York, 1948. — *1180*.
HILL, D.: EEG in episodic psychotic and psychopathic behaviour. *EEG Clin Neurophys*, 1952, *4*, 419—442. — *8232*.
HILL, J. H., LIEBERT, R. M. & MOTT, D. E.: Vicarious extinction of avoidance behavior through films: An initial test. *Ps Rep*, 1968, *22*, 192. — *663*.
HILLARP, N.-Å., OLIVECRONA, H. & SILFVERSKIÖLD, W.: Evidence for the participation of the preoptic area in male mating behaviour. *Experientia*, 1954, *10*, 224—225. — *14*.
HINDE, R. A.: *Animal Behaviour*. London, 1966. — *341*.
HINDE, R. A. & SPENCER-BOOTH, Y.: Effects of brief separation from mother on rhesus monkeys. *Sc*, 1971, *173*, 111—118. — *212, 344*.

HINELINE, P. N.: Avoidance sessions as aversive events. *Sc*, 1972, *176*, 430—432. — *2331, 2383*.
HOBSON, G. N.: Effects of UCS adaptation upon conditioning in low and high anxiety men and women. *J Exp Ps*, 1968, 76, 360—363. — *322*.
HOEBEL, B. G.: Hypothalamic lesions by electrocauterization: Disinhibition of feeding and self-stimulation. *Sc*, 1965, *149*, 452—453. — *14*.
HOFFMAN, H. S.: The stimulus generalization of conditioned suppression. In: D. I. MOSTOFSKY (Ed.): *Stimulus Generalization.* Stanford, Calif., 1965, 356—372. — *2388, 622, 623*.
HOFFMAN, H. S. & BOSKOFF, K. J.: Control of aggressive behavior by an imprinted stimulus. *Psn Sc*, 1972, 29, 305—306. — *221, 2321, 8131*.
HOFFMAN, H. S., STRATTON, J. W. & NEWBY, V.: Punishment by response-contingent withdrawal of an imprinted stimulus. *Sc*, 1969, *163*, 702—704. — *2321, 3524, 3552*.
HOGAN, J. A.: Fighting and reinforcement in the Siamese fighting fish (Betta splendens). *J Comp Phys Ps*, 1967, 64, 356—359. — *8223*.
HOGAN, L. E., BARON, A. & KAUFMAN, A.: Temporal variables in the acquisition of human free-operant avoidance of „time-out". *Psn Sc*, 1968, *10*, 57—58. — *5311, 532*.
HOGAN, R. A.: The implosive technique. *Beh Res Ther*, 1968, 6, 423—432. — *662*.
HOGAN, R. A. & KIRCHNER, J. H.: Preliminary report of the extinction of learned fear via short-term implosive therapy. *J Abn Ps*, 1967, 72, 106—109. — *662*.
HOGE, M. A. & STOCKING, R. J.: A note on the relative value of punishment and reward as motives. *Journal of Animal Behavior*, 1912, 2, 43—50. — *3561*.
HOKANSON, J. E.: Vascular and psychogalvanic effects of experimentally aroused anger. *J Pers*, 1961, 29, 30—39. — *9351*.
HOKANSON, J. E. & BURGESS, M.: The effects of three types of aggression on vascular processes. *J Abn Soc Ps*, 1962, 64, 446—449 a. — *9352*.
HOKANSON, J. E. & BURGESS, M.: The effects of status, type of frustration, and aggression on vascular processes. *J Abn Soc Ps*, 1962, 65, 232—237b — *112,9352*.
HOKANSON, J. E. & EDELMAN, R.: Effects of three social responses on vascular processes. *J Pers Soc Ps*, 1966, *3*, 442—447. — *9352*.
HOKANSON, J. E. & SHETLER, S.: The effect of overt aggression on physiological arousal level. *J Abn Soc Ps*, 1961, 63, 446—448. — *112, 9352*.
HOKANSON, J. E., BURGESS, M. & COHEN, M. F.: Effects of displaced aggression on systolic blood pressure. *J Abn Soc Ps*, 1963, 67, 214—218. — *9352*.
HOKANSON, J. E., WILLERS, K. R. & KOROPSAK, E.: The modification of autonomic responses during aggressive interchange. *J Pers*, 1968, 36, 386—404. — *924, 9352*.
HOLMES, D. S.: Effects of overt aggression on level of physiological arousal. *J Pers Soc Ps*, 1966, *4*, 189—194. — *9352*.
HOLST, E. VON: Die Auslösung von Stimmungen bei Wirbeltieren durch „punktförmige" elektrische Erregung des Stammhirns. *Die Naturwissenschaften*, 1957, *44*, 549—551. — *8231, 8240*.
HOLST, E. VON & SAINT PAUL, U. VON: Electrically controlled behavior. *Sc Am*, 1962, *206*, 50—59. — *341, 8231*.
HOLST, E. VON & SAINT PAUL, U. VON: On the functional organization of drives. *An Beh*, 1963, *11*, 1—20. — *1180*.
HOLZ, W. C., AZRIN, N. H. & AYLLON, T.: Elimination of behavior of mental patients by response-produced extinction. *J Exp Anal Beh*, 1963, 6, 407—412 a. — *354, 3563*.

Holz, W. C., Azrin, N. H. & Ulrich, R. E.: Punishment of temporally spaced responding. *J Exp Anal Beh*, 1963, *6*, 115—122 b. — *3551, 3552.*
Homzie, M. J., Shucard, D. W. & Trost, R. C.: Effects of percentage of reinforcement in fear conditioning upon the acquisition of an instrumental response. *Psn Sc*, 1969, *17*, 143—145. — *1172, 2336, 512, 5232, 622, 652.*
Honig, W. K. & Slivka, R. M.: Stimulus generalization of the effects of punishment. *J Exp Anal Beh*, 1964, *7*, 21—25. — *3557, 3561.*
Horton, L. E.: Generalization of aggressive behavior in adolescent delinquent boys. *J Appl Beh Anal*, 1970, *3*, 205—211. — *924, 942, 955.*
Hovland, C. I.: The generalization of conditioned responses: I. The sensory generalization of conditioned responses with varying frequences of tones. *J Gen Ps*, 1937, *17*, 125—148 a. — *623.*
Hovland, C. I.: The generalization of conditioned responses: II. The sensory generalization of conditioned responses with varying intensities of tone. *J Genet Ps*, 1937, *51*, 279—291 b. — *2382.*
Hovland, C. I.: The generalization of conditioned responses: III. Extinction, spontaneous recovery, and disinhibition of conditioned and of generalized responses. *J Exp Ps*, 1937, *21*, 47—62 c. — *623.*
Hughes, R. N.: Behaviour of male and female rats with free choice of two environments differing in novelty. *An Beh*, 1968, *16*, 92—96. — *344.*
Hull, C. L.: The rat's speed of locomotion gradient in the approach to food. *J Comp Phys Ps*, 1934, *17*, 393—422. — *3532.*
Humphreys, L. G.: The effect of random alternation of reinforcement on the acquisition and extinction of conditioned eyelid reactions. *J Exp Ps*, 1939, *25*, 141—158. — *2336.*
Humphreys, L. G.: Extinction of conditioned psychogalvanic responses following two conditions of reinforcement. *J Exp Ps*, 1940, *27*, 71—78. — *2336.*
Hunsperger, R. W.: Affektreaktionen auf elektrische Reizung im Hirnstamm der Katze. *Helvetica Physiologica et Pharmacologica Acta*, 1956, *14*, 70—92. — *8231, 8232, 8240.*
Hunt, H. F.: Some effects of drugs on classical (Type S) conditioning. *Annals of the New York Academy of Sciences*, 1956, *65*, 258—267. — *2335, 234.*
Hunter, W. S.: Conditioning and extinction in the rat. *Br J Ps*, 1935, *26*, 135—148. — *6551, 6555.*
Hurwitz, H. M. B.: Method for discriminative avoidance training. *Sc*, 1964, *145*, 1070—1071. — *5223.*
Hurwitz, H. M. B. & Roberts, A. E.: Conditioned suppression of an avoidance response. *J Exp Anal Beh*, 1971, *16*, 275—281. — *36.*
Hurwitz, H. M. B., Bolas, D. & Haritos, M.: Vicious circle behaviour under two shock intensities. *Br J Ps*, 1961, *52*, 377—383. — *653.*
Hurwitz, H. M. B., Harzem, P. & Kulig, B.: Comparisons of two measures of free-operant avoidance under two conditions of response feedback. *Quarterly Journal of Experimental Psychology*, 1972, *24*, 92—97. — *532.*
Hussain, Desensitization and flooding (implosion) in treatment of phobias. *Am J Psychiatry*, 1971, *127*, 1509—1514. — *662.*
Hussey, F. A.: Avoidance learning in the golden hamster: The effect of CS-US interval. *Psn Sc*, 1971, *23*, 5—7. — *5226.*
Hutchinson, R. R. & Renfrew, J. W.: Stalking attack and eating behaviors elicited from the same sites in the hypothalamus. *J Comp Phys Ps*, 1966, *61*, 360—367. — *721.*
Hutchinson, R. R., Azrin, N. H. & Hunt, G. M.: Attack produced by intermittent

reinforcement of a concurrent operant response. *J Exp Anal Beh*, 1968, *11*, 489—495. — *8131*.
HUTT, P. J.: Rate of bar pressing as a function of quality and quantity of food reward. *J Comp Phys Ps*, 1954, *47*, 235—239. — *3554*.
HYMOWITZ, N.: Comparison between FI and VI schedules of punishment: Response suppression. *Proc 79th Ann Conv, APA*, 1971, 709—710. — *3552, 3556*.
HYMOWITZ, N.: Comparisons between variable-interval and fixed-interval schedules of electric shock delivery. *J Exp Anal Beh*, 1973, *19*, 101—111 a. — *3552, 3556, 3557*.
HYMOWITZ, N.: Preference for signaled electric shock. *Proc 81st Ann Conv, APA*, 1973, 851—852 b. — *2331, 512*.

IKARD, W. L., BENNETT, W. C., LUNDIN, R. W. & TROST, R. C.: Acquisition and extinction of the conditioned avoidance response: A comparison between male rats and estrus and non-estrus female rats. *Ps Rec*, 1972, *22*, 249—254. — *346, 847*.
IMADA, H.: The effects of punishment on avoidance behavior. *Japanese Psychological Research*, 1959, *1*, 27—38. — *6555*.

JACKSON, D. E.: Response availiability and extinction of conditioned suppression. *Psn Sc*, 1970, *19*, 160. — *661*.
JAMES, J. P.: Acquisition, extinction, and spontaneous recovery of conditioned supression of licking. *Psn Sc*, 1971, *22*, 156—158 a. — *2331, 2421*.
JAMES, J. P.: Latent inhibition and the preconditioning-conditioning interval. *Psn Sc*, 1971, *24*, 97—98 b. — *2421, 622, 623*.
JAMES, J. P. & MOSTOWAY, W. W.: Conditioned suppression of licking as a function of shock intensity. *Psn Sc*, 1968, *13*, 161—162. — *2334*.
JANKOWSKA, E.: Instrumental scratch reflex of the deafferentated limb in cats and rats. *Acta Biol Exp*, 1959, *19*, 233—247. — *501*.
JARVIK, M. E. & ESSMAN, W. B.: A simple one-trial learning situation for mice. *Ps Rep*, 1960, *6*, 290. — *3552*.
JASPER, H. H.: Electroencephalography. In: W. PENFIELD & T. C. ERICKSON (Eds.), *Epilepsy and Cerebral Localization*. Springfield, Ill., 1941, Kap. 14. — *31*.
JASPER, H. & SHAGASS, C.: Conditioning the occipital alpha rhythm in man. *J Exp Ps*, 1941, *28*, 373—388. *234*.
JENKINS, W. O. & CLAYTON, F.: Rate of responding and amount of reinforcement. *J Comp Phys Ps*, 1949, *42*, 174—181. — *3554*.
JOFFE, J. M.: Avoidance learning and failure to learn in two strains of rats selectively bred for emotionality. *Psn Sc*, 1964, *1*, 185—186. — *36*.
JOHNSON, D. & ANDERSON, D. C.: Acquisition of a second-order classically conditioned response. *Can J Ps*, 1969, *23*, 174—183. — *2321, 2331*.
JOHNSON, H. J. & SCHWARTZ, G. E.: Suppression of GSR activity through operant reinforcement. *J Exp Ps*, 1967, *75*, 307—312. — *3524*.
JOHNSON, J. L. & CHURCH, R. M.: Effects of shock intensity on nondiscriminative avoidance learning of rats in a shuttle box. *Psn Sc*, 1965, *3*, 497—498. — *532*.
JOHNSON, R.: Maternal influence on child behavior in the dental setting. *Psychiatry in Medicine*, 1971, *2*, 221—228. — *237*.

KAGAN, J. & BERKUN, M.: The reward value of running activity. *J Comp Phys Ps*, 1954, *47*, 108. — *344*.
KAHN, M. W.: The effect of severe defeat at various age levels on the aggressive behavior of mice. *J Genet Ps*, 1951, *79*, 117—130. — *345, 924*.

KALISH, H. I.: Strength of fear as a function of the number of acquisition and extinction trials. *J Exp Ps*, 1954, *47*, 1—9. — *2332*.
KAMANO, D. K.: Enhancement of learned fear with epinephrine. *Psn Sc*, 1968, *12*, 331 a. — *351*.
KAMANO, D. K.: Effects of an extinguished fear stimulus on avoidance behavior. *Psn Sc*, 1968, *13*, 271—272 b. — *222, 241, 2421, 532, 621, 622, 623*.
KAMIL, A. C.: The second-order conditioning of fear in rats. *Psn Sc*, 1968, *10*, 99—100. — *2321*.
KAMIL, A. C.: Some parameters of the second-order conditioning of fear in rats. *J Comp Phys Ps*, 1969, *67*, 364—369. — *2321*.
KAMIN, L. J.: Traumatic avoidance learning: The effects of CS-US interval with a trace-conditioning procedure. *J Comp Phys Ps*, 1954, *47*, 65—72. — *5226, 6551, 6555*.
KAMIN, L. J.: The effects of termination of the CS and avoidance of the US on avoidance learning. *J Comp Phys Ps*, 1956, *49*, 420—424. — *5231*.
KAMIN, L. J.: The gradient of delay of secondary reward in avoidance learning. *J Comp Phys Ps*, 1957, *50*, 445—449 a. — *5231*.
KAMIN, L. J.: The gradient of secondary reward in avoidance learning tested on avoidance trials only. *J Comp Phys Ps*, 1957, *50*, 450—456 b. — *5231*.
KAMIN, L. J.: The retention of an incompletely learned avoidance response. *J Comp Phys Ps*, 1957, *50*, 457—460 c. — *2385, 2387*.
KAMIN, L. J.: The delay-of-punishment gradient. *J Comp Phys Ps*, 1959, *52*, 434—437. — *6555*.
KAMIN, L. J.: Trace conditioning of the conditioned emotional response. *J Comp Phys Ps*, 1961, *54*, 149—153 a. — *2331*.
KAMIN, L. J.: Apparent adaptation effects in the acquisition of a conditioned emotional response. *Can J Ps*, 1961, *15*, 176—188 b. — *61*.
KAMIN, L. J. & BRIMER, C. J.: The effects of intensity of conditioned and unconditioned stimuli on a conditioned emotional response. *Can J Ps*, 1963, *17*, 194—200. — *2334, 622*.
KAMIN, L. J. & SCHAUB, R. E.: Effects of conditioned stimulus intensity on the conditioned emotional response. *J Comp Phys Ps*, 1963, *56*, 502—507. — *2331, 2333, 2383*.
KAMIN, L. J., CAMPBELL, D., JUDD, R., RYAN, T. & WALKER, J.: Two determinants of the emergence of anticipatory avoidance. *J Comp Phys Ps*, 1959, *52*, 202—205. — *5212*.
KAMIN, L. J., BRIMER, C. L. & BLACK, A. H.: Conditioned suppression as a monitor of fear of the CS in the course of avoidance training. *J Comp Phys Ps*, 1963, *56*, 497—501. — *5242, 622*.
KAPLAN, M.: The maintenance of escape behavior under fixed-ratio reinforcement. *J Comp Phys Ps*, 1956, *49*, 153—157. — *511, 5152*.
KARSH, E. B.: Effects of rewarded trials and intensity of punishment on running speed. *J Comp Phys Ps*, 1962, *55*, 44—51. — *3551, 3552, 3553*.
KARSH, E. B.: Changes in intensity of punishment: Effect on running behavior of rats. *Sc*, 1963, *140*, 1084—1085. — *3556*.
KARSH, E. B.: Punishment: Effect on learning and resistance to extinction of discrete operant behavior. *Psn Sc*, 1964, *1*, 139—140. — *3551, 3552, 3556*.
KARSH, E. B.: Fixation produced by conflict. *Sc*, 1970, *168*, 873—875. — *3563*.
KARSH, E. B. & WILLIAMS, J.: Punishment and reward in children's instrumental learning. *Psn Sc*, 1964, *1*, 359—360. — *3553*.

KASL, S. V. & MAHL, G. F.: The relationship of disturbances and hesitations in spontaneous speech to anxiety. *J Pers Soc Ps*, 1965, *1*, 425—433. — *36*.

KATKIN, E. S.: Relationship between manifest anxiety and two indices of autonomic response to stress. *J Pers Soc Ps*, 1965, *2*, 324—333. — *1151*.

KATZEV, R.: Extinguishing avoidance responses as a function of delayed warning-signal termination. *J Exp Ps*, 1967, *75*, 339—344. — *6552*.

KATZEV, R.: The effect of the duration of the warning signal on extinguishing avoidance responses in Fischer 344 rats. *Psn Sc*, 1971, *25*, 40—42. — *5231*.

KATZEV, R.: What is both necessary and sufficient to maintain avoidance responding in the shuttle box? *Quarterly Journal of Experimental Psychology*, 1972, *24*, 310—317. — *5231*.

KATZEV, R. D. & HENDERSEN, R. W.: Effects of exteroceptive feedback stimuli on extinguishing avoidance responses in Fischer 344 rats. *J Comp Phys Ps*, 1971, *74*, 66—74. — *2421, 2523, 5231, 5232, 6552, 6553*.

KAUFMAN, E. L. & MILLER, N. E.: Effect of number of reinforcements on strength of approach in an approach-avoidance conflict. *J Comp Phys Ps*, 1949, *42*, 65—74. — *3552, 3553*.

KAZDIN, A. E.: Covert modeling and the reduction of avoidance behavior. *J Abn Ps*, 1973, *81*, 87—95. — *663*.

KEENLEYSIDE, M. H. A.: Aggressive behavior of male longear sunfish (Lepomis megalotis). *Zeitschrift für Tierpsychologie*, 1971, *28*, 227—240. — *812*.

KELLY, J. F. & HAKE, D. F.: An extinction-induced increase in an aggressive response with humans. *J Exp Anal Beh*, 1970, *14*, 153—164. — *8131*.

KELMAN, H. C. & LAWRENCE, L. H.: American response to the trial of Lt. William L. Calley. *Psychology Today*, 1972, *3*, 41—45, 78—81. — *942*.

KESSEN, W.: Response strength and conditioned stimulus intensity. *J Exp Ps*, 1953, *45*, 82—86. — *2382, 5224*.

KESSEN, W. & MANDLER, G.: Anxiety, pain, and the inhibition of distress. *Ps Rev*, 1961, *68*, 396—404. — *221*.

KIMBLE, G. A.: Conditioning as a function of the time between conditioned and unconditioned stimuli. *J Exp Ps*, 1947, *37*, 1—16. — *2331*.

KIMBLE, G. A.: Shock intensity and avoidance learning. *J Comp Phys Ps*, 1955, *48*, 281—284. — *5222*.

KIMBLE, G. A. & KENDALL, J. W. Jr.: A comparison of two methods of producing experimental extinction. *J Exp Ps*, 1953, *45*, 87—90. — *622, 6551*.

KIMMEL, H. D.: Management of conditioned fear. *Ps Rep*, 1963, *12*, 313—314. — *2383, 332*.

KIMMEL, H. D. & BAXTER, R.: Avoidance conditioning of the GSR. *J Exp Ps*, 1964, *68*, 482—485. — *5040*.

KIMMEL, H. D. & PENNYPACKER, H. S.: Conditioned discrimination of the unconditioned response as a function of the number of reinforcements. *J Exp Ps*, 1962, *64*, 20—23. — *332*.

KIMMEL, H. D. & YAREMKO, R. M.: Effect of partial reinforcement on acquisition and extinction of classical conditioning in the planarian. *J Comp Phys Ps*, 1966, *61*, 299—301. — *2336*.

KIMMEL, H. D., STERNTHAL, H. S. & STRUB, H.: Two replications of avoidance conditioning of the GSR. *J Exp Ps*, 1966, *72*, 151—153. — *5040*.

KINTZ, B. L. & BRUNING, J. L.: Punishment and compulsive avoidance behavior. *J Comp Phys Ps*, 1967, *63*, 323—326 a. — *6555*.

KINTZ, B. L. & BRUNING, J. L.: Training, punishment and avoidance. *Psn Sc*, 1967, *7*, 387—388 b. — *6551, 6552*.

KINTZ, B. L., HOOVER, R. R. & PERROTT, D. R.: Response generalization to fear arousing stimuli and the effect of consistent and inconsistent reinforcement. *Ps Rec*, 1965, *15*, 85—88. — *37, 512.*

KISH, G. B.: Avoidance learning to the onset and cessation of conditioned stimulus energy. *J Exp Ps*, 1955, *50*, 31—38. — *5225.*

KISSEL, S. & LITTIG, L. W.: Test anxiety and skin conductance. *J Abn Soc Ps*, 1962, *65*, 276—278. — *1151.*

KLEITMAN, N.: Patterns of dreaming. *Sc Am*, 1960, *203*, 82—88. — *31.*

KLINKE, R., FRUHSTORFER, H. & FINKENZELLER, P.: Evoked responses as a function of external and stored information. *EEG Clin Neurophys*, 1968, *25*, 119—122. — *113.*

KLÜVER, H. & BUCI, P. C.: Preliminary analysis of functions of the temporal lobes in monkeys. *Archives of Neurology and Psychiatry*, 1939, *42*, 979—1000. — *8232.*

KNAPP, H. D., TAUB, E. & BERMAN, A. J.: Effect of deafferentation on a conditioned avoidance response. *Sc*, 1958, *128*, 842—843. — *5231.*

KNAPP, R. K.: Acquisition and extinction of avoidance with similar and different shock and escape situations. *J Comp Phys Ps*, 1965, *60*, 272—273. — *2421, 5213, 5232, 6553.*

KNAPP, R. K., KAUSE, R. H. & PERKINS, C. C.: Immediate vs. delayed shock in T-maze performance. *J Exp Ps*, 1959, *58*, 357—362. — *512.*

KNIVETON, B. H. & STEPHENSON, G. M.: The effect of pre-experience on imitation of an aggressive film model. *British Journal of Social and Clinical Psychology*, 1970, *9*, 31—36. — *9231.*

KNOLL, J., KELEMEN, K. & KNOLL, B.: Experimental studies on the higher nervous activity of animals. I. A method for the elaboration of a non-extinguishable conditioned reflex in the rat. *Acta Phys Acad Sc Hung*, 1955, *8*, 327—345. — *1172, 511, 512, 525, 652.*

KNOTT, J. R. & HENRY, C. E.: The conditioning of the blocking of the alpha rhythm of the human electrencephalogram. *J Exp Ps*, 1941, *28*, 134—144. — *234.*

KNOTT, P. D. & DROST, B. A.: Effects of varying intensity of attack and fear arousal on the intensity of counteraggression. *J Pers*, 1972, *40*, 27—37. — *9351.*

KNUTSON, J. F.: The effect of shocking one member of a pair of rats. *Psn Sc*, 1971, *22*, 265—266. — *8131.*

KNUTSON, J. F. & HYNAN, M. T.: Influence of upright posture on shock-elicited aggression in rats. *J Comp Phys Ps*, 1972, *81*, 297—306. — *8132.*

KONORSKI, J.: *Integrative Activity of the Brain.* Chicago, 1967. — *113, 116, 1180, 121, 126, 133, 14, 341, 501, 623, 722, 821, 9230.*

KONORSKI, J. & MILLER, S.: On two types of conditioned reflex. *J Gen Ps*, 1937, *16*, 264—272. — *501.*

KONORSKI, J. & SZWEJKOWSKA, G.: Chronic extinction and restoration of conditioned reflexes. I. Extinction against the excitatory background. *Acta Biol Exp*, 1950, *15*, 155—170. — *623.*

KOPA, J., SYABÓ, I. & GRASTYÁN, E.: A dual behavioural effect from stimulating the same thalamic point with identical parameters in different conditional reflex situation. *Acta Phys Acad Sci Hung*, 1962, *21*, 207—214. — *1271, 2421, 5244.*

KORÁNYI, L., ENDRÖCZI, E. & LISSÁK, K.: Avoidance conditioned reflex elimination without somatomotor performance. *Acta Phys Acad Sci Hung*, 1965, *27*, 149—153. — *6554.*

KOZMA, A.: Instructional and isolation effects on susceptibility to social reinforcement. *Canadian Journal of Behavioral Science*, 1971, *3*, 388—392. — *511.*

Krech, D., Crutchfield, R. S. & Ballachey, E. L.: Individual in Society. New York, 1962. — *112*.

Kuhn, D. Z., Madsen, C. H. Jr. & Becker, W. C.: Effects of exposure to an aggressive model and „frustration" on children's aggressive behavior. Ch Dev, 1967, *38*, 739—745. — *91, 9231*.

Kulkarni, A. S. & Job, W. M.: Instrumental response pretraining and avoidance acquisition in rats. J Comp Phys Ps, 1970, *70*, 254—257. — *5213*.

Kumar, R.: Incubation of fear: Experiments on the „Kamin effect" in rats. J Comp Phys Ps, 1970, *70*, 258—263. — *2387*.

Kunz, F. & Klingberg, F.: Der Einfluß eines Aversivtrainings auf die nachfolgende Ausarbeitung eines bedingten Fluchtreflexes. Acta Biologica et Medica Germanica, 1969, *23*, 111—120. — *5212*.

Kuo, Z. Y.: Studies on the basic factors in animal fighting: II. Nutritional factors affecting fighting behavior in quails. J Genet Ps, 1960, *96*, 207—216 a. — *8131*.

Kuo, Z. Y.: Studies on the basic factors in animal fighting: III. Hormonal factors affecting fighting in quails. J Genet Ps, 1960, *96*, 217—223 b. — *8131, 8132*.

Kuo, Z. Y.: Studies on the basic factors in animal fighting: IV. Developmental and environmental factors affecting fighting in quails. J Genet Ps, 1960, *96*, 225—239 c. — *924*.

Kurtz, K. H. & Pearl, J.: The effects of prior fear experiences on acquired-drive learning. J Comp Phys Ps, 1960, *13*, 201—206. — *5212, 621, 622*.

Kurtz, K. H. & Walters, G. C.: The effects of prior fear experiences on an approach-avoidance conflict. J Comp Phys Ps, 1962, *55*, 1075—1078. — *3555*.

Lacey, J. U. & Smith, R. L.: Conditioning and generalization of unconsious anxiety. Sc, 1954, *120*, 1045—1052. — *2331*.

Lader, M. & Mathews, A.: Physiological changes during spontaneous panic attacks. Journal of Psychosomatic Research, 1970, *14*, 377—382. — *1151*.

Lang, P. J.: Die Anwendung psychologischer Methoden in Psychotherapie und Verhaltensmodifikation. In: N. Birbaumer (Hg.), Neurophysiologie der Angst. München, 1973, S. 11—79. — *1151*.

Lang, P. J. & Lazovik, A. D.: Experimental desensitization of a phobia. J Abn Soc Ps, 1963, *66*, 519—525. — *661*.

Larder, D. L.: Effect of aggressive story content on nonverbal play behavior. Ps Rep, 1962, *11*, 14. — *942*.

Latané, B. & Schachter, S.: Adrenalin and avoidance learning. J Comp Phys Ps, 1962, *55*, 369—372. — *5221*.

Law, T. & Meagher, W.: Hypothalamic lesions and sexual behavior in the female rat. Sc, 1958, *128*, 1626—1627. — *14*.

Leaf, R. C.: Avoidance response evocation as a function of prior discriminative fear conditioning under curare. J Comp Phys Ps, 1964, *58*, 446—449. — *1182, 37, 512, 5242, 652*.

Leaf, R. C.: Acquisition of Sidman avoidance responding as a function of S-S interval. J Comp Phys Ps, 1965, *59*, 298—300. — *532*.

Leaf, R. C.: Some effects of response consequences on Sidman avoidance acquisition. J Comp Phys Ps, 1966, *61*, 217—220. — *532*.

Leaf, R. C. & Muller, S. A.: Simple method for CER conditioning and measurement. Ps Rep, 1965, *17*, 211—215. — *1171*.

Leaf, R. C., Kayser, R. J., Andrews, J. S. Jr., Adkins, J. W. & Leaf, S. R. P.: Block of fear conditioning induced by habituation or extinction. Psn Sc, 1968, *10*, 189—190. — *2421, 623*.

LEAKEY, L. S. B.: Development of aggression as a factor in early human and prehuman evolution. In: C. D. CLEMENTE & D. B. LINDSLEY (Eds.): *Aggression and Defense: Neural Mechanism and Social Patterns (Brain Function, Vol V.).* Los Angeles, 1967, S. 1—33. — *721.*
LEDERHENDLER, I. & BAUM, M.: Mechanical facilitation of the action of response prevention (flooding) in rats. *Beh Res Ther,* 1970, *8,* 43—48. — *6554.*
LEE, C. T. & BRAKE, S. C.: Reactions of male fighters to male and female mice, untreated or deodorized. *Psn Sc,* 1971, *24,* 209—211. — *8132.*
LEE, L. C.: The effects of anxiety level and shock on a paired-associate verbal task. *J Exp Ps,* 1961, *61,* 213—217. — *36.*
LEFKOWITZ, M. M., BLAKE, R. R. & MOUTON, J. S.: Status factors in pedestrian violation of traffic signals. *J Abn Soc Ps,* 1955, *51,* 704—706. — *9230.*
LEGRAND, R.: Successful aggression as the reinforcer for runway behavior of mice. *Psn Sc,* 1970, *20,* 303—305. — *8223.*
LEGRAND, R. & FIELDER, R.: Role of dominance-submission relationships in shock-induced fighting of mice. *J Comp Phys Ps,* 1973, *82,* 501—506. — *8131, 924.*
LEITENBERG, H., RAWSON, R. A. & BATH, K.: Reinforcement of competing behavior during extinction. *Sc,* 1970, *169,* 301—303. — *64, 955.*
LERWILL, C. J. & MAKINGS, P.: The agonistic behaviour of the golden hamster, Mesocricetus auratus (Waterhouse). *An Beh,* 1971, *19,* 714—721. — *811, 812, 8131.*
LESHNER, A. I., BROOKSHIRE, K. H. & STEWART, C. N.: The effect of adrenal demedullation on conditioned fear. *Hormones and Behavior,* 1971, *2,* 43—48. — *1183, 847.*
LEVIN, H. & SEARS, R. R.: Identification with parents as a determinant of doll play aggression. *Ch Dev,* 1956, *27,* 135—153. — *8133.*
LEVIN, H. & TURGEON, V. F.: The influence of the mother's presence on children's doll play aggression. *J Abn Soc Ps,* 1957, *55,* 304—308. — *8133.*
LEVIS, D. J.: One-trial-a-day avoidance learning. *Behavior Research Methods and Instrumentation,* 1971, *3,* 65—67. — *5213.*
LEVITT, E. E.: *Die Psychologie der Angst.* Stuttgart, 1971. — *112.*
LEWINSKA, M. K.: The effect of food deprivation on blood sugar level, food intake and conditioning in rabbits with medial hypothalamic lesions. *Acta Biol Exp,* 1964, *24,* 219—246. — *14.*
LEWIS, D. J. & DUNCAN, C. P.: Effect of different percentages of money reward on extinction of a lever-pulling response. *J Exp Ps,* 1956, *52,* 23—27. — *952.*
LICHTENSTEIN, P. E.: Studies of anxiety: I. The production of a feeding inhibition in dogs. *J Comp Phys Ps,* 1950, *43,* 16—29. — *3524, 3552.*
LIEBERT, R. M. & BARON, R. A.: Some immediate effects of televised violence on children's behavior. *Dev Ps,* 1972, *6,* 469—475. — *942.*
LILLY, J. C.: True primary emotional state of anxiety-terror-panic in contrast to a „sham" emotion or „pseudo-affective" state evoked by stimulation of hypothalamus. *Federation Proceedings,* 1957, *16,* 81. — *1312.*
LINDER, L. H. & MCGLYNN, F. D.: Experimental desensitization of mouse-avoidance following two schedules of semi-automated relaxation training. *Beh Res Ther,* 1971, *9,* 131—136. — *661.*
LINDGREN, H. C.: *Educational Psychology in the Classroom.* 3rd Ed., New York, 1967. — *112.*
LIPKIN, S. G. & MOORE, J. W.: Eyelid trace conditioning, CS intensity, CS-UCS

Lisk, R. D.: Inhibitory centers in sexual behavior in the male rat. *Sc*, 1966, *152*, 669—670. — *14*.
Litner, J. & Suboski, M. D.: Effects of shock intensity and food deprivation on one-trial discriminated avoidance. *Can J Ps*, 1971, *25*, 185—194. — *346, 3551, 3554, 3557, 3561*.
Lockard, J. S.: Choice of a warning signal or no warning signal in an unavoidable shock situation. *J Comp Phys Ps*, 1963, *56*, 526—530. — *2331, 512*.
Loew, C. A.: Acquisition of a hostile attitude and its relationship to aggressive behavior. *J Pers Soc Ps*, 1967, *5*, 335—341. — *942*.
Logan, F. A.: The role of delay of reinforcement in determining reaction potential. *J Exp Ps*, 1952, *43*, 393—399. — *5152*.
LoLordo, V. M.: Similarity of conditioned fear responses based upon different aversive events. *J Comp Phys Ps*, 1967, *64*, 154—158. — *211, 2421, 532, 621*.
LoLordo, V. M. & Rescorla, R. A.: Protection of the fear-eliciting capacity of a stimulus from extinction. *Acta Biol Exp*, 1966, *26*, 251—258. — *532*.
Longenecker, E. D.: Perceptual recognition as a function of anxiety, motivation, and the testing situation. *J Abn Soc Ps*, 1962, *64*, 215—221. — *36*.
Loomis, A. L., Harvey, E. N. & Hobert, G.: Electrical potentials of the human brain. *J Exp Ps*, 1936, *19*, 249—278. — *234*.
Lorenz, K.: Der Kumpan in der Umwelt des Vogels. *Journal für Ornithologie*, 1935, *83*, 137—213. — *2321*.
Lorenz, K.: Über die Bildung des Instinktbegriffes. *Die Naturwissenschaften*, 1937, *25*, 289—300. — *713*.
Lorenz, K.: *Das sogenannte Böse*, Wien, 1963. — *713, 85*.
Lorenz, K. & Tinbergen, N.: Taxis und Instinkthandlung in der Eirollbewegung der Graugans. *Zeitschrift für Tierpsychologie*, 1938, *2*, 1—29. — *814*.
Lovaas, O. O.: Effect of exposure to symbolic aggression on aggressive behavior. *Ch Dev*, 1961, *32*, 37—44. — *942*.
Lovaas, O. I. & Simmons, J. Q.: Manipulation of self destruction in three retarded children. *J Appl Beh Anal*, 1969, *2*, 143—157. — *3552, 3557*.
Lovaas, O. I., Schaeffer, B. & Simmons, J. Q.: Building social behavior in autistic children by use of electric shock. *J Exp Res Pers*, 1965, *1*, 99—109. — *5263*.
Lovibond, S. H. & Caddy, G.: Discriminated aversive control in the moderation of alcoholic's drinking behavior. *Beh Ther*, 1970, *1*, 437—444. — *3524*.
Low, L. A. & Low, H. I.: Effects of CS-US interval length upon avoidance responding. *J Comp Phys Ps*, 1962, *55*, 1059—1061. — *5226*.
Lowenfeld, J., Rubenfeld, S. & Guthrie, G. M.: Verbal inhibition in subception. *J Gen Ps*, 1956, *54*, 171—176. — *2333, 621, 623*.
Lubow, R. E.: Latent inhibition: Effects of frequency of nonreinforced preexposure of the CS. *J Comp Phys Ps*, 1965, *60*, 454—457. — *623*.
Lubow, R. E. & Moore, A. V.: Latent inhibition: The effect of nonreinforced preexposure to the conditional stimulus. *J Comp Phys Ps*, 1959, *52*, 415—419. — *623*.
Lubow, R. E., Markman, R. E. & Allen, J.: Latent inhibition and classical conditioning of the rabbit pinna response. *J Comp Phys Ps*, 1968, *66*, 688—694. — *623*.
Lucas, J. D.: The interactive effects of anxiety, failure, and intraserial duplication. *Am J Ps*, 1952, *65*, 59—66. — *36*.
Lundberg, U., Ekman, G. & Frankenhaeuser, M.: Anticipation of electric shock: A psychological study. *Acta Ps*, 1971, *35*, 309—315. — *2383*.

LYKKEN, D. T.: Preception in the rat: Autonomic response to shock as a function of length of warning signal. Sc, 1962, *137*, 665—666. — *332*.
LYKKEN, D. T., MACINDOE, I. & TELLEGEN, A.: Preception: Autonomic response to shock as a function of predictability in time and locus. Psychophysiology, 1972, *9*, 318—333. — *331, 332*.
LYON, D. O. & FELTON, M.: Conditioned suppression and fixed ratio schedules of reinforcement. Ps Rec, 1966, *16*, 433—440. — *1171*.
LYON, D. O. & MILLAR, R. D.: Conditioned suppression on a fixed interval schedule of reinforcement. Psn Sc, 1969, *17*, 31—32. — *347*.

MAATSCH, J. L.: Learning and fixation after a single shock trial. J Comp Phys Ps, 1959, *52*, 408—410. — *513*.
MACDONALD, L. & BARON, A.: Recovery from punishment as a function of deprivation level. Psn Sc, 1971, *24*, 119—121. — *346, 3554*.
MACDONALD, L. & BARON, A.: A rate measure of the relative aversiveness of signalled vs unsignalled shock. J Exp Anal Beh, 1973, *19*, 33—38. — *2331, 354*.
MACDONNELL, M. F. & FLYNN, J. P.: Attack elicited by stimulation of the thalamus of cats. Sc, 1964, *144*, 1249—1250. — *8231, 8243*.
MACDONNELL, M. F. & FLYNN, J. P.: Control of sensory fields by stimulation of hypothalamus. Sc, 1966, *152*, 1406—1408. — *812, 8243, 841*.
MACLEAN, P. D. & DELGADO, J. M. R.: Electrical and chemical stimulation of fronto-temporal portion of limbic system in the waking animal. EEG Clin Neurophys, 1953, *5*, 91—100. — *812, 8231, 8240*.
MACPHAIL, E. M.: Avoidance responding in pigeons. J Exp Anal Beh, 1968, *11*, 629—632. — *5213*.
MACRAE, D.: On the nature of fear, with reference to its occurrence in epilepsy. J Nerv Ment Dis, 1954, *120*, 385—393. — *1184, 1321*.
MAIER, S. F.: Failure to escape traumatic electric shock: Incompatible skeletal-motor responses or learned helplessness? L & M, 1970, *1*, 157—169. — *514*.
MALLICK, S. K. & MCCANDLESS, B. R.: A study of catharsis of aggression. J Pers Soc Ps, 1966, *4*, 591—596. — *9351, 942*.
MALTZMAN, I. & WOLFF, C.: Preference for immediate versus delayed noxious stimulation and the concomitant GSR. J Exp Ps, 1970, *83*, 76—79. — *331*.
MANDELL, A. J. & MANDELL, M. P.: Suicide and the menstrual cycle. JAMA: Journal of the American Medical Association, 1967, *200*, 792—793. — *8131*.
MANDRIOTA, F. J., THOMPSON, R. L. & BENNETT, M. U. L.: Avoidance conditioning of the rate of electric anger dischange in mormyrid fish. An Beh, 1968, *16*, 448—455. — *5040*.
MANSFIELD, R. J. W. & RACHLIN, H. C.: The effect of punishment, extinction, and satiation on response chains. L & M, 1970, *1*, 27—35. — *3551*.
MANTELL, D. M.: Das Potential zur Gewalt in Deutschland. In: A. SCHMIDT-MUMMENDEY & H. D. SCHMIDT (Hg.): Aggressives Verhalten. München, 1971, 161—177. — *5263, 9232*.
MANTELL, D. M.: Familie und Aggression. Frankfurt am Main, 1972. — *9351, 941*.
MARKL, H.: Aggression und Beuteverhalten bei Piranhas (Serrasalusinae, Chacidae). Zeitschrift für Tierpsychologie, 1972, *30*, 190—216. — *8131, 8132*.
MARKS, I., MARSET, P., BOULOUGOURIS, J. & HUSON, J.: Physiological accompaniments of neutral and phobic imagery. Psychological Medicine, 1971, *1*, 299—307. — *1151, 234*.
MARQUIS, H. A., BLACK, M., RICHARDSON, B., TAIT, R. W., WILLIAMS, R. & SUBOSKI,

M. D.: Shock intensity and the Kamin effect in one- and two-way avoidance. *Can J Ps*, 1971, *25*, 241—249, — *5222*.
MARSH, G. & PAULSON, N.: The effect of partial reinforcement on extinction in avoidance conditioning. *Psn Sc*, 1968, *12*, 39—40. — *6552*.
MARSH, G. & WALZ, G.: The effect of USC intensity on learning and performance in instrumental aversive conditioning. *Psn Sc*, 1968, *11*, 9—10. — *511, 5151*.
MARSHALL, H. H.: The effect of punishment on children: A review of the literature and a suggested hypothesis. *J Genet Ps*, 1965, *106*, 23—33. — *3562*.
MARTIN, B.: Expression and inhibition of sex motive arousal in college males. *J Abn Soc Ps*, 1964, *68*, 307—312. — *343*.
MARTIN, L. K. & RIESS, D.: Effects of US intensity during previous discrete delay conditioning and conditioned acceleration during avoidance extinction. *J Comp Phys Ps*, 1969, *69*, 196—200. — *2334, 532*.
MARTIN, R. C.: Self-punitive behavior: One way to stop it. *Psn Sc*, 1969, *14*, 25—26. — *653*.
MARTIN, R. C. & MELVIN, K. B.: Vicious circle behavior as a function of delay of punishment. *Psn Sc*, 1964, *1*, 415—416. — *653*.
MARTIN, R. C. & MELVIN, K. B.: Punishment-induced facilitation: Comments and analysis. *Psn Sc*, 1966, *5*, 269—270. — *653*.
MARTIN, R. C. & MOON, T. L.: Self-punitive behavior and periodic punishment. *Psn Sc*, 1968, *10*, 245—246. — *653*.
MARX, M. H.: Differential resistance to extinction of escape and avoidance conditioning. *Ps Rec*, 1966, *16*, 449—456. — *511, 5154, 5213, 651*.
MARX, M. H. & HELLWIG, L. R.: Acquisition and extinction of avoidance conditioning without escape responses. *J Comp Phys Ps*, 1964, *58*, 451—452. — *5212*.
MASER, J. D., GALLUP, G. G. & BARNHILL, R.: Conditioned inhibition and tonic immobility: Stimulus control of an innate fear response in the chicken. *J Comp Phys Ps*, 1973, *83*, 128—133. — *2331, 2421*.
MASON, J. W., BRADY, J. V. & SIDMAN, M.: Plasma 17-hydrocorticosteroid levels and conditioned behavior in the rhesus monkey. *Endocrinology*, 1957, *60*, 741—752. — *1151*.
MASON, W. A.: Socially mediated reduction in emotional responses of young rhesus monkeys. *J Abn Soc Ps*, 1960, *60*, 100—104. — *1152, 221, 41*.
MASSERMAN, J. H. & PECHTEL, C.: Neuroses in monkeys: A preliminary report of experimental observations. *Annals of the New York Academy of Sciences*, 1953, *56*, 253—265. — *211, 2321, 342, 343, 3552, 621*.
MATHEWSON, S. F.: Gonadotrophic hormones affect aggressive behavior in starlings. *Sc*, 1961, *134*, 1522—1523. — *8131*.
MATSUMIYA, Y.: The effects of US intensity and CS-US patterns on conditioned emotional responses. *Japanese Psychological Research*, 1960, *2*, 35—42. — *2331, 354*.
MAXWELL, W. A., MILLER, F. D. & MEYER, P. A.: The relationship between punishment and unavoidability in eliminating avoidance behavior in humans. *Psn Sc*, 1971, *23*, 435—436. — *5223, 654, 6555*.
MAY, M. A.: Experimentally acquired drives. *J Exp Ps*, 1948, *38*, 66—77. — *37, 512, 513, 652*.
MCALLISTER, W. R.: Eyelid conditioning as a function of the CS-US interval. *J Exp Ps*, 1953, *45*, 417—422. — *2331*.
MCALLISTER, D. E. & MCALLISTER, W. R.: Second-order conditioning of fear. *Psn Sc*, 1964, *1*, 383—384. — *2321, 2331*.

McCullough, T. A., Shuman, C. J. & McIntire, R. W.: Fixed ratio punishment of free operant avoidance responding. *Psn Sc*, 1969, *17*, 164—165. — *6561*.
McDavid, J. W. & Harari, H.: *Social Psychology*. New York, 1968. — *112*.
McGlynn, F. D.: Individual versus standardized hierarchies in the systematic desensitization of snake-avoidance. *Beh Res Ther*, 1971, *9*, 1—5. — *661*.
McGlynn, F. D. & Williams, C. W.: Systematic desensitization of snake-avoidance under three conditiones of suggestion. *Journal of Behavior Therapy and Experimental Psychiatry*, 1970, *1*, 97—102. — *661*.
McGlynn, F. D., Wilson, A. L. & Linder, L. H.: Systematic desensitization of snake-avoidance with individualized and non-individualized hierarchies. *Journal of Behavior Therapy and Experimental Psychiatry*, 1970, *1*, 201—204. — *661*.
McKenzie, G. M.: Apomorphine-induced aggression in the rat. *Brain Res*, 1971, *34*, 323—330. — *812, 8131*.
McMurray, G. A.: Experimental study of a case of insensitivity to pain. *Arch Neur Psychiatry*, 1950, *54*, 650—667. — *221*.
McMurray, G. A.: Congenital insensitivity to pain and its implications for motivational theory. *Can J Ps*, 1955, *9*, 121—131. — *211*.
McMurray, G. A. & Jaques, L. B.: The effects of drugs on a conditioned avoidance response. *Can J Ps*, 1959, *13*, 186—192. — *2335, 5242*.
Mead, M.: *Geschlecht und Temperament in primitiven Gesellschaften*. Hamburg, 1959. — *8133*.
Mednick, M. T.: Mediated generalization and the incubation effect as a function of manifest anxiety. *J Abn Soc Ps*, 1957, *55*, 315—321. — *2386, 321*.
Mednick, S. & Freedman, J.: Stimulus generalization. *Ps Bull*, 1960, *57*, 169—200. — *2385*.
Meichenbaum, D. H.: Examination of model characteristics in reducing avoidance behavior. *J Pers Soc Ps*, 1971, *17*, 298—307. — *663*.
Meichenbaum, D. H., Gilmore, J. B. & Fedoravicius, A.: Group insight versus group desensitization in treating speech anxiety. *J Cons Clin Ps*, 1971, *36*, 410—421. — *661*.
Melvin, K. B.: Escape learning and „vicious circle" behavior as a function of percentage of reinforcement. *J Comp Phys Ps*, 1964, *58*, 248—251. — *653*.
Melvin, K. B. & Bender, L.: Self-punitive avoidance behavior: Effects of changes in punishment intensity. *Ps Rec*, 1968, *18*, 29—34. — *6555*.
Melvin, K. B. & Smith, F. H.: Self-punitive avoidance behavior in the rat. *J Comp Phys Ps*, 1967, *63*, 533—535. — *5213, 6555*.
Melvin, K. B., Athey, G. K. Jr. & Heasley, F. H.: Effects of duration and delay of shock on self-punitive behavior in the rat. *Ps Rep*, 1965, *17*, 107—112 a. — *653*.
Melvin, K. B., Martin, R. C. & Parson, G.: Delayed extinction of escape responses: A parametric study. *Psn Sc*, 1965, *2*, 247—248 b. — *653*.
Mlzack, R. & Casey, K. L.: The affective dimension of pain. In: M. B. Arnold (Ed.): *Feelings and Emotions*. New York, 1970, S. 55—68. — *211*.
Meyer, P. A.: Role of unavoidability procedure in eliminating avoidance behavior with humans. *J Exp Ps*, 1970, *86*, 337—340. — *525, 654, 6552, 6555*.
Meyer, W. J. & Offenbach, S. I.: Effectiveness of reward and punishment as a function of task complexity. *J Comp Phys Ps*, 1962, *55*, 532—534. — *3562*.
Michael, R. P. & Zumpe, D.: Aggression and gonadel hormones in captive rhesus monkeys (Macaca mulatta). *An Beh*, 1970, *18*, 1—10. — *8321*.
Miles, R. C.: Learning in kittens with manipulatory, exploratory, and food incentives. *J Comp Phys Ps*, 1958, *51*, 39—42. — *344*.

MILES, R. C.: Effectiveness of deprivation, incentive quality, and number of reinforcements after numerous reconditionings. *J Comp Phys Ps*, 1960, *65*, 460—463. — *952*.
MILGRAM, S.: Behavioral study of obedience. *J Abn Soc Ps*, 1963, *67*, 371—378. — *5263, 9232, 941*.
MILGRAM, S.: Group pressure and action against a person. *J Abn Soc Ps*, 1964, *69*, 137—143. — *9231*.
MILGRAM, S.: Some conditions of obedience and disobedience to authority. *Human Relations*, 1965, *18*, 57—76 a. — *5263, 9232, 941*.
MILGRAM, S.: Liberating effects of group pressure. *J Pers Soc Ps*, 1965, *1*, 127—134 b. — *5263, 9232*.
MILLER, F. D., KALIN, R. S., ECKENROTH, W. N. & MEYER, P. A.: Acquisition variables in human avoidance behavior. *Psn Sc*, 1970, *21*, 233—235. — *5043, 5223*.
MILLER, L.: Compounding of pre-aversive stimuli. *J Exp Anal Beh*, 1969, *12*, 293—299. — *2384*.
MILLER, N. E.: Experimental studies of conflict. In: J. McV. HUNT (Ed.), *Personality and the Behavior Disorders*. New York, 1944, 431—465. — *351*.
MILLER, N. E.: Studies of fear as an acquirable drive: I. Fear as motivation and fear-reduction as reinforcement in the learning of new responses. *J Exp Ps*, 1948, *38*, 89—101 a. — *512, 652*.
MILLER, N. E.: Theory and experiment relating psychoanalytic displacement to stimulus-response generalization. *J Abn Soc Ps*, 1948, *43*, 155—178 b. — *924*.
MILLER, N. E.: Learning resistance to pain and fear: Effects of over-learning, exposure, and rewarded exposure in context. *J Exp Ps*, 1960, *60*, 137—145. — *3553, 3556*.
MILLER, N. E. & STEVENSON, S. S.: Agitated behavior of rats during experimental extinction and a curve of spontaneous recovery. *J Comp Ps*, 1936, *21*, 205—232. — *952*.
MISANIN, J. R., CAMPBELL, B. A. & SMITH, N. F.: Duration of punishment and the delay of punishment gradient. *Can J Ps*, 1966, *20*, 407—412. — *6555*.
MISCHEL, W.: Sex-typing and socialization. In: P. H. MUSSEN (Ed.), *Carmichael's Manual of Child Psychology*, 3rd Ed., Vol. II, 3—72. — *846*.
MITCHELL, L. E. & ZAX, M.: The effects of chlorpromazine on GSR conditioning. *J Abn Soc Ps*, 1959, *59*, 246—249. — *322*.
MITSCHERLICH, A.: Aggression und Anpassung I. *Psyche*, 1957, *10*, 177—193. — *713*.
MITSCHERLICH, A.: Aggression und Anpassung II. *Psyche*, 1959, *12*, 523—537. — *713*.
MOFFAT, G. H.: Avoidance conditioning in young children with interruption of a positive stimulus as the aversive event. *J Exp Ch Ps*, 1972, *13*, 21—28. — *5223*.
MOFFAT, G. H. & KOCH, D. L.: Escape performance as a function of delay of reinforcement and inescapable US trials. *Ps Rep*, 1973, *32*, 1255—1261. — *5152*.
MOLLIVER, M. E.: Operant control of vocal behavior in the cat. *J Exp Anal Beh*, 1963, *6*, 197—202. — *501*.
MOLTZ, H.: Latent extinction and the reduction of secondary reward value. *J Exp Ps*, 1955, *49*, 395—400. — *952*.
MONTGOMERY, K. C.: The role of the exploratory drive in learning. *J Comp Phys Ps*, 1954, *47*, 60—64. — *344*.
MORGAN, J. M. & MITCHELL, J. C.: Tegmental brain stimulation as a UCS in conditioned response suppression. *Psn Sc*, 1968, *11*, 97—98. — *1313, 1316*.
MORLOCK, G. W., McCORMICK, C. E. & MEYER, M. E.: The effect of a stranger's presence on the exploratory behavior of rats. *Psn Sc*, 1971, *22*, 3—4. — *344*.

MORRISON, B. J. & HILL, W. F.: Socially facilitated reduction of the fear response in rats raised in groups or in isolation. *J Comp Phys Ps*, 1967, *63*, 71—76. — *221, 43*.

MORSE, W. H. & HERRNSTEIN, R. J.: The maintenance of avoidance behavior using the removal of a conditioned positive reinforcer as the aversive stimulus. *Am Ps*, 1956, *11*, 430. — *5311, 532*.

MORSE, W. H., MEAD, R. N. & KELLEHER, R. T.: Modulation of elicited behavior by a fixed-interval schedule of electric shock presentation. *Sc*, 1967, *157*, 215—217. — *8132, 844*.

MORTON, J. H., ADDITON, H., ADDISON, R. G., HUNT, L. & SULLIVAN, J. J.: A clinical study of premenstrual tension. *American Journal of Obstetrics and Gynecology*, 1953, *65*, 1182—1191. — *8131*.

MORUZZI, G. & MAGOUN, H. W.: Brain stem reticular formation and activation of the EEG. *EEG Clin Neurophys*, 1949, *1*, 455—473. — *31*.

MOSCOWITCH, A. & LOLORDO, V. M.: Role of safety in Pavlovian backward conditioning procedure. *J Comp Phys Ps*, 1968, *66*, 673—678. — *2331, 2421*.

MOWRER, O. H.: Anxiety-reduction and learning. *J Exp Ps*, 1940, *27*, 497—516. — *36*.

MOWRER, O. H.: On the dual nature of learning — A reinterpretation of „conditioning" and „problem solving". *Harvard Educational Review*, 1947, *17*, 102—148. — *653*.

MOWRER, O. H.: *Learning Theory and Behavior*. New York, 1960. — *1180, 121, 5041*.

MOWRER, O. H. & AIKEN, E. G.: Contiguity vs. drive-reduction in conditioned fear: Temporal variations in conditioned and unconditioned stimulus. *Am J Ps*, 1954, *67*, 26—38. — *2331, 354*.

MOWRER, O. H. & LAMOREAUX, R. R.: Avoidance conditioning and signal duration: A study of secondary motivation and reward. *Ps Monogr*, 1942, *54* (5), Whole No. 247. — *5231*.

MOWRER, O. H. & LAMOREAUX, R. R.: Fear as an intervening variable in avoidance conditioning. *J Comp Ps*, 1946, *39*, 29—50. — *5212, 5213*.

MOWRER, O. H. & SOLOMON, L. N.: Contiguity vs. drive-reduction in conditioned fear: The proximity and abruptness of drive-reduction. *Am J Ps*, 1954, *67*, 15—25. — *354*.

MOWRER, O. H. & VIEK, P.: An experimental analogue of fear from a sense of helplessness. *J Abn Soc Ps*, 1948, *43*, 193—200. — *2334*.

MOYER, K. E.: Kinds of aggression and their physiological basis. *Communications in Behavioral Biology*, 1968, Part A, *2*, 65—87. — *713, 8131*.

MOYER, K. E. & CHAPMAN, J. A.: Effect of continuous vs. discontinuous shock on shuttle box avoidance in the rat. *Psn Sc*, 1966, *4*, 197—198. — *5223*.

MOYER, K. E. & KORN, J. H.: Effect of UCS intensity on the acquisition and extinction of an avoidance response. *J Exp Ps*, 1964, *67*, 352—359. — *5222*.

MUENZINGER, K. F. & POWLOSKI, R. F.: Motivation in learning: X. Comparison of electric shock for correct turns in a corrective and a non-corrective situation. *J Exp Ps*, 1951, *41*, 118—124. — *3561*.

MUENZINGER, K. F., BROWN, W. D., CROW, W. J. & POWLOSKI, R. F.: Motivation in learning: XI. An analysis of electric shock for correct responses into its avoidance and acceleration components. *J Exp Ps*, 1952, *43*, 115—119. — *3561*.

MURPHEY, R. M.: Instrumental conditioning of the fruit fly, drosophila melanogaster. *An Beh*, 1967, *15*, 153—161. — *3561*.

MURPHY, J. V. & MILLER, R. E.: Higher-order conditioning in the monkey. *J Gen Ps*, 1957, *56*, 67—72. — *2321*.

MURRAY, A. K. & STRANDBERG, J. M.: Development of a conditioned positive reinforcer through removal of an aversive stimulus. *J Comp Phys Ps*, 1965, *60*, 281—283. — *2421*.
MUSSEN, P. & RUTHERFORD, E.: Effects of aggressive cartoons on children's aggressive play. *J Abn Soc Ps*, 1961, *62*, 461—464. — *91, 942*.
MYER, J. S.: Punishment of instinctive behavior: Suppression of mouse-killing by rats. *Psn Sc*, 1966, *4*, 385—386. — *3524*.
MYER, J. S.: Prior killing experience and the suppressive effects of punishment on the killing of mice by rats. *An Beh*, 1967, *15*, 59—61. — *3524, 3552, 3553*.
MYER, J. S.: Associative and temporal determinants of facilitation and inhibition of attack by pain. *J Comp Phys Ps*, 1968, *66*, 17—21. — *3524, 3551*.
MYER, J. S. & BAENNINGER, R.: Some effects of punishment and stress on mouse-killing by rats. *J Comp Phys Ps*, 1966, *62*, 292—297. — *3524, 3552*.
MYERS, A. K.: Escape conditioning followed by extinction with and without the aversive training stimulus. *L & M*, 1970, *1*, 316—320. — *511, 651*.

NAKAO, H.: Emotional behavior produced by hypothalamic stimulation. *Am J Phys*, 1958, *194*, 411—418. — *1312, 1313, 1315, 1316, 3524, 5242, 8231, 8240, 8245*.
NAWAS, M. M., MEALIEA, W. L. Jr. & FISHMAN, S. T.: Systematic desensitization as counterconditioning: A retest with adequate controls. *Beh Ther*, 1971, *2*, 345—356. — *661*.
NELSON, F.: Effects of two counterconditioning procedures on the extinction of fear. *J Comp Phys Ps*, 1966, *62*, 208—213. — *1172, 512, 621, 652*.
NELSON, F.: Effects of chlorpromazine on fear extinction. *J Comp Phys Ps*, 1967, *64*, 496—498. — *622*.
NOBLE, M. & HARDING, G. E.: Conditioning in rhesus monkeys as a function of the interval between CS and US. *J Comp Phys Ps*, 1963, *56*, 220—224. — *2331*.

O'KELLY, L. E. & STECKLE, L. C.: A note on long-enduring emotional responses in the rat. *J Ps*, 1939, *8*, 125—131. — *8132, 814, 8222*.
OLER, I. D. & BAUM, M.: Facilitated extinction of an avoidance response through shortening of the inter-trial interval. *Psn Sc*, 1968, *11*, 323—324. — *6551*.
OLSON, R. D., DAVENPORT, D. G. & KAMICHOFF, N. C.: Discriminated avoidance and the partial reinforcement effect. *Psn Sc*, 1971, *22*, 12—14. — *654*.
OOMURA, Y., KIMURA, K., OOYAMA, H., MAENO, T., IKI, M. & KUNIYOSHI, M.: Reciprocal activities of the ventromedial and lateral hypothalamic areas of cats. *Sc*, 1964, *143*, 484—485. — *14*.
O'NEIL, H. F., SKEEN, L. C. & RYAN, F. J.: Prevention of vicious circle behavior. *J Comp Phys Ps*, 1970, *70*, 281—285. — *653*.
OROS, J. A., JOHNSON, J. J. & LEWIS, M. L.: The effect of induced anxiety on the Wechsler intelligence scale for children. *Psychology in the Schools*, 1972, *9*, 388—392. — *36*.
OTT, H.: *Die Antwort des Glaubens. Systematische Theologie in 50 Artikeln*. Stuttgart, 1972. — *713*.
OVERMIER, J. B.: Differential transfer of control of avoidance responses as a function of UCS duration. *Psn Sc*, 1966, *5*, 25—26 a. — *37, 512*.
OVERMIER, J. B.: Instrumental and cardiac indices of Pavlovian fear conditioning as a function of US duration. *J Comp Phys Ps*, 1966, *62*, 15—20 b. — *1182, 2334, 37, 512, 5242*.
OVERMIER, J. B.: Differential Pavlovian fear conditioning as a function of the qualita-

tive nature of the UCS: Constant versus pulsating shock. *Conditional Reflex*, 1968, 3, 175—180. — *1182, 2334, 37, 5242*.

OVERMIER, J. B. & LEAF, R. C.: Effects of discriminative Pavlovian fear conditioning upon previously or subsequently acquired avoidance responding. *J Comp Phys Ps*, 1965, 60, 213—217. — *37, 512*.

OVERMIER, J. B., BULL, J. A. III. & PACK, K.: On instrumental response interaction as explaining the influence of Pavlovian CS + s upon avoidance behavior. *L & M*, 1971, 2, 103—112 a. — *346, 5241*.

OVERMIER, J. B., BULL, J. A. III. & TRAPOLD, M. A.: Discriminative cue properties of different fears and their role in response selection in dogs. *J Comp Phys Ps*, 1971, 76, 478—482 b. — *512, 5243*.

OWEN, S.: The effect on avoidance response extinction in rats of CS continuation and emotional constitution. *J Genet Ps*, 1963, 103, 147—151. — *36, 6552*.

PAGE, H. A.: The facilitation of experimental extinction by response prevention as a function of the new response. *J Comp Phys Ps*, 1955, 48, 14—16. — *6554*.

PAGE, H. A. & HALL, J. F.: Experimental extinction as a function of the prevention of the response. *J Comp Phys Ps*, 1953, 46, 33—34. — *6554*.

PALMER, S.: Frustration, aggression, and murder. *J Abn Soc Ps*, 1960, 60, 430—432. — *9351*.

PARÉ, W. P.: Conditioning and avoidance responding effects on gastric secretion in the rat with chronic fistula. *J Comp Phys Ps*, 1972, 80, 150—162. — *1151*.

PARRISH, J.: Classical discrimination conditioning of heart rate and bar-press suppression in the rat. *Psn Sc*, 1967, 9, 267—268. — *2421, 43*.

PAWLOW, I. D.: Vorlesungen über die Arbeit der Großhirnhemisphären. In: I. P. PAWLOW: *Sämtliche Werke. Band IV*. Berlin, 1953 (erstmals veröffentlicht 1927). — *2321, 623*.

PAYNE, A. P. & SWANSON, H. H.: Neonatal androgenization and aggression in the male golden hamster. *Nature*, 1972, 239, 282—283. — *8132*.

PAYNE, R. J.: Alteration of Sidman avoidance baselines by CSs paired with avoidable or unavoidable shock. *Ps Rep*, 1972, 31, 291—294. — *532*.

PEARL, J. & EDWARDS, R. E.: Delayed avoidance conditioning: Warning stimulus (CS) duration. *Ps Rep*, 1962, 11, 375—380. — *5226*.

PEARL, J., WALTERS, G. C. & ANDERSON, D. C.: Suppressing effects of aversice stimulation on subsequently punished behavior. *Can J Ps*, 1964, 18, 343—355. — *3555, 3556*.

PENNER, L. A. & HAWKINS, H. L.: The effects of visual contact and aggressor identification on interpersonal aggression. *Psn Sc*, 1971, 24, 261—263. — *941*.

PENNYPACKER, H. S.: External inhibition of the conditioned eyelid reflex. *J Exp Ps*, 1964, 67, 33—40. — *623*.

PERERA, T. B. & GLUSMAN, M.: Conditioned suppression and reinforcement of eating induced by hypothalamic stimulation. *J Comp Phys Ps*, 1968, 66, 185—188. — *2334*.

PERKINS, C. C. Jr., LEVIS, D. J. & SEYMANN, R.: Preference for signal-shock vs shock-signal. *Ps Rep*, 1963, 13, 735—738. — *2331, 512*.

PINCKNEY, G. A.: Response consequences and Sidman avoidance behavior in the goldfish. *Psn Sc*, 1968, 12, 13—14. — *5311, 532*.

PISANO, R. & TAYLOR, S. P.: Reduction of physical aggression: The effects of four strategies. *J Pers Soc Ps*, 1971, 19, 237—242. — *9351, 941*.

PLOTNIK, R. & DELGADO, J. M. R.: Emotional responses in monkeys inhibited with electrical stimulation. *Psn Sc*, 1970, 18, 129—130. — *14, 8312*.

Polidora, V. J. & Boyer, W. N.: Avoidance learning by squirrel monkeys: Measures and motivations. *Psn Sc*, 1967, 7, 175—176. — *5223*.
Powell, R. W.: Acquisition of free-operant (Sidman) avoidance in Mongolian gerbils (Meriones unguiculatus) and albino rats. *Psn Sc*, 1971, 22, 279—281. — *532*.
Prokasy, W. F. & Papsdorf, J. D.: Effects of increasing the interstimulus interval during classical conditioning of the albino rabbit. *J Comp Phys Ps*, 1965, 60, 249—252. — *2331*.

Quinsey, V. L.: Effects of sucrose concentration and food deprivation on fixed-ratio punishment of licking. *Psn Sc*, 1971, 23, 337—339. — *3551, 3554*.
Quinsey, V. L.: Lick-shock contingencies in the rat. *J Exp Anal Beh*, 1972, 17, 119—125. — *3551*.

Rasmussen, E. W.: Social facilitation. *Acta Ps*, 1939, 4, 275—294. — *221, 43*.
Ratner, S. C.: Effect of learning to be submissive on status in the peck order of domestic fowl. *An Beh*, 1961, 9, 34—37. — *345*.
Ray, A. J.: Shuttle avoidance: Rapid acquisition by rats to a pressurized air unconditioned stimulus. *Psn Sc*, 1966, 5, 29—30 a. — *5223*.
Ray, A. J.: Non-incremental shuttle avoidance acquisition to pressurized air US. *Psn Sc*, 1966, 5, 433—434 b. — *5223*.
Ray, O. S. & Stein, L.: Generalization of conditioned suppression. *J Exp Anal Beh*, 1959, 2, 357—361. — *2385*.
Razran, G.: Backward conditioning. *Ps Bull*, 1956, 53, 55—69. — *2331*.
Razran, G.: The dominance-contiguity theory of the acquisition of classical conditioning. *Ps Bull*, 1957, 54, 1—46. — *2333*.
Razran, G.: The observable unconscious and the in inferable conscious in current Sovjet psychophysiology: Interoceptive conditioning, semantic conditioning, and the orienting reflex. *Ps Rev*, 1961, 68, 81—147. — *2333, 666*.
Reberg, D. & Black, A. H.: Compound testing of individually and conditioned stimuli as an index of excitatory and inhibitory properties. *Psn Sc*, 1969, 17, 30—31. — *2384, 2421*.
Renfrew, J. W.: The intensity function and reinforcing properties of brain stimulation that elicits attack. *Phys Beh*, 1969, 4, 509—515. — *8231, 8242*.
Rescorla, R. A.: Predictability and number of pairings in Pavlovian fear conditioning. *Psn Sc*, 1966, 4, 383—384. — *2331, 2421, 532*.
Rescorla, R. A.: Inhibition of delay in Pavlovian fear conditioning. *J Comp Phys Ps*, 1967, 64, 114—120. — *222, 2383*.
Rescorla, R. A.: Probability of shock in the presence and absence of CS in fear conditioning. *J Comp Phys Ps*, 1968, 66, 1—5 a. — *2321, 2331, 2336, 621*.
Rescorla, R. A.: Pavlovian conditioned fear in Sidman avoidance learning. *J Comp Phys Ps*, 1968, 65, 55—60 b. — *2331, 2383, 2421, 243, 532*.
Rescorla, R. A.: Establishment of a positive reinforcer through contrast with shock. *J Comp Phys Ps*, 1969, 67, 260—263 a. — *1272, 2421*.
Rescorla, R. A.: Conditioned inhibition of fear resulting from negative CS-US contingencies. *J Comp Phys Ps*, 1969, 67, 504—509 b. — *2421, 243*.
Rescorla, R. A.: Summation and retardation tests of latent inhibition. *J Comp Phys Ps*, 1971, 75, 77—81. — *2421*.
Rescorla, R. A. & LoLordo, V. M.: Inhibition of avoidance behavior. *J Comp Phys Ps*, 1965, 59, 406—412. — *1173, 2321, 2421, 532*.
Rescorla, R. A. & Skuzy, J. C.: Effect of response-independent reinforcers during extinction. *J Comp Phys Ps*, 1969, 67, 381—389. — *64, 952*.

RESCORLA, R. A. & SOLOMON, R. L.: Two-process learning theory: Relationships between Pavlovian conditioning and instrumental learning. *Ps Rev*, 1967, *74*, 151—182. — *1180*.

REVUSKY, S. H.: Aversion to sucrose produced by contingent X-irradiation: Temporal and dosage parameters. *J Comp Phys Ps*, 1968, *65*, 17—22. — *2331*.

REYNIERSE, J. H.: Submissive postures during shock-elicited aggression. *An Beh*, 1971, *19*, 102—107 a. — *812, 8131, 8132, 814*.

REYNIERSE, J. H.: Agonistic behavior in Mongolian gerbils. *Zeitschrift für Tierpsychologie*, 1971, *29*, 175—179 b. — *811*, 812.

REYNIERSE, J. H.: Differentiation of escape and avoidance responding in rats. *J Comp Phys Ps*, 1972, *79*, 165—170. — *5212, 5213*.

REYNIERSE, J. H. & RIZLEY, R. C.: Relaxation and fear as determinants of maintained avoidance in rats. *J Comp Phys Ps*, 1970, *72*, 223—232 a. — *2421, 5232, 6551, 6553*.

REYNIERSE, J. H. & RIZLEY, R. C.: Stimulus and response contingencies in extinction of avoidance by rats. *J Comp Phys Ps*, 1970, *73*, 86—92 b. — *2421, 6552*.

REYNIERSE, J. H., WEISMAN, R. G. & DENNY, M. R.: Shock compartment confinement during the intertrial interval in avoidance learning. *Ps Rec*, 1963, *13*, 403—406. — *2421, 243, 5232*.

REYNOLDS, B.: The acquisition of a trace conditioned response as a function of the magnitude of the stimulus trace. *J Exp Ps*, 1945, *35*, 15—30. — *2331*.

REYNOLDS, G. S.: Potency of conditioned reinforcers based on food and on food and punishment. *Sc*, 1963, *139*, 838—839. — *3551*.

REYNOLDS, G. S., CATANIA, A. C. & SKINNER, B. F.: Conditioned and unconditioned aggression in pigeons. *J Exp Anal Beh*, 1963, *6*, 73—74. — *8132, 91, 924*.

REYNOLDS, W. F. & PAVLIK, W. B.: Running speed as a function of deprivation period and reward magnitude. *J Comp Phys Ps*, 1960, *53*, 615—618. — *5153*.

RHEINGOLD, H. L., STANLEY, W. C. & DOYLE, G. A.: Visual and auditory reinforcement of a manipulatory response in the young child. *J Exp Ch Ps*, 1964, *1*, 316—326. — *344*.

RIBEIRO, A. L.: Menstruation and crime. *British Medical Journal*, 1962, *4*, 640. — *8131*.

RICCIO, D. C. & MARRAZO, M. J.: Effects of punishing active avoidance in young and adult rats. *J Comp Phys Ps*, 1972, *79*, 453—458. — *6555*.

RIEGE, W. H. & CHERKIN, A.: One-trial learning and biphasic time course of performance in the goldfish. *Sc*, 1971, *172*, 966—968. — *3552*.

RIESS, D.: Shuttleboxes, Skinner boxes, and Sidman avoidance in rats: Acquisition and terminal performance as a function of response topography. *Psn Sc*, 1971, *25*, 283—286. — *532*.

RIMM, D. C., KENNEDY, T. D., MILLER, H. L. Jr. & TCHIDA, G. R.: Experimentally manipulated drive level and avoidance behavior. *J Abn Ps*, 1971, *78*, 43—48. — *3555*.

ROBERTS, A. E., GREENWAY, L. & HURWITZ, H. M. B.: Extinction of free operant avoidance with and without feedback. *Psn Sc*, 1970, *20*, 283—285. — *2421, 6562*.

ROBERTS, W. W.: Rapid escape learning without avoidance learning motivated by hypothalamic stimulation in cats. *J Comp Phys Ps*, 1958, *51*, 391—399. — *1312, 1314*.

ROBERTS, W. W.: Fear-like behavior elicited from dorsomedial thalamus of cat. *J Comp Phys Ps*, 1962, *55*, 191—197. — *1312, 1314*.

ROBERTS, W. W. & KIESS, A. O.: Motivational properties of hypothalamic aggression in cats. *J Comp Phys Ps*, 1964, *58*, 187—193. — *721*.

ROBERTS, W. W., STEINBERG, M. L. & MEANS, L. W.: Hypothalamic mechanism for sexual, aggressive, and other motivational behaviors in the opossum, Didelphis virginiana. *J Comp Phys Ps*, 1967, *64*, 1—15. — *1312, 8132*.
ROBINSON, B. W., ALEXANDER, M. & BOWNE, G.: Dominance reversal resulting from aggressive responses evoked by brain telestimulation. *Physiology and Behavior*, 1969, *4*, 749—752. — *8132, 8231*.
ROBINSON, H. G.: Persistence of a response in the apparent absence of motivation. *J Exp Ps*, 1961, *61*, 480—488. — *1172, 525*.
RODNICK, E. H.: Characteristics of delayed and trace conditioned responses. *J Exp Ps*, 1945, *35*, 15—30. — *2331*.
ROEDIGER, H. L. III. & STEVENS, M. C.: The effects of delayed presentation of the object of aggression on pain induced fighting. *Psn Sc*, 1970, *21*, 55—56. — *821*.
ROHRBOUGH, M., BRENNAN, J. F. & RICCIO, D. C.: Control of two way shuttle avoidance in rats by auditory frequency and intensity. *J Comp Phys Ps*, 1971, *75*, 324—330. — *2382, 2385, 5224*.
ROLLINGS, J. P. & MELVIN, K. B.: Effects of a punitive noise on self-punitive running established with shock. *Psn Sc*, 1970, *21*, 313—314. — *653*.
ROMANIUK, A.: The formation of defensive conditioned reflexes by direct stimulation of the hypothalamic „flight-points" in cats. *Acta Biol Exp*, 1964, *24*, 145—151. — *1312, 1314*.
ROMANIUK, A.: Representation of aggression and flight reactions in the hypothalamus of the cat. *Acta Biol Exp*, 1965, *25*, 177—186. — *8231, 8245*.
ROMANIUK, A.: The role of the hypothalamus in defensive behavior. *Acta Biol Exp*, 1967, *27*, 399—343. — *1312*.
ROPARTZ, P.: The relation between olfactory stimulation and aggressive behaviour in mice. *An Beh*, 1968, *16*, 97—100. — *8132*.
ROSENBAUM, G.: Stimulus generalization as a function of level of experimentally induced anxiety. *J Exp Ps*, 1953, *45*, 35—43. — *36*.
ROSENBAUM, M. E. & DECHARMS, R.: Direct and vicarious reduction of hostility. *J Abn Soc Ps*, 1960, *60*, 105—111. — *9351*.
ROSENKRANS, M. A. & HARTUP, W. W.: Imitative influences of consistent response consequences to a model on aggressive behavior in children. *J Pers Soc Ps*, 1967, *7*, 429—434. — *9230, 9231*.
ROSS, B. M., RUPEL, J. W. & GRANT, D. A.: Effects of personal, impersonal, and physical stress upon cognitive behavior in a card sorting problem. *J Abn Soc Ps*, 1952, *47*, 546—551. — *36*.
ROSS, S., SCOTT, J. P., CHERNER, M. & DENENBERG, V. H.: Effects of restraint and isolation on yelping in puppies. *An Beh*, 1960, *8*, 1—5. — *211, 212*.
ROTBERG, I. C.: Effect of schedule and severity of punishment on verbal behavior. *J Exp Ps*, 1959, *57*, 193—200. — *3524, 3551, 3552*.
ROTHAUS, P. & WORCHEL, P.: The inhibition of aggression under nonarbitrary frustration. *J Pers*, 1960, *28*, 108—117. — *8133*.
ROWELL, T. E. & HINDE, R. A.: Responses of rhesus monkeys to mildly stressful situations. *An Beh*, 1963, *11*, 235—243. — *211, 212*.
RUBENSTEIN, J.: Maternal attentiveness and subsequent exploratory behavior in the infant. *Ch Dev*, 1967, *38*, 1089—1100— *43*.
RUBINSTEIN, E. H. & DELGADO, J. M. R.: Inhibition induced by forebrain stimulation in the monkey. *Am J Phys*, 1963, *205*, 941—948. — *8221, 8231, 8312*.
RUNQUIST, W. N.: Performance in eyelid conditioning following changes in reinforcement schedule. *J Exp Ps*, 1963, *65*, 617—618. — *2336*.

SACKETT, G. B.: Monkeys reared in isolation with pictures as visual input. Evidence for an innate releasing mechanism. *Sc*, 1966, *154*, 1468—1472. — *211*.
SADLER, E. W.: A within- and between-subjects comparison of partial reinforcement in classical salivary conditioning. *J Comp Phys Ps*, 1968, *66*, 695—698. — *2336*.
SALTZ, E. & ASDOURIAN, D.: Incubation of anxiety as a function of cognitive differentiation. *J Exp Ps*, 1963, *66*, 17—22. — *2385, 351*.
SANDERS, M. J.: An experimental demonstration of regression in the rat. *J Exp Ps*, 1937, *21*, 493—510. — *36*.
SANDLER, J.: The effect of negative verbal cues upon verbal behavior. *J Abn Soc Ps*, 1962, *64*, 312—316. — *3524, 3552*.
SANDLER, J., DAVIDSON, R. S. & HOLZSCHUH, R. D.: Effects of increasing punishment frequency on Sidman avoidance behavior. *Psn Sc*, 1966, *5*, 103—104. — *6561*.
SANTIBANEZ, H. G., SAAVEDRA, M. A. & MIDDLETON, S.: Cardiac and respiratory concomitants in classical defensive conditioning in cats. *Acta Biol Exp*, 1963, *23*, 165—170. — *332*.
SAVITSKY, J. C., ROGERS, R. W., IZARD, C. & LIEBERT, R. M.: Role of frustration and anger in the imitation of filmed aggression against a human victim. *Ps Rep*, 1971, *29*, 807—810. — *91, 9231*.
SAWREY, W. L. & WEISZ, J. D.: An experimental method of producing gastric ulcers. *J Comp Phys Ps*, 1956. *49*, 269—270. — *661*.
SCHACHTER, S., GOLDMAN, R. & GORDON, A.: Effects of fear, food deprivation, and obesity on eating. *J Pers Soc Ps*, 1968, *10*, 91—97. — *342*.
SCHAEFER, H. H.: Suggested german translations of expressions in the field of operant conditioning. *J Exp Anal Beh*, 1960, *3*, 171—182. — *2336*.
SCHEFLEN, N.: Generalization and extinction of experimentally induced fear in cats. In: P. H. HOCH & ZUBIN (Eds.): *Experimental Psychopathology*. New York, 1957, 1—11. — *623*.
SCHERER, G.: Das Nichts und das Böse. In: W. CZAPEWSKI & G. SCHERER, *Der Aggressionstrieb und das Böse*. Essen, 1967, S. 81—264. — *713*.
SCHIFF, W., CAVINESS, J. A. & GIBSON, J. J.: Persistent fear responses in rhesus monkeys to the optical stimulus of „looming". *Sc*, 1962, *136*, 982—983. — *211*.
SCHMALOHR, E.: *Frühe Mutterentbehrung bei Mensch und Tier*. München, 1968. — *44*.
SCHNEIDER, C.: Behavioral effects of some morphine antagonists and hallucinogens in the rat. *Nature*, 1968, *220*, 586—587. — *8131*.
SCHNEIDERMAN, N.: Interstimulus interval function of the nictitating membrane response of the rabbit under delay versus trace conditioning. *J Comp Phys Ps*, 1966, *62*, 397—402. — *2331*.
SCHNEIDERMAN, N. & GORMEZANO, I.: Conditioning of the nictitating membrane as a function of CS-US interval. *J Comp Phys Ps*, 1964, *57*, 188—195. — *2331*.
SCHNEIRLA, T. C.: Instinct and aggression. In: M. F. A. MONTAGU (Ed.): *Man and Aggression*. Oxford, 1968. — *713*.
SCHNURR, R.: Localization of the septal rage syndrome in Long-Evans rats. *J Comp Phys Ps*, 1972, *81*, 291—296. — *8313*.
SCHREINER, L. & KLING, A.: Behavioral changes following rhinencephalic injury in cat. *J Neurophys*, 1953, *16*, 643—659. — *8232*.
SCHREINER, L. & KLING, A.: Effects of castration on hypersexual behavior induced by rhinencephalic injury in cat. *Arch Neur Psychiatry*, 1954, *72*, 180—186. — *14*.
SCHREINER, L. & KLING, A.: Rhinencephalon and behavior. *Am J Phys*, 1956, *184*, 486—490. — *8232*.

SCHROEDER, S. R. & GERJUOY, H.: Running-speed goal gradient with massed training. *Ps Rec*, 1965, *15*, 425—433. — *3532*.
SCHUSTERMAN, R. J.: The effect of a manipulatory incentive on social interactions of rhesus monkeys. *An Beh*, 1964, *12*, 416—419. — *811, 812, 8132*.
SCHWARTZ, A. N., CAMPOS, J. J. & BAISEL, E. J. Jr.: The visual cliff: Cardiac and behavioral responses on the deep and shallow sides at five and nine months of age. *J Exp Ch Ps*, 1973, *15*, 86—99. — *211*.
SCHWARTZ, M.: Conditioned-stimulus variables in avoidance learning. *J Exp Ps*, 1958, *55*, 347—351. — *5224, 5225, 5226*.
SCOTT, J. P.: Genetic differences in the social behavior of inbred strains of mice. *Journal of Heredity*, 1942, *33*, 11—15. — *847*.
SCOTT, J. P.: Agonistic behavior in mice and rats: A review. *Am Zool*, 1966, *6*, 683—701. — *713, 811, 812, 8131, 8132, 8133, 921*.
SCOTT, J. P. & FREDERICSON, E.: The causes of fighting in mice and rats. *Phys Zool*, 1951, *24*, 273—309. — *811, 812, 8131, 8132, 91*.
SCOTT, P. M., BURTON, R. V. & YARROW, M. R.: Social reinforcement under natural conditions. *Ch Dev*, 1967, *38*, 53—63. — *955*.
SEARS, R. R., WHITING, J. W. M., NOWLINS, V. & SEARS, P. S.: Some child-rearing antecendents of aggression and dependency in young children. *Genetic Psychology Monographs*, 1953, *47*, 135—234. — *845*.
SEARS, R. R., MACCOBY, E. E. & LEVIN, H.: *Patterns of Child Rearing*. New York, 1957. — *8133*.
SEAY, B., ALEXANDER, B. K. & HARLOW, H. F.: Maternal behavior of socially deprived rhesus monkeys. *J Abn Soc Ps*, 1964, *69*, 345—354. — *344, 8132*.
SECORD, P. F. & BACKMAN, C. W.: *Social Psychology*. New York, 1964. — *112*.
SEGUNDO, J. P., GALEANO, C., SOMMER-SMITH, J. A. & ROIG, J. A.: Behavioural and EEG effects of tones „reinforced" by cessation of painful stimuli. In: J. F. DELAFRESNAYE (Ed.): *Brain Mechanisms and Learning*. Oxford, 1961, 265—291. — *2421*.
SEIDEL, R. J.: A review of sensory preconditioning. *Ps Bull*, 1959, *56*, 58—73. — *235*.
SELIGMAN, M. E. P.: CS redundancy and secondary punishment. *J Exp Ps*, 1966, *72*, 546—550. — *354*.
SELIGMAN, M. E. P.: Chronic fear produced by unpredictable electric shock. *J Comp Phys Ps*, 1968, *66*, 402—411. — *342*.
SELIGMAN, M. E. P. & CAMPBELL, B. A.: Effect of intensity and duration of punishment on extinction of an avoidance response. *J Comp Phys Ps*, 1965, *59*, 294—297. — *6555*.
SELIGMAN, M. E. P. & MAIER, S. F.: Failure to escape traumatic shock. *J Exp Ps*, 1967, *74*, 1—9. — *514, 5212*.
SELINGER, H. E. & BERMANT, G.: Hormonal control of aggressive behavior in japanese quail (Coturnix coturnix japonica). *Beh*, 1967, *28*, 255—268. — *8131*.
SENAULT, B.: Comportement d'aggressivité intraspécifique induit par l'apomorphine chez le rat. *Psychopharmacologia*, 1970, *18*, 271—287. — *8131*.
SENTER, R. J. & HUMMEL, W. F.: Suppression of an autonomic response through operant conditioning. *Ps Rec*, 1965, *15*, 1—5. — *3524*.
SERMAT, V. & SHEPHARD, A. H.: The effect of a feeding procedure on persistent avoidance responses in rats. *J Comp Phys Ps*, 1959, *52*, 206—211. — *525, 6554*.
SEWARD, J. P.: Aggressive behavior in the rat: I. General characteristics; age and sex differences. *J Comp Phys Ps*, 1945, *38*, 175—197 a. — *345, 8131*.
SEWARD, J. P.: Aggressive behavior in the rat: II. An attempt to establish a dominance hierarchy. *J Comp Phys Ps*, 1945, *38*, 213—224 b. — *345*.

SEWARD, J. P.: Aggressive behavior in the rat: III. The role of frustration. *J Comp Phys Ps*, 1945, *38*, 225—238 c. — *8131, 8132, 921*.

SEWARD, J. P.: Aggressive behavior in the rat: IV. Submission as determined by conditioning, extinction, and disuse. *J Comp Phys Ps*, 1946, *39*, 51—76. — *2321, 2387, 345*.

SEWARD, J. P. & RASKIN, D. C.: The role of fear in aversive behavior. *J Comp Phys Ps*, 1960, *53*, 328—335. — *3552, 513, 653*.

SEWARD, J. P., KING, R. M., CHOW, T. & SHIFLETT, S. C.: Persistence of punished escape responses. *J Comp Phys Ps*, 1965, *60*, 265—268. — *653*.

SGRO, J. A., DYAL, J. A. & ANASTASIO, E. J.: Effects of constant delay of reinforcement on acquisition asymptote and resistance to extinction. *J Exp Ps*, 1967, *73*, 634—636. — *5152*.

SHAGASS, C.: Conditioning the human occipital alpha rhythm to a voluntary stimulus. A quantitative study. *J Exp Ps*, 1942, *31*, 367—379. — *234*.

SHAGASS, C. & JOHNSON, E. P.: The course of acquisition of a conditioned response of the occipital alpha rhythm. *J Exp Ps*, 1943, *33*, 201—209. — *234*.

SHAPIRO, A. H.: Anxiety, and the suppressing effect of immediate punishment on a rewarded response. *Psn Sc*, 1966, *6*, 373—374. — *3555*.

SHAPIRO, D., TURSKY, B., GERSHON, E. & STERN, M.: Effects of feedback and reinforcement on the control of human systolic blood pressure. *Sc*, 1969, *163*, 588—590. — *501*.

SHEALY, C. N. & PEELE, T. L.: Studes on amygdaloid nucleus of cat. *J Neurophys*, 1957, *20*, 125—139. — *8231, 8245*.

SHEARD, M. H. & FLYNN, J. P.: Facilitation of attack behavior by stimulation of the midbrain of cats. *Brain Res*, 1967, *4*, 324—333. — *721, 8231*.

SHEARN, D. W.: Operant conditioning of the heart rate. *Sc*, 1962, *137*, 530—531. — *501*.

SHEFFIELD, F. D. & TEMMER, A. W.: Relative resistance to extinction of escape training and avoidance training. *J Exp Ps*, 1950, *40*, 287—289. — *511, 653*.

SHEMBERG, K. M.: Rewarded responding under inescapable stress and later performance under stress. *Psn Sc*, 1968, *11*, 117—118. — *3556*.

SHEPP, B. E.: Some cue properties of anticipated rewards in discrimination learning of retardates. *J Comp Phys Ps*, 1962, *55*, 856—859. — *5243*.

SHERMAN, A. R.: Real-life exposure as a primary therapeutic factor in the desensitization treatment of fear. *J Abn Ps*, 1972, *79*, 19—28. — *664*.

SHIMOFF, E.: Avoidance responding as a function of stimulus duration and relation to free shock. *J Exp Anal Beh*, 1972, *17*, 451—461. — *36*.

SHIPLEY, C. R., BARON, A. & KAUFMAN, A.: Effects of timeout from one reinforcer on human behavior maintained by another reinforcer. *Ps Rec*, 1972, *22*, 201—210. — *5311, 6561*.

SHIPLEY, R. H., MOCK, L. A. & LEVIS, D. J.: Effects of several response prevention procedures on activity, avoidance responding, and conditioned fear in rats. *J Comp Phys Ps*, 1971, *77*, 256—270. — *5213, 6554*.

SHNIDMAN, S. R.: Extinction of Sidman avoidance behavior. *J Exp Anal Beh*, 1968, *11*, 153—156. — *532, 6562*.

SHNIDMAN, S. R.: Avoidance conditioning of skin potential responses. *Psychophysiology*, 1969, *6*, 38—44. — *5040*.

SIBLEY, S. A., ABBOTT, M. S. & COOPER, B. P.: Modification of the classroom behavior of a disasvantaged kindergarten boy by social reinforcement and isolation. *J Exp Ch Ps*, 1969, *7*, 203—219. — *953*.

SIDMAN, M.: Avoidance conditioning with brief shock and no exteroceptive warning signal. *Sc*, 1953, *118*, 157—158. — *1173*.
SIDMAN, M.: The temporal distribution of avoidance responses. *J Comp Phys Ps*, 1954, *47*, 399—402. — *5311*.
SIDMAN, M.: On the persistance of avoidance behavior. *J Abn Soc Ps*, 1955, *50*, 217—220 a. — *532*.
SIDMAN, M.: Some properties of the warning stimulus in avoidance behavior. *J Comp Phys Ps*, 1955, *48*, 444—450 b. — *5312*, *532*.
SIDMAN, M.: Normal sources of pathological behavior. *Sc*, 1960, *132*, 61—68. *532*.
SIDMAN, M.: Stimulus generalization in an avoidance situation. *J Exp Anal Beh*, 1961, *4*, 157—169. — *2385*.
SIDMAN, M.: Time out from avoidance as a reinforcer: A study of response interaction. *J Exp Anal Beh*, 1962, *5*, 423—434. — *512*.
SIDMAN, M. & BOREN, J. J.: A comparison of two types of warning stimulus in an avoidance situation. *J Comp Phys Ps*, 1957, *50*, 282—287 a. — *5312*.
SIDMAN, M., HERRNSTEIN, R. J. & CONRAD, D. G.: Maintenance of avoidance behavior by unavoidable shocks. *J Comp Phys Ps*, 1957, *50*, 553—557. — *532*.
SIDMAN, M., MASON, J. W., BRADY, J. V. & THACH, J.: Quantitative relations between avoidance behavior and pituitary-adrenal cortical activity. *J Exp Anal Beh*, 1962, *5*, 353—362. — *1151*, *532*.
SIEGEL, S.: Generalization of latent inhibition. *J Comp Phys Ps*, 1969, *69*, 157—159. — *623*.
SIEGEL, S.: Retention of latent inhibition. *Psn Sc*, 1970, *20*, 161—162. — *623*.
SILVERMAN, W. H.: The effects of social contact, provocation, and sex of opponent upon instrumental aggression. *J Exp Res Pers*, 1971, *5*, 310—316. — *924*, *9351*, *941*.
SIMKINS, L.: Scheduling effects of punishment and nonreinforcement on verbal conditioning and extinction. *Journal of Verbal Learning and Verbal Behavior*, 1962, *1*, 208—213. — *3552*.
SINGER, D. L.: Aggression arousal, hostile humor, catharsis. *J Pers Soc Ps, Monogr Suppl*, 1968, *8*, No. 1, Part 2, 1—14. — *9351*.
SINGH, S. D.: Conditioned emotional response in the rat. I. Constitutional and situational determinants. *J Comp Phys Ps*, 1959, *52*, 574—578. — *2334*, *2335*.
SKINNER, B. F.: „Resistance to extinction" in the process of conditioning. *J Gen Ps*, 1933, *9*, 420—429. — *952*.
SKINNER, B. F.: *The Behavior of Organisms*. New York, 1938. — *3553*.
SKINNER, B. F.: *Science and Human Behavior*. New York, 1953. — *1180*.
SKINNER, B. F.: An experimental analysis of certain emotions. *J Exp Anal Beh*, 1959, *2*, 264. — *5223*.
SKINNER, B. F.: *Beyond Freedom and Dignity*. New York, 1972. — *244*, *951*.
SLOANE, H. N., JOHNSTON, M. K. & BIJOU, S. W.: Successive modification of aggressive behaviour and aggressive fantasy play by management of contingencies. *Journal of Child Psychology and Psychiatry and Allied Disciplines*, 1967, *8*, 217—226. — *953*, *954*.
SLOTNICK, B. M.: Effects of fear conditioning on the subsequent acquisition of an avoidance response. *Psn Sc*, 1968, *13*, 159—160. — *511*, *5212*.
SMITH, D. B. D. & WENGER, M. A.: Changes in autonomic balance during phasic anxiety. *Psychophysiology*, 1965, *1*, 267—271. — *1151*.
SMITH, M. & GORMEZANO, I.: Effects of alternating classical conditioning and extinction sessions on the conditioned nictitating membrane response of the rabbit. *Psn Sc*, 1965, *3*, 91—92. — *623*.

SMITH, M. C., COLEMAN, S. R. & GORMEZANO, I.: Classical conditioning of the rabbit's nictitating membrane response at backward, simultaneous and foreward CS-US intervals. *J Comp Phys Ps*, 1969, *69*, 226—231. — *2331*.

SMITH, N. F., MISANIN, J. R. & CAMPBELL, B. A.: Effect of punishment on extinction of an avoidance response: Facilitation or inhibition. *Psn Sc*, 1966, *4*, 271—272. — *6555*.

SMITH, N. P. & BUCHANAN, G.: Acquisition of secondary reward by cues associated with shock reduction. *J Exp Ps*, 1954, *48*, 123—126. — *2421*.

SOLOMON, R. L. & TURNER, L. H.: Discriminative classical conditioning in dogs paralyzed by curare can later control discriminative avoidance responses in the normal state. *Ps Rev*, 1962, *69*, 202—219. — *1182, 37, 512, 652*.

SOLOMON, R. L. & WYNNE, L. C.: Traumatic avoidance learning: Acquisition in normal dogs. *Ps Monogr*, 1953, *67*, No. 4 (Whole No. 354). — *5211, 5231, 525*.

SOLOMON, R. L., KAMIN, L. J. & WYNNE, L. C.: Traumatic avoidance learning: The outcomes of several extinction procedures with dogs. *J Abn Soc Ps*, 1953, *48*, 291—302. — *525, 6554, 6555*.

SOLOMON, R. L., TURNER, L. H. & LESSAC, M. S.: Some effects of delay of punishment on resistance to temptation in dogs. *J Pers Soc Ps*, 1968, *8*, 233—238. — *3524, 3551, 3552, 3557*.

SOLTYSIK, S.: Studies on the avoidance conditioning. II. Differentiation and extinction of avoidance reflexes. *Acta Biol Exp*, 1960, *20*, 171—182 a. — *5244*.

SOLTYSIK, S.: Studies on the avoidance conditioning. III. Alimentary conditioned reflex model of the avoidance reflex. *Acta Biol Exp*, 1960, *20*, 183—192 b. — *525*.

SOLTYSIK, S.: Inhibitory feedback in avoidance conditioning. *Boletin del Instituto de Estudios Medicos y Biológicos, Mexico*, 1963, *21*, 433—449. — *525*.

SOLTYSIK, S. & KOWALSKA, M.: Studies on the avoidance conditioning. I. Relation between cardiac (type I) and motor (type II) effects in the avoidance reflex. *Acta Biol Exp*, 1960, *20*, 157—170. — *37, 512, 5241, 5242, 5244*.

SOUTHWICK, C. H.: An experimental study of intragroup agonistic behavior in rhesus monkeys (Macaca mulatta). *Beh*, 1967, *28*, 182—209. — *811, 8131, 8132*.

SPENCE, J. T. & DUNTON, M. C.: The Influence of verbal and nonverbal reinforcement combinations in the discrimination learning of middle- and lower-class preschool children. *Ch Dev*, 1967, *38*, 1177—1186. — *3561*.

SPENCE, K. W. & BEECROFT, R. S.: Differential conditioning and level of anxiety. *J Exp Ps*, 1954, *48*, 399—403. — *322*.

SPENCE, K. W. & DEAUX, E.: Conditioning (habit growth) in the absence of CRs. *Psn Sc*, 1966, *6*, 61—62. — *321*.

SPENCE, K. W. & FARBER, I. E.: Conditioning and extinction as a function of anxiety. *J Exp Ps*, 1953, *45*, 116—119. — *322*.

SPENCE, K. W. & FARBER, I. E.: The relation of anxiety to differential eyelid conditioning. *J Exp Ps*, 1954, *47*, 127—134. — *322*.

SPENCE, K. W. & TAYLOR, J.: Anxiety and strength of UCS as determinants of the amount of eyelid conditioning. *J Exp Ps*, 1951, *42*, 183—188. — *322*.

SPENCE, K. W., FARBER, I. E. & TAYLOR, E.: The relation of shock and anxiety to level of performance in eyelid conditioning. *J Exp Ps*, 1954, *48*, 404—408. — *322*.

STACHNIK, T. J., ULRICH, R. E. & MARBY, J. H.: Reinforcement of aggression through intracranial stimulation. *Psn Sc*, 1966, *5*, 101—102 a. — *924*.

STACHNIK, T. J., ULRICH, R. & MARBY, J. H.: Reinforcement of intra- and interspecies aggression with intracranial stimulation. *Am Zool*, 1966, *6*, 663—668 b. — *91, 924*.

STACHNIK, T., FAZZINI, D., PATTERSON, D. & PRATHER, D.: Avoidance of conditioned aggression. *Psn Sc*, 1972, *27*, 12—14. — *5211*.

STAMPFL, T. G. & LEVIS, D. J.: Essentials of implosive therapy: A learning-theory based psychodynamic behavioral therapy. *J Abn Ps*, 1967, *72*, 496—503. — *662*.

STANLEY, W. C. & ELLIOT, O.: Differential human handling as reinforcing events and as treatments influencing later social behavior in Basenij puppies. *Ps Rep*, 1962, *10*, 775—788. — *3552, 3557*.

STAPLES, F. R. & WALTERS, R. H.: Influence of positive reinforcement of aggression on subjects differing in initial aggression level. *J Cons Ps*, 1964, *28*, 547—552. — *924*.

STAUB, E.: The learning and unlearning of aggression: The role of anxiety, empathy, efficacy, and prosocial values. In: J. L. SINGER (Ed.), *The Control of Aggression and Violence*, New York, 1971, S. 93—124. — *54*.

STAUB, E. & KELLETT, D. S.: Increasing pain tolerance by information about aversive stimuli. *J Pers Soc Ps*, 1972, *21*, 198—203. — *331*.

STAUB, E., TURSKY, B. & SCHWARTZ, G.: Self-control and predictability: Their effects on reactions to aversive stimulation. *J Pers Soc Ps*, 1971, *18*, 157—162. — *332*.

STAVELY, H. E. Jr.: Effect of escape duration and shock intensity on the acquisition and extinction of an escape response. *J Exp Ps*, 1966, *72*, 698—703. — *511, 5151, 5154, 651*.

STEBBINS, W. C.: Response latency as a function of amount of reinforcement. *J Exp Anal Beh*, 1962, *5*, 305—307. — *3554*.

STELLAR, E.: The physiology of motivation. *Ps Rev*, 1954, *61*, 5—22. — *116, 1180, 14*.

STEVENSON, H. W., WEIR, M. W. & ZIGLER, E. F.: Discrimination learning in children as a function of motive-incentive conditions. *Ps Rep*, 1959, *5*, 95—98. — *3562*.

STEWART, C. N. & BROOKSHIRE, K. H.: Effect of epinephrine on acquisition of conditioned fear. *Phys Beh*, 1968, *3*, 601—604. — *1183*.

STONE, G. C.: Nondiscriminated avoidance behavior in human subjects. *Sc*, 1961, *133*, 641—642. — *5311*.

STONE, L. J. & HOKANSON, J. E.: Arousal reduction via self-punitive behavior. *J Pers Soc Ps*, 1969, *12*, 72—79. — *9352*.

STORMS, L. H. & BOROCZI, G.: Effectiveness of fixed ratio punishment and durability of its effects. *Psn Sc*, 1966, *5*, 447—448. — *3552*.

STORMS, L. H., BOROCZI, G. & BROEN, W. E. Jr.: Punishment inhibits an instrumental response in hooded rats. *Sc*, 1962, *135*, 1133—1134. — *3552*.

STRETCH, R., ORLOFF, E. R. & DALRYMPLE, S. D.: Maintenance of responding by fixed-interval schedules of electric shock presentation in squirrel monkeys. *Sc*, 1968, *162*, 583—586. — *512*.

SUINN, R. M., EDIE, C. A. & SPINELLI, P. R.: Accelerated massed desensitization: Innovation in short-term treatment. *Beh Ther*, 1970, *1*, 303—311. — *661*.

SUINN, R. M. & RICHARDSON, F.: Anxiety management training: A nonspecific behavior therapy program for anxiety control. *Beh Ther*, 1971, *2*, 498—510. — *661, 666*.

SUITER, R. D. & LOLORDO, V. M.: Blocking of inhibitory Pavlovian conditioning in the emotional response procedure. *J Comp Phys Ps*, 1971, *76*, 137—144. — *2421, 43*.

SUOMI, S. & HARLOW, H. F.: Social rehabilitation of isolate-reared monkeys. *Dev Ps*, 1972, *6*, 487—496. — *44, 8132*.

SWEETBAUM, H. A.: Comparison of the effects of introversion-extraversion and anxiety on conditioning. *J Abn Soc Ps*, 1963, *66*, 249—254. — *322*.
SWITZER, S. C. A.: Anticipatory and inhibitory characteristics of delayed conditioned reactions. *J Exp Ps*, 1934, *17*, 603—620. — *2383*.
SZABÓ, I.: Positive correlation between the magnitude of the acoustic startle reaction and the performance of the active avoidance reaction. *Acta Phys Acad Sci Hung*, 1967, *31*, 191—198. — *5221*.

TAIT, R. W., MARQUIS, H. A., WILLIAMS, R., WEINSTEIN, L. & SUBOSKI, M. D.: Extinction of sensory preconditioning using CER training. *J Comp Phys Ps*, 1969, *69*, 170—172. — *235, 621*.
TARPY, R. M.: Incubation of anxiety as measured by response suppression. *Psn Sc*, 1966, *4*, 189—190. — *2387*.
TAUB, E. & BERMAN, A. J.: Avoidance conditioning in the absence of relevant proprioceptive and exteroceptive feedback. *J Comp Phys Ps*, 1963, *56*, 1012—1016. — *5232, 5233*.
TAUB, E., BACON, R. C. & BERMAN, A. J.: Acquisition of a trace-conditioned avoidance response after deafferentation of the responding limb. *J Comp Phys Ps*, 1965, *59*, 275—279. — *5232*.
TAYLOR, J. A.: The relationship of anxiety to the conditioned eyelid response. *J Exp Ps*, 1951, *41*, 81—92. — *322*.
TAYLOR, S. P. & PISANO, R.: Physical aggression as a function of frustration and physical attack. *J Soc Ps*, 1971, *84*, 261—267. — *91, 9351*.
TEDESCHI, R. E., TEDESCHI, D. H., MUCHA, A., COOK, L., MATTIS, P. A. & FELLOWS E. J.: Effects of various centrally acting drugs on fighting behavior of mice. *Journal of Pharmacology and Experimental Therapeutics*, 1959, *125*, 28—34. — *8132*.
TELLEGEN, A., HORN, J. M. & LEGRAND, R. G.: Opportunity for aggression as a reinforcer in mice. *Psn Sc*, 1969, *14*, 104—105. — *8223*.
TERRELL, G. & KENNEDY, W. A.: Discrimination learning and transposition in children as a function of the nature of the reward. *J Exp Ps*, 1957, *53*, 257—260. — *3562*.
TERRIS, W. & BARNES, M.: Learned resistance to punishment and subsequent responsiveness to the same and novel punishments. *Psn Sc*, 1969, *15*, 49—50. — *3556*.
TERRIS, W. & BROWN, C. R.: Approach-avoidance conflict behavior as a function of amount and spacing of prior electric shock. *Psn Sc*, 1967, *9*, 393—394. — *3555*.
TERRIS, W. & ENZIE, R.: Approach-avoidance conflict behavior as a function of prior shock stimulation. *Psn Sc*, 1967, *7*, 311—312. — *3555*.
TERRIS, W. & RAHHAL, D. K.: Learning to resist mild or intense shock punishment and subsequent resistance to airblast punishment. *Psn Sc*, 1969, *15*, 45—46a. — *3556*.
TERRIS, W. & RAHHAL, D. K.: Generalized resistance to effects of psychological stressors. *J Pers Soc Ps*, 1969, *13*, 93—97b. — *3556, 661*.
TERRIS, W. & WECHKIN, S.: Approach-avoidance conflict behavior as a function of prior experience with mild or intense electric shock stimulation. *Psn Sc*, 1967, *7*, 39—40a. — *3555*.
TERRIS, W. & WECHKIN, S.: Learning to resist the effects of punishment. *Psn Sc*, 1967, *7*, 169—170b. — *3556*.
TERRIS, W., GERMAN, D. & ENZIE, R.: Transsituational resistance to the effects of aversive stimulation. *J Comp Phys Ps*, 1969, *67*, 264—268. — *3556*.
TEXTOR, A. M.: *Sag es treffender*. Reinbeck bei Hamburg, 1968. — *111*.

THEIOS, J. & DUNAWAY, J. E.: One-way versus shuttle avoidance conditioning. *Psn Sc*, 1964, *1*, 251—252. — *5213, 5232*.
THIBAUT, J. W. & COULES, J.: The role of communication in the reduction of interpersonal hostility. *J Abn Soc Ps*, 1952, *47*, 770—777. — *942*.
THOMPSON, D. M.: Escape from SD associated with fixed-ratio reinforcement. *J Exp Anal Beh*, 1964, *7*, 1—8. — *212*.
THOMPSON, D. M.: Time-out from fixed-ratio reinforcement: A systematic replication. *Psn Sc*, 1965, *2*, 109—110 a. — *212*.
THOMPSON, D. M.: Punishment by SD associated with fixed-ratio reinforcement. *J Exp Anal Beh*, 1965, *8*, 189—194 b. — *212*.
THOMPSON, R. F.: The neural basis of stimulus generalization. In: D. J. MOSTOFSKY (Ed.), *Stimulus Generalization*. Stanford, Calif., 1965, S. 154—178. — *2385*.
THOMPSON, R. F.: *Foundations of Physiological Psychology*. New York, 1967, Kap. 10. — *2385, 31*.
THOMPSON, T.: Visual reinforcement in Siamese Fighting Fish. *Sc*, 1963, *141*, 55—57. — *8223*.
THOMPSON, T.: Conditioned avoidance of the mobbing call by chaffinches. *An Beh*, 1969, *17*, 517—522. — *5211, 5223*.
THOMPSON, T. & BLOOM, W.: Aggressive behavior and extinction-induced response rate increase. *Psn Sc*, 1966, *5*, 335—336. — *8131*.
THOMPSON, T. & STURM, T.: Classical conditioning of aggressive display in Siamese fighting fish. *J Exp Anal Beh*, 1965, *8*, 397—403. — *812*.
THORNDIKE, E. L.: Animal intelligence. *Ps Rev, Monograph Supplement*, 1898, 2, No. 8. — *501*.
THORPE, W. H.: The modern concept of instinctive behavior. *Bulletin of Animal Behavior*, 1948, *1*, 1—12. — *1180, 713*.
TIGHE, T. J. & LEATON, R. N.: Escape from conflict: I. The effects of increasing diffidulty of discrimination. *Psn Sc*, 1966, *6*, 129—130. — *212*.
TIMMONS, E. O., NOBLIN, C. D., ADAMS, H. E. & BUTLER, J. R.: Operant conditioning with schizophrenics comparing verbal reinforcers versus psychoanalytic interpretations: Differential extinction effects. *J Pers Soc Ps*, 1965, *1*, 373—377. — *354*.
TINBERGEN, N.: *The Study of Instinct*. Oxford, 1951. — *1180, 211, 713, 8131, 841*.
TONDAT, L. M. & DALY, H. B.: The combined effects of frustrative nonreward and shock on aggression between rats. *Psn Sc*, 1972, *28*, 25—28. — *8131*.
TRAPOLD, M. A. & FOWLER, H.: Instrumental escape performance as a function of the intensity of noxious stimulation. *J Exp Ps*, 1960, *60*, 323—326. — *5151*.
TRAPOLD, M. A. & SPENCE, K. W.: Performance changes in eyelid conditioning related to the motivational and reinforcing properties of the UCS. *J Exp Ps*, 1960, *59*, 209—213. — *2384*.
TREFFERT, D. A.: The psychiatric patient with an EEG temporal lobe focus. *Am J Psychiatr*, 1964, *120*, 765—771. — *8232*.

ULRICH, R.: Unconditioned and conditioned aggression and its relation to pain. *Activitas Nervosa Superior*, 1967, *9*, 80—91 a. — *8132*.
ULRICH, R.: Interaction between reflexive fighting and cooperative escape. *J Exp Anal Beh*, 1967, *10*, 311—317 b. — *812, 8131*.
ULRICH, R. E. & AZRIN, N. H.: Reflexive fighting in response to aversive stimulation. *J Exp Anal Beh*, 1962, *5*, 511—520. — *812, 8131, 8132, 814, 821*.
ULRICH, R. E. & CRAINE, W. H.: Behavior: Persistence of shock-induced aggression. *Sc*, 1964, *143*, 971—973. — *812, 8131*.

ULRICH, R., JOHNSTON, M., RICHARDSON, J. & WOLFF, P. C.: The operant conditioning of fighting behavior in rats. *Ps Rec*, 1963, *13*, 465—470. — *924*.

ULRICH, R. E., WOLFF, P. C. & AZRIN, N. H.: Shock as an elicitor of intra- and interspecies fighting behavior. *An Beh*, 1964, *12*, 14—15 a. — *812, 8132, 814, 821*.

ULRICH, R. E., HUTCHINSON, R. R. & AZRIN, N. H.: Pain-elicited aggression. *Ps Rec*, 1965, *35*, 111—126. — *814*.

ULRICH, R. E., STACHNIK, T. J., BRIERTON, G. R. & MARBY, J. H.: Fighting and avoidance in response to aversive stimulation. *Beh*, 1966, *26*, 124—129. — *8131*.

URSIN, H.: The temporal lobe substrate of fear and anger. *Acta Psychiatrica et Neurologica Scandinavica*, 1960, *35*, 378—396. — *1184, 1312, 1322, 8232, 8245*.

URSIN, H. & KAADA, B. R.: Functional localization within the amygdaloid complex in the cat. *EEG Clin Neurophys*, 1960, *12*, 1—20. — *8231, 8245*.

UYENO, E. T.: Dominance behavior of rats under survival motivation. *Psn Sc*, 1971, *23*, 24. — *723*.

VANDENBERGH, J. G.: The effects of gonadal hormones on the aggressive behavior of adult golden hamsters (Mesocricetus auratus). *An Beh*, 1971, *19*, 589—594. — *8131, 8132*.

VAN HOUTEN, R. & RUDOLPH, R.: Summation of punishment suppression. *J Exp Anal Beh*, 1971, *15*, 117—121. — *3532*.

VAUGHN, J. & DISERENS, C. M.: The relative effects of various intensities of punishment on learning and efficiency. *J Comp Ps*, 1930, *10*, 55—66. — *3563, 5151*.

VERNON, W. & ULRICH, R.: Classical conditioning of pain-elicited aggression. *Sc*, 1966, *152*, 668. — *812*.

VODDE, T. W. & GILNAR, F. H.: The effects of exposure to fear stimuli on fear reduction. *Beh Res Ther*, 1971, *9*, 169—175. — *662*.

VOGEL, J. R. & SPEAR N. E.: Interaction of reward magnitude and conditioned fear on the consummatory response. *Psn Sc*, 1966, *5*, 263—264. — *347*.

VOGEL-SPROTT, M. D.: The effect of short delays in punishment on an immediately rewarded response in humans. *Psn Sc*, 1967, *9*, 83—84. — *3551*.

VOGEL-SPROTT, M. D. & BURROWS, V.: Response suppression in humans as a function of contingent and non-contingent punishment: Signal properties of stimuli. *Can J Ps*, 1969, *23*, 66—74. — *3551*.

VOGEL-SPROTT, M. D. & THURSTON, E.: Resistance to punishment and subsequent extinction of a response as a function of its reward history. *Ps Rep*, 1968, *22*, 631—637. — *3553*.

WADA, J. A., MATSUDA, M., JUNG, E. & HAMM, A. E.: Mesencephalically induced escape behavior and avoidance performance. *Experimental Neurology*, 1970, *29*, 215—220. — *1312, 1314*.

WAHLER, R. G.: Oppositional children: A quest for parental reinforcement control. *J Appl Beh Anal*, 1969, *2*, 159—170. — *3552*.

WALDMAN, D. M. & BARON, R. A.: Aggression as a function of exposure and similarity to a nonaggressive model. *Psn Sc*, 1971, *23*, 381—383. — *9351*.

WALL, H. W. & GUTHRIE, G. M.: Extinction of responses to subceived stimuli. *J Gen Ps*, 1959, *60*, 205—210. — *2333, 621, 623*.

WALTERS, G. C. & GLAZER, R. D.: Punishment of instinctive behavior in the Mongolian gerbil. *J Comp Phys Ps*, 1971, *75*, 331—340. — *3524*.

WALTERS, G. C. & ROGERS, J. V.: Aversive stimulation of the rat: Long-term effects on subsequent behavior. *Sc*, 1963, *142*, 70—71. — *3553*.

WALTERS, R. H. & BROWN, M.: Studies of reinforcement of aggression: III. Transfer of responses to an interpersonal situation. *Ch Dev*, 1963, *34*, 563—571. — *91*.

WALTERS, R. H. & BROWN, M.: A test of the high-magnitude theory of aggression. *J Exp Ch Ps*, 1964, *1*, 376—387. — *942*.

WALTERS, R. H., THOMAS, E. L. & ACKER, C. W.: Enhancement of punitive behavior by audio-visual displays. *Sc*, 1962, *136*, 872—873. — *942*.

WALTERS, R. H., PARKE, R. D. & CANE, V. A.: Timing of punishment and observation of consequences to others as determinants of response inhibition. *J Exp Ch Ps*, 1965, *2*, 10—30. — *3551*.

WARDEN, C. J. & AYLESWORTH, M.: The relative value of reward and punishment in the formation of a visual discrimination habit in the white rat. *J Comp Ps*, 1927, *7*, 117—127. — *3558, 3561*.

WARDEN, C. J. & DIAMOND, S.: A preliminary study of the effect of delayed punishment on learning in the white rat. *J Genet Ps*, 1931, *39*, 455—461. — *3551, 3552, 3561*.

WASMAN, M. & FLYNN, J.: Directed attack elicited from hypothalamus. *Archives of Neurology*, 1962, *6*, 220—227. — *721, 8231*.

WATSON, J. B. & RAYNER, R.: Conditioned emotional reactions. *J Exp Ps*, 1920, *3*, 1—14. — *211, 2321, 2385*.

WATSON, J. P. & MARKS, I. M.: Relevant and irrelevant fear in flooding — A crossover study of phobic patients. *Beh Ther*, 1971, *2*, 275—293. — *662*.

WECHKIN, S. & CRAMER, R. C.: The role of site amilarity in aggression toward strangers in the Mongolian gerbil. *Psn Sc*, 1971, *23*, 335—336. — *8131, 8132*.

WEIL, A. A.: Ictal depression and anxiety in temporal lobe disorders. *Am J Psychiatry*, 1956, *113*, 149—157. — *1321*.

WEINBERG, H., GREY WALTER, W. & CROW, H. J.: Intracerebral events in humans related to real and imaginary stimuli. *EEG Clin Neurophys*, 1970, *29*, 1—9. — *113*.

WEINBERGER, N. M.: Effect of detainment on extinction of avoidance responses. *J Comp Phys Ps*, 1965, *60*, 135—138. — *6554*.

WEINER, H.: Response cost and the aversive control of human operant behavior. *J Exp Anal Beh*, 1963, *6*, 415—421. — *5311, 6561*.

WEINER, H.: Modification of escape responding in humans by increasing the magnitude of an aversive event. *J Exp Anal Beh*, 1964, *7*, 277—279. — *5311, 5312*.

WEINSTEIN, L.: Decreased sensitivity to punishment. *Psn Sc*, 1969, *14*, 264—266. — *3556*.

WEISMAN, R. G. & LITNER, J. S.: Positive conditioned reinforcement of Sidman avoidance behavior in rats. *J Comp Ps*, 1969, *68*, 597—603. — *2421, 243, 532*.

WEISMAN, R. G., DENNY, M. R., PLATT, S. A. & ZERBOLIO, D. J. Jr.: Facilitation of extinction by a stimulus associated with long nonshock confinement periods. *J Comp Phys Ps*, 1966, *62*, 26—30. — *2421, 243*.

WEISS, S. J. & EMURIAN, H. H.: Stimulus control during summation of conditioned suppression. *J Exp Ps*, 1970, *85*, 204—209. — *2384*.

WEISSMAN, A.: Conditioned jump-out avoidance acquisition and „incubation of fear" in a large sample of rats. *Ps Rep*, 1971, *29*, 735—746. — *2387, 5242*.

WELKER, W. I.: Play and exploration in chimpanzees. *J Comp Phys Ps*, 1956, *49*, 84—89. — *344*.

WELKER, W. I.: An analysis of exploratory and play behavior in animals. In: D. W. FISKE & S. R. MADDI (Eds.): *Functions of Varied Experience*. Homewood, Ill., 1961, 175—226. — *344, 346*.

WELLS, M. G. & MERRILL, H. K.: Self punitive behavior in the rat: A free-operant demonstration. *Psn Sc*, 1969, *15*, 7—8. — *653*.

WENGER, M. A.: External inhibition and disinhibition produced by duplicate stimuli. *Am J Ps*, 1936, *48*, 446—456. — *623*.
WERBOFF, J., DUANE, D. & COHEN, B. D.: Extinction of conditioned avoidance and heart rate responses in rats. *Journal of Psychosomatic Research*, 1964, *8*, 29—33. — *6552*.
WEST, L. J. & FARBER, I. E.: The role of pain in emotional development. *Psychiatric Research Reports*, 1960, *12*, 119—126. — *211, 212*.
WETZEL, C. D.: Delay of punishment in shock-elicited aggression. *Psn Sc*, 1972, *26*, 270—272. — *8132*.
WHEATHLEY, M. D.: The hypothalamus and affective behaviour in cats. *Arch Neur Psychiatry*, 1944, *52*, 296—316. — *14, 8313*.
WHEELER, L. & CAGGIULA, A. R.: The contagion of aggression. *J Exp Soc Ps*, 1966, *2*, 1—10. — *9231*.
WHEELER, L. & SMITH, S.: Censure of the model in the contagion of aggression. *J Pers Soc Ps*, 1967, *6*, 93—98. — *9230, 9231, 941*.
WHITEIS, U. E.: Punishment's influence on fear and avoidance. *Harvard Educational Review*, 1956, *26*, 360—373. — *6555*.
WHITING, J. W. M. & MOWRER, O. H.: Habit progression and regression — a laboratory study of some factors relevant to human socialization. *J Comp Ps*, 1943, *36*, 229—253. — *3563, 954*.
WHITTLETON, J. C., KOSTANEK, D. J. & SAWREY, J. M.: CS directionality in avoidance learning and extinction. *Psn Sc*, 1965, *3*, 415—416. — *5224, 5225*.
WICKENS, D. D. & PLATT, C. E.: Response termination of the cue stimulus in classical and instrumental conditioning. *J Exp Ps*, 1954, *47*, 183—186. — *5231*.
WILCOXON, H. C., DRAGOIN, W. B. & KRAL, P. A.: Illness-induced aversions in rat and quail: Relative salience of visual and gustatory cues. *Sc*, 1971, *171*, 826—828. — *2331*.
WILLIAMS, C.: The elimination of tantrum behavior by extinction procedures. *J Abn Soc Ps*, 1959, *59*, 269. — *952*.
WILLIAMS, D.: The structure of emotions reflected in epileptic experiences. *Brain*, 1956, *79*, 29—67. — *1184, 1321*.
WILLIAMS, D. R. & BARRY, H. III. Counterconditioning in an operant conflict situation. *J Comp Phys Ps*, 1966, *61*, 154—156. — *357*.
WILLIS, R. D. & LUNDIN, R. W.: Conditioned suppression in the rat as a function of shock reinforcement schedule. *Psn Sc*, 1966, *6*, 107—108. — *2321, 2336*.
WILSON, A. P. & BOELKINS, R. C.: Evidence for seasonal variation in aggressive behaviour by Macaca mulatta. *An Beh*, 1970, *18*, 719—724. — *8131, 8132*.
WISCHNER, G. J., FOWLER, H. & KUSHNIK, S. A.: The effect of strength of punishment for „correct" and „incorrect" responses on visual discrimination performance. *J Exp Ps*, 1963, *65*, 131—138. — *3561*.
WITTE, K. L. & GROSSMAN, E. E.: The effects of reward and punishment upon children's attention, motivation, and discrimination learning. *Ch Dev*, 1971, *42*, 537—542. — *3561*.
WOLFE, M., ULRICH, R. & DULANEY, S.: Fighting and escape reaction in paired rats. *Ps Rec*, 1971, *21*, 59—68. — *8131*.
WOLPE, J.: *Psychotherapy by Reciprocal Inhibition.* Stanford. 1958. — *661*.
WOLPE, J.: The systematic desensitization treatment of neuroses. *J Nerv Ment Des*, 1961, *132*, 189—203. — *661*.
WOLPE, J.: *The Practice of Behavior Therapy.* New York, 1969. — *664*.
WONG, P. T. P.: Coerced approach to shock, punishment of competing responses, and resistance to extinction in the rat. *J Comp Phys Ps*, 1971, *76*, 275—281. — *5263*.

Woods, P. J.: Performance changes in escape conditioning following shifts in the magnitude of reinforcement. *J Exp Ps*, 1967, *75*, 487—491. — *511, 5153*.

Woods, P. J. & Feldman, G. B.: Combination of magnitude and delay of reinforcement in instrumental escape conditioning. *J Comp Phys Ps*, 1966, *62*, 149—151. — *511, 5153*.

Woods, P. J., Davidson, E. H. & Peters, R. J. Jr.: Instrumental escape conditioning in a water tank: Effects of variation in drive stimulus intensity and reinforcement magnitude. *J Comp Phys Ps*, 1964, *57*, 466—470. — *511, 5153*.

Wyrwicka, W.: Studies on motor conditioned reflexes. 5. On the mechanism of the motor conditioned reaction. *Acta Biol Exp*, 1952, *16*, 131—137. — *952*.

Wyrwicka, W. & Dobrzecka, C.: Relationship between feeding and satiation centers in the hypothalamus. *Sc*, 1960, *132*, 805—806. — *14*.

Youtz, R. E. P.: The change with time of a Thorndikian response in the rat. *J Exp Ps*, 1938, *23*, 128—140. — *952*.

Zeaman, D.: Response latency as a function of the amount of reinforcement. *J Exp Ps*, 1949, *39*, 466—483. — *5153*.

Zegans, S. & Zegans, L. S.: Fear of strangers in children and the orienting reaction. *Behavioral Science*, 1972, *17*, 407—419. — *212*.

Zerbolio, D. J.: Escape and approach responses in avoidance learning. *Can J Ps*, 1968, *22*, 60—71. — *2421, 243, 5232*.

Zielinski, K.: The influence of stimulus intensity on the efficacy of reinforcement in differentiation training. *Acta Biol Exp*, 1965, *25*, 317—335. — *2333, 2382*.

Zielinski, K.: „Inhibition of delay" as a mechanism of the gradual weakening of the conditioned emotional response. *Acta Biol Exp*, 1966, *26*, 407—418. — *2383*.

Zillmann, D., Katcher, A. H. & Milavsky, B.: Excitation transfer from physical exercise to subsequent aggressive behavior. *J Exp Soc Ps*, 1972, *8*, 247—259. — *9351, 942*.

Sachregister

Im folgenden erscheinen in erster Linie die als Termini gebrauchten Ausdrücke mit Angabe der Stelle, an der sie definiert, exemplifiziert oder sonstwie erklärt sind. Zahlen hinter Schrägstrichen beziehen sich auf Unterpunkte innerhalb des angegebenen Abschnitts.

Abschalt-Reaktion 1172, 5043/2
Aggression 71
  angstmotivierte 5263/7, 54, 93
  auf Befehl 9232
  Beute- 721
  haßmotivierte 9351
  instrumentelle 54/1, 724, 91, 930
  notwendige/unnötige 961, 962
  nachgemachte (imitative) 9231
  primäre 722, 81
  Pseudo- 723
Aggressionsinstinkt (-trieb) 713
Aggressionstraining 924
Aggressionsverschiebung 814
Aktivierung 31
Aktivierungssystem 31
Alternativ-Reaktion 3563
Angeleitete Teilnahme 664
Angst 11, 710
  als emotionaler Prozeß 114
  als hypothetisches Konstrukt 1170
  als Reflexreaktion 133
  als sympathischer Zustand 1151
  als Trieb 116, 351
  als zentraler Prozeß 118
  instrumentelle 237
  verhaltensproduzierte 351
  zentral ausgelöste 131
Angst-Aura 1184, 1321
Angst-Auslöser (-Stimulus, -Reiz)
  bedingter (sekundärer) 1172, 20, 231, 2331/4, 239, 3531
  generalisierter 2385
  unbedingter (primärer) 20, 211

Angst-Auslösung 113, 711/3
  bedingte 20
  direkte 20
  direkt-unbedingte 211
  durch Frustration 212
  durch Hirnstimulation 1185, 131
  durch Konflikt 212
  indirekte 20, 212
  unbedingte 20
  vermittelte 2386
Angst-Bedingungen 1173, 1182, 231, 234
  auf der Grundlage indirekter Angst-Auslösung 2321/2, 2322/2
  infolge Bestrafung 3531
  mit direkt wirkenden unbedingten Angst-Auslösern 2321/1, 2322/1
  stellvertretendes (vikariierendes) 236
  symbolvermitteltes 235
  zweiter (und höherer) Ordnung 231, 2321/3, 2322/3
Angstbeherrschung 661, 662
Angstbeherrschungstraining 666
Angstbewältigung 663
Angst-Ende-BSe 2421/2, 2422/2
Angsterregbarkeit 847
Angst-Hemmung
  durch andere Triebe 346
  durch Sicherheit 41, 42
Angsthierarchie 661
Angst-Löschung 621, 622, 623, 665
Angst-Reaktion 113, 1181, 231, 3531
  komplexe 660

467

perifere bedingte 234
perifere unbedingte 234
zentrale bedingte 234
zentrale unbedingte 234
Angstreduktion 351, 5023/1, 5244
 durch instrumentelle Aggression 930
 als Verstärkung für instrumentell-
  aggressives Verhalten 9352
Angst/Sicherheit 121
Angstsystem (-zentrum) 130, 133, 212, 222
Angst/Zorn 111, 824
Antitrieb 126, 341, 83
Appetenzverhalten 721
Assoziation 5021
Aufhebung 2384/3,4
Auslöser
 von Angst s. *Angst-Auslöser*
 von Friedlichkeit 832
 von primär-aggressiven Reaktionen 8132
 von Sicherheit s. *Sicherheits-Auslöser*
 von Zorn 8132, 8133
Ausweich-Reaktion 5043/3

Bedingen (s. auch Angst-Sicherheits-,
 Zorn-Bedingen) 5021, 620
 von angstkontrollierten Reflexen 322
 von primär-aggressiven Reaktionen 812/7
 von zentral ausgelöster Angst 1313
Bedingen/Löschung 623
Bedingte emotionale Reaktion (CER) 1171, 2321/3
Befreiungschance-BSe 2421/2, 2422/2
Bekräftigung 2336
 jedesmalige/manchmalige (intermittierende) 2336
Belohnung 5023/1,2
 für instrumentell-aggressive Reaktionen 924
 primäre 5023/1
 sekundäre 5023/1
Belohnungserwartung 3563/3, 9230/2
Belohnungsgröße 5153
Belohnungsverzögerung 5152, 5231/2, 8131/4

Bestrafung 3521, 3523, 3533, 3550
 durch zentrale Stimulation 1316
 jedesmalige/manchmalige (intermittierende) 3552/2
 natürlich-sachliche/persönlich-
  soziale 354/1, 3563
 unmittelbare/verzögerte 3551/2
 von DAV-Reaktionen 6555
 von ESC III-Reaktionen 653
 von instrumentell-aggressiven Verhaltensweisen 941, 953
 von primär-aggressiven Reaktionen 845, 85/1
 von SAV-Reaktionen 6561, 6562
Bestrafungsstärke 3551/1
Beute-Aggression 721
BSa-Ende 5231, 6552
BSa-Überflutung *(flooding)* 6554, 662

DAV-Lernen 503, 521, 522, 523
DAV-Mechanismus 524
DAV-Reaktion (-Verhalten) 1182, 5041/2, 5043/3,4, 52
 sinnvolle (notwendige) 5261, 654
 unnötige 525
Demutsgebärde 8321
Desensitivierung 661
Differenzierung 3561

Einbahnigkeit 2331/1
Einweg-DAV-Reaktion 5213, 5232/3
Eliminierung
 durch Bestrafung 355
 von angstmotivierten instrumentellen Verhaltensweisen 54/3, 65
 von einfachen bedingten Angst-Reaktionen 62
 von instrumentell-aggressiven Verhaltensweisen 95
 von „notwendigem" DAV-Verhalten 654
 von passivem Vermeiden 63
 von Phobien 66
 von SAV-Verhalten 656
 von „unnötigem" DAV-Verhalten 655
 von Vorsichts-Reaktionen 64
Enthemmung 623
 von instrumentell-aggressiven Verhaltensweisen 942
 von nicht-angstmotivierten Verhaltensweisen 43

Entmachtung 961, 962
Entwarnungs-BSe 2421/2, 2422/2
Erdulden 961
Erholung
 spontane 622, 952/1
 während Bestrafung 3556
 von Bestrafung 3552/3
Erleichterung 121, 123
Erleichterungs-Auslöser s. *Sicherheits-Auslöser*
ESC-Lernen 514
ESC-Reaktion (-Verhalten) 5041/1, 5043/1,2, 51
ESC I-Reaktion 511, 516, 651
ESC II-Reaktion 512, 516, 526, 5262, 652
 mit DAV-Vergangenheit 652
ESC III-Reaktion 513, 516, 653

Feedback-Stimulus (Rückmeldungs-Reiz, FS) 5232, 6553
Feindseligkeit s. *Haß*
Flucht-Box 1271
Flucht-Reaktion 503/5043/1
Formung 924
 bestrafungsinduzierte 3563
Fremdenangst 212
Friedlichkeit 83
Friedlichkeits-Auslöser
 bedingter 8322
 unbedingter 8321
Friedlichkeits- (Zornhemmungs-) System 831
Frustration 212, 723, 8131/4, 91/5, 952/3
Frustrieren 961

Galvanische Haut-Reaktion (GHR) 2331/2
Gegenaggression (-angriff) 924, 9352, 961
Gegenbedingen (mit BSe) 623, 665
Gehorchen (Gehorsam) 5263, 961
 scheinbares(r) 961
Gelassenheit s. *Friedlichkeit*
Generalisation 2385, 3557
 primäre 2385/1
 sekundäre 2385/2

Haß (Feindseligkeit) 357, 934, 9351
Haß/Zorn 357/5, 934, 9351

Hemmung
 äußere 623
 infolge Bestrafung 3532, 357/2
 von gelernten angstmotivierten Verhaltensweisen 1273, 42
 von instrumentell-aggressiven Verhaltensweisen 941
 von primären Angst-Reaktionen 41
 von Zorn 832, 845
Herrschen (Herrschaft) 239, 931, 961
Hilflosigkeit, gelernte 514
Hirnstimulation 1185, 131, 8231, 8245

Imitation s. *Nachahmung*
Implosivtherapie 662
Inkubation 2387
Instinkt 713, 721, 722
Instrumentalisierung 5023/5
Inter-Stimulus-Intervall (ISI) 2331/2

Jagdtrieb 721

Katharsis-Hypothese 942
Kognition (kognitive Prozesse) 113
Konflikt 212, 3532
Konkurrieren 5262
Kontrast-BSe 2421/2, 2422/2

Lernen
 am Modell s. *Nachahmung*
 assoziatives 5021
 DAV- 503, 521, 522, 524
 ESC- 514
 infolge Beobachtung s. *Nachahmung*
 instrumentelles 5022, 5023, 5024, 5026, 920
 SAV- 531, 532
 unter Zwang 5263
 von angstmotivierten instrumentellen Reaktionen 503
 von bedingten Angst-Reaktionen s. *Angst-Bedingen*
 von bedingten Sicherheits-Reaktionen s. *Sicherheits-Bedingen*
 von instrumentell-aggressiven Reaktionen 92
 von zornmotivierten instrumentellen Reaktionen 8223, 846
Lernkurve 2332
Lernsituation 234

Löschung
  nach Bestrafung 3553/3
  von bedingten Angst-Reaktionen 2332, 621, 622, 623
  von bedingten Reaktionen 620
  von ESC-Reaktionen 5154
  von instrumentell-aggressiven Verhaltensweisen 952
  von instrumentellen Verhaltensweisen 5023/4, 952
Löschungsgeneralisation 623
Löschungskurve 2332
Löschungsresistenz 2334, 2336, 622, 951/1,2

Macht 239
Mißerfolgs-Motivation 5263/10
Modell-Lernen s. *Nachahmung*
Motivation (s. auch Trieb) 116, 3563/3, 5023/1
  bedingte 5026
  negative/positive 351
  sexuelle 343
Motivationsgebundenheit 5023/3, 5024, 5263/6, 91/9
Mutterentbehrung 44

Nachahmung (Imitation, Lernen am Modell, Lernen infolge Beobachtung, Nachmachen) 237, 357, 663, 9230, 9231, 9234
Neugier (Stimulationshunger) 344, 43
noUSa 5233

passives Vermeiden s. *Unterlassen*
Perfektionierung primär-aggressiver Reaktionen 812/6, 924
Phobie 660
Präexposition 2421/2
Prägung 2321/2
Präpotenz von Angst-Flucht 8130, 8133
Problemlösen 36/2
propriozeptives Feedback 3531/6, 5232, 533
Prozeß
  afferenter 113, 133
  efferenter 133
  kognitiver 113
  periferer 113
  zentraler 113, 133
Pseudo-Aggression 723

Reaktion
  Abschalt- 1172, 5043/2
  Alternativ- 3562
  angstmotivierte 1172, 37, 5023/3, 503
  Ausweich- 5043/3
  bedingte emotionale 1171
  DAV- 1182, 5041/2, 5043/3,4
  diskriminative 5041/2
  ESC- 5041/1, 5043/1,2, 51
  ESC I- 511, 516, 651
  ESC II- 511, 516, 526, 5262, 652
  ESC III- 513, 516, 653
  Flucht- 5043/1
  freie Vorbeugungs- 5043/5
  instrumentelle 237, 5022, 5023, 5024, 5026, 524
  nicht-instrumentelle 501
  primär-aggressive 811, 812
  Reflex- 133, 320
  SAV- 1173, 5041/3, 5043/5
  selbstverändernde/umweltverändernde 5042
  Vorbeugungs- 5043/4
  Vorsichts- 3563, 954
  zornmotivierte 8223, 846
Reaktion-Schock-Intervall 532/2,4
Reaktionsverhinderung 6553
Reflex 133
  angstkontrollierter 320
  zornkontrollierter 841
Reflex-Reaktion 133, 320
Reflexzentrum 133
reinforcement 2336
Reiz s. *Stimulus*
Repetition 2332
Resistenz gegen Bestrafung 3556
Resistenz gegen Löschung 2334, 2336, 622, 951/1,2
Retention 8221
Revierverhalten 8133
Rivalisieren 5262
Rückmeldungs-BSe (s. auch Feedback-Stimulus) 2421/2, 2422/2
Rückstoß *(rebound)* 212, 222
Rückwärts-Bedingen 2331/1

SAV-Lernen (-Training) 531, 532
SAV-Mechanismus 533
SAV-Reaktion (-Verhalten) 1173, 5041/3, 5043/5, 53

Schädigung 961
Schädigungsaggression/Herrschafts-
    aggression 961, 962
Schmerz 331
    als Angst-Auslöser 211
Schmerz-Ende-BSe 2421/2, 2422/2
Schmerzwelle 331
schlechtes Gewissen 3552/3
Schlüsselreiz 713, 721, 812/3
Schock-Schock-Intervall 532/1
Schutz-BSe 2421/2, 2422/2
Schwächung 711, 9352
Selbstbedingen von Angst 235
Selbstbeherrschung 85/1
Selbstbestrafung 354/4
Selbstbestrafungs-Verhalten *(self-
    punitive behavior)* 653
Selbstverteidigung 85
Selbstunsicherheit (Minderwertigkeits-
    gefühl) 9351
Sensibilisierung 3555
Sensorisches Vorbedingen 235
Shuttle-Box 1173
Shuttle-Box-DAV 5231
Shuttle-Box-SAV 1173
Sicherheit 12, 4
    als Antitrieb 126
    als emotionaler Prozeß 124
    als parasympathischer Zustand 125
    als zentraler Prozeß 128
Sicherheit/Angst 121
Sicherheits-Auslöser (-Stimulus, -Reiz)
    bedingter (sekundärer) 1271, 1272,
        20, 2421, 2422, 244, 5232, 934,
        9352
    unbedingter (primärer) 20, 221
Sicherheits-Auslösung 123
    bedingte 20
    direkte 20
    direkt-unbedingte 221
    indirekte 20, 222
    unbedingte 20
Sicherheits-Bedingen 126, 1271, 241
    auf der Grundlage indirekter Sicher-
        heits-Auslösung 2421/2, 2422/2
    mit direkt wirkenden Sicherheits-
        Auslösern 2421/1, 2422/1
    zweiter Ordnung 2421/3, 2422/3
Sicherheitsbedürfnis 112, 931
Sicherheitssicherung 931/3
Sicherheitssystem (-zentrum) 14, 212, 222

Situationsgebundenheit 5023/3,
    5024, 951
    der Bestrafungswirkung 3557
Skinner-Box 1171, 2321/3
Solidarität 961, 962
Spuren-Bedingen 2331/3
Stimulationshunger (Neugier) 344
Stimulus (Reiz) 113
    aversiver 211, 3521, 5151, 8130
    bedingter/bedingender 5021
    diskriminativer (DS) 5023/3, 5026,
        924
    interozeptiver 3531/7
    neutraler 234
    propriozeptiver 221, 3531/7
Stimulus-Kontrolle s. *Situationsgebun-
    denheit*
Strafreiz 354, 3551
sukzessive Approximation 924
Summation 2384/1,2, 2385
Testsituation 234
time-out from positive reinforcement
    354/6
T-Labyrinth 3558
Trennungsangst 212
Trieb (s. auch Motivation) 116, 31,
    341, 347
    bewahrender/protektiv-defensiver
        722, 842
Trieb-Antitrieb-Antagonismus 126,
    212, 222, 341
Trieb-Trieb-Antagonismus 341, 347
Überaktivierung 311
Übertragung (Transfer)
    von Vermeidungs-Reaktionen 37,
        512
    von ESC-Reaktionen 516
Umformung 955
umgedrehter BSe 2421/2, 2422/2
Umlernen 955
Ungehorsam 961, 962
Unlöschbarkeit 621
Unterdrücken (Unterdrückung, Repres-
    sion) 239, 961
Unterlassen 3532
USa-Vermeidung (noUSa) 5233
USa-Vorstellung 234, 503, 5243
Verdrängung 234, 352
Verhaltensweise (Verhalten, s. auch
    Reaktion)
    aggressive 54, 711

angstmotivierte aggressive 54, 93
angstmotivierte instrumentelle 503, 504
angstproduzierende 351
angstreduzierende 5040
instinktiv-aggressive 721, 722
instrumentelle/nicht-instrumentelle 501
instrumentell-aggressive 54, 91
problemlösende (zielgerichtete) 91/3,4
pseudo-aggressive 723
überaktiviert-primitive 723
zeremoniell-zwanghafte 5264
zornproduzierende 844
zornmotivierte instrumentelle 8223, 846
Vermeiden (Vermeidung) 5041, 5043/4, 512
 aktives/passives 5041, 660
Vermeidungsreaktion (-verhalten) 1173, 1273, 1314, 2421/2, 503, 526, 534
diskriminative (DAV) nicht-diskriminative (SAV) 37, 42, 5041/2,3
Vermeidungs-Vermeiden (AV-AV) 5312
Versöhnen 961
Verspätungsbedingen 2331/3
Verstärkung 2336, 5023/2, 5244
 extrinsische/intrinsische 924
Versuch und Irrtum 921
Verteidigungs-System s. *Zornsystem*
Verteidigungstrieb s. *Zorn*
Vertrautheits-BSe 2421/2, 2422/2
Verzögerungshemmung 2383
Vorbeugungs-Reaktion 1314, 1315, 5043/4, 521
 freie (SAV) 1173, 5043/5
Vorentwarnungs-BSe 2421/2, 2422/2
Vorsichts-Reaktion (-Verhalten, -Lernen) 3563, 64, 954

Vorstellung 113, 234, 235, 2386
 USa- 234, 503, 5243
 Ziel- 5025, 503
Vorurteil 235
Vorwärts-Bedingen 2331/1

Wahrnehmung 113, 234
Warnreiz (-signal) 1314, 503, 5041/2, 5241, 5242
Warnreiz-Beendigung 5231, 6551
Widerstand gegen Löschung s. *Löschungsresistenz*
Wut s. *Zorn*

Zentralnervensystem (ZNS) 113
Ziel 711/2, 91/3
Zielvorstellung 5023, 5026, 503, 9230/2
Zorn 111, 345, 722, 821, 822, 823, 841, 842, 934
 als emotionaler Prozeß 821/3
 als hypothetisches Konstrukt 822
 als sympathischer Zustand 821/4
 als Trieb 722, 8130, 8231, 8223, 841, 942, 846
 als zentraler Prozeß 823
 zentral ausgelöster 8231
Zorn/Angst 111, 824
Zorn-Auslöser 8132, 8133
 bedingter 843
Zorn-Bedingen 843
Zornbeherrschung 85/1
Zornerregbarkeit 847
Zorn/Haß 934, 9351
Zorn-Hemmung
 durch Angst 345, 845
 durch Friedlichkeit 832
Zornhemmungs-Mechanismus (-System) 831
Zornsystem (-zentrum) 823, 8245
Zwingen (Zwang) 239, 5263, 961
Zwang-Gehorsam-Interaktion 5263

Abkürzungen

A	Angst-Zentrum	GSa	generalisierter Angst-Auslöser
AT	Antitrieb		
AV-AV	Vermeidungs-Vermeiden	IR	instrumentelle Reaktion
B	Belohnung	IRa	angstmotivierte instrumentelle Reaktion
Bt	zu Trieb t passende Belohnung		
		ISI	Inter-Stimulus-Intervall
BR	bedingte Reaktion	K-	Kontroll (-Gruppe, -Vp, -Tier)
BRa	bedingte Angst-Reaktion		
BRt	Trieb t, ausgelöst durch einen BS	m.a.W.	mit anderen Worten
		noUSa	Ausbleiben des USa
BS	bedingter Reiz (Stimulus)	NS	neutraler Reiz (Stimulus)
BS1	BS erster Ordnung	p	perifer
BS2	BS zweiter Ordnung	R	Reaktion
BSa	bedingter Angst-Auslöser	S	Reiz (Stimulus)
BSa1	BSa erster Ordnung	S1	erster Reiz in einer Folge
BSa2	BSa zweiter Ordnung	S2	zweiter Reiz in einer Folge
BSa-Ende	Warnreiz-Beendigung	SAV	nicht-diskriminative(s) Vorbeugungs (-Reaktion, -Verhalten)
BSe	bedingter Sicherheits-Auslöser		
		S-Ws	wahrgenommene Reizsituation
c	zentral		
C	Reflexzentrum	T, t	Trieb
CER	bedingte emotionale Reaktion	Tx	Trieb x
DAV	diskriminative(s) Ausweich- und Vorbeugungs (-Reaktion, -Verhalten)	Ty	Trieb y
		Tz	Trieb z
		UR	unbedingte Reaktion
DS	diskriminativer Reiz	URt	Trieb t, ausgelöst durch einen US
E	Sicherheits-Zentrum		
E-	Experimental (-Gruppe, -Vp, -Tier)	US	unbedingter Reiz (Stimulus), bedingender Reiz
EEG	Elektroenzephalogramm		
ESC	Flucht- und Abschalt (-Reaktion, -Verhalten)	USa	unbedingter Angst-Auslöser, bedingender Angst-Auslöser
ESC I	s. 511	USe	unbedingter Sicherheits-Auslöser
ESC II	s. 512		
ESC III	s. 513	V	Vorstellung
FS	Rückmeldungs-Reiz (Feedback-Stimulus)	Vp(n)	Versuchsperson(en)
		vs.	im Gegensatz zu (versus)
FS-BSe	als BSe wirkender FS	W	Wahrnehmung
GHR	galvanische Hautreaktion	ZNS	zentrales Nervensystem (Gehirn + Rückenmark)
GS	generalisierter Reiz (Stimulus)		
		ZV	Zielvorstellung

BELTZ Bibliothek

Auswahl

17 Regula D. Naef
Rationeller Lernen lernen
Ratschläge und Übungen für alle Wißbegierigen.
238 Seiten. DM 12,–
(28161)

18 Jürgen Henningsen
Kommunikation zwischen Fußnote und Feuilleton
156 Seiten. DM 9,–
(28169)

20 Leon Mann
Sozialpsychologie
240 Seiten. DM 12,–
(28155)

22 Pestalozzi über seine Anstalt in Stans
Mit einer Interpretation von Wolfgang Klafki.
67 Seiten. DM 5,– (28164)

23 B. A. Akhurst
Die Untersuchung intellektueller Fähigkeiten
182 Seiten. DM 9,–
(28168)

24 Familienerziehung, Sozialschicht und Schulerfolg
Hrsg. von der b:e-Redaktion. 202 Seiten.
DM 10,– (13107)

26 Steinar Kvale
Prüfung und Herrschaft
Hochschulprüfungen zwischen Ritual und Rationalisierung.
247 Seiten. DM 10,–
(17001)

29 Döring/Kupffer
Die eindimensionale Schule
Schulpädagogik als Ideologiekritik.
242 Seiten. DM 12,–
(17004)

31 Peter Petersen
Der kleine Jena-Plan
78 Seiten. DM 5,– (18087)

33 Lothar Schweim (Hrsg.)
Der andere Studienführer
176 Seiten. DM 9,–
(50033)

39 Prüß/Tschoepe
Planung und Sozialplanung
Eine Einführung in ihre Begriffe und Probleme.
244 Seiten. DM 12,–
(50039)

45 Torsten Husén
Schulkrise
126 Seiten. DM 8,–
(50045)

46 Klaus Mollenhauer
Einführung in die Sozialpädagogik
Probleme und Begriffe der Jugendhilfe.
165 Seiten. DM 8,–
(13101)

49 Roberts/Rost
Analyse und Bewertung empirischer Untersuchungen
102 Seiten. DM 7,–
(50049)

Preisänderungen vorbehalten.
Stand 1. 7. 74

Zur Gesamtinformation fordern Sie bitte das Verzeichnis „Studium" an.

**Beltz Verlag
694 Weinheim
Postfach 11 20**

BELTZ Studienbuch

Auswahl

Herbert A. Carroll
Die Dynamik der Anpassung
XVIII, 390 Seiten. DM 22,–
(28160)

Raymond B. Cattell
Die empirische Erforschung der Persönlichkeit
351 Seiten. DM 24,–
(28165)

Dollard u. a.
Frustration und Aggression
227 Seiten. DM 16,–
(12418)

J. H. Flavell
Rollenübernahme und Kommunikation bei Kindern
300 Seiten. DM 22,–
(51078)

Viola Gärtner-Harnach
Angst und Leistung
Theorien und Forschungsergebnisse zur Prüfungsangst. 155 Seiten. DM 14,– (28158)

Joy P. Guilford
Persönlichkeit
Logik, Methodik und Ergebnisse ihrer quantitativen Erforschung.
XX, 580 Seiten, zahlreiche Tab. und Abb.
DM 20,– (28032)

Hess/Bear (Hrsg.)
Frühkindliche Erziehung
VIII, 286 Seiten. DM 18,–
(18269)

Karlheinz Ingenkamp (Hrsg.)
Die Fragwürdigkeit der Zensurengebung
Texte und Untersuchungsberichte.
289 Seiten. DM 18,–
(28134)

Gabriele Köstlin-Gloger
Sozialisation und kognitive Stile
232 Seiten. DM 16,–
(51057)

Donald A. Norman
Aufmerksamkeit und Gedächtnis
Eine Einführung in die menschliche Informationsverarbeitung.
253 Seiten. DM 19,–
(28159)

Preisänderungen vorbehalten.
Stand 1. 7. 74

Zur Gesamtinformation fordern Sie bitte das Verzeichnis „Studium" an.

**Beltz Verlag
694 Weinheim
Postfach 11 20**